KB057039

정신의학의 역사

A History of Psychiatry

A History of Psychiatry
From the Era of the Asylum to the Age of Prozac

Copyright@1997 by Edward Shorter
All rights reserved. This translation published under license.

Korean language edition 2020 by Bada Publishing Co.
Korean translation rights arranged with John Wiley & Sons, NJ, U.S.A.
through EntersKorea Co., Ltd., Seoul, Korea.

이 책의 한국어판 저작권은 (주)엔터스코리아를 통한
저작권사와의 독점 계약으로 바다출판사가 소유합니다.
신 저작권법에 의하여 한국 내에서 보호를 받는 저작물이므로
무단전재와 무단복제를 금합니다.

정신의학의 역사

광인의 수용소에서
프로작의 시대까지

에드워드 쇼터
최보문 옮김

A History of Psychiatry

바다출판사

서문

정신의학의 역사 전체에 관한 마지막 저술이 나왔던 3~40년 전까지도 정신의학은 비교적 직선적으로 발전해온 것으로 보였다. 처음에는 소위 사악한 생물학적 정신과 의사라고 불리는 사람들이 19세기에 있었으나, 이후 생물학의 광신도들을 쳐부수기 위해 정신분석가와 정신치료사들이 나타나서, 정신질환이란 어린 시절의 불행과 성인기의 스트레스에 의한 것임을 입증했다는 것이다. 이들 역사서는 프로이트의 이론이 정신질환을 이해하는 데 새로운 통찰력을 주었다고 주장하지만, 이에 관해서는 좀 더 설명이 필요하다.

1950년대부터 1990년대 사이 정신의학계에는 혁명이 일어났다. 정신질환이 무의식적 갈등에서 비롯된다는 낡은 진리는 내던져지고, 대신 뇌 자체의 연구에 스포트라이트가 맞춰지게 된다. 마르크스주의처럼 정신분석 이론은 19세기의 공룡 이데올로기 중 하나가 되어 버린 것이다. 오늘날, 정신병에 관한 생각은 절충적이다. 유전과 뇌생물학이 관여하는 만큼 스트레스와 어린 시절의 경험도 기여하는 것으로 간주되고 있다. 또한 대부분의 사람들이 겪는 일상적인 불안이나 가벼운 우울감도 약으로 개선될 수 있게 되어, 무얼 말해야 하는지도 모른 채 몇 시간씩 고백해야 하는 수고로움이 약물로 대체되어가고 있다. 20세기 말 정신의학의 핵심을 차지하는 지적 현실이 한 가지 있다면, 그것은 생물학적 관점이 압도적으로 성공했다는 사실이다. 지난 반세기 동안 정신의학을 장악했던 프로이트 이론은 겨울의 마지막 눈처럼 사라져 가고 있다. 따라서 새로운 시각으로 정신의학의 역사를 바라볼 시점이 되었다.

정신의학의 역사에 관한 새로운 해석을 한 권으로 압축한다면, 국가적 차이를 기본으로, 정신의학이 문화와 어떻게 서로 영향을 주고받았는지에 초점이 맞추어질 것이다. 내가 쓰려는 역사는 백과사전식 설명이 아니라 역사의 극적인 윤곽을 그릴 수 있는 역사이다. 나는 정신의학의 역사를 지성의 역사가 아니라 망각의 언저리를 맴도는 주요 인물들의 생생한 삶을 복원시키는 사회사로서 쓰고자 한다. 나라마다 특유한 역사성을 띤 사건들은 구별해서 기술할 것이나, 그렇다고 모든 일을 연대기적으로 기술하지는 않았다. 종종 순수한 과학의 승리라고 묘사되는 사건에 사실상 문화와 상업성이 어떻게 침투해 들어갔는지를 묘사하는 사회적 역사를 쓰려고 한다.

무엇보다도, 특정 이데올로기로 정신의학의 역사를 덧칠해 놓은 편파적 역사관으로부터 정신의학을 해방시키고자 한다. 의학사의 다른 분야에서는 상상하기 어려울 정도의 광신적 연구자들이 정신의학의 역사를 포획하여 그들 자신이 두려워하는 유령—자본주의일수도 있고, 가부장제 혹은 정신의학 그 자체 등등—을 이용해 편향적으로 해석하기를, 정신과 의사들은 질서에 도전하는 자를 병자라고 규정해 수용소에 감금한 자에 불과하다는 것이다. 비록 당시로서는 그런 최신식 견해가 지식인들 사이에 커다란 유행을 불러일으켰지만, 실제로 일어난 현실이 반영되어 있지 않았다는 점에서 이 주장은 잘못된 것이다. 어떤 행동이 "미친" 것인지 명기할 능력이 있다는 점에서 정신의학은 분명 사회적으로 용인되는 행동의 기준을 규정하는 규칙 제조 분야이다. 그럼에도 정신질환이라는 것은 실재한다. 이는 젠더, 계급 등과는 무관한 엄연한 현실이며, 과학적이고 체계적인 방식으로 지형이 그려지고 설명되며 치료되는 질환이다. 파킨슨병이나 다발성 경화증이 사회적으로 구성되지 않았듯이, 정신분열증⁺과 주요우울증 역시 실체적 근거 없이 사회적으로 구성된 것이라는 주장은 더 이상 받아들여지기 어렵다.

⁺ 2013년 대한의사협회에서 조현병으로 개정하였다. 그러나 영어로는 아직 전 세계적으로 schizophrenic disorders(정신분열장애)로 표기된다.

그러나 환자가 정신병을 어떻게 경험하고, 사회가 이를 어떻게 인식하는지는 문화와 관습의 영향을 받는다.

내가 쓰는 역사는 직선적이다. 18세기 말 새로운 치료적 수용소의 등장에서 시작된 이야기는, 20세기 말 정신과 개원의의 조용한 진료실에서 끝난다. 정신질환의 근거가 뇌에 있다고 믿었던 정신과 의사로부터 시작된 물결의 흐름은 프로이트 이론이 마음과 뇌를 격리시켰던 반세기 동안 중단되었다가, 우리 시대에 와서 뇌에 최우선 순위를 둔 생물학적 관점의 승리로 마감하게 된다.

독자들이 이 책에서 읽게 될 것은 수치심에 가득 찬 정신의학의 철저한 사죄가 아니라 중간 정도의 사죄일 것이다. 한때 진정한 사죄의 역사관이 지배했을 때가 있어서, 이들 역사가들은 수용소가 창궐했던 이유는 인간의 고통을 완화하려는 순수한 진보의식을 나타낸 것이라고 주장했다. 그 후 1960년대에 이르러 이 주장은 완전히 뒤바뀌게 된다. 1960년대가 낳은 학자들은 붉은 벽돌의 정신병원과 정신의학은 우리를 "진보"—기껏해야 망상에 불과하다고 그들은 조롱했다—로 이끈 것이 아니라, 우리에게 숨 막힐 듯한 악몽의 역사를 제공했을 뿐이라고 주장했다. 정신의학은 광기를 완화한 것이 아니라, "대감금"의 하수인으로서, 단지 가난하고 반항적이고 관습에 따르지 않는 자들을 가두는 역할만 했다는 것이다. 1960년대 운동가들은 시대적으로 이미 한물간 용어인 '광기' 혹은 '정신착란'이라는 말을 사용하여 정신질환이 실제로 존재한다는 주장에 우스꽝스런 이미지를 덧씌웠다. 유감스럽게도, 이 명예 훼손적 언어는 아직도 정신의학 역사학자들 사이에서 지배적으로 사용되고 있다. 내가 정면으로 도전하려는 것은 지금 새로운 정설로 등장한 수정주의 역사관이다.

만약 정신질환이 실재한다면, 이를 완화하려 노력했던 과거의 일들을 부르주아 계급의 음모라고 보기 어려울 것이다. 마찬가지로, 이 실재하는 질환을 대면했던 정신과 의사들 또한 자신들의 전문분야를 격상시키려는 이익을 추구한 게 죄가 되지는 않을 것이다. 어떤 역사학자는 정신의학이 전환기를 맞이할 때마다 전문화와 의료화의 길로 매진했다고 주장하면서, 정신과 의사들은 환자와 과학을 우선으로 한 것이 아니라 침몰해 가는 자신들의 권위에 버팀목을 대고자 한 것에 불과하다고 말한다. 물론 의사들은 자신들의 권위가 강화되길 원했을 것이다. 그러나 정신의학의 역사를 전문가의 자기 보존의 역사로만 환원시키는 것은 무수한 힘들이 얽혀 흘러온 역사적 맥락을 단순화시키는 것에 불과하다.

정신의학의 역사는 광맥과 같다. 수정주의파, 그리고 나와 같은 신사죄파neoapologist 모두 미답未踏의 근거들을 제시한다는 점에서 산산 조각날 위험을 안고 있다. 자료가 풍부할 경우 무엇이든 선택적으로 인용함으로써 매끄럽게 흘러온 역사를 제시할 수 있을 것이다. 그러나 그렇게 모은 자료들은 거대 담론의 중심부에 국한된 것일 경우가 많다. 그래서 수년 동안 다양한 자료를 검토한 끝에 나는 수정주의적 방식보다는 사건의 흐름을 따라가는 방식으로 기술하기로 했다. 어쨌든 정신의학은 역사가 얕은 분야이고 아직도 놀랄 만한 것이 많이 숨겨져 있는 분야이기도 하다.

이 책을 쓰며 여러 사람에게 크게 도움을 받았다. 마지막 7장과 8장은 정신의학 역사상 중요한 현재 인사들을 인터뷰하고 곧 출간될 항우울제의 역사에 관한 책의 원고를 미리 읽게 해준 데이비드 힐리에게 큰 빚을 지고 쓴 부분이다. 토머스 반은 매우 주의 깊게 원고를 읽어 줬고, 수전 베린져는 도서관 작업을 도와주었다. 200년 전의 세계사에 관한 자료는 도서관 상호대차에 의존한 것이었는데, 토론토 대학 과학과 의학 도서관의 로이 D. 피어슨의 도움을 받은 것이다. 토론토 대학의 의사학醫史學 프로그램 운영자인 안드레아 클라크는 집필 기간 내내 조언을 해주었다. 끝으로 존 와일리 앤 손스의 편집자인 조 앤 밀러와 함께 일한 것은 내게 큰 기쁨이었다.

A HISTORY OF PSYCHIATRY

from the Era of the Asylum to the Age of Prozac

I

정신
의학의
탄생

정신과가 없던 시절, 광인들은 집에 묶여 있거나 길거리를 배회하거
나, 혹은 호스피스 등에 치매, 걸인, 부랑자들과 뒤섞여 감금되었다.
19세기 초에야 이들 시설은 비로소 정신병사 수용소로 재탄생한다.
여기에 광기를 전문으로 맡는 의사가 출현하면서 정신의학은 비로소
독립된 전문분과로서 첫발을 떼었다. 계몽주의 희망의 물결을 타고
치료적 수용소로의 꿈이 시작된 것이다.

A HISTORY OF PSYCHIATRY

The Birth of Psychiatry

18세기 말 이전까지 정신과psychiatry[+]라는 것은 아예 존재하지도 않았다. 이는 고대 그리스 시대부터 의사들이 정신병자insanity[++]를 돌봐 왔고 관리법을 적은 지침서 등이 전해 오기는 했지만, 동일한 정체성을 가진 의사들이 집단으로 내세울 전문분야로서의 정신의학이 없었다는 의미이다. 외과를 제외하고는 어떤 전문분야도 마찬가지였다. 의료가 세분화되어 전문분야가 생기기 시작한 것은 19세기에야 나타난 현상이다.

정신질환은 어느 시대에나 존재했다. 인간의 역사만큼 오래된 정신질환은 부분적으로는 생물학적이고 또 유전적이기도 하다. 모든 정신질환

[+] 문맥에 따라 학문적 배경을 의미할 때는 정신의학으로, 임상 진료를 의미할 때는 정신과로 번역했다.
[++] insanity와 madness 모두 광기, 광증, 정신병자 등으로 번역된다. 그러나 insanity는 법적 용어로 쓰이고, 일상 회화에서는 미친 자, 바보 같은 짓 등의 의미를 담고 있다. madness 역시 미친 자, 광증 등으로 쓰나, 격노함, 괴짜, 열광 등의 의미가 있어 insanity와 같은 바보스러움의 의미는 덜하다. 이 두 단어는 문맥에 따라 광기, 광증, 정신병자 등으로 번역하였다.

이 다 신경계에서 생기는 것은 아니지만, 어떤 병은 분명 뇌의 화학적 이상에 의해 생긴다. 그리고 어느 사회에서든 정신질환에 대응하는 나름대로의 방식을 가지고 있었다.

정신과가 없던 세상

정신과가 없던 세상은 어떠했을까? 아일랜드의 예를 들어 보자. 1817년 아일랜드 한 지역구 의원이 기록한 바에 의하면, "아일랜드 농촌의 한 오두막에 갇혀 있는 광인의 모습처럼 충격적인 것은 없었다. …… 튼튼한 남자나 여자가 정신이 미쳤다고 간주되면, 마을에서 이들을 관리하는 방법이라고는 오두막 바닥에 구멍을 파서 밀어넣은 다음 기어 나오지 못하도록 위에 덮개를 씌우는 것이다. 구멍의 깊이는 약 1.5미터 정도로, 반듯이 서 있기도 어렵다. 사람들은 이 불쌍한 자에게 음식을 넣어 주는데, 대개는 그 안에서 죽게 된다."[1]

이 기록을 읽으면, 초원에서 이리저리 뛰놀거나 참나무 그늘 아래 뒹굴며 게으름 피는 낭만적인 광인의 모습은 더 이상 연상되지 않을 것이다. 19세기 중반 이전까지 유럽의 시골 사람들은 자기네와 다른 자들을 무서워했고, 마을 규범을 지키지 않는 사람을 용인하지 못한 채 집단의 권위로 다루었다. 대개 소규모 집단 내에서 얼굴을 맞대고 살아가야 했던 이들은 전통 관습과 사회적 역할을 중시하고, 농사를 위해 계절에 맞추어 생활했다. 마음과 기분의 병을 가진 사람은 마을 대다수 사람들과 달리 집단의 생활 리듬에 따르지 못했으므로 가장 잔혹하고 무자비한 방식으로 다뤄졌던 것이다. 리어 왕 시절에 주요정신병major psychiatric illness[+]을 가진 사람의 운명을 묘사한 다음 글을 보자.

벌거벗은 불쌍한 광인이여, 당신이 누구이던 간에

이 인정머리 없는 폭풍을 견디는 자여

머리 하나 뉘일 곳 없이 굶주리고

구멍 나고 찢어진 누더기를 걸친 채

이런 참혹한 계절로부터 어찌 자신을 지킬꼬?[2]

고향과 집에서 내쫓긴 정신질환자들은 도시의 거지 떼에 합류하여, 근대 초기 유럽의 길거리는 이들로 들끓었다. "동네 바보"라 불린 사람들 대부분은 정신분열증 환자나 정신박약idiot[++]이었고, 또 당시 유행하던 구루병[+++]의 후유증으로 골반이 비틀어진 산모가 분만하면서 출생시 뇌 손상을 입은 자들도 있었다. 막대기를 들고 있는 "바보"의 모습은 전형적 이미지다. 그럼에도 광인의 이미지는 시대에 따라 미묘한 차이를 보이고 있다. 잉글랜드 이외의 지역에서는 정신질환을 가진 사람들 대부분이 빈민 구제를 받고 고향에 머물 권리를 가지고 있었다. 광인을 다 내쫓기만 한 것은 아니었다는 말이다.

따라서 광인을 돌봐야 할 사람들은 지역사회가 아니었다. 19세기 이전까지 그 몫은 가족들의 것이었다. 그리고 우리가 주목하지 않고 놓쳐버린 그 시대에 가정에서 정신병자를 관리하던 이야기는 괴담이 되었다. 1798년 독일 뷔르츠부르크의 로얄 율리우스 병원에 정신과 과장으로 취

[+] 현실 검증의 장애가 있는 정신분열증과 조울증(공식 진단명으로 양극성 정동장애)을 일컫는다. 현실 검증 능력에 장애가 없다고 간주되는 '노이로제' 혹은 신경증과 구별한 것이다. 이 책에서는 특별히 구별해야 할 부분이 아니면, 신경증과 대조하여 정신병으로 총칭했다.

[++] 바보천치, 정신박약 등으로 번역했다. 이 글에서 지칭하는 idiot에는 현대 의학에서 말하는 정신지체, 만성 정신분열증, 뇌의 기질성 손상 등이 모두 포함되어 있다.

[+++] 비타민 D 결핍 혹은 칼슘 섭취 부족으로 뼈가 물러지며 변형이 오는 것. 대부분 영양실조가 주원인이다.

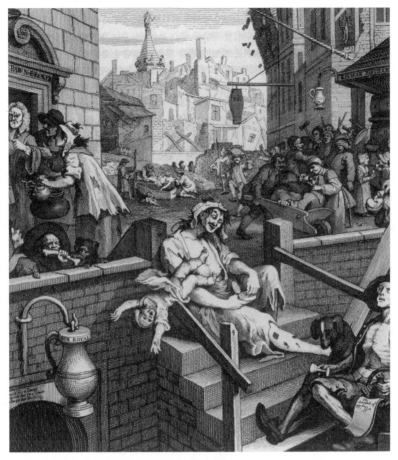

영국에서 알코올중독이 넘쳐나는 현상을 값싼 술인 진에 절은 거리로 묘사했다. 아이들은 방기되고 온갖 범죄와 타락이 그려져 있다. **윌리엄 호가스, 〈진 거리〉, 1750**

임한 안톤 뮐러는 새로 입원한 한 환자에 관해 다음과 같이 기록했다. "16세 남자. 양치기인 자기 아버지의 돼지우리에 수년간 갇혀 있는 바람에 팔다리를 못 쓰게 되고 마음까지 잃어버려 그릇에 담긴 음식을 짐승처럼 핥아먹었다." 가족이 돌보던 환자가 입원하면 이들 대부분은 "얻어맞아 시퍼렇게 멍든 등과 피투성이 상처"를 가지고 있었다. 아내가 자기 집 벽에 5년간 쇠사슬로 묶어 놓았던 한 남자는 다리를 쓸 수 없게 되어

버렸다. 뷔르츠부르크 수용소에 입원했다가 나아져 퇴원해서 자기 마을
로 돌아가면 "봐라, 봐라. 저기 미친놈 간다!"고 소리 지르며 쫓아다니는
어린아이들의 조롱거리가 되었다.[3] 이런 식의 얘기는 가족이 정신질환자
를 돌보던 시대의 전형적 모습이다.

　이런 상황은 19세기까지 꾸준히 지속된다. 수용소가 생기기 직전인
1870년대에 스위스 프라이부르크 주 공무원들이 정신병자에 관한 실태
조사를 한 적이 있었다. 이들은 자신의 눈을 믿을 수 없을 지경이라고 했
다. 확인된 164명의 정신병자 중 5분의 1은 냉방이나 광에 묶여 있어서,
"비좁고 어둡고 습한 곳에서 오물 냄새에 절어 있었다." 외양간에 갇혀
있던 두 명은 "자기 배설물로 뒤범벅이 된 짚더미에 누워 있었는데 얼굴
에는 파리 떼가 들끓고 있었다."[4] 선박에서 외과 의사로 일하다 은퇴하고
브루타뉴에서 개업하던 루이 카라데크가 주변 시골 환경에 관해 기술한
것도 있다. "이 시골에는 아직도 어리석은 편견이 잠재하고 있어서 가족
내에 광인이 있다는 것을 수치로 여겨 수용소에 보내려 하지 않는다. 이
것이 광증에 걸린 불쌍한 사람들을 집에 가두어 두는 주원인이다. 조용
히 지내는 광인은 자유롭게 돌아다니도록 놔두지만 거친 행동을 하거나
문제를 일으킬 때면 광 한구석이나 외진 방에 사슬로 묶어 두고 매일 음
식을 갖다 준다. …… 이런 일은 시골에서 흔한 일이고, 정부 관리가 이
런 범죄(강제격리) 사실을 알 때까지 수년간 계속된다."[5]

　잉글랜드에서는 그런 환자를 집에 묶어 놓지 않는 경우에는 구빈원
workhouse[+]이나 빈민원poor house[++]에서 말뚝에 붙들어 매어 둔다. 1776년

[+] 자립하기 어려운 가난한 사람들이 살면서 일하도록 만든 기관으로 영국에서는 16세기 이전부터 교
구에서 관리했다는 기록이 있다.
[++] 가난한 사람들에게 의식주를 제공하는 곳으로 지방 정부 혹은 시에 의해 관리되었다. 구빈원과 달
리 노동 규율이 강조되지 않았고, 따라서 노약자 등이 많았다.

시체공시소인 모르그와 더불어 광인 수용소는 당시 대중들의 오락거리 중 하나였다. 그림은 19세기 미국 펜실베이니아 정신병원의 모습이다. **뉴욕 학술원 의학도서관**

영국 켄트 주 웨스트몰링에서 작은 요양원을 운영하던 윌리엄 퍼펙트 박사는 프린즈베리 행정교구 관리로부터 한 환자를 봐달라고 소환을 받았다. 그 환자는 "구빈원에 갇혀 있던 미친 사람인데, 쇠고랑에 채워진 두 다리는 바닥에 고정된 꺾쇠에 매여 있었고 두 손에는 수갑이 채워져 있었다." 구빈원에서 그는 어떤 취급을 받았을까? "구빈원을 찾아온 관람객들이 창문 쇠창살 사이로 들여다보고 손가락질하며 환자를 자극해서 놀리고, 작은 창을 던져 묶여 있는 환자의 발가락 사이를 맞추며 손재주를 뽐내는 등 볼 만한 대중 스포츠거리를 만들어 낸다."[6] 이것이 "산업화 이전 사회"에서 정신병자들을 관대하게 관리했다던 지역사회의 모습이다.

미국이라는 신세계에서도 상황은 크게 다르지 않았다. 뉴잉글랜드의 사회개혁가인 도로시아 딕스는 1849년대에 매사추세츠 주 시골을 돌아다니며 "가난한 광인"이 어떤 취급을 받고 있는지 조사했다. 그녀가 발견한 것은, 링컨에서 "새장 안에 갇힌 여자 한 명", 메드포드에서는 "사슬에 묶인 정신박약 한 명과 17년간 축사에 갇혀 있던 사람 한 명", 반스테이블에는 "쇠창살 우리 안에 네 명의 여자, 두 명은 사슬에 묶여 있음이 확실, 아마도 네 명 모두 묶여 있었던 것 같음"이었다.

매사추세츠에 있는 정신질환자 모두가 집에 갇혀 있었던 것만은 아니었다. 공립구빈원에서 "밀짚으로 채워진 나무 침상에 말 한마디 없이 누워 있는 사람들"을 딕스는 보았다. 댄버에서는 구빈원에 도착하기도 전에 "거칠게 고함지르고, 야만스러운 노래를 부르는가 하면 음란한 저주의 말"이, 전에는 품위 있었을 한 젊은 여자로부터 흘러나왔다. 그녀는 댄버에 있는 자기 집 근처 병원에서 "치유 불가능"이라며 돌려보내졌는데, 더럽고 좁은 우리 안에서 창살을 두드리며 서서 "구역질나는 광경 …… 찢어진 천 조각으로 둘러싼 지저분한 창살 …… 공기는 고약한 냄새로 차 있었고, 우리가 서 있던 쪽을 제외하고 삼면으로 공기가 통하고 있었는 데도, 몇 분도 참을 수 없을 만큼 냄새가 역겨워 바깥 공기를 쐬러 나와야 했다."[7]

수용소가 생기기 전에 있었던 이런 일화들은 극단적이고 기괴한 상황에만 국한된 것이 아니고, 심한 증상을 가진 정신질환자들이 처해 있던 당시의 전형적인 상황이었다. 정신의학이 존재하지 않았던 시기에는 환자들이 관대한 처우를 받지도 못했고, 제멋대로 돌아다니게 방치된 것도 아니고, 도리어 동정심 없는 야만스러운 처우를 받았던 것이다. 치료적 수용소가 나타나기 전까지 정신질환자에게 황금 시기라는 것 따위는 없었고, 자본주의 가치관으로부터 일탈된 자들의 도피처라는 목가적인 풍경 역시 존재하지 않았다. 그렇지 않다고 고집하는 것은 단지 환상에 불과할 뿐이다.[+8]

....

✢ 미셸 푸코는 《광기와 문명》에서 17세기 광인들은 속박에서 벗어나 자유로운 정신을 가진 자로 예찬받았다고 기술했다. 이는 정신의학의 역사를 속죄주의로 편향되도록 몰아가는 데에 가장 강력한 영향을 미친 저서이다. 본서의 저자인 쇼터는 푸코의 견해를 정면으로 반박하고 있다.

전통적 수용소

그러나 수용소는 18세기 말에 만들어진 것이 아니라 중세시대부터 존재해 왔던 시설이었다. 시골을 벗어나 당대의 대도시를 들여다보면, 거기에는 항상 노숙하는 광인과 떠돌아다니는 치매 노인과 같은 문젯거리가 있었고, 도시는 어딘가에 이들을 두어야만 했다. 그래서 머물 기관을 만들거나, 병자들이 있는 호스피스⁺ 시설에 넣거나, 범죄자나 부랑자와 함께 감옥과 구빈원에 두어야 했다. 여러 종류의 사람들을 한꺼번에 수용하는 곳도 있었다. 그러나 당시의 수용소는 감금·관리하는 기능만 있었지, 정신병자를 치료한다는 일은 당시에는 생각도 하지 못했던 일이었다.

유럽에서 가장 오래된 정신병원은 베들렘Bethlem이다. 13세기에 베들렘Bethlehem의 작은 성모 수도원이라는 이름으로 세워진 곳인데, 1403년 귀화인을 수용하면서 6명의 광인도 함께 입소하게 되었다. 시간이 지나가면서 결국 수용인 대부분이 광인으로 바뀌고, 이름도 와전되면서 "대혼란, 미친 곳Bedlam"⁺⁺⁺이라는 별칭을 얻게 되었다. 1547년 런던 시가 관리하게 되면서 1948년까지 시립 정신병원으로 유지되었다.⁹ 윌리엄 호가스의 1733년 8부작 그림 〈레이크의 인생변천The Rake's Progress〉⁺⁺⁺에 나오는 마지막 그림은 벌거벗은 레이크가 머릿니 예방을 위해 삭발된 채 쇠고랑으로 바닥에 묶여 있고, 관리인지 의사인지 모를 어떤 사람이 검사하는 장면이 나오는데, 이런 그림을 통해서 베들렘의 무시무시한 이미지가 전해져 온다. 베들렘을 연구하는 학자들의 해설에 의해 괴기스러운 이미지는 최근 조금 완화된 듯하다. 베들렘에 있는 환자 중 가족이 수용비를 내는 환자는 그래도 조금 나은 처우를 받았지만, 어찌되었든 베들렘과 동음이의어인 '대소동'이라고 불릴 정도로 그곳은 무질서한 광기의 세상이었다.¹⁰ 이 유명한 역사적 병원에도 1815년에는 단 122명의 환자

윌리엄 호가스의 〈레이크의 인생변천〉(1733) 마지막 그림이다. 수용소에 갇혀 위생상의 이유로 머리를 모두 깎인 레이크가 발에는 쇠고랑을 차고 있다. 이런 이미지는 초기 정신병원의 부정적인 이미지를 강화하는 방식으로 작용하였다.

만 있었다.[11] 그러므로 전해지는 얘기들은 사실 조금은 부풀려진 것이다.

18세기 잉글랜드에는 1713년 설립된 노리치의 베델 수용소[12]를 포함하여 7개의 수용소 혹은 공공 자선소가 더 있었다. 그러나 곳곳에 흩어져 있는 사립 기관, 처음에는 "광인의 집madhouse"이라 불리다가 나중에는 "개인 신경 클리닉"⧾⧾⧾⧾이라 불리게 된 곳에도 많은 수의 환자가 입

⧾ 11세기 십자군 원정 초기에 여행객에게 치유와 휴식을 제공하기 위해 만들어진 곳으로 주로 수도원 등에서 운영했다. 19세기 말부터 죽음을 돌보는 곳으로 의미가 변화되었다.

⧾⧾ 베들렘Bethlem과 동음이의어로서 시끄러운 곳, 혼란, 대소동이라는 뜻을 가지고 있다.

⧾⧾⧾ 8개의 시리즈로 이루어진 그림으로, 부자 상인의 아들인 톰 레이크가 런던으로 상경하여 방탕한 생활로 재산을 탕진하고 마침내는 감옥을 거쳐 광인이 되어 베들렘 수용소에서 인생을 마감하는 몰락의 과정을 단계별로 그렸다.

⧾⧾⧾⧾ 의사가 자비로 진료소를 설립하여 '신경성' 환자를 진료한 곳으로 '신경성'이라는 용어 아래 신경성 환자와 정신병 환자 등 온갖 비기질성 불편함을 진료했고, 후일 정신분석의 요람이 된다.

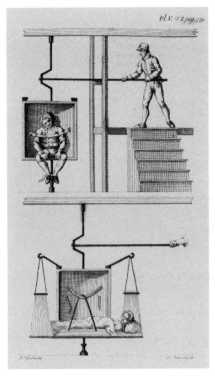

치료 효과를 기대한 걸까? 초기의 광인 수용소에 있던 환자를 원통 안에 넣고 돌리는 회전기계이다. **조세프 귀슬랭, 《정신질환자를 취급하는 오래된 방법》, 1826**

원해 있었다. 의사가 자기 집에 몇몇 환자를 데리고 있는 정도의 작은 시설에서부터 400~500명의 환자를 수용하던 곳에 이르기까지 규모가 다양했는데, 이곳들은 가족이 집에 두기 어려운 환자를 단지 수용만 했을 뿐 치료를 하던 곳은 아니었다. 사립 수용소라고 공립보다 나을 것은 없었다.[13] 베들렘의 의사("약초의")였던 존 해스럼이 사립 시설에 관해 기록한 것이 있다. "사립 수용소에서는 개구기開口期를 넣기 위해 가차없이 위아래 앞니를 뽑았는데,

단지 일시적 광증 때문에 입원했던 여자가 퇴원해서 집으로 돌아왔을 때의 (이 빠진) 모습을 보면 가슴이 아프다."[14]

잉글랜드에서 국가 전체 통계가 가능해진 1826년의 조사를 보면, 사립이건 공립이건 수용소에 있던 사람은 소수에 불과했다. 5000명 미만의 환자 중 64%는 사립 기관에, 36%는 공립 기관에 있었다. 베들렘 병원과 세인트 루크 병원에 있는 사람을 다 합쳐도 500명에 불과했고, 감옥에 있던 자 중 광인으로 분류된 사람은 53명이었다. 당시 인구는 1000만 명이었다.[15] 그러므로 프랑스 철학자 미셸 푸코가 말했던 "대감금"+16이 어떤 형태로든 잉글랜드에 존재했다는 말은 난센스에 불과하다.

사립 기관이 환자를 보호·감금하던 잉글랜드의 전통과 달리, 유럽 대륙은 항상 공공분야가 정신병자를 관리했다. 프랑스 루이 14세는 1656년 행정개편을 통해 병자, 범죄자, 노숙인, 광인을 위한 두 개의 거대한 파리 호스피스를 설립한다. 남자를 위한 비세트르Bicêtre, 여자를 위한 살페트리에르Salpêtrière가 그것인데, 이는 "종합병원general hospitals"✚✚이라고 불린 광역 호스피스 프로그램의 일부였다. 이 "종합병원"은 치료를 위한 장소가 아니었고 또 치료한다는 겉치레도 하지 않은, 오직 보호감금만 하던 곳이었다. 그래도 19세기 말까지는 정신병원이라기보다는 호스피스의 성격이 더 강했지만, 비세트르와 살페트리에르는 점차로 광인들의 공간으로 변해 갔다. 이곳 수용자들은 어김없이 채찍질당하고 사슬에 묶여 끔찍한 불결함 속에서 감각이 마비되어 있었는데, 되돌아보면 이곳이 바로 공포의 근원지이었던 셈이다.

프랑스 정부는 "종합병원" 기획의 일부로서 주마다 여러 도시에 호스피스를 설립했다. 이들 기관 중 어느 곳도 정신질환자가 대다수를 차지한 곳은 없었다. 비세트르의 예를 보면 1788년 간질환자와 정신지체를 포함하여 "광인"은 245명에 불과했다.[17] 1798년에 이르러서는 177개의 "종합병원"이 존재했는데, 이곳 환자 대부분은 다양한 사람들로 구성되어 있어 정신질환자만 있었던 것은 아니었다. 프랑스 전국에 산재한 구

✚ 1656년 파리에 구빈원이 설립되면서 파리 인구의 1%에 달하는 방탕자, 범죄자들과 함께 광인도 무차별적으로 수용되었다고 하여, 이를 "대감금" 혹은 "대감호"라 불렀다. 이 현상은 영국에서도 예외는 아니라고 보고 대감금의 장소가 구빈원, 빈민원이라고 주장하는 학자들이 있으나, 저자는 푸코 식의 주장을 통계를 근거로 반박하고 있다.

✚✚ 현재 우리가 알고 있는 종합병원이라는 의미와 달리 병자, 빈자, 떠돌이 등 온갖 부류의 사람들을 보호하고 돌보던 곳이다. 의사의 진료 행위가 집약되고 교육을 위한 공간으로 변화된 것은 근대 이후이다. 라틴어 hospes, 영어의 hospitality에 기원을 둔 단어이다.

1656년에 세워진 파리의 살페트리에르 수용소의 모습. 런던 웰컴 라이브러리

빈원과 호스피스(일명 "신의 집hôtels dieux"⁺)에서도 일부 정신질환자를 수용했다.[18] 당시의 상세한 통계는 지금으로서는 알 수 없지만, 거지, 노인, 신체질환자들이 더 많아서 정신병자 수용소가 아니었음은 확실하다.[19] 푸코가 골라낸 당시 지형도에는 정신병자가 3000만 명이 넘는 것으로 되어 있는데, 위와 같은 자료에 비추어 보면, 그가 "대감금"이라고 부를 만한 사건이 있었다고 주장하는 것은 어처구니없는 말이다. 전체 수용 인구와 비교했을 때 정신병자를 위한 침상은 단지 극소수에 불과했던 것이다.

작은 국가들이 모인 중앙유럽은 프랑스와 같은 중앙집권 정부가 없었다. 대신 국가, 교회, 지역사회가 각기 수용소, 구빈원, 감옥 등에서 정신질환자를 관리하고 있었다. 18세기 말에 이르러 이런 관리 방식은 끔찍한 사태를 맞게 된다. 독일 할레 대학의 의학 교수였던 요한 레일은 1800년대 독일에서 감금된 정신병자들이 처해 있던 상황을 이렇게 기술했다. "대도시의 혼잡함에 있다가 광인의 집을 들여다보는 것은 끔찍한 일이다." 망상과 환각에 빠진 환자들이 폭군과 노예의 역을 벌이는 "한편의 희극"을 보는 것 같았다고 그는 말한다. "아무 이유 없이 웃어대고 자신의 몸을 스스로 고문하는 천치 같은 환자들이 마치 범죄자 다뤄지듯이 광인용 우리mad-cage[++]나 낡아빠진 감옥에 갇혀 있고, 아니면 도시 입구 성문의 황폐한 다락에 있는 올빼미 집 구멍 옆에 묶여 있거나, 때로는 감옥의 습기 찬 지붕 위에 내버려져 있어서, 동정심을 가진 사람들의 눈에 띄지도 못했다. 정신병자들은 사슬에 묶여 내버려진 채 자신의 배설물 속에서 썩어 가고 있다."[20] 몇몇 끔찍한 "바보들의 집Tollhäuser"[+++]이 중세 때 세워졌고, 18세기 말에는 꽤 많은 시설이 이곳저곳에 군집해 있었지만, 중앙유럽 어디에서도 17세기 절대 권력의 입김 아래 정신병자의 "대감금"이 있었다는 근거는 찾을 수 없다.[21]

푸코는 정신의학이 국가권력에 의해 발명된 것이라고 주장한다. 그러나 국가 통제가 강력했던 독일에서도 19세기까지는 정신과라는 단어조차 없었다. 뷔르츠부르크 대학교의 뮐러가 회고록에 적었듯이 "교수가 학생들에게 정신병의 중요성을 가르치지 않고, 의사는 환자가 정신병을 가졌는지 알아채지도 못하고 있다. 이 분야가 얼마나 무시되고 있는지 이 시대(18세기 말) 의사들은 자각하지 못하고 있다. 그래도 전통 의사들은 '흑담즙' 과잉으로 미쳐 버린 사람들을 약으로 치료하는 기술을 알고 있었다. 그러나 미나리아재비[++++]로 광인을 치료하던 옛 의사의 기예는 이제 까마득히 잊힌 것 같다."[22]

미국 대륙은 이런 전근대적 광인의 집 시대를 겪지 않았다. "마음이 심란해진 사람들"을 돌보는 것은 통상적으로 가족의 몫이었지만, 마을의 원로들이 환자를 가둬 둘 작고 튼튼한 집을 지어 주곤 했다. 매사추세츠

+ 중세 이후부터 수사나 수녀 등 종교인이 병자를 돌보던 곳을 일컬었다.

++ 광기를 수성獸性으로 보고 야생짐승을 다루듯 우리에 가두었다.

+++ 일종의 독일식 광인의 집으로, 때로는 감옥, 구빈원의 기능을 겸하기도 했다.

++++ 미나리아재빗과에 속하는 검은 미나리아재비는 독성이 강하고, 히포크라테스 시기부터 하제, 그 외 마비, 통풍, 정신병의 치료제로 쓰였다.

브레인트리 마을에 살던 새뮤얼 스피어가 미친 누이동생인 굿와이프 위터를 가두기 위해 1688년 원로의 도움을 받아 만든 집은 폭과 높이가 152cm~213cm였다. 1701년 매사추세츠 워터타운의 한 관리는 "심란해진 어린이" 한 명을 관리하도록 지시하고 관리비를 공공 비용으로 대 주었다. 다음 해에 이 정책이 폐기되자 그 지역의 다른 사람에게 아이를 맡기고 그 아이가 "심란한 행동을 보이면 …… '작은 집'에 가두도록" 했다.[23] 미국의 정신병자 감금의 역사를 보려면 식민지 시대까지 거슬러 올라가야 한다.

1729년 보스턴에 새로 설립된 구빈원에 정신병자를 따로 수용할 격리 병동이 처음으로 만들어지게 되었다.[24] 1800년 이전의 미국에는 단 두 개의 병원만 있었는데, 하나는 퀘이커 교도 신앙 협회Religious Society of Friends⁺의 주도하에 1752년 설립된 펜실베이니아 병원이고, 다른 하나는 1791년에 개원한 뉴욕 병원이다. 이 두 병원은 어느 시점에서부턴가 정신병자를 받기 시작했는데, 1808년에는 뉴욕 병원에 "정신병자 수용소Lunatic asylum"라고 명명된 독립된 정신병동이 세워지게 되었다.[25] 미국 최초의 정신병원은 1773년 버지니아 주 윌리엄스버그에 설립된 것이고, 그 설립 목적은 "바보, 광인, 그리고 다른 건강치 않은 마음을 가진 사람의 지원과 관리를 담당하기 위한 것"이라고 기록되어 있다."[26]

그러므로 대서양을 사이에 두고 양 대륙에서 정신의학이 공통적으로 거쳐 온 역사는 자신이나 남에게 해를 끼치는 자들을 가두고 관리하던 수용소에서부터 시작되었던 것이다. 가두기만 하던 수용소도 치료적으로 기능할 수 있다는 것을 인식하게 되면서 드디어 정신의학이 독립된 전문분야로 탄생하게 된다.

·················
⁺ 17세기부터 시작된 퀘이커 교도들의 종교 운동.

치료적 수용소의 도래를 예고하다

18세기 말, 의료계 전반에 희망의 빛이 비추기 시작했다. 방혈, 하제와 구토제 투여 등 온갖 방식의 치료법으로 질병을 완치시킬 수 있다는 확신이 의료계 전반에 흘러넘치게 된 것이다. 그러나 광기도 이런 치료법으로 치유될 수 있다고 본 것은 아니었다. 그보다는 시설에 감금하는 것이 치료적일 수 있다는 생각이었다. 수용소가 할 수 있는 일이 단순히 성가셔하는 가족이나 시달리는 마을 원로로부터 문젯거리를 제거해 주는 것에 그치는 것이 아니라, 수용소에 감금함으로서 환자를 더 낫게 할 수 있다는 생각이 싹트기 시작한 것이다. 이 통찰이 당시 상황을 혁신적으로 타개할 길을 열어 주게 된다.

18세기 계몽주의 시대는 이성의 힘으로 과거 세대보다 훨씬 개선될 수 있다고 한껏 꿈에 부풀어 있던 시기였다. 완치가 가능하다는 견해는 계몽주의 정신에 매우 적합한 것이었는데, 이는 사회적, 정치적, 혹은 의료적 기획에 의해 인류 개선을 꾀했던 보다 폭넓은 사고방식의 일환이었다. 개혁기 프랑스가 헌법과 법령을 제정하여 시장경제의 발전 가능성을 열어 주었듯이, 질병 또한 체계적 치유 철학을 통해 완치가 가능할 것이라는 것이다. 18세기 후반에 전 의료계를 휩쓴 의학적 치료에 대한 새로운 낙관주의는 정신의학계에도 침투해 들어왔다. 수용소의 젊은 의사들은 치유의 확신이 충만한 사회에서 희망을 호흡하며 성장한 세대였다.

개혁의 열기가 너무나 광범위하게 퍼져 있었기 때문에 새로운 형태의 수용소가 어느 한 사람에 의해 시작되었다고 보기는 어렵다. 독일의 요한 레일은 광인의 곤경을 돕기 위해 국제적 운동이 일어나던 상황을 1803년 다음과 같이 기술했다. "잉글랜드, 프랑스, 독일의 의사들은 광인 치유를 위해 모두 함께 전진해 나가고 있다. …… 세계 시민들은 우리 이웃의 복지를 위한 지칠 줄 모르는 노고를 지켜보며 열렬히 박수를 보낸다. 감옥과 교도소의 공포시대는 이제 끝이 났다. …… 인간을 가장 황폐화시키는 이 해독을 지구상에서 쓸어내 버리려는 이 위대한 아이디어를 의사들은 담대하게 떠맡고 있다. 시민들은 이에 찬사를 보낸다."[27] 상상해 보라. 그들의 마음속에 있던 것은 다름 아닌 광기를 근절하겠다는 생각이었고, 이것만큼 계몽주의적 수사에 딱 들어맞는 것이 어디 있었겠는가.

소수의 수용소 의사들이 쓴 몇몇 책이 정신의학계에 봉화 역할을 했을 수는 있다. 이에 관해 여태껏 논쟁이 있어 왔지만, 실질적으로 볼 때 개혁운동은 국제적 차원에서 일어났음을 주목할 필요가 있다. 정신의학이 대두되기까지는 다양한 영향력이 작용했다고 주장하는 학자들이 있는데, 어떤 학자는 자본주의에 의한 것이라고 하고, 또 다른 학자들은 중앙집권국가에 의한 것이라고도 한다.[28] 그러나 정신의학계에 나타난 새로운 낙관주의가 당시의 광범위한 사회적·경제적 상황과 연결되어 있었음을 고려한다면, 어떤 단일한 사회적 권력이 그 탄생을 주도했다고 보기는 어렵다. 계몽주의의 과학적 사고방식은 전 대륙을 휘몰아쳤다. 잡지가 출간되고, 주요 서적들은 곧바로 번역되어 세계로 퍼져 나갔고, 의사들은 다른 곳에서는 어떤 일이 벌어지고 있는지 확인하기 위해 해외로 여행을 다녔다. 정신의학의 출범을 주도한 것은, 특정 사회적 배경과는 비교적 독립된, 이러한 과학적 사고였다.

수용되어 있다는 것 자체에 치료적 효과가 있다고 주장한 최초의 정신과 의사는 1751년 개원한 런던 세인트 루크 병원 발기인 중 하나인 의사 윌리엄 바티이다. 저명인사였던 바티는 대형 사립 광인 수용소를 두 개나 소유하고 있었고, 한때 의사협회 회장을 맡기도 했다. 영국 정신의학 정사正史는 그를 "당대의 뛰어난 광기 의사"[+29]라고 적고 있다. 그는

1758년 54세 때 《광기에 관한 보고서》를
저술했는데, 여기서 그는 치료적 효능
이 바로 수용소 상황 자체에 있음을
강조했다. 그는 익명의 동료에게 그
효능을 다음과 같이 설명했다. "환자
를 수용소에 조치해 두는 것이 약을 주
는 것보다 더 효과가 있다네. 오랜 경험
으로 알게 된 것은 때로는 감금만으로도
충분한 효과가 있다는 것이고, 게다가 광

18세기말 피렌체의 정신과 의사로서 초기의
치료적 수용소를 확립한 빈센치오 키아루지.

기를 치료한다고 고안된 여태까지의 그 어떤 방법도 환자를 감금해 놓지
않으면 효과가 나타나지 않네." 바티가 권한 것은 일종의 격리 치료법이
고, 이때 환자는 친지는 물론 구경꾼도 만나지 못하고, 개인 시종의 돌봄
을 받는 것이 아니라 수용소 간호인이 돌보게 된다.[30] 내가 알기로는 이
말이 치료 센터로서의 수용소라는 것에 대한 최초의 언급이며, 그 파급
력은 매우 컸다.

바티는 더 나아가 정신질환이 치유될 수 있는 것임을 강조했다. "광
기는 무서운 난치병 중 하나지만, 다른 여러 혼돈 상태와 마찬가지로 관
리가 가능하고, 치유 불가능한 것이 아니다. 불행한 이들을 포기해서도
안 되고 범죄자나 문젯거리처럼 끔찍한 감옥에 가둬서는 더욱더 안 된
다."[31] 정신분석학 위주의 역사관은 바티가 근대 정신의학의 기초를 만들
었다는 사실을 방기하고 있어 실제로 바티는 거의 잊혀져 가고 있다.[32]
그러나 바티야말로 정신의학 탄생에 산파 역할을 한 사람이다.

이제 장면을 이탈리아 피렌체로 옮겨 보자. 1785년 26세의 젊은 의사

✢ 정신의학이라는 명칭이 정해지기 전에 광인을 보던 의사는 mad doctor 혹은 alienist라 불렸다.

빈센치오 키아루지는 산타 도로테아 호스피스에서 일하고 있었는데, 토스카나 주의 낡은 보니파치오 병원을 수리했으니 과밀한 호스피스 환자를 그곳으로 옮기라는 지시를 받게 된다. 그 지시는 토스카나 주의 행정관이자 개혁가인 오스트리아 레오폴드 대공大公으로부터 나온 것이었다. 이어 1788년 보니파치오 병원이 개원하고 이듬해에는 정신병원의 관리 규정집이 예술적으로 장정되어 출간되었는데, 아마도 키아루지가 쓴 것으로 추정된다. 1793년과 1794년 사이에 키아루지는 세 권으로 된《광기에 관하여》라는 책을 발간했고, 그 책에서 수용소는 정신질환자를 그저 가둬 놓기만 하는 장소가 아니라 치료하기 위한 장소라고 주장하면서 치료 계획안의 요점을 기술하였다[33](다음 장에서 이에 관해 자세히 기술할 것이다). 따라서 치료적 수용소의 운영 근간을 다진 공은 키아루지에게 돌아간다.

그동안 프랑스에서는 혁명이 진행되고 있었다. 1793년 자코뱅 당의 지도자인 마라가 샤를로트 코데에게 암살된 지 한 달 후에 자코뱅 정부는 38세의 젊은 의사 필립 피넬에게 비세트르 호스피스 운영을 담당하라는 지시를 내렸다. 피넬은 혁명의 혼란을 틈 타 자수성가한 사람이었다. 1745년 프랑스 남서부 작은 마을에서 태어난 그는 가난한 의사의 일곱 아이 중 장남이었다. 고향 근처 툴루즈 대학에서 수학을 공부했고 몽펠리에에서는 의학을 공부했다. 파리로 진출한 피넬은 살롱을 출입하며 의학과 관련된 글을 쓰고 번역하는 일종의 문인으로 지내다가 벨롬므 가家 소유인 사립 정신과 클리닉과 모종의 관련을 가지게 되었다. 머릿속으로만 이론을 만들어 글을 쓰는 사람들과는 대조적으로 그는 이때 실제로 환자를 관찰하는 경험을 하게 되었던 것이다.

1789년 이후 혁명 집단에 참여한 피넬은 지방 사투리를 쓰는 초라한 시골 출신임에도 불구하고 정치적 입지를 마련하게 된다. 1780년대 살

19세기 초 파리에서 활동한 정신과 의사로서 근대 정신의학의 시조라고 알려져 있는 필립 피넬이 쇠고랑에 묶여 있던 광인을 해방시키는 모습을 상상하여 그린 그림이다.

롱에서 유행하던 계몽주의 심리학과 사회진보철학에 고취된 피넬은 정신질환의 치유 가능성과 인도주의적 돌봄이라는 개혁주의 이상으로 가득 차 있었다.[34] 1793년 비세트르 병원에서 광인을 사슬로부터 풀어내 명성을 얻게 된(실제로 그런 지시를 내린 사람은 병원 행정감독관인 장 밥티스트 푸생이라고 한다) 피넬은, 이어 1795년 살페트리에르의 원장이 되면서 그곳에서도 사슬을 풀어 주었다.

현재까지도 정신의학의 역사에서 피넬의 이름은 기념비적 의미로 남아 있는데, 이는 광인을 자유롭게 해주었다고 알려져서 그런 것은 아니다. 키아루지를 포함하여 이전 시대의 정신과 의사들도 환자로부터 사슬을 걷어낸 바 있기 때문이다(피넬은 사슬을 구속복으로 대치했을 뿐이다). 피넬이 역사에 명예롭게 기록된 이유는 1801년 출판된 그의 책에서 기인한다. 벨롬므, 비세트르, 살페트리에르에서의 경험에 근거하여, 수용소 감금은 치료적으로 사용해야 하며, 비록 정신치료라는 단어를 구체적으로 명기하지는 않았지만 수용소는 심리적 치료를 하는 곳이라고 주장했던 것이다. "치유 가능성이 없어 보이는 사람도 사회로 복귀할 가능성은 충분하다. 회복 도중에 있거나 발작과 발작 사이에 맑은 정신을 가지는 수많은 환자들에게 우리는 끈기 있게 헌신적인 관심을 쏟아야 하고, 환자를 분류하여 특성에 따라 제각기 독립된 병동에 두어야 한다. …… 이성을 계발하고 강화시키기 위해 일종의 심리적 치료를 해야 한다."[35] 수용소의 치료적 기능에 관해 언급한 사람은 피넬이 처음은 아니지만, 역사적으로 볼 때 가장 큰 반향을 일으킨 사람은 피넬이었다. 관습적 역사관은 근대 정신의학의 효시를 피넬로 보고 있다.

우리가 알기로는 피넬은 환자들과 매우 친근하게 지냈고, 따뜻한 목욕으로 환자를 안정시켰으며, 부지런히 일하고 규칙적인 생활을 했다고 한다.[36] 그러나 그의 1801년 책에는 수용소가 치료적으로 기능하기 위해서 수용소 생활을 어떻게 체계화시킬 것인지에 대해서는 매우 모호하게 적혀 있다. 치료적 기능을 자세하게 저술하게 된 계기는 장-에티앙 에스퀴롤이 피넬의 제자로 참여하면서부터였다. 에스퀴롤은 1772년 혁명으로 몰락한 툴루즈의 유서 깊은 가문에서 태어났다. 어떤 경력을 쌓을지 모색하던 중 에스퀴롤은 파리에서 의학을 공부하게 되었다. 이 병원 저 병원에서 강의를 듣다가 살페트리에르에서 피넬과 조우하고, 두 사람 사이에는 1세기 후 지그문트 프로이트와 카를 융 사이에 맺어졌던 것과 같은 즉각적인 유대관계가 이루어졌다. 그는 정신의학 개혁의 황태자로 알려져 있다. 에스퀴롤은 정신질환을 일으키는 '정념'의 기능에 관해 쓴 1802년의 박사학위 논문으로 이름이 알려지기 시작했고, 1811년에는 의사가 아닌 푸생을 살페트리에르의 행정관으로 임명했다.[37]

피넬의 개혁 아이디어를 계획적으로 실행에 옮긴 사람이 에스퀴롤이다. 1817년부터 에스퀴롤은 이를 알리기 위해 의과 대학생에게 정신과

강의를 시작했고 8년 후에는 파리 근교 샤렝통
에 있는 대형 수용소 소장이 되었다. 에스퀴롤
은 이미 10여 년 전부터 프랑스 특히 시골에 있
는 수용소를 개혁하고자 조바심내고 있었다.[38]
에스퀴롤이 차근차근 만들어나간 피넬 식
수용소는 치료공동체라고도 부를 수 있
는 것이었다. 즉 환자와 의사가 정신과
라는 환경에서 공동체의 일원으로 평
등하게 살아가는 것을 의미했다. 살페
트리에르 건너편에 위치한 에스퀴롤
의 개인 의원에서는 환자들이 에스퀴

19세기 초 파리에서 활동한 정신과 의사로서
후에 "사회정신의학 및 지역사회 정신의학"이
라 불린 것을 주창한 장-에티앙-도미니크 에스
퀴롤. 미국 국립의학도서관

롤 가족들과 한 식탁에서 식사를 하곤 했다.[39] 환자를 수용소에 가둠으로
서 바깥세상과 격리시키고 가족과 친지로부터 떨어뜨림으로서 과거에 환
자를 지배하던 불건강한 정념에서 주의를 돌리게 하는 이점이 있다고 에
스퀴롤은 믿었다.[40]

피넬과 에스퀴롤로부터 전파된 개혁의 바람은 19세기에 대서양 너머
미국으로 건너갈 정도로 세계적으로 퍼져 나갔으나, 환자들로 초만원인 수
용소에서는 치료적 혜택이라는 개념은 수렁에 빠질 수밖에 없었다. 또한
나라마다 개념을 해석하는 데 차이가 있었다는 것도 주목해야 할 점이다.

중앙유럽으로는 피넬의 소리가 전해지지 않았다. 왜냐하면 개혁운동
에서 주요 권위자였던 레일이 "비세트르의 현자"의 말을 듣는 대신 키아
루지의 뜻을 따랐기 때문이었다.[41] 레일은 18세기 말의 박학다식한 계몽
주의적 학자였다. 그 이름은 신경해부학과 내과학 교과서에도 올라 있는
데, 나중에는 정신의학 분야에까지 손을 뻗치게 된다. 그가 할레에서 옥
의獄醫로서 정신질환을 가진 몇몇 수감자를 진료했을지는 몰라도 실제로

정신질환자와 그리 접촉이 많았던 것 같지는 않다. 그러나 나름대로 정신질환에 대해 많이 사색했고, 1803년《정신 착란의 심리학적 치유 방법에 관한 서사》라는, 매우 강력한 주장이 들어 있으나 제목은 애매모호한 책을 출간했을 때 그의 나이는 44세였다.

수용소의 끔찍한 실상에 경악한 레일은 최상의 계몽주의적 스타일로 다음과 같이 질문을 던진다. "인류를 구원해야 할 상황에서 우리의 훌륭한 문화유산은 다 어디로 갔는가? 인류애는? 지역 유대감과 시민의식이라고 간주하는 것은? 그리고 자기 이익을 포기하는 고귀한 희생정신은?" 그는 자기 앞에 펼쳐져 있는 수용소의 음울한 장면을 묘사하며 "의사 집단"이야말로 이 불행한 사태를 해결할 사람이라고 주장했다. "의사들은 용기와 힘을 가져야 한다. 모든 사람이 의사를 필요로 하기 때문이다. 의사란 어떤 특성을 가지도록 가르침 받은 사람이고, 그 특성이란 인간성의 파괴를 온몸으로 막아 내는 것이다. 원칙이 훼손되는 것을 보면 의사들은 행동으로 이를 가로막아야 한다."(이 구절을 읽으면 〈기쁨을 위한 송시〉✛를 쓴 사람은 실러가 아니라 레일인 것 같다.)

레일은 "정신질환자에게 의사가 할 수 있는 일은 과연 무엇인가?"라고 묻는다. 수용소가 도움이 될 수 있을 것이다. 정신병자를 집에서 더 잘 돌볼 수 있다는 통상적 규범에 단 하나 예외가 있다면 그것은 정신병원이다. 가정에서 돌보는 것보다 수용소에 감금하는 것이 훨씬 더 효과적인데, 그 이유는 "가정에서는 목욕도, 관수욕灌水浴도 할 수 없고 환히 트인 공간도 없으며, 의사들이 공공 수용소에서 하는 것과 같은 보조적 치료도 할 수 없기" 때문이다. 광기에 관심을 기울이는 의사의 수가 적다

✛ 독일의 시인이자 역사학자인 프리드리히 실러가 쓴 시로서 인류애와 형제애를 찬양하는 내용으로 베토벤 교향곡 9번 마지막 악장, 슈베르트, 차이코프스키의 음악에 인용되었다.

는 점을 고려한다면, 의사들이 흩어져서 개인적으로 가족 주치의로서 도 와주는 것보다는 수용소라는 한 장소에 여러 명의 의사들이 모여서 환자 를 보는 것이 더 합당한 일이다. 그러므로 "공공 수용소는 이런 환자를 치료하는 중심지가 되어야 한다."[42]

수용소에는 두 종류가 있어야 하는데, 하나는 치유 가능한 환자를 위 한 곳이고 다른 하나는 치유 불가능한 환자를 위한 곳이다. 레일은 특히 치유 불가능한 환자를 위한 수용소에 관심을 쏟고 정교한 치료 방법을 개발했다. 신체적 치료는 물론 시각을 자극해서 정신적 치료 효과를 얻 기 위해 수용소 안에 극장을 만들었고, 남자 환자들은 매춘부를 만나게 해주었다.[43] 그러나 이 모두는 레일의 상상력에 불과하다. 레일이 주장하 는 제도를 실제로 도입한 수용소는 하나도 없었기 때문이다. 비록 수용 소 치료에 관한 총괄적 프로그램이라고 볼 수 있지만, 피넬의 아이디어 와는 전혀 관계가 없었고 단지 키아루지가 몇몇 아이디어만 채용해 사용 했을 뿐이다. 그럼에도 레일의 상상력은 중앙유럽에 영향을 미쳐 치료 전문분야로서의 정신의학을 만드는 데 일조했다고 볼 수 있다.

레일은 독일 정신의학 역사의 자유주의적 흐름을 반영하고 있다. 레 일과 동시대에 또 하나의 권위자가 등장했는데, 그는 에른스트 호른이 다. 호른은 당시 32세의 군대 교육담당 군의로서 1806년 베를린의 샤리 테 병원의 부원장이었다. 정신과 환자를 수용하던 감화원이 불타 버린 후 그 자리에 1798년 신축한 병원에서 정신과 병동을 운영할 책임을 맡 고 있었다. 호른이 운영하던 병원의 특성을 이해하기 위해서는 샤리테 병원이라는 곳이 프러시아 군대 규율에 기초한 군 교육 병원이라는 것을 염두에 두어야 한다. 군대의 엄격한 규율은 혼란스러운 수용소 분위기에 긍정적 치료 효과를 가져왔다고 한다. 그러나 예를 들면 환자는 방 밖으 로 나가지 못하도록 되어 있었는데, 이런 사소한 사실에서 떠오르는 의

혹은 그가 말한 좋은 결과라는 것이 과연 무엇이었을지에 관한 것이다. 병동 책임자가 되면서 호른은 다음과 같이 말했다. "환자들은 자기가 원하는 것은 무엇이든 자기 방으로 가져갈 수 있다. 누구나 자신만의 둥지를 만들고 싶어 하기 때문이다. 그러나 자기에게 허용되는 것은 남에게도 허용된다는 사실을 고려하지 않는다. 그러다 보면 환자의 방은 금방 잡다한 것으로 가득 차고 무질서해질 것이다. 비극적 결과는 금방 나타나기 마련이다. 전체를 위해서 개인의 욕구를 희생해야 한다고 나는 주장한다. 환자의 개인적 요구는 무시되어야 하고 그리하면 환자 전체 집단은 나아질 것이다."[44]

1806년 호른이 도착했을 때 수용소 상황이 혼란의 극치였다는 것은 엄연한 사실이다. 프란치스코 고야의 그림[+]에나 나올 것 같은 이 상황에 그가 강요한 규칙은 당시에는 비록 엉성하고 행정적으로도 불편했지만, 꽤 치료적이기는 했다. 그는 환자에게 군대식 교련법을 명령했고, 하루 종일 나태해 있는 환자에게 꽉 짜인 일정을 부과했으며, 환자들이 자신의 삶을 스스로 통제하고 있다는 느낌을 가지도록 행동의 한계를 정해놓았다. 호른의 전기 작가는 "많은 환자는 회복된 것에 기뻐하며 그에게 감사했다"라고 적고 있다.[45]

미국의 경우 1930년대까지는 유럽식 모델이 정신과를 지배하고 있었다. 당시에는 뚜렷한 미국식 정신이나 전통이 거의 없었고, 있다 하더라도 단지 베껴 온 것에 불과했다는 말이다. 그러므로 "미국에서 최초"가 무엇인지 말하려면, 자신들의 역사에 관해 기술한 미국인 특유의 애국심이 그 저술 내용에 영향을 미쳤는지 우선 살펴야 할 것이다.[46] 이를 고려한다 할지라도, 미국에 관한 서사는 중요하고, 그 서사는 한 개인에서부터 출발한다.

필라델피아 출신의 의사 벤저민 러쉬는 1965년 미국 정신의학 협회가 "미국 정신의학의 아버지"라고 공식적으로 천명한 사람이다.[47] 펜실베이니아 병원 외래 의사이던 러쉬는 그때까지는 미래에 횃불이 될 정도로 두각을 나타내지는 않았었다. 그는 뇌를 정신질환의 병리로 보던 유럽 학자들의 의견에 공감하고 있었다. 1789년도 저술을 보면 "혼란에 빠져 고통받는 사람, 혹은 특이한 심적 상태를 갈구하는 사람들은 당연히 의료의 대상으로 치료받아야 한다. 그리고 그들의 질병이 치유의 기예에 굴복한 예를 기록에서 많이 찾아볼 수 있다."[48] 1812년 출간된 두꺼운 정신의학 교과서에서 러쉬는 다음과 같이 냉엄하게 기술했다. "광기의 원인은 뇌혈관 속에 있고, 뇌혈관의 병리는 신체 모든 부위의 동맥으로 그대로 확산된다."[49] 이는 흔한 장기병설organicism[++]의 하나일 뿐 미국 특유의 것도, 러쉬 고유의 것도 아니었다.

러쉬의 열렬한 지지자들은 그가 후세에 나타날 심리적 치료를 예견하고 도덕적 권고에 관해 오랫동안 숙고했다고 주장해 왔다. 그러나 러쉬의 환자 진료 방식을 자세히 살펴보면 그에게 심리적 감수성이 있었다고 보기는 어렵다. 1787년 펜실베이니아 병원을 방문했던 한 사람이 러쉬의 회진을 따라 돌며 관찰한 것을 자세히 기술한 것이 있다. "…… 우리는 광증mania[+++] 환자를 보기 위해 다음 병동으로 건너갔다. 환자의 방은 반지하에 위치하고 있었다. 그 방은 3제곱미터 크기이고 감옥처럼 튼튼하게 만들어져 있었는데 …… 방문마다 음식 등을 밀어 넣는 작은 구멍이 뚫려 있었고, 그 구멍마저도 튼튼한 빗장으로 가로질러 있었다." 환자

✤ 프란치스코 고야(1746~1828). 스페인의 대표적 낭만주의 화가. 말년에 고독과 질병에 고통받으면서 그린 어두운 그림들은 암울한 상상력과 귀기를 보는 듯한 실감을 일으키고 인간 존재에 대한 비참한 시선을 드러내고 있다. 그의 그림 〈수용소〉는 정신병자의 괴기스러움과 수용소의 황량함을 보여 준다.

✤✤ 모든 질병은 장기의 구조적 변형을 동반한다는 병리학 이론 중 하나이다.

✤✤✤ 여기에서 말한 mania는 현재 정신의학에서 칭하는 조증과는 다른 의미로, 광폭한 행동을 하는 환자를 통상적으로 일컬었다.

들은 밀짚 위에 누워 있었다. "어떤 사람은 사납게 고함을 지르고 있고, 거의 혹은 전부 벌거벗고 있었다."[50] 이 광경은 결코 도덕치료moral therapy✝와 이에 걸맞은 잘 짜인 일정이 있음을 의미하는 것은 아닌 데다가, 러쉬의 교과서에 묘사된 바와 같은 목가 풍으로 개혁된 펜실베이니아 병원은 더더욱 아니었다. 그가 자신의 책에 기술한 환경은, "환자들은 이제 신선한 공기와 햇빛을 즐기며 운동을 할 수 있게 되었고, 여름날 나무 그늘 아래에서 기분 좋게 산보를 한다. …… 인간성을 되찾은 환자들은 오랫동안 잊고 있던 우정과 사회생활을 회복하게 되었다."[51] 그러므로 미국 정신의학의 창시자라 불리는 러쉬에게는 조금 사기성이 엿보인다.

그렇다면 소위 정신의학의 창시자라고 불린 사람들 대다수가 가지고 있던 공통점은 무엇이었을까? 자본주의와 중앙권력의 잔혹한 동맹이 정신의학을 탄생시켰다는 푸코식 개념은 과연 적합한가? 동기도 없이 타성에 젖은 집단에게 노동 규율을 주입하기 위한 목적으로 일탈자들을 감금하는 권력의 게임판에 올라간 의사들이 과연 정신의학의 창시자라고 볼 수 있는가? 사실 바티와 러쉬는 초기 자본주의 경제의 중심—특히 필라델피아와 런던—에서 시장경제 분위기에 푹 젖어 있었다. 반면, 아직 중세의 깊은 잠에 빠져 있던 18세기 말 피렌체에서 키아루지가 자본주의에 눈떴다고 말하기는 어렵고, 더욱이 레오폴드 대공이 오스트리아 군주의 권한을 확장하기 위해 토스카나 정신병원 체제까지 통제하려 했었다고 말하는 것은 익살극 속의 말귀와 진배없다.[52] 당시 빈의 경제적 관심의 대상은 토스카나가 아니었고, 젊은 레오폴드(통치권을 잡던 1765년 당시 18세에 불과했다)와 그의 모친 마리아 테레사는 산업부흥으로 국

✝ 도덕치료는 계몽주의의 시대적 배경 아래서 개인과 인권에 초점이 맞춰지면서 인도주의적 돌봄을 원칙으로 하는 정신병자 관리 방식이다. 치료적 환경과 재활치료가 여기에서 비롯되었다. 프랑스어의 le traitment morale는 윤리적 처우를 강조했다.

가 기강을 확립하려 했다기보다는, 전통적이고도 계몽주의적인 "절대 권력자"가 되기를 원했기 때문이다. 레일이 있던 독일 할레는 당시 경기침체에 빠져 있었고, '인류의 위대한 친구'인 레일은 산업시대 노동규율을 환자에게 강요할 필요도 느끼지 않았었을 것이다. 피넬과 에스퀴롤에 의해 푸코식 상황이 정말로 생겨났을 수도, 아니면 생겼다 없어졌을 수도 있다. 그러나 두 사람은 매우 다른 특징을 가지고 있어서, 계급 배경과 마음가짐에서 완전히 달랐다(피넬은 철학적이고, 에스퀴롤은 초기 낭만주의적이었다). 게다가 절친한 친구 사이인 두 사람의 공통점은 두 사람 모두 개인 클리닉에서 풍부한 경험을 쌓았다는 점이다. 피넬이 벨롬므 가의 개인 클리닉에서 보낸 첫 5년간의 정신과 경험이 과연 어떤 종류의 것인지 짐작하기는 어렵지만, 에스퀴롤이 생각한 치료의 개념은 분명 자신이 클리닉을 운영하면서 얻은 경험에서 나온 것이다.

이 두 사람이 젊었을 때 개인 정신과 클리닉에서 배웠다는 점이 왜 중요한 것일까? 개인 클리닉이 번창했다는 것은 푸코의 모든 주장을 뒤집는 것이기 때문이다. 개인 클리닉을 정의하자면, 공공 기관이 아닌 개인 소유의 클리닉이다. 만약 정신과의 탄생이 개인 소유의 "광인의 집"에서 비롯된 것이라면, 그때시 중류층과 귀족들이 미친 친척을 멀리 떼어 놓기 위해 자발적으로 막대한 돈을 지불했다면, 푸코가 주장한 "대감금"이 과연 누구에게 어떤 이득을 가져올 수 있었겠는가?

사실, 푸코만큼 설득력 있는 주장을 하는 학자는 별로 없다. 일부 학자들은 정신과 의사들이 광기를 다루는 전문가가 되기 위해 주도권을 확보하던 과정이 바로 "전문화" 과정으로, 이를 통해 부와 권력이 증대되고 정신의학의 탄생으로까지 이어졌다고 주장한다.[++53] 바티처럼 개인 클리닉을 운영하면서 막대한 부를 축적한 사람도 물론 있다. 또한 정신병 환자를 보려면 특수한 인지적·정서적 특성이 있어야 한다고 주장하며 독립적 전문분야로서의 정신과를 조성해 나갔던 것도 사실이다. 그러나 이 과정은 권력을 쟁취하려는 목적이 아니라, 정신병도 치료할 수 있다는 집단적 자기 확신을 합법적으로 표현한 것이라고 해석될 수도 있다.

18세기 말 정신과 의사들은 새로운 전문분야가 서서히 형태를 잡아 가고 있다고 확신했다. 20세기까지도 정신과 의사들은 "착란mental alienation"을 치료하는 "정신착란 의사alienist"로 불렸다. 레일은 좋은 정신과 의사가 되는 데 필요한 자질을 다음과 같이 열거했다. "통찰력, 관찰 능력, 지적 능력, 선한 의지, 끈기, 인내, 경험, 당당한 체격, 존경을 끌어낼 수 있는 표정." 그는 이 자질을 다음과 같이 짧게 설명했다. "이와 같이 광인 치료에 필요한 자질을 갖춘 자가 매우 드물어서 수용소에서 일할 의사를 구하기가 매우 어렵다."[54] 1808년 레일은 새로운 전문분야를 칭하는 단어인 정신의학, 혹은 "Psychiaterie"이라는 말을 만들었고, 1816년 "Psychiatrie"[55]로 줄였다.

영국의 저술가들도 정신과가 특수 전문분야라는 주장에 공감을 나타냈다. 1810년 영국 맨체스터에 있는 수용소의 소장이었던 존 페라이어는 의사가 광기의 진면모를 이해하려면 의학에 관해 기술한 그리스의 아레테이우스++++보다는 셰익스피어에 더 정통해야 한다고 말했다. "병리적 증상보다는 시적 낭만적 기질이 더 뚜렷한 사람의 개성을 자세히 알고자 할 때, 일부 저술가는 정신질환을 너무 협의적으로 해석하는" 반면, 다른 사람은 광기가 "일시적으로 과다한 정념"과 관련된다고 주장한다.[56]

....

+++ 예를 들어 Scull은 그의 저서 Most Solitary of Afflictions에서 19세기 수용소 의사에 관해 다음과 같이 썼다. "수용소가 의학 기관이라는 환상을 유지하기 위해 의사들은 자신들의 행동을 인도주의적이고 과학적이라고 자처하며 문제인물과 고집 센 사람들을 사회로부터 제거하는 것을 합법화하고 있으나, 실은 그런 감금은 다른 관점에서는 정당화되기 어렵다."(p.246)

++++ 카파도키아의 아레테이우스로 불리는 1세기경 고대 그리스의 유명한 의사이다. 히포크라테스식의 진료 방식을 따랐고 질병에 관한 8권의 책을 썼는데, 대부분 잘 보존되어 있어 많이 인용된다.

광기를 전문적으로 치료하는 데 최우선으로 필요한 것은 문화와 성격에 대한 이해라고 페라이어는 주장했다. "과학으로서의 정신적 의학psychic medicine이라는 개념"[57]이 당시 이미 그 존재를 드러내기 시작하고 있었다. 수용소를 치료적으로 운영하는 일은 화학이나 해부학처럼 난해한 기예이자 과학이라는 주장 아래 정신과 의사들은 동업조합의 합법성을 주장하고 나섰다.

치료적 수용소를 기획하다

창시자들은 수용소 감금이 치료적 효과를 나타내기 위해서는 다음의 두 가지 상황이 갖춰져야 한다고 생각했다. 하나는 규율을 부과하는 일과와 공동체 정신을 갖춘 환경이고, 다른 하나는 의사-환자 관계였다. 특정 양식의 의사-환자 관계는 "도덕치료"라고도 불렸다. 환경과 도덕치료라는 이 두 가지 특성은, 창시자들이 생각하기에, 새로운 수용소를 전통적인 "미친 자의 집"과 구별할 출발점이었던 것이다.

18세기 의학편람에 의하면 광기는 신경이 과도하게 자극받아서 생기는 것이다. 그러므로 진정시키는 환경이 필요하다고 생각했다. 바티는 자신의 수용소에서 이를 실현하기 위하여 특정 원칙을 사용했다. "규범에 어긋나는 모든 욕구는 억제되어야 하고, 상상에 집착하는 행동은 가능한 한 다른 것으로 전환시키고," 환자의 몸과 거처는 청결해야 하며, 식사는 가볍게 해서 "알코올이 들어가서는 안 되고 양념도 과하게 하지 않는다." "적절하게 안배된 다양한 오락거리"를 제공하되 너무 오래 지속되어도 안 되고 너무 산만해서도 안 된다. 다른 말로 표현하면, 개인 신경 클리닉은 일종의 휴식처와 같이 기능해야 한다고 했다.[58]

18세기 말에 환자의 자기 통제력 강화를 중요시 여긴 이유는, 정신과 의사들이 단순히 자기 규율을 중시하는 감리교 시대 사람이어서가 아니라, 자기 통제야말로 치료에 효과적이라고 보았기 때문이었다. 페라이어는 "광증 환자" 양생법은 환자가 "스스로 자신을 돌볼 수 있도록" 자기 규율을 획득하게 해주는 것이어야 한다고 했다. "규율 체계는 부드러우면서 엄격해야 하고, 공포나 고통에 짓눌리지 않고도 적당한 구속감을 느낄 수 있도록 만들어야 광기에 가장 알맞은 치료법이다." 그 결과는 곧 드러나리라고 믿었다. "가정으로부터 격리되었을 때 광증 환자가 빨리 회복되는 것은 바로 구속감 때문이다." 자기 집에서 관심과 돌봄을 받는 것은 병을 악화시킬 뿐이다. "환자들이 낯선 사람들 틈에서 스스로 제 능력껏 생활해야 함을 감지하고 제대로 생각하기 시작했다면 그것은 회복이 시작되고 있다는 의미이다." 그러므로 수용소 일과는 제한 규정을 지키고 자기 극복감에 초점을 맞추어 이를 격려하는 것이어야 한다. 페라이어가 강조한 것은 무엇보다도 "희망을 가지고 미래를 인식하도록 환경을 조성해 주는 것이 가장 유용한 규율이라는 것이다. 소소한 친절과 신뢰를 보이는 것, 그리고 의사의 확실한 기품이 회복을 가속화시킨다."[59]

정신질환자에게 어떻게 희망과 미래에 대해 이해시킬 수 있었을까? 어떻게 "미친 자의 집"을 레일이 말한 것과 같은 "치유를 위한 시설"로 전환할 수 있을까? 무해해 보이는 단어 한 개를 선택해서 생각해 보자, 라고 레일은 말했다. "신경증 환자를 위한 펜션" 혹은 "심리적 치유를 위한 병원" 등. 이런 병원은 개울과 호수, 언덕과 들판이 있는 쾌적한 곳에 자리 잡고 있고 행정 건물 주변에 환자들의 숙소인 작은 빌라들이 흩어져 있다. 어느 건물에도 창문에 빗장을 걸지 않는다. 레일이 믿기로는, 광기 환자들은 뚜렷한 냄새를 풍기므로 주변을 청결하게 해야 한다. 그래서 목욕탕과 "명상을 위한 장소magic temple", 그리고 "점잖은 운동"을 할 만한 장소가 갖추어져야 한다.[60] 수세기 전 큰 도시에는 실제로 부자들이 치유를 위해 명상하던 치유의 신전이 존재했다. 레일의 치료 비전은 놀랍게도 선견지명이 있는 것이었다.

중앙 유럽의 치료적 수용소는 질서 정연한 것이 특징이었다. 샤리테 수용소에 있던 호른도 환자 일과표를 고안했는데, 당시 외부로는 알려지지 않았던 것이다.

오전 5~6시: 즉각적 기상, 목욕, 아침식사

오전 6~7시: 종교적 계발, 환자가 이해할 만한 성경 구절을 큰 소리로 읽어 줌

하루 일정은 이런 식으로 계속되는데, 틈틈이 목공예, 교련, 미술작업, 지리학 수업이 이어지고, 날씨가 좋을 때는 저녁 7시와 8시 반 사이에 "볼링 게임을 해서 작은 상"[61]을 주곤 했다. 호른의 일과표는 규율 바른 생활이 회복에 효과적이라는 철학을 반영하는 것이었다.

피넬은 노동으로 일과를 구성할 것을 주장했다.[62] 그러나 매일의 일과가 치료적이라는 견해를 프랑스에서 가장 구체적으로 실현한 사람은 개인 클리닉에서 풍부한 경험을 가진 에스퀴롤이었다. "화합, 질서, 규칙이 엄격한 곳에서 구속을 받으면 조증 환자도 자신의 충동성을 다스릴 수 있고 괴상한 행동도 통제할 수 있게 될 것이다." 1816년 에스퀴롤이 위 구절을 적은 것을 보면, 반세기 이전에 바티가 일갈한 충고를 귀담아 들은 것 같다(실제로는 그렇지 않았지만). "혼란과 소음으로부터 멀리 떨어져 고요함을 즐기고, 가정의 골칫거리와 일에서 벗어나 정신적 휴양을 하는 것은 회복에 큰 도움이 된다. 질서, 규율, 그리고 잘 조율된 일과로 꽉 찬 생활을 하다 보면 자신의 인생을 성찰하게 될 수밖에 없다. 낯선 사람에게 적응해야만 하고, 잘 처신해야 하며, 고통받는 사람끼리 동료로서 함

께 살아가는 생활은 잃어버린 이성을 되찾는 데 강력한 동류의식을 일으
킨다."[63]

18세기 말의 수용소가 과거와 역사적 단절을 감행한 두 번째 의의는,
의사들이 약이나 신체적 수단과 상관없는 특정 기법을 사용하기 시작했
다는 점에 있다. 이는 드디어 정신치료가 도래했음을 의미하는 것으로
서, 의사-환자 관계에 특별한 형식을 갖추어 치료 방법으로 사용하게 된
것이다. 정신과 의사와 환자 사이의 특별한 심리적 관계를 실질적으로
따져 보면 새로운 것이 아니다. 한때 "도덕치료moral treatment"라고도 불
렸는데, 이는 피넬이 1801년 "도덕적 치료le traitment morale"(프랑스 어 문
맥으로 보면 이는 '도덕'이 아닌 '정신'을 의미한다)[64]라는 말을 사용했기 때
문이다. 별다른 형식을 갖추지 않고도 환자의 심리 상태에 개입해 들어
가는 것은 의사에게는 언제나 익숙한 기예였다. 17세기 프랑스 희곡 작
가 몰리에르의 《의학에 대한 사랑》에서 "닥터 클리탕드르"는 다음과 같
이 말한다. "각하, 저의 처방은 다른 이들과 다릅니다. 다른 의사들은 구
토, 방혈, 약과 관장 등을 사용합니다. 그러나 저는 말로 치유하고, 소리
로, 글자로, 부적으로 치유합니다. …… 왜냐하면 마음은 몸을 지배하고
있고, 그래서 자주 마음을 통해서 병이 생깁니다. 저는 몸을 치료하기 전
에 언제나 마음을 먼저 치유합니다."[65] 레일은 고대까지 거슬러 올라가는
의사의 전통을 잘 알고 있었고 자신만의 "심리적 치유 방법psychological
method of cure"[66]을 솔선해서 실행했다. 1750년 이후 프랑스에는 "영혼의
의학la médecine de l'esprit"[67]에 관한 저술 활동이 폭발적으로 일어났다. 역
사학자 로이 포터가 지적했듯이, 도덕적 조처에 관한 견해가 18세기 동
안 전 잉글랜드의 심리적 의학에 퍼져 있었던 것이다.[68]

18세기 말 정신의학에 관해 저술한 사람들은 이 오래된 방법을 체계
적으로 기술하였고, 수용소에 적용하고자 했던 것이다. 말하자면 본질상

공식 정신치료의 시작이었다. 도덕치료를 실험한 첫 수용소 의사는 이탈리아 피렌체 보나파치오 수용소에 있던 키아루지이다. 그는 1793년 우울증 치료에 관해 다음과 같이 적었다. "진성眞性 멜랑콜리"의 경우 희망을 조장하고 격려하는 것이 중요하다. 희망은 슬픔과 공포의 정반대이다. 그럼으로써 환자의 신체적·도덕적 체질을 바꿀 수 있을 것이다 …… 가장 자연스러운 방식으로 새로운 희망을 불어넣어 주어야 저항이나 원망을 하지 않는다."[69] 키아루지는 수용소 환자에게 의사가 직접 심리적으로 개입하는 것만 기술했다.

19세기 첫 30년간 잉글랜드에서는 모든 정신의학 관련 저술을 통해 "도덕치료"가 설파되고 있었으나, 키아루지라는 이름은 아직 알려져 있지 않았다(제2장을 보라). 도덕치료라는 용어는 1796년 개인 수용소를 세운 윌리엄 튜크에 의해 잉글랜드에서는 이미 대중화되어 있었다. 튜크는 요크 지방에 살던 차[茶] 상인으로 퀘이커 교도였는데, 정신질환을 가진 지역 공동체 사람들을 보다 나은 방법으로 돌보고자 했다. 요크에 있던 "요양원Retreat"+에는 감독의사가 있었지만, 지금은 유명해진 튜크의 관대한 돌봄 방식은 거의 대부분이 의사가 아닌 사람들에 의해 고안된 것이다. 윌리엄의 손자인 새뮤얼 튜크 역시 상인이었는데, 1813년 요양원에 관해 기록했다. "사려 깊고 친절하게 대하면 환자들은 대개 감사와 애정을 느낀다." 이 친절함이 환자를 치료적으로 제어하게 되고 회복과 안녕으로 끌어당기는 것이라고 튜크는 믿었다.[70] 비록 그 책은 "조증" 환자와 "멜랑콜리" 환자(당시 환자는 크게 두 범주로 나뉘었다)가 이런 방식으로 치유될 것이라고 믿는 순진무구함으로 가득 차 있었고, 전문가가 아닌 일반인에 의해 쓰인 것이었지만 사회에 커다란 반향을 일으켰다. 아마도

+ 튜크의 요양원을 다른 곳과 구별하기 위해 항상 대문자로 표기했다.

정신의학 역사상 가장 유명한 책 하나를 꼽으라면 이 책일 것이다.

그동안 프랑스에 있던 피넬은 튜크 일가나 요크 요양원에 관해 전혀 알지 못했다. 그러나 피넬은 비세트르 행정관의 아내인 푸생 부인이 일하던 감동적인 장면을 접할 기회를 가지게 되었다. 푸생 부인은 1793년부터 1795년 사이에 나름대로 정신치료를 하고 있었다. 그녀의 치료 장면에 대해 피넬은 다음과 같이 묘사했다. "비세트르에서 가장 광포한 조증 환자를 위로의 말로 안정시키고, 다른 사람이 주면 완강하게 음식을 거부하던 환자들도 그녀가 내미는 음식은 먹었다. 어느 날 음식을 거부해서 굶어죽을 위험에 빠진 한 광증 환자가 반항을 하면서 그녀가 내민 음식을 밀쳐내고 극악한 욕설을 퍼부었다. 푸생 부인은 재빠른 기지로 환자의 망상에 걸맞은 행동을 하며 펄쩍펄쩍 뛰고 춤을 주며 환자와 동류인 것처럼 말을 걸었다. 환자는 얼마 지나지 않아 미소를 짓기 시작했다. 이 기회를 이용해 환자에게 음식을 먹임으로써 푸생 부인은 그의 생명을 구했던 것이다."[71] 피넬은 이런 식의 인간애 넘치는 감동적인 장면을 많이 보았음이 틀림없고, 또한 준비된 자에게 기회가 주어진다고 루이 파스퇴르가 말했듯이, 계몽주의 철학자와의 토론을 통해 이미 준비가 되어 있었던 것이다. 피넬이 내린 결론은, "환자에게 다시 희망을 가지게 하고" 수용소를 치료적으로 바꾸려면 "환자의 신뢰를 얻는 것"이 가장 중요하다는 것이었다. 환자는 자신이 생각하는 것을 감추려 한다. 오직 "상냥함과 지극한 솔직함만이 환자의 내밀한 생각에 다가갈 수 있고 불안을 잠재울 수 있으며, 환자가 자신의 문제를 남과 비교하면서 맞닥뜨리게 되는 갈등을 다룰 수 있다."[72]

1801년 발간된 피넬의 책은 도덕치료를 즉각적으로 시행케 할 만큼 권위가 있었다. 경쟁이 될 만한 것은 레일이 안락의자에 앉아 머릿속으로 정교하게 고안한 심리적 치료 제도이자 학문적 흥미뿐이었다.[73] 이와 같이 잉글랜드에서는 도덕치료moral treatment라 일컫고, 프랑스에서는 "le traitement moral"이라 불리게 된 치료 방식이 계몽주의 수용소 운용의 황금률이 되었다. 베들렘 수용소의 관리인 해스럼이 비록 피넬이 주장하는 당당한 태도와 우레 같은 목소리를 가져야 한다는 가식적 언사를 비웃었지만, 그럼에도 불구하고 피넬이 말한, "충분한 시간을 들여 관심을 기울이고 환자의 성격 특성을 알아내어 성격의 어느 부분에 광기가 자리 잡고 있는지 알아내야 한다"는 것과 같은 지혜에는 존경을 표했다. 해스럼은, 환자의 신뢰를 얻기 위해서는 다만 "온화한 태도와 표현, 환자의 말에 관심을 기울이는 것, 그리고 환자의 말을 믿어 주는 듯한 태도"가 필요하다고 했다.[74] 의사-환자 관계에서 바람직한 의사의 자질을 이만큼 간단명료하게 표현한 말은 없을 것이다.

그렇다면 도덕치료는 몇몇 소수 위대한 인물이 천재적 능력을 발휘해서 발견한 것인가? 아니면 수용소 의사들이 18세기 말 수용소 상황을 직시하면서 찾아낸 내적 논리인가? 환자를 치료하고 고통을 경감시키겠다고 결연한 의지를 품었을 때 의사들은 관장이나 방혈과 같은 치료 방식보다는 심리적 치료법이 더 필요함을 분명히 인식했을 것이다. 환자들도 배설물로 범벅이 되어 밀짚 위에서 뒹구는 것보다는 생산적 활동을 강조하고 오락을 즐기는 환경이 더 좋다는 것을 알게 되었을 것이다. 위로의 말과 염려하는 태도에 환자가 더 바람직한 반응을 보인다는 사실은 의사들도 확실히 알게 되었을 것이다. 이는 꽤 부풀려져 평가된 도덕치료의 본질적이고도 오랜 역사성을 가진 요소이다. 놀라운 것은 도덕치료가 발견되었다는 사실이 아니고, 이 치료 원칙이 가까운 장래에 수용소에서 완전히 사라져 버리게 되었다는 데에 있다.

"신경성" 질환과 일반의사들

인류 역사에 언제나 정신질환이 있었듯이, 불안, 신경성 우울, 강박성 행동 등의 소소한minor‡─비록 앓고 있는 당사자에게는 전혀 소소하게 느껴지지 않았겠지만─질환, 혹은 신경성 질환은 항상 인류와 함께 존재해 왔다. 이들 질환은 18세기에 "신경증적 질환nervous illness"‡‡이라 불렸고, 최근에는 "신경성neurotic" 혹은 "정신신경성psychoneurotic"이라 불린다. 정신신경증을 일컫는 어휘는 어느 시대나 있었다. 고대 유태인들은 멀쩡한 청년이 "상사병"으로 해골같이 될 수 있다고 생각했다.[75] 16세기에는 "히스테리아hysteria"라는 용어로 불렸고 18세기에는 전부 "신경"으로 통했다.[76] 이들 명칭은 어떤 특정 상태만 지칭하는 것이 아니고 상상할 수 있는 어떤 증상에든 적용할 수 있었다. 에를랑겐의 의과대학 교수였던 야코프 이젠플람이 1774년에 히스테리아와 건강염려증이 어떻게 죽음에 이르는지에 관한 논문을 발표하기도 했다.[77]

그러나 소위 신경성이라 불리던 질환은 정신과에 속하지 않았다. 도리어 가정의나 신경과 의사와 같은 기질성 질병을 보는 의사가 담당했다. 현대에 신경성 질병은 기질적 질병을 다루는 의학의 품을 벗어나 심리학적 의학으로 포섭되어 개원의들의 주 수입원이 되고 있다. 그렇다면 18세기 말에 신경성 증상은 어떻게 다뤄지고 있었을까? 이 질문에서부터 시작해 보자.

신경성 정신과 질환은 거의 대부분 온천 의사‡‡‡들의 몫이었다. 유럽 사람들은 전통적으로 온천에서 휴양을 취했는데, 잉글랜드의 바스, 스위스의 리기-칼트바트, 독일의 비스바덴, 프랑스의 플롱비에르 등이 대표적인 장소이다. 이론적으로 온천물에는 안정 효과가 있다고 알려져 있는데, 사실상 주된 효과는 아마도 장운동을 촉진시키는 것이고, 따라서 만

성 변비를 가진 사람에게 편안함을 주거나 배설이 잘되는 것이 건강의
지름길이라고 믿었던 의사들을 즐겁게 해주었다. 온천은 중세 때 최고조
로 번창했지만, 30년전쟁과 함께 목재 값이 치솟고 매독이 유행함에 따
라 근대 초기에 들어서면서 쇠퇴하기 시작했다.[78]

　1800년경 온천은 역사상 가장 인기가 떨어져 있었고, 단지 중세 말
영광의 잔재로서만 명맥을 유지하고 있었다. 잉글랜드의 바스에는 부자
가 아니라 가난한 자들이 몰려들었다.[79] 비록 침체의 밑바닥에 있었지만
그때까지도 기질적 원인을 찾지 못했던 (당시로서는 거의 대부분의 질환이
그러했겠지만) 중상류층의 병자들도 온천을 찾곤 했다. 독일의 경우 맥클
렌부르크에 있는 도베란, 하노버 인근에 있는 넨도르프, 보헤미아의 퇴
플리츠 등은 특히 신경성 질환에 좋다고 알려져 있었다.[80] 밀라노에 있던
의사로 1813년 런던에 정착한 아우구스투스 보치-그란빌레는 클래런스
대공을 포함하여 많은 환자들을 진료하고 있었는데, 1830년 독일의 온
천을 찾아 여행하면서 만났던 다양한 신경성 질환을 가진 사람들에 관해
기술했다. 예를 들어 비스바덴에서 그는 건강염려증이라는 명칭에 딱 들
어맞는 사람을 하나 발견한다. "그는 남들이 모두 웃는 데도 엄숙하게 딴
생각에 잠겨 있고 심지어는 멍하니 정신이 나가 있었다. 항상 운명을 탓
하며 오직 자신의 병에만 관심을 가지고 있었다. 옆 사람들과의 사소한
대화도 경멸하고, 흔히 일시적인 친교가 이루어지는 온천과 같은 장소에
서도 홀로 멀리 떨어져 있었다. …… 그런 성격의 사람을 나는 오스트리

<hr/>

✢ 주요major 정신질환인 정신분열증, 조증 등의 정신증과 대비되는 개념이다. 프로이트의 영향 하에
DSM-II에 등재된 불안 노이로제anxiety neurosis 등의 진단명에서 비롯된 '신경성neurotic 혹은 정신
신경성'이 여기에 속한다. 대개 신경증이라 통칭한다.
✢✢ 이와 대조적으로 neurological disorders는 신경학적 질환으로서 뇌나 척수 등의 신경계 이상에
의한 것이며 신경과neurology의 전문분야이다.
✢✢✢ 온천에 거점을 두고 온천수를 이용해 진료하던 의사를 통칭했다.

아의 가슈타인, 보헤미아의 카를스바트, 퇴플리츠에서도 보았다."[81]

"그란빌레"라는 이름은 자신의 어머니 이름을 따온 것이었는데, 그란빌레는 뷔르템베르크에 있는 "바트 타이나흐"에서 극심한 신경성 환자를 만났다고 적었다. 통풍과 류머티즘에 효과가 있다는 산성 온천물은 또한 "광증을 가진 환자에게도 좋고 …… 건강염려증적 환자, 멜랑콜리 환자 등의 몇몇 질병에도 효과가 있다. …… 내가 온천에 갔을 때 회

퇴플리츠의 온천에서 환자들이 치료를 받고 있는 모습이다. 쇠뿔을 이용해 부항과 방혈을 하는 고대의 요법을 시행하고 있다. **런던 웰컴 라이브러리**

복 단계에 있는 사람을 많이 보았다."[82] 따라서 비스바덴과 바트 타이나흐에 있는 온천 의사들은 정신과에 꽤 숙련되어 있었다는 말인데, 그렇다고 자신들을 정신과 의사라든가, 광기 의사, 혹은 광기를 지칭하는 당시의 어떤 용어도 사용하지 않고 있었다. 미쳤다고 여겨지는 사람 누구에게도 온천에 가서 치료하라고 권유하지도 않았다(사실 온천 운영하는 사람들은 만성 적자로 인해 이런 권유를 하기는 했었다고 한다).

독일에서 독점적으로 호사스러운 온천을 운영하던 곳에서도 신경성 질환은 잘 낫지 않았다. 1693년 베리스포드 부인의 열아홉 살 난 딸이 "처녀의 질병에 흔히 부수되는" 증상을 치료하기 위해 영국 바스에 오게 되었다. 닥터 피어스가 보기에 그녀는 양 손목의 근력저하, 안색의 변화

(의사의 판단에 의하면 12세에 조기 월경을 시작해서 생긴 것), 식욕저하, "우울감과 이상한 발작 증상"을 보이고 있었다. 피어스는 그녀에게 7주간 온천물을 마시게 하고 입욕을 시켜서 원기를 찾게 해주었다. 의사가 생각하기에는 "좋은 남편감을 빨리 찾아 주는 것이 재발을 방지하는 길"이었다.[83]

온천 이외의 곳에서도 부자 신경성 환자는 개업한 의사가 맡았다. 런던의 경우 1860년대부터 할리 가와 웨스트엔드 근처에 왕립의사협회 회원들이 밀집해서 개원하기 시작했다. 이미 18세기부터 신경성 환자를 전담하는 의사들의 단체가 형성되었음이 확인되었고, "광기"라는 용어를 싫어하는 귀족 신경성 환자들을 끌어들였다. 신경 의사들의 대표적 인물로 볼 수 있는 조지 체인은 1733년《영국 병English Malady》✢ 및 그 외 다른 책에서 기술하기를 "신경의 질환"이라는 것은 신경 자체를 침범하는 병이라고 피력했다. 체인은 1671년 스코틀랜드에서 태어나 에든버러에서 공부하고 1701년경 런던에 와서 개업을 했다. 그에 관한 전기에 따르면, 그는 "젊은 귀족층과 교제하며" 단골 환자를 유치하는 데 성공했고 "자유분방한 생활을 하는 사람들에게 매우 큰 인기"를 끌었다고 한다. 체인은 밤늦도록 술집에서 놀며 이때 친해진 사람들을 환자로 끌어들였고, 그러는 동안에 심한 비만에 이르게 되어 통풍에 걸리고 숨도 차게 되었다. 건강이 망가지자 그는 바스에서 치료의 길을 찾았고 몸이 조금 좋아지자 겨울은 바스에서 여름은 런던에서 보내게 된다. 이렇게 건강염려증과 병약함을 즐기는 상류층 분위기에 젖어 있던 체인이 신경질환은 광기

✢ 체인이 말한 영국병은 침울증, 울증 등을 의미했고, 의사 사회에서는 여자의 히스테리아, 남자의 건강염려증을 일컫기도 했다. "증상이 너무도 다양하여 인간이 앓는 모든 병의 증상과 유사하다"고 했다. 현대의 시각에서 보면 무언가 도덕적으로 사회적으로 잘못된 애매한 상태를 은유적으로 표현하여 병이라고 이름붙인 것으로 해석된다. 따라서 18세기 당대의 영국 사회 분위기와 직결된다.

가 아니라 신경 자체의 신체적 질병이라는 의견을 썼던 것이다("천연두나 열병과 같이 …… 신체의 혼란이다").[84]

그리고 신경을 앓는 것은 심한 고통이 될 수 있다! "신체와 연관된 불행 중 신경의 질환이야말로 가장 지독하고 가장 처참해서 삶을 피폐시키고 그 어떤 최악의 것과도 비교할 수 없다고 이 눈물의 골짜기에서 나는 생각한다."[85] 물론 그의 책을 읽은 독자들은 자신의 증상이 정신적으로 통제할 수 없는 기질성 질환에 의한 것이라고 해석해 준 그를 찬양했다. 그의 전기에 의하면 "그의 명성은 어마어마했고, 그 시대의 가장 뛰어난 의사들, 명사들과 친밀한 관계를 유지했다"[86]고 적고 있다. 200년 정신의학 역사를 풀어가다 보면 그 시기에는 체인 이외에도 카를 메닝거와 윌리엄 메닝거가 있었다. 메닝거 형제와 체인 모두 동일한 부류의 환자들을 보았지만, 체인이 광기와 상관없는 의사로 알려졌다면 메닝거 형제는 광기를 보는 정신과 의사로 유명했다.

개업 의사 중 많은 사람이 체인의 길을 뒤따라갔다. 찰스 페리는 옥스퍼드 의과대학을 졸업하고 개원하여 개원의들 사이에 어떤 실마리를 제공한 사람인데, 세계 여행에 관해 몇 권의 책을 써서 친구인 샌위치 백작에게 헌정하기도 했었다. 1755년 "히스테리성 정열"에 관해 그는 다음과 같이 해석했다. 히스테리아는 정신과적 질병인가? 아니다. 오히려 이는 "분비와 축적의 결함이나 교란으로 야기되는 신경의 질병이다. 수천 명 (수백만 명이라고 말해도 될 정도로)의 여자들이 거의 매일같이 이 병에 사로잡혀 고통을 받고 있다." 그는 충분히 근거가 될 만한 상황을 경험했다고 주장했다. "오랫동안 수많은 환자를 임상 현장에서 보아 왔는데, 내가 본 환자 중 히스테리아 환자는 매우 많았다. 특히 지난 수년간 주목할 만한 사례를 많이 보았다. 대부분의 환자가 내게 치료를 받으면서 현저하게 효과를 본 편이다."[87] 그가 허풍떨었다고만 볼 수는 없을 것이다. 온천

요법과 위약효과placebo effect[+]만으로도 의사들은 환자가 겪는 신경성 고통을 상당 부분 경감해 주었을 테니 말이다.

18세기에는 거의 모든 나라에서 개업의사들이 급격히 증가했고, 이들은 히스테리아, 건강염려증, 울증spleen[++] 등의 병명을 퍼뜨렸다. 1763년 프랑스의 피에르 폼므는 "침울증vapours"[+++]이라는—영국에서는 이미 잘 알려진—병명으로 유명해졌다. 프랑스 지방 도시 아를에서 파리로 상경해 개업의로 성공한 폼므는 왕의 상담의사로 일했다. "피로감, 통증과 멍함 등의 증상을 보이는 침울증, 모든 즐거움에 독을 불어넣는 슬픔, 멜랑콜리와 낙담"으로 고통받는 소위 "상류사회 인사"들도 치료했다. 폼므가 믿기로는 닭 수프와 냉수욕이 놀라울 만치 효과적이었다고 한다.[88]

이러한 개업의들이 공식적으로 언급하는 신경과 광기는 전혀 다른 것이었다. 그러나 실제 임상에서는 그다지 구별되지 않았다. 광증이라는 오명이 찍히지 않기 위해 환자 가족들은 의사가 기질적 질병이라고 말해주기를 요구하며 찾아왔기 때문에, 소위 "신경" 치료 전문가라는 의사들도 결국 언젠가는 정신병을 보아야 했다. 사보이 이탈리아 공국에 속한 샹베리 시에서 상담 의사로 있던 조세프 다캉과 같은 의사는 개업의로서 부잣집 여인들의 문제를 "침울증"이라고 진단해 주곤 하였다. 1787년 출판된 샹베리 시의 질병 지형도에 관한 그의 저서에서 "샹베리에는 신경질환이 흔하지는 않지만, 예전에 비해 최근 매우 증가하고 있는 것으로 보인다. 심지어 근처 시골에 사는 여성들에게도 퍼지고 있다." 자궁 때문

....

[+] 특정 생리적 효과를 가지지 않은 물질을 투여받고 생리적 반응을 보이는 것으로서, 일종의 의미 반응으로 볼 수 있다. 환자가 가진 치유에 대한 기대감이나, 의사-환자관계에 부여하는 의미 등이 실제로 치료적 생리반응을 유발하는 것을 일컫는다.

[++] 마음, 우울 등의 관용어법적 표현이며, 체액이론에서 멜랑콜리를 유발하는 흑담즙은 비장에서 생산된다고 믿어졌다.

[+++] 위胃나 장腸의 병으로 인해 독기를 품은 가스가 나와 우울증, 망상 등을 일으킨다고 생각했다.

에 생기는 이 신경성 "침울증"은 "뇌의 모든 기능을 교란시킨다."[89] "평탄한 삶과 늘 앉아 있는 생활을 하는" 여성과 연관된 이 병은 뇌와 기타 등등의 기능 혼란을 초래한다는 점에서 매우 주목할 만한 병이다. 그렇다면 이들이 수용소에 들어가야 할 만큼 "미친 것"일까? 전혀 그렇지 않다. 가족들이 집에서 돌볼 수 있다고 그는 기술했다.

다캥은 시의 지역 호스피스인 "오텔 뒤에(신의 집)"의 의무원장이었지만 또한 동시에 가난한 광증 환자를 치료하고 있었다. 가난한 환자 중 일부는 그가 개업의로서 치료하던 부자 환자와 유사한 증상을 가지고 있었을 것이다. 그럼에도 불구하고 다캥은 이 두 부류의 환자를 동일한 방식으로 판단하지 않았다. 방대한 분량의 그의 저술에는 오텔 뒤에서의 정신과 진료는 언급되어 있지도 않았다. 저술에서 그는 신경과 광기를 분리하여 견해를 피력했고 자신은 신경과 의사일 뿐, 정신과 의사로서도 진료하고 있음은 일체 내비치지도 않았던 것이다.[90]

18세기 광기 의사들은 오늘날 정신의학이라는 용어로 다루고 있는 광범위한 질병 군群 중 아주 한정된 범위의 질병만 다루었을 뿐이다. 그 외 질병들은 행여나 광기와 동일시되는 것을 차단해 주는 개원의들에 의하여 돌봐지고 있었고, 그들은 온천 의사 혹은 신경과 의사라는 기치 아래 품위 있게 살아가고 있었다. 이 모든 현실은 정신의학이 탄생하는 순간까지도 존재하던 것들이다.

생물정신의학을 향하여

정신질환을 해석하는 두 가지 관점 사이에서 정신의학은 항상 갈등해 왔다. 하나는 신경과학을 강조하는 것으로서, 주로 뇌화학, 뇌해부학, 약물 등에 초점을 맞추고 정신질환의 원인이 뇌의 생물학적 이상에 의한 것이라고 본다. 다른 시각은 증상이 사회적 문제에서 기인하거나 혹은 과거에 일어난 스트레스 사건에 제대로 적응하지 못했기 때문에 생기는 것으로 보고 삶의 정신사회적 측면에 초점을 맞춘다. (그런데 이 두 시각 모두 정신치료에 상당한 무게를 두고 있어서, 둘 중 하나가 독점적으로 어느 한 시대를 반영했다고 보기는 어렵다.) 신경과학적 시각은 생물정신의학이라 불리게 되었고, 사회에 중점을 두는 시각은 질병의 "생물-정신-사회적" 모델을 낳기에 이르렀다. 그러나 의사가 이 두 가지 관점을 모두 중요시한다 해도, 각기 다른 두 개의 관점이 동시에 진리가 되기는 어렵다는 점에서 환자 개인을 볼 때 두 관점은 대립각에 놓인다. 우울증은 스트레스에 의해 활성화되는 신경전달물질neurotransmitter[+]의 불균형에 의한 것이거나, 아니면 무의식 안에서 일어나는 정신역동적 과정psychodynamic process[++] 에 의한 것일 것이다. 그러므로 어느 관점이 우세했는지에 따라 우울증을 해석하는 시각과 치료하는 방식도 달라졌을 것이라는 점에서 두 관점의 시대적 변화를 살펴보는 것은 중요하다.

정신의학 역사가 움트던 시기부터 두 관점은 갈라서기 시작했다. 시초에는 생물학적 시각이 우세했다. "정념"을 강조한 에스퀴롤의 낭만주의 이론을 제외하고는, 정신의학의 기초가 다져질 때부터 정신질환의 원인은 뇌 피질에 숨어 있고 따라서 어떤 의미에서는 정신의학은 신경학으로 환원될 수 있다고 믿었던 것이다. (두 전문분과를 같은 것으로 간주했었다는 의미이다.) 1758년 윌리엄 바티는 헤르만 뵈르하베의 이론에 근거하여 정신질환의 원인에 관해 복잡하게 설명한 바 있다. 뵈르하베는 18세

⁂
[+] 신경세포간 연접부에서 세포 사이의 신호를 전달하는 물질로 이 과정의 불균형이 정신질환을 일으킨다.
[++] 프로이트 이론에 근거하여 인간의 행동방향은 무의식과 의식사이의 갈등에 의해 결정된다고 본다.

기 전환기 임상의사로서, 고대부터 전해져 온 체액이론과 정반대되는 "고형물질"의 병리를 강조한 사람이다. 바티의 설명에 의하면, 근육의 "경련"이 대뇌 혈관을 느슨하게 하여 결과적으로 혈액 흐름이 느려지고, 이렇게 차단된 흐름이 신경을 "압박"하면서 망상적 지각을 야기한다는 것이었다. 바티의 관점에서 보면 말 그대로 "신경의 쇠약"이 있고 이것이 여러 감각 중에서 불안을 자극하는 것이다.[91] 이런 이론의 정당성을 증명할 실험 근거가 제시되지 않았다는 사실은 바티에게 전혀 문제될 게 없었다. "광기는 끔찍하고 현재 매우 흔한 불운이지만 인류를 괴롭혀온 그 어떤 질병보다도 이해하기 어려운 병이다." 그동안 저술된 연구 결과가 별로 유용하지 않다고 간주한 그는 연구에 더 박차를 가할 것을 촉구했다. 그러는 동안에도 그는 적절한 "의학적 처치"를 함으로서 환자의 느슨해진 신경 섬유를 개선시킬 수 있다고 주장했다.[92] (구토를 유발시키는 식물성분 제재인 아위수지Assafetida⁺와 사향이 그 시절에 전형적인 "항경련제"였을 것이다.)

키아루지도 정신질환은 의심할 여지없이 신경계에 자리잡고 있다고 보았다. "광기는 아직까지는 알 수 없는 어떤 원인으로 신경계에 발생한 병으로써 뇌에 만성적이고도 영구적인 장애를 일으키는 질병이라고 정의할 수 있다."[93] 그는 많은 환자를 부검했고, 이들 중 많은 사람들이 감염으로 죽었기 때문에(실제로 키아루지의 수용소에서는 감염 질환으로 죽은 사람이 많았다), 뇌의 실질적 병변을 발견하곤 했었다.[94]

벤저민 러쉬도 "광기의 원인은 뇌혈관에 자리 잡고 있고," 정신질환이라는 것은 특별한 병이 아니라, 단지 "몸 전체로 퍼진 열병 증상의 일부에 불과하며, 정신이 자리 잡고 있는 특정 부분의 뇌에 만성 감염이 있어서 나타나는 것"[95]이라고 하였다. 피넬은 독일 의사 요한 그레딩이 정신질환자를 부검하여 병변을 찾아내려 했던 노력을 칭찬하면서 "구조적 병변 혹은 발달 이상이 특징"이라고 했다. 그러나 피넬은 이들 연구에는 대조집단이 없음을 비판적으로 지적했고, 유사한 뇌 병변이 정상인에게서도 발견될 수 있다고 보았다.[96] 피넬과 러쉬는 이 주제를 개략적으로 묘사했을 뿐이어서 이들을 생물정신의학의 선구자로 보기는 어렵다.

요한 레일은 이들과는 별개로 보아야 한다. 뇌의 생물학적 이상이야말로 광기의 원인이라고 너무나 강력하게 주장했었기에, 역사상 생물정신의학을 예시한 첫 의학 저술가로 그를 꼽아야 한다. 키아루지는 정신질환의 기전과 원인이 뇌의 구조적 화학적 변화라고 언급하지 않았던 반면, 레일은 "반응성"이라는 견해에 근거한 온갖 이론을 총망라해서 열거했다 (18세기 중반 스위스 생리학자 알브레히트 폰 할러와 스코틀랜드의 의사 존 브라운의 이론으로부터 따온 것이다). 정신질환을 치료하려면 뇌 실질 자체의 반응성을 감소시켜야만 한다. "과過 반응을 보이는 신경섬유를 안정시키면, 불활성이던 신경이 활성화되어 건강해진다. 정신이 위치하는 기관이 정상적으로 균형을 되찾으면 기승을 부리던 망상은 사라지게 될 것이다."[97] 비록 상상에 근거한 것이지만, 그는 뇌의 병태에 효과를 보일 만한 온갖 신체적 치료를 도덕치료와 더불어 주장했던 것이다. 몸을 따뜻하게 하고 피부 쓰다듬기, 반反 반응성이라는 이론에 따라 피부 밑에 숨어 있는 반응성 물질을 흡수하기 위하여 빨갛게 달군 철판이나 겨자 반죽을 피부에 붙이는 것에 이르기까지 다양한 신체치료법을 주장했다.[98]

그다음 세대 정신과 의사들은 이 독특한 이론을 폐기하고 다른 이론을 받아들인다. 골상학phrenology[++]이 바통을 이어받았으나 19세기 말에

✛ 이란 등에 자생하는 아위 줄기나 뿌리에서 추출한 수지樹脂로, 향료나 진경제鎭痙劑로 사용되었다.

✛✛ 18세기 독일 의사 프란츠 갈이 두개골의 형상에 의해 성격, 품성, 지능 등을 추정할 수 있다고 주장한 이론이다. 마음이 들어 있는 자리는 뇌이고, 뇌를 담는 두개골 각 부위의 형상에 따라 뇌의 기능이 반영된다는 것이 주요 골자이다. 인종차별, 성차별 등의 이념적 도구로 사용되면서 비판의 대상이 되었고, 사이비 과학에 속한다.

곧 폐기되고, 또 다른 이론들이 뇌에서 비롯되는 광기를 설명하고자 등장하곤 했다. 어찌되었든, 중요한 것은 초기 정신과 의사들은 정신병이 기질적 원인일 것이라는 매우 직관적인 생각을 가지고 있었다는 점이다. 환자의 고통이 너무나 강렬하고 환상은 도저히 이해할 수 없으리만큼 괴이한 데다 체질 또한 극심하게 변질되기 때문에 이를 뇌와 연관시키지 않고서는 설명할 길이 없었던 것이다.

정신의학의 토대를 다진 초창기 의사들은 한편으로는 유전을 강조하면서 훗날 나타날 생물정신의학의 기반을 마련했다. 주요 정신병은 특정 가계家系에 밀집해서 나타나는 경향이 있고, 의사들은 환자의 친척에 관해서도 잘 알고 있어서 이런 현상을 쉽사리 주목할 수 있었다. 유전에 관해서라면 의사는 "항상 알고 있는" 사람이었다. 예를 하나 들어 보자. 16세기부터 18세기에 이르기까지 멜랑콜리와 자살이 반복적으로 일어난 취리히의 슈미트 가족에 관한 얘기는 하도 특이해서 그 지방 필경사들이 시대별로 꼼꼼히 기록해 두곤 했다. 이 가족에게 나타나는 멜랑콜리는 "그 집안 피 속에 흐르는" 그 무엇 때문인 것으로 간주되었다. 그러다 보니 18세기 취리히에서는 "나쁜 유전malum hereditarium"이라는 용어가 일상적으로 사용될 정도였다.[99] 세대를 거쳐 나타나는 특정 증상의 밀집 현상은 그 자체가 유전성의 근거가 될 수는 없다. 왜냐하면 특정 양상의 사회성이 세대를 통해 학습되었을 수도 있고, 유전에 의한 것일 수도 있기 때문이다. 그럼에도 불구하고 이와 같은 일은 유전론을 반추하기에 충분한 얘깃거리를 제공했던 것이다.

윌리엄 바티 역시 광기의 "근원"이자 원인이 되는 것은 바로 유전이며, "미친 조상으로부터 유래된 가족 전체"에 관해 거듭 언급하면서 "……광기가 유전되는 세대마다 그곳에서 또 하나의 새로운 근원이 다시 시작된다는 점에서 무척이나 두려운 일"이라고 1758년 기술하였다.[100]

그러므로 바티는 광기의 유전에 관한 영국의 오랜 전통적 사고의 한 축에 속한다. 1809년 베들렘의 해스럼이 기술한 바에 의하면, "부모 중 한 사람이 미쳤다면, 그 자손이 같은 증상을 앓을 가능성은 거의 확실하다"[101]는 것이었다. 그는 광기가 두드러지게 나타나는 가족의 가계도를 한 예로 제시하였다. 첫 번째 예는, "R.G. : 조부는 미쳤으나, 조모 쪽에는 광기가 없음. 부친은 가끔 멜랑콜리를 나타냈고 광증 발작이 한 번 있었음. 모친 쪽은 건강함. 삼촌은 광증으로 사망. R.G.에게는 남자 형제 한 명과 여자 형제 다섯 명이 있음. 남자 형제는 세인트 루크 수용소에 감금되어 있고 가끔 침울함을 보임. 여자 형제 다섯 명 모두 미쳤음. 이중 손아래 여자 형제 세 명은 분만 후에 발병함."[102]

초기의 다른 정신과 의사들도 유전성을 의식하고 있었다. 심지어 피넬과 에스퀴롤마저도 뇌 병변에 관해서는 몇 줄 정도만 기술한 반면, 유전에 관해서는 많은 페이지를 할애하였다. 피넬의 저서에서 유전에 관한 장의 서론을 보면, "특정 가계의 사람들에게서 수대에 걸쳐 조증이 계속 대물림되는 것을 살펴볼 때, 조증의 유전적 계승에 대해 부정하기는 어렵다."[103] 에스퀴롤의 견해에 의하면, 19세기 초 살페트리에르에서 본 482명의 멜랑콜리 환자 중 11명이 유전적 원인을 가지고 있었다.[104] 그의 개인 수용소에 있던 264명의 부자 환자들 중 150명은 유전성을 가지고 있다고 했다. 그는 "유전은 광기의 가장 흔한 원인이다"[105]라고 결론지었다. 레일 또한 정신질환에 걸리기 쉬운 "소인素因"에 관해 기술했다.[106] 키아루지도 양 부모가 조증인 26세 남자 환자의 "정신적 조증"이 "유전적 소인"에 의한 것이라고 단호하게 말했다.[107] 이 분야의 기초를 세운 이들 정신과 의사들은 물론 당대의 거의 모든 의사들이 정신질환 가족력을 가진 사람은 그렇지 않은 사람들에 비하여 정신질환에 걸릴 가능성이 매우 크다는 것을 확신하고 있었다. 정신의학 탄생의 순간부터 유전론은 존재하고 있었던 것이다.

낭만주의 정신의학

뇌 생물학과 유전학을 주 특성으로 하는 신경과학의 반대편에는 개인의 역사와 사회적 환경을 중요시하는 정신사회적 관점이 있다. 정신사회적 관점은 정신의학이 탄생할 당시에는 존재하지 않았지만, 정신병의 실제 상황을 봐야 했던 정신과 의사들이 생물학에 끌려 들어갔던 것과 마찬가지 이유로 인간의 극단적 고통을 마주하여 어쩔 수 없이 끌려들어가면서 곧 생물학적 관점과 공존하게 되었다. 질병을 도덕과 정념의 범주 안에서 찾으려 했던 사조를 후세는 "낭만주의 정신의학"이라 부르게 된다(당시는 "정신성 위주의" 정신의학이라 불렀다).

정념에 관한 인식은 어느 정도는 세대 간의 주제이기도 했다. 존 로크의 전통적 사고를 이어받은 바티와 같은 초기 세대는 광기를 "잘못된 지각知覺"과 "사고의 혼란"에 이은 불가피한 부수 증상으로 보았다.[108] 다음 세대인 낭만주의 정신의학 의사들은 이와는 반대로, 통제할 수 없이 영혼에서부터 끓어오르는 정념에서 그 원인을 찾고자 했다. 정신의학이라는 범주 안에서 이 두 세대 간에 흐르던 긴장은, 이성을 중요시하던 18세기 계몽주의 사회 지식인 운동이 느낌과 감성을 중요시하던 18세기 말 전후의 낭만주의 운동으로 전환하던 과정에 흐르던 긴장과 맞닿아 있다. 이성에 관한 논의로부터 정서와 정념에 관한 토론으로 방향 전환을 한 사람들은 독일에 있던 소수의 정신의학 저술가들이었다. 이들이 벌인 논의의 전제는, 생물학적 상황이 아니라, (죄악을 저지르도록 이끄는) 사회적 상황이 정념을 지배하며, 따라서 도덕적 계율을 엄격히 지키는 것만이 정념을 통제하는 길이라는 것이었다.

당시 주도적이던 생물학 위주의 동료 의사들과 달리, 이들은 유전이나 뇌 병리에는 별 관심을 기울이지 않고, 오랜 시간 환자와 마주하고 앉아 환자의 주관적 경험에 관해 얘기하는 것을 선호했다. 베를린 샤리테 병원의 젊은 정신과 레지던트였던 오토 브라우스의 회상에 따르면, 정신과 과장이던 나이 많은 낭만주의 정신과 의사 카를 빌헬름 이델레와, 생물정신의학에 심취한 오만한 젊은 부과장 카를 베스트팔은 아주 대조적이었다고 한다. 이 일화는 1850년대로 추정된다. 브라우스가 정신과에 갓 들어와 베스트팔에게 자신을 소개했을 때, 베스트팔은 다음과 같이 말했다고 한다. "자네도 곧 알게 될 거야. 우리의 훌륭하신 이델레 교수님은 지금도 과거에 살고 있어서 정신병 치료 약전서에 적힌 식으로 처방을 한다네. 정신병이 신체적 질병과는 전혀 다른 것이라고 생각하시는 거지. 교수님은 환자에게 망상이란 어떤 것이고, 어떻게 생기는지 설명하면서, 환자가 망상의 희생자라고 계속 우기고 계시네. 자네는 이런 논조를 잘 참고 들어야 할 걸세. 꽤나 지루하거든. 허나 이 일에 익숙해지면, 자네에게는 매우 새로운 분야가 될 걸세. 내가 가진 책을 기꺼이 빌려줌세. 자네는 나와 함께 육안으로든 현미경으로든 부검도 할 수 있네. 정신병을 구원해 줄 미래는 면담실이 아니라 부검실과 현미경에 있기 때문일세."[109] 이 작은 일화는 낭만주의 정신의학의 종언과, 머지않은 미래에 베를린에서 베스트팔이라는 새로운 스타가 떠오를 것임을 의미하는 것이었다. 그러나 낭만주의 정신의학은 그 초기에 강력한 두 명의 옹호자를 두고 있었다.

낭만주의 정신의학 최초의 의사 중 한 명인 에스퀴롤은 비록 이 용어를 꺼렸지만 정신질환의 정신사회적 원인론을 지지한 첫 주요 인물이다. 에스퀴롤은 과도기적 인물로서 한 발은 피넬에 대한 신의로서 생물학적

이론에 담그고, 다른 발은 정신사회론에 두고 있으면서, 나이, 성별, 직업 등이 어떻게 정신질환에 영향을 미치는지 그 통계적 분석에 흥미를 가지고 있었다.[110] 그러나 에스퀴롤은 독일 낭만주의 정신의학자들 특유의 엄숙한 도덕주의와는 거리를 두고 있었다.

독일 낭만주의 정신의학의 주요 인물은 라이프치히 대학교 교수인 요한 크리스티안 하인로트로서, 그는 에스퀴롤에 대해 익히 알고 친근감을 느끼고 있었다.[111] 1773년에 태어난 하인로트는 경건주의Pietism라 불리는 19세기 초 근본주의적 청교도 종교운동에 매몰되어 있었다. 고향인 라이프치히에서 의학을 공부하고 1790년대 빈을 거쳐, 가족의 죽음이 원인이 되어 신학으로 방향을 전환했다가 결국은 자신을 추스르며 1805년 의사 자격을 얻었다. 나폴레옹에 대항해 군대에 들어갔다가, 1811년부터 라이프치히에서 정신과를 가르치게 되고, 1827년 독일 최초로 "심리적 치료"의 교수가 된다.

하인로트는 도덕성과 죄악의 분석에 집착하면서 정신사회론에 도달하게 되었다. 인간을 악으로 이끄는 것은 정념이고, 이에 따라 악을 선택함으로서 내적 타락으로 이끈다는 것이다. 일단 타락의 길에 빠지면, 외적 사건들로 인해 쉽사리 공포, 고민, 낙담 등에 빠져 정신질환에 이르게 된다고 주장했다. 1823년 출판된 그의 저서 《정신 위생 교과서》에서 그는 정신 건강에 영향을 미치는 상황을 전반적으로 설명했다. 음식, 술, 수면, 운동, 공기오염, 그리고 피부의 청결함 등이 그것이다. 예를 들면 "정념이란 우리네 삶 속에 던져 넣은 불타는 석탄 덩어리와 같고, 혈관 속에 흐르든 뱀독, 혹은 창자를 썹어대는 독수리와도 같다. 정념에 사로잡히는 순간 삶의 섭리에서 질서는 사라지게 된다." 정념을 예방하기 위해서는 무엇이 필요하겠는가? 바로 자유다! "그러나 이 세상은 우리에게 자유를 주지 않는다. 결코 자유로울 수가 없다. 오직 신만이 우리를 자유롭게 한다."[112] 그의 글은 정신의학 교과서에 실린 만한 글은 결코 아니겠다.

하인로트의 저서는 독실함을 한껏 내세우는 일종의 경건함을 소리 높여 외치는 것과 같아서 동시대 의사들의 심기를 불편하게 했다. 나중에 드레스덴에서 법정의사가 된 카를 카루스는 1817년 라이프치히를 경유하는 가을 여행에서 하인로트를 만났는데, 하인로트가 주장하는 이론의 헛됨을 하인로트 부부의 불임[+]에 빗대어 비꼬았다.[113] 후세에 프로이트 비판자들이 프로이트를 낭만주의 정신의학자에 비유하자, 프로이트가 격분했다는 일화가 있다. 정신분석 위주의 역사가들이 이 사실에 관심을 갖지 않았더라면, 하인로트는 지금도 망각 속에 가라앉아 있었을 것이다.[114] 어찌되었든 하인로트는 정신질환을 인생사와 연관시킨 에스퀴롤 학파를 추종한 최초의 독일인이었다. 그의 먼 후계자는 하인로트의 교화적 도덕주의를 내던지고 정신질환의 원인을 사회적 문제에서 찾게 되었는데, 그렇다고 결코 그의 후손이라는 경멸을 받을 만하지는 않다.

또 하나의 낭만주의 정신과 의사가 있지만 정신의학 역사 개론에서 언급될 만큼 중요한 인물은 아니다. 정신의학은 탄생 시초부터 신경과학이라는 한쪽 날개와, 정신사회적 관점이라는 다른쪽 날개로 비상을 시작했다고 말하는 것으로 충분하다. 다행인지 불행인지, 한쪽 날개의 힘이 약해지면서 균형을 잃고 19세기 내내 생물학적 정신의학이 득세를 하게 되었고, 이는 에밀 크레펠린의 시대로 이어지게 된다.

+ 헛됨을 의미하는 sterility가 불임을 의미하기도 한 것에서 빗대어 말했다.

2

수용소의 시대

19세기 중반이 지나 곳곳에 수용소가 설립되는데, 이때 선두를 달린 나라는 독일이었다. 조넨쉬타인 수용소와 지크부르크 수용소 얘기는 어떤 방식으로 치료적 수용소가 운영되었는지를 보여 주는 웅대한 서사이다. 수용소에서 구속과 사슬이 없어지고 광란의 울부짖음도 사라져갈 바로 그 즈음 수용소는 서서히 몰락의 조짐을 보이기 시작한다. 초만원의 생지옥으로 변화되는 수용소에서, 의사들은 밀려오는 환자들의 모습에 넋을 잃고 있었다.

A HISTORY OF PSYCHIATRY
The Asylum Era

수용소의 창궐은 선의에서 출발한 것이 어떻게 참담한 결과로 끝나게 되었는지에 관한 이야기이다. 초기 정신과 의사들의 꿈이 실패했음에는 의심의 여지가 없다. 제1차 세계대전 이후 수용소는 만성 광기 환자와 치매 환자를 가둬 놓는 거대한 창고가 되어 버렸다. 수용소의 실패가 수용소라는 기획 자체의 특성에서 기인한 것인지에 대해서는 논란의 여지가 있다. 그 이유에 관해, 누군가는 19세기에 급격하게 증가한 정신과 환자를 양적으로 감당하지 못해서 실패했다고 주장한다. 다른 학자는 수용된 많은 사람들이 실은 정신질환이 아니라, 단지 사회에 적응하지 못했거나 사회에 폐를 끼치는 부랑자들이었기 때문이라고 주장한다. 이러한 역사적 논쟁을 거치면서 정신의학은 마치 신경과학과 정신사회론 사이에 난 좁은 틈새를 위험스레 질주하는 것 같았다. 신경과학파는 질병 자체가 증가했다고 해석하고, 정신사회론파는 사회 전체가 점점 일탈을 용인하지 않게 되었다고 보았다.

이 논쟁은 의학에 관한 사회적 역사에서 가장 자극적인 이야기 중 하나일 것이다. 이 시점에서부터는 나의 관점을 분명히 해 둘 필요가 있다. 나는 질환 양상의 변화가 환자의 수를 증가시킨 것이라고 주장하는 학자 편을 지지한다. 여기에 추가해야 할 것으로 사회적 요소를 들 수 있다. 즉 정신질환을 이미 가지고 있던 사람들이 수용소에 재배치되었다는 점이다. 내가 "정신질환을 이미 가지고 있던 사람들"을 강조하는 이유는, 가정과 구빈원으로부터 수용소로 이전되어 재배치된 사람들이 사실은 정신질환자가 아니라 일탈자이거나 사회가 용인할 수 없는 사람들이었다는 일부 학자들의 주장을 지지하지 않기 때문이다.

결론부터 말하면 수용소는 실패했다. 그러나 이 실패가 환자를 진단하고 치료하는 기준으로서의 생물학적 패러다임이 실패했음을 의미하는 것은 아니었다. 단지 환자를 치료하고자 했던 선의가 주변 사건들에 휘말려 압사되었음을 의미한다. 이 시점에서 나는 정신과의 선의란 거짓에 불과하고 오직 전문직으로서의 권력을 얻기 위한 것이었다고 주장하는 사회구성주의와 결별한다. 수용소 시대의 역사는 인간성에 대한 믿음과 진보에의 열망이 어떻게 무참히도 연달아 좌절되었는지를 보여 주는 이야기이다. 정신의학이 물려받은 유산의 핵심인 수용소 정신의학은 애초에는 선의로부터 시작했음에도 불구하고 끊임없이 밀려오는 환자로 인해 실패할 수밖에 없는 숙명을 안고 있었다는 것에서 이야기를 시작하기로 하자.

1800년, 수용소에는 소수의 환자들만 수용되어 있었다. 역사적으로 가장 유명한 수용소도, 예를 들면 런던의 베들렘, 파리의 비세트르, 혹은 빈의 "바보들의 탑Narrenturm"✝에도 겨우 1000여 명 혹은 수백 명 정도가 있을 뿐이었다. 19세기에 이르러 수용 인원은 폭발적으로 증가하게 된다. 1904년 미국의 정신병원에는 15만 명의 환자가 있었고, 이 수는 인

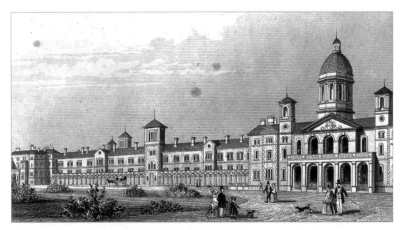

런던 근교에 자리잡은 콜니 햇치 수용소의 전경. **런던 웰컴 라이브러리**

구 1000명당 2명에 해당했다.[1] 1891년 파리에는 108개의 수용소가 있었다.[2] 몇 년 후 런던에만 16개 이상의 수용소가 생겼고, 여기에는 런던 근교 콜니 햇치(일명 "멍청이 부화장Nut Hatch"[++]에 2200개의 병상을 가진 런던 주州 수용소, 2600개의 병상을 가진 한웰 수용소(1840년대에 존 커널리가 환자를 묶지 않는 수용소라고 말한 곳이다)와 같은 거대한 수용소가 포함된다.[3] 1891년 하인리히 레흐가 기술한 독일어권 국가들의 수용소 요람에는 공공 수용소 202개와 사립 수용소 200개 이상이 기록되어 있는데, 거기에는 알코올 중독자, 아편 중독자, 간질 환자, 정신지체자 등을 위한 수용소 등 수많은 종류의 수용소가 모두 포함되어 있었다.[4] 한 세기도 채 지나지 않아, 도시에서만 필요했던 정신병자 감금 정책이 어느새 모든 곳에 적용되는 기본 정책이 되어 버린 것이다.

✛ 17세기말 빈에 설립된 대규모 종합병원 복합단지로, 1784년 독립된 건물의 정신병동이 세워졌다. 이 건물은 250명을 수용하는 5층의 원형 건물로 성채의 탑과 같은 모양이라서 바보들의 탑으로 불렸다.

✛✛ 도시 이름 콜니 햇치에서 hatch(부화)를 따서 괴짜 혹은 멍청이(nut) 부화장이라 별칭을 붙였다.

나라마다 다른 전통들

정신과 임상의 물리적 기반으로써 이들 수용소는 정신의학 역사의 중심에 자리 잡고 있다. 수용소는 사회구조나 경제 발달이 본질적으로 제각기 다른 여러 나라들에서 거의 동시다발적으로 세워지기 시작했다. 19세기 초 미국에도 정신의학이 창설되면서 곳곳에 마구잡이로 생겨났는데, 공익사업을 시민들의 자발적 참여에 의존하던 미국의 전통에 따라, 수용소 설립도 탈중심화된 경향이 있다. 제2차 세계대전 후까지도 정신과는 중앙집권적 규제를 받지 않았다. 미국의 초기 수용소 지형을 살펴보면, 대개가 지방에서 실험적으로 설립된 것일 뿐 어떤 논리적 근거에 따라 이루어진 것이 아니었다. 메릴랜드 주 케이턴스빌의 스프링 그로브 주립병원은 1798년에 설립되었고, 켄터키 주 렉싱턴의 동부 주립병원은 1824년에, 뉴욕의 맨해튼 주립병원은 1825년에 생겼다는 식이다.[5] 영국도 사정은 마찬가지여서 국가가 주도한 것이 아니라 자발적으로 생겨난 것이 태반이었다. 수용소의 설립은 1808년 국가 권한에 귀속되었지만, 운영 규제는 1890년 정신병자 법령Lunacy Act이 생기기 전까지는 그 지방자치에 맡겨져 있었다.[6]

반면 유럽 대륙의 보건의료 정책은 큰 차이를 보인다. 프랑스의 경우 17세기의 종합병원과 함께 국가보건제도가 확립되었고, 18세기에는 주州 단위의 관리 의사 제도가 만들어졌다. 국가의 건강 관련 정책은 파리에서 지시가 하달되는 것이 원칙이었다. 프랑스 국가의료제도의 특징은 극단적인 중앙집중적 관리였고, 정신과를 포함하여 의료 모든 분야가 이런 식으로 관리되었다. 따라서 19세기 수용소 설립 또한, 미국과 같이 지방자치 관리에서 국가통제 관리로 이행되던 방식과는 달리, 중앙에서 지방으로 명령이 하달되어 이루어진 것이다. 한편 독일, 오스트리아, 스위스의 국가의료제도 전통은 시대에 한참 뒤떨어져 있었다. 의료를 중앙집권 국가에서 통제한다는 생각은 "의사경찰medical police"‡이라는 개념에 함축되어 있는데, 이 개념은 바덴의 의사 요한 피터 프랑크가 저술하여 1779~1788년에 출판된 네 권짜리 책을 통해 널리 알려진 개념이다. 프랑크는 빈에 온 후, 환자들이 운동할 수 있도록 1795년 최초로 "바보들의 탑"에 정원을 만들었던 사람이다.[7]

프랑스와 마찬가지로 중앙유럽에서도 중앙 관청으로부터 작은 시골 수용소에 있는 의사에게 직접 행정 조처가 하달되었다. 그러나 프랑스와 독일의 차이점은, 프랑스는 단일 중앙집권 국가이었던데 반해, 독일은 1871년 전까지는 39개 주가 모인 연방 체제였고, 또 각 주마다 중앙행정 체제를 두는 전통이 있었다는 점이다. 주에 따라 수용소 설립에 앞장선 곳도 있고 뒤처진 곳도 있었다. 여러 연방주 중에서 (오스트리아를 제외하고) 가장 큰 프러시아가 앞장서서 개혁을 주도했다. 바이에른은 전 유럽에 명성을 날리던 뮌헨 의과대학을 가지고 있었음에도 불구하고 개혁에서는 뒤지고 있었다. 작은 주가 모여 만들어진 바덴, 뷔르템베르크, 그리고 작센으로 이루어진 몇몇 주에도 국제적인 명성을 가진 뛰어난 대학들이 있었지만, 영토의 크기에 비해 정신의학 역사에서는 큰 역할을 하지 못했다.

19세기에 독일이 정신의학을 선도하게 된 이유는, 이렇듯 학문의 인재들이 다른 대학에 분산되어 있었고 그 대학을 가진 작은 왕조들은 왕조의 번영을 위해 대학을 육성했기 때문이었다. 당시 독일에는 각기 독립적인 20여 개의 대학과 두 개의 의과대학이 있었는데, 대학들은 저마

‡ 중세 흑사병 등의 전염병 창궐을 계기로 공중보건을 담당하던 의사의 임무가 치안과 질서유지를 담당하는 것에까지 확대되었다. 전염병 예방을 위해 시장, 거리, 묘비와 병원 등의 공공장소와 상인, 거지, 매춘부 등의 직업활동도 통제하였는데, 이렇게 확장된 공중보건 업무를 일컫는다.

다 학문과 명예를 위해 과학적 성과를 내려고 치열한 경쟁을 하고 있었다. 이들 작은 공국에서 학자들은 거의 대부분 수용소 운영에 매여 있어야 했다. 내무부와 교육부가 그렇게 하도록 명령을 내렸던 것이다. 이와는 대조적으로, 프랑스는 파리 소르본에 오직 하나의 대학만 있었다. 비록 몇몇 지방에도 학자들이 있었지만 많은 학자가 집중되어 있는 파리에 비하면 모두 희미한 존재였다. 프랑스에는 오직 파리만 존재했던 것이다. 파리의 도시인들에게 파리를 제외한 나머지 지역은 모두 "지방La province"에 불과했다. 그때나 지금이나 중요한 과학적 성과는 오직 "빛의 도시"✝에서만 가능했다.

독일 공국들이 번영하면서 수용소 정신과 의사들의 경쟁은 더욱 치열해졌다. 모두가 국가로부터 영예를 수여받기를 열망했다. 독일은 공로가 인정된 관리나 교수에게 (거의 의미도 없는) 칭호를 수여하는 오랜 전통이 있는데, 프러시아의 추밀고문관Geheimrat, 오스트리아의 추밀고문관Hofrat 등이 그것이다. 국가를 위해 헌신하고 있음을 과시하기 위해 수용소 소장들은 저마다 끊임없이 수용소를 쇄신하고 개혁함으로서 두각을 나타내려 했다. 따라서 개혁에 관한 서사는 몹시도 독일식이었고, 반면 프랑스에는 지방에 있는 몇몇 수용소가 뚜렷한 목표도 없이 그저 무언가 특색을 갖추려는 시도만 했었을 뿐이다.

이렇듯 나라마다 차이가 있음에도 불구하고, 19세기 초 정신과 의사가 되려는 사람들은 높은 이상을 가지고 있었다. 이들 모두는 초기 정신의학 설립자들이 언급한 도덕치료와 엄격한 일과표를 도입하고자 했다. 여기에서 구별해야 할 점은, 비록 다른 곳으로 확산되지는 않았지만 18세기 말 피렌체의 키아루지가 실현하고자 했던 초기의 선구적 시도와,

---

✝ 파리의 애칭으로, 전기를 이용한 가로등을 최초로 설치한 데서 유래되었다.

치료적 수용소를 만들기 위한 개혁의 파도가 지속성을 띠기 시작한 그 시발점과는 구별되어야 한다는 점이다.

지속될 수 있었던 것은 독일의 개혁 방식이었다. 일찍부터 새로운 양식의 수용소가 모여 있었던 것이 계기가 되어 19세기 첫 10년의 시기 동안 정부 관리들은 피넬과 레일의 아이디어를 시행해 보기로 했던 것이다.[8] 작센 왕정에서 처음으로 이 일이 시작되었고, 정부는 호스피스 환자와 범죄자를 격리시키기로 했다. 작센 정부는 크리스티안 아우구스트 헤이네라는 가정의를 피넬에게 파견하여 수용소 운영에 관해 배우도록 했고, 1806년 발트하임에 있는 호스피스 의무원장으로 임명했다. 발트하임 호스피스는 그 시대 특유의 수용소답게 온갖 사람들이 뒤섞여 있는 극히 혼란스러운 곳이었다. "치유 가능성이 있는 정신질환자와 치유 불가능한 정신병자, 그리고 간질 환자, 온갖 신체장애자, 고아, 갖가지 범죄자들이 모여 있는 혼돈 그 자체였다."[9] 헤이네는 환자를 분리 수용하고자 했는데, 특히 치유 가능한 정신질환자를 치유 불가한 정신병자와 분리하는 것이었다. 이를 실현하고자 1808년 작센 정부는 조넨슈타인에 있는 요새를 급성환자 수용소로 개조하면 과연 환자 분리가 가능한지를 헤이네에게 조사하도록 했다. 2년 후 헤이네는 개혁안을 만들어 냈다.

이는 매우 좋은 아이디어로 여겨졌다. 그러나 새로 발병한 환자와 만성 환자를 분리 수용함으로서 무언가 달라지리라는 생각은 도깨비불과 같은 것이었다.[10] 우울증이건 조증이건 심지어 정신분열증을 가진 환자들도 언젠가는 증상이 가라앉는 시기가 있는가 하면, 치매 등은 회복되는 병이 아니었기 때문이다. 정신병 환자들은 언젠가는 좋아질 가능성이 있다는 점에서 잠재적으로는 "치유 가능"한 환자로 보았어야 했다.

1811년 조넨슈타인 수용소가 개소했다. 그러나 수용소장에는 헤이네가 아니라, 34세의 에른스트 피에니츠라는 다른 정신과 의사가 임명된다. 피에니츠는 헤이네가 피넬과 에스퀴롤을 만나러 갔던 그 시기에 파리로 가서 수련을 받은 사람이었다. (피에니츠가 파리 여자와 결혼했을 때 헤이네와 에스퀴롤이 결혼 증인을 섰다.) 피에니츠는 빈에서 요한 피터 프랑크의 제자로 수학했고 "바보들의 탑"을 회진할 때 수행하기도 했다. 그러므로 피에니츠는 이들 세대의 공통분모인 자유주의와 인도주의 정신을 공유하고 있었던 것이다.

정신질환을 완치하는 것이 조넨슈타인 수용소의 최우선 임무였다. 그곳에는 "치료적 수용소"라는 당시의 개념에 해당하는 모든 시설이 갖추어져 있었다. 당구대가 있는 방, 정원, 세 대의 피아노가 있는 음악실에서는 2주마다 콘서트가 열리고, 독서실은 진지한 책들로 가득 찼다("유치한 프랑스 소설은 없었다").[11] 피에니츠는 목욕 혹은 수水치료에 매우 기대를 걸고 있었다. 그는 환자를 때리지 않을 신뢰할 만한 조수를 찾으려고 애를 썼다. 비이성적인 폭행을 전면적으로 없애고 그가 알아낼 수 있는 어떠한 불평불만도 교정하고자 애를 썼으며, 외과 의사와 성직자 한 명과 함께 회진을 돌곤 했다.[12] 피에니츠는 임무를 잘 수행했다. 조넨슈타인은 곧 새로운 정신의학의 "떠오르는 태양"으로 찬양을 받았고, 그는 말년에 명예 "의료 추밀고문관"의 영예를 얻었다.[13]

조넨슈타인 수용소에 관한 이야기에는 흥미로운 화젯거리가 하나 있다. 민간의료 분야에도 새로운 시대정신이 불어 닥치던 1811년 즈음 피에니츠가 조넨슈타인의 소장이었을 때, 그는 환자들을 자기 집으로 데리고 가기 시작했다. 그리고 곧 피르나 시 근처에 20개 병상의 고급 사립수용소를 세웠는데, 이런 스타일의 수용소로서는 독일에서 세 번째로 만들어진 것이었다. 그전 해부터 대서양 지역 개혁주의 정신과 의사들은 일종의 가정식 병원으로 이런 사립 기관을 세우기 시작했던 것이다.

그동안 프러시아에 속한 라인란트에서도 선구적 형태의 수용소가 만들어지고 있었다. 프러시아는 색슨 왕국이 지배하고 있었고, 이곳의 간섭주의적 고위 관리들은 정신과를 보건제도 개혁의 수단으로 보고 헤이네와 피에니츠 같은 의사들을 후원하고 있었다. 1805년경부터 정부 관리들은 요한 랑게르만이 바이로이트 수용소를 개혁하는 것을 지원해 왔다. 나폴레옹 전쟁이 끝나자 정부 관료들은 진지하게 이 일에 착수했다. 1817년 강력한 추진력을 가진 교육부 장관 카를 폰 알텐쉬타인은 피넬-레일 식의 개혁을 프러시아 전역에 적용하기 위해 랑게르만을 기용한다. 그는 첫 사업으로 본에서 마차로 두 시간 걸리는 지그부르크에 있는 수도원의 낡은 건물을 개조하여 치유 가능한 환자를 위한 병원의 선구적 모델을 만들려고 했다. 교육부 장관이 의무원장으로 선택한 사람은 국가 공무원 의사인 전문의 막시밀리안 야코비였다.[14]

1820년 45세이던 야코비는 에든버러 등과 같이 가장 진보적인 곳에서 교육을 받았고, 혼란 상태의 의료 서비스를 재정비하며 이미 명성을 얻고 있었다. 국가 의료제도에 신물이 나 있던 그는 정신과를 개혁하기로 결심하고 알텐슈타인과 접촉하게 된다. 1820년 야코비는 독일에 있는 수용소 여덟 곳을 방문해 보고, 교육부 장관의 위탁하에 지그부르크에 모델이 될 만한 수용소를 만들어 1825년 개원하게 되었다.[15]

중앙유럽에서 정신과 개혁으로 향하는 봉홧불을 피워 올린 곳은, 조넨슈타인 수용소가 아니라, 이 지그부르크 수용소였다. 피에니츠나 랑게르만과 달리 야코비는 광범위한 저술을 남겼다. 단순한 선의의 돌봄과 목욕 따위보다는 더 치료적인 방법을 도입하려 했던 것이다. 야코비는 초기 세대들이 주장했던 바와 마찬가지로 엄격한 양생법이 회복을 돕고, 의사 자신이 품위와 도덕성의 모델이 됨으로서 환자에게 심리적 영향을 미친다는 원칙을 그대로 실행했다. 수용소 조직에 관해 설명한 1834년 그의 책은 여러 나라 언어로 번역되어 퍼져 나가면서 이 책에 고무된 많은 의사들이 지그부르크를 방문했다. 야코비가 마음에 그린 수용소는 "정신질환과 연관된 기질적 질병을 전문적으로 치료하는 병원"이었다. 보통 병원과 마찬가지로 치료를 위한 온갖 설비를 갖춘 곳으로서, 투약 이상의 것들, 즉 "모든 종류의 목욕, 전기자극과 전기요법 등등 정신과뿐만 아니라 신체 치료에 합당한 모든 진용을 갖추어야 하며, 여기에 더하여 식이요법, 맑은 공기, 적당한 온도 유지, 환자를 바쁘게 할 신체 활동"[16] 등을 할 만한 시설이 갖추어져 있어야 했다.

　야코비는 실제로 어떻게 환자를 대했을까? 여기에 하인리히 N.이라는 환자가 있다. "덩치 크고 힘이 센 농부"인데, 39세경부터 주기적으로 정신병 증상을 겪었고, 증상이 가라앉으면 다음번 발작이 오기 전까지 수주 동안은 맑은 정신으로 지냈다. 야코비는 당시로서는 표준 치료법인 방혈을 하고 지사제 등을 투여했다. 그러나 야코비는 이에 더하여 비의학적 방법을 사용했는데, 식단 조절, 환자의 신뢰를 얻기 위해 오랫동안 대화를 나누고, 맥박을 짚으면서 손을 잡곤 했다. 하인리히가 분노발작에 사로잡힌 상태에서 대변을 사방에 묻히자 야코비는 구속복을 입혀 독방에 가두겠다고 그를 위협했다. 이는 환자를 "매우 격분시켰는데", 결국 "환자는 구속하지만 않는다면 차분하게 행동하고 청결하게 하겠다고 말했다. 우리는 요구에 응했고 그는 약속을 지켰다. 며칠이 지나자 그는 분명히 회복 단계에 접어들었다." 나중에 야코비는 하인리히와 잡담을 하면서 환자가 증상이 심해질 때면 산 채로 불에 타죽을 것을 두려워했는데, 왜 그러했냐고 물었다. "환자는 다음과 같이 설명했다. 환자는 오래전에 병이 심해서 안절부절못하는 상태에 있었는데 사람들이 그를 볏짚을 보관하는 광에 단단히 묶어 두었다. 그때 묶여 있던 침대 머리맡에 등이 하나 달려 있었다고 했다. 그가 항상 두려워했던 것은 꼼짝 못하고 묶여 있는 그에게 불똥이 튀어 산 채로 태워지는 것이었고 이 두려움은 그 후로도 계속 되었던 것이다."[17] 야코비의 수용소 운영 방침에는 환자를 묶거나 질병의 원인을 체액 이상으로 보고 자극반응을 조절하려는 등 과거 전통적 수용소의 잔재에 해당하는 방식도 있었지만, 다른 한편 의사-환자 관계를 치료적으로 사용하여 환자를 설득하고 매일의 일과를 통해 질서의식을 부여하던 방식은 철저한 개혁주의적 사고에서 비롯된 것이었다.

지그부르크의 황금기는 야코비에 의해 만들어진 것이었다. 그는 1858년 자신의 집무실에서 사망한다. (사망하기 3년 전에 그는 "의료 추밀고문관"의 영예를 부여받았다.) 정신과 의사인 카를 펠만은 다른 곳에서 감독관을 하다가 지그부르크에 와서 한때 조교로 일한 적이 있었는데, 독일 정신의학 역사상 가장 번영했던 이 시절에 관해 다음과 같이 적었다. "수용소장이 환자와 책상을 마주하고 앉아서 (환자들의) 이해하기 어렵고 의미도 없어 보이는 질문에 몇 시간이고 대답해 주며, 그의 생각이 무심결에 과거의 황금시대[+]를 배회하고 있다고 해서 불만을 가질 사람은 없을 것이다. …… 내가 지그부르크에 있는 동안 법률전문가를 불러야 할 만한 일이 일어난 적도 없었고, 어느 누구도 상부에 보고해야 할 만한 사고를 저지르지 않았다. 지그부르크에서의 생활은 다양했고 이중 일부는 환자와 함께하는 시간이었는데, 이런 일은 진정한 선의를 가진 의사라도 지금 이 시대에는 실천하기 어려운 일이었다." 펠만은 지그부르크 수용소 생활을 집과 같은 친밀함이 있었던 곳으로 회상했다. "수용소 전체가 일종의 가족이었고 어느 누구든 증상이 심해지고 좋아지는 과정을 모든 사람이 다 함께 공유했다. 중증 환자 병동에 있는 심한 환자일지라도 어느 한 의사의 가족에 비극적인 일이 일어나면 스스로 조

[+] 수용소 설립초기에 선도자들이 꿈꿨던 이상적 도덕치료의 시대를 의미한다.

용히 목소리를 낮추었다."[18] 이러한 정신으로 독일은 수용소 개혁을 시작했던 것이다.

프랑스의 수용소 개혁 운동은 파리에 있는 에스퀴롤의 한계를 넘어서지 못하고 있었다. 프랑스 지방에 있는 수용소는 황폐한 수용기관일 뿐이었고, 진보적 에너지와 사려 깊은 실험 정신도 없이 감옥 이상의 수준을 넘지 못했다.[19] 독일과 프랑스는 매우 달랐다. 탈중앙집권화된 독일에서는 지방에서부터 모든 일이 시작되어, 지그부르크와 조넨슈타인처럼 자발적으로 개혁을 이뤄냈고, 이들의 성과가 보잘것없는 작은 왕권을 빛내 주었던 것이다. 중앙집권형의 프랑스는 이와 대조적으로, 단 하나의 오만한 도시만 있었을 뿐 나머지 광대한 지역은 버려져 있었다. 에스퀴롤도, 파리에 있는 내무부 관리들도 파리 이외의 지역에서 무슨 일이 일어나는지 상관조차 하지 않았다. 역사학자 얀 골트슈타인이 말했듯이 "에스퀴롤조차도 정신병자 치료 전문가는 모두 다 파리에 있는 것이 마땅하다고 말했고, 발전이 있다면 그것은 파리에 있는 전문가로부터 무지몽매한 지방으로 전달되었기 때문이라고 생각했다."[20]

그래서 에스퀴롤도 1840년 사망할 때까지 오직 수도 파리에서만 일했다. 1825년 그는 샤렝통 수용소의 의무원장이 되었는데, 그곳은 국가나 가족이 위탁한 환자를 받는 곳이었고 얼마 지나지 않아 에스퀴롤에 의해 국제적 명성을 얻게 된다. 여자 환자만을 위해 청결 지역을 따로 지정하여 환자의 회복률을 높였다. 자비로 입원한 환자에게는 "살롱을 만들어서 입원 환자들끼리는 물론 직원들과도 어울려 게임, 음악, 춤 등을 즐기게" 하였다. 환자들은 당구도 칠 수 있었고 넓은 정원도 있어 신선한 공기를 즐길 수도 있었다. 남자 환자들은 낮에 외출도 했다. ("여자 환자들은 결코 혼자 내보내지 않았다.") 돈을 내지 않는 환자들에게도 별도로 정원이 주어졌고 다양한 활동을 즐기게 했는데, 여자들은 바느질, 남자들은 교련 연습을 했다. "따라서 샤렝통의 생활은 잘 조직되어 있어서 광증 환자를 치료하는 데 매우 좋은 조건을 갖추고 있다"고 에스퀴롤은 말했다. 그렇다면 샤렝통이 치료적이라는 것은 무엇을 의미했는가? "쾌적한 장소, 직원들 마음속에 있는 진보적이고도 신뢰할 만한 정신, 의사들의 열의, 치료설비의 풍부함, 제반 분위기……"[21] 이 모든 것들이 샤렝통 환자들의 치료를 가능하게 했던 것이라고 그는 주장했다.

그렇다면 프랑스에서 의미하던 "치료가능"이라는 말은 오직 샤렝통에서만 가능했다는 말이 되겠다. 이런 달콤한 변화는 더 이상 퍼져 나가지 않았기 때문이다. 에스퀴롤은 제자 몇 명을 파리 외곽에 있는 몇몇 수용소로 보내 개혁 정신을 확산시키려 했었다. 예를 들면 아실-루이 포비유를 루앙에 있는 생티용 수용소(후에 이곳에서 악명 높은 퇴행이론이 확산되었다)로 보냈다. 그러나 관료 조직의 무기력함과 정치적 저항은 에스퀴롤의 이념이 86개 현으로 전달되는 것을 차단했다. 프랑스의 지방 도시들은 독일 지방 도시에 비해 한참이나 뒤떨어져 있어야 했다.

마침내 1838년 프랑스 정부는 파리와 지방의 수용소 운영 규제법을 마련한다. 이 법은 수용소 입원 과정에 주안점을 두었고(전에는 환자를 입원시키기 위해 법원의 명령이 필요했지만 이 조항을 없앴다), 그 목적은 전국적 수용소 연결망을 만드는 것이었다. 도덕치료는 이 획기적 법안의 관심사가 아니었고, 의회 논쟁에서 거론되지도 않았다.[22] 반세기가 지난 후에도 공공 수용소를 갖추지 못한 프랑스 지방 도시는 많았고, 그곳의 환자들은 마치 창고와 같은 낡아빠진 사립 수용소로 갈 수밖에 없었다.[23] 1838년 법에 의해 만들어진 정신건강 시설은 전반적으로 볼 때 최소한의 혜택만 주던 곳이었다. 서구 사회 구석구석에 있던 수용소들이 정신질환자로 넘쳐 날 때, 프랑스에는 넘쳐 날 만한 장소 자체가 없었다고 해도 과언이 아니다.

브리튼은 중앙집권화되지 않았다는 점에서 독일과 유사한 상황이었다. 보건의료와 의학 연구에 정부가 관여하지 않는 것이 원칙이었기 때문에 관세를 받고 거리 치안을 맡는 권한 정도만 잉글랜드 정부에게 허용하고 있었다. 잉글랜드는 이렇듯 의료 분야에 관여하지 않았던 탓에 나중에 실험실 연구 분야에서 크게 뒤쳐지는 대가를 치러야 했다. (독일에서는 국가 권력이 분산되어 있었다 할지라도, 작은 현마다 유서 깊은 이사회의 입김이 작용하고 있었다는 점에서 브리튼과는 현저하게 대조되는 것이다.) 정신과 영역과 제반 의료분야에 새로운 생각이 확산되는 데 핵심적인 요인은 중앙이 지방을 지배하는지에 달려 있다. 프랑스에서는 그러했다. 잉글랜드와 독일에서는 그렇지 않았다. 프랑스의 경직된 행정부와 비교했을 때 잉글랜드와 독일의 성급한 행정부와 산업도시들은 훨씬 더 허용적이었지만, 얼마 지나지 않아 환자에게 자유를 허용하는 도덕치료가 그들에게는 골칫거리가 됨을 알게 된다.

19세기 첫 30년 동안 도덕치료 개념과 잘 짜여진 일과표의 치료적 사용은 영국 의사들 사이에서도 꽃을 피웠다. 맨체스터에 있던 정신병원을 두루 살펴보았던 일반의사 존 페라이어는 그의 책 《의학의 역사》 1810년 판에 다음과 같이 적었다. "위로와 부드러움으로 이루어진 제도는 이제 보편적으로 적용되고 있다. 이 제도가 언제나 치유를 촉진한다고 말할 수는 없지만 최소한 환자들의 가혹한 운명을 순치시키는 경향은 있다."[24] 윌리엄 튜크의 도덕치료라는 단어는 영국에서는 표어가 되었다. 손자 새뮤얼 튜크가 도덕치료가 어떻게 효과를 나타냈는지 기록해 놓은 회고록은 널리 읽혔다. "요양원retreat에서도 자존심을 지키고자 하는 욕구는 처벌에 대한 공포보다 흔히 훨씬 더 강력하게 작동한다. 이 원리는 …… 커다란 영향력을 가지고 있고 심지어 광인의 행동에도 영향을 미친다." 자신의 "병적 속성"을 극복하는 방법을 배우게 되면

"마음이 강해지고 자기 억제라는 건강한 습관을 실천하게 되는 것이다. 경험에 의하면, 광기를 치유하는 데 가장 중요한 것은 도덕적 수단이다."[25] 비록 일반인이 쓴 것이지만, 이 구절은 정신의학 역사상 가장 고전적인 문구라고 할 수 있다. 요크 요양원의 소식은 영국 전역으로, 그리고 유럽 대륙으로 퍼져나가 의사들이 무엇을 해야 할 것인지 상기시켜 주었다.

또 다른 개혁주의 물결이 유럽 대륙으로부터 브리튼으로 건너왔다. 예를 들어 자기 소유의 수용소를 운영하던 조지 맨 버로우스는 유럽 대륙으로부터 정신의학적 자유주의를 끌어들여 온 것으로 보인다. 임상 현장에서 은퇴한 후 의사 대변인으로 이름을 날리던 그는 1816년 첼시에 작은 사립 수용소를 세우게 된다. 이듬해, 파리의 정신과 의사들 몇 명을 방문하고 잉글랜드로 돌아와 1823년 클래팜에 더 큰 새 정신병원을 설립했는데, 버로우스는 이를 "요양원"+이라고 불렀다. "광인의 집"보다는 "수용소"라는 용어를 즐겨 사용한 것도 버로우스가 처음이다. 1828년 출간한 정신질환 교과서에는 당시 유럽 대륙에서 널리 실행되던 온화한 처우 방식의 표준 지침에 관해 설명되어 있다. "작금에 탁월한 정신병 치료법이라고 주장할 만한 것이 있다면 그것은 바로 도덕을 적용할 방법을 강구해 냈다는 데에 있다." 버로우스가 열거한 지침서를 보면, 급성 환자와는 증상을 두고 언쟁하지 말 것이며, "친근하고 달래는 목소리로 고통을 안정시켜 주면 때로 빨리 회복되는 수가 있다"[26]고 적혀 있다. 버로우스의 요크 요양원을 찾아온 중상류층 환자에게 동류의 중상류층 의사가 친근하고도 달래는 목소리로 말해 준다면 그 얼마나 치료적으로 적당할 것인가. 게다가 효과도 보았다. 그가 쓴 교과서는 "이 나라에서 가장 완

+ 튜크의 요양원과 일반 요양원과 구별하기 위해 흔히 '요크 요양원'으로 불린다.

벽하고 실천적인 학술서"[27]로 이름을 날렸다.

버로우스를 따라 이 새로운 방식을 상세하게 기술한 영국의 여러 정신과 의사들은 대부분 다 기억에서 지워져 가고 있다. 이들 중 일부가 골상학자임을 그 다음 세대 회고록 작가들이 발견하였기 때문이다. 매우 당혹스러운 일이 아닐 수 없었다. 윌리엄 찰스 엘리스는 새로 생긴 두 개의 주립 수용소 설립자이자 감독관이었다. 한 수용소는 1818년에 짓기 시작한 것으로 웨이크필드 주 요크셔 서부 수용소이고, 다른 하나는 1831년부터 1838년 사이에 있었던 런던의 미들섹스 주립 수용소이다. 엘리스는 잉글랜드에서 유럽 대륙 방식 개혁의 주역으로 등장한다. 에스퀴롤과 야코비가 했던 것처럼 수용소를 일종의 커다란 가족이라고 생각한 그는 수용소 치료를 인도주의적 실천으로 보았다. 1838년 그의 기록에 의하면, "도덕치료가 가장 어려운 부분이다. 여기에서 가장 중요한 일은 포기하지 않고 꾸준히 주의 깊게 친절한 태도를 유지하는 것이다. 아무리 심한 광증 환자라도 조금이라도 마음의 조각이 남아 있다면, 애정에 찬 관심을 받고 마음을 열지 않을 사람은 없을 것이다." 그는 효과가 있었다고 말했다. "많은 환자의 이성과 행복감이 서서히 돌아오는 것을 기쁘게 지켜볼 수 있었다."[28]

1821년 링컨 수용소에서 "신체적 구속을 하지 않는 수용소" 제도를 시작한 에드워드 파커 찰스워스를 본받아서, 한웰에 있던 엘리스도 광폭한 환자를 묶던 방침을 없애 버렸다. 또한 샤리테의 호른이 했던 것과 같이 엘리스 부부는 환자들이 시간을 보내도록 공예와 운동을 도입했다. 1837년이 되자 한웰 수용소에 있던 612명의 환자 중 4분의 3이 낮 동안 유용한 일을 할 수 있게 되었다.[29] 심지어 엘리스의 괴상한 골상학 학설조차도 도덕치료의 일부에 포함시켰는데, 엘리스는 환자의 머리를 손가락으로 만지면서 말을 걸곤 했고, 이처럼 환자를 만지고 안정시키고 위로하는 방식은 매우 치료적이었다고 하며, 이는 방혈이나 구토와 같은 과거 방식으로는 얻을 수 없던 효과였을 것이다.[+30]

런던의 한웰 수용소가 잉글랜드의 도덕치료와 일상요법의 진원지였다면, 스코틀랜드에는 덤프리스가 있다. 광증으로 죽은 남편의 유산을 처리할 방법을 찾던 엘리자베스 크라이튼은 1837년 발간된 윌리엄 알렉산더 프랜시스 브라운의 책《수용소의 과거, 현재, 미래》를 우연히 접하게 된다.[31] 브라운은 당시 근처 스코틀랜드 몬트로즈 수용소에 있었다. 그는 샤렝통에서 에스퀴롤 휘하에서 배웠고, 1830년대에 몬트로즈 수용소 원장으로 있으면서 신체적 구속을 없애자는 운동을 초기부터 열렬히 지지해 왔었다.[32] 브라운은 치료적 수용소의 이상으로 가득 차 있었다. 1837년 그의 책에서는 "치료율을 두 배로 증강시키는 도덕치료와 새로운 제도의 비결은 단 두 단어로 요약될 수 있다. 친절과 일이다."[33] 크라이튼 부인이 찾던 것이 바로 그것이었다. 그녀는 몬트로즈로 브라운을 찾아가 120개 병상의 병원 건립을 위해 10만 파운드를 기증한다. 크라이튼 왕립 기관[++]이 바로 그것인데, 여기에서는 그 두 가지 원칙을 도입하고 모든 계층의 환자를 받았다.[34] 1839년 덤프리스에서 문을 연 이곳의 첫 원장은 브라운이 맡았다.

그러므로 1839년경에는 브리튼에도 새로운 수용소의 바람이 충분히 불어 왔던 것을 알 수 있다. 영국에서도 대륙과 마찬가지로 수용소는 치유적으로 기능해야 한다는 개념이 절대적이었고, 근본적으로 뇌의 질병

인 정신질환을 볼 때 정신과 의사는 환자의 일과 시간을 조정하고 의사
환자 관계에 내재된 모든 기예를 사용해야 한다는 개념이 지배적이었다.

대서양 건너 멀리 떨어져 있는 미국에는 맨 나중에 개혁의 물결이 도
달했다. 유럽에서와 마찬가지로 개혁운동을 처음 실행한 사람들은 야코
비나 엘리스처럼 새로운 비전에 고취된 경험 많은 의사들이었다. 1752
년 개원한 펜실베이니아 병원 설립에 크게 기여한 필라델피아의 퀘이커
교도 신앙협회 회원들도 정신병동에 환자가 너무 많이 몰려 있다고 판단
했다. 이를 해결하기 위해 펜실베이니아 근처 프랭크포드에 있는 땅을
사서 정식으로 수용소를 세우기로 했다. 1817년 5월 수용소가 개원되어
미국에서의 개혁 운동이 첫 발을 내딛게 되었다. 이는 영국의 요크 요양
원을 본뜬 것이었다. 후에 프랭크포드 요양원 연감에서 자랑하기를, "이
수용소는 대서양 서쪽에서는 처음으로 환자에게 사슬을 사용하지 않는
다는 정신을 구현한 곳이다." 영국 전역과 유럽 대륙 전역에서 사용되던
양생법을 원칙으로 하던 프랭크포드에서는 "어떤 상황에서도 친절한 행
위가 우선해야 한다."[35] 요크 요양원과 달리, 프랭크포드에서는 개원 당
시부터 수용소 내에 의사를 거주시켜 그 첫 번째 의사로 찰스 루켄스가
부임했다.

이제 미국 정신의학의 토대가 될 일련의 일들이 일어나게 된다. 프랭
크포드 수용소를 보고 감명을 받은 의사 엘리 토드와 새뮤얼 우드워드는
하트포드에도 유사한 수용소를 세우기 위해 코네티컷의 의사 사회를 움
직이기로 결심한다. 앵글로 색슨인 특유의 자발성으로 많은 사람들이 이
모금에 동참했고, 1824년 하트포드 요양원이 문을 열었는데, 이는 준準
공립시설로서 가난한 환자도 입원할 수 있었다. 엘리 토드는 예일 예술
대학을 졸업하고, 그 시대 대부분의 의사들이 그랬던 것처럼 견습생으로
의술을 배웠는데, 가장 많은 출자금을 냈기 때문에 요양원장으로 임명되

었다. 새뮤얼 우드워드 역시 예일 대학을 졸업했고 의사인 아버지로부터 의술을 배웠으며, 요크 요양원의 상담사와 근처 위더스필드의 감화원 일을 하고 있었다. 하트포드 요양원을 이끈 것은 토드의 철학이었다. 토드는 "우리 요양원의 가장 강력한 도덕적 규율은 친절이며, 요양인과 요양원에 속한 모든 이들은 항상 서로를 존중하고 관대해야 한다"는 원칙을 만들었다.[36] 후에 하트포드 요양원은 사립으로 전환되어 명칭이 몇 차례 바뀐 후에 현재는 생활연구소Institute for Living이라는 이름의 고급 사립 신경클리닉으로 운영되고 있다.

하트포드와 거의 동시에 매사추세츠에도 수용소가 생겼다. 1810년경 보스턴 상인 거두들은 자영 종합병원을 세우기로 결정한다. 그러나 일이 지연되면서 종합병원의 일부로 계획되었던 수용소가 1818년에 먼저 개원하게 되었다. (매사추세츠 종합병원은 1821년부터 환자를 받기 시작했다.) 1826년에 명칭이 바뀌는데, 이 정신병동 설립에 거금을 희사한 보스턴의 상인 존 맥린의 이름을 따서 맥린 수용소라고 개칭하게 되었다. 첫 수용소장은 하버드 졸업생인 러퍼스 와이먼으로서 보스턴에서 의술을 익힌 사람이었다. 와이먼은 피넬과 튜크의 책을 읽었고 "도덕적 처우 제도"의 강력한 지지자가 되었다. 1822년 그의 첫 보고서에서는 수용소의 작업 요법 및 기분전환 요법이 효과가 있음을 기술하고 있다. "체커, 체스, 주사위, 9주회backgammon✝, 그네, 톱질, 정원일 …… 등의 오락은 좋지 않은 생각으로부터 벗어나게 하고 몸과 마음을 운동하게 한다." 환자들이 밖에 나가 활동할 수 있게 하기 위해 와이먼은 1828년 수용소 최초로 두 마리 말이 끄는 마차를 마련했다. 후에 와이먼은 "우리 수용소에서는 사슬이나 구속복은 결코 사용된 적이 없고" 직원 어느 누구도 환자를 때리지

✝ 주사위를 이용하여 놀이판이나 테이블에서 말을 움직이며 노는 서양 놀이이다.

못하게 했다고 자랑스레 말했다. (그러나 맥린 수용소 초기에는 환자를 묶기도 했다고 한다.)[37] 하트포드 수용소와 마찬가지로, 한때 매사추세츠 공공시설이었던 맥린 수용소도 나중에는 사립으로 전환되었다.

이 시점에서 민간 분야 이야기를 접고 공공 분야로 넘어가야겠다. 미국에서 어떤 형식의 것이든 공공 수용소라고 부를 만한 것은 1773년 윌리엄스버그에 설립된 것이다. 치료적 수용소라는 새로운 개념의 수용소는 그로부터 60년 후인 매사추세츠 우스터에 생겼으며, 이는 교육개혁가인 호레이스 만이 1830년 입법부에 건의한 것이었다. 1833년 1월 우스터는 업무를 시작했고 첫 소장으로 하트포드 수용소 상담자였던 코네티컷의 새뮤얼 우드워드가 부임하게 되었다. (민간 분야에서 경험을 쌓은 사람들이 공공 분야로 배출되는 일은 오직 미국에서만 가능했다.) 우드워드가 온화한 치유정신의 상징적 인물이 아니었음은 꼭 말해 두어야겠다. 그는 독성 체액을 뽑아내기 위한 목적으로 환자의 피부에 부식성 물질을 부어 물집을 잡히게 하기도 하고, 환자가 잘못 행동하면 견고한 방에 가두기도 했다. 그럼에도 불구하고 우스터에서 그는 "날뛰는 미치광이들"의 삶에 안정과 질서를 가져왔다. "매섭게 추운 계절에도 옷을 벗어던지던 40명의 환자들 중 이제는 오직 8명만이 그러하다"라고 1833년 그 병원 이사가 기술한 바 있다. "모든 병동의 환자는 이제 사소한 일에 날뛰지 않고 더 평온하며 서로에게 예의바르고 친절하게 행동한다. 낙담한 자의 울부짖음과 광란의 날뜀도 이제는 사라졌다."[38]

미국의 많은 공공 수용소에서는 절망의 울부짖음이 사라지기 시작했다. 1840년대 미국에도 감금을 위한 수용소가 아니라 치료적 수용소가 생겨나기 시작했던 것이다. 우티카 주립병원(1848년 설립된 이 병원의 공동 설립자 중 한 명인 에이머리아 브리검이 이곳에서 정신과 의사 조직을 제안했고 이것이 나중에 미국 정신의학 협회의 모체가 되었다)에서부터, 조지아의 밀리지빌의 수용소까지 모든 수용소들은 애초에는 가장 고귀한 이상을 가지고 시작되었다. 이곳 수용소 소장들은 환자가 입원하면 자신의 손으로 사슬을 풀어 주었을 것이다. 그러나 나중에 밀리지빌 수용소는 8000명이 갇혀 있는 끔찍한 생지옥으로 변모하게 된다.[39]

1840년대 미국 전역에도 치료적 수용소가 폭발적으로 생겨났음을 알수 있다. 유럽은 물론 미국에서도 이들 젊은 정신과 의사들은 정신질환은 머지않아 극복될 것이라는 승리의 조짐을 느끼고 있었다. 개혁된 수용소에서 이들은 이제 막 정신질환을 극복할 참이었던 것이다.

환자 수를 감당할 수 없게 되다

결국 개혁주의는 실패했는데, 치료적 수용소라는 개념이 잘못된 것은 아니었다. 단지 환자 수를 감당할 수 없었기 때문이었다. 치료적 수용소는 성공의 씨앗을 품고 있었다. 왜냐하면 정신병을 가진 환자들은, 안전하다고 느끼는 피난처에서 미래를 계획하고 시간을 짜임새 있게 보내도록 도와주며 약물을 복용토록 하면 실제로 좋아지기 때문이다. 이런 초기 수용소에서 의사가 꿈꾸었던 것은, 환자를 단순히 가두고 관리만 하는 것이 아니라, 이런 방식의 시도를 꾸준히 하다 보면 언젠가는 환자를 치료하는 데 집중할 수 있으리라는 것이었다. 그런데 실제 일어난 현실은 치료적 수용소가 환자의 수에 압사되어 버린 것이었다. 1900년이 되자, 초기 개혁주의 이상을 실현할 수 있으리라는 꿈은 수용소 문 앞에 내팽개쳐져 홍수처럼 밀려 들어오는 수많은 환자 앞에서 삽시간에 무너지고 만다.

미국에서 비관적 의견이 처음 나온 시기는 1869년으로, 뉴욕 주의 한 수용소에서 만성 환자만 받겠다는 방침을 발표하면서 시작되었다. 환자를 완치할 수 있다는 주장을 미국에서 처음 포기한 곳은 윌러드 주립병원이다.[40] 윌러드 병원처럼 환자 수에 압도된 병원들이 속출하기 시작했다. 전형적인 수용소의 연간 평균 입원 환자 수를 보면, 1820년 31명, 1870년 182명으로, 수용소당 재원 환자 수가 50년 사이에 57명에서 473명으로 증가한 것이다.[41] 관측자들은 이미 1870년대부터 가차없이 증가하는 환자 수에 넋을 잃었고 얼마나 더 많은 수용소가 필요할지 할 말을 잃었다. 1875년 미국을 방문한 영국 정신과 의사에게 뉴욕의 한 은행가는 이렇게 말했다. "일이 어떻게 돌아가는지 나도 모르겠습니다. 자금은 충분한데도 어디로 돈이 흘러 나가는지 아무도 모릅니다. 항상 어딘가로 돈이 빠져나가지요."[42] 1880년대 이후로 미국 대부분의 공공 수용소가 치료를 위한 노력을 포기했는데, 역사학자 데이비드 로스먼은 이를 "재활에서 관리로의 퇴보"[43]라고 표현했다.

1895년 스위스의 젊은 정신과 의사 아돌프 마이어는 그 유명한 우스터 수용소(치료적 공공 의료의 탄생지)에서 환자를 진료하지 않는 연구자로 일을 시작했다. 우스터 수용소에는 1200명의 환자가 있었고 연간 새로 들어오는 환자의 수는 600명에 달했는데, 그곳에 의사는 네 명밖에 없었다. 마이어는 의사들의 과도한 업무량(의사 1인당 300명의 환자를 담당했다)에 항의하고 곧 의사 수를 두 배로 늘리게 했다. "어떻게 해야 저 의사들을 바쁘게 만들 수 있을까요?"라고 수용소를 방문한 한 의사가 질문했다.[♣] 말하자면, 당시 전형적인 미국 정신과 의사의 모습을 묘사한 것으로, 치료적 수용소에 대한 기대가 명백히 사라져 버렸음을 의미하는 것이었다.

....

♣ 환자 수가 너무 많아 환자를 돌볼 엄두를 내지 못한 채 아예 손을 놓고 있는 의사들의 모습을 묘사한 것이다.

독일에서 정신과 의사들도 환자 숫자에 짓눌리는 것은 마찬가지였다. 감금된 환자 수는 1852년 인구 5300명당 1명에서 1911년이 되자 500명당 1명으로 증가했다.[45] 환자 수가 이렇듯 무시무시하게 증가하자 미국 정신과 의사와 마찬가지로 독일 정신과 의사들도 당황하기 시작했다. 수용소 하나를 짓자마자 곧 또 다른 수용소를 세워야 될 지경이 되어 버린 것이다. 1911년 한 의사의 말을 인용하자면 "정신과 병상의 부족은 거의 모든 정신의학 종사자들의 영원한 숙제가 되었다."[46] "인구 증가와 아무런 상관이 없이 이렇듯 수용해야 할 환자가 증가한다는 사실은 불안한 일이다."[47] 바이에른 북쪽에서는, 1907년 당시와 같은 추세가 계속되면 222년 내에 그곳의 모든 사람들이 수용소에 들어가게 될 것이라고 한 광대가 익살을 떨기도 했다.[48]

1911년이 되자, 원래 490명의 환자를 수용하기 위해 1867년 세워진 파리 생탕 수용소의 14개 병동에는 1100명이 있게 되었다. 1869년 500개 병상으로 개원한 에피네-쉬르-오르주 근처의 보클뤼즈 수용소는 1911년에 1000명 이상의 환자를 가둬 놓고 있었다. 1867년 이후에 세워진 파리 근처 소재 거의 대부분의 수용소는 이런 예기치 않은 상황을 맞고 있었다.[49] 파리에 있는 고전적인 수용소들은 더욱 절망적인 상태였다. 1880년대에 비세트르를 방문한 사람이 말한 "멜랑콜리 환자들이 비좁은 방과 습기 찬 안뜰에 빽빽이 들어차 있었다"고 한 그대로였다.[50]

잉글랜드에서도 1859년 인구 1000명당 1명의 수용 인원이던 것이 1909년에는 3.7명으로 증가했다. 1827년에는 한 수용소 당 평균 116명의 환자를 수용했으나 1910년이 되자 1072명으로 증가한 것이다.[51] 제1차 세계대전 직전 스태포드셔 주 수용소들 중 한 곳을 방문한 시찰단장은 방명록에 이렇게 적었다. "환자 수는 수용 가능한 최대 인원을 넘어서고 있다. 지난 토요일 환자 수는 이 수용소 역사상 가장 많은 숫자인 916

명에 달했다 …… 36명의 남자 환자는 침대도 없이 바닥에서 자고 있다. 그래서 철제 침대틀 20개를 개당 30/3d.[+]로 주문해 놓았다."[52] 제1차 세계대전 동안 군 발령으로 수용소에서 일했던 가정의 몬터규 로맥스는 영국의 수용소가 치료적 역할을 아무것도 하지 못한 채 환자를 방치해 두었음을 회상한다. "수용소는 환자를 감금할 뿐 치유하지는 못한다. 혹시라도 치유가 되었다면 그것은 우연일 뿐이다. 그런 곳에 있었음에도 불구하고 자연 치유되었다는 의미이지, 수용소에 있었기 때문에 나은 것이 아니다." 담당 환자 수가 350~400명 이하로 줄어든 적이 없었고, 때로는 "그 수는 두 배 혹은 세 배로 늘어났고 환자 개개인을 보살핀다는 것 자체가 불가능했다." 그곳 수용소장은 치료할 수 있다는 희망을 유지할 수 있었을까? "그곳 의사의 임무가 교정과 치료법을 실행해야 하는 것이었다면, 적어도 내가 그곳에서 근무하는 동안에는 그 어떤 지침도 존재하지 않았다는 것만은 확실히 말해야겠다." 로맥스의 결론은 다음과 같았다. "공공 수용소에서는 그저 감금만 할 뿐 치료는 없다."[53] 바티나 엘리스 등이 품었던 애초의 희망은 밀려드는 몸뚱이로 산산 조각이 나 버린 것이다.

왜 환자가 증가했는가?

수용소 환자가 왜 증가했는지는 정신의학의 사회사social history[++]에서는 매우 논쟁적인 주제이다. 이 주제를 중심으로 독특한 학파들이 생겨

....

[+] d.=denarius(복수 denarii) 중세부터 사용하던 동전으로 현재 영국 동전 1페니에 해당한다.
[++] 역사를 사회적 변화를 보는 관점에서 해석하는 것으로서, 기존의 정치적·영웅 중심적 시각과 대비된다. 사회적 변화를 들여다보기 위해 일반시민의 일상생활과 사회의 경제적, 문화적, 법적 측면 등 여러 측면을 종합하며, 따라서 연대기적 사실에 더하여 그물망 짜듯 역사를 엮어 낸다는 특징이 있다.

났다. 지난 두 세기 동안 이 분야를 지배했던 학자들은 정신질환 자체의 존재에 의혹을 제기하고, 이는 단지 사회적으로 구성된 것이라고 주장해 왔다. 이들은 입원환자의 질환을 하찮은 것으로 만들어버리고, 노동하지 않고 자유분방한 생활을 하거나 심지어는 남성의 권위에 도전하는 자들에게 자본주의 사회가 가하는 보복이라고 보았던 것이다. 따라서 사회가 일탈을 점차 용인하지 않게 되면서 엄청난 수의 "참아낼 수 없는" 사람들을 감금하기에 이르렀다고 말한다.[54] 이런 해석이 실질적인 근거 자료도 없이 세간의 큰 평판을 받았다는 것은 놀라운 일이 아닐 수 없다.

두 번째 주장으로는, 정신질환이 낙인찍기에 의한 인공적 산물이 아니라 실재하는 것이라면, 질병 발생률은 시대에 따라 그리 많이 변화하지 않았을 것이라는 것이다. 그러므로 19세기에 왜 수용소 감금 현상이 일어났는지 사회적 측면에서 설명이 필요하다는 것이다.[55] 이 이론 모델은 중요한 것이었으나, "광기"의 구성 요소를 분석하고 각각의 요소에 어떤 일이 일어났는지 연구하려 하지 않았기 때문에 가치를 잃고 말았다. 그러나, 가장 중요한 것이 바로 이 구성요소에 대한 분석과 감별이다. 정신의학의 역사를 쓰면서 치매, 정신병, 정신지체를 구별하지 않는 것은 소음의 역사를 쓰면서 컴퓨터에서 나는 소리와 탱크가 굴러가는 소리를 구별하지 않는 것과 마찬가지이다. 정신질환 중 어떤 것은 시대의 변화와 상관없이 일정한 수를 유지했고, 어떤 병은 그렇지 않았다. 이들 사이의 차이를 구별하지 않고 광인이니, 정신이상이니 심란한 자이니 말하는 것은 광인이라고 붙여 놓은 라벨 아래에 무엇이 있는지 알아보려고 그 라벨을 벗겨 보려는 노력을 애초부터 포기한 것과 다를바 없다. 그러므로 사회적 원인을 추구하는 것은 다음과 같은 질문을 절실히 필요로 한다. 정확하게 도대체 무엇이? 그리고 왜?

세 번째 그룹은 정신질환은 실재하고 마음과 뇌에 영향을 미치는 사회적 상황에 따라 질병의 빈도가 달라졌다고 주장한다.[56] 나는 이 그룹에 속한다. 내 의견은 이러하다. "광기"를 해체하여, 다른 많은 질병과 증후군이 어떤 과정을 거쳐 마지막 종착역인 우울증, 정신병, 혹은 치매에 이르게 되었는지 세밀하게 조사하는 작업이 필수적이라는 것이다. 19세기에 수용소 환자가 급증하게 된 현상에는 두 가지 측면이 있었던 것으로 보인다. 하나는, 기존의 환자가 "재배치된 결과"이고, 다른 하나는 실제로 환자가 증가하였다는 점이다. 이를 이해하기 위해서는 광기라는 이름 하에 한 덩어리로 묶인 광기 군#의 개념을 꿰뚫어보고 그들과 그들이 처한 상황 배경을 들여다보아야만 한다.

수용소 환자가 급증한 이유 중 일부는 환자가 재배치되었다는 것에 있다. 19세기 동안 가정이나 구빈원에 있던 환자들이 점차 수용소로 옮겨지기 시작했다. 이는 정신질환 발병률과는 상관없이 단순히 환자의 거주 장소가 바뀌었음을 뜻한다.

그러나 어떤 정신질환은 실제로 증가하기도 했다. 19세기의 무수한 "광기들" 중 특정 질병은 증가 일로에 있었는데, 대표적인 것이 신경매독, 알코올성 정신병, 그리고 비록 덜 확실하기는 하지만 얼핏 보기에 정신분열증 또한 그러하다.

이 두 과정―환자 재배치에 의한 것과 환자 수의 실질적 증가―에 관한 역사적 근거는 매우 뚜렷하므로, 이념적으로 받아들이기 불편하다 하여 간과해서는 안 될 것이다. 1960년대와 1970년대에 활동한 많은 정신의학 역사학자들은 전쟁 후 특정 시대적 이념 아래 역사를 해석하려 했다는 점에서 일종의 잃어버린 세대✝에 속한다. 마음과 뇌에 관한 연구

✤ 제1차 세계대전과 대공황 사이의 젊은 세대로서, 전쟁 동안 정체성 혼란을 겪으며 성장한 세대를 일컫는다. 또한 전쟁의 외중에 수많은 죽음과 인간의 파괴성을 목격하고, 한때 삶의 지침이었던 목적성과 전통적 도덕성에 대한 회의가 문학작품과 역사관에 반영되어 있는 1920년대의 시대적 집단을 지칭하기도 한다.

가 어떤 역사적 상황에서 실패했었는지 의문을 가지려 하지 않고 실체가 없는 것을 추구했다는 점에서 그러하다. 정신의학의 역사를 말하려면 정신의학에 감정이입을 해야만 하고, 또한 정신질환의 역사를 우선적으로 이해해야 할 필요가 있다. 정신질환은 실재하는 것이 아니라거나 알 필요가 없다는 입장에서 출발하는 것은 한마디로 역사서가 아니다.

질병의 재배치

집안에 정신병자가 있는 무일푼의 가족이 빠진 곤경을 한번 상상해 보자. 그것도 19세기 빈에서 말이다. 1901년 빈의 정신과 교수 율리우스 바그너-야우레크는 "가난한 사람들이 비좁은 집에 오랫동안 정신질환자를 데리고 있다 보면, 가족들은 밤잠을 못자고, 환자의 행동에 공포를 느끼거나 화가 날 수도 있고, 돈이 없어 적절한 치료도 해줄 수 없게 된다. 곤경은 계속될 것이다. 수용소가 환자들로 초만원이라는 사실을 안다 해도 어쩔 수 없이 병든 가족을 수용소로 밀어 넣을 수밖에 없는 사람들이다"[57]라고 말했다.

정신질환자를 돌보는 책임은 일차적으로 가족에게 있었다. 환자를 집에 둘 것인지 아니면 돌봐줄 만한 다른 장소에 둘지 결정하는 것도 가족이었다. 미국 수용소에 있던 한 정신과 견습생은 "1843년부터 1900년 사이에는 환자 위탁의 모든 과정을 가족이 결정했다"[58]고 기술했다. 따라서 증가한 수용소 환자의 상당 부분은 가족들이 집에서 내보낸 환자들이었다.

그렇다면 왜 19세기에 그렇듯 많은 가족들이 이런 결정을 하게 되었는가? 환자를 보낼 수용소가 그전에는 없었다는 것인가? 아니면 가정생활 자체에 어떤 변화가 일어났기 때문이었을까? 가족이 환자를 수용소

1814년에 세워진 글라스고 광인 수용소의 개요도, 감시의 중앙집중화가 이루어진 전형적인 판옵티콘의 형태를 취하고 있다. 윌리엄 스타크, 〈공공 정신병원 건축 비평〉, 1807

로 밀어낸 것일까, 아니면 수용소가 집에 있던 환자를 끌어당긴 것일까?

끌어당겼다는 주장에 관해 생각해 보자. 수용소가 없었던 시대에 가족들이 환자를 집에 두거나 아니면 길거리로 내쫓는 길밖에 없었다는 것은 사실이다. 그러나 이 사실은 가난한 가족에게만 해당되던 일이었다. 부자들에게도 어느 때든 항상 골칫거리 정신병자 가족은 있었을 테고, 이들은 환자를 맡길 만한 장소를 집과 멀리 떨어진 곳에 마련할 수 있었을 것이다. 어떤 부자들은 교회에 떠넘길 수도 있었을 것이나, 우리가 알기로는 부자들은 대부분 환자를 집에 두었다. 르네상스 시기 독일에서는 미친 왕자는 방에 가두거나 성에 가두었다.[59] 1552년에 발간된 책《건강을 위한 성무 일과표》의 저자인 몽펠리에의 의사이자 목사인 앤드류 부어드는 "광기"에 관한 설명의 대부분을 집에서 환자 관리하는 방법에 관해 기술했다.[60] 특정 시기 이전에는 부자들도 사립 수용소에 관해서는 알지 못했다. 실제로 18세기 이전 영국에는 수용소라는 것이 아예 없었고, 유럽 대륙도 19세기 이후에야 수용소가 만들어졌다.

부자들이 병에 걸린 가족을 기꺼이 멀리 보내게 된 변화는 어떻게 설명해야 할까? 나는 이를 가족 간의 정서 관계에 변화가 왔기 때문이라고 해석한다.[61] 가족이 재산과 노동의 단위가 아니라 정서적 단위로 차츰 그 개념이 바뀌어 가면서, 정신병자를 집에서 돌보는 것이 더욱 성가신 일이 되어버린 것이다. 18세기 이전에 가족은 정서적 관계라기보다는 재산과 혈연에 기초한 단위였다. 친밀감은 그리 중시되지 않았고 저녁식사 자리 등의 사적 시간을 함께하는 경우가 매우 드물뿐더러 모두가 공동체임을 강조하지도 않았다. 그러나 18세기 말부터 가족 관계 특성에 변화가 오기 시작한다. 관계는 좀더 친밀해지고, 저녁식사 자리는 "작은 가족이 모두 함께" 하는 감정교류의 사적 장소가 되었다. 프랑스에서 말하는 "매우 친밀한 작은 가족la petite famille bien unie"인 것이다. 정신병자인 가족은 더 이상 이 행복한 자리에 끼어들 수 없게 된 것이다.

19세기 초 빈에 사립 정신과 클리닉을 새로 설립한 브루노 괴르겐은 부자들이 왜 자신에게 환자를 보내는지 다음과 같이 설명했다. "정신병에는 무언가 독특한 본성이 있어서, 환자로 하여금 위로하는 가족의 말을 오해하게 만들고, 약혼녀의 떨리는 목소리와 비트는 두 손, 친지의 눈물과 한숨을 이상하게 곡해하여 실제와 전혀 다른 것으로 받아들이게 한다. 불타는 상상력과 감수성은 철저히 조화를 잃고, 착한 아내가 음식에 독을 넣는다고 비난하고, 사랑스러운 아이들은 마귀로, 안락한 집은 지옥으로 생각하게 만드는 것이다. 환자는 아무도 듣지 않는 소리를 듣고, 누구도 보지 않는 모습을 본다. …… 이런 혼돈 속에서, 미치지 않았더라면 가족에 대한 사랑으로 가득 차 있었을 이 사람은, 가족이 고통에 겨워 외치는 비탄의 목소리와 몸짓을 눈여겨보지도 귀담아 들으려 하지도 않는다."[62] 오래전에 적은 것이지만, 이 글을 적은 사람이 의사이건 일반인이건 간에 이 글이 전하는 비통함은 너무나 절절하다. 여기에서 새로운 양상의 가정생활을 보게 되는데, 그것은 정신질환에 걸린 가족의 일원을 더 이상 가정이 끌어안기 어려워졌다는 사실이다.

통계에 의하면 환자가 난폭할수록 가족들은 더 빨리 환자를 집에서 내보냈다. 19세기 말 빈에서 부자들을 위한 사립 정신과 클리닉을 운영하던 빌헬름 스베틀린은 환자를 입원시키러 온 가족들에게 질문해서 병원에 오기 전에 환자의 병이 얼마 동안 지속되었는지 조사했다. 멜랑콜리 환자 56명 중 3분의 1 이상(36%)이 1년 이상 환자가 나아지기를 기다리는 가족과 함께 있었고, 18%의 가족만이 증상 발현 후 한 달 이내에 병원으로 데려왔다. 편집증 증상을 가진 환자 16명의 경우, 증상 발현 이후 3개월 이상 기다린 가족은 하나도 없었다. 밤낮을 가리지 않고 소란을 피우는 조증 환자의 경우, 22명의 환자 가족 중 68%가 발병 한 달 이내에 데려왔다.[63] 이 통계가 보여 주는 것은, 1870년대와 1880년대 빈의 부자 가족의 3분의 2는 환자가 휘파람 불고, 손뼉치고, 노래하고, 고함지르고 가구를 부수는 행동을 한 달 이상은 참아낼 수 없었다는 말이 되겠다.

이를 뒤집어서 추측하면, 조증 환자일지라도 1670년대~1770년대 사이에는 가족들이 용인했다는 말로 볼 수 있다. 그러므로 변화된 것은 수용소가 이용 가능해졌다는 사실이 아니라, 가족 내의 정서적 관계이다. 왜냐하면 17세기 부자들은 원하기만 하면 언제든지 환자를 집에서 멀리 떨어진 곳으로 보내서 돌보게 할 수 있었기 때문이다. 과대망상으로 다른 가족과 어울리지 못하는 환자는 가족 생활의 바탕이 되는 소규모의 친밀한 정서적 핵가족 환경에서 지내기 어려웠을 것이다. 그러므로 수용소 입원이 증가한 이유 중 중요한 한 가지는 가족이 정신질환을 용인하기 어려워졌다는 데에 있다. 가정에서 치료하던 정신질환자들이 이제 수용소로 위임된 것이다.

환자를 기꺼이 집밖으로 내보내려 했던 이유 중 또 다른 하나는 치매 노인과 관련된 것이다. 치매 노인의 가족 수발이 당연시되어 오다가, 19세기 말이 되자 사람들은 집밖에서 돌볼 장소를 찾기 시작했다. 1908년 영국의 한 의학 저술가는 수용소 입원이 증가하는 이유는 "남에게 해를 끼치지도 않는 노인을 수용소로 보내 버리기 때문이며, 이들 중 일부는 노인성 치매로 판명되었고, 전에 구빈원에 있었거나 혹은 친지들이 집에 두고 돌보던 사람들이었다."[64] 버킹엄셔 주립 수용소에서 60세 이상 입원 환자 비율을 살펴보면, 1881년에 18.7%이던 것이 1911년에는 24%를 차지하게 된다.[65] 미국에서도 상황은 똑같았다. 1870년대에 우티카 주립병원에도 "노년층" 입원이 급증했다.[66] 펜실베이니아 워렌 주립병원 자료는 1916년부터 기록되었는데, 당시 전 입원 환자의 14.8%가 "노인성 정신질환"이었다. 그러나 1946년~1950년 사이에 이 수치는 26.4%로 증가했다.[67] 역사학자 제럴드 그룹은 이를 두고 20세기 미국 정신병원은 노인을 모아 두는 창고가 되어 갔다고 표현했다.[68] 환자가 가정에서 관리 시설로 옮겨지는 재배치 현상을 잘 보여 주고 있는 예이다.

다른 종류의 재배치는 감옥과 구빈원에 있던 인구가 수용소로 이동한 현상이다. 잉글랜드에서 1874년 만들어진 법령은 왕실 기금으로 지방의 가난한 정신병자를 주 수용소로 이송하도록 했는데, 이는 환자 관리 부담을 중앙에서 지방으로 옮기려는 목적이었다.[69] 한 역사학자의 주장에 익하면, 가난한 정신병자는 가난한 보통 사람들보다 더 빈곤하다고 한다. 지역사회가 멀리 보내 버리기를 원했던 사람들 중 가난한 사람들은 정신병자보다도 환영받지 못했다.[70] 그 시절의 상황을 잘 알고 있던 한 관찰자의 말에 의하면, 수용소에 갇히게 된 빈곤한 자들은 대부분 정신적 문제를 가지고 있었다고 한다. 예를 들면, 스태퍼드셔에 있는 번트우드 수용소의 1887년 연감을 보면, 인도주의적 열정에 찬 그곳 감독관은 수용소 문 앞에 서서 구빈원으로부터 오는 환자들이 다 들어올 때까지 맞이했다고 적혀 있다. "구빈원에서 오는 사람들 중 특별한 돌봄이 필요한 만성 환자들이 몇몇 있었다. 이들로 인해 수용소 일이 번잡해질 것이라고 불평하는 직원도 있었다. 그러나 그렇듯 가난하고 고통받는 사람들에게 뭔가 해줄 수 있는 간호와 돌봄의 수단을 우리는 가지고 있고, 고통을 덜어 주기 위해 봉사할 수 있다는 것은 나로서는 기쁜 일이었다."[71]

그러나 재배치된 환자가 정신과 환자인지 아니면 그저 거추장스러운 사람이었는지를 알려면 이들 빈곤계층 정신병자와 다른 환자들의 재배치 내용을 일일이 개별적으로 소급해서 분석하지 않으면 안 된다. 확실한 근거를 가진 일화를 조사하면, 가족과 지역공동체로부터 버림받은 이들 수용소 사람들이 심각한 정신질환을 가지고 있었음을 알 수 있다. 1960년대 학계의 유행으로 회자되었던 바와 같이, 정신병자들은 자본주의에 저항해서 혹은 가부장제에 반기를 들거나 사회질서를 소란케 했다는 이유로 감금된 사람들이 아니라는 것을 실제 자료를 통해 알 수 있을 것이다.

정신질환의 실질적 증가

수용 인원의 증가를 설명하는 두 번째 요인은 19세기 동안 일어난 환자 수의 실질적 증가이다. 1800년대와 1900년대 사이에 일생 동안 정신병에 걸릴 가능성은 눈에 띄게 증가했다. 위험 증가에 포함되는 다양한 요인들 중 가장 논란이 적은 것부터 차례로 열거해 보자.

19세기 동안 가장 두드러지게 증가한 정신질환은 신경매독이었다. 중추신경계를 침범하는 매독은 뚜렷한 정신과적 증상을 보이는 질병이라는 이유로 정신의학 역사상 가장 중요하다. 당시 매독 말기 환자들은 공공 수용소나 사립 클리닉에서 치료를 받았다. 수용소 초만원 사태에 일부 기여한 것이 바로 신경매독 환자의 급증이다. 한때 "세기의 질병"

이라 불렀던 이 병은 현대
에 와서는 거의 잊혀져 가
고 있고 정신의학 역사학
자들도 의례적으로 간과
하고 있다. 바로 그 이유
로 인해, "질병은 사회적
으로 구성된 산물"이라는
환상적인 주장이 학문적
도전도 받지 않고 여태까
지 지속되어 온 것이다.
신경매독은 결코 사회적
으로 구성될 만한 것이 아
니다.[72]

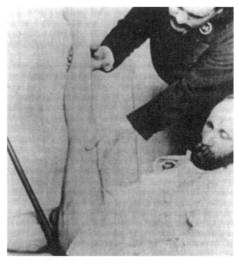

1900년경 런던 콜니 햇치 수용소에 있던 신경매독 마비 환자의 모습. 관절의 과過 굴절성과 눈꺼풀을 들어 올리지 못하는 증상(안검하수)을 주목하라. 리처드 헌터, 이다 매컬핀, 《빈자를 위한 정신의학》, 1974

　결혼을 하지 않는 한 "참한 여자"를 만나기 어려웠던 그 당시 젊은 의
학도나 사업가들은 으레 매춘부와 관계를 했다. 매독감염 초기에는 성기
주변에 궤양이 생기고 사타구니 임파선에 부종이 나타난다. 이 초기 증
상은 얼마 안 가 저절로 없어지고 이 일은 당사자의 머릿속에서도 잊혀
져 간다. 그래서 중세 때에도 신경매독에 걸린 사람들이 자신은 매독에
걸린 것이 아니라고 우기곤 했던 것이다. 피부병은 거의 모든 사람에게
일상적인 일이어서 수치스러운 일이 아니었던 시대이니만큼 매독의 첫
신호는 흔히 간과되었다.

　그러나 매독을 일으킨 스피로헤타 균은 젊은이들의 혈액 속에 계속
죽지 않고 잠복해 있다가 흔히 1년 이내에 뇌수막을 뚫고 뇌 안으로 침
범하는데, 그래도 증상은 나타나지 않는다. 그러므로 수년 동안 젊은이
들은 병을 가지고 있으면서도 아무런 증상이 없이 돌아다니게 되는 것이

다. 이후 전개될 상황은 몇 가지이다. 몸의 면역계가 병을 이기고 자연 치유되는 경우가 있다. 아니면 10여 년에 걸쳐 점진적으로 증상이 심해져 내리막길을 달려가다가 막바지에는 말도 제대로 못하는 상태에 이르게 된다. 그래서 보스턴의 젊은 의사 루이스 토머스는 정신분열증과 신경매독을 감별 진단하고자 할 때 환자에게 이런 말을 따라해 보라고 시켰다고 한다. "매사추세츠 연방을 지켜 주소서God save the Commonwealth of Massachusetts."[+73]

매독에 의한 초기 뇌수막염 증상이 직접 정신과 증상을 일으키는 경우도 있다. 조증에서 나타나는 과대망상이 대표적인 예이다. 프랑크푸르트의 저명한 화학 교수가 강의 도중 갑자기 강의를 중단하고는 도시에 떠도는 가십거리를 떠들기 시작했다. 그 전날에는 외출해서 자동차 10대와 손목시계 100개를 사들였다.[74] 전문직이나 사업체를 가진 중년남성에게서 어떤 종류든 간에 정신과 증상이 갑작스레 나타나면 당시 의사들은 신경매독을 먼저 의심했다. 그러나 의사를 가장 짜증나게 하는 증상은 매독에 의한 다행증euphoria[++]으로, 조증과 유사한 증상이었다. 왜냐하면 환자는 의기 충만해서 자신은 병이 없다고 우기고, 종종 파산에 이르게 되어서 가족을 곤경에 빠뜨렸기 때문이다.

질병은 두 가지 중 하나로 진행되는데, 척수가 주 침범 장소일 경우 척수로(보행성 운동실조tabes dorsalis),[+++] 혹은 척수의 등쪽 부분에 손상이 온다. 이때 주 증상은 찌르는 듯한 강렬한 복부 통증이나 걸을 때 발을 높이 들어올리는 보행 이상 증상으로 나타난다. 이를 "솜 위를 걷는 걸음걸이walking on cotton"[++++]라고 표현했다. (19세기에는 이 증상이 오래전의 매독 감염으로 생긴다는 것을 알지 못했고, 따라서 신경매독 증상이라고 불리지도 않았다.) 뇌가 주 침범 장소일 경우에는 정신과 증상이 가장 먼저 오고 곧 치매와 마비 증상으로 이어진다. 이를 전반적 마비성 광증(GPI), 혹은 마비성 치매, 혹은 진행성 마비라고 불렸고, 이 상태의 말기 환자들이 가는 곳은 대부분 수용소였다. 중류층 환자들은 온천 휴양지를 찾기도 했다.

어떤 형태의 신경매독이든 결국은 사망에 이른다. 일단 증상이 보이면 환자들은 죽었다. 파리에서 사립 신경클리닉을 운영하던 마리아 리베는 1870년대에 "진전마비[+++++]"를 가진 광기 환자는 신의 자비도 바랄 수 없다"고 했다.[75] 초기 증상이 너무도 다양한 형태로 나타나므로, 아주 유능한 의사만이 동공과 눈꺼풀, 혹은 반사 작용 등에서 나타나는 미세한 변화를 보고 매독으로 진단할 수 있었을 뿐이었다. 그러나 말기, 특히 진전 마비는 아주 특징적이다. 주로 중년 남자가 갑작스레 치매에 빠지고 마비 증상을 보이다가 경련을 일으키며 죽는 병은 매독 이외에는 없었다. 그러므로 그 당시의 보고서 통계를 보면 신경매독이 어느 정도 많았는지 그 진상을 알 수 있을 것이다.

신경매독은 멜랑콜리처럼 오래된 병이 아니다. 18세기 후반까지도 알려지지 않은 병이었다. 그 이유는 지금까지도 수수께끼인데, 왜냐하면 이미 중세시대부터 매독은 유럽에 있었다고 기록되어 있기 때문이다. 의사들은 1780년 이후에야 중추신경계를 침범한 사례들을 하나둘 보고하기 시작했다.[76] "척수로" 혹은 "진행성 마비"라는 진단명은 19세기가 지나서야 처음으로 붙여진 것이다. 1787년에 정신의학 교과서를 집필한

✛ 트, 스, 츠 등의 발음이 제대로 되는지 알아보기 위한 일종의 신경학 검진 방법이다.
✛✛ 비정상적으로 과도한 행복감을 나타내는 증상이다.
✛✛✛ 척수의 뒷부분dorsal columns이 쇠약해지거나 위축tabes되어 생기는 질병이라는 의미로, 신경매독을 지칭하는 해부학적 질병명이다.
✛✛✛✛ 실조성 보행失調性 步行.
✛✛✛✛✛ 마비 증상과 함께 몸의 떨림[振顫] 증상이 나타난다.

윌리엄 퍼펙트는 동료 의사가 말해 준 한 환자에 대해 다음과 같이 기술했다. 중년 남성, "과도하게 열정적, 혹은 극도로 염세적. 광기의 증상은 이렇게 시작되었음. 자신의 예금계좌에서 한도 이상으로 돈을 꺼내고, 좌절되자 시무룩해지고, 잘 알지도 못하는 사람에게 집을 저당 잡혀 거액의 돈을 꺼냈다." 그리고 자신이 대법관, 스페인의 왕, 혹은 바이에른 공작이라고 생각했다. 이 남자는 조증의 전형적인 증상을 보이고 있었다. 그러나 조증에는 나타나지 않는 치매에 곧 빠지게 되었는데, 퍼펙트의 동료가 이 남자에 관한 새로운 소식을 전해 준 바에 따르면 "점차 쇠약해져 활력이 사라지고 완전 백치 상태로 진행되어 가고 있다."[77] 이는 진행성 마비에 관한 초기 보고서로 보인다.

위와 비슷한 시기에 피렌체의 빈센치오 키아루지도 신경매독을 가졌음에 틀림없다고 판단한 환자에 대해 보고했는데, 40세 군인으로 동공반응이 없고 양쪽 크기가 다르며(뇌의 병변을 의미하는 것), 점차 치매로 진행되더니, 나중에는 "하지의 운동능력이 완전히 소실되었고," "심한 근육 위축 상태"로 누워 있다가 사망했다. 또한 37세의 회계사가 조증발작을 보였는데, 곧 치매가 되고 "완전 사지마비에 빠지더니 소모증 marasmus⁺으로 사망했다"[78]고 보고했다.

경험 많은 정신과 의사들이 광증과 마비 증상이 합병된 사례들을 상세히 기록해 놓은 초기 보고서가 두 세기 동안 계속 이어졌다. 베들렘 병원에서 일하던 의사 존 해스럼은 1809년 이렇게 적었다. "방탕한 생활을 오랫동안 계속하면 필경 마비로 끝장나기 쉽다 …… 마비는 흔히 정신착란을 일으킨다." 그는 이 병이 진행성이라고 보았다. "마비 상태의 감정은, 우리가 추측하는 것 이상의 광증으로 치닫고 특히 조증을 일으킨다.

✢ 심한 단백질 결핍, 에너지 결핍 상태의 영양실조이다.

조증 환자는 다른 질병을 가진 그 어떤 환자보다 더 자주 반신마비와 경련을 나타낸다."[79] 혼외정사와 광기 사이의 연관관계를 추리해서 내린 당시의 결론은, 말하자면 정액을 퍼뜨리고 다니는 것이 진전마비의 원인일 수 있다는 경고의 말이었다. 원인을 밝히려 애썼던 이들의 노력에 대해 질병을 도덕적으로 설명하려 했다고 조롱한 미래의 역사학자들도 있다.

나폴레옹 치세 프랑스 수용소에서는 마비와 치매 증상 모두를 보이는 환자를 거의 일상적으로 볼 수 있었다. 예를 들어, 에스퀴롤은 살페트리에르와 자신의 사립 수용소에서 본 다양한 치매 환자에 대해 기술했는데, 사립 수용소 대부분의 환자와 공공 수용소 환자의 절반 이상은 50세 이하였다고 했다. 이들 235명 중에서 절반 이상이 "일부 마비 증상을 보이고 있었다." 그가 내린 결론은 이러했다. "마비 증상을 가진 치매 환자는 매우 흔하고 치료가 불가능하다. 그리고 남자와 여자 사이에 증상의 차이는 없다"고 했다.[80]

이때가 1814년이다. 1년 후인 1815년 그는 다시 이를 언급하면서 치매와 마비의 합병 증상이 실은 청년이나 중년 남자 환자에게 더 많다는 사실을 깨닫게 된다. "마비 증상은 광증을 가진 여자 환자보다 남자 환자에게 훨씬 더 흔하다. 18년 전 내가 비세트르 병원의 정신병동을 맡았을 때 …… 광증과 마비 증상을 가진 비세트르의 남자 환자 수와 살페트리에르에 있는 마비 여자 환자의 수를 비교해 보고는 그 격차가 큰 것에 놀랐었다. (여자가 훨씬 적었다.) 에스퀴롤의 제자인, 생티용 수용소 소장인 아실-루이 포비유 역시 같은 의견을 가졌다. 생티용 수용소 환자의 10분의 1이 마비 증상을 보이고 있었는데, 이중 3분의 2가 남자이고 3분의 1은 여자였다. 그리고 마비와 광기가 결합된 이 이상한 병은 프랑스 남부나 이탈리아보다는 파리 지역에서 점차 흔해지기 시작했음에 주목한 에스퀴롤은 이를 증명하기 위해 동료들로부터 받은 통계자료를 인용했다.

그럼에도 에스퀴롤에게 이 병은 그리 새로운 것이 아니었다. 왜냐하면 젊은 동료 의사 앙투안-로랑 벨이 1826년 제시한 바에 의하면, 마비 증상과 과대망상은 뇌를 싸고 있는 뇌막의 만성 염증에 의한 것[81]일 가능성이 있었기 때문이었다. 비록 원인은 정확히 몰랐다고는 하지만, 이런 이론들이 기질적 원인론으로 기울어지는 데 기여했다.

에스퀴롤과 벨의 진행성 마비에 관한 보고는 세계적으로 알려지게 되었다. 나폴레옹 시대 독일에서도 신경매독이 유행병처럼 확산되었는데, 이런 역사적 사실은 흔히 간과되고 있다. 1814년 당시 에를랑겐에서 의대 교수였던 크리스티안 프리드리히 할레스는 신경매독의 척수 침범 증상이 "가족성으로 생기는 오래된 체질적 질병"에 속한다고 보았고, 일단 증상이 나타나면 죽음에 이르게 된다고 했다.[82] 30년 후 베를린의 위대한 신경병리학자 모리츠 롬베르크가 "우리 시대의 위대한 군사 행동+에 뒤이어서" 이 병이 증가하고 있음에 주목하였다. 이 병을 척수로라고 명명한 사람이 바로 롬베르크다.[83]

19세기 유럽 전역과 북아메리카에 성병이 만연했던 것에 비해, 매독의 유행은 10~15년 뒤쳐져서 나타났는데, 이는 최초의 감염 이후 정신증상이 나타나기까지 그만큼의 기간이 걸리기 때문이다. 수많은 사람이 병에 걸렸다. 인구집단으로 볼 때 일생 동안 매독에 걸리는 사람은 5~20%였다.[84] 이들 중 6%는 신경매독으로 진행됐다.[85] 6%라는 수치는 수백만 명의 인구집단에서는 엄청난 숫자를 의미한다. 물론 이들 모두가 수용소에 입원한 것은 아니었다. 수치심에 집에 틀어박혀 있다가 죽은 사람도 있었고, 일부는 프랑스 남부 피레네 산맥의 라말루와 같이 우아한 온천에서 서서히 쇠락해 죽어 가거나 혹자는 아편으로 자살하기도 했다. 그러므로 수용소에서 죽은 숫자는 빙산의 일각에 불과하다. 여기서 중요한 점으로 지적해야 할 것은 19세기 들어 수용소 환자가 급증한 이유 중 하나는 바로 이들 마비 환자와 척수로 환자 때문이었다는 점이다.

신경매독은 중류층에서 호발하였으므로 사립 신경클리닉의 남자 병동에서 흔히 볼 수 있었다. 1860년대 초 브레슬라우[++] 근처에 있던 사립 포펠비츠 클리닉에서는 111명의 남자 환자 중 32%가 광증을 가진 진전마비 환자였고, 75명의 여자 환자 중에는 한 명도 없었다.[86] 미국에서는 1901년부터 1907년 사이에 미주리 주 캔자스 시 "신경 질환자와 정신질환자를 위한 요양원"에 있는 정신병 환자 중 진전마비 환자는 우울증과 조증 환자에 이어 세 번째로 많은 질병이었다(정신분열증에 해당하는 조발성 치매는 네 번째였다).[87] 수십여 개의 다른 사립 기관에 관한 조사에서도 주요정신병 중 신경매독이 우세하게 많은 것으로 나타났다.

신경매독은 대서양 양편의 공공 수용소에 뚜렷한 족적을 남겼다. 프랑크푸르트 시립 수용소에 신경매독으로 입원한 유태인은 1850년 전에는 한명도 없었다. 그러나 1871년과 1880년 사이에 유태인 신경매독 환자는 전체의 21%에 달했으며, 이들 대부분은 상인이었고, 자비自費로 치료하는 환자였다.[88] 1875년까지 토론토 수용소 소장이었던 조지프 워크먼은 다음과 같이 적고 있다. "1853년 내가 이 수용소에 첫 발을 내디뎠을 때, 적어도 내가 알기로는 신경매독 환자가 한 명도 없었다. 그러나 얼마 지나지 않아 환자들이 늘어나기 시작했다." 1865년부터 1875년까지 10년 사이에 65명의 남자와 7명의 여자가 매독으로 사망했다. "슬픈 고백이지만 이것은 사실이다. 이 수용소에 매독으로 입원한 환자 수는 수용소에 있는 마비 환자 수와 거의 일치한다는 사실이 말이다."[89] 잉글

++ 나폴레옹 전쟁을 비롯하여 프러시아 전쟁, 크림 전쟁 및 제국주의 팽창을 위한 식민지 전쟁을 의미한다.
+++ 브레슬라우는 독일식 발음이나 현재 폴란드 도시이며 브로추와프로 불린다. 저자가 Breslau로 명기했으므로 이 발음으로 번역했다.

랜드의 몬터규 로맥스도 신경매독 환자는 "남자 환자 병동의 대부분을 차지한다"고 말했다.[90] 그러므로 길거리에서 비틀거리는 걸음걸이와 양쪽 동공이 짝짝이인 채로 뒤죽박죽으로 말하는 사람들은 신경매독에 의한 마비 환자임을 한눈에 알아채고 모두 수용소로 보내졌던 것이다.

이 모든 사실들은 정신의학의 사회사에서 어떤 의미를 가지고 있는가? 베를린에 있던 카를 에델의 사립 정신병원에는 양쪽으로 나눠진 두 개의 병동이 있었다. 자비로 치료받는 상류층을 위한 호사스러운 민간 병동과 베를린 시 외곽에서 온 가난한 사람들을 위한 공공의료 병동이 있었다. 19세기 말 에델 클리닉의 매독 환자들은 주로 중류층 사람들이어서, 상류층 민간 병동 남자 환자 976명 중 46%를 차지했다. 빈곤층 공공 병동에도 매독 남자 환자는 꽤 많았다.

상류층 병동의 여자 환자 5%와 빈곤층 병동 여자 환자 7%가 신경매독을 가지고 있었다.

에델 클리닉의 통계에서 흥미로운 것은 마비 진단을 받고 입원한 사람들이 그 후 어떻게 되었는지에 관한 것이다. 남자든 여자든 민간 고급 병동에 있던 환자의 절반가량은 집에서 죽음을 맞이하기 위해 가족들이 데리고 나갔다. 빈곤층의 경우 이야기는 달라진다. 단지 30%의 환자만 가족들이 병원 밖으로 데리고 갔다. 가장 흥미로운 얘기는 신경매독으로 입원했던 22명의 노동계층 여자에 관한 것이다. 이들은 모두 수용소에서 죽음을 맞이했다. 아무도 그녀들을 밖으로 데리고 나가지 않은 것이다.[91] 이 사실은 수용소 역사에서 사회적 의의를 찾으려는 많은 학자들이 사실은 엉뚱한 곳을 뒤져 왔음을 지적하는 것이다. 사회적으로 구성되는 것은 이 병을 앓는 사람들의 경험이지, 뇌의 생물학적 병리에 따른 진단명이 아니다. 이들 수천 명의 사람들이 다리도 움직이지 못하고 마비된 채 몸을 뒤집어 주는 간병인도 없어 욕창에서 흘러나온 고름 속에 누워 있던 상황을 회고해 본다면, 정신질환이 단지 "낙인찍기"에 의해 창조된 것이라든가, 아니면 일탈자들을 굴복시키기 위한 사회적 조작이라는 주장은 완전히 헛짚은 주장에 불과하다. 수치스러운 병이라고 하여 가족들이 어둠속에 내버려둔 이들 불쌍한 여자들의 이야기야말로 진짜 이야기이고, 또한 여태껏 한 번도 말해지지 않은 역사인 것이다.

수용소 초만원 사태를 초래한 또 다른 한 가지 이유는 알코올 관련 환자의 급증에 의한 것이다. 다량의 알코올 섭취는 여러 가지 방식으로 신경계에 영향을 미친다. 알코올 자체가 환각을 일으키는 것은 물론, 금단현상으로 정신병, 경련발작, 섬망delirium[✢]에까지 이를 수 있다. 오랜 기간 습관적으로 알코올을 마시면 다른 영양분 섭취가 부실해지므로 결과적으로 만성 정신병과 기억상실이 일어나게 된다. 1887년 치아민thiamine 결핍으로 인한 이 상태를 처음으로 기술한 사람은 러시아의 수용소 의사 세르게이 코르사코프이며, 그의 이름을 따서 코르사코프 증후군Korsakoff syndrome^{✢✢}이라 이름 붙여졌다. 한편 1881년 독일의 정신과 교수이자 수용소 의사인 카를 베르니케는 이 병의 급성 양상에 대해 기술했는데, 정신적 혼란과 더불어 비척대며 갈지자로 걷는 걸음걸이가 갑작스레 나타난다고 했다. 음주로 인한 간질환이 정신 증상을 야기하기도 한다. 사회에서 소비되는 술의 양이 증가한 이유는 여러 가지가 있겠으나, 이것이 단기간이든 장기간이든 수용소에 입원하는 환자 수를 증가하게 만든 원인이 되었다.⁹²

술 소비량은 실제로 엄청나게 증가하여, 한 역사학자는 이 시기를

✢ 정서적으로 극도의 흥분과 불안정성, 환각, 망상 및 신체 증상이 급격하게 생긴 상태.
✢✢ 장기간의 과도한 알코올 섭취에 따른 기억장애 증후군. 시간감각 상실과 학습장애가 있고 기억상실로 인한 결손을 메우기 위해 이야기를 만들어내는 작화증作話症, 인격 변화 등이 나타난다.

"만취의 황금시대"[93]라고까지 불렀다. 1801년과 1901년 사이에 잉글랜드의 일인당 주정 소비량은 7% 증가하였는데, 말하자면 연간 일인당 약 0.5갤런에서 0.75갤런으로 증가한 것이다.[94] 미국의 경우 1845년에는 무수 알코올 소비량이 1.8갤런이었던 것이 1910년에는 2.6갤런으로 증가했다.[95] 프랑스에서는 알코올과 맥주 생산량이 18세기 말과 20세기 초 사이에 14배 증가했다. 1781년 117만 헥토리터(1 헥토리터=100 리터)에서 1913년 1670만 헥토리터로 증가한 것이다.[96] 바이에른 지방의 맥주 소비량은 19세기 중반에 두 배로 증가했다.[97] 생활수준 향상과 첨채당(사탕무로 만든 설탕)으로 값싸게 알코올을 생산하게 된 것이 소비량 증가에 기여한 이유이고, 프랑스 농부는 식사와 함께 매일 포도주를 마셨다고 하고, 독일 직공들은 구하기 쉬운 것이면 아무 술이나 다 들이켰다.

알코올 소비량 증가와 함께 알코올 독성에 의한 환자들이 물밀듯이 수용소로 들어오기 시작했다. 예를 들면, 프러시아에서는 1875년 600여 명 이하의 환자가 있었는데, 1900년에는 1300명으로 늘어났다.[98] 산업도시 브레슬라우에서 1890년대에 정신과 수련을 받던 카를 본훼퍼는 나중에 독일 대학 정신의학에서 중요한 인물이 되었는데, 당대를 다음과 같이 묘사했다. "그때에는 …… 섬망 상태에서 침대 시트 자락을 질질 끌고 돌아다니는 알코올 중독 환자가 입원실의 대부분을 차지했다. 매년 여름이면 적어도 한 명 이상의 섬망 환자가 있었다. 대도시 정신과 시설에 알코올성 섬망 환자가 얼마나 많이 있었는지 오늘날은 도무지 상상도 하기 어려운 일이었다……." 베를린의 샤리테 병원에서는 1880년대 말 전 환자의 39%가 섬망 환자였다고 본훼퍼는 회고했다.[99] 베를린이나 브레슬라우 같은 도시에서 알코올 환자의 비율은 인구 수준에 비해 훨씬 더 많은 것이었다.(프러시아에 있는 모든 수용소에서 1875년과 1900년 사이에 알코올성 환자는 겨우 3%였다.)[100] 그전 시대와 비교해 보았을 때에도 이런 정신질환은 계속 증가하고 있었다.

이는 독일에서만 일어난 현상은 아니었다. 1886년부터 1888년 사이에 파리 경찰청 사법절차 중 필수적으로 정신과 검사를 통과해야 했던 8000명 남짓한 환자들 중 알코올중독이 가장 많은(전체의 27%) 진단명이었다.[101] 파리의 수용소에는 남자 환자의 3분의 1이 알코올 관련으로 입원했다. (여자의 10배가 된다.) 생탕 수용소 소장이었던 발랑텡 마냥은 수용소가 만원이 되는 주요 원인이 알코올 때문이라고 생각했다.[102]

브리튼에서도 정신과 병동은 술로 인해 초만원이었다. 1874년과 1894년 사이에 왕립 에든버러 수용소 여러 병동에는 알코올로 인한 남자 환자 수가 전체의 15~20%를 차지했다.[103] 부자 알코올중독자들을 금주시켜 주는 사립 클리닉이 여기저기 마구 생겨났다. 에섹스 주의 몰든 근처에는 "알코올 중독과 약물 남용자를 위한 강변 시설rivermere", "상류층 숙녀와 신사들의 치료를 위한 이상적인 홈", 레스터의 "타워 하우스", "숙녀를 위한 하이클래스 프라이빗 홈"등이 모두 알코올과 약물 남용자를 위한 것이었다. 1908년 간행된 영국의 의료기관 등록부에는 이런 식의 "홈home" 광고가 24개나 실려 있었다.[104] 따라서 19세기 후반부에는 병적 음주가 정신과의 상당 부분을 차지하고 있었음이 명백하다.

신경매독과 알코올 관련 문제는 비교적 뚜렷하게 전모를 파악할 수 있는 질병이다. 이 양대 질병은 수용소에 입원할 만한 명백한 증상을 보이면서 증가해온 질병이라는 뜻이다. 그러나 이 두 질병을 다 합친다 해도 수용소 만원 현상을 다 설명하지는 못한다. (프러시아의 경우 1875~1900년 사이에 이들은 전체 환자의 11%였다.)[105] 수용소 입원 환자의 대다수는 뚜렷한 병명 없이, "경련발작성 광증", "히스테리성 광기" 등의 모호한 상태로 명기된 사람들이었다. 그러므로 이 애매한 이름을 벗겨내고 그 아래 숨어 있는 실제 질병의 현실을 들여다보려면, 당시의 포괄적인 진단용어를 꿰뚫어볼 무엇인가가 있어야 할 것이다. 즉 환자 개개인을 현재 우리의 시각으로 재평가해 볼 필요가 있다는 말이다. 당시 환자의 의무 기록을 조사하여 개별 기록지에 적힌 증상과 징후를 재평가하여 환자 상태를 소급해서 다시 진단하는 작업이 필요하다. 이런 방식의 연구는 오랜 시간이 걸리고, 질병은 물론 당시의 사회적 맥락에 대한 지식이 있어야 하는데, 그런 연구는 이제 겨우 시작되었을 뿐이다. 그러므로 나는 세 번째 범주의 질병을 사례로 들어 설명해야겠다. 즉 정신분열증에 관한 것이다. 정신분열증이 그동안 점진적으로 증가해 왔다 하더라도 그 근거는 잠정적인 것이다. 그러나 19세기 동안만큼은 확실히 증가했었음을 보여 주는 충분한 근거가 여기에 있다.

정신분열증에 관해서는 지금 많은 것이 알려져 있다. 유전적 뇌발달의 장애가 아마도 태내에서부터 시작되었거나, 혹은 출산 시의 뇌손상으로 인한 발달 장애와 연관되어 청년기 초기에 인간관계에 적응하지 못하거나 스트레스 내구성이 떨어지며, 혹은 인지적 사고에 왜곡이 온다는 것이다.(442~444쪽을 보라) 그리하여 환각, 망상, 착각이 주 증상으로 나타나는 정신병으로 발전할 수 있다. "정신분열증"이라고 불리는 이 병에는 비록 여러 가지 다른 질병 과정 ─유전적인 것일 수도 있고 아닐 수도 있는─이 혼재되어 있기는 하지만, 꽤 흔한 것이어서 인구의 약 1%에서 발생한다는 것에는 의심의 여지가 없다. 19세기에도 마찬가지로 다른 여러 종류의 정신병이 이 정신분열증 진단명에 섞여 있었을 것이다. 그렇다면 얼마나 많은 다른 질병이 섞여 있었을까? 그리고 발병률은 시대에 따라 어떻게 달라졌을까?

정신분열증에 관해 처음 기술한 사람은 1809년 프랑스의 피넬과 잉글랜드의 해스럼이다. 해스럼은 다음과 기술했다. "기억상실을 동반하는 특정 양상의 광증은 젊은이에게서 나타난다." 전에는 "기민하고 활기차던" 사람이 말이 없어지고 매사에 흥미를 잃기 시작한다. "감성이 둔화하여 부모와 친지에게도 전과 같은 감정을 느끼지 못하게 된다. 친구에게도 관심이 없어지고 자신이 금방 무엇을 읽고 있었는지 설명도 못하며 한두 문장 이상을 적지도 못한다. 사춘기의 전형적인 우울인가?" "무감동이 점점 심해지면 옷차림에도 관심을 잃고 몸의 청결함에도 신경쓰지 않는다. 대소변을 가리지 못할 수도 있다." "사춘기에서 성인으로 성장하는 사이에 이렇게 절망적으로 침식되어 가는 변화를 나는 목격해 왔고, 가장 촉망받고 정열적인 지성인이 짧은 기간 내에 침을 질질 흘리는 박제된 바보가 되어 가는 것을 가슴 아프게 지켜보았다." 해스럼은 발작적 격분 상태에서 자신의 성기를 잘라 버린 한 젊은이에 대해 자세히 기술했다. 베들렘에 입원하고 나서 그 사람은 회복되는 듯 보였다고 했다. 그러나 해스럼은 믿지 않았다. "비록 대화할 때 앞뒤가 맞지 않는 점은 없었지만, 억제된 듯한 거동과 특이한 표정에는 무언가 이상한 점이 있어서 그가 회복되지 않았음을 드러내고 있었다." 해스럼이 보기에 그 환자는 절름거리는 것 같았고 가끔 신발을 벗고 발을 문지르곤 했다. 환자는 해스럼에게 발에 물집이 잡힌 것 같다고 말했지만 의사가 자기 발을 들여다보는 것은 강력히 거절했다. 어느 날 환자가 또 발을 비비는 것을 보고 해스럼은 진찰해야 한다고 완강하게 말했다. "발은 별 이상이 없었다. 환자는 당황하면서 말하길(두 번째 이야기이다), 자기가 걷는 마룻바닥이 지하의 열로 뜨거운데, 뜨거운 이유는 보이지 않는 사악한 힘에 의한 것이고, 이 힘이 조금씩 자신을 먹어치우려 한다는 것이었다."[106]

이런 유형의 환자는 도버 해협 너머에도 있었다. 피넬은 젊은이에게서 나타나는 "백치"에 걸린 28세의 조각가 청년에 대해 기술했다. "전에는 지치도록 쾌락에 빠져 방탕함을 즐기던" 청년이 조각처럼 똑같은 자세로 굳어져서 "언제나 부동의 상태로 말이 없다. 가끔 바보같이 우둔하게 웃어 젖히는데 얼굴 표정은 텅 비어 있고 과거를 기억하지 못한다. 그럼에도 불구하고 식욕은 있어서 음식 근처에만 가도 씹는 움직임을 보인다."[107] 해스럼과 피넬의 환자들이 후에 정신분열증이라고 불리는 병을 가졌다고 말하기는 어렵다. 그러나 정신분열증에 속하는 유사 증상을 가진 환자를 많이 발견할 수 있었고, 이들 중 일부는 정신분열증이었을 것이라고 보는 것은 그리 불합리한 판단은 아닐 것이다.

해스럼과 피넬은 청년층에서 발현되어 만성 광증으로 진행되는, 이 새로 출현한 것으로 보이는 정신병에 정신의학이 대응하기를 원했다. 이 질병을 부르던 당시 용어는 "치매"였지만, 지적 능력은 상실되지 않고, 도리어 만성적 망상과 환각을 동반한 사고의 장애가 특징이었다. 1800년 이전에는 이런 양상의 병에 관한 기록이 아예 존재하지 않았었다. 이후로 이 질병은 꾸준히 증가하게 된다.

역사학자 에드워드 헤어는 환청을 겪는 환자의 수가 19세기 동안 실질적으로 증가했음에 주목했다. 이에 근거하여 헤어는 "새 질병 이론 recency hypothesis"+을 고안했다. 즉 정신분열증은 우울증처럼 오래전부터 존재했던 것이 아니라 근래에 새로 발발한 질병이라는 것이다.[108] 19세기 100년간 과연 광기의 발생 빈도가 증가했는지에 대한 논란에서 그의 대답은 열렬한 "그렇다"이었다. "작금에 우리가 정신분열증이라고 부르는 상태가 …… 수용소 입원 환자 증가 현상의 주원인일 가능성이 농후하다."[109]

따라서 정신분열증 증가 현상을 해석하는 세 가지 이론이 있게 된 셈이다. 해어의 "새 질병 이론"을 비판하는 다른 두 학설 중 첫째는 정신질환 자체가 없다고 주장하는 학자로 이루어진 무리이고, 둘째 무리는 헤어와는 정반대편에 서 있어서 정신분열증은 인류와 항상 함께 존재해 왔다고 주장한다. 전자는 반反 정신의학 학자들로서, 19세기의 수용소는 애초에 가벼운 증상을 가진 사람을 감금해 둠으로서 도리어 광증을 유발하고 의사들이 광기라는 라벨을 붙임으로써 이 광증을 "만성"으로 만들었다고 주장한다.[110] 이 해석에 의하면 수용소 입소자들은 입소 당시에는 아무런 질병이 없었는데 바로 이 라벨 붙이기labelling[++]와 약물에 의해서 희생된 사람들이라는 것이다.

후자의 학자들은 정신분열증은 "아마도 매우 오래된" 병이지 전혀 새로운 병이 아니며, 전근대 의학 서적을 뒤져 보면 이곳저곳에 뒤죽박죽으로 뒤섞여 기술되어 있을 것이라고 주장한다.[111] 그러므로 의학 서적 안에 얼마나 정확하게 묘사되어 있는지 그 기술의 정확성에 따라 다른 질병으로 보였을 뿐이고, 현실에 존재하는 질병 자체가 달라진 것은 아니라는 것이다.

셋째 무리는 "새 질병 이론"을 주장한다. 이 팀의 대표는 헤어이고, 여기에는 수용소 환자 개개인의 의무 기록을 조사하여 소급 진단하고자 하는 몇몇 연구자들이 포함되어 있는데, 이 학파는 정신분열증은 새로 발생한 질병으로서 19세기 동안 꾸준히 증가했다고 주장한다.

이렇게 세 각을 이루는 논쟁은 학자들을 자극하여 많은 연구 활동으로 이어졌다. 그러나 여기에는 함정이 도사리고 있다. 왜냐하면 이 논쟁이 진정으로 묻고자 하는 것은, 정신의학의 기원이 전문직의 이익을 위해 질병을 발명해 낸 것에서 시작된 것인지, 아니면 새로 출현한 질병에 걸려 수용소로 밀려들어오는 환자를 돌보는 데에서 기원한 것인지, 두

+ '근래에 생긴' 혹은 '새로 생긴' 현상이라는 주장의 이론에 붙이는 이름으로, 의학계는 물론 정치학, 사회학 등의 다양한 분야에서 쓰인다. 정신분열증에 관한 설명에서는 이 병이 19세기에 처음으로 나타난 새로운 질병이라는 주장이다.

++ '수치스러운 상태'라는 오명을 붙임으로써 정신질환자를 사회적으로 고립시켜 심리 상태를 더욱 악화시키게 한다는 주장이다.

가지 방향으로 나뉜 질문이기 때문이다. 이 논쟁을 명확하게 종결짓기는 어렵지만, 이어지는 연구들은 광기의 사회적 구성을 주장하는 이론보다는 "새 질병 이론"을 지지하는 경향이 컸다.

간호 기록에 의존해서 소급 진단을 시도한 한 학자는 1790년 이전에는 필라델피아 주 펜실베이니아 병원에 정신분열증 증상에 관한 기록이 매우 드물다는 것을 발견했다. 같은 방식으로 베들렘 왕립병원을 조사한 결과, 1823년 이후에야 자주 발견되었음을 알아냈다. 결론적으로 말하기를, "이 조사 결과는 새 질병 이론을 지지하는 근거 자료가 더 신빙성 있어 보이게 한다."[112]

반면, 수많은 19세기 민간 수용소와 공공 수용소의 개개인 의무기록을 보고 소급 진단하는 과정에서 몇몇 역사학자들은 확실히 정신분열증처럼 보이는 뚜렷한 정신병 증상에 관한 기록을 찾아냈다. 1830년 이후 베들렘에 입원한 어린이들 중 환청과 망상을 가지고 있어 정신분열증임을 시사하는 어린이들이 증가 일로에 있었던 것으로 보인다.[113] 1880~1884년 사이에 요크 요양원에 입원한 118명의 환자 중 31%는 망상과 환각을 가지고 있어서 소급하여 평가했을 때 정신분열증 진단이 가능했다. 이 연구자들은, 빅토리아 시대 의사들은 "부도덕함이나 다른 일탈적 행동과 광증을 구별하지 못했었다"는 주장을 뒷받침할 만한 근거를 찾아내지 못했다면서, 당시 요크 요양원에 입원한 대부분의 환자는 "정신적으로 심하게 병들어 있었다"[114]고 결론지었다. 소급적 진단 방법으로 19세기 수용소의 정신병 빈도를 조사한 다른 연구자들도 이와 유사한 결론을 내렸다.[115]

그럼에도 불구하고 젊은이들 사이에게 광기가 실질적으로 증가한다고 보았던 19세기 의사들의 견해도 그리 틀린 것은 아니다. 독일 괴틀리츠에 사립 신경클리닉을 소유하고 있던 정신과 의사 카를 칼바움은 젊은 이들의 만성적 광증에 관해 처음으로 기술한 인물 중 하나로서, 이들 정신병은 매우 뚜렷한 양상을 가지고 있다하여 "파과병hebephrenia"✢이라고 명명했다.(178쪽을 보라) 1884년에는 "모든 정신과 시설에서 요즘 젊은 환자가 상당히 증가하고 있다"고 적었다.[116]

마리아 리베는 파리의 저명한 정신과 의사 알렉상드르 브리에르 드 부아몽을 아버지로 두어 성장기 내내 주변에는 정신과 환자들이 있었다. 비록 의사는 아니었지만, 그녀는 생망데 지역에 있던 아버지 소유의 한 클리닉을 운영하고 있었다. 1875년 기록된 바에 의하면, 그녀는 주요 정신질환으로 입원한 여자 환자들이 무언가 이례적이고 괴이한 점을 가지고 있음을 감지했다. 예를 하나 들어 보자. "밀르 N.은 대학에서 공부하면서 기력이 쇠진하게 되었다. 의학 책을 읽는 것만으로도 뇌의 혼란이 가중되어, 젊은 나이임에도 불구하고 노인에게만 일어나는 불치병인 치매에 빠져 있다." 밀르 N.이 광증을 가지고 있다고 본 이유는 무엇인가? 초기에 그녀는 자신이 인류 첫 여자인 이브라고 믿었고, "마음을 움직이는 능란한 말투로 창세기적 지상 낙원의 영광을 우리에게 설명해 주었다." 얼마 지나지 않아 그녀는 자신이 닭으로 변할지도 모른다고 두려워하여 달걀을 먹지 않으려 했다. 또한 "자신이 신이므로 태양을 소중할 수 있다고 생각하면서부터는 하늘에 뜬 해를 계속 노려보고 있어서 주변에서 이를 막아야만 했다. 격분한 그녀는 사람들이 감히 자신의 권능을 부정한다고 욕을 해댔다. '내가 태양을 창조했단 말이야!' 라고 그녀는 외쳤다." 연이어 다른 망상들이 줄줄이 이어졌다. 밀르 N.은 환청에 답하기 위해 때때로 편지를 썼는데, "거의 알아보지 못할 수준의 글이었다."

....
✢ 젊음의 신 헤베Hebe와 마인드mind를 의미하는 phrenia를 합성한 용어로, 우리말 파과성 정신분열증이라는 용어는 20세 전후의 파과破瓜 시기에 발병하는 정신질환을 의미했다.

근래 밀르 N.은 클리닉 정원에 있는 세 마리의 거위를 길들여서, 두 마리가 그녀의 어깨 위에 앉아 있고 한 마리는 그녀 옷의 호주머니를 친근하게 쪼아대는 모습을 볼 수 있었다. "그녀는 거의 언제나 잔디밭에 앉아서 이 거위들에게 일장연설을 하곤 했는데 거위들은 그 말을 알아듣는 것 같았다."[117] 이런 묘사는 18세기의 후반 사반세기까지는 일반 의학이든 정신의학 분야든 어떤 분야의 저서에도 존재하지 않았던 것이다. 리베민간 클리닉의 이런 얘기를 읽으면 정신과 영역에 새로운 질병이 출현하기 시작했다는 느낌을 떨치기 어렵다.

막다른 길에 이른 정신의학

1900년에 이르자 정신의학은 막다른 길에 봉착하게 된다. 환자를 진료하는 의사들 대부분은 수용소에만 집중적으로 몰려 있고, 수용소는 창고에 불과할 뿐 환자를 치료할 수 있다는 희망은 저 멀리 신기루 같아 보였다. 정신과 의사들은 동료인 일반 의사들 사이에서 멍청한 이등시민으로 여겨지고 있었다. 고작해야 온천 의사나 동종요법가보다 한 수준 위일 뿐이었다.

수용소는 환자들로 터져 버릴 것 같았다. 만성 마비환자, 치매 환자, 긴장성 정신분열증catatonic schizophrenia+ 등이 넘쳐나는 수용소는 음울함 그 자체였고, 수용소 개혁을 부르짖던 초기 개혁세대는 비탄에 잠겨 들어갔다. 미국 워싱턴 주 성엘리자베스 병원 관리자이던 윌리엄 앨런슨 화이트는 뉴욕 블랙웰 아일랜드 수용소에서 정신과 수련을 받았다. 그는

+ 왁스와 같이 굳어 있는 자세와 간헐적인 흥분 발작이 특징적인 정신분열증의 아형이다.

맨해튼에서 출발해서 배를 타고 노를 저어 가서 섬의 수용소 근처 부두에 닿은 어느 날 아침을 이렇게 회고했다. "여자 환자들이 갇혀 있는 건물이 100여 미터 멀리서 보이던 것을 지금도 떠올릴 수 있다. 내 기억속의 그 광경에는 불빛이 새 나오던 수많은 창이 있었고, 그 창으로부터 벌이 우는 것과 같은 소리가 흘러나오고 있었다. 소위 정신착란이라 불린 이 여자들은 그렇게 밤새 시끄럽게 떠들고 있었음에 틀림없었다……." 지나치게 소란스러운 자들에게 사람들은 무엇을 해줄 수 있었을까? 화이트는 기계적 속박장치가 없던 시절 빙햄턴 주립병원에서 난폭한 환자에게 사용했던 구속용 천에 대해 묘사했다. "더운 날씨에는 말 그대로 소름끼치도록 무서운 장치였다. 천으로 꽁꽁 묶여 열사병으로 사망한 사람이 적어도 한 명 이상이라는 것만은 확실히 말할 수 있다."[118] 수용소는 환자에게는 당연히 끔찍한 곳이었지만, 그런 곳에서 일하는 의사 역시 도덕적으로 타락하지 않을 수 없게 만드는 곳이었다. 이런 종류의 일을 생계로 하는 전문직이라면 당당히 고개를 들고 다니기 어려웠을 것이다.

브리튼도 다를 바 없었다. 버킹엄셔 포퍼 정신병자 수용소에서 일했던 나이 많은 한 정신과 의사에 의하면, "1860년과 1930년 사이에 브리튼의 수용소는 정체되어 있었다."[119] 정신과 의사들은 일반 의학과 연결이 끊어져 있었고 수용소 관리자들의 일상은 농장 경영자와 다를 바 없어서, 런던 모즐리 병원에서 1930년대에 전임 정신과 의사였던 엘리엇 슬레이터는 "사제관의 테니스 시합에 초대받고 낚시와 사냥을 다녔다."

슬레이터는 "환자들의 삶은 유쾌하지 못했다"고 회상한다. "애초에 사납던 증상이 사라지고 그 잔재만 남아 있는 환자일지라도 건물 내부에 중정이 있는 폐쇄병동에 수년간 갇혀 있다 보면, 할 일도 없고, 자극도 없고, 자율권도, 책임감도 없이, 변화 없는 일상에 묶여 점점 화석과 같이 변해 갔다."[120]

브리튼은 1830년대 이후부터 환자를 기계로 묶어 놓는 관행을 없앤데 자부심을 가지고 있었다. 그럼에도 계속 환자를 묶어 놓는 것에 대해, 몬터규 로맥스는 "하루살이는 걸러내고 약대는 삼키는도다"⁺라고 일컬었는데, 환자를 (아마도 불법적인) 고립된 독방에 가둠으로써 묶어 놓는 것보다 더 심한 고통을 주었기 때문이었다. 어느 날 저녁 로맥스는 수용소로 돌아오라는 연락을 받았는데, 마비 환자가 침대에서 떨어져 다리가 부러졌다는 것이었다. "병원으로 가기 위해 한 병동을 지나가다가 다루기 힘든 환자를 '감금해 놓은' 독방 앞을 통과하게 되었다. 그때가 저녁 7시였기에 감독관은 퇴근하고 없을 때였다. 그 환자는 주먹과 발로 문을 두들기며 저주와 악담의 말을 고래고래 지르고 있었다. '제발 내보내 줘. 의사선생님! 제발 나를 나가게 해줘. 오, 예수님. 그들이 날 죽이려 해! 제발 나를 내보내 줘!'"

"환자의 골절된 다리를 맞추어 놓고 돌아갈 때도, 그 끔찍한 소리는 계속 들려왔다. 그 저주의 외침은 아마도 몇 시간은 더 계속될 것 같았고, 결국 근처 사람들을 다 깨우게 된 후에야 내가 피하주사를 놓을 수 있었다. 결코 평정한 마음을 가질 수 없었다."**121**

1900년 즈음 독일의 수용소는 아마도 세계에서 가장 잘 운영되는 곳이었을 것이다. 왜냐하면 독일 정부는 아낌없이 비용을 지원하고 있었고, 중앙유럽의 수용소 의사들은 보다 나은 치료법을 개발한다는 부적과 같은 기치 아래 과학 연구에 대한 열의를 그때껏 간직하고 있었기 때문이었다. (의사는 우수한 의료인으로 인정받기를 원했기 때문에 정부가 수여하는 "추밀관"의 명예는 의사를 고무시키는 것이었다. 이는 다른 어느 나라에서도 없었던 일이었다.) 그러나 개혁정신이 탄생한 이곳에서마저도 정신의학은 혼돈으로 빠져 들어가기 시작했다. 나중에 가장 유명한 정신의학자가 된 에밀 크레펠린이 1878년 뮌헨 시립 수용소에 부교수라는 새 직함으로

도착하자마자, 그는 두통거리를 떠안게 된다. 북쪽 메클렌부르크 출신[++]
인 그는 바이에른에 대해서는 아무것도 알지 못했고, 수용소의 원장은
그에게 맨 뒤편에 있는 남자 병동을 담당하라고 지시했다. 150명의 "치
매에 빠진, 더럽고(대변으로 범벅이 된), 반은 안절부절못하고 반은 심하
게 혼란스러운 환자들"을 보았을 때 크레펠린은 결코 즐겁지 않았을 것이
다. 이들 중 대다수는 일할 수 없는 상태였고, 복도나 마당을 어슬렁거
리며 "이리저리 뛰어다니고, 소리 지르고, 싸우고, 돌을 주워 모으거나,
담배를 피우며 떠들어댔다. 난폭함이 병동 전체에 만연해 있어서, 싸움
이 없거나 창문이 깨지거나 책상이 부서졌다는 보고를 받지 않은 날은
하루도 없었다. 나는 자주 환자들의 상처를 꿰매고 치료해 줘야만 했다."

크레펠린이 가장 두려워했던 일과는 가장 난폭한 남자 환자를 모아
놓은 G병동에 가는 일이었다. 독방에 갇힌 한 환자는 바닥솔로 동료 환
자의 머리통을 박살냈다. 나중에 이 환자는 부주의했던 관리를 거의 죽
을 만큼 목을 조르고는 열쇠를 빼앗아 도시로 달아나 버렸다. 이 환자는
뮌헨을 가로지르는 이자르 강가에서 행인 한 명을 붙잡아 막 강 속으로
던지려던 참에 붙잡혀 다시 수용소로 돌아오게 되었다. 크레펠린은 "아
무도 그가 없어진 걸 몰랐다"고 기록했다.[122] 야코비가 마음에 그렸던 수
용소는 결코 이런 것이 아니었을 것이다.

역사적으로 볼 때 수용소만 조악했던 것이 아니라 정신의학이라는 전
문분야 자체도 조악했다. "어떤 사람이 정신과 의사가 되는가?" 1928년

✧ 《마태복음》 23: 24. 작은 일에 구애되어 큰일을 소홀히 함을 일컫는다. 독방에 오래 갇혀 있다 보면
일종의 감각 박탈 상태에 빠짐으로서 정신증상이 더 악화된다.
✧✧ 옛 슬라브 인의 거주지로 1871년 독일 제국에 편입되기 전까지 주변국가의 분쟁에 의해 이리저리
분할되고 합쳐지는 등의 곤란을 겪었으며, 독일에서 가장 가난한 지역에 속한다. 억센 사투리와 가난으
로 인해 '메클렌부르크 사람'이라는 말은 멸시의 의미로 쓰였다.

독일 정신과 의사인 베르너 하인츠의 자조적인 질문이다. 첫째, "수련을 받지 않으면 정신과 시험에 떨어지리라고 걱정하는 주립병원 의사 지망생." 둘째 "신체적으로 부적합한" 사람으로 류머티즘이 있거나 심장 문제를 가지고 있거나, "그것도 아니면 시골 개업의가 가져야 할 노동량을 감당할 수 없는 자, 심지어 도시 개업도 감당하지 못하는 자." 셋째 "지적으로 떨어지는 의사들은 본능적으로 수용소를 찾아오는데, 수용소에서는 뛰어나지 않아도 되기 때문이다. 그리고 단언하건데, 이 후자야말로 수용소 원장이 될 사람이다."[123]

1908년에 스위스 라이나우 수용소의 한 감독관이 젊은 의사 카를 게리에게 그곳에서 일해 보지 않겠냐고 물었다. 게리는 갈등한다. 시골에서 개업한다면 불확실한 미래를 걱정해야 했고, 또 당시는 "정신의학에 대한 뿌리 깊은 불신이 팽배해 있을 때였다." 그의 스승으로 취리히에 있던 그 유명한 카를 융은 그에게 이런 조언을 해준다. "정신의학은 의학의 의붓자식일세." 왜냐하면 정신의학은 아무것도 평가하지 못하고 측정하지도 못해서 자연과학으로 분류되지도 않는다고 했다. "그리고 사람들은 정신과 의사가 무언가 할 수 있으리라고 기대하지도 않는다네. 그저 사람마다 다소간은 정신질환을 가지고 있다고 말하지." 게리가 외과 의사가 된다면 아무도 기겁하지 않을 것이다. "왜냐하면 외과 의사는 가족을 부양할 수 있고 지위도 얻기 때문이지. 정신의학을 하면 자네는 수용소에 고립되어 점점 희미한 존재가 되고 말 걸세. 정신과 의사는 치료받을 필요가 없다고 말하는 사람을 치료해야 하고 그래서 매일같이 이런 모욕을 꿀꺽 삼켜야만 한다네……."[124] 간단히 말하면 정신과 의사의 일상적 지위란 그런 것이었다.

그러므로 1900년 즈음 정신과 의사의 지위는 맨 밑바닥에 있었다고 볼 수 있다. 예전에 호언장담하며, 부스럼창 따위를 치료하는 의사나 관장해 주는 의사와는 어울리지 않겠다던 오만한 정신과 의사와는 그 얼마나 대조적인가. 1853년에 새로 결성된 미국 수용소의사 협회는 미국 의사협회와의 제휴를 거절했던 바가 있었다.[125] 그러나 이 고립 행동이 화를 자초하게 되었다. 1894년 필라델피아의 신경학자이자 신경과 개업의사인 위어 미첼이 연례 모임에서 역사적인 훈계를 하자 정신과 의사들은 어색해 했다. "나는 솔직하게 꾸짖었어야 했습니다. …… 아직도 '의사 감독관' 이라는 우스꽝스러운 라벨을 붙이고 있는 사람들을.", "당신네들의 과학 연구 연례 보고서는 도대체 어디에 있습니까? 어디에 환자의 심리학적, 병리학적 보고서가 있습니까?"라고 그는 외쳤다. "당신네들이 주장하는 과학 발전에 기여했다는 보고서를 통상적으로 받기는 합니다. 아귀가 맞지 않는 하찮은 보고서, 사례 한두 개, 쓸모없는 글 몇 쪽짜리의 동떨어진 부검 보고서, 그리고 이들 보고서라는 것들은 이해할수도 없는 통계치와 수치를 짜 맞춘 회계 보고서 사이에 끼어 있습니다. 치료? 다 사기입니다." 미첼은 선언했다. "속기 쉬운 대중이 치료에 관해어떤 믿음을 가졌든, 우리 신경학자들은 그 반대 의견을 가지고 있고, 고통받는 사람들의 마지막 희망인 정신병원으로서의 역할을 당신네들은한 번도 한 적이 없다고 생각합니다."[126] 회의장을 떠나며 자신에게 다음과 같은 질문을 하지 않았던 정신과 의사는 거의 없었을 것이다. 내가 아직도 의사인가?

1912년 보스턴에서 열린 모임에서도 미국 신경학 협회 회장 윌리엄 불러드의 말에 대답은 없었다. 정신과 의사들은 아주 잘 해오지 않았었나? 그는 코웃음 치며 말했다. "건물 관리와 난방도 잘했고, 석탄과 잡화도 잘 사왔고 회계는 잔돈푼까지도 계산해 왔다." 문제는, 정신과 의사들이 이런 일만 하면서 의학 본류와의 연결고리를 놓아 버렸다는 데에 있었다.[127] 1933년 화이트는 단언하기를, 대부분의 수용소 의사들이란 그저

"죽은 나무토막"[128]이라고 했다.

"만성 질병의 바다에 닻을 내리고 의료의 핵심으로부터 멀어져", 수용소 정신의학은 벼랑 끝에 몰려 있었다고, 비탄에 잠긴 한 정신과 의사는 후에 말했다.[129] 뇌와 마음의 과학을 창건하기 위해, 그리고 이 과학을 환자를 낫게 하는 데 사용하겠다는 투지로 피워 올린 정신의학의 봉화는 이제 다른 사람의 손에 넘어가게 된다.

3

생물학적 정신의학의 탄생

19세기 과학혁명의 물결은 틀이 잡혀 가던 정신의학에도 흘러 들어 왔다. 1세대 생물정신의학자들은 정신질환이 운명이 아니라 뇌의 질 병이라는 것을 과학적으로 증명하려 했다. 대학과 연계되어 연구에 박차를 가했으나 빈약한 근거와 퇴행이론 등은 자가당착에 빠지고 정치적으로 악용되면서 생물정신의학은 막을 내린다. 그 뒤를 이어 크레펠린의 기술記述 정신의학 시대가 시작된다.

A HISTORY OF PSYCHIATRY

The First Biological Psychiatry

지난 두 세기 동안, 정신의학의 주제는 신경과학neuroscience을 어떻게 하면 치료적으로 이용할 수 있을 것인지에 집중되어 있었다. 19세기 수용소는 막다른 길을 질주하다가 결국 좌절하고 말았다. 정신의학의 과학적 기반을 마련하려던 초창기 시도는 수용소로 인해 난관에 봉착하게 된 것이다. 그러나 수용소 밖에 있던 정신과 의사들은 신경과학을 응용하여 환자 치료에 적용하려 했고, 이들이야말로 "1세대 생물정신의학자"라 불릴 수 있는 사람들이다. 1세대 생물정신의학도 실패하게 되는데, 정신질환의 생물학적 유전학적 뿌리를 드러내려던 야심찬 시도가 "퇴행성"이라는 도깨비 같은 이론으로 종말을 맞았던 것이다. 퇴행성이란, 유전적 정신질환은 세대를 통해 후손으로 전달되면서 점차 악화되면서 내리막길로 진행된다는 견해였다. 그러나 수용소와 생물정신의학 모두가 실패했다고 해서 이들이 가졌던 생각 자체가 틀렸음을 의미하는 것은 아니다. 오히려 1900년대 이후로 질병을 해석하는 패러다임 자체가 변화했음을 의미하는 것이었다.

아이디어에 입문하다

1세대 생물정신의학은 벽돌 쌓듯 차근차근 이루어진 것이 아니라 일종의 이념 운동으로 등장했다. 말하자면 이런 식의 질문을 하는 것이다. 뇌의 어떤 유전적·화학적 변화가 인간의 정신을 병들게 하는가? 그런 질병에는 어떤 치료가 효과적일까? 이 질문에 대한 답은 수용소의 지루한 일상에서 찾을 것이 아니라 대학과 연구소 실험실에서 발견될 것이라고 그들은 믿었다. 1세대 생물정신의학이 과거의 체액이론과 구별되는 점은, 정신질환이 신경-구조적 변화와 연관될 것이라는 막연한 믿음이 아니라(고대부터 의사들은 이를 믿었다), 마음과 뇌의 연관관계를 드러내고자 체계적으로 연구하려 했다는 점이다. 동물실험과 인체실험, 약물검사, 부검으로 뇌 구조를 연구하는 등 이들 생물정신의학자는 이제껏 해오지 않았던 새로운 방법으로 체계적인 연구를 시작했다.

19세기에는 의학계 전체가 연구를 향해 매진하는 분위기에 있었고 정신의학 연구는 이 큰 흐름의 일부였다. 의사들은 의학에 임상-병리적 방법을 도입하기 시작했다. 부검에서 발견한 사실을 환자가 사망하기 전에 보였던 증상 및 징후에 대비하여 전후 사정을 추론하는 것이다. 연구자들은 이러한 교차 추론을 통해서 질병의 특징을 구별하고자 했다. 예를 들어 폐질환이 관심 주제라면, 생시에 콜록거리거나 가래 끓는 소리를 내던 환자의 부검에서 나타난 폐의 소견을 증상과 결부시켜 해석하는 것이다. 폐기종, 폐렴 등은 부검으로 감별할 수 있고 이는 생시에 분명 다른 증상을 보였을 것이기 때문이다. 정신의학 또한 19세기의 이런 임상-병리적 방법을 적용하여, 정신질환을 운명으로 여기지 않고 생물학적 관점으로 설명할 수 있음을 증명하려 했던 것이다. 이런 연구는 수용소가 아니라 대개는 대학에서 이루어졌다.

중복되는 부분이 많기는 하지만, 여기에는 두 가지 서술 방법이 있다. "생물정신의학이 어떻게 밀어붙이듯 저돌적으로 전진하게 되었는가?"라는 질문이 연구에 관한 서사라면, "어떻게 일반 정신의학이 대학에서 다루어지게 되었는가?"라는 질문은 교육에 관한 서사이다. 이 두 서사가 연결되는 지점이 바로 임상 현장이다. 환자를 진료하는 임상에서 환자와 가족을 대하려면 정신질환이 대체 어떤 것인지 가정의는 알고 있어야 했다. 또한 의과대학생들조차도 정신질환을 마귀에 씌인 것으로 보던 상황에서 학생들과 유사한 편견을 가진 일반인의 시각도 바꾸어야 할 필요가 있었다. 가정 주치의들은 정신질환이란 악마의 저주에 걸려 생기는 것이 아니라 진료시에 흔히 볼 수 있는 익숙한 것이라고 배워야 했다. 임상에서 만나는 많은 환자가 어떤 상태에 있는지, 조증인지 우울증인지, 공황장애인지, 치매인지 감별해 내고, 누가 병자이고 누가 집에서 치료받아도 되는 환자인지, 누구를 수용소로 보내야 할지 말지를 결정하는 것은 엄청난 이해관계가 걸린 것이기도 했다.

가정의에게 정신의학을 알게 한다는 것은 다른 의미로는 정신질환을 의료 영역으로 끌어들여 "의료화"[+]시킨다는 것을 의미했다. 정신의학에서 일어난 의료화 현상은 다른 의사들이 결핵이나 신장염 등을 의료 범주로 끌어들이는 것과 동시에 일어났는데, 그 저변에 깔린 논리는 똑같았다. 가정의가 결핵을 치료하려면 폐에 관해 알아야 하듯이, 정신질환을 치료하려면 뇌와 중추신경계에 관해 알아야 할 필요가 있다는 것이다. 1884년 파리의 정신과 의사인 에른스트 빌로가 과장된 어조로 이와 같은 질문을 던진다. "의사가 질병에 관해 가능한 한 완벽한 지식을 갖추

[+] 정신질환자는 가정이나 시설에 감금해 놓아야 할 대상이 아니라 병원에서 의료적 치료를 받아야 할 환자로 본다는 의미에서 의료화 범주에 포섭된다. 일상적인 상태(예를 들면 임신과 분만 등)를 치료의 대상으로 보는 광범위한 의료화 현상에 대한 비판은 1960년대 사회과학의 주된 주제 중 하나였다.

는 것이 필요하지 않다는 말인가? …… 환자를 수용소에 가둬야 할 암울한 사태가 또 일어날지 모르는데도?" 의사가 실수를 할 경우 일어날 끔찍한 결과는 환자의 가족에게 "오명"을 씌우는 것이다[1]라고 그는 지적했다. 의사들은 자기가 하는 일이 정확히 어떤 일인지 알아야만 했다.

19세기 대학에서 정신의학을 교육하는 것은 대서양을 넘어 미국에서도 점차로 체계화되기 시작했다. 의과 대학생을 가르치기 위해서는 우선 강좌가 있어야 했고, 다음에는 정신과 환자를 진료할 정신과─유럽에서는 "클리닉"이라고 불렀다─가 있어야 했고, 궁극적으로는 커다란 정신의학 연구기관이 있어야 했다. 그러므로 1세대 생물정신의학은 교육의 필요성과 과학에의 호기심이 동시에 작용하여 추진되었던 것이다.

18세기에 처음으로 개혁이 시작되었던 수용소에서 정신과 의사들은 학생을 대상으로 교육을 시작했다. 1753년 윌리엄 바티는 런던 세인트 루크 병원에서 정신과 강의를 시작했는데, 수용소장들은 바티가 "더 많은 교수진을 끌어들여서 …… 이 의료 분야에 특별히 관심을 갖고 공부할 수 있도록"[2] 해주기를 바랐다. 1805년 빈센지오 키아루지도 피렌체에 있는 자신의 수용소에서 강의실을 열었다.[3]

이 방식은 세간의 주의를 끌며 출발하게 되었다. 이후 100년간 정신의학 교육과 연구는 독일이 주도하게 된다.

주도권을 장악한 독일

정신의학의 세계 역사를 다루면서 어느 한 국가나 언어에 초점을 맞추려면 정당한 이유가 있어야 하겠다. 독일에 초점을 맞추는 이유는 독일이야말로 당시 정신의학을 지배했던 국가이기 때문이다. 근대 의학에서 누군가의 이름을 따서 붙인 명칭의 상당 부분은 독일인의 이름이다. 의학 사전을 열어 "징후signs", 즉 환자의 병리적 현상을 찾다 보면 수많은 의사들의 이름을 발견하게 된다. 예를 들어, "베르거 징후"는 초기 신경매독에서 나타나는 동공의 변화로써 오스트리아 출신 안과 의사 에밀 베르거의 이름을 딴 것이고, 뫼비우스 징후는 갑상선 질환에서 안구를 앞으로 모으지 못하는 것인데 라이프치히의 정신과 의사 파울 율리우스 뫼비우스(참고로 그는 1900년에 《여자의 생리적 정신박약성》이라는 제목의 책을 써서 의학 역사상 확실한 악명을 남겼다)의 이름을 딴 것이며, 베스트팔 징후는 신경질환에서 무릎 슬개건 반사가 나타나지 않는 증상이다.[4] 이렇듯 독일이 의학을 지배한 이유는 1800년 이후로 많은 대학과 수용소가 국가의 지원 아래 교육과 연구를 신속히 진행할 수 있었기 때문이다. 독일 대학에는 교육을 연구로 연결시키는 두 가지 과정이 있었다. 하나는 전통적으로 박사학위 논문을 쓰는 것인데, 독일 의과대학에서 의사학위를 얻으려면 반드시 논문을 써야 했다(프랑스도 그러했지만 독일의 학생 수가 훨씬 더 많았다). 두 번째는 독일 의과대학에서 교수가 되기 위해서는 의사학위와 박사학위를 따고도 "자격획득 논문"이라 불리는 박사후 연구 프로젝트를 반드시 마쳐야 했다. 감투와 같은 학위논문과 달리, 자격획득 논문은 충분히 인정받을 만한 수준의 학문적 깊이를 가지고 있어야 했다. 자격획득 과정을 거치면 강의를 할 수 있는 시간강사가 되고, 그다음에는 부교수를 거쳐, 그 후에야 정교수가 되는 것이었다. 어느 국가에서도 이처럼 많은 학생과 대학원생들을 연구와 논문 작성에 종사시키는 곳은 없었다. 대학의 이러한 구조와 더불어 정부로부터 받는 충분한 지원금이 독일로 하여금 1933년까지 과학의 선두를 달리게 했던 것이다.

중앙유럽의 정신의학 교육은 1811년 라이프치히에서 요한 하인로트에 의해 시작되었다. 그런데 왜 에른스트 호른이 첫 주자로 기록되지 않았을까? 그가 1806년 베를린 샤리테 병원 부원장으로 임명되고 정신과 병동을 담당하고 있었음에도? 그 이유는 호른이 공식적으로 정신의학 교육을 시작한 시기가 1818년 이후이었기 때문이다. 그리고 1832년에 카를 빌헬름 이델러가 정신과를 맡은 이후에야 정신과가 독립되었기 때문이다.[5] 대학의 교실과 병원의 임상진료를 동시에 담당하는 주임교수의 현재 모델⁺에 견주어 보면 이들 초기 교수들은 어느 누구도 현재의 주임교수에 합당한 자격을 가지고 있지 않았다. 우선 하인로트를 보면 그는 환자를 진료하지 않았다. 실제로 1843년 그가 사망하자 라이프치히 대학은 정신과를 폐쇄시켜버렸다. (1877년 뇌만 들여다보던 뇌 해부학자 파울 플레치흐가 정신과 교수에 임명되면서 정신과 교실이 다시 생겼다.[6]) 1865년 이전까지는 뷔르츠부르크(1834년)와 뮌헨(1861년) 등의 몇몇 독일 대학에서만 이런 움직임이 산발적으로 있었을 뿐이다.

그 당시에는 대학 교육 분야보다 수용소 정신의학이 훨씬 더 강력했는데, 예를 들면 수용소 정신과 의사인 크리스디안 롤러는 1826년에 새로 생긴 하이델베르크 대학에 입원해 있던 정신과 환자를 모두 일레나우에 새로 지은 자신의 수용소로 옮겨 버리는 바람에 대학 교실을 망하게 만들기도 했다.[7]

당시 대학은 의과 대학생들에게 정신의학을 제대로 가르치지 못했는데, 그 두드러진 이유는 대학교에서 멀리 떨어져 있는 수용소에서 강의를 했기 때문이었다. 게다가 수용소에서는 학생에게 환자를 제대로 보여주지도 않고 그저 한번 힐끗 보게 하는 정도였는데, 수용된 대부분의 환자들이 만성 환자여서 증상이 모두 비슷비슷했기 때문이었다. 그리고 수

⁺ 우리나라 의과대학 교수 중 임상 과목 전문의사는 대학 교육과 환자 진료를 동시에 담당하며, 특히 임상 과목의 주임교수는 임상 전문의사만 될 수 있다.

용소 의사들도 행정 업무에 바쁘다 보
니 교육에 별 관심이 없었다.[8] 한적
한 시골에서 오랫동안 고립되어
지내다 보면 의학 일반에 관심도
없어지고 접촉하려 하지도 않았
다. 후세에 한 정신과 교수가 말
하기를, "의학 어느 분야에도 정신
과 의사만큼 별난 괴짜들이 많은 곳
은 없었다"[9]고 할 정도였다.

당시 절실하게 필요했던 것은,
정신과가 다른 일반 의학과 인접해
있어서 교수가 학생에게 보여 줄 만

빌헬름 그리징거. 베를린 대학 정신과 교수
(1865~1868)였다. "1세대 생물정신의학"의 창시
자로 간주된다. **미국 국립의학도서관**

한 환자를 입원시킬 수 있어야 하고, 정신의학이 종합병원에 속한 분과
임을 일깨워 줄 수 있는 그런 제도였다. 1865년 독일에서 이 일이 실현
된다. 당시 48세이던 빌헬름 그리징거는 내과와 정신과를 겸하고 있었
고, 베를린의 샤리테 병원 정신과 교수로 부임하게 되었다. 그리징거는 1
세대 생물정신의학의 대표적 인물로서 생물정신의학에 가장 지대한 영
향을 끼친 사람일 뿐만 아니라, 교육과 연구에 매진하는 대학병원 정신
과의 근대적 모델을 창립한 사람이다. 그리징거에 의하여 대학 정신의학
이 수용소 정신의학의 한계를 극복하게 되었던 것이다.

1817년 슈투트가르트에서 태어난 그리징거는 근처 튀빙겐에서 의학
을 공부했고, 그 후 취리히의 요한 쇤라인 밑에서 수련했으며, 튀빙겐으
로 돌아와 학위를 받았다. 쇤라인은 생명에 관한 철학적 담론에 머물던
독일 의학을 자연과학으로 전환시키는 데 가장 크게 공헌했다. 이 시기
는 질병의 생물학적 본질이 신체 조직에 있을 것이라는 믿음 아래 화학,

생리학, 현미경 등의 과학기술이 발전하던 시기였다. 쇤라인의 지도하에 그리징거는 의사는 과학자로서 훈련받아야 함을 이해하기 시작했고, 수천 년 전의 체액이론에 의존할 것이 아니라 환자의 침상 옆에서 환자의 증상을 관찰하면서 연구해야 함을 깨닫게 된다.

1838년 튀빙겐 대학을 졸업하자마자 슈투트가르트 근처에 있는 새로 개소한 비넨탈 수용소에서 보조 의사로 2년간 일하게 된다. 그곳은 활력이 넘치는 젊은 정신과 의사 알베르트 첼러의 지휘 아래 있었고, 첼러는 지그부르크의 야코비로부터 영감을 받은 개혁 세대 중 한 사람이었다. 비넨탈 시절이 끝나가던 무렵의 그리징거는 28세의 젊은 의사치고는 놀라울 만큼 자만심에 가득 차 있었다. 1845년 정신의학 교과서를 썼는데, 이 책은 어느 정도 학계의 인정을 받았다.[10]

이 시점에서 그리징거는 정신의학을 떠나 튀빙겐의 내과 클리닉에서 보조 의사로 일하기 시작했다. 그 후 간이역을 지나듯 몇 군데 병원을 거치는데, 독일 북부에 있는 키엘에서 내과 외래를 맡았다가, 카이로 부섭정의 개인 주치의를 했다. (이 경험에 근거하여 감염질환에 관한 두꺼운 책을 썼다.) 1854년 튀빙겐에 돌아와 내과 교수가 되었으니, 따지고 보면 정신과로부터 점차로 더 멀어진 셈이었다. 마지막 단계로 1860년 그가 30여 년 전 의과 대학생으로 있었던 취리히로 돌아와 내과 교수가 된다. 크레펠린이 나타나기 이전에 가장 유명한 독일 정신과 의사가 거쳐 온 이 일련의 경력에서 주목할 만한 점이 있다면, 그가 정신과 이외의 다른 분야에서 꽤 오랜 시간을 보냈다는 점이다.

그러나 그리징거는 내과를 훑어 나가는 오랜 기간 동안에도 실제로는 정신의학에서 멀어지지 않았고, 기회가 있을 때마다 튀빙겐 내과 클리닉에 정신과 사례를 소개했으며, 취리히 병원에서는 자발적으로 정신의학 강좌를 기획했다. 1861년 그리징거는 다시 교과서 작업으로 돌아와 완전히 새로 고쳐 쓴 개정판을 출간했는데, 그 책에는 그가 당시 품고 있던 견해가 그대로 반영되어 있어서, 정신질환을 뇌의 질환, 혹은 "신경계 질환"으로 기술해 놓았다. 첫 판에 비해 두 번째 개정판은 학계에서 크게 성공했고, 아마도 1890년대에 크레펠린의 두꺼운 책이 나타나기 전까지는 서구 세계에서 가장 영향력 있는 정신의학 교과서였다고 본다.[11]

베를린에서 주임교수였던 낭만주의파 정신과 의사인 빌헬름 이델러가 1860년 사망하자 누가 보기에도 후보자 감이었던 그리징거가 마침내 그 자리에 임명되었다. 1865년부터 그리징거는 그곳의 정신과 주임교수를 맡게 된다. 그가 샤리테에 도착해 보니 정신과 클리닉은 비록 난장판이었지만, 베를린은 정신질환이 뇌의 병이라는 견해를 받아들일 토양이 준비되어 있음을 알게 된다. 당시 베를린은 의학의 구심점이었던 빈을 급속도로 따라잡고 있었고, 그리징거의 옛 스승인 쇤라인도 1840년에 병리학·치료과 교수professor of Pathology and Therapy[+]로 베를린으로 초빙되어 와있어서 환자의 신체 진찰과 실험실 소견을 강조하는 과학적 기반을 마련하고 있었던 것이다. 또 하나의 위대한 독일인 병리학자 루돌프 피르호도 뇌 부검 소견을 연구하고 있었다. (정신과 의사 카를 베르니케는 나중에 피르호가 뇌 박편 만드는 것을 보고 "선생은 마치 치즈 다루듯 박편을 자르시는군요"[12]라고 비꼬았다고 한다). 따라서 그리징거가 베를린에서 발견한 사람들은 정신과 분야에서 리더가 되기를 꿈꾸며 과학자임을 자처하던 일군의 의사들이었던 것이다.

그리징거는 샤리테 클리닉을 반으로 나누어, 하나는 "통상적 신경질환"을 위한 곳, 다른 하나는 "정신과 증상 위주의 신경질환"을 위한 곳으로 구별했다. 학기에 따라 두 곳을 번갈아 가며 매주 세 번 아침 7시부터

+ 지금의 임상병리 교수.

9시까지 임상 강의를 맡았다. 1867년 봄 학기에 46명의 의과 대학생이
정규적으로 참여했다. (정신의학 과목은 시험에 나오지 않았다는 사실에 비추
어 볼 때 매우 놀라운 숫자이다). 이에 더하여 수용소에서 일하는 젊은 정신
과 의사들과 베를린을 방문하는 외국 의사들에게도 임상 강의를 했다.
의과 대학생들에게는 개인적으로 환자를 클리닉의 정원으로 데리고 나
가도록 허락하여 반사작용 등의 신경학 검사를 하거나 안구를 들여다보
도록 했다.[13]

　샤리테의 수련 의사들은 수용소 식의 정신과 진료를 배운 것이 아니
라 종합병원에서와 같은 방식으로 환자를 보았는데, 예를 들면 다른 전
문과 의사들과 함께 정신과 환자를 진료했다. 당시 정신과 수련의였던
로베르트 뷜렌베르크는 산과로 불려가 분만이 지연되어 고통받는 산모
를 공포에 떨며 지켜봐야 했던 경험을 회상한다. 산과의 매서운 눈초리
를 받으며 "태위 회전술"이라는 어려운 술기를 해야 했었다고 한다. 이
는 자궁 안으로 손을 넣어 태아의 발을 잡고 서서히 끌어내는 것으로, 경
험이 많은 산과 의사에게도 힘든 일이었다.[14] (이와 대조적으로 오늘날의 정
신과 의사는 신경학적 검사만 하라고 해도 떤다.)

　샤리테에 있는 수련의들은 그리징거가 지시한 대로 진단하는 법을 배
워야 했다. 이것은 새로운 방식이었다. 의사가 질병 진단을 확정하기 전
에 우선적으로 해야 할 일은 환자를 시내의 단기체류시설에 머물게 하는
것이었고, 이때 의사가 일정 기간 동안 환자를 관찰함으로서 질병의 진
행 과정을 파악하게 했다. 따라서 환자가 시내의 시설에 머무는 짧은 기
간 동안은 의례적 절차에 크게 구애되지 않았고 환자는 그동안만큼은 정
신병자라는 오명을 쓰지도 않았다. 진단이 내려진 후에 환자는 퇴원하거
나, 아니면 통상적 수용소로 보내졌다.[15]

　1867년 그리징거는 신경학 위주의 새로운 정신의학 저널《정신의학

과 신경질환 연구》를 출범시키는데, 이는 수용소 의사 세대가 만든 옛 저널 《일반 정신의학 저널》을 압도했다. 《정신의학과 신경질환 연구》의 첫 호에 그리징거가 쓴 서문은 표제적 선언이라는 점에서 레닌이 쓴 "무엇이 이루어져야 하는가?What Is to Be Done?"✛와 맞먹을 만한 역사적 반향을 가진 것이었다. "정신의학과 일반의학의 관계는 변화되어 왔다. 이 변화는 소위 '정신질환' 이라는 것이 주로 신경과 뇌의 질환이라는 것을 인식하면서 일어난 것이다." 그러므로 "정신의학은 폐쇄된 조합 상태로부터 벗어나 모든 의료 집단이 접근할 수 있도록 일반 의학의 필수 부분이 되어야 한다."**16** 이는 정신의학 역사상 그 어떤 말보다도 놀라운 말이었다. 뇌와 신경계를 연구하는 대학병원 정신의학의 새로운 시대가 열린 것이다. 1868년 10월 《정신의학과 신경질환 연구》 첫 호가 출간된 지 1년 후 그리징거는 충수돌기염 파열로 51세의 나이로 사망했다.**17**

이제 수많은 대학이 그리징거 식의 클리닉을 만들기 시작했다. 함부르크 수용소 소장이었던 루트비히 마이어는 환자를 묶어 두기 위해 사용했던 구속 도구를 1866년 경매에 붙여 유명해졌는데, 괴팅겐에 있던 수용소와 연결된 대학 정신과의 새 클리닉 과장이 되었다. 마이어는 그리징거와 함께 《정신의학과 신경질환 연구》 공동 편집자였고 대학내 "신경 의사Nervenärzte"✛✛들로 이루어진 내부 서클에 속해 있었다.**18** 새로운 것이 속속 설립되어 갔다. 1872년 뮌헨에서는 뇌구조 연구자인 재기 넘치는 베른하르트 폰 구덴이 그곳의 정신과 클리닉을 커다란 연구센터로 바꾸어 1859년 개원했다. (구덴은 1886년 자기 환자인 바이에른의 왕 루트비히 2세

✛ 1901년 블라디미르 레닌이 혁명적 전위정당을 만들 것을 촉구하는 내용으로 쓴 정치적 팸플릿이다. 레닌은 노동조합에 만족하는 노동계급과 달리, 지식인이 전위정당을 만들어 중심 역할을 해야만 '과학적' 사회주의 개혁이 이루어질 것이라고 주장했다. 볼셰비키 운동과 스탈린주의를 탄생시켰다고 평가된다.
✛✛ 신경성 질환을 진료하는 독일 의사를 통칭하는 표현이다.

가 스타른베르크 호수 바닥으로 끌고 내려가는 바람에 함께 죽고 말았다.)[+19] 카를 퓌르스트너는 1878년 하이델베르크 대학에 소규모의 정신과 클리닉을 세웠다. (이는 대학교 내에 만들어진 첫 수용소로서 명백하게 그리징거 노선을 표방한 것이다.)

그러는 동안, 오스트리아에서는 그리징거와는 무관하게 그들만의 방식으로 변화가 일어났다. 1948년 드레스덴에 살던 당시 15세의 테오도르 마이네르트는 아버지가 빈에서 저널리스트로 일하게 되면서 가족과 함께 빈으로 이사 오게 되었다. (마이네르트의 어머니는 빈 출신이다.)[20] 마이네르트는 그곳에서 의학을 공부했고, 다행스럽게도 위대한 병리학자 카를 로키탄스키의 눈에 띠어 장래가 촉망되는 젊은이라고 인정받게 된다. 1861년 의과대학 졸업 후 곧 로키탄스키 밑에서 "뇌와 척수의 구조와 기능"을 전공하게 되었다. 따라서 마이네르트는 정신과 의사로서의 경험은 전혀 없었음을 알 수 있다. 그는 신경병리학자였고 빈 수용소에서도 병리학자로 일하게 되었다. 그럼에도 마이네르트는 1868년부터 정신의학 강의를 해오고 있었다. 1870년 오스트리아 정부가 정신과 경험이 없는 그를 정신의학 부교수로 임명하자, 심리 치료를 지향하는 옛 인도주의 세대 수용소 의사들과 갈등을 일으키게 된다. 마이네르트는 자연과학을 중시하는 빈 학파에 속해 있어서 치유 불가능한 질병을 치료하려 드는 것은 소용없다는 치료적 허무주의를 견지하고 있었던 것이다. 그 자신은 정신의학을 연구하기 위해 그 자리에 있는 것이지 반드시 환자를 치료해야 하는 것은 아니라고 믿고 있었다. 실제로 그는 뇌와 척수 구조의 현미경적 연구에서는 선구자였다. 현미경 아래서 다양한 뇌 세포들을 가시화하기 위한 염색법(카민[심홍색] 염색법을 개발했다), 뇌 피질을 비롯한 뇌 여러 부위의 각기 다른 층을 구별해 내는 법과 같은 난제를 해결한 사람이 마이네르트이다.[21] 자기 집 4층 연구실에서 항상 현미경 위로 구

부정하게 등을 구부리고 있던 그가 원했던 것은 뇌 세포의 구조뿐만 아니라 병소를 알아내는 것이었다. 이런 연구로 인하여 마이네르트는 정신분석학 위주의 역사학자들로부터 후일 조롱의 대상이 된다. 프로이트는 마이네르트의 제자였는데, 나중에 이를 알고서는 프로이트가 스스로 올바른 길을 찾아냈다고 했다.[++] 비록 마이네르트가 신경매독의 병소를 잘못 지적했다 할지라도 그것만으로 그가 전부 틀렸음을 의미하는 것은 아니다.[+++] 당시 그에게는 적절한 도구가 없었을 뿐이다.

마이네르트가 뇌 전두엽 연구에 몰두했던 일이 다음 세대인 정신분석가들에게는 웃음거리가 되었겠지만, 마이네르트는, 아마도 그리징거 다음으로, 19세기 1세대 생물정신의학에서 가장 유명한 인물이라는 것과, 더 나아가 20세기 2세대 생물정신의학을 예시한 사람이라는 중요한 사실은 지금 거의 잊혀져 가고 있다. 1890년에 마이네르트가 쓴 다음과 같은 글을 한번 읽어 보자. "인간의 해부학에 대한 작금의 연구는 단순히 현 상태를 묘사하는 과학에서부터 현상을 설명하는 지식의 형태로 발전되어 갈 것이다 …… 정신과 의사들이 뇌의 해부학적 구조 속에 깊숙이 숨겨져 있는 질병의 과학적 근거를 찾아낸다면, 정신의학은 병인을 다루는 과학의 지위로 격상될 것이다."[22] 이 말이 예언이 아니고 무엇이었겠는가!

그럼에도 불구하고 마이네르트는 동시대 사람들과 마찬가지로 약점이 있었으니 바로 환자와 관계되는 일이었다. 그는 본질적으로 환자에게

✚ 일명 '백조의 왕'으로 불리는 루트비히 2세는 뮌헨에 있는 노인슈반쉬타인 성을 건축한 왕으로 유명하다. 정신이상 증상을 보였다 하며, 스타른베르크 호수에서 자살했는데, 자살 당시 주치의인 구덴이 곁에 있다가 함께 사망했다고 한다.

✚✚ 프로이트는 신경해부학을 공부하기 위해 마이네르트의 제자가 되었었다. 마이네르트는 제자인 프로이트가 최면술 등에 심취하는 것을 보고 그를 멀리하기 시작했다고 한다.

✚✚✚ 특히 반(反)정신의학의 기수인 토머스 사츠와 같은 사람은 마이네르트가 신경매독으로 뇌의 구조적 이상이 일어나 정신증상을 일으킨다는 "vasomotor theory"를 허구라고 비꼬며, 그가 프로이트의 스승이었다는 사실이 놀라운 일이라고 조롱했다.

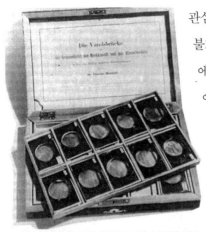

테오도르 마이네르트의 슬라이드 상자. 뇌 여러 부분의 절편이 담겨 있다. 그는 정신질환의 물리적 원인을 현미경으로 찾으려 했다. **빈 의학사 연구소**

관심이 없었고, 대부분의 환자는 치료 불가능하다고 생각했다. 빈 종합병원에 있는 마이네르트의 정신과 클리닉에서 6개월간 수련을 받았던 오스트리아 의사이자 극작가인 아르투르 슈니츨러는 마이네르트의 진료 스타일을 다음과 같이 표현했다. "그는 위대한 학자이자 경탄할 만한 진단가이기는 하지만, 좁은 의미의 의사라는 관점에서 보면 그에게는 감탄할 점이 없다. 질병 자체를 연구하는 데에는 대가이지만, 아픈 사람 앞에 서면 때로 냉담하거나 혹은 확신이 없어 불안해하곤 했다."[23] 또한 마이네르트가 만성 알코올 중독자였다는 것도 주목할 요인이었다.[24] 마이네르트를 비방하는 극단적 험담가들은 그가 정신의학과 연관되는 유일한 사실은 자주 섬망에 빠지곤 했다는 점이라고 비꼬았다.

이 모든 사실에도 불구하고 마이네르트는 선구자였다. 1868년 그가 일깨운 것은 정신의학의 방향이 근본적으로 새롭게 설정되어야 한다는 점이었다. 증상을 명명하려는 집착에서 벗어나 정신질환의 근저에 있는 해부학적 원인을 이해하는 방향으로 가야 한다는 것이다.[25] 베를린에서 같은 주장을 한 그리징어와는 독립적으로 이루어진 일이었다. 마이네르트의 과업은 1세대 생물정신의학이 마지막 단계에 와 있음을 뜻하는 신호였다. 즉, 해부학에 초점이 맞추어졌다는 사실이 그것이다.

1880년대 이후로 정신의학을 현미경으로 연구하려는 광적인 열풍이 독일, 오스트리아, 스위스의 대학들을 휩쓸었다. 이 열광은 결국 막다른 길에 봉착했고, 1세대 생물정신의학은 환자의 삶으로부터 너무 멀리 유리됨으로써 스스로 무덤을 파고 종말을 맞게 되었다는 것에 대부분의 역사학자들은 동의한다. 그러나 그릇된 방향으로 갔다 할지라도, 이들 연구자들이 뇌피질의 구조적 지형도를 그리는 것 그 이상의 더 확실한 무언가를 찾으려 했었다는 것만은 인정해야겠다. 신경매독 모델에 따라 그들은 신경과가 아닌 정신과적인 것으로 보이는 질병의 특정 병소를 찾아내려 애썼었던 것이다. 달리 말하자면, 그 시점에서부터 이들은 자신이 신경학자가 아닌 정신과 의사라고 생각하기 시작했다는 말이다. (많은 나라에서 신경과는 내과의 한 분야로 분류되었다.) 이 분야의 선구자가 된 사람들 거의 대부분이 마이네르트의 제자였다.

신경해부학과 뇌 지도地圖 연구의 두 거목이 1880년대에 대학 클리닉을 열게 된다. 그들은 1882년 라이프치히에 클리닉을 연 파울 플레치흐와, 1885년 할레의 에두아르드 히치히이다. 플레치흐는 뇌 피질이 부위에 따라 각기 다른 기능을 담당한다는 "뇌 지도"의 기초를 닦은 사람이고, 히치히는 뇌의 전기 자극 반응 이론을 확립한 사람이다. 이 두 사람이 이루어낸 성과는 지대했다.[26] 동시에 의사로서는 아주 서투른 사람들이었다.

여기에서 언급해야 할 것은, 독일의 생물정신의학은 오스트리아와 마찬가지로 어두운 그림자를 가지고 있었다는 점이다. 정신질환은 치유 불가능하다는 믿음 아래 이들 교수들은 기초과학 연구에만 몰두했고 임상정신의학에는 큰 관심을 보이지 않았다. 환자를 낫게 해주어야 한다는 생각은 별로 하지 않았던 것이다. 플레치흐 밑에서 수련의를 하던 에밀 크레펠린은 얼마 지나지 않아 넌덜머리를 내고 떠나게 되는데, 그 이유는 플레치흐가 환자에 대해 알려고조차 하지 않았기 때문이었다.[27] 1884년경 신경매독으로 플레치흐의 클리닉에 잠시 입원했던 다니엘 파울 슈

라이프치히 대학 정신과 교수(1977~1921) 파울 플레치흐. 뇌 지도 연구의 선구자이다. 그러나 환자를 보는 데는 서툴렀다고 한다. **빈 시립박물관**

레버 판사는 플레치흐를 "내 영혼의 살인자"라고 불렀다.[28] (프로이트가 1911년에 정신분석을 시도했던 사람이 바로 슈레버이다.)[29] 히치히 또한 "참아 낼 수 없는 사람"이라는 평판을 얻었다. 그는 정신의학에 대해서는 거의 알지 못했고, 한 동료의 평에 따르면 자신의 과학적 성과에 걸맞은 자리 를 주지 않으면 어느 클리닉에도 오래 붙어 있지 않았다고 했다.[30] 이런 까닭에, 뇌해부학과 뇌생리학에 대한 연구가 점차 가속화됨에 따라 치유 에 대한 기대는 허무주의에 빠져 들어가고, 대신 정신의학은 기초 의과 학의 부속품으로 변질되어 갔다.

1세대 생물정신의학은 카를 베르니케에 이르러서는 "신화神話-신경 학"+과 뇌해부학 사이에서 위태롭게 버둥거리며 종말로 치닫게 된다. 신 경학적 정신과 의사 중 가장 야심찼던 베르니케는 특정 증상군을 뇌의 특정 부위와 연관시킬 근거를 찾는 연구에 착수했다. 초기에 그는 경이 로운 성공을 이뤄내어 겨우 24세의 나이에 의학 역사에 그 이름을 올리게 된다. 1870년에 브레슬라우 대학을 졸업하자마자 마이네르트와 함께 일하기 위해 베를린으로 와서, 4년 만인 1874년에 베르니케는 과학적 성과를 이룩한다. 뇌졸중에 의해 뇌의 특정 부분(뇌의 실비우스 열sylvius fissure 후방부)이 손상되었을 경우, 환자는 남이 알아듣지 못하는 말을 하고 남이 하는 말도 이해하지 못한다는 것이다. 뇌의 이 부분은 베르니케 영역⁺⁺이라고 알려지게 되었고, 이런 특정 유형의 언어장애를 "베르니케 실어증"⁺⁺⁺으로 부르게 되었다. 뜻밖의 횡재와도 같은 이 과학적 성과로 베르니케의 관심 분야는 확정지어졌다. 그는 베를린에 계속 머물면서 뇌의 기능성 부분을 찾아내는 데에 몰두했고 1881년과 1883년 사이에 뇌 질병에 관한 세 권의 책을 출간했다.[31]

이즈음에 베르니케는 복합적 정신 증상이 뇌의 특정 부분에 있을지 모른다는 더 기발한 생각을 하게 된다. 1885년 브레슬라우에서 정신과 교수가 되고, 정신과적 증상이 뇌의 국소적 이상과 대응할 것이라는 가설을 증명하는 데에 여생을 바쳤다.[32] 이를 위해 그는 신경과적 증상을 정신과적으로 설명할 자신만의 용어를 고안해 냈다. 1904년 할레의 정신과 클리닉으로 직장을 옮긴 지 몇 개월 후에 자전거를 타다 트럭에 치여 치명적 부상을 입게 된다. 죽어 가는 침상에서 마지막까지 임상의사답게 그는 다음과 같은 말을 남겼다고 한다. "자가 정신적 인식혼란 autopsychic disorientation⁺⁺⁺⁺ 속에서 나는 소멸해 가는구나."[33] 그가 고안한 단어는 곧 소멸되었다.

베르니케의 죽음과 함께 생물정신의학은, 후일에 카를 야스퍼스가

....
⁺ 카를 빌헬름 야스퍼스가 신경학의 과학적 근거가 없음을 신화에 빗대어 조롱한 것이다.
⁺⁺ 좌측 측두엽 상회上回 후방 3분의 1 지점에 해당한다.
⁺⁺⁺ 언어를 알아듣지 못하는 지각성 실어증. 말을 하지 못하는 운동성 실어증인 브로카 실어증과 대조된다.
⁺⁺⁺⁺ 베르니케가 고안한 용어로, 스스로 의식상실에 빠지게 유발했다는 의미로 해석된다.

"뇌의 신화神話"✢라고 불렸듯이, 종말에 달했다.[36] 곧이어 에밀 크레펠린은, 어느 한 시기에 보이는 증상의 단면이 중요하다고 믿었던 베르니케와는 달리, 증상의 진행과정이 정신질환의 본질에 관한 뚜렷한 실마리를 제공한다는 견해를 발표했다. 베르니케가 횡시적 접근법을 썼다면, 크레펠린은 통시적 접근법을 지지했던 것이다. 베르니케에 대한 크레펠린 관점의 역사적 승리는 1세대 생물정신의학에 종언을 고하는 것이었다.

1911년에 독일에는 그리징거 스타일의 대학 정신과 클리닉 16개와 187개의 공공 수용소, 225개의 사립 수용소가 있었고, 그 외에도 오스트리아와 독일어권 스위스에도 수많은 기관이 있었음은 두말할 필요가 없다. 그해에 독일에 있던 정신과 전문의사는 1400명에 달했다.[35] 이 막대한 인력과 기관이 품어 내던 연구열은 세계 어느 곳과도 견줄 수 없었고, 중앙유럽에서 독일이 뇌와 마음의 과학을 지배했던 이유이기도 했다. 독일의 특수한 국가 발달 상황이 과학 정책에 특별한 발자국을 남긴 것과 마찬가지로 다른 나라에서도 신경과학은 한마디로 표현하기 어려운 복잡한 과정을 거쳐갔다고 말할 수 있다.

프랑스에서 불어닥친 재해

독일과는 달리, 프랑스의 대학 정신의학은 생물학적 관점과는 거리가 멀었는데, 특히 에스퀴롤이 뇌에 거의 관심이 없었기 때문이었다. 프랑

✢ 카를 빌헬름 야스퍼스는 독일의 정신과 의사이자 철학자로 《일반 병리학》의 저자이며, 그의 정신병리에 관한 설명은 아직도 기초서로 읽히고 있다. 증상을 형태(없는 것을 지각하는 환각 자체)로 판단해야 하며, 그 내용(환각의 내용)으로 판단해서는 안 된다고 주장했으며, 정신병의 원인이 뇌 병소라는 주장은 과학적으로 확인되지 않는 한 신화와 다를 바 없다고 했다.

스의 역사에서 흥미를 끄는 것은 정치적 입김이 신경과학적이건 정신사회적인 것이건, 어떤 종류의 대학 정신의학의 설립도 막았다는 것이고, 1877년 정부 법령에 의해 마침내 4개 주요 대학에 정신과 클리닉이 생기기 전까지는 이 상태가 지속되었다는 것이다.

1825년 어느 즈음엔가 피넬은 자신이 대학에서 강의하던 내과와 병리학에 더하여 정신과 교육도 부가할 것을 살페트리에르에 제의했으나, 계속 이어지지는 못했다. 1817년 에스퀴롤도 살페트리에르 정신과에서 개인적으로 교육을 시작했으나 공식 교육은 아니었다. 1821년에야 앙투안 루아르-콜라르에 의해 정신의학을 공식적으로 강의하기 시작했다. 이는 1년 후에 종료되었는데, 파리에 있는 모든 의과대학이 정치적 이유로 정부에 의해 폐쇄되었기 때문이었다.[36] 이로써 파리에서 공식적 정신의학 교육은 다음 반세기 동안 출현하지 않게 된다.

프랑스에는 뛰어난 정신과 의사들이 있었고, 이들 중 많은 이들이 정신의학 분야에 공헌했다. 그러나 독일에서와 같이 20여 개나 되는 대학과 교수들 그리고 가히 군단軍團이라 부를 정도로 수많은 시간강사들로 이루어진 조직적 방식의 지휘를 프랑스 의사들은 한 번도 받은 적이 없었다.[37] 재기에 넘치는 젊은이 앙투안-로랑 벨의 경험은 교훈석이다. 1822년 박사학위 논문에서 벨은 신경매독의 정신과적 증상이 뇌막의 만성 염증에 의한 것이라고 주장하여, 정신질환 중 확실하게 기질적 원인을 가진 최초의 질병으로 신경매독을 밝혀냈고, 원인 질병이 악화되면 정신과적 증상 또한 악화됨을 입증했다.[38] 이 프랑스 판 베르니케의 운명은 어찌되었을까? 리용 대학에서 정신의학 교수가 되었을까? (리용 대학은 베르니케가 교수로 지내던 브레슬라우와 유사한 대학이다.) 아니었다. 정치적 계략에 의하여 심지어 수용소 의사 직위조차도 얻지 못했으니 대학 교수는 두말할 것도 없다. 벨은 샤렝통의 루아르-콜라르 밑에서 공부한 적이 있었고, 그와 정치적으로 연계되어 있었다. 루아르-콜라르는 피넬-에스퀴롤 서클에서 이탈한 상태였는데, 1825년 11월 그가 사망하자마자 이 서클은 벨로 하여금 파리 의과대학 교수진의 보조사서가 되라고 강요했다. 수용소 정신과로 돌아와 몇 년이 흐르자 연구에 대한 열정은 꺼져갔을 터이었고, 이후 벨은 더 이상 특별한 공헌을 남기지 못했다.[39]

이런 식의 책략은 프랑스에서는 누구에게나 해당되었다. 또 다른 희생자는 조세프 바빈스키로서 친부적 재능의 정신과 의사이자 그의 이름을 딴 반사작용을 발견한 사람이다. (뇌의 상부 운동성 신경원upper motor neuron에 병소가 있는 환자의 발바닥을 긁으면 엄지발가락이 위로 젖혀지는 반응이 나온다.) 1890년대 정치적 경쟁으로 바빈스키는 대학에 직위를 얻지 못했다.[40] 고도로 중앙집권적인 제도는 중앙의 힘이 지방 구석까지 곧바로 작용하는 것이었다. 말하자면 모든 것이 행정 데스크 단 한 곳에서 통제될 수 있는 제도였다는 말이다. 그리고 지방에서 기회 잡기도 어려웠고, 독일과 같이 이곳저곳으로 옮겨갈 데도 없어서 벨이나 바빈스키 같은 사람이 잠시 은둔해 있을 만한 대안적 장소도 없었다는 말이기도 하다. 예를 들면 베르니케는 브레슬라우 시의회가 그를 방해하자 1904년 할레로 잠시 자리를 옮긴 바 있다.

이와 같이 프랑스에서는 정신의학 연구는 수용소에 기지를 두어야 하고 대학에 있어서는 안 된다고 법령으로까지 정해 놓았었다. 프랑스에서 수용소에 있던 학자들 중 가장 잘 알려진, 그리고 어쩌면 가장 악명 높은 사람은 베네딕트 오귀스탕 모렐로서 정신분열증에 관해 처음으로 기술한 사람이기도 하다. 정신분열증의 결말은 숙명적으로 "퇴행"이라는 견해를 강력하게 주장하기 시작한 사람도 모렐이었다. 아버지의 죽음으로 가난에 시달리던 모렐은 프랑스 동부에 있는 종교단체 기숙학교에 다니다가 퇴학당한 후 파리에 오게 된다. 파리에서 동전 한 푼 없는 떠돌이로 지내면서 언론계를 기웃거리던 중 젊은 클로드 베르나르(나중에 유명한 생리학자가 되었지만 당시에는 모렐과 마찬가지로 가난에 시달리고 있었다)와 같이 지내게 되었다. 베르나르와 모렐은 둘 다 의사가 되기로 결심한다. 1839년 의사자격을 위한 학위논문은 다름 아닌 광기에 대한 것이었다. 정신의학에 입문하기 위해 궁리하다가, 당시 살페트리에르에서 인턴으로 일하던 베르나르에게 그곳 수석 정신과 의사 장-피에르 팔레에게 자신을 소개해 달라고 부탁했다. 그리고 1841년 한 환자를 해외로 이송하다가 정신지체 어린이 수용소 아벤베르크를 방문할 기회를 가지게 되었다. 그 수용소는 크레틴 병Cretinism⁺ 전문의인 요한 야코프 구겐뷜이 운영하던 곳이었다. 모렐은 아벤베르크 방문을 계기로 정신지체에 관심의 초점을 맞추게 된다. 정신지체가 다운증후군⁺⁺과 같은 기질성 원인에 의한 것임을 알고, 정신과 환자 전체를 기질성으로 다루는 것이 정신과 의사가 되는 가장 쉬운 길이라고 생각했을 것이다.

1848년 모렐은 낭시 근처 마레빌 수용소에 취직하여, 자칭 위대한 개혁가가 되기 위해 그곳에 감금되어 있던 환자들을 풀어주었다. 3년 후인 1851년부터는 그곳에서 정신의학 교육을 담당하게 된다. 모렐의 관점이 때로는 낭만주의적 정취를 풍겼을지는 모르겠으나, 그가 가진 깊은 신심은 생물학적 전통에 매몰되게끔 하였다. 그는 "뇌가 영혼이 위치하는 곳이라고 나는 믿는다"라고 선언하기도 했다.⁴¹ 1856년에 생티용 수용소 수석 의사가 되었을 때 그는 이미 정신지체 등은 "퇴행"한다는 고정관념에 사로잡혀 있었다. 따라서 모렐은 프랑스에서 에스퀴롤과 루아르-콜라르 이후로 정신의학 강의를 한 첫 번째 주요 인사로서 생물정신의학 계

⁺ 갑상샘 호르몬의 선천성 결핍으로 인해 신체발달 및 인지기능 발달의 장애가 온 사람을 일컫는다.
⁺⁺ 염색체 이상(흔히 21번에 염색체가 하나 더 있는 것)에 의한 신체적 인지적 발달장애.

열에 속하고 있다.[42]

프랑스 대학 제도에서는 교육을 맡기 위해서는 아그레가시옹agrégation 이라 불리는 어려운 교수자격시험을 통과해야만 했다. (프랑스 정신의학이 뒤처지게 된 또 하나의 원인인데, 젊은 과학자들은 연구보다는 이 시험을 통과하기 위해 암기하는 데에 시간을 다 써야 했기 때문이다.) 모렐은 유자격 교수에 해당하는 아그레제agrégé가 되지 못했다. 그러나 학생 시절에 모렐과 베르나르와 어울려 다니던 동료 샤를 라제구는 교수자격시험에 합격했다.

파리에서 대학 정신의학 교육에 다시금 불을 붙인 사람은 라제구였다. (1840년 이후로 대학 병원에서 비非 학문 과정을 교육하는 것을 금지했기 때문에 살페트리에르의 쥘 발리아르주와 몇몇 임상의사들은 학문 분야로서가 아닌 병원 교육 과정으로 정신과 교육을 하곤 했다.) 모렐보다 7년 연하인 라제구는 모렐이 밟았던 과정을 그대로 밟는다. 클로드 베르나르에게 팔레를 소개해 달라고 부탁했던 것이다. 그리고 모렐처럼 정신의학에 입문한다. 이 두 사람 모두 30세에 의사자격 과정을 마쳤다. 그러나 라제구는 모렐처럼 지방에 있는 정신병원으로 가지 않고 파리에 남아 경찰청 법정 클리닉에서 일하게 되었다. 1853년 교수자격을 획득하고 파리 병원에 취직되었다. 마침내 1862년에 의과대학 학부 교과과정 중 한 개의 과정에서만 정신의학을 교육하도록 허락을 받는다. 그러나 당시까지도 학생에게 환자를 보여 줄 수는 없었다. 그해 11월 28일 라제구는 학부에 있던 가장 큰 강의실에서 정신의학 교육과정을 시작하고, 더 나아가 네케르 병원에서까지도 교육을 하게 되었다.

실로 뛰어난 재능을 가졌던 라제구는 이미 독자적으로 정신의학에 공을 쌓았고(1873년에 섭식장애가 뚜렷한 질병임을 최초로 기술하였다), 그리징거가 1865년 샤리테에서 맡았던 지위이자 1870년에 마이네르트가 빈에서 도달했던 지위에까지 올라갔다. 이를 보고 누군가는 드디어 뛰어난 프랑스식 제도가 성과를 거두었다고 말할지 모르겠다. 그러나 실상은 그렇지 않았다. 그가 경력을 쌓기 시작한 지 5년째 되는 1867년 라제구가 직위를 받은 자리는 정신의학이 아니라 일반병리학 교수직이었고, 정신과에는 아직 수장이 없는 상태였다. 1869년 라제구는 피티에 병원에서 임상의학 수장의 자리에 임명된다.[43] 그러나 그의 지도 아래 훈련받은 정신과 의사는 몇 되지 않았다. 다시 말하지만, 프랑스 제도는 수렁에 빠져 있었던 것이다.

이제 정신과적 질병과 신경학적 질병은 내각과 의회에서도 골칫거리가 되기 시작했고 그러자 의회에서는 정신의학 교육에 관심을 두기 시작했다. 1875년 두 곳의 위원회에서 정신과("정신적 병maladies mentales")에 전임으로 일할 수장 직위를 만들 것을 권고했고, 1877년에는 프랑스의 4대 의과대학—소르본, 리옹, 낭시, 마르세유—에 전임교수를 두어 정신의학을 교육시키라는 법령이 발표되었다. 되풀이하지만 내각과 의회는 스스로 패하는 길을 선택한 셈이었다. 당시 파리에 있던 몇몇 뛰어난 정신과 의사들은 이미 병원에서 정신의학을 교육하고 있었다. 누가 교수가 되었는가? 강력한 정치적 외압에 의해 라제구가 지원하던 후보가 자리를 차지했는데, 그는 별로 눈에 띄지 않던 45세의 정신과 의사로서 영국인 아버지와 스위스 어머니를 둔 나폴리 출신 벵자멩 발이었다. 발은 그를 강력하게 밀어줬던 후원자를 거의 도와주지 않았다. 라제구의 강력한 주장에 의해 발은 정신의학에 관한 보충강좌를 1870년대 초부터 의사회에서도 열었다. 1879년에는 생탕 수용소에서도 수용소장으로 취임하여 강의를 시작했다. 그러나 상부에서는 비록 발을 생탕 수용소장으로 앉히기는 했으나, 의료를 관장할 의무원장 직은 주지 않았다. 그리하여 발이 생탕에 있는 동안 수용소의 내부 갈등은 끊이지 않았고, 실의에 빠진 그는 1893년 58세의 나이에 사망하여 많은 사람들을 낙담시켰다.[44]

　이런 어려움과 협상과정을 따라가며 살펴보면 왜 프랑스가 정신의학 분야에서 2등에 머물 수밖에 없었는지 드러난다. 그러나 프랑스가 중간에도 못 미쳤다는 것을 완벽하게 증명해 주는 다른 몇몇 예도 있다. 장-마르탱 샤르코에 관한 얘기가 바로 그것인데, 그는 종종 위대한 정신과 의사로 찬양되기도 한다. 그러나 실제로는 내과 의사이자 병리학자이었고 정신병에 관해서는 거의 아무것도 알지 못했던 사람이었다. 1825년 노동자 가정에서 태어난 샤르코는 자수성가로 학자이자 연구자가 된 사람으로, 자신의 기지만으로 중상류층 이상이 대부분인 임상의사와 관료직까지 올라갔다. 학계의 통상적 과정을 다 거친 후 1862년 샤르코는 살페트리에르의 수석 의사직을 얻게 되었다. 당시 살페트리에르는 호스피스였고 그 안에서 정신과 이외에도 일반 진료를 하고 있었는데, 샤르코는 정신과 소속이 아니었다. 1866년 그는 살페트리에르에서 만성 질병에 관해 강의를 시작했다. 이 호스피스에는 많은 노인 여자 환자(대부분은 정신병자가 아닌)가 있었기 때문에 이들은 병리학적 발견을 할 수 있는 보물창고와 같았고, 마치 마이네르트가 로키탄스키와 연계하여 기질성 연구에서 업적을 올렸던 것처럼 샤르코는 점차 신경학적 연구에 몰두하게 되었다. 그러나 이 둘 사이의 차이점은 뚜렷하니, 마이네르트는 적어도 정신과에서 교육을 담당했던 반면 샤르코는 한 번도 정신과에 소속된 적이 없었다는 점이다. 1860년대 샤르코는 신경병리에서 중요한 발견을 하게 되는데, 다발성 경화증이 해부학적 변화와 연관된다는 것과 축삭경화증Amyotropic Lateral Sclerosis(ALS, 일명 "루게릭병")[+]에 관해 기술한 것이다. 샤르코는 이로써 단번에 명성을 얻게 되었고, 이를 계기로 그는 1870년대 프랑스에서 가장 잘 알려진 의사가 되었다. 1882년 병원은 그에게 신경질환계 과장 자리를 마련해 주었다.

　1870년대 초 샤르코는, 다양한 증상이 구별하기 어렵게 뒤섞여 나오

는 신경증 연구에 몰두하게 되고, 나중에 이를 "히스테리아"라고 명명했
는데, 이 신경증은 진료실 정신과office psychiatry⁺⁺의 주된 환자층을 이루
게 되었다. 그가 추정하기로는, 히스테리아는 실제로 존재하는 기질적
질병이자 유전되는 것이고 신경조직의 변화를 동반할 것이라고 보고,
"히스테리아의 결정적 법칙iron laws of hysteria"이라는 허상의 누각을 정교
하게 만들어 내었는데, 말하자면 이 질병의 기전에는 뚜렷한 규칙이 있
다는 것이었다. 1870년대부터 1893년 사망하기까지 그는 히스테리아를
연구하는 데 온 에너지를 다 쏟아부었고, 자신의 지도를 받는 학생들을
지휘하면서 당대 젊은 연구자들의 사고방식을 왜곡시켜 놓았다. 이들 젊
은이 대부분이 나중에 정신과 의사가 되었다. 그는 막강한 권력을 가지
고 있었던 것이다. 샤르코의 히스테리아 이론은 옳든 그르든 프랑스 정
신의학의 핵심이 되어 버렸고, 전 유럽이 이 이론을 신봉하는 지경에까
지 이르게 된다.

그러나 샤르코가 죽은 후 그가 만든 공중누각은 곧바로 무너지고 만
다. 신경계의 기질적 질병이라고 간주되던 소위 "위대한 히스테리아"는
그저 단순히 암시에 걸린 행동에 불과하다는 것이 밝혀지고, 히스테리아
를 증명하는 도장과 같은 특징적 "낙인stigmata"이라 불렀던 터널 시야⁺⁺⁺
도 결국은 암시에 의한 증상임이 드러났던 것이다. 당대의 모든 의사와
환자들은 샤르코에게 속아 넘어간 얼간이가 되어 버렸고, 존재하지도 않
는 결정법칙에 속아 환자에게 특정 증상이 나타나기를 기대하는 의사 앞

....

✛ 수의근隨意筋을 조절하는 중추신경계의 이상으로 운동 불능과 근육 위축이 진행되어 죽음에 이른다.
원인은 유전 등 여러 요인이 거론되고 있으나 아직 명확히 밝혀지지 않았다.
✛✛ 수용소라는 집단 시설에 수용된 상태에서 환자가 진료를 받는 것이 아니라, 환자가 집에서 대학병원
혹은 개원 의사의 진료실 외래를 방문하여 진료를 받는 곳을 의미한다.
✛✛✛ 시야의 범위가 사방에서 좁아져 마치 터널에서 내다보이는 장면과 같다하여 이름 붙인 증상이다.

에서 결국 환자들은 암시에 따라 질병 행동을 계속 창조해 냈던 것이다.[45] 이 사건은 프랑스 정신의학에 완벽한 재앙으로 작용해서 프랑스는 제2차 세계대전 이후까지도 그 후유증에서 벗어나지 못했다. (1925년 샤르코 탄생 100주년을 기념해 파리에서 열린 심포지엄의 축사는 애처로울 지경이었다고 한다.)[46]

이 비극의 역사가 나타날 수 있었던 주요 이유는 프랑스의 제도에서 찾아야 한다. 4000만 명에 가까운 프랑스 인구 중 의사 훈련을 빌을 사람들의 운명을 손에 쥔 사람은 파리에 있는 소수의 주임교수뿐이었고, 이런 제도가 가능했던 곳은 오직 프랑스뿐이었다. 프랑스의 극단적 중앙집권제도는 재능있는 많은 사람들을 동원할 수 있었기에, 파스퇴르와 같은 인물을 배출할 수도 있었으나, 상식이 결여되고 과대망상을 가진 샤르코와 같은 인물을 배출했을 때에는 재앙으로 변하게 할 잠재력 또한 가지고 있었던 것이다.

19세기 들어 다시 막 비상하려던 프랑스 정신의학에 또 한 번의 재앙이 닥치게 된다. 그 재앙은 생탕 수용소의 수석 의사인 발랑텡 마냥에서 비롯되었다.[47] 그는 아마도 프랑스에서는 모렐 다음으로 유명한 생물정신의학자였을 것이다. 1835년에 태어나 리용에서 의학을 공부하고 유명한 곳에서 인턴을 하기 위해 파리에 온 그는 기질학자인 빅토르 마르세와 유전학자인 프로스페르 루카스의 지도를 받으며 1864년 비세트르에서 인턴 첫 1년을 보낸다. 인턴 2년차는 1865년에 살페트리에르에서 하게 되었다. 당시 살페트리에르에서는 "놀랄 만한 일"들—마냥의 전기 작가가 쓴 말이다—이 신경학과 기질성 정신의학 분야에서 진행되고 있었다.[48] 이곳에서 마냥은 장-피에르 팔레 등의 교수와 함께 전적으로 연구에만 매진하게 되었다. 마냥이 분류학에 욕심을 부렸던 것은 아마도 팔레의 영향 때문이었을 것이고, 이와 관련된 일들이 나중에 프랑스 정신의학을 국제적으로 고립시키는 데에 결정적으로 작용하게 된다.

마냥은 1866년 학위논문을 마치고 곧바로 생탕 수용소 입원관리부에 자리를 얻었는데, 당시 이 수용소는 1년 후 개소할 예정이었다. (파리의 입원 제도는 꽤 흥미롭다. 경찰청 법정에서 환자를 추려내 생탕 수용소 입원관리부로 보내고, 이곳에서 환자를 파리 전 지역의 수용소로 분산 배치했다.) 여기에서 마냥은 정신병자들이 프랑스 중심인 파리를 거쳐 분산되는 환자들의 거대한 흐름을 한눈에 볼 수 있었다. 1868년 한 해에 그와 동료들이 조사한 환자만 2600명이었다. 그 해에 마냥은 병원에서 환자를 보여 주며 강의를 시작했고 곧 다른 병원과 몇 개 수용소에서도 하게 되었다. (학생들에게 환자를 전시한다는 것이 여론을 불러일으키자 이 강좌는 1873년 폐지 명령을 받았고, 4년이 지나서야 다시 시작할 수 있었다.)⁴⁹ 발이 사망한 후 그 자리를 물려받은 마냥은 생탕에 남았는데, 프랑스 정신의학의 암흑기는 그가 은퇴한 1912년까지 지속된다.

입원 관리부를 거쳐 가는 환자들 중 마냥이 특히 흥미를 가진 대상은 알코올 중독자, 간질환자, 그리고 당시 대중적인 술인 압생드⁺(후에 신경 독성이 있음이 밝혀져 금지되었다)로 인해 신경 손상을 받은 환자들이었다. 마냥은 환자들 중에서 모렐이 "퇴행성"이라고 성의한 그런 종류의 환자를 뽑아내 조사한 후 그 결과를 책으로 출판했는데, 이 "퇴행" 이론은 곧 유럽 전역으로 확산되었다. 이것이 프랑스 정신의학에 오욕을 남겼던 것이다.

마냥으로 인한 폐해 중에는, 샤르코의 결정법칙을 베껴 일부를 자신이 고쳐 상상의 질병을 만든 것이 있는데, 그 병의 증상은 짜증스러움에

✛ 쓴 쑥 등속의 식물로 맛을 낸 녹색의 독한 증류주로, 포함되어 있는 트조thujone 성분이 GABA-A 및 5-HT3에 작용한다. 환각 성분은 거의 없으나 간질발작을 유발하여 사망에 이른 사례들이 나오면서 금지되었다.

서 시작해서 나중에 치매에 빠지게 되는 것이라고 했다. 마냥은 그 병의
진행 과정을 정교하게 짜 놓았다. 그리고는 이 병이 프랑스 특유의 병으
로 "점진적으로 황폐해지는 경과를 밟는 만성 망상 장애délire chronique à
évolution systématique"라고 명명했다. 그러나 현실적으로 볼 때, 신경매독
과 알츠하이머병을 제외하고 어떤 주요 정신질환도 이런 식으로 진행되
지는 않는다. 또한 만성 망상장애는 이런 식으로 특별한 병으로 개별 범
주화되지도 않는다. 왜냐하면 망상은 거의 대부분의 정신병에서 다른 증
상과 함께 나타나기 때문이다. 그럼에도 불구하고 망상에 관한 마냥 식
의 괴상한 해석 방식은 아직도 프랑스 정신의학계에 들러붙어 있어서 지
금까지도 프랑스의 전통처럼 되었다. 이로 인해 정신분열증 개념을 받아
들이지 않았던 프랑스는 국제 사회에서 고립돼 버리고 곧추세운 국가적
자존심의 커튼 뒤에서 발전을 멈추고 말았던 것이다.[50]

마냥은 프랑스에서 1세대 생물정신의학이 최고조에 달했던 시기를
대표한다. 그 정신의학은 지나치게 유전적 환원주의에 빠져 살아남지 못
했다. 제1차 세계대전 후엔 정신사회성 정신의학의 일종인 "정신 위생"
과 다른 여러 캐치프레이즈가 승리하게 될 것이었다.

느림보 영국 정신의학

1904년 젊은 미국 정신과 수련의 클래런스 패러는 휴가를 즐기면서
일할 수 있는 기회를 얻어 런던을 방문하게 되었다. 그가 영국에서 가장
유명한 베들렘 왕립병원을 보려 한 것은 당연했다. "거대한 몸집에 모닝
코트를 걸치고 실크햇을 쓴 뚱뚱한" 스태프 의사인 윌리엄 스토다트가
젊은 패러를 맞이했다. 패러는 그에게 안내를 청하면서 영국 정신의학의

특성에 관해 물어본다. "스토다트가 답하기를, 영국 정신의학은 유럽 대륙에 비해 훨씬 뒤떨어져 있고 정신의학을 가르치는 학교도 없다고 했다"고 패러는 일기에 적었다. "베들렘에는 병리학자가 한 사람도 없고, 스토다트가 '시간'이 날 때만 병리진단이 가능하다고 했다. 그가 생각하기로는 조직학적 진단으로 감별할 수 있는 것은 진전마비밖에 없다고 말했다. 심리적 치료 같은 것은 안 하는데, 노력에 비해 결과가 거의 없다고 간주하기 때문이라고 한다."[51] 하이델베르크에서 프란츠 니슬과 알로이스 알츠하이머가 밤낮으로 현미경 앞에 구부리고 정신병과 치매의 원인을 캐내려 애쓰던 거대한 병리 실험실을 둘러보고 이제 막 영국에 온 패러로서는 영국 정신의학의 퇴보 상태가 도저히 이해되지 않았을 것이다.

잉글랜드에서는 모든 것이 민간과 자선 활동에 의존하고 있었고 공공자금이 따로 없었기 때문에 정신의학의 생물학적 연구가 진행되기 어려운 상황이었다. 외과 의사 월터 리빙스턴은 1879년 영국의 의료 상황에 관해 다음과 같이 묘사했다. "파리와 런던의 제도가 얼마나 다른지 대략 비교해 보면 다음과 같다. 파리에는 1개의 의과대학, 각 과마나 교수 1명, 1개 군#으로 이루어진 실험실들, 1개 군의 박물관들, 강의홀, 해부실 …… 등등 모두가 중앙정부의 책임 아래 통제된다면, 런던에는 11개의 의과대학이 있고, 과마다 11명의 교수와 조수들, 분야 별로 각기 독립된 11개 과정, 11개의 학교건물에 사무실 세트, 각기 강의홀과 실험실이 갖추어져 있다. 병원 스태프는 민간인이나 혹은 병원 직원들로부터 추천받아 경쟁 없이 시민대표에 의해 임명된다."[52] 이와 같이 극단적으로 탈중앙화되어 있는 영국의 제도에서는 실험실이나 연구기관을 위한 재정을 구하기 어렵고 환자 진료에 바빠 현미경을 들여다볼 여유도 없었다. 스토다트가 실험실 연구를 통해 자연의 신비를 캐내는 데 관심이 없었다고 해서 특이하게 볼 일이 아니었다는 말이다.

그렇다고 해서 영국 정신의학이 생물학적 방식을 지향하지 않았다는 의미는 아니다. 아주 오래전부터 영국의 의사들은 정신질환을 신체질환으로 간주하고 있었다. 베들렘의 존 해스럼이 1809년에 쓴 것을 보면, "광인을 부검한 기록으로 추론해 보건대, 광기는 항상 뇌와 뇌막의 질병과 연관되어 있다."[53] 윌리엄 찰스 엘리스는 한웰 수용소에서 했던 부검 소견을 들어 "혈액의 증가 현상이 광증의 시작과 함께 나타난다"[54]는 자신의 이론을 주장했다. 19세기 동안 영국 정신의학에서는 신체원인론이 우세했는데, 대학에서 특히 두드러졌다. 영국 의과 대학생에게 정신의학을 교육한 사람들은 거의 예외 없이 생물학적 사고를 가진 사람들이었다.

바티 시절 이후로 런던 의과대학 병원에는 간헐적으로 정신의학 강의가 있었다. 1851년 지속적으로 정신의학을 학문으로 교육할 것을 처음으로 제의한 사람은 에든버러 왕립 정신병자 수용소에 있던 의사 데이비드 스케이이다. 기질론자인 스케이는 광기의 유형은 신체 질환에 근거해서 분류되어야 한다고 주장하면서, "자위 조증mania of masturbation"+, "임신 조증" 등등 25가지나 되는 분류 목록을 만들었다. 그의 주장은, "이들은 각기 독립된 하나의 질병으로 보아야 하며 각각 특정 양상의 정신증상을 보이고 있다"[55]는 것이었다. 모닝사이드 가에 있던 에든버러 수용소 닥터 스케이의 학급에서는 질병에 대한 수많은 아이디어들이 아침에 새들이 날아오르듯 부산스레 난무했을 것이다.

1860년 런던의 유니버시티 칼리지에서는 윌리엄 샌키가 처음으로 대학에서 정신의학 강의를 시작했다. 샌키는 인생 초반부에는 런던 열병 병원++에서 경력을 쌓았고 정신질환으로 주제를 돌린 것은 40세쯤 되어서였다. 열성 질병은 섬망상태에 빠지는 경우가 많은데, 이때는 혼돈 증상과 함께 정신병 증상을 나타내기 때문에, 샌키가 자연스럽게 정신질환으로 관심이 옮겨 갔었을 수 있다. 샌키는 전형적인 기질론자로서 비록

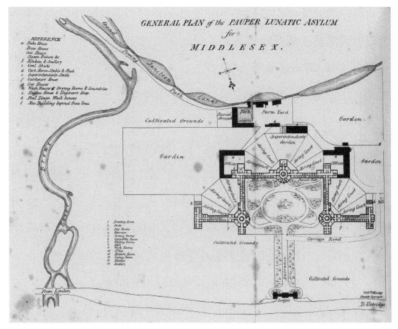

월리엄 샌키가 근무했던 미들섹스 주립 수용소의 대략적인 평면도이다. 수용서 건물뿐 아니라 넓은 정원까지 확
보되어 있어 수용자들이 일상적인 활동과 노동을 할 수 있었다. 도덕치료와 일상요법의 진원지로 꼽힌다. **(한웰
의 미들섹스 광인 수용소), 1838**

멜랑콜리아의 정확한 본질이 무엇인지는 몰랐지만 이 병이 해부학적 이
상에 의한 것이라는 점은 믿어 의심치 않았다.[56] 1854년 그는 한웰에 있
던 미들섹스 주립 수용소의 여자 환자 병동의 책임자가 되고 10년 후에
는 글로우스터셔에 있던 사립병원인 샌디웰 파크 정신병자 수용소로 자
리를 옮기게 되었다. 1865년에 샌키는 유니버시티 칼리지에서 정신의학
강의도 시작하게 된다.[57]

　사실 샌키가 그 자리를 얻은 것은 유니버시티 칼리지의 젊은 헨리 모

✛ 자위를 죄악이자 병적 행동으로 보고 자위를 많이 하면 정신병이 생긴다고 했다.
✛✛ 1802년 설립되어 발진티푸스 등의 열병을 전문으로 보던 병원이었다. 1948년 로얄 프리 병원에 합병
되었다.

즐리라는 사람이 선수를 놓치는 바람에 기회를 잡은 것이었다. 당시 30세였던 모즐리는 뛰어난 성적을 보였고 의학학사(미국의 경우 MD에 해당한다)를 받고 1856년 졸업했다. 그는 24세의 젊은 나이로서는 놀랍게도 맨체스터 왕립 정신병원 의료감독관으로 임명되고, 3년 후에는 런던으로 돌아와 영국 정신의학의 핵심과도 같은 《정신과학 저널》의 편집을 담당하게 되었다. 1865년에는 유니버시티 칼리지에 정신질환에 관해 교육할 것을 건의하는데, 정신의학은 에든버러 그리고 파리, 빈, 베를린에서도 교육하고 있으므로 런던에서도 해야 한다고 주장했던 것이다. 그 이유를 설명하기를 "모든 의사가 광기를 다른 질병과 마찬가지로 다룰 수 있어야 한다. 그리고 치유 희망이 가장 높은 질병 초기 단계에 의사가 환자를 보게 되기" 때문이라고 했다. 대학 임용위원회가 그 논리에 설득되었지만, 그 일은 모즐리가 아니라 샌키에게 주어졌다.[58]

모즐리는 총명함 이외에도 좋은 외부 여건을 갖추고 있었다. 1866년 결혼했는데, 장인은 정신병원에서 구속을 없애야 한다고 주장한 책을 펴내 유명해진 존 커널리이고, 그의 도덕적 주장은 후예들이 한웰 등을 비롯한 여러 곳에서 실행하고 있었다.[59] 운 좋게 결혼의 기회를 거머쥐면서 모즐리는 장인의 권위를 넘어서게 되었던 것이다. (장인은 그가 결혼한 지 한 달 후 사망했다.) 또한 커널리가 한웰에 위치한 자택 내에 만든 사립 신경클리닉인 론하우스의 임대차를 물려받고, 또한 8명을 위한 병실들도 물려받았는데, 그곳의 환자들은 모두 돈 많은 여자들이었다. 론하우스 외에도 런던의 하노버 스퀘어에 있는 자신의 집에서 운영하던 상담소와 함께 그는 상당한 재산을 모으게 되었다.[60]

1869년 모즐리는 유니버시티 칼리지 병원에서 정신과 소속 의료법학 교수로 임명되었다. 이후 빅토리아 시대에 가장 유명한 정신과 의사가 되는 길을 걸어갔다. 그는 정신질환이란 기본적으로 신체의 질병으로 다른 병들과 다를 바 없다고 믿었다. 1870년 "광인인 사람은 손가락 끝까지 모두 광인이다"라고 말한 바 있다. 그리징거와 마찬가지로 모즐리는 마음의 질병은 뇌의 질병이라고 했다. "정신질환이란 더도 덜도 아닌 신경계의 질환이고 단지 정신증상이 두드러지는 것일 뿐이다."[61] 빅토리아 시대 정신의학이라는 맥락에서 어느 누구도 감히 이 이론에 반기를 들지 못했다. 모즐리가 말한 것은 그 시대 모든 정신과 의사와 일반 의사들이 믿고 있던 것이었지만 또한 그가 가진 막강한 권력의 목소리로 말한 것이었고, 그 권력은 그의 주장이 옳다고 주장할 도구도 되었던 것이다.

1907년, 런던 수용소 관리를 맡은 런던 주 의회에게 모즐리는 새 수용소 건립 자금으로 3만 파운드를 기증한다. 새로 지을 수용소의 조건으로 그가 요구한 것은 그리징거 스타일이어야 한다는 것, 최근 발병한 환자만 입원시킬 것, 교육과 연구를 위한 시설이 구비되어야 할 것, 도심에 위치해서 의과대학 근처에 있어야 한다는 것이었다. 1915년 완공된 새 건물은 처음에는 군병원으로 쓰이다가 1923년이 되어서야 (모즐리가 사망한 지 4년 후) 그가 구상했던 바대로 "정신질환의 원인과 병리를 과학적으로 연구하기 위한"[62] 의학 시설로 새 출발하게 되었다. 그러므로 1865년 그리징거의 독일식 대학 정신의학 클리닉이 탄생하기까지 영국은 60년을 기다려야 했던 것이다.

영국 정신의학의 아킬레스건—혹은 원한다면 천부적 재능이라고 말해도 좋다—은 환자를 진료하는 임상만 있고 과학 연구는 거의 없었다는 점이다. 영국은 관찰하고 기술하는 데 뛰어나고 또한 임상 조사와 평가에는 뛰어났지만, 거기에는 독일과 같이 뛰어난 자연과학적 바탕이 결여되어 있었다. 당시 스위스의 젊은 의학도였던 아돌프 마이어가 1891년 런던과 에든버러를 방문하고 다음과 같이 말한 바 있다. "의학이 치유의 예술이고 과학은 단지 부차적인 것이라고 본다면, 이는 영국 의학을

정확히 표현한 말일 것이다. 영국에서는 실용성이 그 무엇보다도 우선했
다……."[63] 그렇다고 영국이 본성적으로 더 실용적이었던 것도 덜 정밀
했던 것도 아니다. 단지 교육병원을 설립하려면 자선기금에 의존해야 했
던 제도적 문제가 있었기 때문이었다. 과학이 국가의 위상을 높인다고
생각했던 독일은 정부가 투자해서 병원을 세웠다. 그러나 영국은 기부금
을 내는 것이 인도주의적 행위이자 개개인이 왕실의 명예를 드높이는 것
이라고 생각했다. 그러므로 두 나라의 제도적 차이가 정신의학의 실질적
차이를 만들어 냈던 것이다.

　19세기 말 미국 정신의학이 퇴보한 이유를 이해하기 위해서는, 미국
사회에서는 의학이 전반적으로 열등한 위치에 있었음을 상기할 필요가
있다. 역사학자 로즈메리 스티븐스는 다음과 같이 적었다. "1900년대 미
국에서는 10% 미만의 의사만이 진짜 의과대학을 졸업했다. 20%의 의
사는 의과대학 강의도 들어보지 못한 사람들이다. 대부분은 도제식 교육
이나 전문학교 출신들이다."[64] 그러므로 미국에서 정신의학 연구와 교육
이 느림보 걸음을 했다는 것은 놀라운 일이 아니다. 1868년 그리징거의
선언이 있던 해에 우티카 주립병원의 진보적 의료감독관인 존 그레이가
병원 평의원회를 설득해서 뇌척수 박절편을 만들 수 있는 병리실험실을
설립하자고 했다. 실제 작업을 할 사람으로 콜롬비아 의과대학을 2년만
다녔던 알바니 출신 젊은 에드워드 헌이 고용됐고, 그에 관해서는 1873
년에 그곳을 떠났다는 것밖에는 알려져 있지 않지만, 다음과 같은 글을
남긴 것만은 알려져 있다. "광인의 맥박the pulse of the insane"✛과 "광인의
귀"(귓바퀴에 혈종이 생긴 것으로 광기의 특징적 증상이라 간주된 상태―사실
이 증상은 수용소 감독관이 때려서 생긴 것이었다)가 광기의 특징적 증상이라

✛ 감정변화에 따라 맥박이 불규칙하게 뛰는 것을 광인 특유의 증상이라고 했다.

고 적어 놓았다.[65] 유럽과 비교했을 때 이토록 형편없는 상태였으리라고
는 감히 상상하기 어려울 것이다.

헌 다음에 온 존 디키는 과학에 충실했던 사람으로 추정되고, 우티카
를 방문한 외국 의사들에게 꽤 인상을 심어 줄 만한 사람이었다. 예를 들
자면, 영국 정신과 의사인 존 버크닐이 1876년 우티카를 방문했을 때,
"닥터 시어도어 디키[존 디키를 잘못 적은 것]는 병리학 연구에 전적으
로 헌신하고 있었고, 현재 놀랄 만큼 얇은 두께의 뇌척수 박절편의 사진
을 만들어 내고" 있었다.[66] 분명 과학적 개가로 볼 수는 있을 것이다. 그
러나 가까이에서 관찰한 다른 사람은 디키에 관해 말하기를, "그는 병리
학자라기보다는 기술자였다. …… 박편 만들 줄은 알았지만 그 박편에
서 무엇이 보이는지는 알지 못했다"[67]고 평가했다. 디키는 의과대학에서
뇌해부학을 공부한 적이 없었던 것이다. (런던에서 온 젊은 패러처럼 열성적
이지 않았던) 영국 방문객들은 디키와 더 이상 토론하려 들지 않았다. 우
티카의 "병리학 실험실"은 1886년 그레이의 죽음과 함께 문을 닫았고 이
에피소드가 만들어 낸 "우티카 주립병원의 조직병리학 전통"이라는 단
어는 미국 정신과 의사들 사이에 비유적 농담거리로 남아 있다.[68]

이 시점에서 이야기는 1891년 유럽의 수용소를 방문했던 젊은 아돌
프 마이어로 넘어간다. 1892년 취리히에서 막 의사 자격을 딴 마이어는
미국으로 이민을 가는데, 그의 말에 따르면 신경학을 공부하기 위해서라
고 했다.[69] 얼핏 보기에도 괴상한 선택이었지만, 그의 설명에 따르면 베
를린에서 우연히 만난 미국 신경생물학자가 시카고 대학을 침이 마르도
록 칭찬하던 것을 듣고 설득되었기 때문이라는 것이다. (아마도 마이어가
스위스보다는 미국에서의 발전 가능성을 믿었을 수도 있다.)[70] 시카고에 도착
한 마이어는 그곳이 과학의 황무지임을 발견하게 된다.[71] 1893년 마이어
는 일리노이 주 캔커키에 있는 정신병원의 병리학과 의사로 임명되었는

데, 이 병원은 1879년 미국 최초로 "군집시설이 아닌" 수용소를 개소한 일리노이 동부 정신병원이다. 비 군집시설이란, 커다란 군대 막사와 같은 하나의 건물에 모든 환자가 함께 수용되는 것이 아니고, 독립된 여러 채의 작은 석재 집들로 이루어진 수용소이다.[72] 건축학적으로는 진보된 것이라고 여겼을지는 몰라도 마이어가 도착해서 본 캔커키의 "병원 의사들은 반복되는 일상에 절어 절망적으로 침체되어 있으면서도 그 생활에 완벽하게 만족하고 사는" 곳이었다. 마이어는 그곳 의사들에게 신경학을 교육하기 시작했으나 곧 적합하지 않음을 깨닫게 된다. "그것을 깨닫고, 의사들이 흥미를 느낄 수 있도록 매일의 임상 현장과 더 밀접한 다른 것을 가르치기 시작했다. 우선 모든 스태프들 앞에서 신환新患 진찰 과정을 보여 주는 것이었는데, 이 교육은 한 시간 가량의 여가 시간을 이용해서 비공식적으로 진행되었다."[73] 이 일이 마이어의 대표적 업적이 되었다. 즉, 광범위하고 철저한 병력 청취와 조사, 그리고 상세한 기록이 그것이다. 영국이 정신병 환자를 묶지 않는 인도주의를 내세웠다면, 독일은 현미경을, 마이어는 "사실fact"을 숭배한 셈이다. 이 시점에서부터 마이어는 미국 정신의학의 지평에 소위 사과 씨를 심은 조니 애플시드+와 같은 존재로 떠올랐고, 가는 곳마다 정신의학이 "의학"에 속한다는 생각의 씨앗을 퍼뜨렸다(심지어 의학과 정신의학을 동의어로 사용하곤 했다).

1895년 마이어는 캔커키를 떠나 매사추세츠의 우스터 수용소로 자리를 옮기는데, 이곳은 1833년 미국 정신의학 개혁운동기에 설립되었지만 1800년대 말에는 광인을 가둬 놓는 창고가 되어 버린 상황이었다. 마이

+ 본명은 조니 채프먼이며, 1774년 미국에서 태어나 평생 미국 전역을 떠돌며, 특히 오하이오, 일리노이, 인디애너 주에 사과 묘목 심기와 선교활동, 자선활동을 했다. 사과 묘목을 심고 주위 사람에게 나무를 돌볼 것을 부탁하고 1~2년마다 돌아와 나무를 돌봤다고 한다. 생각이나 이념을 퍼뜨리는 역할을 한 사람에 비유된다.

어가 우스터에 오게 된 것은 뜻밖의 일이었다. 1895년 정신과 의사 총회에 참석했던 마이어는 그곳에서 보스턴의 맥린 병원 원장인 에드워드 코울스와 얘기를 나누게 된다. 코울스는 맥린 병원에 병리학 실험실을 만들었는데, 이와 같은 시설이 우스터 공공의료 분야에도 세워져야 한다는 당위성을 얘기했던 것이다. 우스터 병원장이 마이어에게 자리를 제의하면서 약속한 것은, 마이어가 원하는 것이면 무엇이든, 부검은 물론, 연구든, 수련의사 훈련이든 자유롭게 기획할 수 있게 해주겠다는 것이었다. 마이어는 그즈음 부검에 진력이 나 있었고 "살아 있는 환자"에게 관심을 가질 때였다.[74] 그럼에도 그가 우스터에 도입한 정신의학은 철저하게 생물학적인 것이었다. "오늘날 정신의학의 본질은 의심할 바 없이 인간을 생물학적 존재로 생각하는 것이다"라고 1897년에 기술한 바가 있다. 미국에서 지낸 첫 10년 동안 마이어는 유럽의 자기 스승들의 신조를 본받아 인간의 모든 정신 활동의 본체는 뇌에 위치한다고 주장했다. "뇌세포 기전의 기능 이상을 알지 않으면 마음의 질병을 이해할 수 없다."[75]

마이어는 우스터에서 6년을 지낸 후 1901년 뉴욕 병리학 연구소 소장으로 임명되는데, 이곳은 1895년 주립수용소에서 부검하는 환자의 뇌 박절편을 연구하기 위해 설립된 곳이었다. 이곳 연구소의 첫 소장이 갈팡질팡하면서 향방을 못 잡던 중, 독일식 과학 노선으로 방향을 잡기 위해 마이어가 임명되었던 것이다.[76] 취임한 이듬해인 1902년 마이어는 연구소 건물을 뉴욕 워드 섬에 있는 맨해튼 주립병원의 한 건물—사용하지 않던 구舊 제빵소—로 옮긴다.[77] 마이어는 이곳이 "시체안치소"가 아닌, 살아 있는 환자의 침상 옆에서 정신의학을 공부할 적절한 장소라고 생각하게 되었다. 그럼에도 그의 관심사는 정신사회적 관점이 아니라 생물학적 관점이었다. 예를 하나 들면, 1903년 그는 모든 주립병원 수용소 의사들이 함께 모여 새로운 의제에 관해 토론하기를 청했는데, 그가 제안한 의제는 다음과 같았다. "나는 병리학의 기본 원칙을 다음과 같이 정신의학에 적용하려고 한다. 광인의 신체검진 방법, 신경학적 진단을 할 때 접하게 되는 가장 흔한 주제와 어려운 점, 그리고 일측성 운동실행증 one-sided apraxia⁺이나 일측성 섬망one-sided delirium⁺⁺ 등과 같이 최근에 관찰된 주제들이 그 대상이다."[78]

1910년 마이어가 존스 홉킨스 병원의 정신과 교수가 되었을 때, 그는 대학 과학계에 무엇이 결여되어 있는지 현장조사를 했다. 유럽식 표준에 근접한 몇 개의 실험실 중, 두 개는 캔커키와 우스터에 자신이 만든 것이고, 그 외 주립병원 몇 군데가 독일식 실험실을 갖추고 있었는데, 예를 들어 아이오와와 미네소타에 있는 것, 1855년에 개원한 국립 워싱턴 정신병원(후에 성 엘리자베스 병원이 된다)의 과학부서가 있었다. 아마도 가장 충실하게 유럽식 모델을 따른 곳이 맥린 병원으로, 많은 의사와 적은 수의 침상이 있는 병동으로 운영되었다.[79] 19세기 말 미국 대학에는 정신의학 교육 과정이 많이 있었지만 체계적인 연구를 하는 대학은 매우 적었다.[80]

그러므로 미국 정신의학 발달의 특징은 교육과 연구가 분리되어 있는 형식이어서 유럽 대륙 모델과 정반대였다는 것이다. 1893년 존스 홉킨스 의과대학 설립에 그토록 큰 의의를 두는 이유가 바로 그것이다. 그곳은 과학 연구와 임상 진료가 이상적으로 결합할 수 있는 곳이었고, 마이어가 1910년 볼티모어로 간 것은 정신의학 분야에서 이 결합을 실현하고자 한 것이었다. 그러나 역설적이게도, 마이어가 홉킨스에서 종신교수직을 획득함으로서 미국의 1세대 생물정신의학은 종말에 이르게 된다.

퇴행 이론

19세기 정신과 의사들은 뇌에 관한 유전학과 생물학을 현대적으로 이해하고자 했던 선구자들이었다. 그들은 여기에서 한 걸음 더 나아가고자 했다. 당시 이들이 주장했던 것은 주요 정신질환의 유전적 요인에 더하여, 정신질환은 세대를 통해 후세로 전달되면서 그 가계에 속한 사람들을 점진적으로 퇴화시킨다는 것이었고, 더 나아가 환자 가족이 속한 인구집단 전체가 퇴행에 빠질 위험이 있다고 보았던 것이다. 만일에 정치가들이 이 주장을 차용하여 모종의 행동으로 옮길 만한 의제로 변할 경우, 엄청난 재앙을 불러올 수 있다는 점에서 정신의학은 곧 산산조각이 나버릴 얇은 빙판 위에 위태롭게 서 있게 된 것이다.

20세기 후반 퇴행이론은 유태인 대학살을 정당화시키는 데 악용되어 악명을 떨쳤지만, 그 개념에 부분적인 진리도 있음은 부정할 수 없다. 정신과적 증상과 신경학적 증상을 보이는 특정 질병은 그다음 세대로 전달되면서 더 악화되기도 한다. 특정 질병 유전자는 다음 세대로 내려가면서 크기가 확장된다(삼핵산 반복 변이trinucleotide repeat mutation).┼┼┼ DNA 염기쌍의 수도 많아진다. 대표적인 예가 "취약 X 증후군Fragile-X syndrome"┼┼┼┼ 이고 그다음으로 흔한 것이 정신지체를 동반하는 다운증후군, 그리고 헌

┼ 목적성 행동을 할 수 없는 상태로 뇌졸중 등에 의해 한쪽 뇌반구에 손상이 왔을 경우를 일컫는다.

┼┼ 섬망의 일부 증상(예를 들어 지각장애 등)을 보이는 경우를 일컬었던 것으로 추측되나, 실제로는 일측성이라기보다는 뇌 반측의 이상에 의한 증상으로서, 마이어가 잘못 사용한 많은 용어 중 하나로 추정된다.

┼┼┼ 삼핵산이 특정 염색체 상에서 반복 변이되어 나타나는 것으로, 취약 X 증후군, 헌팅턴 병, 근이양증 등이 여기에 속한다.

┼┼┼┼ 여아에게 더 흔히 나타나는 유전성 질환으로 X 염색체 일부가 변이에 의해 현미경 아래서 잘록하게 보여 붙은 이름이다. 정신지체, 특이한 얼굴 형태를 비롯한 다양한 근골격계, 심혈관계 이상을 보인다.

팅턴 병Huntington's disease✢으로서 불수의적 무도병舞蹈病과 정신지체를 동반한다.[81] 그러므로 특정 질병이 후세로 전달되면서 그 가계를 황폐화시킨다는 견해에는 주목할 점이 있다. 그러나 19세기 말에 퇴행이론을 주창하던 사람들은 정신의학과 인류학 이론들을 포괄시켜 이 개념을 확장시켰다. 퇴행이론은 단종斷種, 안락사 등 정책의 이론적 받침대로 사용되었고, "퇴행성 인간"이라는 이유로 유태인 말살의 이론적 근거로 악용되었던 것이다.

1857년 베네딕트 오귀스탕 모렐은 인간 개선을 꿈꿔 왔던 인류 역사의 궤적을 따라 그 연장선 위에서 퇴행 개념을 창안해 냈다. 진전마비와 광기, 간질, 자살, 범죄 등의 인간 해독이 유럽에서 "그칠 줄 모르고 부단히 증가하는 것"에 경악한 모렐은 이러한 인간조건을 운명 짓는 "자연적 힘"이 무엇인지 규명해 내고자 시도했다. 그는 많은 환자들에게서 이상한 외모를 발견하고 이론을 착안했다. 예를 들어 정신지체 환자 중 크레틴✢✢은 요오드 결핍으로 갑상선종甲狀腺腫을 가지고 있었다. 모렐이 보기에, 수용소 환자들은 대체적으로 "외관상 뚜렷한 특징"을 가지고 있었다. 이 환자들에게서 무엇이 문제였을까? 단지 유전적 광기 때문만은 아니라고 그는 생각했다. 모렐이 살던 시기의 정신과 의사들은 정신질환은 직계로 유전된다고 믿고 있었다. "환자의 몸에는 선조들이 가지고 있던 수많은 병리적 기질적 특성이 반복적으로 재현된다"는 것이고, 세대와 세대를 거치면서 가중加重 축적된 광기가 발현되는 종점이 바로 환자라는 것이었다. 당시 비교동물학에서 사용하던 용어를 차용해 가계를 통해

✢ 염색체 이상(흔히 4번)에 의한 유전질환으로 성인기 초반에 정신증상과 마비증상이 출현, 빠르게 죽음으로 진행된다. 일명 헌팅턴 무도병이라 한다.
✢✢ 임신 중 모체의 갑상샘 기능 저하 혹은 영유아기의 갑상샘 이상으로 발달장애와 정신지체를 가진 사람이다.

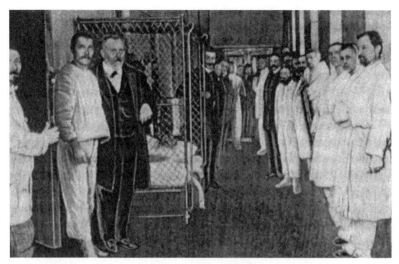

빈 대학의 정신과 교수(1892-1902) 리하르트 폰 크라프트-에빙. 빈 종합병원에서 회진을 돌고 있는 모습이다. "퇴행이론"과 더불어 성생활에 대한 연구서 《성의 병태》로 후세에 악명을 남겼다. **빈 의학역사연구소**

나타나는 병리적 현상을 모렐은 "퇴행"이라 이름붙였다. 그리고 이는 가족에게만 해로운 것이 아니고 사회 전체에 해로운 것이라고 했다. 그는 다음과 적었다. "퇴행하는 인간을 내버려두면 점진적으로 황폐해진다. …… 사회 진보 과정의 각 단계를 연결하는 고리 역할을 못할 뿐더러, 건강한 인구를 오염시켜 인류의 전진에 커다란 걸림돌이 될 것이다." 다행인 것은 "다른 모든 기형과 마찬가지로 이들은 생존 기간이 짧다는 것이다."[82]

이렇게 모렐 식 퇴행이론은 전 세계로 퍼져 나갔다. 초기에 든 예는 알코올 중독이나 대도시 슬럼가의 밑바닥 삶 등과 같은 후천적 특성이었다. 부도덕한 특성이 어느 한 개인에게 정착되면 후천적일지라도 유전을 통해 다음 세대로 전달되며, 세대를 통해 내려갈수록 더 악화되어 간다. 모렐이 생각하기에 엄마가 결핵에 걸리면, 결핵이 3~4세대를 내려가다 보면 나중에는 치매나 불임에 이른다는 것이었다. 이 이론은 사회위생가

social hygienist[+](슬럼가와 술집을 정화하는 사람)와 치유 전문가들에게는 분명 도전적인 주제였다. 왜냐하면 후천적으로 획득한 특성이 유전될 수 있다면 이러한 나쁜 것을 구제하기 위해 시급히 행동에 돌입해야 했기 때문이었다. 다른 종류의 행동도 필요했다. 그러나 퇴행성 질환을 가진 사람은 격리되어야 한다는 데까지 이론을 발전시킨 사람은 모렐이 아니었다.[83]

나라마다 핵심 지시자들이 있어 모렐 이론을 지방에 있는 정신과 의사 사회에 퍼뜨리는 것이 자신의 임무라고 생각한 사람들이 있었다. 중앙유럽에서는 빈 정신과 교수인 리하르트 폰 크라프트-에빙이 그 역할을 했는데, 그는 후세에 기억되기를 《성의 병태》의 저자로만 알려져 있다. 이 책은 학교 소년의 자위 행동에 관한 일종의 개론인데, 1886년 출판되었고 먼 후세에는 소위 대안적 성alternative sexualities[++]이라고까지 불리게 될 것이다. 그의 저서는 그에게 악명만 얻게 해주었을 뿐이다. 그가 처음으로 인정을 받게 된 것은 1870년대에 법정신의학과 일반 정신의학에 관한 두꺼운 교과서들을 출간하면서 부터였다.

1860년대 후반 독일에서 태어나고 그곳에서 교육받은 크라프트-에빙은 바덴에 있는 일레나우 수용소의 정신과 의사로 있었다. 처음에는 그곳에서 대학 강사들에게 범죄의 원인이 퇴행 때문이라고 교육했다.[84] 나중에는 단언하기를, "광기는 체질적으로 유전되는 퇴행의 고리가 정신병리와 연결되어 나타났음을 의미한다"[85]고 했다. 이는 모렐 식 교리의 좋은 예로서 크라프트-에빙의 지위가 상승함에 따라 모렐 이론은 중앙유럽

[+] 19세기 말 진보개혁 정신이 만연할 당시, 정신병, 매춘, 성병, 가난과 무지 등을 과학적 방법으로 체계적으로 타파하고자 일어났던 사회정화 운동을 하던 사람들로서, 나중에 이 운동은 우생학과 연결되어 인종차별과 단종 수술에까지 이르게 되었다.

[++] 대안적 성은 이성애 이외의 동성애, 양성애 등의 성지향성을 의미하며, 여기에서는 자위를 금기시한 것을 비꼰 것이다.

전역으로 더욱 확산되어 갔다. 1874년 크라프트-에빙은 오스트리아 그라츠에 있는 주립 수용소 소장으로 임명되고 그곳 대학에서 정신과 교수가 되었다. 그리고 5년 후 퇴행이론에 관한 독일 성경이라고까지 불리게 되는 교과서를 집필한다. 책속의 한 구절을 한번 살펴보자. "퇴행이 일어나면 흔히 성기능이 비정상 상태가 되어, 성적 욕구가 전혀 일어나지 않거나 반대로 폭발적으로 증가하여 충동적으로 성적 만족을 추구하거나 어린 나이에 비정상적으로 성에 탐닉하게 되어 일찍 자위 행동을 하게 된다. 혹은 변태로도 나타나는데, 말하자면 생식 목적이 아닌 만족을 추구하게 되는 것이다."[86] 1886년 이 책을 쓸 즈음 그는 빈 대학 주임교수로 지명되고, 말 그대로 침대 밑에 숨어 있는 퇴행까지 색출해 내기 시작했다. 수음자, 동성애자, 조루 등 온갖 사람들이 줄줄이 책 속에 열거되었고(나중에 나온 개정판은 더욱 다채로워졌다), 이들 모두는 예외 없이 "퇴행자"라는 낙인이 찍혔다.[87] 이 책은 정신의학이 얼마만큼 탈선할 수 있는지, 문화적 취향에 불과한 것을 과학이라는 권위의 이름으로 얼마나 악마와 같은 모습으로 그려낼 수 있는지를 보여 주는 전형적 예로 남아 있다. 크라프트-에빙의 동료가 그에 관해 말한 것이 있다. "그는 문필 능력은 타고난 사람이지만, 과학적으로 분석하는 능력은 정신박약아와 마찬가지다."[88]

1873년 모렐 사망 후 프랑스에서는 발랑텡 마냥이 퇴행이론의 교주가 되었다. 마냥은 처음에는 1882년 생탕에서 강의만 하다가, 10년이 지나 이 주제에 익숙해지자 널리 읽히게 된 퇴행이론에 관한 개요를 썼다. 마냥은 다윈 이론에서 일부를 따와서는, 퇴행자들은 종족 보존 투쟁에서 패배한 자들이라고 해석했다. 공저자인 모리스 폴 레그랭과 함께 1895년 출간된 그의 저서에서는 사회는 "생존을 위한 유전자 전쟁"에서 패하지 않기 위해 퇴행이라는 찌꺼기들은 잘라내야 한다고 기술했다.[89]

"퇴행은 개인의 질병이 아니라 사회적 위협이다. 우리는 사회 정화를 위해 퇴행과 혹독하게 싸워야만 한다. 퇴행자들은 사회를 유지하고 방어하는 데에 위험 인자라는 것을 잊어서는 안 된다." 더 나아가 두 저자들은 책의 마지막 문장에 모호한 힌트를 주기까지 했다. 즉 "그 문제의 뿌리까지 잘라내야 한다"는 것이었다.[90] 뒤이어 일어난 사건은 이들 주장에서 감지되던 불길함이 현실로 나타났음을 보여 준다.

모렐 이론을 영국에 소개한 사람은 1857년 샌키였지만, 이를 추종한 교도는 헨리 모즐리였다.[91] 모즐리는 1870년에 이미 모렐과 함께 퇴행의 낙인을 찾기 시작했다. "외이外耳의 기형 …… 틱+, 찡그린 표정, 그 외에도 얼굴, 눈꺼풀, 입술 등의 발작적 경련 …… 말더듬기와 발음장애 ……" 뿐만 아니라 "텅 빈 듯한 멍한 시선, 공포에 찬 시선, 의심에 찬 시선, 불신의 표정" 등을 담은 시선조차 이 낙인에 속한다고 보았다. "이 표식들은 뇌 구조의 내부적이고도 보이지 않는 특이함이 외부로 드러나는 징후"[92]라고 그는 믿고 있었다.

영국 빅토리아 시대 후기의 이런 교육은 의사는 물론 환자에게도 그대로 받아들여졌다.[93] 노스햄턴에 있던 베리우드 수용소의 선임 의사 새뮤얼 스트래헌은 자기들 가계에 혹시나 있을지 모를 퇴행이라는 유령에 겁먹은 환자 친척들로부터 정신질환의 가족력을 알아내기가 얼마나 어려운지 토로한 적이 있다. "심지어 빈민층에 속한 사람들일지라도 자신들 가족 안에 그런 흔적이 있는 것을 애써 감추려는 태도에 우리는 익숙해 있습니다." 통계로 보아도 가족력이 있는 환자는 상당한 비율에 달했다. 그러나 스트래헌이 보기에도 이 통계는 주로 "환자의 친척이 얼버무리거나 거짓말한 것"을 기록한 것일 뿐이었다. 실제로는 "광기의 유전적 경향은 환자 거의 대부분"에서 발견된다고 그는 말했다.[94] 이는 19세기 후반 20여 년 동안 대부분의 영국 정신과 의사들이 믿던 것이었다. 서리에 있던 브룩우드 수용소의 통계를 보면, 의사들이 유전적 원인이라고 헛짚은 환자의 비율은 1870~1872년 사이에는 4%이었다가 1890~1892년에는 40%로 증가했다.[95] 물론 이들 환자 중 많은 사람은 가족력이 있었을 것이 틀림없겠으나, 여기에서 말하고자 하는 것은 그것이 아니다. 영국을 비롯한 여러 나라의 정신과 전문가들이 광기의 유전성을 맹목적으로 미신과 같이 믿었다는 데에 문제의 심각성이 있음을 의미하며, 이는 정신증상의 발현에 영향을 미치는 수많은 요인 중 하나가 유전이라고 보는 시각과는 매우 다른 것이기 때문이다.

세대를 통해 가중되어 물려받음으로서 도저히 벗어날 수 없는 유전적 운명이라는 의미의 퇴행이론은 정신의학 내부에서 비교적 빨리 소멸되었다. 벨 에폭 시대belle époque[++]가 다가오자 퇴행이론은 정신과 의사들 사이에서 한물간 것으로 취급되기 시작했던 것이다. 1916년 마냥은 신용 없는 노인네로 취급되어 외톨이로 사망했다.[96] 사회 다윈주의자인 새뮤얼 스트래헌은 의학계를 떠나 법조계로 갔다. 퇴행이론은 의사들 사이에서 조롱거리가 되어 버린 것이다. 프로이트의 동료인 빌헬름 스테켈은 1911년 "퇴행의 징후에서"라는 간판이 붙은 가공의 빈 커피하우스에서 의사들이 집회하는 장면을 풍자시로 남겼다.[97]

새로운 세대의 정신과 의사들은 퇴행이론을 냉철한 눈으로 평가하기 시작했다. 프리부르크의 정신과 클리닉에서 강사로 있던 31세의 오스발트 붐케는 1908년 다음과 같이 적었다. "유전설이 일으켜 세운 거대한

✤ 목적성 없이 반복적이고 비규칙적인 운동, 소리, 생각 등이 특징인 질환으로서 대개 소아기에 시작하여 때로는 일생 지속된다.

✤✤ 일명 아름다운 시대. 19세기 말부터 제1차 세계대전 전까지의 시기를 일컫는다. 유럽은 전쟁이 없는 평화 상태에서 정치적으로도 비교적 안정적이었고, 자동차, 비행기 등의 새로운 기술발달, 상업주의의 발달과 부의 축적, 문화적으로는 인상주의, 표현파 등의 근대 문화가 성장했던 시기이다. 정신의학에서도 극단적 이론 대신에 심리적인 측면에 관심을 기울이기 시작한 시기이다.

공중누각은 근래에 이르러 산산 조각 나 버렸다. 남아 있는 것은 바스러진 돌조각뿐이다." 당시 그가 가장 큰 문제라고 생각했던 것은, 정신병이 "유전적 부하負荷" 때문에 생긴다는 견해가 틀렸음을 개업 의사들에게 설득하는 것이었다. 그는 가정의들에게 강의하면서, 유전은 분명 어떤 역할을 할 것이나 이를 과장하지는 말자고 말했다.[98] 비생물학적 해석이 그 자리를 차지하고 득세하기 시작했는데, 1913년 카를 야스퍼스의 "현상학"(환자의 주관적 증상에 공감할 것을 강조함[99])도 그런 이론 중의 하나였다. 결국 제1차 세계대전이 시작될 즈음 퇴행이론은 정신의학에서 퇴출당하게 된다. 두 차례 세계대전 사이의 기간에, 정신질환이란 것은 세대와 세대를 질주하는 급행열차처럼 곧바로 유전되어 환자를 악화일로에 빠뜨릴 것이라는 견해를 고수하던 이들은 변방에나 있는 괴짜로 간주되었다.

그러나 마법의 지니는 다시 병 밖으로 나오게 된다. 19세기 마지막 4분기 동안 학문적 정신의학이라는 폐쇄된 영역에서 토론거리 중 하나였던 퇴행이론이 거리로 나와 관심의 초점이 되어 버린 것이다. 어떤 사상이든 후유증을 낳을 수 있음을 (그리고 의사들은 대중에게 공표하기 전에 자신들이 믿는 것이 과연 옳은 것인지 신중히 재고해야 한다는 것을) 시사하는 이 과정에서, 대중은 퇴행이론으로 다시 공포에 사로잡히게 된다. 유전이라는 샘물은 끊임없이 솟아나와 전 사회를 위협할 것이므로 맹독을 써서라도 말려 버리지 않는다면 전 유럽 사회가 퇴행으로 멸망할 것이라고 중류층 인텔리들은 암묵적으로 믿기 시작했던 것이다.

에밀 졸라의 소설에서, 루공과 마쿼드 가족의 운명에 관한 이야기는 사회 다윈주의라는 결정적 법칙에 지배당하여 다양한 사회적 힘들이 이리저리 휘둘리며 각축을 벌이는 상황을 묘사한 것이다. 여기에서 퇴행자들은 사회 밑바닥으로 추락하도록 운명 지워져 있다. 1885년에 나온 졸라의 소설《제르미날》에서 젊은 에티엔의 엄마는 마쿼드 가문 출신으로 이미 낙인찍힌 운명을 가지고 태어났다.

> "카트린이 에티엔에게 말한다. '너는 술 마시면 안 돼.'"
>
> "오, 걱정마시우. 마시면 안 된다는 걸 나도 아니까."
>
> 에티엔느는 머리를 끄덕였다. 그는 술을 증오했다. 주정뱅이 종족의 막내로 태어난 것을 증오했고, 술에 젖은 야만스러운 유전자로 인해 한 방울의 술도 독이 되어 그토록 오랫동안 고통받아 왔던 그 사람도 증오했다.

그러나 카트린 또한 유전 문제를 가지고 있었다. 사악한 샤발이 그녀를 강간하려 할 때, "그녀는 낡은 노끈에 걸려 넘어져 반항을 멈추었고 —남자에게 반항하지 않고 순종하며, 어린 소녀 시절부터 허공에 걸려서도 넘어질 정도로 순종하도록 만들어 온 유전자에 복종하면서."[100] 소설의 인물들은 모두 퇴행의 희생자들로 그들의 삶은 간단없이 유전자에 끌려 다닌다.

유럽 문화에서 역사적으로 중요한 부분을 차지했던 퇴행의 운명론을 우생학자와 사회위생운동가들이 차용하게 되면서, 정신지체는 단종해서 말살시키고, 동성애자나 유태인과 같은 "퇴행자" 집단에 대한 해묵은 증오심은 반민주적 정치동력으로 전환시키는 데에까지 이르게 되었다. 이 모든 사태에 정신의학은 일부 책임을 지고 있다. 1920년대 학문 분야로서의 정신의학은 우익 인종청소주의와는 거의 연관되어 있지 않았지만, 예외도 있었다. 이 예외에 속한 사람들에는 1970년부터 뮌헨 대학 정신과 클리닉에 있었던 스위스 정신과 의사 에른스트 뤼딘이 있고, 1920년 안락사를 정당화한 책을 공저한 프리부르크 대학 교수 알프리드 호에가 있다.[101] 독일 정신의학 학문 전체가 나치의 하수처리 작업에 빠져 허우

적대고 있었고, 다가올 재앙의 막중한 부담을 안고 있었다. 1933년 이후부터 퇴행이론은 나치 이데올로기의 공식 얼굴이 되었다. 파괴적 전쟁을 위해 히틀러의 죽음의 기계는 유태인, 정신지체, 그 외 생물학적 퇴행자라고 간주되는 사람들을 색출해 내었다.[102]

나치가 유전론을 악용함으로서 1945년 이후로도 오랫동안 유전에 관한 토론은 금기 사항이 되어왔다. 중류층 지식인들에게는 유전과 퇴행이 동일한 것으로 여겨졌던 것이다. 이 둘은 나치의 사악함과 동의어였다. 제2차 세계대전 이후 정신질환의 유전 가능성에 대한 언급은, 그 냉혹한 퇴행에 관한 것이든 혹은 여러 요인 중 하나로든, 금기가 되어왔다. 이에 관한 논의는 중류층 시민들 사이에 수 세기 동안 배제되어 있어야만 했던 것이다.

1세대 생물정신의학의 종말

1세대 생물정신의학의 죽음은 실은 나치 출현 이전에 이미 임상분야에서 시작되고 있었다. 연구 결과 때문만은 아니었다. 의료의 패러다임이 바뀌었기 때문도 아니었다. 지평선에 떠오르는 태양처럼 한때 획기적인 것으로 여겼던 뇌해부학에 그저 단순히 흥미를 잃어 갔던 것이다. 이제 새롭게 떠오르는 태양은 질병을 횡적으로 보는 것이 아니라 종적으로 설명하는 시각이었다. 종적 시각이란 어느 한 시점에 나타난 환자의 문제를 환자의 삶의 역사적 맥락에서 이해하고자 했던 것으로, 생전의 신경학적 소견을 뇌 부검 소견으로 해석하려는 생물학적 시각과 대조된다. 이 새로운 종적 방식을 도입한 대표적인 인물이 에밀 크레펠린이다.

정신의학 역사의 실질적 중심인물은 프로이트가 아니라 크레펠린이

크레펠린과 동료들. 에밀 크레펠린(사진 아랫줄 오른쪽 모자를 들고 있는 사람)과 동료들이 남서부 독일 신경
학자와 정신의학자 협회의 한 모임에 참석한 모습이다. 아마도 1902년과 1904년 어느 즈음으로 추정된다. 당
시 크레펠린은 하이델베르크 정신과 교수였다. 왼쪽에서 오른쪽으로 윗줄에서부터 알브레히트 베테(스트라스부
르크), 알로이스 알츠하이머(하이델베르크), 그리고 프란츠 니슬(하이델베르크)이 특징적으로 항상 들고 다니던
지팡이를 팔에 끼고 오른쪽에 앉아 있다. 나중에 크레펠린 반대주의자가 된, 당시 하이델베르크에 있던 로베
르트 가우프가 무릎에 손을 얹고 아래 줄 왼쪽에 앉아 있다. 이 사진은 C. B. 패러의 서류에서 발견되었다. (이
사진은 에밀 크레펠린의 독일어 판 자서전에 수록되었는데, 그 책에서는 인물에 대한 설명이 틀리게 나왔다.)

다. 프로이트는 실제로 정신병 환자를 진료하지 않던 신경학자이었다.
프로이트의 정신분석은 직관적 비약과 상상력에 근거한 것으로 시간의
제련을 견뎌 내지 못하고 시대가 지나며 쇠퇴하고 말았다. 반면, 관찰에
의해 사실을 축적하던 크레펠린 방식은 19세기 말과 20세기 초에 주요
정신질환을 이해하는 데에 가장 중대한 통찰을 제공했다. 크레펠린 방식
이란, 정신병에는 각기 다른 몇 가지 근본적 유형이 있다는 것, 이들은
서로 다른 질병 경과를 밟는다는 것, 그리고 많은 사례를 모아 체계적으
로 연구함으로서 질병의 특성을 알아낼 수 있다는 것을 말한다. 그러나
역설적이게도 크레펠린이 성급하게 뇌에 관한 가설을 세우는 바람에 1
세대 생물정신의학의 종말을 재촉하게 되었다.

크레펠린처럼 1세대 생물정신의학에 종지부를 찍은 사람은 미국의 경우 아돌프 마이어이다. 마이어는 결코 국제적 인물은 아니었지만 (영국에서는 잠시 인기가 있었지만), 제2차 세계대전 전에는 미국에서 가장 저명한 정신과 의사였고, 그의 독특한 스타일은 미국 정신의학의 방향을 결정하고 또 빗나가게 하는 데 지대한 영향을 미쳤다. 그러므로 크레펠린과 마이어를 동일 범주 안에서 얘기할 수는 있겠으나, 크레펠린의 영향이 국제적인 것이고 또 지속적인 것이었다면 마이어의 영향은 일시적이고 국지적이었음을—비록 미국 역사에서는 중요하겠지만—기억해 둘 필요가 있다.

크레펠린의 정신의학 경력은 생물정신의학에 반대하는 입장에서 시작된다.[103] 1856년 독일 북부에서 태어나 1878년 뷔르츠부르그에서 의사 자격을 획득하고 뮌헨으로 와서 뇌생물학자인 베른하르트 폰 구덴 밑에서 수련을 받았다. 뮌헨에 있던 클리닉은 1859년 설립된 것으로 그리징거 모델이 나타나기 이전에 세워진 초기 대학 정신과 클리닉으로 묘사된다. 이 클리닉의 부소장인 구덴은 정신의학의 신비는 현미경 아래 드러날 것이라고 믿었던 세대에 속했다. 많은 유명 인물들이 이 클리닉에서 배출되었는데, 예를 들면 스위스의 아우구스트 포렐도 그중 하나이다.

뮌헨에 도착한 냉철한 북부 독일 사람인 크레펠린은 프란츠 니슬이라는 바이에른 주 팔츠 출신인 젊은 수련의와 친해지게 되었다. 니슬, 구덴 등 주변의 모든 의사들이 현미경으로 뇌를 조사하는 데만 몰두하고 있었으나 크레펠린은 이에 동참할 수가 없었다. 시력에 문제가 있었기 때문이었다. 또한 뮌헨의 다른 학자들과 달리 크레펠린은 심리학에 깊은 관심을 가지고 있었다. 그는 젊어서부터 심리학에 심취해 있었고, 학생 시절 한때 실험심리학자인 빌헬름 분트에 열광하기도 했었다. 분트는 근대 심리학의 창립자로 알려져 있다. 1879년 분트가 라이프치히에 심리학 연구소를 세웠을 때 젊은 정신과 의사 크레펠린은 언젠가는 꼭 그곳에서 연구하겠다고 스스로에게 맹세한다. 1882년 그는 구덴의 축하를 받으며 그곳으로 떠났다.

크레펠린의 심리학에 대한 매료와 해부학 지향적인 정신의학에 대한 혐오는 라이프치히에서의 경험으로 더욱 강화된다. 크레펠린은 한때 생활비를 벌기 위해 파울 플레치흐의 조수로 일했었는데, 플레치흐는 오직 현미경과 해부대만 알고 있던 사람이었다. 크레펠린은 플레치흐를 너무나 미워해서 석 달 만에 조수를 관두고 분트와 함께 심리학 연구에 더 몰두하게 되었던 것이다. 그리징거가 젊고 경험이 일천했을 때 교과서를 썼듯이, 크레펠린 역시 27세의 나이에 교과서를 써서, 얇은 책자로 된 《개론서》를 1883년 출판했는데 별 특징이 없는 책이었다.[104] 그가 그 책을 쓴 이유는 결혼하는 데 돈이 필요했기 때문이었다고 한다.[105]

당시 크레펠린이 처해 있던 상황은 프로이트가 결혼을 결심하고 생활 전선에 뛰어든 상황과 똑같았다. 1884년 크레펠린이 수용소 의사로 취직한 일은, 프로이트가 1886년 생활비를 벌려고 개업했던 것과 같다. 그러나 프로이트와 달리 크레펠린에게는 행운이 일찍 찾아왔다. 1886년 당시에는 도르파트 대학이라 불렸고 제1차 세계대전 이후 타르투 대학으로 개명된 에스토니아 소재의 대학에서 정신과 교수직을 얻게 된 것이다.

도르파트에서 크레펠린은 구덴 학파가 관심을 두지 않았던 것에 몰두하기 시작한다. 정신질환의 종말은 어떠할까? 정신질환이 어떻게 그 모습을 드러내는가? 그러나 에스토니아 어를 할 수 없었기 때문에 이 주제를 체계적으로 조사하는 것은 어려웠다.

1890년 그는 변방이었던 도르파트를 떠나 독일 학계의 중심지인 하이델베르크 대학 클리닉 정신과 교수로 임명되었다. 하이델베르크에서는 정신과 의사에게 신경과 환자를 보라고 압력을 가하지도 않았고, 게

다가 신경과는 별개의 다른 과로 간주되고 있었다. 이곳에서 비로소 크레펠린은 제자리를 찾게 된 것이다. 그는 이제야 자신의 관심 분야인 심리학적 접근 방식을 질병 경과에 대한 관찰과 결합시킬 수 있었다. 또한 뮌헨에서 배운 해부학적 정신의학을 하이델베르크 클리닉에 도입할 수 있었는데, 이는 당시 필수적인 것이었다. 크레펠린은 특히 혁신적인 것 두 가지를 만들었다. 첫째는 환자마다 작은 카드를 만들어 거기에 과거 병력과 퇴원 당시의 상태를 기록하였다. 둘째는 그리징거 식 통합적 정신과를 모방하여 가능한 가장 뛰어난 연구자들을 자기 주위에 배치한 것이다.

크레펠린이 하이델베르크 정신과로 불러들인 사람들은 19세기 말 독일 신경과학에서 명예의 전당에 오르게 될 사람들이었다. 1895년 크레펠린은 프랑크푸르트 시 수용소에 있던 뮌헨의 옛 친구 프란츠 니슬을 불러들였다. 프랑크푸르트 수용소는 당시 열정적인 에밀 지올리의 지휘 아래 있었고, 그곳은 단순히 환자를 가둬 두던 곳이 아니라 일종의 연구 센터였다. 니슬은 세포핵을 주변 조직과 구별할 수 있는 염색법을 개발함으로서 뇌피질에서 각 국소와 세포층을 식별할 수 있게 한 유명한 신경조직학자이다.[106] 니슬은 무뚝뚝한 태도와 강한 호기심, 얼굴에 커다란 반점을 가지고 있고 옷차림에 전혀 신경을 쓰지 않는 사람이자, 괴상한 작업 습관으로 유명했다. 저녁 7시부터 새벽 동틀 때까지 일했다고 한다.[107] 프랑크푸르트 수용소에서 함께 일했던 또 한 사람의 재능 있는 젊은 신경조직학자는 알로이스 알츠하이머였다. 1906년 그가 발견한 질병이 그의 이름을 따서 명명된 바 있다.[108] 알츠하이머와 니슬은 절친한 사이이자 소문난 지독한 일 중독자였고, 알츠하이머 또한 낮에는 자고 밤새워 현미경과 함께 일하는 스타일이었다. 알츠하이머는 친구 뒤를 이어 1903년 하이델베르크에 온다. (이들 둘은 겉은 비슷하나 속은 전혀 다른 사람

들로, 알츠하이머는 대가족 출신인 데 반해 니슬은 강박 성향을 가진 노총각이었
다.) 따라서 기질적인 분야에서, 하이델베르크 클리닉은 뇌의 현미경적
구조에 관한 한 두 명의 걸출한 학자를 두고 있었던 것이다.

크레펠린의 심리학에 대한 관심은 서서히 사그라져 가고 있었지만,
그럼에도 불구하고 그는 환자의 정신 기능 측정을 연구의 일부로 포함해
서 지속하고 있었다. 그래서 활발하고 젊은 심리학 지향의 의사—예를
들어 빌리 헬파흐(크레펠린처럼 분트 밑에서 공부했다[109]) 같은—를 찾고 있
었고, 환자의 꿈에서부터 뇌 구조까지 아우르는 통합적 정신의학이라는
원대한 계획을 마음에 품고 있었다. 그럼에도 가장 중점을 둔 부분은, 심
리학도 신경해부학도 아닌, 환자의 질병이 시간 경과에 따라 어떻게 변
화하는지를 관찰하는 것이었다.

정신질환의 귀추를 지켜보는 것, 이 귀추에 근거해서 질병을 감별하
는 것이 크레펠린주의적 대변혁의 본질이었다. 이 견해를 전파하기 위한
주요 도구로 크레펠린이 선택한 것은 학구적 논문이 아니라, 그가 1883
년 시작한 교과서의 연속 편을 계속 출판하는 것이었다. 1893년 제3편을
시작으로 새로운 속편이 연이어 출판되기 시작했다. 크레펠린이 발표한
관점이 너무나 놀랄 만한 것이었기에 전 세계 정신의학계는 속편이 나올
때마다 열광적으로 관심을 보이게 된다.[110]

크레펠린이 이 일을 시작하기 전에는 정신과 진단이 어떠했는지 살펴
보자. 반세기에 걸친 신경해부학과 신경병리학 연구는, 신경매독 이외에
는 실제 임상 측면에서 아무런 구체적 유용성을 남기지 못했다. 생물정
신의학은 개구리가 무성하게 알 낳듯 단지 질병명만 늘어놓아서, 그저
상황에 근거해서 질병명을 붙이거나(예를 들어 "자위성 광기", 혹은 "초야
정신병"), 혹은 몇 개 증상만을 합쳐서 질병명을 만들어 내었을 뿐(예를
들어 "만성 망상성 정신병"), 뇌 병리와는 아무런 연관을 짓지 못했던 것이

다. 그중 예외적인 몇 가지가 있다면, 그것은 다발성 경색성 치매multi-infarct dementia✚, 신경매독, 갑상선 결핍증 등이다.

　그런데, 크레펠린 이전에 이미 몇 가지 기본적 주제가 제기된 바 있었다. 질병 경과와 귀추에 따라 질병을 분류해야 한다는 견해는 이미 카를 칼바움이 주장한 바 있다. 그는 정신의학 역사에서 가장 평가받지 못했던 사람 중 하나이다. 알렌부르크 소재 프러시아 주 수용소의 젊은 의사이던 칼바움은 하인리히 노이만에게 울분을 느끼고 있었다. 노이만은 1859년에 정신병은 단지 "일원성 정신병Einheitspsychose"일 뿐 여러 가지 유형으로 나뉠 수 없다고 주장했던 것이다.[111] 이를 비판하기 위해, 1863년 칼바움은 뚜렷하게 다른 많은 질병 유형이 있다는 반대 주장을 했고, 그중 하나는 젊은 나이에 생기는 "파과성 정신병hebephrenia"이라고 그가 명명한 것이 있다.[112] 3년 후 그는 공립 의료계를 떠나 괴를리츠에 있는 사립 신경 클리닉에 보조 의사로 취직했다. 1867년 이 클리닉을 양도받은 그는 청소년 분과인 "의료 교육의 장Medical Paedagogium"을 만들어 10대 및 20대 정신병 초기 환자를 많이 보게 된다. 그리고 알렌부르크 수용소 동료였던 24세의 에바르트 헤케르를 불러들였다. 함께 일하면서 헥커는 1871년 칼바움의 견해를 적용한 논문을 썼는데, 칼바움이 파과성 정신병이라 칭한 여러 임상 사례를 들어 특히 젊은 나이에 발병하고 정신적 혼돈과 정신병 증상, 그리고 점진적으로 악화되어 내리막길을 가는 질병에 대해 상세하게 기술하였다.[113] 이것은 정신분열증에 관한 최초의 기술이자 이 병이 뚜렷이 독립된 질병임을 주장한 최초의 저술이다. 따라서 크레펠린은 칼바움과 헤케르의 공적을 기반으로 출발한 것이다.

....

✚ 뇌졸중에 의한 국소적 뇌손상이 여러 차례에 걸쳐 여러 부분에 발생하여 심한 뇌손상과 함께 치매가 심하게 온다.

또한 살페트리에르에 있던 두 의사의 공적이 크레펠린의 이론에 기여했다. 1850년대 초기에 피에르 팔레와 쥘 벨라르게르는 조증과 우울증은 때로 독립된 증상으로 나타나지 않고 연이어 번갈아 나타나서 환자의 일생을 "순환성 광기"로 점철시킨다고 기술했다.[114] (크레펠린은 1899년 이를 "조-울병"으로 개명했다.) 이 두 명의 프랑스 의사는 크레펠린 체계를 건축하는 데 필요한 벽돌 하나를 건네준 셈이다. 즉 정신질환이란 이런 벽돌들이 만들어

취리히 대학 정신과 교수(1898~ 1927) 오이겐 블로일러. 1920년경의 모습이다. 블로일러는 1908년 "정신분열증"이라는 용어를 만들었고, 처음에는 프로이트와 정신분석 운동에 긍정적이었다. **취리히 정신의학 대학**

낸 일종의 커다란 건축물에 비유할 수 있어서, 각기 다른 증상과 경과를 가진 독립된 질병들을 총망라한다는 것을 뒷받침하는 기존의 공적들이 이미 크레펠린 이전에 있었던 것이다.

크레펠린과 수련의들은 환자마다 카드를 만들어 기록하고 이를 "진단 상자"에 넣어 두었다. 후에 그 환자를 다시 조사할 기회가 생기면 환자 카드를 꺼내어 이름을 목록에 올리고 진단을 정정하곤 했다. 환자가 퇴원하면 퇴원 당시의 상태를 카드에 기입했다. "이런 방식으로 우리는 환자에 관해 총람할 수 있었고 어떤 진단이 틀렸으며 어찌하여 그런 잘못된 진단에 이르게 되었는지 그 원인을 추론해 냈다."[115] 크레펠린은 휴가 때면 이 환자 목록과 카드를 가지고 가서 다시 분류하곤 했다고 한다.

1893년 판 교과서를 쓸 때가 되어서야 비로소 크레펠린은 그 카드가 무슨 의미를 가진 것인지 깨닫게 된다. 서문에 적기를, 그가 경험에서 얻은 것은, 환자로부터 알아낸 모든 자료를 어떤 이론으로도 해석하려 하

지 말아야 한다는 것이며, 그의 궁극적 목표는 정신질환의 실체를 구별하기 위해 소소한 곁가지를 쳐내고 본질을 밝히는 것이라고 했다.[116] 이 시점에서 크레펠린이 사용한 분류법은 사실상 전통적인 것으로서, 정신의학의 선구자들로부터 물려받은 개념이었다. 그러나 그의 분류법은 카드 파일로부터 나온 것도 포함하고 있었다. 예를 들면 "퇴행의 심리적 과정"은 치매의 최종단계를 의미했다. 하위 범주에 속하는 것으로는 "조발성 치매dementia praecox"[+]가 있다.

크레펠린은 조발성 치매라는 용어가 모렐이 1852년과 1860년 사이에 쓴 그의 저서에서 처음으로 사용된 것임을 알지 못했다(최소한 공언하지는 않았다).[117] 사실 모렐 이전에도─그리고 그 후에도 모렐과 상관없이 따로─다른 정신과 의사들이 청소년 광기에 대해 기술한 것이 있다. 1873년 에든버러의 정신과 의사 토머스 클라우스턴이 "사춘기의 광기"에 대해 기술했는데, 어찌 보면 마지못해 하듯이 "청소년기의 유전적 광기"라고 칭했다.[118] 1891년 클라우스턴은 이 주제에 관해 한걸음 더 나아가 "청소년기의 광기와 이로 인한 이차적 치매"라고 불렀다.[119] 다른 의사들도 이에 동조했다. 1890년 루앙에서 열린 정신과 의사들의 회합에서 파리의 정신과 의사인 알베르 샤르팡티에는 "조발성 치매"에 관한 논문을 제출했는데, "사춘기의 조기치매"도 여기에 포함되는 것이었다.[120] 따라서 조기치매는 1893년 즈음에는 정신과 분야에 어느 정도 알려져 있던 주제였다.

크레펠린의 1893년 교과서는 역사적으로 의미 깊은 책이다. 그 책은 1871년 헥커가 윤곽만 그려 놓은 바탕 위에 크레펠린이 매우 상세한 내용을 추가하여 기술한 내용을 담고 있었다. 크레펠린은 헥커를 중요한 선구자 중 한 사람으로 믿고 있었다. "정신병리적 소질"(1990년대에 사용된 "신경발달학적 원인"이라는 용어를 1890년대식으로 완곡하게 표현한 말이다)

이라는 용어를 사용하여 조발성 치매의 원인이 생물학적인 것이라고 생각했던 것이다.[121] 이 1893년의 성과는 엄청난 것으로 평가된다. 조발성 치매 혹은 정신분열증이 뚜렷이 독립적인 질병임을 면밀하게 설명함으로서, 크레펠린은 20세기 정신의학에서 가장 강력한 영향력을 행사하게 될 용어를 남겨준 것이다.

교과서 연작이 이어지면서 경탄은 계속되었다. 1896년 파일 카드를 재정리하면서 제5판이 나왔는데 이때 크레펠린은 퇴행에 관한 부분을 폐기한다. 조발성 치매는 이제 "대사성 장애"로 바뀌어, 놀랍게도, 갑상선성 정신병과 신경 매독 다음으로 분류되었다. 무엇보다도 독자의 관심을 사로잡은 것은 5판 서문에서 여러 증상을 군群으로 묶어 질병이라고 부르는 것이 이제는 진부하다고 선언한 것이다. 크레펠린은 이제 "질병 경과와 최종 상태가 명시하는 바대로" 질병에 내재된 본질에 접근할 수 있기를 원한다고 말했다. "나는 임상 증상에 근거해서 정신병을 분류하려는 그 어떤 노력도 더 이상은 하지 않겠다."[122] 이는 크레펠린이 정신질환의 원인 추정에 관한 연구, 말하자면 유전이나 뇌 생물학 등의 연구로부터 벗어나 질병 과정이 스스로 드러내 주는 바대로 분류하는 것에 집중하겠다고 단호하게 선언한 것을 의미한다. 원인이 아니라, 예후 prognosis⁺⁺라는 단어야말로 크레펠린을 이해하는 핵심 단어이다.

1896년의 제5판에서 크레펠린은 생물정신의학에 관해 더 이상 생각하지 않겠다고 선언하면서 시간 경과에 따른 환자 증상의 변화를 침상 곁에서 관찰하는 데 바탕을 둔 정신의학에 초점을 맞추기 시작한 것이다. 그렇다고 생물정신의학의 정당성을 부인한 것은 아니었고, 단지 거

✚ 사춘기에 발생하여 점진적으로 황폐화로 진행되는 정신분열증을 지칭했던 고어이다.
✚✚ 질병의 진행 과정과 결말 혹은 기대하는 치료 효과를 말한다.

리를 두고자 한 것이었다. "원인에 따라 질병을 분류할 수 없는 한, 원인론에 관한 우리의 시각은 불분명하고 진위 판단이 불가능한 것일 수밖에 없다."[123] 다른 말로 하면, 당시 지식 수준으로는 정신병의 원인을 알아낼 수 없다는 것이었다.

1899년 제6판에서 크레펠린의 생각은 최종적인 형태에 달하여, 이것이 후에 우리 시대 국제정신의학의 권위적 지침이 된, 미국 정신의학회의 《정신장애의 신단과 통계요람(DSM)》의 질병 분류 근거가 되었다.(493~499쪽을 보라) 크레펠린이 강조한 이 분류법의 주안점은, 이론적으로만 질병 목록을 정리한 것이 아니고, 환자와 가족에게 다가갈 수 있게까지 하는 데에 있었다. 정신질환의 본질적 실체를 구별해 낼 수 있다면 정신과 의사는 이런 질문에도 답할 수 있을 것이었다. 남편의 병이 나을 수 있을까요? "환자 옆에 선 의사에게 주어진 첫 번째 임무는 앞으로 이 병이 어떻게 진행될 것인지를 판단해 내는 것에 있다. 이것은 언제나 환자가 의사에게 묻는 것이다. 정신과 의사가 어떤 상태를 질병이라고 진단하는 실용적 가치는 환자에게 향후 어찌 될 것인지 신빙성 있는 전망을 알려주는 데에 있다"고 제6판에 적고 있다.[124]

크레펠린은 모든 정신질환을 13가지의 큰 범주로 나누었는데, 대부분은 익히 알려져 있는 것들—신경증, 열성 정신병, 정신지체 등—이었다. 정신의학계가 흥분을 금치 못했던 이유는, 뚜렷한 기질적 원인을 찾을 수 없었던 광대한 정신병의 세계를 깔끔하게 두 영역으로 나눈 것에 있었다. 정서적 요소가 있는 정신병과 정서적 요소가 없는 정신병이 그것이다. (여기에서 정서적 요소가 있는 병이라 함은 우울증, 조증 등을 일컫는다.) 모든 정서 질환을 단 하나의 단일 질병에 극적으로 압축해 넣은 것에 대해 그는 다음과 같이 해명했다. "수년에 걸쳐 관찰하면서, 나는 모든(주기적 정신병 그리고 조증과 함께 순환성으로 발병하는) 정신병이 실제로는 단일 질병의 진행 과정에서 다른 양태로 발현되는 것에 불과하다는 것을 확신하게 되었다."[125] 이를 그는 "조-울 정신병"이라 명명했다.

광기를 이렇듯 커다란 두 범주로 나눔에 따라 진단은 매우 단순해졌다. 환자가 침울함이나 다행감에 빠지거나, 노상 울고 있거나, 아무 이유 없이 피로해하거나, 혹은 우울증이나 조증에 해당하는 그 어떤 증상이든, 정서적 요소가 있으면 이는 "조울정신병"으로 분류되었다. 정서적 요소가 전혀 없이 정신병적 증상을 보이면, 조발성 치매로 분류되었다. 조울정신병은 회복될 가능성이 있었지만, 조발성 치매―얼마 지나지 않아 모든 사람들이 d.p.라는 약자로 칭했던―라면 회복가능성은 거의 없다고 보았다.

따라서 크레펠린은 1899년에 두 개의 주요 비기질성("기능성") 정신병―조울정신병과 정신분열증―을 피라미드 형 질병군의 맨 꼭대기에 위치시켰던 것이다. 이 형태는 약간의 변형을 거쳤을 뿐 오늘날까지도 유지되어 중증 정신질환을 담당하는 중증 정신의학의 집중적 연구 대상이 되고 있다. 그동안 사용되던 병명들, 예를 들어 "늙은 시녀의 광기", "편집광", "달빛 광기" 등은 이 두 범주의 질병 어느 한쪽으로 보속되어, 환자의 병력과 현재 증상에 근거해서 진단되고 그 질병의 경과를 예측할 수 있게 되었던 것이다. 예후라는 개념이 크레펠린의 개념틀 전체의 핵심을 떠받치고 있는 것이다. 조울병을 가진 환자는 증상이 발현되면 일정 시간이 지나 저절로 나아졌다가 다시 악화되는 순환의 경과를 밟지만, 조발성 치매는 악화 일로의 방향으로 진행되어 크레펠린이 "치매"라고 부른 최종 단계인 황폐 상태에 이른다. 적어도 크레펠린의 조발성 치매 환자 4분의 3은 그렇게 되었다. 그리고 4분의 1의 환자는 회복되었다. 지금 생각하면, 환자와 가족은 크레펠린의 분류법으로 안심이 되었던 것이 아니라 부당하게 공포에 질리기도 했었다. 사실 정신분열증 환자는 치매에 빠지는 것이 아니라, 사고의 혼돈이 계속되는 것일 뿐이다.

조발성 치매로 진단된 환자가 모두 치매에 빠지지 않고, 발병 시기 또한 어린 나이에 국한된 것이 아니라는 것을 인식하게 되면서, 1908년 취리히 정신과 교수이자 스스로를 크레펠린의 충실한 제자라고 자처하는 오이겐 블로일러가 조발성 치매 대신에 "정신분열증"[+]이라는 용어를 사용할 것을 제안했다.[126] 독일 정신의학 협회에서 열린 회합에서 블로일러는 이를 제안했고, 1911년에 쓴 자신의 책에서도 "정신분열증"이라는 용어를 사용했다. 블로일러는 긴장증catatonia(경직된 자세 취하기)[++]과 같은 신체 증상을, 프랑스 정신과 의사 피에르 쟈네가 주장했던 의식의 "분열"과 같은 심리적 과정에 의한 것으로 전환시켰다.[127] 정신분열증이라는 용어는 아마도 잘못된 선택이었던 것 같다. 왜냐하면 훗날 일반인은 물론 의사까지도 정신분열증은 의식이 분열되거나 나뉘어져서 생기는 것으로 생각하게 되었기 때문이다. 정신분열증에서 분열되는 것은 아무것도 없다. 이 병은 망상, 환각 그리고 병적 생각이 특징이기 때문이다.

이런 문제는 단지 지엽적인 것에 불과하다. 가장 주요한 것은 크레펠린이 짠 전체 구도의 장대함이 전 정신의학계를 압도해 버렸다는 데 있다. 중요한 한 가지를 예로 들면, 정신과 증상을 더 이상 해석하지 않게 된 것이다. 이제 더 이상 정신병의 내용은 문제시되지 않았다. 증상을 상세히 기술하는 것만으로는 부족하고, 원인(신경매독, 갑상선 장애 등등), 경과, 최종 상태에 대한 근거를 기술하지 않으면 그 기록은 가치가 없는 것으로 간주되었다. 경악한 아돌프 마이어는 1904년 "2000년에 걸쳐 사용하던 전통 용어는 이제 폐기되어 버렸다"[128]고 말했다.

크레펠린 체계에는 새로운 질병 분류 방식에 덧붙여 독립된 뚜렷한 몇 가지 질병이 들어 있었다. 우울증, 정신분열증은 마치 볼거리가 폐렴과 다르듯이 각기 다른 독립적인 질병이 되었다. "크레펠린주의"의 마지막 주안점은 모든 정신과적 판단은 "의학적 모델"에 근거하여 이루어져야 한다는 것이다. 후세에 나타나 크레펠린 모델과 갈등하게 될 "생물-정신-사회적 모델bio-psycho-social model"+++과의 뚜렷한 구분이 이때 그어진 셈이다. 의학 지향적 정신과 의사는 정신질환을 볼 때 심장전문의가 심장질환을 보듯이 보아야 하는데, 물론 심장과 달리 정신은 문화적 영향을 받으므로 이를 염두에 두기는 해야 했다. 프로이트나 마이어 식의 생물정신사회적 관점을 가진 정신과 의사라면 질병이란 불운에 의한 것이지 타고난 체질과 무관하다고 보았을 것이다.

크레펠린주의에 모두 동감한 것은 아니었다. 일부 정신과 의사들은 증후군(특정 증상들이 유의미할 정도로 자주 동시적으로 출현할 때 이들 증상군을 일컬어 부르는 것으로 최종 상태나 과정과는 무관하다)이라는 용어를 포기하지 않으려 했고, 모든 질병을 두 범주로 나누는 것을 꺼렸다. 프라이부르크 정신과 의사인 알프레드 호에는 정신질환이란 불변의 증후군이라는 자신의 이론을 자랑하던 사람이었는데, 크레펠린의 교과서가 어떻게 개정되어 왔는지 한눈에 알아볼 수 있게 펼쳐낸《감정 연감》을 보고 코웃음을 쳤다.[129] 다른 사람들도 크레펠린의 확신에 찬 교훈주의에 분개했다. 처세술이 좋은 빈 출신 정신과 의사 콘스탄틴 폰 에코노모는 "북독일의 시골 학교 선생이 너무 욕심을 부렸다"[130]고 비꼬았다. 생물정신의학자도 자신들의 이론을 폐기시키는 것에 불쾌해했다. 베르니케도 크레펠

+ 정신분열증의 영어인 schizophrenia는 그리스어 어원의 schizein(to split, 나누다)과 phren(mind, 마음)을 합성한 근대 라틴어로서, 인격, 사고, 기억, 지각의 기능이 통합되지 않고 제각기 기능한다는 의미이다. 대한신경정신의학회는 이 단어가 사회적 낙인효과를 강화하여 비하적 의미로 사용된다는 점에서 환자가족협회의 청원을 수용하여 2013년 조현병으로 개명하였다. 일본도 동일한 이유로 2002년 통합실조로, 홍콩은 사각실조로 개명했다. 국제적 진단분류에는 schizophrenic disorders 그대로 기재되어 있다.

++ 긴장증은 1874년 카를 칼바움이 처음으로 기술했는데, 당시에는 정신분열증의 아형으로 기술했으나, 실제로는 다른 유형의 정신분열증을 비롯하여 조증, 우울증, 약물, 뇌의 기질적 질병 시에도 나타난다.

+++ 환자를 볼 때 질병의 생물학적 관점을 심리적 관점 및 사회적 관점과 결합하여 다각적으로 해석하고 치료하기 위한 진료 방식 및 이를 교육하기 위한 사고체계이다.

린의 작업이 "별 것 아닌 일"에 불과하다고 경멸했다.[131]

국제적으로 볼 때, 크레펠린의 도식은, 특히 프랑스에서, 마냥의 이론이 폐기된 지 오래 지났음에도 불구하고 이에 집착하는 사람들 사이에 저항을 불러일으켰다. 마냥에 관한 일화가 있다. 니슬이 젊은 미국 정신과 의사 클래런스 패러를 데리고 마냥 클리닉을 방문했을 때, 패러의 일기에 따르면, "마냥은 신이 나서 다른 일은 다 제쳐놓고 우리에게 자기 클리닉을 보여 주었다. …… 그날의 정점은 마냥 자신이 매우 특별하다고 생각한 사례를 상세하고도 명석하게 제시해 준 것이었다."

그날 마냥이 "의심할 바 없이 명확한 사례"라고 설명하며 보여 준 환자는 자신이 만든 용어인 만성 망상성 장애자로 점점 황폐화해지는 내리막길을 가고 있던 délire chronique à evolution systématique 자였다. "니슬은 매우 주의 깊게 들으면서, 이 프랑스 사람이 증상의 심리분석을 상세하게 설명하는 것에 동조하듯 가끔 고개를 끄덕였다. 발표는 완벽했다. 마냥은 눈을 반짝이며 니슬의 논평을 기다리고 있었다."
니슬의 논평은 간결하고 솔직했다. "매우 전형적인 조발성 치매입니다."
이들이 떠난 후 "마냥이 연구실로 돌아가 책상에 머리를 짓찧으며 울었다"[132]는 사실을 이튿날에야 알게 되었다고 한다.

크레펠린과 동료들은 당대를 지배했던 생물정신의학에 종지부를 찍었지만, 개인적으로 1세대 생물정신의학에 속했던 사람들은 자신들의 현미경적 방식을 1920년대에도 나름대로 적용할 것을 고집하고 있었다. 그러나 그 이유는 크레펠린이 해부학이 중요치 않다고 말했기 때문은 아니었다. 그것은 크레펠린의 동료 현미경학자들 때문이었는데, 예를 들면 니슬과 같은 사람들이 정신질환의 근거가 뇌에 있다는 의견을 폐기해 버렸기 때문이었다. 니슬과 알츠하이머는 그들이 현미경 아래서 발견한 것을 "신경학"이라 칭했다. 그들이 찾을 수 없었던 것은 정신의학이었다. 1908년 니슬이 말했듯이 "뇌해부학과 뇌기능 사이의 관계가 규명되지 않는 한, 그리고 현재까지도 규명되어 있지 않았으므로, 정신과적 소견은 뇌해부학과 아무런 관계가 없음을 깨닫지 못한다면 이는 매우 어리석은 짓이다."[133] 후세의 2세대 생물정신의학자들은 니슬이 너무 일찍 포기했다고 생각하게 될 것이다.

미국에 관한 후기

미국에 관한 후기를 빼놓을 수 없다. 미국에서의 분수령적 인물은 아돌프 마이어로서 그는 미국의 크레펠린이라 할 수 있을 것이다. 마이어는 초기에는 크레펠린에 동조하여 조발성 치매와 조울병의 개념을 미국에 도입했고 옛 생물정신의학과는 결별했다. 그러나 나중에는 크레펠린주의를 거부함으로서 전 미국을 정신분석의 수렁에 빠뜨린 장본인이다.

크레펠린주의를 받아들인 미국 정신과 의사는 마이어만이 아니었다. 미국의 젊은 연구자들은 하이델베르크 클리닉과 미국을 정기적으로 오갔고, 그중 한 사람이 아우구스트 호흐이다. 스위스 사람이지만 미국 메릴랜드 대학에서 의사자격을 땄고 1893년 벨몬트 맥린 병원에 병리학자로 취직했는데, 그는 철저한 생물학자였다. 하이델베르크에 몇 차례 다녀온 후 실험실 연구에 흥미를 잃어버리고(그 바람에 맥린의 상사를 실망시키고) "임상"으로 전환했는데, 이는 바로 크레펠린이 거쳐 온 그 과정이었다. 1890년대 중반 호흐는 병원 당국자들을 설득하여 크레펠린 체계를 도입해서 모든 환자 기록을 재분류했다.[134]

존스 홉킨스 대학 정신과 교수(1910~1941) 아돌프 마이어. 당대 미국에서 가장 저명했던 정신과 의사였다. 그는 생물학적인 것에서부터 정신분석에 이르기까지 정신의학에 새로운 패러다임이 출현할 때마다 가리지 않고 다 지지했다. **존스 홉킨스 의료원 앨런 메이슨 체스니 의학문서보관소**

1896년 마이어는 크레펠린 체계를 우스터 수용소에 도입했는데, 호흐는 이곳에 병리학자로 취직한다.[135] 후대가 마이어를 정신분석의 광신자로 칭송하는 바람에 대부분 잊혀지기는 했지만, 마이어는 초기에 분명 크레펠린 주의자였고, 1897년에도 크레펠린에 관해 "임상정신의학에서 뛰어난 성과를 이룬 사람"이라고 적은 바 있다.[136] 마이어는 수년간 크레펠린의 영향 아래 있었다. 1910년 존스홉킨스 대학에서 교수직에 임명되었을 때에도 독일식 정신과 클리닉을 세우기로 이미 약속한 바였고, 1913년 독일식 정신과가 설립되었다. 이 클리닉은 우아한 4층 건물에 창살 없는 보호용 창문, 옥상정원 등의 사치스러운 시설을 갖추고 있어서, 입버릇 고약한 동료들은 이 건물을 "신경매독 환자의 천국"[137]이라고 불렀다. 마이어가 모방하고자 했던 것이 뮌헨에 있던 크레펠린의 최신식 정신과 클리닉이었음은 두말할 필요가 없다. (크레펠린은 1904년 하이델베르크를 떠나 뮌헨으로 갔다.) 이 핍스 클리닉은 심리학 연구와 실험실 연구 설비가 모두 갖추어진 통합 시설로서 크레펠린 모델을 마치 주조한 듯 그대로 따온 것이었다.

그러나 마이어는 한걸음 더 나아갔다. 그는 정신과를 다른 전문 분야와 통합할 것을 주장했고, 정신과 환자를 일반적인 "의료" 환자로 대했는데, 이는 독일식보다 더 진전된 것이었다. 예를 들면 앰뷸런스로 핍스 클리닉에 도착한 환자는 손이 묶이지도 않았고 법적 서류를 갖출 필요도 없었다.[138]

그러므로 마이어가 반反 크레펠린주의자로 후세에 명성을 날렸다는 것은 수수께끼가 아닐 수 없다.[139] 가능한 설명 중 하나는, 마이어가 초기에 쓴 글이 단순히 잊혀졌을 가능성을 생각할 수 있다. 1950년 그가 사망한 지 1년 후에야 그가 쓴 다량의 저작물이 발견되었다. 정신의학계는 20세기 미국에서 가장 권위 있던 정신과 의사 마이어가 한때는 퇴행이론의 열렬한 지지자였음을 망각했음이 틀림없다. 예를 들어, 마이어는 1895년에 기술하기를, 정신과 의사들은 "퇴행"의 다양한 유형을 알려주는 자연적 본질에 귀 기울여야 한다고 했다.[140] 크레펠린이 퇴행이론을 폐기하자 마이어는 화를 내기까지 했다고 한다![141] 아마도 모두가 기억상실에 걸린 게 아닌지 모르겠다.

마이어가 어느 주의에 속했는지 어렵게 만드는 사실 중 하나는, 마이어의 성격에서 비롯된 것이기도 하다. 그는 평범한 생각을 장황하게 풀어 쓰는 사람으로 자신만의 독창적 견해를 가진 적이 없었고 더군다나 양립할 수 없는 이론들을 마구 뒤섞어 버리고는 새로운 이론이 나오면 어떤 이론이든 가리지 않고 다 받아들였다. 트렌턴의 광적인 정신과 의사 헨리 코튼이 환자의 이를 뽑고 대장을 제거하면 정신병이 낫는다면서 정신병의 원인이 "자가 독성"+이라고 주장한 것을 열렬히 지지하기도 했다. 마이어는 코튼의 일을 "선구자적 정신이 이뤄낸 뛰어난 성과"라고

+ 헨리 코튼이 고안해 낸 이론으로, 치아나 대장에 있는 자연적으로 존재하는 균이 독성을 나타내어 모든 정신질환의 원인으로 작용한다는 것이며, 이에 근거하여 코튼은 모든 치아를 뽑고, 대장의 일부 혹은 전부를 잘라내는 수술을 했다. 이에 관한 책은 한국에서도 번역 출판되었다. 앤드류 스컬 지음, 전대호 옮김, 《현대 정신의학 잔혹사》(모티브, 2005년).

극찬하면서 코튼이 사망한 1933년 조사弔辭에서 코튼의 작업은 계속되어야 한다고 주장했던 것이다.[142]

어찌되었든 마이어는 나중에 크레펠린을 거부한다. 그리고 생물정신의학마저도 저버렸는데, 이 두 가지는 전혀 동질의 성격이 아니다. 마이어는 대담하게 자신만의 정신사회성 모델을 내놓으면서 크레펠린 식 분류법에 등을 돌리고 자신이 창안한 괴상한 용어인 "반응성 유형"[+]을 쓸 것을 주창했고 신조어도 미구 만들어 냈다. "에르가시올로지ergasiology"[++] "파테가시아스pathergasias"[+++] "카케르가시아스kakergasias"[++++] 등이 그것이다.[143] (반응성 유형이라는 용어는 독일의 반 크레펠린주의자인 루트비히 빈스방거의 견해를 그대로 모방한 것이었다.) 정신질환의 원인에 관해서 마이어는 어느 한 이론에도 기대지 못하고 결국은 모든 것이 복합적이라는 주장을 하는 데 그쳤다.[144] 더 많은 "사실"을 끌어 모으는 데 집중해야 할 때, 이를 포기하고 중도에 손을 놓아 버리는 (마이어의 습관이기도 한) 행동은 과학 발전에서는 독과 같다.

결과가 어찌되었든 간에 마이어의 명성은 드높아 갔고, 결국은 미국의 1세대 생물정신의학을 끝장내는 역할을 했다. 1940년대에 마이어는 정신분열증을 "심인성"으로 설명하면서 정신치료가 일차적 치료법이라고 주장했다.[145] 대서양 양편 모두에서 생물정신의학은 이제 과거사가 되어 가고 있었다.

....

[+] 모든 정신질환은 사회나 환경에의 적응 실패에서 오는 반응성이라고 보고 모든 질병에 '반응'이라는 용어를 붙였다. 이 개념은 DSM-I에 적용되었고, 예를 들어 정신분열증은 "정신분열성 반응"으로 명명되었다. 이후 마이어는 정신분석으로 관심을 전환하게 된다.

[++] '정신-생물학'의 다른 명칭으로, 마이어가 그리스어에서 조합해 낸 신조어이다. 환자의 질병에 내포된 생물학적, 심리적, 사회적 요인을 포괄하여 연구 및 진료함을 의미하고자 했다. 환자의 사회적 환경 성장 배경을 알기 위해 자세한 병력 청취를 기본으로 할 것을 주장했다.

[+++] 마이어의 신조어로 '정신적 기능장애'를 뜻했다.

[++++] 마이어의 신조어로 '행동의 병'을 뜻했다. 마이어의 신조어들은 현재 사용되지 않는다.

4

신경성
질환의
시대

정신의학은 수용소와 함께 대중으로부터 혐오의 대상이 되어 갔다. 1세대 생물정신의학의 유산인 유전적 숙명을 뜻하는 광기의 오명을 피하기 위해 정신의학은 '신경성'이라는 용어를 만들어 냈다. 수용소에 들어가지 않으려는 환자와 대중의 혐오를 피하고 부자 환자를 유치하려는 의사가 공모해 '신경성'이라는 단어를 만들어 낸 것이다. 신경성 환자를 유치하기 위한 온갖 치료법이 난무하던 이 시기에 드디어 심리적 치료의 싹이 텄다.

A HISTORY OF PSYCHIATRY

Nerves

생물정신의학이 의사의 용어였다면, 신경성nerves이라는 용어는 환자를 위한 것이었다. 19세기 초, 수용소로 환자를 데려오는 가족들은 환자가 미쳤기 때문이 아니고, 신경성 질환 때문이라고 말했다. 20세기 초부터 개인 의원에서 정신과 환자를 볼 수 있게 해주었던 발판 역할을 한 것이 바로 이 신경성 질환이라는 개념이었다. 신경이라는 단어는 정신의학 역사에서 핵심적 역할을 했지만, 이를 제대로 이해한다면 역설적이게도 신경과neurology 영역을 의미하는 것이다.

이 시점에서 정신의학의 사회적 역사를 시작해야겠다. 신경성 질환이라는 말은 신체 중 "신경"에 속하는 부분의 병을 앓고 있다는 말이어서, 광기라는 말보다 환자들에게는 훨씬 더 설득력이 있었다. 1940년대 정신분석이 대세를 잡기 전까지는, 의사들 또한 정신병이든 신경증이든 모두 다 본질상 "신경에 의한 것"이라는 이 허구에 기꺼이 동참했다. 왜 정신과 의사들이 수치심 가리개 역할을 하는 이 허구적 개념에 적극 동참하려 했는지는 매우 중요한 주제이고, 정신의학 발달을 이끌어온 근본 동력이 무엇인지를 이해하는 열쇠이다. 정신과 의사 입장에서 본다면, 이 치부 가리개를 발판으로 하여 수용소라는 한정된 공간을 벗어나 자기 개인 의원에서 중류층 환자를 상대할 수 있는 기회를 잡을 수 있었다. 환자 입장에서 보면, 광기 환자라는 불명예와 유전병과 퇴행자라는 치욕으로부터 벗어날 수 있는 핑계가 되었다. 정신질환과 달리, 신경질환은 대부분 유전과 상관없는 것으로 알려져 오명의 대상이 아니었기 때문이다. 따라서 신경성 질환이라는 단어는 의사와 환자가 완벽하게 공모할 수 있는 부분이었다. 정신질환자를 보던 의사들(제2차 세계대전 이후에야 정신과 의사라고 불리게 된 유형의 의사들)은 도시의 신경-전문의사, 전기치료사, 신경정신과 의사 등등으로 불리게 되면서 이들의 사회적 지위와 수입은 껑충 뛰어오르게 된다. 그리고 환자들은 그들의 질병이 "진짜 기질성"인 것이고, 따라서 자신의 병이 유전이나 퇴행의 과정을 밟는 것, 혹은 "전부 다 머릿속에서 만들어진" 환상이 아니라는 말을 듣고 크게 안도하게 되었던 것이다.

신경증이 광기보다 낫다

"맞다니까요! 맞아. 바로 신경! 너무너무 지독한 신경을 앓았고 지금도 앓고 있다고요. 그런데도 내가 미쳤다고 말하려는 거지요?" 에드거 앨런 포의 1842년 단편 〈밀고자의 심장〉에서 주인공은 이렇게 말한다.

왜 그는 미친 것으로 보였을까? 첫째, 그가 죽이려고 결심한 노인네의 심장 뛰는 소리를 그는 멀리서도 들을 수 있었다. "점점 빨라지고 그 소리도 순간순간 커졌습니다. 그 노인네가 엄청난 공포를 느꼈음에 틀림없습니다! 말했잖아요, 점점 커져 갔다고요. 제 말을 알아듣는 겁니까? 나는 불안하다고 말했잖아요. 정말 그렇다고요."[1]

분명 문제가 있어 보이는 이 사람이 자신은 미친 것이 아니라 "신경성"에 걸렸을 뿐이라고 항변하는 모습은 "신경의 시대The Nervous Century"라 불렸던 19세기의 시대적 정서를 그대로 반영하는 것이다. 사람들이 신경성 질환을 고집했던 이유는 수용소와 정신과 의사에 대한 공포에서 비롯되었던 것으로 이해할 수 있다.

애초부터 수용소에 감금된다는 말은 사람들 사이에 공포와 역겨움을 불러일으켰다. 그렇지 않다면 베들렘에 10년 동안 갇혀 있던 불쌍한 윌리엄 노리스와 같은 이야기가 어떻게 생겨났겠는가?[2] 사립 수용소를 소유하고 있던 브루노 궤겐은 1820년 다음과 같이 기록해 놓았다. "빈에 있는 공립 수용소는, 아마도 이런 종류의 다른 모든 공립기관도 마찬가지이겠지만, 사람들이 너무도 싫어하기 때문에 수용소를 더 확장할 필요가 없다."[3] 비탄의 소리는 몇 세기까지 거슬러 올라가고, 수용소는 불법 감금, 학대, 공포의 대명사가 되어 왔다. 정신과 의사들이 멀쩡한 사람을 감금한 적이 없다고 아무리 항변해도, 그리고 정신과 의사들이 짐승이 아니라 명예로운 의사라고 주장해도 이런 인상을 지울 수는 없었다. 1863년경 출판된 찰스 리드의 소설《경화》[+]가 그 예이다.

《경화》에서 누군가의 실수로 감금된 알프레드는 나가게 해달라고 관리인에게 100파운드의 뇌물을 준다.

이 제안에 관리인은 상스럽게 웃어댔다. "그러려면 1000파운드는 내야겠는걸."

[+] 19세기 영국의 극작가이자 역사소설가인 찰스 리드의 소설로 개인 수용소에서 환자들이 학대받는 상황을 묘사했다.

알프레드는 돈이 있다고 주장하면서, "그렇게 하겠소. 그리고 무릎 꿇고 감사도 드리겠소."

"그래, 넌 순진하구만." 관리인이 대답했다. "너를 이리로 보낸 사람들이 네마음대로 돈을 쓰게 해줄 것 같나? 아니지, 네 돈은 이제 그들 것이야."**4**

1860년대 이후 퇴행이란 단어가 사람들 사이에 회자되자 수용소에 대한 공포는 극단적인 공황으로 치달았고, 가족을 수용소에 갇히지 않게 하기 위해서라면 사람들은 무슨 짓이라도 하려고 했다. 1890년대 취리히에서 심한 우울증에 빠진 아들을 둔 부모는 아들이 수용소에서 치료받아야 한다는 말을 듣고 결코 이에 동의할 수 없었다. "그건 우리 애를 낫게 해주려는 것이 아닙니다. …… 여동생 셋이 이제 막 결혼 적령기에 들어섰는데, 구혼자들이 그 사실을 알면 질겁할 겁니다. 가족에 정신병자가 있는 여자와 결혼하려들 사람은 아무도 없거든요." 다른 부모는 아들이 말 한마디 없이 움직이지도 않고 침대에 누워 있은 지 3년에 되자 그제야 무언가 해야겠다는 결심을 했다. 클리닉에 왔던 또 다른 부모는 클리닉을 찾아와 "우리 아들은 자신이 말이라고 생각합니다"라고 말하면서, 그 사실에 주목하고 난 후에야 해결책을 찾아왔다고 했다.**5**

퇴행이론에 의하면, 가족 중 한 사람이 수용소에 입원했다는 것만으로도 가족 전원의 명예에 누가 되는 것이었다. 그뿐만 아니라 정신과 의사가 붙이는 '사악한' 진단명 또한 위협적이었다. 1860년 이후 정신과 의사가 쓰는 통상적 진단 용어는 무서운 것이라는 인식이 퍼져 나갔다. 정신병은 독성 유전물질에 의한 것이라는 생각이 대중의 마음에 공포의 대상으로 영구히 남게 된 것이다. 오스트리아의 한 사립 신경클리닉 의사는 동료에게 충고하기를, 환자에게 결코 건강염려증이라는 말은 해줘서는 안 된다고 했다. 환자는 사전을 찾아볼 터이고 그 말이 "광기"라는 의미임을 금방 알게 된다는 것이었다.[6] 런던 병원의 저명한 내과 의사 앤드류 클라크 경은 "멜랑콜리아"라는 단어를 아예 의료계에서 빼 버리자는 의견을 주장했다고 전해진다. "(환자에게 멜랑콜리아라고 말해 주었던) 그날 진료는 엉망이 되었고 사방에서 문제가 일어나 앤드류 경도 함께 수난을 겪어야 했다. 왜냐하면 그 환자가 몇 주 동안 계속 편지를 보내, 의사가 '멜랑콜리아'라고 기록에 썼는데 그것이 광기를 의미하는 것이 아니냐고 집요하게 따졌기 때문이었다."[7]

19세기로 접어드는 독일에서는 "오명의 정신의학odium psychiatricum"[8]을 멀리하려는 대중의 무지몽매함에 정신과 의사들은 아연실색했다. 사람들은 광인과 시장市長이 뒤바뀌었다는 소설 같은 얘깃거리를 실제라고 믿었다. 그중 하나를 소개하면, 부르거마이스터라는 이름의 시장이 광인 한 명을 수용소로 이송하던 중이었다. "가는 길에 맥주 몇 잔을 마시고 잠이 들었는데 그 사이 환자가 서류를 바꿔치기 한 것이다. 수용소에 도착하자 환자는 자신이 시장임을 증명하는 합법적 서류를 제시했고, 경악에 빠진 부르거마이스터 씨는 수용소로 넘겨졌다. 절망의 며칠을 보낸 후에야 오해가 있었음이 밝혀지게 된다." 이런 얘기는 독일 대중매체를 통해 유포되고, 정신과는 위험하다는 인상을 더욱 굳히게 되었다.[9]

그러므로 18세기 말 이미 독일에 반反 정신의학 그룹이 존재하고 있었다는 사실은 놀라운 일이 아니다. 1909년 정신보건법과 정신치료법 개정 운동이 싹트면서 반정신의학파 사람들은 "우리는 무엇을 원하는가?"라고 외쳤다. "우리는 (정신과의) 비밀주의, 기만, 그리고 정신과 의사들의 위선이 인간으로서는 할 짓이 아니라고 선언한다." 간행물은 온갖 얘깃거리로 가득 찼고, 서두를 장식한 기사는 "보이덴 시 시의원 루베키는 어떻게 정신병 수용소에서 고문을 당하게 되었는가?"였다.[10]

독일에서는 물론 어느 곳에서도 정신과의 미래는 밝지 않았다. 프라이부르크의 정신과 의사 알프레드 호에는 비망록에서, 다른 과 환자와 달리 정신과 환자는 정신과 의사를 적으로 본다면서, 정신과 의사가 되기를 원하는 젊은이는 반드시 이 점을 이해해야 한다고 강조했다. "환자와의 관계가 매우 특이할 것이라는 말이다. 의사란 흔히 도움을 주는 사람으로 간주되는데, 사람들이 생각하는 의사는 고통을 없애 주고 병을 치료해 주는 사람이기 때문이다. 그러나 정신과 환자는 의사의 도움을 받아야 할 병이 있다는 사실 자체를 부정한다. 환자의 시각에서 보면 의사는 진짜로 적이다." 그리고 호에는 흥미로운 견해를 덧붙였다. "그러나 이런 양상은 신경성 질환을 치료하는 정신과 클리닉에서는 그리 두드러지지 않는 것 같다."[11]

정신의학이 수용소 밖에서 미래를 찾으려면, 본래의 기술적記述的 용어인 정신과가 아니라, 신경성이라는 표제를 써야 한다고 판단했을 것이라고 짐작하기는 어렵지 않다. 정신의학이라는 말은 무자비한 유전에 얽매인 광기를 의미했던 반면, 신경성은 신경의 기질적 고통에 불과했지 본질상 유전도 아니었고 딸의 결혼에 위험요인으로 여겨지지도 않았던 것이다. 이 분야가 창립될 때부터 의사들은 이를 알고 있었고, 따라서 과거 대다수의 정신과 진료는 정신과가 아니라 신경과라는 이름 아래 이루어졌었다.

다양한 정신신경증psychoneurosis[+]이 신경성 질환이라고 인식되기 시작한 것은 1730년대 조지 체인의 시대까지 거슬러 올라가지만, 이를 정신증psychosis[++]과 동의어로 사용하게 된 것은 19세기 첫 10년부터였다. 1830년대 이후로 정신질환, 혹은 광기는 대중의 마음에 점차 신경성 질환으로 간주되기 시작했다. 그리고 정신과 의사들은 대중과 소통하기 위해 신경 혹은 신경성이라는 용어를 사용하게 되었고, 심지어 기질성 질병, 뇌의 질병, 생물학, 체질 등을 뜻하고자 할 때에도 사용해 왔다. 이 엄청난 이중성은 1세기가 넘게 지속되어 오면서 사실은 뇌를 의미하면서도 신경질환이라고 대중을 기만해 온 것이다. 환자는 자신이 가진 "신경성" 문제가 (중류층의) 과로와 (하류층의) 체액 불균형이라고 생각했던 반면, 의사들은 신경질환은 그 본질상 체질적이고 강력한 유전적 요인을 가진 것이라고 생각했다. 의사와 환자 모두 동일한 용어를 사용했지만, 오해malentendu⁺⁺⁺는 이보다 더 심할 수 없었다.

오늘날 의사가 환자에게 "스트레스"¹² 때문에 병이 생겼다고 말해 주는 것과 같은 종류의, 말하자면 일종의 기만이 당시에 왜 필요했던 것일까? 의사들은 환자가 듣고 싶어 하는 말을 해줘야 한다는 중압감을 항상 느껴 왔고, 특히 정신과 의사의 경우 치료 효과가 좋을 것처럼 낙관적 태도를 취해야 했었기 때문이었다. 1911년에 버나드 쇼가 의사-환자 관계에 대하여 말했던 것은 반드시 정신과 의사를 지칭한 것은 아니었으나 이 경우 아주 적절하다.

> 병원 안에 있는 직원들 중 그 누구보다도 더 환자를 기쁘게 해주며 살아가야 할 의사는, 진찰하면서 생활비도 벌어야 하고 품위 있는 놋쇠 문패도 달아야 하는데, 그러다 보면 술 못 마시는 사람에게는 물만 마시라고 처방하고, 알코올중독자에게는 브랜디나 샴페인 젤리를, 스테이크를 비만한 자에게, 혹은 "무無 요산" 채식성 음식을 정반대로 처방하거나, 늙은 대령에게 창문도 닫고 난로에는 불을 지피고 무거운 코트를 입으라고 권하거나, 유행 따르는 젊은이에게는 품위를 지키도록 조금만 노출하고 밖에 나가라고 권하면서도, 한

⁺ "정신신경증"으로 번역되고, 일반적으로는 신경증을 칭한다.
⁺⁺ 신경증에 대비되는 것으로 현실검증 능력의 장애를 가진 정신병을 칭한다.
⁺⁺⁺ 알베르 카뮈의 소설 《오해》에서 인용한 어귀이다. 아들인 줄 모르고 여관 손님을 살해한 모녀에 관한 이야기로, 사소하게 보이는 행위가 엄청나게 해로운 결과로 자신에게 떨어지는 모순된 상황을 비유한다.

번도 감히 "잘 모르겠습니다," 혹은 "제 생각은 다릅니다"라는 말을 하지 못하는 자신을 곧 발견하게 된다.[13]

이런 글에서 추론할 수 있는 것은, 19세기 정신과 의사들은 병의 원인과 성질에 관해서 환자가 듣고 싶어 하는 바로 그 말을 해주어야 한다는 강박관념에 사로잡혀 있었다는 것이다.

브리슬링딘 사립 수용소에 1831년에 입원했던 한 영국 신사 존 퍼시벌은 환청과 환시를 겪고 있었는데, 다음과 같이 말했다. "나는 신경성 환자라고 불렸습니다." 그의 모친도 "극심한 신경성에 시달리고 있었는데, 견디기 힘들 정도로 증상이 심해질 때면 신문지가 펼쳐져 있기만 해도 신경질적으로 되었다."[14] 퍼시벌과 같은 부자 환자의 비위를 맞춰 주며 런던 할리 가에 개업하던 의사 에븐스 리어도어는 1835년 신경성 질환이란 "상류층 사이에" 특별히 잘 생기는 병이라고 말했다. 이 병은 "삶을 피폐하게 하여 해외로 즐거움을 찾아다닐 수준인 그들의 삶을 빈민이나 노동계층 수준으로 끌어내린다"고 적었다.[15]

당시 프랑스 의사들은 멜랑콜리아—수용소에 들어가야 할 만한 정신병으로 간주된—대신에 "신경과민성"이라는 단어를 사용했다. 이는 모든 것에 짜증스러워지고 정서적으로 불안정하며 우울한 것을 일컬었다. 신경과민증은 특히 "사치스러움"에 익숙한 도시인 사이에 증가하고 있다고 했다.[16]

한편 사립 클리닉이 많이 밀집되어 있는 독일에서는 시설의 명칭을 바꾸는 일이 서서히 진행되면서 신경성 질환이 유행하게 된다. 아돌프 알브레히트는 1847년 에를렌마이어에 사립 수용소를 개소하면서 "광인과 정신박약자를 위한 사립 기관Private Institution for the Insane & Idiot"이라 간판을 달았는데, 10년 후에는 "뇌와 신경질환자를 위한 사립 기관Private

Institution for Brain & Nervous Disease"이라고 고쳐 달았다. 1858년 알브레히트 박사는 자기 시설을 설명하면서, 그곳에서는 "정신질환이 심한 환자(치유 가능한 혹은 치유 불가능한 환자 모두)는 물론, 이제 신경성 질환이라 불리는 병의 초기 증상을 가진 환자까지"[17] 모두 진료하고 있다고 했다. 라인 주 아이토르프 사립 수용소도 1858년과 1876년 사이 어느 시점에선가 입원 방침을 바꿔서, "광인만" 입원시키던 것을 "신경성 환자"도 보는 것으로 설명서를 바꿔 버렸다.[18] 이 변화가 과학 발달의 결과였을까? 카를 칼바움과 함께 일하던 에발트 헤케르는 1881년에 혼자서 요한네스부르크-암-라인에 "신경 환자"를 위한 사립 클리닉을 열었는데, 그때 그는 "이 용어를 쓰는 진짜 이유는 내부 사람들 사이에서는 공개적인 비밀이다. 환자를 입원시키러 데려오는 친척들로서는 정신병자 수용소라는 단어가 두려울 텐데, 그들의 마음을 편하게 해주려고 완곡하게 표현한 것일 뿐이다"라고 설명했다.[19] 1900년이 되자 중앙유럽에 있던 모든 대형 사립 정신과 클리닉은 "정신적으로 혼돈된psychisch-gestört"이라는 용어와 "광기Irre"라는 용어를 버리고 "신경성"과 "정서Gemüt"라는 용어로 바꿔 버렸다. 특히 개원가에서는 이 허구가 완벽하게 이뤄졌다.

"정신의학"에 대한 대중의 혐오가 그렇듯 극심하여 중앙유럽에서는 공공 분야에서도 옛날식의 용어를 버리고 새것으로 바꾸게 된다. 1906년 기센 대학의 정신과 교수 로베르트 좀머는 보건 장관을 설득하여 자기가 있던 대학 정신과인 "광기 클리닉Clinic for Insanity"을 "정신과와 신경질환 클리닉Clinic for Psychiatric & Nervous Disorders"으로 개명하도록 했다. 바꾸기를 원했던 이유는 "'정신질환자'로 간주되기를 원치 않는 정신과 환자와 자발적으로 병원에 오는 신경성 환자의 입장을 고려한" 것이라고 설명했다.[20] 1924년 뮌스터에 "신경정신 클리닉"을 설립한 페르디난드 케흐러도 "우리가 '신경클리닉Nervenklinik'이라 칭하는 이유는 단순히 대중을 위한 것"[21]이라고 말했다.

영국에는 "정신과" 클리닉을 칭하는 명칭이 없었다. 1920년대에 모닝 사이드에 있는 에든버러 수용소에 단기간 입원할 수 있는 정신과 병동 및 외래가 생겼을 때, 여기에 붙은 명칭은 "조던번 신경 병원과 심리학 연구소"였다. 정신과는 아예 입밖에 꺼내지도 않았다. 이 시설과 관련된 어느 권위자의 말을 빌리면, "신경성"이라는 단어는 불행히도 "대중적인 의미를 가지고 있거나 혹은 최소한 암시적이다. 공포심을 사아내는 '성신병질 精神病質'이 그리 나쁘다고 보지는 않지만, 그래도 그 단어보다는 '신경성'이라는 단어가 훨씬 더 낫다고 나는 생각한다." 그럼에도 불구하고 그곳 수석 의사는 "신경성" 단어에 역설적 의미로 항상 따옴표를 붙였다. 자신이 치료하는 환자가 어떤 병을 가지고 있는지 잘 알고 있기 때문이었다.[22]

이런 명칭 변경에는 그 어떤 과학적 이유도 없었다. 의사들은 그리징거가 말했던 "신경질환"이 마음의 병이라기보다는 뇌의 생물학적 질병을 뜻했음을 잘 알고 있었다. 개명은 단지 대중의 비위를 맞추기 위한 것이었다. 오직 독일만이 전통적 정신의학이 의미하는 정신증의 부담을 홀로 무겁게 떠안고 있었다. 제1차 세계대전 이후 한 수용소 정신과 의사가 말하기를 "가혹하게 들리는 '광인' 수용소나 낯설게 들리는 용어인 정신의학이라는 단어를 입 밖에 내지 않기 위해 대중은 '신경' 클리닉이라고 불리기를 원했다."[23]

정신의학의 오명으로부터 벗어나고자 했던 곳은 내과만이 아니라 일반 병원 또한 그러했다. "수용소만 아니라면 어디든 보내겠다!"라고 가족들은 울부짖었다. 정신의학으로부터 신경과를 분리시키기 원했던 수용소 정신과 의사 파울 나케는 "어떤 논리에 의해 정신의학과 신경과를 분리시키는가?"라고 질문을 던졌다. "특히 신경성 질환자를 비록 다른 병동에 두거나 아예 다른 건물에 두는 한이 있더라도 같은 정신과에서 치료하는 것은 바람직하지 않다. 왜냐하면 정신병자들이 근처에 있다는 것만으로도 신경성 환자들은 압박감을 느끼고 공포에 질려 버려서 회복이 느려지기 때문이다." 나케가 지적한 것은, 일반 병원에 정신과를 두게 되면 "급성 정신병 환자도 수용소 환자라고 낙인찍히지 않고도 진료할 수 있기 때문"이라는 것이었다.[24] 그러므로 정신과임을 드러내며 곧이곧대로 진료하는 것은 불가능했다는 말이다. 중류층 정신병 환자를 치료하기 원하는 의사든, 온갖 계층의 신경증 환자를 보기를 원하는 의사든 질병의 본질을 허구로 포장해 줄 무대장치를 찾아내야만 했던 것이다.

온천으로 떠난 광기

제1차 세계대전 전후로 근대식 병원이 생기기 전까지 중류층 사람들은 건강을 관리하기 위해 온천을 찾아다녔다. 고대부터 물은 그 자체로 치료적 가치가 있다고 여겨졌고 무기질 온천에 함유된 입자 성분은 장운동을 촉진하고 변비를 낫게 했다. 요오드나 철이 다량 함유된 온천은 이런 물질이 결핍되어 생기는 질병을 치유한다고 믿어졌다. 온천의 나른한 일상은 사업과 인간관계로 중압감을 느끼던 사람들에게 분명 휴식을 제공했을 것이다. 18세기 이후로도 정신적 문제를 가진 사람들이 끊임없이 온천을 찾은 이유는 이런 요인들로 설명할 수 있다.(48~50쪽을 보라)

19세기에 와서 온천 이용은 급증하게 된다. 게다가 수水치료법이 특히 정신질환에 효험이 있다고 알려지게 되었고, 1800년대 다각적인 사회적 변화가 이 새로운 유행에 일조하였음은 물론이다. 우선 중류층의 부가 증가하고(과거에는 귀족계층만이 사용하던 온천을 찾을 수 있을 만큼), 이들 중류층이 사회 개선에 관심을 가지게 되자 이는 필연적으로 자기 개선과 자신의 몸에 대한 관심으로 옮겨지게 되었으며, 여기에 교통수단의 발달, 특히 1860년 이후 기차 노선이 발달하면서 깊은 숲속에 있는 작은 마을과 촌락의 온천에도 가기 쉬워진 점 등을 그 요인으로 들 수 있다. 온천에 대한 요구가 들끓어 오르기 시작했다. 수치료 클리닉이 급증했고, 의사들은 온천의 전 과정을 상업적 요구에 맞춰 운영했다. 대서양 지역에 있는 모든 나라에서 온천은 이런 식으로 운영되어, 1900년에 이르자 온천은 중류층이 만성질병을 치료하는 매우 특별한 장소로 간주되었다. 수치료의 대상인 만성질병 중 특별히 정신질환이 지목되자, 온천은 수용소에서 빠져나온 '정신과 난민들'이 우선적으로 가는 장소가 되어 버린 것이다.

수치료의 유행 기간은 아마도 영국에서 가장 짧았을 것이다. 영국의 병약자들은 오래전부터 바스와 같은 온천 지역을 이용했지만, 사립 클리닉에서 종합 치유법으로 중류층에게만 제공되던 수치료가 1840년이 지나서는 의학적 치료법으로 모든 사람들에게 각광을 받기 시작했던 것이다. 수치료에 노련한 오스트리아인 요제프 바이스가 1841년경 영국 최초로 허트포드셔의 스탠스테드베리에 수치료 클리닉을 설립했고, 뒤를 이어 두 영국인—제임스 윌슨과 제임스 걸리—이 이듬해에 말번에 사업 목적으로 시설을 설립을 했다.[25] 1850년이 되자 이런 종류의 시설이 최소한 24개 이상이 되었다. 이 시설을 방문하는 수천 명의 사람들 중에는 모종의 정신과적 문제가 있는 사람이 다수 포함되었으리라는 것은 의심할 바가 없지만, 한편으로는 1843년 제정된 수용소법에 의해 사립 수용소에는 자발적인 환자만 입원할 수 있게 되어 수용소를 원치 않는 환자들이 더욱 온천에 몰려올 계기를 제공했다. 환자들은 자발적으로 입원하되 역시 자발적으로 나갈 수 있는 다른 종류의 치료를 찾았던 것이다.[26] 찰스 다윈이 만성 건강염려증으로 말번을 방문했다는 것은 유명한 사실이다. 리튼 가의 첫 남작인 에드워드 불워-리튼은 저명한 국회의원이자 작가인데, 그 역시 말년에서 스스로 자신이 신경성이라고 판단하여 잠시 온천에서 시간을 보냈다.

1846년에 불워-리튼이 우리에게 말하기를 그는 일에 너무나 지쳤고 그렇다고 휴식을 취할 수도 없다고 했다. 안정을 찾으려 노력했음에도 불구하고 "온갖 불편함을 끌어안고 있는 데다 상태는 점차 더 악화되어 갔다. 나 자신으로부터 도망가는 것 외에는 다른 방법이 없었다. 책이든, 생각이든 환상이든 다른 세계로 도망가야 했다. …… 직무에 임하고 있는 한 나는 아플 여유도 없는 것 같다. 지옥에 있는 것과 다름없다."

리튼 남작은 곧 뚜렷한 정신과 증상을 보이기 시작했다. "일과 연구에 녹초가 되어 결국은 심한 불안과 고뇌에 빠지게 되었다." 가족의 죽음을 겪으면서 "더 이상 나 자신으로 살아갈 수 없게 되었다." 1844년 1월 그는 "자신이 산산이 부서진 느낌"을 가지게 된다. 가벼운 운동조차 할 수 없게 되었다. "신경은 사소한 자극도 견디지 못했고", 그 이유가 "점막이라 불리는 넓은 부위의 표면에 만성적인 자극"을 받기 때문이라고 그는 믿었다. 너무도 심한 낙담에 빠졌던 리튼 남작은 동향인들이 그러했듯이 말번의 온천 치유 시설을 찾아와 회복되었다.[27]

그러나 영국 시골에서의 수치료 유행은 비교적 짧게 끝났다. 1880년경 영국의 부자 신경 환자들이 영국 온천이 세련되지 못하고 효과도 없다고 보고 유럽 대륙에서 온천을 찾아다니기 시작했던 것이다. (1820년대 이후부터 영국인들은 폐질chest disease✝을 달래기 위해 대륙에서 겨울을 지내곤 했다.) 이제 신경성은 새로운 유행이 되었는데, 그동안 폐질 상담으로 생

✝ 당시 일반인이 사용한 폐질이라는 용어는 주로 결핵을 의미했다.

1930년대 물리치료가 개발되기 전에는 안절부절못하는 환자를 달랠 수 있는 방법은 수치료법을 포함해서 몇 종류 되지 않았다. 1920년 화이트필드에 있던 미시시피 주립병원의 수치료 모습이다. **미시시피 주립병원**

활비를 벌던 영국 내 외국인 상담가들에게는 반가운 일이 아닐 수 없었다.[28] 그러나 1880년대 프랑스는 리비에라 지역의 결핵(당시에도 전염성이 있는 것으로 알려진) 치유 시설에 에너지를 쏟는 대신, 신경성 치유 시설을 개발함에 따라, 애국심에 호소하는 것만으로는 영국은 더 이상 온천을 유지할 수 없게 되었던 것이다.

이 변화를 이끈 사람은 할리 가의 의사 가족인 위버(Weber로 표기되나 그들은 독일식인 붸이버vay-ber로 불리길 원했다) 가인데, 내과 의사(혹은 당시 이에 해당하는)를 표방했지만 실제로는 대부분 정신과 진료를 하던 당시 전형적인 의사 가문이었다. 아버지 허먼 위버는 독일에서 태어나 1840년대 말에 삼촌인 본의 정신과 의사 프리드리히 나세 밑에서 공부를 했다. 본에서 1850년대 초에 토머스 칼라일을 만난 후 위버는 영국에 가기로 결심한다. 영국 여자와 결혼하여 계속 영국에 머물게 되면서 1855년 런던 왕립 의과대학에서 의사면허를 받고 의업에 종사할 수 있게 되었다. 매력적인 태도를 가지고 있어서 부자 환자들이 주위에 모여들었고, 역대 수상 5명을 진료하기도 했으며, 온천치료를 전문으로 하는 풍토학자라고 자칭하고 다녔다. 1880년 발간되어 인기를 끌었던 그의 저서 온천치료 안내서에서, 허먼 경은 신경질환을 치료하려면 이탈리아 리비에라에 갈 것을 독자들에게 권했다.[29] 의사인 아들 프레더릭이 1898년 발간한 다른 안내서에서는, 리비에라 해변을 내려다 볼 수 있는 고지대를 권하면서 "신경증 환자와 신경통을 앓고 있는 사람들에게는 근처에 있는 더 높은 지역, 예를 들면 그라세와 시미에츠가 효과가 좋다"고 강조했다.[30]

프레더릭 파크스 위버가 할리 가에서 진료했던 기록은 상당 분량이 잘 보존되어 있다. 이를 근거로 그가 대륙 온천으로 보냈던 많은 환자들이 실은 어떤 종류든 간에 정신과적 질환을 가지고 있었음이 밝혀졌다. 전형적인 예를 하나 들어 보면, X양, 25세, 더럼 거주, 8년 전에 받은 충수돌기제거 수술 부위에 가끔 통증이 있어 파크스 위버에게 상담하러 1908년 런던으로 내려옴. 그러나 파크스 위버는 더 급한 문제를 발견한다. "약간은 마르고, 약간 창백한" 젊은 여자는 식사한 지 1시간이 지나서 토하는 증상이 꽤 오랫동안 계속되었다는 것이다. 또한 올해부터는 "머리에 터질 듯한 통증"이 있었다. 위버의 진단은 "원인불명의 구토와 정신적 우울감"이었고, 그녀에게 바덴-바덴이나 발몽에 있는 프리드리히 뎅글러와 안톤 프라이의 신경 요양원에 갈 것을 권고했다. 혹은 스위스에 있는 테리테트 등에 있는 다른 신경 요양원도 좋고, "앞으로 겨울이되면 생모리츠에 가라고 했다."[31] 그러므로 위버와 같은 유형의 의사와 상담한 영국 환자 중에서 누가 봐도 정신병자라고 보일 정도의 환자만 아니라면 거의 대부분 대륙의 온천으로 빼돌려졌던 것이다.

영국의 온천 사업은 제1차 세계대전 농안 쪽락하여 다시는 회복되지 못했고, 적어도 부자를 대상으로 했던 온천은 살아나지 못했다. 전쟁 동안 운영되던 스코틀랜드 온천행 특별열차는 1922년 운행이 중단되고, 의학저널에서도 언급되었듯이[32] 이제는 "프랑스나 스위스 온천으로 가는 것이 스코틀랜드 온천 여행보다 훨씬 저렴하다." 런던의 한 개업의는 유럽 대륙의 온천이 훨씬 탁월하다며 이런 말도 했다. "(유럽 대륙의) 고급 온천은 치료 효과가 극히 좋다."[33]

프랑스에서는 수치료와 클리닉이 매우 오랫동안 인기를 유지했는데, 그 이유는 프랑스의 축복받은 맑은 날씨와 무기질 온천이 훨씬 많았다는 것, 또 물의 치료 효과에 대한 열광적 믿음이 있었기 때문이고, 지금까지도 온천 깊숙한 곳에서 솟아나는 거품 온천이 존재하고 있을 정도이다. 1820년대에 시작된 "온천 열풍"의 통계를 보면 건강을 위해 온천을 찾던 사람의 수는 1822년 3만 1000명이었던 것이 1860년대 말이 되자 20만명으로 증가했다. 19세기 말이 되자 매년 30만 명에서 40만 명이 프랑스온천을 찾았고, 악생사보이와 비시 온천은 세계적인 명성을 얻었다.[34] 이렇게 "생수를 마시는 사람들의 시골 공화국"—히스테리 발작에 시달리는 젊은 여자가 온천에 다녀간 후 다중인격장애로 변했다는 일화가 실린 신문기사에서 따온 어귀이다[35]—은 불안에 시달리는 건강염려증 환자를 비롯한 다양한 신경증 환자들로 활기가 넘쳐흘렀다.

프랑스 온천은 신경성 질환자들로 와글거렸다. 옥타브 미르보의 1901년 《어느 신경쇠약환자의 21일》에서 온천 의사 "트리셉스"는 "신경성!, 신경성!, 신경성! …… 몽땅 신경성이야!"라고 비명을 지른다.[36] 로야에 있는 퓌-드-돔에서는 물이 "신경병리적 증상"인 편두통, 근육통, 그리고 "특정 정신병리적 문제"에 효과가 있다고 했다. 로야에서 상담을 해주던 니스의 수치료 및 전기치료 전문가인 페르낭 르빌랑은 온천은 그 무엇보다도 "신경쇠약에 가장 도움이 되는" 곳이라고 말했다. "현재 (1894년) 이런 질병은 매우 흔해졌고 또한 류머티즘 환자와 통풍 환자 대부분이 신경쇠약 증상 몇 가지를 동시에 가지고 있는 일은 드물지 않다."[37] 따라서 르빌랑은 표면상으로는 정형외과 환자를 보는 물리치료사였지만 사실은 로야에서 정신과 의사의 일을 하고 있었던 셈이다.

영국 정신의학의 자랑거리가 환자를 묶지 않는다는 원칙이었다면, 프랑스 정신의학은 증상과 적용 기준에 근거해 세심하게 개인별로 적용하는 온천치료가 자랑거리였다. 프랑스도 정교한 데카르트식 이원론에 근거해서 각기 다른 질병에 적합한 수백 가지로 온천을 분류해 놓았다. 모든 의료적 상태가 온천치료의 대상이 된다고 주장했는데, 자궁충혈에는 쥐라, 살리스 드-빈, 라모테의 온천이 적합하고, 간의 충혈에는 부르봉과 벨라루슈의 온천을 권했다. 이런 사이비 효용성으로 무장한 온천 지형도에서 가장 두각을 나타낸 것이 정신과적 문제였다. 우울증으로 인해 전신 소모 상태에 빠진 환자에게는 로야, 상-넥테르, 상테-마그리트, 그리고 샤토노프의 물이 딱 맞다고 했다. 신경증 환자의 위장통증에는 네리스, 바네르-드-비고르, 플롱비에레 온천이 시도해 볼 만하다고 했다. "신경과민증"이 문제라면 루세이유와 뤼숑의 물이 필요했다. 신경증 환자가 히스테리를 보이면 의사는 환자를 상태-소베, 에비앙, 우사로 보냈다. 이런 식으로 목록은 계속 늘어나서 신경통은 물론 "뇌가 물렁해지는 상태"

에서부터 마비 환자에 이르기까지 적용되지 않는 질병이 없었다. 매독으로 인한 마비 증상은 마랄로(이곳 시 중심부에는 지금까지도 샤르코의 동상이 놓여 있다)로, 히스테리에 의한 마비는 올레트로 가라는 식이었다.[38] 정교하게 다듬어진 "적응증"을 가지고 프랑스의 온천 의사들은 아무런 차이가 없는 것에서 뚜렷한 차이를 창조해 내는 극적 성과를 이루어냈다. 오늘날까지 저녁 만찬 자리에서 소비되는 한 병의 "치유의 물"은 실은 사이비 만병통치약이었던 셈이다. 그 당시 온천에서 의사면허를 가진 의사들이 만든 상상의 적응증은 사람들이 얼마나 광고에 잘 속아 넘어가는지를 보여 주는 홍보의 개가일 뿐 그 이상도 그 이하도 아니었다.[39]

1880년대에 사람들의 관심이 결핵에서 신경성 질환으로 이동함에 따라 프랑스 온천과 프랑스어권 스위스는 큰 이득을 보게 되었다. 프랑스령 리비에라는 자기네 땅의 기후가 결핵보다 신경성 질환에 더 좋다는 것을 갑자기 깨닫게 된 것이다.[40] 몽트로에 고객이 급증했는데, 1896년 2만 2000명이던 것이 1908년에는 6만 2000명으로 늘어났고, 이들 대부분은 "신경쇠약 환자이거나 혹은 탈진과 과로에 지친 사람들"이었다.[41] 프랑스의 고지대 알프스와 프랑스어권 스위스가 신경성 질환을 위해 문을 활짝 열자, 결핵의 영역은 레장과 같은 매우 제한된 변두리로 밀려나 버렸다. 1900년이 되자 프랑스를 공용어로 쓰는 유럽 지역은 1세기 전과 비교했을 때 신경성 질환에 보다 더 잘 맞게 변화되어 갔던 것이다.

영국에서와 같이, 프랑스의 전형적 온천에 있던 의료시설은 사립온천이나 수치료클리닉이 되어갔고, 온군데에서 이런 일이 일어났다. 사유화된 온천이야말로 수치료의 정신과적 정수가 완벽하게 구현되었던 곳이다. 수치료 클리닉은 프랑스 전국에 다 있었지만, 가장 많이 밀집해 있던 곳은 파리(19세기 말에 40여 개)였다. 무기질이 함유된 온천물이 아니라 수돗물을 처음 사용한 곳도 바로 파리 수치료 시설이었다. 파리는 신경쇠약이나 히스테리 진단명을 가진 중류층이 몰려 있는 곳으로, 70년 후에 바로 이들과 동일한 부류의 사람들이 정신분석에 열광하게 될 것이다. 전형적인 임상 수치료사 중 한 사람은 40년의 경험을 가졌다는 알프레드 베니-바르데인데, 파리 중심부에 있다가 19세기 말 파리 근교의 우아한 오퇴유로 이사했다. 그는 1908년경 자신이 상담했던 두 사람의 환자에 대한 기록을 남겼다. "쌍둥이 자매 중 한 명은 전형적인 히스테리 증상을 보였고, 다른 자매는 신경쇠약이었다. 부유한 집안이긴 하나 신경성 질환과 관절염의 낙인이 찍힌 가정에서 태어나 기묘한 방식으로 양육되어 그 비극적 영향이 둘 다에게 나타났다." 한 명은 상냥하나 슬픔에 젖어 있고 정적이어서 은둔적인 경향이 있었다. 그녀는 설명할 길 없는 정신적 공백과 허무함을 느끼는 것 같았다. 다른 한 명은 활발하고 또렷하며 남동생이 하는 음란한 얘기를 즐기곤 했으나, 히스테리 발작을 겪고 있었다.

베니-바르데는 이 두 사람에게 적합한 수치료 방법을 적용했다. "신경 쇠약인 자매에게는 진정 효과가 있는 샤워를 적용했는데, 처음에는 미지근한 물에서 시작하여 서서히 온도를 높여 참을 만한 정도까지 물의 온도를 높였다. 히스테리 자매에게는 스코틀랜드 식 관수욕(뜨거운 물과 찬 물을 번갈아 가며 끼얹는 것)을 적용했고, 차가운 물의 수영장에 뛰어들게 할 때는 강제로 밀어넣기도 했다." 베니-바르데의 말에 따르면, "이런 치료 방법으로 두 자매는 건강해졌다. 비록 예민함은 조금 남아 있었지만."[42]

베니-바르데의 정신수력학psychohydraulics✛ 이론은 매우 직설적이었다. "히스테리 환자가 걸려 있는 혼성 신경병리는 안정을 필요로 하지는

✛ 프로이트의 이론은 한쪽에서는 정신분석 이론을 생물학과 연결하려는 유심론과 다른 한쪽에서는 삶의 실상과 연결하려는 정신수력학 모델로 떠받쳐지고 있다. 정신수력학은 욕동을 은유적으로 물에 비유하여 그 흐름이 차단되거나 막히면 어딘가로 출구를 찾아 균형을 갖추려고 한다고 본다. 생물학적 생리적 근거를 주장하는 유심론과 개인이 경험하는 의미에 중점을 두는 정신수력학이라는 상반된 이론이 공존한다는 점에서 프로이트 이론은 논리적 토대가 없이 조잡한 은유로 일관되어 있다는 비판을 받았다.

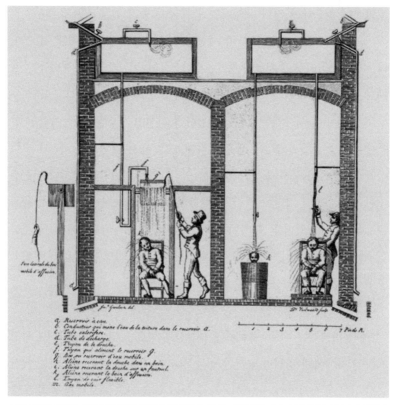

높은 곳에서 찬물을 쏟아 부어 환자들의 정신을 차리게 한다는 발상에서 나온 수치료법의 일종이다. 온천에서의 휴식과는 극단에 있는 방식이다. **조세프 귀슬랭, 《정신질환자를 취급하는 오래된 방법》, 1826**

않다. 이 여자 환자들은 병에 길들여져 있었음에 틀림없다. 바로 그 이유 때문에 찬물이 효과적이었던 것이다."[43]

제2차 세계대전이 일어나기 전 프랑스의 온천은 영국 온천이 거쳐 온 것과 유사한 과정을 밟게 된다. 영국과 프랑스의 상류층 고객들이 독일의 유명 온천이나 국제적으로 명성 있는 온천장으로 빠져나간 것이다.[44] 중앙유럽 많은 곳에서는 정신적 문제에 수치료를 적용하는 뿌리 깊은 전통이 있었다. 독일에서 온천의 역사는 중세기까지 거슬러 올라가지만, 19세기 들어 급속도로 성장하게 된 이유는 도시 중류층들이 온천을 찾기 시작했기 때문이었다. 그리고 이 새로운 방문객들이 온천을 찾는 이유는, 과거 귀족들처럼 급성 감염질병이나 열병 때문이 아니라, 바로 신경증 때문이었던 것이다. 예를 들자면, 칼스바트의 보헤미아 온천 방문객 중 귀족의 비율은 1793년 32%였던 데 비해, 1814년에는 11%로, 1911년에는 1%로 급감했다. 반면에 사업가들은 1814년 12%에서 1911년 59%로 증가했다.[45] 온천 사업이 가장 많이 발전한 시기는 1870년 이후로서, 다방면에서 산업화가 진행되고 철도 노선이 확장되면서 수입이 증가하던 시기였다. 키싱겐의 경우 1871년과 1911년 사이에 연간 방문객은 8000명에서 3만 4000명으로 거의 4배 이상 증가했다. "신경성"에 좋은 주요 온천으로 유명한 비스바덴은 1871년 6만 명에서 1900년 12만 7000명으로 증가했다. 또 다른 주요 신경 온천인 바덴-바덴에는 "치료하러 온 고객"이 1871년 5만여 명에서 1911년 7만 9000여 명으로 늘어났다.[46]

　　정신과와 온천 사이에는 이미 오래전부터 깊은 연관관계가 있었다. 취리히 바덴 바이에 있는 물은 하도 효과가 강력해서, 1818년 한 의사는 "신경계통이 약한 환자가 그 물을 마시면 신경발작이 자주 일어나며 오랫동안 신경성 두통을 앓게 된다"[47]며 그 물을 마시지 말라고 권고한 적이 있었다. 이런 실패담은 얼마 지나지 않아 찬양의 소리에 묻혀 버리게 된다. 1837년 온천의 전망을 알아보기 위한 여행길에 오른 한 의사는 글레이센의 물이 "신경성 허약증"에 효험이 있음을 설파했고, 또 다른 의사는 "신경계통" 특히 젊은 여자의 히스테리성 마비에 테플리츠의 물이 특효임을 주장했다. 마인베르크의 물은 "히스테리성 발작"에 경탄할 만큼 효과가 있다고 알려지고, 역시 젊은 여자들에게 칼스바트의 물이 특효가 있다고 했다.[48] 정신과 개원의도 아닌데 도대체 어떻게 이런 말을 할 수 있었단 말인가?

　　정신병 환자들도 비록 환영받지는 못했지만 온천을 방문하기는 했다.

1860년대에 "개방형" 사립 신경클리닉(확인증이 없어도 환자가 입원할 수 있는 곳)이 생기기 전까지 정신과 의사들은 정신증 환자들을 온천에 보내곤 했다. 1858년과 1879년 사이에 오엔하우젠에 있던 지방 온천 의사 한 사람이 진료했던 7063명의 환자 중 30%(2111명)는 정신과적 문제와 신경과적 문제(신경매독이 단일 질병으로서는 가장 많은 비중을 차지했다)를 가진 환자들이었다. 2111명의 환자 중 118명이 정신증 환자였다. 이 수는 신경성 환자 전체에 비하면 그리 많은 수는 아니었지만, 오엔하우젠이라는 작은 마을에 중증의 사고장애인 망상과 환각을 가진 정신증 환자가 20년간 118명이나 있었다는 점은 주목할 만한 일이다. 그러나 온천 의사들은 이 환자들에게도 효과가 좋았다고 보고했고, 특히 "전에 자위를 해서" 병이 생긴 환자에게 효과가 뛰어났다고 기록했다.[49]

정신과 환자들에 대한 수치료는 공용 온천이 아니라 실제로는 개인 수치료 클리닉에서 했는데, 겉으로는 오직 수치료만 한다고 알려졌으나 실제로는 다른 치료 방법들—전기치료, 마사지 등도 함께 사용했다. 이들 클리닉은 부자 환자를 잡기 위해 치열한 경쟁을 하는 가운데 다른 곳과 차별화하기 위해 온갖 치료법을 개발해 냈다. 중앙유럽에서 처음으로 수치료를 도입한 사람은 근대 정신의학의 기초를 다진 정신과 의사 중 한사람인 요한 크리스티안 레일로서 1809년 할레에 시설을 설립했다. (초기 레일의 환자에는 유명한 작가 빌헬름 그림✦도 있다.[50]) 그러나 중앙유럽에 수치료 열풍이 불기 시작한 것은, 농부의 아들로서 의사가 아닌 빈센츠 프라이스니츠가 오스트리아 령 슐레지엔의 그레펜부르크에 수치료 환자용 숙박시설을 만들면서부터이다. 따라서 그레펜부르크에서 습포,

---

✦ 동화 작가 그림 형제 중 한 명이다. 언어학자로 발음의 변천에 대한 연구로 유명하며, 또한 동화와 민담을 수집하여 주제별, 시대별로 분류하여 출판했다.

부분욕(팔, 다리 등), 냉욕 등으로 스스로를 치료하던 수치료 열풍은 세속적 종교와도 비유할 수 있을 것이다.[51] 중앙유럽 전 지역에서 세대에 걸쳐 수치료와 자연치료소를 운영하던 사람들은 프라이스니츠를 따르던 사람들이었고, 영국에서 초기에 수치료를 시작한 사람들도 그러했다.

수치료 방법 중 냉욕은 원래 열이 심한 환자에게 적용되었던 것 같고, 찬물은 일부 증상을 완화시켜 주었다. 그러나 시간이 지남에 따라 발열 환자보다 신경성 환자가 더 많아졌고, 물의 온도는 허약해진 신경체질 환자가 견딜 만할 정도로 낮추어서 사용했다. 1851년 프리스니츠가 사망한 이후 일반인이 운영하던 동부의 냉천에서부터 바덴-바덴, 비스바덴 등의 서부 쪽 온천으로 수치료의 유행 장소가 이동했고 시설의 운영도 의사가 하게 된 것이다.[52]

애초부터, 빈, 레이크 콘스턴스, 블랙 포레스트, 라인 계곡 등에 있던 신식 수치료는 정신과적 특성을 가지고 있었다. 가장 기질적인 치료법처럼 보이는 수치료에도 그 배경에는 정신과가 숨어 있었던 것이다. 빌헬름 뷘터니츠는 빈 대학의 수치료 교수로서 1865년 빈 외곽 칼텐로트게베에 수치료 클리닉을 설립했다. 그는 과학적 근거에 기반한 수치료를 한다고 자부하고 있었다. 그러나 뷘터니츠는 전에 수용소 의사로 일한 적이 있고,[53] 자기 클리닉에서는 신경성 환자도 본다고 광고했다. 실제로 정신증 환자도 보았지만 그런 것은 광고하지 않았다.

1894년 11월 초 41세의 바바라 T.는 "다리에 경련이 일어나는" 느낌 때문에 뷘터니츠 클리닉에 입원했다. 가벼운 전기치료를 받으며 그녀는 "점점 더 초조해지기" 시작했다. 그녀는 "오랫동안 혼잣말을 하고, 독일 귀족의 언어를 구사하려 애쓰며, 밤이면 오랜 시간 기도를 했다. 누군가 말을 걸면 등을 돌리곤 했다. 혼자서 큰 소리로 끊임없이 자신의 일상사를 떠들거나 잉크병이나 돌멩이를 상대로 설교를 해댔다. 그러곤 갑자기 옷을 벗으려 했고, 진찰받는 동안에는 성적 충동을 드러냈다." 이 글은 바바라 T.가 뷔터니츠 수치료 클리닉에서 쫓겨난 뒤 그녀를 진찰한 빈 수용소 의사가 "조증"으로 진단하면서 기록한 것이다.[54]

수치료로 증상이 악화된 환자를 진료해야 했던 수용소 정신과 의사들이 우려하고 있는 가운데, 수치료 클리닉은 수많은 바바라 T.로 넘쳐났다. 1874년 정신과 의사들의 모임에서 한 의사는 격노하며 "수치료 클리닉과 온천은 주요정서장애 초기 증상을 보이는 환자를 적절히 치료하지 못하고 있습니다." "벌써 작년 한 해 동안 독일과 스위스에서는 수련 받은 정신과 의사들이 운영하는 여러 수치료 클리닉이 생겨났고, 실제로 이들이 목표로 삼는 대상은 정서장애 초기 환자들입니다. 그러나 이를 감추기 위해, 그리고 무엇보다도 광인 수용소 아류로 낙인찍히는 것을 피하기 위하여 이 기관들은 '수치료 클리닉이라는 가면'을 쓰고 있습니다"라고 말했다.[55]

그럼에도 가족들은 수용소보다는 수치료 클리닉을 선호했다. 그리고 벤도르프암라인에 있는 잘 알려진 한 사립 수용소 소장은 그런 클리닉으로 환자를 보내라고 부하들에게 명령하기까지 했다. "수치료 클리닉에는 사실 수많은 정신과 환자들이 있다. 그리고 우리가 경험한 바에 의하면 많은 환자들이 회복되어서 퇴원했다." 이 글을 쓴 사람은 환자가 회복된 주된 이유는 환자가 가족과 떨어져 있었기 때문이라고 생각했다.[56]

벤도르프암라인의 마리엔베르크 수치료 클리닉은 중류층을 위한 전형적인 수치료 센터였는데, 통계를 보면 이곳이 원래는 의심할 여지없는 정신과 시설이었음을 잘 알 수 있다. 그곳에서 1883년과 1888년 사이에 진료한 1185명의 환자 중 5분의 1의 환자만이 정신과 질환이 아닌, 예를 들어 폐질환, 빈혈, 비만 등이었다. 마리엔베르크에 있던 환자의 52%는 "신경증"(신경쇠약, 히스테리아, 건강염려증 등)이었고, 5%는 중추신경계의 기질성 질환(예를 들어 신경매독 등)이었고, 13%는 알코올 중독, 9%는 "정신증"에 속하는 사람들이었는데, 주로 강박성 장애와 우울증이었다.[57] 그러므로 마리엔베르크의 환자들은 압도적으로 정신과 환자였고, 따라서 그곳의 소장인 카를 호이스터만이 자신은 수치료사라고 아무리 주장해도 당연히 정신과 의사로 간주되었다. 마리엔베르크 수치료 클리닉과 같은 주제는 정신의학의 포괄적 역사에서 마땅히 다루어져야 하는데, 그 이유는 중류층 사람들이 정신과적 돌봄을 받던 곳이 바로 그곳이었기 때문이다.

19세기 전환기에 수치료 클리닉은 사람들로부터 인정받지 못하게 되는데, 그 이유는, "명백히 광인 수용소로 가는 관문으로 간주되었기"[58] 때문이었다. 이제는 중류층을 위한 정신과적 치료 공간이 어딘가 다른 곳으로 옮겨 가야 할 때가 되었고, 그곳은 "미쳤다"는 낙인을 쉽사리 찍는 곳이 아니어야 했다.

지친 신경에 휴식을

이 시점에서 미국이 무대 위로 뛰어 들어온다. 신경쇠약을 새로운 질병으로 정의하고 "휴식"이라는 참신한 치료 방법을 개발함으로서 정신의학의 무대 중앙에 서게 된 것이다. "지친 신경"과 휴식치료라는 미국 발명품은 곧 국제적 반향을 얻어 새로운 형태의 개방형 수용소의 정당성을 확립하고는 심리학적 치료 방법에 관심을 돌리게 했다.

경미한 혹은 소소한 정신과 질병을 설명하는 정신의학 용어는 매우 한정되어 있었다. 신경, 히스테리아, 건강염려증 등은 18세기부터 넘어온 용어이고 다소간 상호 교환이 가능한 것이었다. 예를 들면 정신신체적 증상psychosomatic symptoms⁺과 감정을 통제하지 못하는 증상은 여성에게는 히스테리아, 남자에게는 건강염려증의 진단을 붙였고, 그외 우울이나 강박적 행동 혹은 불안 등은 막연히 '신경'으로 통칭했다. 이들 모두는 기능성 신경성 질환으로서, 굳이 의미를 말하자면, 가설적으로는 기질성 질병이라고 내세울 수 있겠으나 실제로는 신체의 조직적 변화가 나타나지 않는 병이라는 것이다.

19세기 후반에 이르러 신경과가 발전함에 따라, 부검에 의한 것이 아닌, 살아 있는 환자로부터 기질성의 원인을 쉽게 찾아내게 되었다. 1860년대 이후에는 히스테리아와 다발성 경화증multiple sclerosis⁺⁺을 감별할 수 있게 되었고, 진전마비를 건강염려증과 감별해내게 된 것이다. 환자에게 눈을 감고 똑바로 서 있으라고 한 뒤 환자가 비틀거린다면(롬베르크 징후), 이 환자는 신경성이 아니라 신경매독을 가진 것이 거의 틀림없다는 것이다.

이러한 새로운 발견은 많은 의사들을 혼돈스럽게 했다. 나이 많은 빈 의사 살로몬 페덴(정신분석학자 파울 페덴의 아버지)은 후에 말하기를, "새로운 방식, 말하자면 반사반응, 양쪽 동공이 빛에 대해 다른 반응을 보이는 현상, 그리고 복잡한 조사 방식으로 피부와 근육 등에서 특정 병에만 나타나는 특징적pathognomonic 증상을 알아내는 수많은 새로운 진단법이 생겨났다. 그러나 이렇게 진단되는 많은 질병은 책으로 출판되지 않아 의사들 사이에도 거의 알려지지 않았고, 그리고 애초부터 이런 진단 방법을 사용할 수 있을 만큼 이에 익숙한 신경병리학자는 물론 임상의사조차도 없었다."[59] 적당히 얼버무리는 말재주가 필요했다.

진짜 기질적인 것이 무엇이고, 또 그저 이론적으로만 기질적인 것이 무엇인지 혼돈스러워 하는 의사들과 마찬가지로, 환자들도 무엇이 광기이고 무엇인 신경성인지 헷갈렸다. 의사와 환자 모두 이 두 종류의 불확

실성을 연결해 줄 것을 필요로 했다. 즉 정신과적 질병으로 보이는 행동
문제를 기질적 병인 것처럼 설명해 줄 질병 용어가 필요했던 것이다.
1869년 뉴욕의 전기치료사 조지 비어드가 바로 이 연결도구를 제공했는
데, 신경쇠약이 뚜렷한 실체를 가진 질병임을 선언한 것이다. 신경쇠약
은, 100년 후에 나타나게 될 만성 피로증후군chronic fatigue syndrome⁺⁺⁺과
다중 화학적 민감성multiple chemical sensitivities⁺⁺⁺⁺의 할아버지뻘 되는 명
칭으로, 추측한 기질적 원인을 정서와 인지증상으로 이어주는 다리 역할
을 했다. 비어드가 주장하는 바는, 신경성 증상들 중 많은 부분은 신경이
물리적으로 소모되어 생기는 신경의 쇠약에 의해 생긴다는 것이었다. 물
리적 소모는 매독과 달리 현미경으로 보이지 않고, 따라서 기능성이다.
그러나 환자 자신은 진짜로 고통 받고 있기 때문에 이 병은 현실적인 것
임에 틀림없다. 이에 따라서 신경쇠약은 기능성 신경 질병의 원형이 되
어 버렸다.

새로운 진단에 포섭된 증상들은 광범위했다. 비어드의 말에 의하면,
"소화불량, 두통, 마비, 불면, 감각이상, 신경통, 류머티즘, 통풍, 남자의
경우 몽정, 여자의 경우 월경불규칙" 등등이 모두 포함된다고 했다. 닥터
비어드, 원인이 무엇일까요? "중추신경계에서 인燐 성분이 빠져나갔거나

✤ 신체적 증상이 주 증상이며, 흔히 기질적 병리현상을 발견할 수 없을 경우를 통칭하나, 역사적으로 볼
때 많은 정신신체 증상이 기질성이 있음이 밝혀져 왔다. 특히 면역학의 발달에 의해, 과민성 대장염, 류머
티즘, 만성피로장애 등의 기질적 근거가 밝혀지면서, 이 용어는 단순히 심리적 원인에 의한 증상이라기보
다는 심리적 상태가 신체적 상태에 영향을 미치는 것으로 확대 해석되기도 한다.
✤✤ 중추신경계의 여러 부위에서 수초myelin에 탈수초 현상이 일어나는 자가면역질환으로, 초기에는 다
양한 증상이 출몰하므로 히스테리아로 오진되기 쉽다.
✤✤✤ 노동 강도나 휴식 여부와 상관없는 만성피로와 근육통, 무기력, 수면장애, 기억장애 등이 특징으로,
과거에는 신경쇠약으로 알려졌으나, 근래에는 바이러스 감염이 원인이라는 등, 논쟁이 되고 있는 증상군
이다.
✤✤✤✤ 불안장애, 정신신체장애, 공황장애 등과 연결되는 주제로서, 일상에 흔한 화학물질(매연, 화학첨
가물, 색소 등)로 인해 증상이 생겼다고 본인은 주장하나, 공식진단명에 도입할 정도로 객관적이지는 않
다. 이중맹검사 등 연구가 진행 중이다.

혹은 아마도 어떤 단단한 고형 성분이 상실되었기 때문입니다."[60] 비어드의 용어인 신경쇠약에는 당연히 과학적 기반이 전혀 없었다.

그럼에도 불구하고 이 새로운 진단명은 널리 인기를 끌었고, 특히 비어드가 1880년 이에 관한 두꺼운 책을 출간한 이후 더욱 그러했다. (그는 자신을 중앙아프리카에서 "사람이 들어가지 않은 미지의 땅에" 이끌려 들어가는 탐험가에 비유했다.)[61] 이 책은 이듬해에 즉각 독일어로 번역되었고 점차 수많은 다른 언어로 번역되었다. 제1차 세계대전 전까지 비어드의 신경쇠약은 주요우울증과 정신증이 있는 한 쪽 끝과 아직도 여성에게 우선적으로 적용되는 히스테리아의 다른 쪽 끝의 중간에 위치해서 모든 기능성 신경질환의 표준 진단명이 되었다. 페덴은 "마치 균이론이 감염질환들을 제압했듯이, 신경쇠약이 만성 기능성, 기질성 질병 영역을 장악했다"[62]고 말했다.

여기 신경쇠약 환자가 한 명 있다고 가정해 보자. 이 환자에게 무엇을 해줄 수 있을 것인가? 신경쇠약이라는 용어에 무게를 더해 준 자는 미국 신경 의사nerve doctor[+]인 사일러스 위어 미첼이었다. 그는 1875년 이 병을 제압하기 위한 수단으로 휴식치료라는 것을 창조해 냈다. 이는 신경쇠약 병명의 역사에 일대 사건으로 남게 된다.

위어 미첼의 휴식치료는 정신의학 역사상 아마도 가장 유명한 휴식치료겠지만, 휴식하라는 처방은 결코 그의 발명품이 아니었다. 신경성 질환 치료에 휴식과 격리를 사용해 온 지는 오래되었다. 1787년 윌리엄 퍼펙트는 자신의 집에 남자 정신병 환자를 머물게 하고 "모든 친척과 지인들을 만나지 못하게 금지하고……" 그 환자를 "조용하고 거의 암흑과 같이 어두운 방에 가두었다. 그에게 말하라고 강요하지도 않았고 …… 누구도 그를 방문하지 못하게 했다." 퍼펙트는 그 환자를 완벽하게 통제한 것은 물론 외부 영향으로부터도 철저히 차단하고는 다양한 음식을 먹이고 물리치료도 했다. 예를 들어 음식은 "가볍고 시원하게 해서 소화되기 쉬운 것"으로 준비했고 따뜻한 물로 족욕 등을 하게 했다. 이런 치료를 한 지 4개월 만에 환자는 "정상적 상태"를 회복했다.[63] 이것이 미첼 식 휴식치료의 원조이다. 유럽 대륙에서는 멜랑콜리 환자를 소리가 차단된 어두운 방에 격리시켜 침대에서 휴식하도록 하는 오래된 전통이 있어 왔다.[64] 수용소에서 가족과 친구로부터 환자를 격리시키는 것과 매우 유사한 전통이다.[65] 역사적으로 볼 때 이 방법은 정신과 의사들이 세대와 세대를 거치면서 스스로 개발해 낸 것이었다.

미첼은 수세기의 역사를 가진 이 방법을 조금 다르게 표현한 것에 불과했으나, 1875년 다시 전성기를 맞게 된 것이다. 휴식치료를 이상적으로 실행할 수 있는 곳은 개인의원이었고 따라서 이런 종류의 개인 클리닉이 여기저기 생겨나기 시작했다. 미첼은 1829년에 태어나 펜실베이니아 의대를 졸업하고 파리의 클로드 베르나르 밑에서 1년간 수학했다. 미국 시민전쟁 동안 연합군 외과 의사로 종군했고 이때 그는 팔다리가 절단된 군인들이 나타내는 환상통phantom pain[++]과 같은 현상을 목격하면서 신경계통에 대해 지대한 관심을 가지게 된다. 그러나 미첼은 우쭐대는 태도 때문에 군의로서 부적격자로 판정받았고, 도리어 부유층 여자 신경성 환자에게 딱 들어맞는 사람이었다. 필라델피아로 돌아온 그는 개업의사로서 명성을 날리게 된다.

1874년 1월 메인 주에서 온 G 부인이 미첼이 보조로 일하고 있던 개인 클리닉인 "신경성 질병 진료소"에 환자로 오게 된다. G 부인은 매우 지쳐 있었고

....

+ 신경성 환자를 본 의사를 지칭했으나 실은 정신과 관련된 모든 환자를 보던 신경과 의사와 정신과 의사 및 내과 의사 등을 통칭했다.

++ 팔 다리 등을 절단한 후 절단된 부분이 남아 있는 것처럼 느끼고 통증을 겪는 것으로, 원인으로는 절단 부위의 신경섬유에 생긴 신경종에서부터 뇌피질 감각중추의 재배치에 이르기까지 다양하다.

계단을 올라가거나 책을 읽거나 글을 쓰기도 어려웠다. "조금만 눈을 돌려도 두통과 구토가 생겼다." 온천치료 등 온갖 치료를 다해도 효과가 없자 그녀는 격리치료를 받기로 했다. 긍정적인 면이 한 가지 있었기 때문이었다. "잡소리가 들리지 않는 어두운 방에 누워 있으면 부분적으로나마 음식을 먹고 소화시킬 수 있었기 때문"이라는 것이다.

미첼은 "매일 이 여자의 침상 곁에 앉아서 그녀의 눈물어린 얘기를 들어줬나." 미첼은 그녀가 다시 먹을 수 있게 된 것을 흥미롭게 지켜봤다.

그녀가 말하기를 "맞아요. 내가 침대에 누워 있어야 한다는 설명은 들었지요." 그러나 그런 식으로 계속 침대에만 누워 있는 것을 그녀는 싫어하게 되었고, 침대로 돌아가지 않게 해달라고 미첼에게 간청한다.

그럼에도 불구하고 미첼은 환자가 자신의 권위에 도전한다고 생각하고 계속 침대에 머물 것을 강권하자 G 부인은 음식을 집어던지기 시작했다. 던진 음식물이 미첼에게 정통으로 맞았고, 그 상황에서는 의사-환자 사이의 복잡한 권위 따위를 거론할 여지가 없었다. 그녀가 필요로 한 것은 단지 운동이었다. 휴식에는 운동이 필요한 것일까라고 미첼은 자문했다. "어떻게 이 두 가지를 양립시킬 수 있을 것인가?" 그러자 아이디어가 떠올랐다. 마찰하기! 그녀는 "힘들이지 않는 운동"을 필요로 했던 것이다. 그래서 미첼은 젊은 여자를 훈련시켜 G 부인에게 마사지와 문지르기를 시켰다. 이틀 후에는 다른 아이디어가 떠올랐는데, 그것은 전기를 함께 사용하는 것이었다. "그러는 동안, 그녀는 감금되어 있을 때 가장 상태가 좋았듯이, 나는 그녀에게 철저한 휴식을 강요했고 친구와 친척도 만나지 말고 책을 보지도 편지를 쓰지도 못하게 했다." 10일이 지나자 G 부인은 "마치 장미꽃이 만개하듯 환해졌다." G 부인이 음식을 제대로 먹게 되자 미첼은 유지방이 잔뜩 들어 있는 부담스러운 음식으로 부인을 "과식"하게 했다. 2개월이 지나자 그녀는 40파운드가 불어나 행복한 마음으로 메인에 있는 자기 집으로 돌아갔다.[66]

위어 미첼의 휴식치료는 이렇게 탄생했다. 즉 침대 휴식을 강요하는 감금, 우유 식생활, 전기치료 그리고 마사지가 포함된 것이었다. 미첼은 자신의 유명한 치료법이 기질적 상태에 대한 기질적 치료라고 믿었고, 이 치료에 심리적 요소가 작용했을 것이라는 견해에는 평생 귀를 막고 살았다. 그가 시인한 것은 휴식 치료가 성공적이려면 "어린아이처럼 복종하는 태도"[67]가 필요하다는 것뿐이었고, 그래서 남자보다 여자에게 더 큰 효과가 나타난다고 보았다. 미첼이 보기에는 여전히 기질성이 핵심이었다. 휴식치료가 의료계에 처음으로 모습을 드러낸 1875년 4월 그는 동료들에게 다음과 같이 설명했다. "탈진 상태에 있는 척수 신경절spinal ganglia[+]에 다시 혈액순환이 되게 해야 합니다." 1877년 미첼은 치유기전을 설명하는 《지방과 혈액》이라는 책을 출간했다. 이 책은 일대 센세이션을 일으켰고 미첼의 진료소는 "전 세계의 환자들이 몰려오는 성지"가 되었다.[68]

휴식치료에는 많은 돈이 필요하였으므로 그 대상은 대서양을 건너올 만한 부를 지닌 국제적인 엘리트 신경성 환자에 국한되었다. 의사들은 6주에서 3개월까지 걸리는 전형적인 휴식치료를 위해 멀리 떨어진 온천 클리닉으로 환자를 보내곤 했다. 미첼의 초기 환자 중 한 명은 허먼 위버가 의뢰한 환자였다. 치료 효과에 놀란 위버는 "그 여자 환자는 완벽히 치료되었다"라고 말했다.[69] 휴식치료는 개인 요양원에는 아주 이상적인 방법이었으므로 온천 클리닉, 도시 신경 의사들, 그리고 대서양 지역 중류층 신경성 여자 환자들 사이에는 곧 공생 관계가 맺어졌다. 모두 다 함께 번성했다. 19세기 말에 개인 클리닉 붐이 일었고, 신경쇠약 진단이 번창했고(휴식치료의 특별한 고객인), 진료실에서 환자를 보는 정신의학(오피

[+] 감각자극을 중추에 전달하며 척추의 척수에 위치하는 신경절이다.

스 정신과—당시에는 이렇게 불리지 않았다) 또한 꽃을 피웠다.

영국에서는 1881년 부인과婦人科 개원의 윌리엄 플레이페어가 런던 메이페어 지역 커즌 가에 있던 자신의 진료소에 정식으로 휴식치료를 도입했다. "나는 닥터 미첼의 방식을 그대로 따랐을 뿐이다. 그런데 통상적인 모든 치료 방법에도 끈질기게 반응이 없어 마음 아프게 느끼던 사례에서 놀라운 효과가 나타났고 나 자신도 만족스러워서 더 많은 사람들에게 (미첼의 방식을) 시도해 보려고 한다"고 적었다.[70] 플레이페어는 이 치료법을 시행하기 위해 런던에 있는 개인 숙소를 사용한 것으로 보이며 환자를 복종시키기 위해 아마존 출신의 간호사를 고용했다. 그곳 직원들은 요양원과 "히스테리아를 위한 집", 혹은 개인 클리닉 등에 환자를 격리시킬 더 나은 시설을 갖추고, 전기치료와 마사지를 병합해서 사용하고, 특수 식이요법을 시행했으며, 치료가 다 끝나갈 즈음에는 일상 음식과 생활로 돌아가게 했다.[71]

샤르코는 1885년에 휴식치료를 프랑스에 도입했는데, 그는 미첼이 이 치료법을 선점한 것을 알지 못하고 자신이 발견했다고 주장하며 이를 "격리치료"법이라고 불렀다.[72] 그는 수치료 클리닉 연결망을 통해 환자를 수치료 시설로 의뢰하고 환자의 경과를 추적했다. 이해가 빠른 독일 의사들은 휴식치료를 공식적으로는 도입하지 않고, 통칭 "우유 식이요법" 혹은 "미첼-플레이페어 치료법"이라고 부르며 1884년경 히스테리아와 신경쇠약 환자에게 사용했다.[73]

1900년이 되자 시설이 있는 곳이면 어디에서나 신경쇠약 환자의 1차 치료법은 휴식치료였다. 세계 각지에서 새싹 돋아나듯이 우후죽순으로 생겨나서 새로운 스타일의 멋진 수용소든, 신경클리닉이든, 혹은 일반 요양원이든 어느 곳이나 미첼 치료법을 사용하는 것이 관례가 되었다. 미국의 경우 신경쇠약이라는 진단명이 유럽에서처럼 인기를 얻지는 못

했지만, 휴식치료와 관련되어 분명 유행을 타기는 했다. 아이오와 주 디
모인에 있는 "요양원"은 "신경과 정신" 환자를 위한, 그리고 "신경쇠약
과 경증의 정신질환자"를 위한 개인 병원인데, 이곳은 "휴식, 목욕, 마사
지, 전기치료 …… 합당하게 훈련된 간호사"를 갖춘 곳이라고 선전했다.
오리건, 포틀랜드에 있는 "신경과 정신 환자를 위한 크리스털 스프링 요
양원"을 선전하며 그곳은 "신경성 상태, 특히 불면과 신경쇠약"을 "별장
과 같은 곳"에서 전기치료 등을 통해 완화해 주는 곳이라고 했다.[74]

　중앙유럽에서는 수많은 치료법 중 어떤 것이든 환자가 원하는 것을
선택할 수 있었다. 보파드에 있는 마리엔베르크 수치료 클리닉도 신경쇠
약 환자 치료에서 "플레이페어 치료법"을 매우 중요시했다. 뵐펠스그룬
트에 있는 리하르트 재니슈의 요양원에 입원한 신경쇠약 환자는 많은 치
료법 중에서 "우유 식이요법"이라고 붙여진 것을 선택할 수 있었다.[75] 휴
식 요법은 가히 전 세계적인 차원에서 사용되었던 것이다.

　그러나 미첼 치료법의 진수는 의사의 권위 그 자체이지 치료법에 특
별한 물리적 요소가 있는 것이 아님을 많은 의사들은 곧 깨닫게 된다. 그
시대 사람들이 보기에, 치유 효과는 환자가 의사에게 순종하는 데에서
온다고 이해하게 된 것이다. 이는 심리적 요소이지 생리학적 요소가 아
니었다. 할리 가에서 신경의사로 개원하던 의사 얼프리드 테일러 스코필
드는 신경의 힘이 다 새어나가 한 발작도 떼지 못할 정도가 된 "유사 신
경환자neuromimetic" 애니에 대해 기술했다. 그는 환자를 사방이 막힌 정
원에 들어가게 한 뒤 두 명의 간호사로 하여금 이리저리 몰아대게 하였
다. "그날 밤 환자는 난간을 뛰어넘으려다 다리가 부러졌고 걸을 수 없게
되었다. 곧 그녀는 음식을 거부하기 시작했고 그래서 코로 튜브를 넣어
이틀 간격으로 음식을 먹이자 마침내 그녀는 항복했다. 그녀는 간호사의
리본을 찢기까지 하였는데, 결국 어느 일요일 아침 환자가 혼잣말하는

것을 우연히 스코필드가 엿듣게 되었다. '애니, 호적수를 만났군.' 그러고는 일어나 나가더니 3마일이나 걸었다."[76] 이 사소한 얘기가 기록된 이유는 환자가 의사의 권위에 항복했음을 알리기 위한 것이었다. 이 얘기는 당시 사회 분위기가 현재와 얼마나 다른지 상기시켜 준다.

여배우이자 소설가인 영국계 미국인 엘리자베스 로빈스가 자신이 받은 휴식치료를 소설로 썼다. 그 소설에서 '닥터 거스 빈센트'(실제로는 웨스트엔드에 개업한 상담가 본 할리)는 캐서린에게 6주간의 격리 치료를 지시한다.

"편지도 안 되고, 전보도, 마사지도, 일기 쓰기도 안 되고, 어떤 종류의 의사소통도 6주간은 안 됩니다'라고 그가 지시했다. 그녀는 특별히 자기 집에서 간호원의 감독 아래 휴식치료를 받으려 했다.

도착한 간호원은 캐서린에게 책을 읽게 해도 되는지 불안해했다. "닥터 빈센트가 진짜 휴식치료를 '요양원the Home'이 아닌 다른 곳에서 받게 허락하는 것은 참으로 드문 일이예요."

왜 그러했는가?

"왜냐하면, 당신도 아시다시피, '요양원'에서는 모든 것이 규칙에 따라 마치 시계와 같이 움직입니다. 닥터 빈센트는 사람들이, 특히 여자들은 스스로 규칙에 따르는 자율감각이 부족하다고 생각하거든요."

곧 닥터 빈센트가 방문했다. "바람이 휘몰아치듯 들어온 그는 그녀에게 시선도 주지 않고 곧장 가장 가까운 창문으로 가서 2.5cm가량 내려져 있던 창문을 45cm가량 획 끌어올려 열더니 '여기는 당신에게 너무 덥습니다'라고 말했다. 잠시 서서 호주머니에서 청진기를 꺼내어 조립하더니 눈살을 찌푸리며 그것을 내려다보고 있었다. 캐서린은 약간 한기가 들며 오싹하는 것을 느꼈다."

캐서린은 너무 적게 먹어서 문제가 되었다. 그날 저녁 캐서린은 자기 앞에 나온 버터를 먹지 않았다. 간호원은 닥터 빈센트가 돌아올지 모른다고 경고하듯 말했다.

"여기 다시 온다구요? 오늘밤?" 캐서린이 물었다.

"예"라고 간호원은 대답한 뒤 그에게 전화해야 할지도 모르겠다고 덧붙였다.

"꼭 그래야만 하나요?"

"오, 그럼요."

"그러면 무슨 일이 일어나는데요?"

"불려오게 되면 언제나 머리끝까지 노발대발하지요."

캐서린은 자기 앞에 놓인 토스트에 버터를 바르기 시작했다.

마사지, 우유식이요법 등등을 하지 않겠다고 6주간을 실랑이하다가 결국 캐서린은 다 받아들이게 되었고, 신경쇠약도 나아지게 되었다. 그러고는 내일이면 편지를 받게 될 것이라고 알게 된다. 밖에 나갈 수 있다는 생각에 얼마나 흥분했던지 그녀는 온갖 증상을 다 벗어던졌다. 이 소설의 끝에서 그녀는 기쁨에 차서 외친다. "나는 새로 태어났어!"**77**

의사로서는 이런 환자를 치료하려면 심리적인 것에 부관심해져야만 했고, 동시에 신경쇠약은 우유식이요법 등으로 완치될 수 있는 신경계의 기질적 질병이라고 믿을 수 있어야 했다. 그러나 캐서린이 나아진 진짜 이유는 닥터 빈센트라는 의사 교관에게 심리적으로 항복했기 때문임은 명백하다. 미국에서, 프랑스에서, 영국에서, 독일에서 의사들이 이런 유형의 환자 수천 명을 낫게 했다고 보고할 때마다 그 하나하나의 성공 사례들이 모여져 커다란 샹들리에가 되어 빛나기 시작했다. 그러나 사실상 그들이 다루던 질병은 주 요인이 심리적인 병이었던 것이다.

샤르코의 제자인 페르낭 르빌랑은 자신을 생리-정신의사physiatrist✛이

....
✛ 생리학자physiologist와 정신과 의사psychiatrist를 합친 신조어이다.

자 "임상 신경학자"라 자칭했는데, 파리를 떠나 새로운 개업처인 니스로 출발하기 바로 직전에 미첼 치료법을 프랑스 어로 요약한 책을 출판했다. 르빌랑에 따르면, 전기치료와 같은 특별한 요법은 실로 이차적인 것에 불과하다고 했다. 휴식치료의 핵심은 외부세계로부터의 격리이며, 이는 "특정한 심리적 형태의 신경쇠약에 대항할 정신력을 회복시키기 위한 것이다"라고 했다.[78]

미국의 개업의들도 심리적 요인을 인식하기 시작했다. 필라델피아 제퍼슨 의과대학 신경학 교수인 프랜시스 더컴은 기질성에 관해 철저한 믿음을 가지고 있던 사람이었다. 그럼에도 그는 휴식치료의 주 기전이 암시에 의해 일어난다고 보았다. 아기 대하듯이 먹여 주는 대우 방식이 "환자가 병적으로 묶여 있던 것"으로부터 "자유롭게 해주기 때문"에 효과가 나타나는 것이라고, 1908년 보스턴에서 열린 정신의학 회의에서 단언적으로 발표했다.[79] 그 뒤를 이어 하버드 대학의 신경학 교수 조지 워터먼이 또 다른 의혹을 제기했는데, 미첼 자신의 강한 성격적 특성이 휴식치료에서 치유 효과를 나타내는 것이라고 추정했던 것이다. "제반 효과는 …… 어떤 물리적 변화가 일어나서 생긴 것이라기보다는 암시에 의해 일어나는 현상이다."[80]

영국에서 에든버러의 유명한 의사 가족 중 한 사람인 에드윈 브램웰은 에든버러 대학 신경학과 강사였는데, 소위 미국에서 가장 유명하다는 신경학자가 디자인해서 신경학적 치료라고 불리는 휴식치료의 정체를 폭로하였다. 1923년 브램웰은 "신경증 치료로 사용되는 격리라는 것이 단지 보조적 역할에 불과하다는 것을 아직도 깨닫지 못하고 있는 사람들이 많다. …… 휴식치료를 권고 받은 사람들 대부분의 경우, 의사가 마음대로 하기 위해 격리시키는 것이고, 그래서 그가 설득력 있는 수단으로 가하는 암시가 반대 암시로 쉽게 풀리지 않게 되는 것이다."[81] 이런 날

벼락 같은 비판의 소리가 정신과 의사가 아니라 신경학자로부터 나왔다는 것은 매우 중요하다. 그러나 신경학자들은 이 지점에서 더 앞으로 진전시키지는 못했다. 휴식치료가 본질 상 심리적인 것이라면, 신경쇠약은 정신치료에 의해 이루어져야 한다는 중요한 결론까지 도달하지는 못했던 것이다.

휴식치료, 신경쇠약, 그리고 개인 클리닉이 번창하면서 의학적 질병이자 신경학적 문제로 간주되던 병이 개인 클리닉에서 진료하는 시대가 열렸다는 것은, 특정 정신질환은 인간의 목소리에 담긴 치유력에 반응한다는 획기적인 통찰력을 제공했다는 데 있고, 이것이 정신치료로의 길을 열어 주었다는 것에 큰 의의를 찾을 수 있다. 이것이 휴식치료에 역사적으로 중요한 의의가 있음을 주장하는 이유이다. 이 치료법은 의사와 환자의 일대일 관계라는 맥락에서 마음을 치유하고자 했던 것이다. 19세기 말까지 전개되어 왔던 생물학적 질병 모델은 뇌와 행동 사이를 연결하는 인간의 마음을 이해하는 데는 부족했다. 우유 식이요법과 같은 위약偽藥이 환자의 삶을 완전히 변화시키는 것을 경험한 의사들은 이 연결 고리의 중요성에 대해 희미하게 인식하기 시작했던 것이다.

신경학이 정신치료를 발견하다

생물학적 이론을 주장하던 정신의학은 당시 신경학과 매우 유사했다. 진료소에서 환자를 보던 상황에서 이는 그리 문제가 되지 않았다. 신경과든 정신과든 전문분과 자격시험이 따로 없던 시절에 의사들은 자기가 내세우는 것이 바로 자기 전문이었기 때문이다. 실용적인 차원에서, 수용소에서 많은 시간을 보내면 정신과 의사였고, 일반병리학과 내과 훈련

을 받은 사람은 신경과 의사―원래는 신경해부학 전문의를 의미[82]―였
다. 정신과 의사는 명백히 수용소에서 진료하는 전문분야였다. 예를 들
면, 1910년 미국 의학-심리학 연합회 연례행사에 참석한 124명의 의사
중 오직 4명만이 수용소에서 진료하거나 개인 신경클리닉에 종사하고
있었다.[83] 신경과 의사들은 오래전부터 시설보다는 개인 진료소에 기반
을 두고 진료했던 뚜렷한 전문분야였다. 미국의 신경과 의사들은 1875
년 자신들만의 협회를 만들었고, 독일에서는 1907년에 설립되었다.[84]

이들 초기 신경과 의사들이 관심을 가진 분야는, "신경성"이 아니라,
신경계통의 이상과 관련된 갑상샘 결핍증, 각기병beriberi[+], 뇌졸중, 신부
전증 등이었다. 그럼에도 불구하고 신경과 의사들은 신경성을 진료해 주
길 원하는 환자의 요구에 맞출 수밖에 없었고, 또 요독증uremia[++]의 신경
학적 합병증 환자 등보다는 신경성 환자가 수도 더 많았고 수입도 좋았
다. 신경과 의사들이 어쩔 수 없이 정신신경증의 세계에 연루되기 시작
한 이유는 환자들이 "정신과"와 연관된 그 어떤 것도 거부했기 때문이었
다. 중류층 환자들이 광기 의사mad-doctor를 원치 않는다면, 그 자리는 신
경-의사nerve-doctor들로 채워질 수밖에 없었던 것이다.

그러므로 애초부터 신경증적 질환은 신경과로 편향되어 있었다. 히스
테리에 관한 이론으로 두각을 나타낸 프로이트, 쟈네, 샤르코 등은 모두
신경학자들이다. 1880년대 이후 수치료 클리닉에서 대통을 물려받은 개
인 신경클리닉과 기질성 질환을 보던 클리닉은 모두 기질성 신경질환을
치료하는 곳으로 인식되고 있었고, 사람들은 그런 곳에서 일하는 의사들
또한 모두 신경과 의사라고 믿고 있었다. 불안한 세기말, 신경증 환자가
비스바덴에 있는 "프리드리히회헤 요양소"에 들어섰을 때 그곳의 소유
자이자 수석 의사 리하르트 프리틀란더가 "갑상샘 저하증"을 치료하는
사람이고, 혹은 "성 비투스 무도병St. Vitus Dance[+++] 혹은 중추성/말초성

마비를 치료하는 사람이며 그 외 매독이나 신경염, 근육위축이나 아편중독 등을 치료하는 사람"이라는 말을 듣게 되면 그 얼마나 안심했었겠는가. 그렇지만 닥터 프리틀란더는 "신경성, 신경쇠약, 히스테리, 건강염려증, 그리고 멜랑콜리성 우울증" 환자들도 다 진료했음은 물론이다. 프리틀란더는 모든 종류의 치료, 수치료, 온열치료, 솔잎 목욕, 그리고 다양한 종류의 전기치료와 마사지 및 물리치료를 제공한다고 선전했다. 이렇게 선전하면 마치 이 모든 것이 다 기질성 질환인 것처럼 느껴지고, 특히 다음과 같은 그의 말은 더욱 그렇게 느끼게 했다. "정신질환자는 절대로 입원시키지 않습니다."[85]

그러나 프리틀란더의 치료 방법 중 하나는 전혀 기질적인 것으로 보이지 않았다. "심리적 감화psychological influencing가 치료에서 핵심 역할을 합니다"라고 그 자신도 말한 바 있다. 정통 정신과 의사보다 더 정신치료에 젖어 있던 의사들이 바로 이 프리틀란더와 같은 신경과 의사들이었다. 그 이유는 환자가 절실히 필요로 했던 수치심 가리개를 신경과가 제공했기 때문이었다. '우리는 당신의 문제가 기질성이라고 믿습니다만, 새로운 감화 방식으로 도움을 드릴 수 있습니다'라는 것이다. 신경증적 정신과 질환을 중추신경계의 신체적 문제로 위장해 줌으로서 신경과 의사들은 신경증 환자를 접수해 갔던 것이다.

정신치료가 의료계 영역으로 들어오게 된 길은 정신과와는 상관없는 두 가지 경로를 통해서였다. 초기에 최면술사들은, 최면술을 거는 것과

✢ 비타민 B1 결핍증으로 생기는 말초신경장애와 심혈관계 장애가 주 증상이다.
✢✢ 신장 기능의 손상으로 질소화합물이 소변을 통해 배출되지 못해서 생기는 병으로 신경계, 심혈관계 등 광범위한 장기계통의 장애가 오며 의식의 혼돈에 이르기도 한다.
✢✢✢ 시드넘 무도병Synenham's chorea을 일컫는 말로, 베타 출혈형 연쇄상구균 감염의 후유증으로 나타나며, 얼굴과 사지의 발작적 움직임이 춤추는 것 같다 하여 붙여진 이름이다.

상관없이 암시만으로도 증상을 없앨 수 있다고 의사들을 설득했다. 또한 당시 막 싹트던 심리적 환경요법psychological milieu therapy이 개인 "신경과" 클리닉에서 시작되었다는 점이다.

앞으로 얘기할 최면술은 정신의학 역사 안에서 사실상 최면술의 종말에 관한 얘기이다.[86] 최면술이 의료에 사용된 것은 18세기 말 프란츠 안톤 메스머와 그를 추종하는 사람들에 의해 시작되었다. 19세기를 거치면서 최면술은 우여곡절을 겪다가 결국은 잊혀져 갔는데(제1차 세계대전이 시작되기 10여 년 전부터 이미 의료계에서는 거의 자취를 감추었다), 다시 세간의 관심거리가 된 것은 1880년대 프랑스 의사 집단이 이를 부활시키면서부터였다. 이 일에는 라이벌 관계에 있던 두 명의 의사가 관련되어 있다. 한 명은 살페트리에르파의 리더인 장-마르탱 샤르코이고, 다른 한 명은 낭시 파의 이폴리트 베르넴이다. 낭시는 프랑스 동부 로랭 주의 주도로서, 1871년 알자스가 독일에 편입되자 스트라스부르 의과대학 교수진들이 대거 도피해 온 장소이다. 샤르코는 최면이 되는 사람은 히스테리아로 진단될 수 있다고 믿었고, 최면술은 단지 히스테리아 진단을 확인하는 목적일 뿐 치료 효과가 있다고 보지는 않았다. 반면 내과 의사인 베르넴은 최면술을 치료 목적으로 사용할 수 있다고 믿었고, 특별히 히스테리아만 연관된다고 생각하지는 않았다. (베르넴은 암시성이 강한 것은 모든 신경증 환자의 특징이라고 생각했다. 만일에 환자가 암시에 걸린다면, 암시를 걸어 증상으로부터 해방시킬 수도 있다는 것이다.) 베르넴은 연로한 시골 의사 앙브루아즈-오귀스트 리보에게서 최면술을 지도받았는데, 리보는 기질성 질환과 심리적 질환 모두에 최면술을 적용하여 다양한 효과를 본 바 있었다. 그는 곧 최면이 안 된 상황에서의 암시(말로 잘 설득하는 것을 의미함) 또한 최면하의 암시와 마찬가지로 효과가 있음을 알았으며, 특히 완벽한 최면을 주장하며 지나치게 권위를 내세우는 의사들에게 저항감을 가진 중류층 환자에서 큰 효과가 있음을 깨닫게 된다. 1883년 이후부터 베르넹은 비非 최면 암시의 효과에 대해 널리 알리기 시작하는데, 이것이 근대 의학적 정신치료가 시작된 시점이다.[87]

다음은 암스테르담으로 넘어간다. 젊은 네덜란드 의과 대학생 프레데리크 빌렘 반 에덴은 1885년 11월 결핵에 관한 학위논문을 쓰기 위해 자료 수집차 파리에 가게 되었다. 그는 우연히 샤르코의 강의를 듣게 되고 최면하 암시에 관해 상당히 흥미를 느끼게 된다. 1886년 암스테르담 의과대학을 졸업한 후 파리로 돌아온 반 에덴은 낭시를 방문하는 기회를 얻었다. 그는 "몸은 마음에 의해 치유될 수 있다는 것을, 그리고 이것이야말로 참된 영구적 치유에 이르는 단 한 가지 방법이라는 것을 알게 되었다"라고 기록했다.[88] 암스테르담으로 다시 돌아온 반 에덴은 최면술에 열광적인 알베르트 빌렘 반 렌터겜을 만나게 되는데, 그는 리보를 만나러 프랑스에 갔다가 이제 막 돌아온 참이었다.[89] 반 렌터겜은 네덜란드 시골에서 최면술로 개업하고 있었고 열광적인 환자들로 매우 바쁜 상태였다. 이듬해에 반 에덴과 반 렌터겜은 암스테르담에 최면술 클리닉을 설립하기로 결정하고, 1887년 8월 드디어 "정신치료적 암시 클리닉Clinic for Psychotherapeutic Suggestion"을 개원하여 반 렌터겜은 운영을, 반 에덴은 최면술을 담당하기로 했다.[90] 이 클리닉은 반 에덴이 가난한 사람으로부터는 일절 돈을 받지 않았고 또한 부자들의 돈도 거절했음에도 매우 번창하였다. 그는 7년 후에 클리닉을 떠나 의료직에서 은퇴하고 저술가가 되었다. 최면술만 하던 이 암스테르담 클리닉이야말로 현대적 의미에서 "정신치료"라는 용어를 처음으로 사용한 곳이다.[91]

반 에덴 이후로 최면과 비최면성 암시라는 두 가지 형식의 정신치료가 신경증의 세계를 유람하기 시작했다.[92] 이 시점부터 정신치료는 생물정신의학을 압도하기 시작하는데, 왜냐하면 정신치료는 원인이 아니라 치료를 말하고 있기 때문이었다. 1879년부터 1898년까지 취리히 대학 정신과 교수였던 아우구스트 포렐보다 더 철저한 기질학자는 상상하기 어려울 정도였다. 포렐은 신경해부학을 주로 했는데, 그가 동료와 주고 받은 편지를 보면 그는 임상에서 정신과 환자를 보는 것보다는 개구리 뇌에 더 관심을 가지고 있었음을 알 수 있다. 그러나 한편으로 포렐은 숙련된 최면술사였다.[93] 최면술사로서의 그의 명성이 하도 자자해서 나쁜 최면술에 길려 정신이 나가 있는 여자를 그의 동료가 포렐에게 의뢰하여 제정신이 들게 해주길 요청했을 정도였다.[94] 나중에 포렐은 최면술에서 한 걸음 더 나아가, 의사-환자 관계에서 "사랑"의 중요성을 강조하고 환자의 삶에 대해 "친밀하게 아는 것"이 치료적으로 필요하다고 주장했다. 동시에 그는 "뇌의 병리"에 관해서도 언급했다.[95] 따라서 포렐에게는 정신치료적 관점과 신경과학적 관점 사이에 전혀 갈등이 없었던 것 같다.

의과대학 밖에서도 정신치료는 기질성을 믿는 정신과 의사는 물론 신경과 의사들 사이로도 퍼져나갔다. 그러나 이때의 정신치료는 후세에 "시스템"의 일종으로 불린 가족치료, 집단치료, 성찰치료 등과 같은 것은 아니었다. 정신치료 탄생시의 의미는 베르넹 식 의미로서, 친밀하고 비형식적인 맥락에서 의사-환자 관계를 치료적으로 사용한다는 것뿐이었다.

개인 클리닉이 밀집해 있는 중앙유럽에서는 신경성 환자를 위한 개방형 병원과 종합 요양원에 정신치료가 도입되었는데, 이들 시설은 대부분 신경과 의사와 내과 의사가 운영하고 있었다. 빈에 있던 정신과 의사 하인리히 오베르슈타이너는 신경학에 몰두하고 있어서 대학에 뇌 연구 실험실을 기증했는데, 아마도 중앙유럽에서 최면을 최초로 사용한 의사였을 것이다. 그는 빈 외곽의 오베르되블링에 있는 고상한 개인 클리닉에서 최면을 사용했고, 1885년 빈 "과학 클럽"에서 처음으로 최면에 관해 공개강연을 했다.[96] 6년 후에 "정신치료"에 관한 자신의 개념이 기본적으로 환자의 "관심을 다른 데로 돌리고 안정시키는 것"이라고 설명했고, 덧붙여 의사들은 신경증 환자에게 최면과 암시를 할 수 있지만, 정신증 환자에게는 어느 것도 적용해서는 안 된다고 설명했다.[97] 크라프트-에빙 또한 그라츠 외곽에 1886년 설립한 자신의 개인 신경클리닉에서 "정신 적 치료"를 사용했다.[98]

많은 작은 클리닉들이 빈의 두 기질학자의 발자취를 따라갔다. 루돌 프 폰 호이슬린은 샤르코와 함께 수학했고 뮌헨 대학 정신의학 교실에서 조수로 일했었는데, 뮌헨 외곽 "노비텔스바흐" 클리닉에서 1887년부터 최면을 사용했다.[99] 카를 게스테르 또한 1893년에 브라운펠스암란에 자 신이 설립한 요양원에서 최면을 사용했다. (나중에 그는 정신분석가가 되었 다.)[100] "정신적 치료psychic treatment"라는 단어가 하도 유행을 하는 바람에 베를린에 있는 개인 수용소의 의사들은 콘서트와 오락거리로 환자를 즐 겁게 해주는 일을 총칭해서 부르기도 했다.[101] 1890년대 중반에 이르자 중앙유럽의 모든 개인 클리닉에서는 어떤 식으로든 정신치료를 사용하 기에 이르렀다.

프랑스에는 개인 클리닉이 없었고 파리에서 지시를 받는 국가 주도의 의료제도였기 때문에, 살페트리에르와 같은 수용시설에서부터 정신치료 는 급격하게 발전되었다. 여기에서 주의해야 할 점은, 도덕치료의 전통 은 프랑스 정신의학에서 꽤 뿌리 깊은 것이어서 프랑스 인들은 두 명의 신참 네덜란드 최면술사로부터 "정신치료"를 수입해 올 필요는 없었다 는 점이다. 퇴행 이론가인 모렐은 1857년 "우리 수용소에서 말하는 도덕 치료는 의사가 퇴행 환자에게 사용할 수 있는지 여부를 연구하는 것에 국한한다……"[102]고 했다. 두 세기 후에 생리학자인 클로드 베르나르가 최면에 관해 조사하면서, 정신치료의 비공식적인 형태라고 에둘러 설명 했다. 1881년부터 아메디 듀몽펠리에르가 피티에 병원에서 최면을 가르치기 시작했다.[103] 비최면하 암시법은 듀몽펠리에르의 제자이자 낭시 파에 속한 에드가르 벨리용이 라 리브 구쉬⁺의 생탕드레 데자르 가街에 개원한 "정신치료 클리닉"에 도입함으로서 1888년 파리에 들어오게 되었다.[104] 강조해야 할 것은 듀몽펠리에르와 제자들은 신경과 의사나 내과 의사였지 정신과 의사는 아니었다는 점이다.

파리의 유명한 신경학자 샤르코는 환자와의 일대일 관계에는 흥미가 없었다. 1893년 그가 사망하자 살페트리에르 입원 병동에 정신치료가 도입되었다. 심리학 졸업생이었던 피에르 쟈네가 1890년 샤르코 지도하에 심리학 연구를 하기 위해 살페트리에르에 오게 되었다. 쟈네는 1892년 의사자격을 따고 심리학적 입장을 가진 신경학자로의 경력을 시작한다. 그는 1895년 살페트리에르를 떠나 콜레주 드 프랑스에서 교육을 맡게 되는데, 샤르코의 후계자인 신경과 의사 풀장스 레이몽의 배려 아래 임상과의 연계성은 유지하고 있었다. 샤르코 시절에 쟈네는 분명 신경증 환자의 정신치료적 방법에 흥미를 가지고 있었으나, 스승에게 경의를 표하기 위해 정신치료라는 용어 대신에 "심리학적 치료"라는 용어를 사용했다. 그 또한 최면에 강한 신뢰감을 가지고 있었다.[105] 따라서 쟈네는 프랑스 정신치료 역사상 첫 번째 저명인사이다.

두 번째 저명인사는 쥘 조세프 데제린으로 쟈네가 살페트리에르를 떠난 그 해에 살페트리에르에 온 사람이다. 당시 46세이던 데제린은 주네브에서 태어나 파리에서 의학을 공부하고 여러 병원에서 실질적 의미에서(독일식이 아니라) 신경과 의사와 내과 의사로서 일을 했고, 소아마비 등의 척수질환에 대해 연구했다. 그러나 그는 당시 다른 신경과 의사들이 그랬던 것처럼 신경증에 관심을 가지고 있었는데, 신경증 환자가 신경과 의사를 찾아왔다는 단순한 이유와, 또 한 가지, 신경증 환자는 신경과 의사들이 위僞 신경학적 증상pseudoneurological presentation⁺⁺이라 부르는 증상을 가진 사람들이었기 때문이었다. 신경증 환자는 기질성 환자처럼 느끼고 그렇게 보이기도 한다.

데제린이 정신치료로 전환하게 된 이유는 환자들에 대한 개인적 흥미 때문이기도 했다. 한 미국 의사—뉴욕의 스미스 엘리 젤리프—가 데제린에 대해 회상했는데, 그는 "113Kg에 187cm가 넘는 거구에 순수한 마음을 가졌고, 품위있으면서 잘 웃고 그러면서도 라블레 식 농담✛✛✛을 꺼리지 않는 사람"으로 알려져 있었다.[106] 젤리프가 보기에, 환자의 정서 상태를 탐사하는 데제린의 진료 방식이 프로이트와 요세프 브로이어가 말한 "승화치료"와 유사했다고 한다.(264쪽을 보라)[107]

데제린은 자신의 임상진료 스타일에 관해 거의 언급하지 않았다. 환자의 관심거리에 공감을 표현하고 환자로 하여금 충분한 시간을 들여 마음껏 말하도록 하는 것이 그의 진료 기술의 본질이었다.

살페트리에르에 도착한 후 데제린은 피넬 병동에 위치한 샤르코의 그 유명한 "히스테리아 병동"을 휴식치료와 유사한 "격리치료" 병동으로 바꾸었다. 그의 방식은 환자 침대마다 커튼을 드리우고 휴식을 강화하고 과식을 시키면서 정신치료를 하는 것이었다. 데제린의 격리치료는 통상적으로는 돈이 많이 드는 미첼 식의 휴식치료를 개인 클리닉이 아닌 곳에서도 할 수 있음을 처음으로 보여 준 시도였다. 이는 엄청난 성공을 거두었다.[108] 그러나 데제린 치료법의 성공 비결은 휴식치료에 있었던 것이

....

✛ 파리 센 강의 남쪽 강둑 지역을 총칭하며, 피카소, 베를렌, 마티스, 사르트르 등 수많은 문화 예술인을 배출한 곳이고 패션의 본고장이기도 하다.

✛✛ 표면 상으로는 신경증 증상을 나타내나, 실제로는 정신증이거나 혹은 신체적 신경학적 이상을 가지고 있을 때 일컫는 증상이다. 정신의학적으로는 현재 진단명 분열양 인격장애schizotypal personality disorder가 속한다.

✛✛✛ 프랑수아 라블레는 15세기 의사로, 익살스럽고 풍자적인 걸작 《팡타그뤼엘 Pantagruel》(1532)과 《가르강튀아 Gargantua》(1534)의 저자로 유명하다. 성과 몸에 관한 노골적 농담을 의미한다.

아니라, 아픈 사람이 말하는 것에 귀 기울였던 그의 진료 방식에 있었다. 그는 자신의 히스테리아 병동 회진을 다음과 같이 기록했다. "내가 도입한 정신치료적 방식은 전혀 새로운 것이 아니다. 그것은 아주 단순하기 그지없는데, 그저 단호하고도 자애로운 훈계와 함께 논리적으로 환자를 설득하는 것뿐이다. 아침 회진 때면 환자 한 사람마다 간밤에 어떠했냐고 묻는다. 환자가 호소하는 증상이 환자가 생각하는 것만큼 중대한 것이 아니라고 나는 끈질기게 설명한다. 그리고 환자의 대답에 확신이 들어 있음을 느낄 때까지 그 환자 옆에 있다가, 다음 환자에게로 건너갔다."[109]

젤리프는 데제린이 일하는 모습을 지켜보았다. "데제린은 가난하고 초라한 재봉사 혹은 지붕 수리공의 침대맡에 앉아서 …… 이들의 인생 이야기를 듣고, 가족간의 다툼, 임금 받기가 얼마나 어려웠는지, 아이가 이가 나려고 보채는 바람에 밤을 샜던 얘기 등등을 주의 깊게 다 들었다. 그는 공감어린 감정적 반응을 환자에게 거리낌 없이 드러냈다. 그는 관대하고 익살맞은 아버지였고 병원은 그가 훈련시킨 간호사들이 있는 포용하는 어머니였다."[110] (젤리프가 이 글을 쓸 즈음 그는 정신분석가가 되어 있었다.) 이것은 의사-환자 관계의 주요 요소 중 하나인 공감적 관심을 의도적으로 사용한 진료 방식이었고, 데제린 식 정신치료는 해외, 특히 영국에 널리 알려지게 되었다.

샤르코의 후계자로 데제린이 아닌 레이몽이 선택되었을 때, 데제린은 충격을 받고 신경증에 걸리게 된다.[111] 불행에 빠진 그는 주네브에서 어릴 때 친구였던 베른의 신경학 교수인 폴 뒤부아에게 도움을 청했다. 데제린이 파리를 향해 한 걸음씩 경력을 쌓아 갈 때 뒤부아는 1874년 베른에서 의사자격을 따고 내과를 전공했다. 내과 의사로서 명성을 얻은 뒤부아는 내과 진료시에 전기치료와 위약(僞藥) 등을 사용하고 있었다. 전기치료로 명성이 매우 높았었기에 베른 대학은 1902년 그에게 신경병리학

과장 자리를 마련해 줄 정도였다.[112] 뒤부아는 비록 독일어권 스위스에 살고 있었지만, 그의 꿈은 프랑스로 향하고 있었고, 데제린과는 계속 친한 관계를 유지하면서 오랫동안 서로 영향을 주고받았다. (프랑스 관련 부분에서 뒤부아가 논의되어야 하는 이유이다.) 데제린의 정신치료에 관한 아이디어는 뒤부아로부터 얻은 것이라고 알려져 있다. 뒤부아는 교수가 된 지 2년 후인 1904년 정신치료에 관한 책(프랑스 어판)을 출판했고, 이는 프로이트 이전에 나온 책 중 가장 영향력 있는 것이었다. 뒤부아는 고도로 합리적인 "설득"의 철학을 제시했는데, 환자-의사 관계에서 의사는 끊임없이 더 나은 방향으로 환자가 변화되도록 충고하면서 소크라테스식 대화를 사용하여 환자가 삶의 방식을 바꾸도록 설득하는 것을 의미했다. 뒤부아는 최면이나 무의식에 관해서는 언급하지 않았다. "신경쇠약 환자에게는 다른 방식의 정신치료가 있는데(베르넹의 암시와는 다른), 마법과 같이 피로감을 없애 버리는 것이 아니라, 주요 원인이 되는 것, 즉 감정을 서서히 억제함으로서 쇠약증의 증상을 사라지게 하는 일종의 심리적 훈련이다."[113] 뒤부아의 "합리적 정신치료"는 데제린이 주장했던 공감적 관심보다 더 설교적인 성격을 띠고 있었다.[114] 그러나 어쨌든 서로 연계되는 뒤부아와 데제린 두 사람은 프로이트의 정신치료가 나타나기 이전에 정신치료의 주요 원칙을 제시한 사람으로 보아야 한다.

신경과 의사들과 내과 의사들이 개업가로 몰려듦에 따라 프랑스에서는 맹렬한 영역 전쟁이 일어나게 된다. 1911년 샤르코의 신경학 과장 자리를 물려받은 데제린은 젊은 가정의 의사들에게 먼저 다가가, 환자를 편하게 해주고 공감을 표현하는 방식을 통해 "신경병리자neuropaths"들을 자립시킬 수 있다고 확신시키려 했다.[115] 그러나 정신과 교수인 질베르 발레는 그런 식으로 신경과의 가면을 쓰려고 하지 않았다. 발레는 신경증은 정신의학에 속한다고 단언했던 것이다 "그러므로, 여러분, 정신의학은 마음에 관한 모든 병과 이에 관련된 모든 것을 포괄하는 분야입니다"라고 말했다. 발레가 선언한 예언적인 이 말은, 정신의학은 정신병에 국한되는 것이 아니라는 것이었다. 신경성 질환이 무슨 뇌 기전에 의한 것인지는 중요하지 않다고 했다. 증상이 "정신적psychic"인 것인 한, 그 환자는 정신의학에 속한다는 것이다.[116] 이런 냉엄한 도전에 대한 데제린의 반응은 매우 어설펐다. 즉 정신의학은 정신질환mental illness에 국한하고, 신경학은 "신경병리neuropath"를 보아야 한다는 것이었다.[117] 이러한 맞교환은 미래에 의료의 전문분야 설정에 절묘한 그림자를 드리우게 된다. 발레의 관점이 궁극적으로 승리했고 결과적으로 정신의학은 현대 생활에서 나타나는 온갖 신경증을 담당하게 된 것이다. 데제린의 관점이 실패하면서 신경학은 희미한 존재가 되어 버렸고, 조금 과장해서 말한다면, 완치하기 어렵고 드문 중추신경계의 질병만 맡게 되었던 것이다.

제1차 세계대전 전 진료소에 근거를 두고 정신치료의 개가를 올렸던 것은 신경학이었다. 그러나 20세기 말이 되자 신경과 의사가 아니라 정신과 의사가 진료소의 정신치료를 장악해 버렸다.

영국에서 런던의 할리 가와 에든버러의 퀸 가는 정신치료의 진원지였다. 비록 의사들의 전문화는 영국에서는 20세기까지 금지되었지만, 데제린과 뒤부아의 저술은 널리 읽히고, 전문분야를 굳이 언급하지 않고도 그저 상담만 하는 것으로 진료 방식을 정한 많은 영국 의사들 사이에서 이용되어 왔다. 에든버러의 내과 의사인 바이럼 브램웰은 1903년에 데제린 식 치료 방법에 관해 읽고는 새로운 정신치료 방법으로 히스테리성 마비 환자를 일어서게 하는 시범을 보여 의과 대학생들을 감탄시켰다. 그 여자 환자는 격려요법과 함께 우유식이요법을 받은 후 얼마 안 가 복도를 껑충껑충 뛰어다니게 되었다.[118] 대조적으로 영국의 정신의학은 제2차 세계대전 때까지도 수용소에만 묶여 있었다.[119] 정신분석가 어니스트 존스의 기록에 의하면, "개원의들 중 내가 기억하는 유일한 정신과 의사들은 베들렘 수용소 감독의사 직에서 은퇴한 사람들뿐이다."[120] (이들 중에는 버지니아 울프가 여러 번 우울증 발작에 빠졌을 때 담당했던 조지 새비지도 포함된다.[121]) 개인 진료소를 기반으로 하는 정신치료에 영국이 기여한 것이라고는 할리 가 진료소 입구에 걸린 번쩍거리는 놋쇠명패가 주는 암시 효과일 뿐, 영국의 정신치료가 잠에서 깨어나려면 더 기다려야 했다.

미국에서 신경과 의사들이 부자 환자들을 끌어들이기 시작한 것은 1879년 뉴욕의 공중위생국 장관이던 신경과 의사 윌리엄 하먼드가 "정신적 혼란"을 집에서 치료할 수 있다고 제시한 이후부터였다.[122] 미국의 이 거대도시에는 오늘날의 시각에서 보면 실제로는 정신과 의사이지만 "신경과 의사"로 알려진 사람들이 많이 있었다. 존스 홉킨스의 리웰리스 바커와 같은 신경-내과 의사들이—아돌프 마이어와 같은 정신과 의사들이 아니라—데제린과 뒤부아의 치료법을 열광적으로 받아들였다. 바커는 1904년 파리로 데제린을 방문하고 뒤부아와 쟈네의 저술을 두루 섭렵해서 읽었다. 바커가 기록하기를, "존스 홉킨스 클리닉에서 보낸 첫해 동안 정신치료가 주요 치료 효과를 나타낸 사례를 적어도 8차례 이상 경험했다." 가정의들도 신경성 환자를 치료할 수 있다는 메시지를 바커는 전달한 셈이었다.[123]

제1차 세계대전이 일어나기 전 10여 년 동안 이 새로운 정신치료법이 미국의 내과 의사와 가정 의사들 사이에 확산되었다.[124] 뉴욕 코넬 의과대학 신경과 교수인 찰스 대너는 1913년 미래를 이렇게 내다보았다. 신경과는 이제 현미경과 부검의 범주를 벗어나 "신경증의 연구" 분야로 접어들었다. 신경과 의사들은 이제 "신경증 환자의 환경, 교육 정도 …… 성격, 기질과 사회적 조건의 중요성과 이들이 가진 주관적 느낌을 다루지 않으면 안 되게 되었다." 따라서 신경과 의사들은 환자의 어린 시절 경험부터 추적해 알아내야 하는데, "결혼에 관해 조언해 주고, 때로는 결혼한 후 아이 양육에 관해서도 얘기해 줘야 한다." 얼마 전까지 척수 박절편을 만드는 전문인이었던 의사로서는 실로 놀랄 만한 역할을 하기에 이른 것이다. 대너는 결론짓기를, "신경과 의사는 슈퍼맨이 되어야 한다. 자신이 진료하는 환자보다 더 높은 이상과 더 강한 자제력, 그리고 삶의 지혜와 더 넓은 혜안을 가져야 할 것이다."[125] 이 과대망상적 발언을 해학으로 받아들일 수 있는 이유는, 이것이 제2차 세계대전 이후 정신과 의사들이 추구하던 바로 그 역할이기 때문이다.

정신치료가 확산되던 초기에 정신의학은 아무런 역할을 하지 못했다. "광기"에 관한 교조적 이론이 환자들을 정신과로부터 멀어지게 했고, 온갖 증상에 다 갖다 붙일 수 있는 만병통치약 같은 "신경성"이라는 용어가 환자로 하여금 신경과 의사와 내과 의사에게 달려가게 만들었기 때문이었다. 제1차 세계대전 즈음 서구 세계 어디에서나 정신의학은 의학의 주류에 들어가지 못하고 변방에 머물러 있었고 인간사의 불행과 슬픔에도 다가가지 못했다. 학문 영역에서도 기질성을 내세우는 다른 의료 분야에 정신과 영역을 송두리째 빼앗기고 있었다. 정신의학이 전문 분야로 살아남기 위해서는 광기와 기질성이라는 족쇄로부터 "신경성 질환"을 풀어내야만 했던 것이다.

5

정신분석,
그리고
정신의학의 단절

각종 요법이 성행하던 시기에, 프로이트는 정신분석을 고안해 내어 부르주아 계층의 자기성찰 욕구를 채워 주게 된다. 프로이트의 추종자들은 정신분석을 치료에 적용하고, 더 나아가 운동의 차원으로 확장하기에 이르렀다. 유태인 학살로 인해 미국으로 이주한 유태계 정신분석가들은 드디어 미국 정신의학을 고스란히 점령하게 된다.

A HISTORY OF PSYCHIATRY
The Psychoanalytic Hiatus

정신의학의 역사에 관한 수많은 책들은 정신분석이 나타나기 이전의 모든 사건이 정신분석이라는 한 꼭짓점을 향해 수렴되어 왔다고 보고, 정신분석을 이야기의 끝으로 간주한다. 그러나 1939년 프로이트가 사망한 지 반세기가 지난 지금 돌아보면 전혀 다른 풍경이 보이는데, 그것은 정신분석이 정신의학 역사의 마지막 장이 아니라 실은 흐름이 멈춰져 있던 시간이며, 연속성의 단절에 해당한다는 것이다. 20세기 중반 중산층 사람들은 자신의 심리적 문제가 오래전의 사건과 연관된 무의식적 갈등, 특히 성적 갈등에서 생긴다는 이론에 열광했다. 그러나 그것은 일시적인 현상에 불과했다. 수세기 동안 정신과 의사들은 이 질병이론을 기꺼이 받아들이고 이를 정신의학의 소유라고 생각했는데, 그러했던 특별한 이유는, 정신분석이 정신의학의 존재 공간을 수용소에서 개인 진료소로 이동시켜 주었기 때문이다. 그러나 프로이트 이론이 생존했던 시간은 아주 짧은 시기에 불과하다. 긴 카우치에 환자가 누워 있고 그 뒤에 침묵하는 분석가가 앉아 있던 장면이 정신의학의 무대 중앙을 차지했던 시간은 긴 역사의 흐름에서 보면 아주 잠시였을 뿐이다. 이 장면을 비추던 스포트라이트는 1970년대 정신의학계의 과학이 발달하면서 꺼져 버리고 정신분석은 변방으로 밀려났다. 되돌아보면, 프로이트 정신분석은 정신의학을 절정에 이르게 했던 것이 아니라, 생물정신의학의 진화 과정을 잠시 늦추었던 것에 불과했다.

그러나 이 잠시의 멈춤이 정신의학에 일으킨 파장은 엄청난 것이었는데, 가장 큰 의의는 정신과 의사를 수용소로부터 벗어나게 해주었다는 점이다. 프로이트 관점에 근거한 성찰심리학은 정신과 의사로 하여금 역사상 처음으로 자신의 진료소에서 환자를 보는 전문의사로서의 위상을 확립케 해주었을 뿐만 아니라 신경과 의사가 가져갔던 정신치료를 되찾아 오게 했던 것이다. 더욱이 정신과 의사들은 이 새 치료법에 독점권을 행사하겠다는 대망을 품게 되었다. 대중은 정신치료와 정신분석이 대동소이한 것으로 간주했다. 최신식 유행하는 성찰치료를 받고 싶은 환자들은 정신과 의사를 찾아갔다. 왜냐하면 미국 정신분석협회가 주장하기를, 오직 의사만이 분석 훈련을 받을 수 있다고 했기 때문이고, 또 실제로 그렇게 되도록 실력행사를 했기 때문이었다. 지금 돌이켜보면 이런 주장은 매우 기이한 것이었는데, 정신분석가가 되기 위해서 의사로서의 훈련이 필요하다는 논리는 점성술가가 되려면 의사가 되어야 한다는 말과 다를 바 없는 논리이기 때문이다. 의사가 프로이트 기법을 독점적으로 소유하려 했던 이유는 심리학자, 정신과 사회사업가 그리고 새로운 부의 샘을 발견하고 덤벼드는 경쟁자들을 배제시키기 위한 이기적 발상이었다.

결국 정신분석을 지향하던 정신과 의사들은 더 이상 독점권을 행사하지 못하게 된다. 따지고 보면, 영문학 교수가 정신과 의사보다 정신분석을 못할 이유가 전혀 없었기에, 1960년대 이후에는 의사 아닌 온갖 분야의 사람들이 정신분석가가 되기 위한 훈련을 받겠다고 했다. 더욱 궁지로 몰리게 된 이유는, 정신분석의 과학적 근거라고 내세웠던 이론들이 붕괴했다는 데에 있다. 정신적 문제가 비정상적인 모유수유에 의해 생긴다는 주장과 뇌의 세로토닌 결핍에 의한 것이라는 주장은 동시에 진리가 될 수 없기 때문이었다. 정신질환에 관한 생물학적 근거가 축적되어 감에 따라, 정신의학은 사람들이 정신분석에 열광하는 동안 잃어버렸던 과학으로서의 기반을 되찾기 시작했다. 뇌야말로 마음이 자리 잡고 있는 부분이었다. 1990년대에 이르자 대부분의 정신과 의사들은 정신분석이 과학적으로는 파산했다고 생각하기에 이르게 된다.

따라서 프로이트의 무의식에 관한 이론모델과 소위 무의식이라는 것을 드러내기 위해 정교하게 고안된 분석기법은 시간의 제련을 견뎌 내지 못했다. 정신분석과 관련된 모든 사건은 특정 시대의 인공적 산물로 밝혀지게 된 것이다. 그러나 의학 이외의 분야에서는 정신분석이 계속 번창하고 있다. 이에 따라 정신의학 분야에서 정신분석은 거의 사라지고, 마음과 뇌의 문제를 해결하는 의학적 방법으로서는 더 이상 인정되지 않고 있다. 정신분석이 생존하지 못했던 이유는, 과학에 패배했다는 것과 또한 초기에 사람들로 하여금 열광케 했던 그 욕구가 우리 시대에는 사그라져 가고 있다는 데 있다.

프로이트와 프로이트파 사람들

프로이트 정신분석 이론에 따르면, 억압된 어린 시절의 성적 기억과 환상이 성인이 되어 재활성화되었을 때 신경증이 생긴다고 했다. 이 경우, 꿈 분석, 자유연상, 그리고 전이-신경증(분석가는 애정의 대상인 환자

지그문트 프로이트는 1856년 태어나 1939년에 사망했다. 말년에 딸 안나 프로이트와 함께 있는 모습. 사진 속의 아이가 누구인지는 밝혀져 있지 않다. **미국 의회도서관**

부모 중 한사람의 상징적 표상이 되고, 환자는 분석가와 함께 어린 시절의 심리 상태를 재경험한다)의 통과와 극복을 핵심으로 하는 정교한 분석 기법을 통해 치유될 수 있다고 했다. 그러므로 정신분석은 환자의 증상을 마음의 질병으로 해석하는 데에 의사와 환자 모두 공감했다는 점에서 본질적으로는 정신의학적이다.

그러나 역설적이게도, 정신분석의 원칙은 정신과 의사가 아닌 일반 의사로부터 유래한 것이었다. 환자는 의사로부터 지속적인 돌봄과 친밀함을 기대한다. 정신분석의 원칙은 이들 환자를 진료하던 가정의, 신경과 의사 등 신체를 진료하던 의사들의 행위에서 그 기원을 찾을 수 있다. 그러나 문제는 이 의사들이 사용하던 온갖 위약 치료법들—예를 들어 수치료법, 전기치료, 식이요법 등—이 환자에게 충분히 돌봄을 받고 있다는 느낌을 전달하지 못했다는 데에 있다. 정신분석은 그 특성상 환자의 자기성찰과정에서 의사와 환자가 소통하고, 환자는 자신이 정서적 돌봄을 받고 있다는 암시를 안출해 내는 것이다. 정신분석은 의사-환자의 만남에 존재하는 정서적 간격을 채워 주는 특성을 가지고 있었기에 초기에 그렇듯 큰 인기를 끌었던 것이다. 정신분석은 환자가 배려 받고 있다는 분위기에 젖어들게 하는 의사-환자 관계를 제공했던 것이다.

　프로이트 이외에도 수많은 의사들이 환자의 심리적 갈증을 이해했었으나, 중산층의 마음에 다가갈 수 있는 치료 방식을 다듬어 내었다는데 프로이트의 중요성이 있고, 특히 중산층 사람들이 느긋하게 자기성찰을 할 여건을 마련했다는 데에 그 의미가 크다. 게다가 프로이트의 인종적 배경과 사회적 위치로 인해 그의 이론은 강력한 반향을 일으켰고 심리학적 설명을 절실히 필요로 하는 계층에게 쉽게 다가갈 특혜가 주어졌던 것이다. 특히 서구 유럽 가치관에 급속하게 순화되어 간 중류층 유태인 여자들이 그 계층에 속했다. 이 시점에서부터는 프로이트 이야기가 매우 익숙하게 느껴지는 것을 알 수 있을 것이다.

　지그문트 프로이트는 1856년 모라비아의 프라이베르크라는 작은 마을에서 상인인 아버지 야코프 프로이트와 그의 세 번째 부인 말리아 사이에서 태어났다. 4년 후 빈으로 이사오면서 그곳에서 성장기를 보냈고, 따라서 빈은 정신분석의 진원지로 알려지게 된다. 프로이트가 태어났을 당시 이들 가족의 부유힘은 다소 줄어늘기는 했지만, 프로이트 생애 내내 중류층의 수준―예를 들어 항상 하인이 있었다―을 유지했고, 따라서 정신분석 애기는 항상 이들 가족과 같은 사람들―교육받고 유복하며 심리적 민감성을 지닌 탈종교적인 사람―의 경험을 반영하고 있다.

　1860년경 서구 유럽의 모든 도시마다 유태인이 어느 정도씩 있었지만, 빈은 도시 중류층의 거의 대부분을 유태인이 차지하고 있었다는 점에서 독특했다. 19세기 말 이 도시의 어느 집단에든―언론인이든, 은행가든, 사업가든 학자든―눈에 띄게 많은 유태인이 포함되어 있었다. 중류층에 이렇듯 많은 유태인이 속해 있었다는 사실은, 폴란드, 러시아, 우크라이나 등의 작은 마을에 격리되어 살았던 유럽의 유태인들이 18세기 말부터 사회적으로 크게 발전하고 있었다는 사실을 반영하는 것이다. 19

세기 유태인 격리정책이 해제되자 동부 작은 마을에 살던 유태인들은 서부 유럽 큰 도시로 이동했고, 고등교육을 받고 이를 발판으로 자유 전문직으로 진출했다. 예를 들면 1890년 빈 대학의 33%가 유태계였다.[1] 빈 의과대학 교수진의 딱 절반이 유태인이었다.[2] 빈에 있던 의사의 3분의 2가 유태인이었다.[3] 따라서 일부에서 주장하듯이, 당시 젊은 지그문트 프로이트가 소외되어 있었다거나 인종적 배경 때문에 냉대를 받은 것이 아니라, 오히려 유태인으로 가득 채워진 빈에서 자기 노력으로 얼마든지 성공할 가능성을 가지고 있었던 것이다.

1881년 의과대학을 졸업한 프로이트는 학위를 마치는 데 8년이 걸렸는데, 그 이유는 과학에 대한 호기심으로 자주 다른 분야를 기웃거렸기 때문이었다. 다른 분야 중 하나는 심해 바다생물의 신경계통을 연구하기 위한 것이었고, 여기에서 더 나아가 신경과 수련을 받으러 빈 종합병원의 마이네르트 밑에서 5개월을 지냈다.(136쪽을 보라) 1885년 시간강사를 맡은 직후 프로이트는 파리로 여행을 떠나 샤르코 클리닉에서 그 해 겨울 내내 관찰할 수 있는 허락을 받았다. 당시 샤르코는 "히스테리아" 연구에 최고의 집념을 보이던 때였다. 이후 프로이트는 빈으로 돌아와 신경과 의원을 개원했다.[4]

개원했을 때 그는 다른 많은 신경과 의사와 별반 다를 바 없었고 당시 신경과 개원가에서 대세를 차지하고 있던 우울증 여자 환자를 통상적으로 진료했다. 프로이트는 테오도르 곰페르츠 교수의 부인으로 자신의 초기 환자였던 중증 신경증 환자인 엘리제 곰페르츠를 최면으로 치료하려 애썼던 적이 있었다. (곰페르츠 교수는 자기 부인이 최면으로 증상이 더 악화되었다고 불평했다고 한다.)[5] 프로이트는 또한 전기치료도 사용했다. 한 예를 들면, 1894년 에르빈 스트란스키의 아버지가 팔에 "신경통"이 있다고 호소하자 (스트란스키의 아버지는 암을 앓고 있었다) 감응전류요법faradization+

을 시도하기도 했다.[6] 사업이 제대로 되지 않자 어느 시점에선가 프로이
트는 수치료 클리닉을 해볼까 심사숙고하기도 했다고 한다.[7] 수년 동안
프로이트는 평범한 신경과 개원을 유지했다.

그러나 의사 전문인으로서 평범하지 않은 점 한 가지, 혹은 불행이라
고도 볼 수 있는 점이 한 가지 있었다. 1886년 파리에서 돌아온 직후 그
의 상사였던 마이네르트로부터 의사협회에서 히스테리아에 관한 강의를
해달라는 요청을 받게 된다. 서구 사회 엘리트 의사라고 자부하는 의사
들 앞에서 프로이트는 샤르코의 방법을 경이로운 것으로 포장하여 발표
했다. 수년 후에 정신과 교수인 율리우스 바그너-야우레크가 회상하기
를, "그 강의는 빈의 거물들을 납득시키지 못했다.""토론 시간에 [하인
리히] 밤베르거와 마이네르트는 프로이트를 심하게 비난했고 프로이트
는 교수진 앞에서 크게 망신을 당했다." 그러자 빈의 저명한 가정의이자
유태인 사회에서 폭넓게 상담을 하고 있는 요세프 브로이어는 "환자가
찾아 주지 않는 신경과 의사"라고 프로이트를 불쌍히 여겼다고 한다.
"브로이어는 프로이트에게 일거리를 주려고 유태인 히스테리아 소녀 환
자들을 그리로 보내 치료받게 했다."[8] 1895년 프로이트와 브로이어는 공
동으로 《히스테리아에 관한 연구》라는 책을 출간했는데, 브로이어가 진
료했던 "안나 O"라는 젊은 여자의 역사에 관한 것과 프로이트가 몇몇 사
례를 설명해 놓은 것이었다.[9] (브로이어는 자기의 치료법을 "승화요법cathartic
therapy"++이라 불렀다.)

프로이트는 이들 젊은 여자들의 얘기에 들어 있는 성적 요소—그가

✛ 근육 등에 전기자극을 가해 근육통이나 근무력증 등을 치료하는 방법이다.

✛✛ 그리스어 "정화"에서 비롯된 용어로, 특히 히스테리 증상과 연관된 어린 시절의 억압되었던 고통스러
운 감정을 재경험함으로써 감정을 정화하는 것이 증상을 해소하는 방법이라는 이론에 근거한 정신분석의
한 방식이다.

그렇게 믿었던—에 놀라움을 느끼게 된다. 예를 들면 엘리자베스 폰 R.은 여동생이 사망하고 오랜 시간이 흐른 뒤에 자신이 동생의 남편을 원하고 있었다는 것을 깨닫는다. 그녀는 죄책감에 빠져들게 되었다. "이제 그 사람은 자유의 몸이 되었으니 내가 그의 아내가 될 수 있어." 이 여자 환자의 히스테리성 마비 증상은 바로 이런 갈등에 의해 야기된 것이라고 프로이트는 믿게 되었다.[10] 그리고 이런 경험이 보편적일 것이라고 생각했다. 그리하여 히스테리아와 불안증은 환자가 어린 시절에 겪은 성적 트라우마의 경험, 성인이 된 후 금욕 생활, 자위, 성교 중단 등의 갈등에서 비롯된다는 이론을 만들어 내기에 이른다. 1897년 이후부터는 여성 환자의 신경증의 근원이 실제로 경험했던 성적 트라우마가 아니라, 사실은 어린 시절의 근친강간 환상이라고 믿기에 이른다.[11]

그리하여 프로이트는 진료시에 성에 관해 얘기함으로서 환자들을 당황하게 했다. 1893년 특별히 믿을 만한 친구라고 생각했던 베를린의 가정의 빌헬름 플리스에게 프로이트는 이렇게 편지에 썼다. "성에 관해 얘기하면 사람들은 처음에는 경악하지만 곧 매료되어서는 다음과 같이 말하곤 합니다. '누구도 나에게 이런 것을 물어보지 않았어요!'"[12] 아마도 보수적 유태 가정에 갇혀 살고 있었을, 그리고 정상적 성호르몬과 성적 욕구를 가지고 있었을 젊은 중류층 여자들로부터 이런 식으로 성적 기억을 끌어내기 위해서는 환자에게 강한 압력을 행사해야 했을 터이고, 때로는 실제로 일어나지 않았던 사건이나 별로 중요치 않은 것을 중대한 것으로 과장해서 기억해내도록 암시하는 지경에까지 이르게 되었다. 환자의 이마에 손을 얹은 프로이트는 오페라 〈카르멘〉 아리아에 대한 기억이 성적 애무에 대한 갈망과 연결되더라는 환자의 얘기를 끌어냈다. 그 환자는 면담 도중 달아나 버렸다고 한다.[13]

이렇게 끈질기게 성적 소재를 끌어내려던 것이 초기 정신분석의 특징이었다. 부다페스트의 분석가 산도르 페렌치는 프로이트를 흉내 내어 즉각 임상 면담에서 성적 소재를 다루기 시작했다. 그는 한 여자 환자의 집으로 왕진을 간 적이 있었는데, 그 여자는 썰매를 타다가 다리가 골절된 후 섬망상태에 빠졌다. 이 환자와의 면담에서 성에 관한 탐문이 제대로 이루어지지 않자, 페렌치는 환자의 어머니를 다그쳐서 환자가 마차 안에서 기절한 적이 있다는 병력을 얻어냈다. 페렌치는 이 환자에게 마부와 성관계를 가지려는 욕구가 있는 것이라고 해석했다.[14]

초기 정신분석가들은 성적 주제를 뒤져내는 것으로 유명했다. 빈의 정신과 의사 에밀 라이만은 프로이트와 그의 환자들을 잘 알고 있었는데, 프로이트는 고분고분하고 쉽게 암시에 걸려드는 젊은 여자 환자들에게는 자신이 원하는 어떤 말이든 털어놓게 만든다고 불평을 한 적이 있었다. "프로이트에게 상담을 청하는 환자들은 프로이트가 어떤 말을 듣기 원하는지 미리 알고 있었다. 그들은 성적 기억이 증상의 원인이라고 스스로 확신하는 사람들이었다. 성적 문제가 자기 증상에 아무런 역할을 하지 않는 사람들은 프로이트에게 가봤자 아무 소용이 없음을 잘 알고 있었다." (라이만은 빈의 노동계급에는 수많은 종류의 성적 접촉, 심지어 근친강간까지 있으나 히스테리아는 없음에 주목했다. 그러나 가족의 엄격한 관리를 받아 성적 트라우마를 받았을 가능성이 극히 적은 빈의 유복한 가정의 젊은 여자들에게는 히스테리아가 성행했다.)[15] 1890년대 말 라이만은 빈 근처 푸르커스도르프에 있는 개인 신경클리닉에서 여름 동안만 일을 했는데, 당시 그는 프로이트가 보았던 환자들과 가족인 중산층 사람들을 잘 알고 있었다. "프로이트가 일단 그들로 하여금 성에 초점을 맞추게만 하면, 그 어떤 병적 기억도 성에 관한 문제로 대치되어 버렸다." "환자들은 성을 제외하고는 일상사에 관심을 잃어버려 지루함과 권태에 빠지고는 자극적인 유행 소설을 읽으면서 권태에서 벗어나려 애썼다. …… 이런 사람들 사이에서 프로이트는 유명한 성 연구가로 알려지게 되었다."[16]

더욱이 세기말 퇴폐적인 분위기에 빠져 있던 유럽 중류층은 성에 관대했다. 비록 젊은 프로이트파 사람들이 이 주제에 독점권을 주장하지는 않았지만, 그럼에도 불구하고 그들은 성욕의 억압이 어떻게 신경증으로 이어지는지 그 로드맵을 제공해줄 유일한 사람들이었다. 프로이트가 1896년 최초로 사용한 용어인 정신분석가라 불리던 사람들은 이 로드맵을 따라 일종의 운동을 일으키게 된다.[17] 이들은 세 가지 주 요소로 이루어진 일련의 원칙을 세상에 내보이는데, 첫째, 의식 밖으로 튀어나오려는 무의식적 생각을 억제하려는 환자의 저항에 관한 연구. 둘째, 성과 연관된 주제가 중요한 원인임을 강조하는 것. 셋째, 어린 시절의 초기 경험이 핵심적이라고 강조하는 것이었다.[18] 프로이트가 결코 흔들린 적 없이 주장했던 가장 핵심적인 이론은 성적, 공격적 욕구가 현실의 요구 앞에서 신경증적 증상으로 대체된다는 것이었다.

1902년 프로이트는 자신의 집에서 매주 수요일마다 여는 토론 그룹을 출범시켰다. 친구인 플리스(이제는 예전 친구)와 토론을 즐기던 수준을 넘어서 자신의 추종자를 끌어 모으려 한 첫 시도였다. 제1차 세계대전 직전 잠시 유지되었던 이 수요 그룹 안에 난무하던 분열과 반목을 살펴보면, 정신분석가들이 결코 자유로워질 수 없었던 근본적인 문제점이 무엇인지 조명될 것이다. 문제는, 프로이트가 자신의 학설을 퍼뜨리는 데 너무 열성적이어서 정신분석을 불합리한 심리상태를 연구하는 방법에 국한시키지 않고 일종의 운동으로 전환시키려 했다는 데에 있었다. 그 자신은 정신분석에 과학적 기반이 있을 것이라는 그 어떤 가능성도 부인했다.

그들에게 프로이트라는 지도자의 말은 신앙과 같았고, 반대 증명은 아예 불가능했다. 프로이트의 견해를 비판하려 들면 그것은 자신의 병적인 부분을 인정치 않으려는 "저항"[+]으로 간주되었다. 그들은 과학적 검증 방식으로 정신분석을 다루려 하지 않았던 것이다. 수요그룹 창설을 처음으로 제안했던 프로이트의 친구인 의사 빌헬름 스테켈이 곧 이탈해 나갔고, 알프레트 아들러도 떨어져 나갔다. 지리적으로 멀리 떨어져 있었으나 정신분석에 열광하던 취리히의 학자 카를 융과 오이겐 블로일러도 곧 다른 많은 사람들처럼 등을 돌려버렸다. 프로이트가 성城과 같이 쌓아 올린 어린 시절의 성性이라는 주제에서 벗어날 것을 비판적으로 조언했던 사람들의 노력은 모두 실패했다. 그러나 프로이트에게 신앙과 같이 매달리는 핵심세력은 잔존했다. 정신분석이 내적 진리를 가지고 있다는 믿음을 지킨 이들 충성스러운 신도들이야말로 정신분석을 보다 더 넓은 세상으로 확산시킨 사람들이다.

베를린의 분석가 프란츠 알렉산더는 1930년대 초기 시카고에 정신신체 의학의 교두보를 마련한 사람인데, "그런 용기 있는 선구자적 정신분석가 집단의 일원이 될 수 있다는 것"이 얼마나 영광인지 모르겠다고 말했던 사람이다. 그는 프로이트에게 이렇게 말했다. "근본적으로 당신이 옳고 세상이 틀렸다. 당신이 말하는 주제를 한번 훑어보기만 해도 그 내용이 충분히 근거 있음을 알 수 있을 것이다. 억압된 성욕이 빅토리아 시대 그리고 빅토리아 후기 시대 서구인의 신경증의 주요 원인이라는 것을 당신은 확실하게 알고 있다. 무엇보다도 성은 삶의 시작부터 존재하는 것이고, 유아기 성의 대상은 근친적인 것이다."[19]

프로이트와 그 추종자들은 그것이 진리라고 진심으로 믿고 있었을까? 아니면 매우 모호한 것들을 "확실한" 그 무엇이라고 믿기 위해 서로

[+] 무의식의 내용이 의식 밖으로 드러나려는 것을 스스로 차단하여 자신이 인식하지 않도록 하는 심리적 기전.

에게 암시를 걸었던 것은 아니었을까? 프로이트는 자신을 과학자라기보다는 탐험가로 여기는 경향이 있었고, 한번은 친구인 플리스에게 단호하게 이렇게 말한 적이 있었다. "나 자신은 전혀 과학적인 사람도 아니고, 관찰자도, 실험가도, 더욱이 사색하는 사람도 아닐세. 나는 기질상 정복자—군이 정의하자면 탐험가라 할까—이고, 그런 사람들의 특징인 호기심과 대담무쌍함 그리고 끈기를 가지고 있는 사람일세."[20] 프로이트 계열 집단은 아첨꾼으로 가득 차 있었는데, 그 이유는 프로이트가 보내 주는 환자들에 의존하여 경제적 이득을 얻고 있었기 때문이었다. (그는 책상 서랍에 연락할 환자들의 목록을 넣어 두고 자기 기분에 따라 인색하게 환자들을 나누어주었다.)[21] "프로이트는 자기 추종자들에게 자신이 얼마나 강력한 암시력을 가지고 있었는지 인식하지 못했고, 따라서 자기 이론이 명백하게 확인되었다고 정말로 믿었을 가능성이 크다"라고 역사학자인 폴 로어젠은 적고 있다.[22] 그러므로 타당성의 문제는 정신의학계 안에서 정신분석의 빛이 꺼져 갈 때까지 정신분석 자체를 끊임없이 위협했다.

정신분석의 두 번째 문제점은 정신분석이 과연 어느 정도 세계관과 대립하는 치료법인지에 관한 것이었다. 정신분석은 인간이 사회와 포괄적으로 연결되어 있음을 주장하는 것이다. 말하자면 수도꼭지의 형태(성기와 유사한)를 친밀함에 대한 공포(억압된 동성애적 갈망으로)와 연관시켜 설명할 수 있을 정도로 포괄적이다. 그러나 프로이트 자신은 정신분석이 실제로 환자를 낫게 할 수 있는가라는 질문에는 불편해했다. 그는 몇몇 환자의 병력을 기록하여 책으로 출판했는데, 의학적 측면이 아니라 사회적 수준에서 분석할 때 더 편안해 했다. 사회분석에 관한 것 중 가장 잘 알려진 것은 1930년 저술한《문명의 발전과 불만족》이다.[23] 동료 한 사람이 정신분석으로 환자의 증상이 좋아졌음을 보고하자, 프로이트는 깜짝 놀라 그를 쳐다보더니 "아, 그렇지. 자네는 분석으로 치료도 할 수 있군"

이라고 말했다고 한다.[24] 또 다른 얘기로는, 스위스 크로이츠링겐에 있는 호사스러운 개인 신경 클리닉의 감독 의사인 루트비히 빈스방거에게 비밀을 털어놓은 것이 있다. "(정신분석이) 치료효과가 거의 없다 할지라도 왜 우리가 그 이상의 것을 성취해낼 수 없는지 이해할 수는 있다는 생각으로 나 자신을 위로하고 있다네. 그런 의미에서 우리의 치료법만이 유일하게 합리적인 것으로 보이네."[25] 그러므로 정신분석이 정신의학을 지배하기 시작했을 때, 치료적으로는 불확실한 학설에 불과했고, 줄잡아 말해도 사변적인 것에 불과했다. 그러나 전환기에서 비非 유대인 여성처럼 되고자 열망하던 중산층 젊은 유태 여성들은 고립된 느낌에 사로잡혀 있었고, 정신분석은 이런 특정 집단의 심리적 욕구에 가장 적절한 것이었다. 게다가 심각한 정신질환을 가진 사람들의 욕구에 이보다 더 잘 부응할 수 있는 치료법은 찾기 힘들었다.

정신분석이 본질적으로 정신의학에 부합되는 것이 아니었음을 고려한다면, 정신분석이 유럽 전역을 질주하게 된 이유에는 정신분석 자체가 아닌 다른 어떤 영향력이 확실히 작용하고 있었다. 그 힘은 바로 중산층 사람들의 열광이었다. 프로이트의 학설은 교육받은 계층에게 터무니없이 엄청난 인기를 끌게 되었는데, 20세기 후반 내내 부르주아 계층에게는 자기인식을 추구하기 위한 성경과도 같이 여겨졌던 것이다. 치료가 정신분석이라면 예술은 표현주의였다. 정신분석과 표현주의는 양자 모두 정교하게 고안된 자기성찰 방법을 의미했다. 전쟁 전의 베를린에서는 정신분석이 최신식 유행으로 받아들여졌고, 1911년 출간된 그레테 마이젤헤스의 소설《지식인》을 읽은 사람이라면 "에리카"의 정신적 모험에 공감했었을 것이다.

"난 아파요." 그녀는 결심했다. "의사에게 가봐야겠어요." 오래전부터 "정신-

분석" 치료법에 호기심을 느끼고 있었기에 그녀는 "유명한 정신과 의사"를 찾아낸다.

정신과 의사는 그녀의 얘기를 다 들은 후에 이렇게 말했다. "당신은 고통스러웠던 성적 경험을 극복하지 못하고 억압해 두고 있군요 …… 그렇지 않습니까?"

에리카는 고개를 끄덕였다. 그는 계속 말을 이어 나갔다. "꾹꾹 눌러두고 있던 기억의 진짜 모습을 눈을 크게 뜨고 의식의 수면 위로 불러내는 것이 중요합니다." 그는 "승화昇華시킨다"는 용어를 쓰면서 꿈과 성욕에 관한 기초적 이론을 그녀에게 설명해 주었다. 그는 부인과 검사도 했는데, 기울어진 자궁이 히스테리아의 원인이라는 이론에 근거한 검사 같았다.

"그곳은 모두 이상이 없는 것 같으니 당신은 정신분석 치료를 받아야겠습니다." 그리고 그녀의 "히스테리성 정서적 정신병"은 완치가 가능하고 그러려면 최면을 해야 한다고 말했다.

최면으로 잠에 빠진 그녀의 눈꺼풀에 그가 손을 대자 그녀는 깨어났고 이렇게 상담은 막을 내렸다. 에리카는 회복되었다.[26]

이 부분은 프로이트가 나중에 법전화法典化해 놓은 정신분석을 희화한 것임을 독자들은 곧 알아챌 것이다. 프로이트는 1890년대 말부터 환자에게 최면을 걸지 않았고 최면을 정신분석 방법에 포함시키지도 않았다. 어찌되었든 소설 속의 이 상황은 분석가들이 훈련 연구소를 만들어 분석 기법을 표준화하기 이전에 정신분석이 어떻게 알려졌는지를 보여 주는 한 장면이다. 1908년 중앙유럽에서는 처음으로 베를린에 정신분석협회가 설립되었다. (1920년 이후부터는 정신분석 외래 클리닉에서 실제 수련이 시작되었다.)[27] 1925년경이 되자 정신분석은 베를린 중류계층에 최신 유행 품목과 같이 되어서, 자신의 "열등감 콤플렉스Minderwertigkeitskomplex", 혹은

줄여서 "민코Min-ko"라는 단어가 잡담의 주제가 될 정도였다.[28]

(소설가 엘리아스 카네티가 적었듯이) "정신분석이 횡행"하던 현상은 빈에서도 확실해졌다. "그때 당시에는 별다른 무의식적 동기를 지니고 있지 않다는 것을 뭔가 경쾌한 어조로 미리 말해 놓지 않으면 그 어떤 다음 단계로도 대화가 진전되지 않았다. 사람들이 뿜어내는 말할 수 없는 권태로움, 허무함에 대해 우려하는 사람은 거의 없었다."[29] 카네티 자신이 일종의 소발작absence fit[+] 의식상실과 같은 증세를 겪게 되자, 오랜 가족 주치의인 "라우프 박사"가 왕진을 오게 되었다. 그 의사는 카네티의 어머니에게 다음과 같은 말로 안심시켰다고 한다. "그냥 내버려두십시오. 오이디푸스[++]에게는 도움이 되는 증상입니다."[30]

일반 정신과 의사들은 정신분석이 중산층 사이에 들불처럼 번져 나가는 현상에 넋이 나가 버렸다. 부다페스트에 있는 한 정신과 클리닉의 의사는 다음과 같은 말로 이 현상을 설명해 보려 애썼다. "정신분석을 통해 구원을 얻으려는 환자들이 폭발적으로 증가하는 현상은 정신분석이 인기를 얻었다는 사실로 일부 설명이 되지만, 또한 내향성과 자기성찰에 대한 우리 시대의 감수성에서도 기인된다." 정신분석은 소위 "과잉성욕 신경증"을 노골적으로 끌어당기는 방법이었다고 그는 말했다.[31] 그러므로 의사 핵심세력 중에는 "과잉성욕 신경증"과 그들의 문제가 과연 존재하는 것인지 의심을 하거나, 심지어는 경멸하는 사람까지 있었고, 교육받은 중산층 사람들이 과연 자기통찰을 향상시키기 위해 의사진료실에 오는 건지 수상쩍어했다. 자, 이제 역사의 무대에

....

[+] 수초 동안의 의식상실과 때로는 근육탈력을 동반하는 간질의 한 종류이다.
[++] 카네티가 오이디푸스 콤플렉스를 가지고 있어서 이로 인한 심적 긴장을 피하기 위해 간질발작을 보인다고 판단했음을 의미한다.

는 전통적 수용소 정신의학이 파멸을 맞게 될 실제 상황이 모두 준비
되었다.

전쟁의 시작

정신분석이 운동차원으로까지 진전된 과정은 그 자체가 이야깃거리
다. 흥미로운 점은 정신분석이 정신의학계를 장악하기 위해 얼마나 공을
들였는지에 관한 것이다. 1890년대 말 프로이트 이론이 정신의학계 비
주류의 관심을 끌기 시작하여 1960년대에 그 절정에 이르는 기간 동안,
정신분석은 정신의학계에 깊숙이 침투해 들어왔다. 분석의 바람이 휘몰
아치자 정신의학계 내에서는 거대한 분쟁이 일어나게 되는데, 이는 정신
의학이 오래전부터 심리학이 아니라 생물학을 지향해 왔기 때문이었다.
막판에 정신분석이 승리하게 된 이유는 프로이트 이론이 탄탄했었기 때
문이 아니라 개인 의원들이 번성할 수 있는 계기를 제공해 주었기 때문
이었다.

대부분의 의사들이 초기에 알고 있던 정신분석은 현재 우리가 연상하
는 고전적 형태가 아니다. 즉 환자가 긴 의자에 누워 꿈과 단어 연상을
말하는 동안 정신과 의사는 환자 뒤편에서 침묵을 지키는 면담을 50분씩
일주일에 다섯 번 해야 하는 그런 정신분석이 아니었다. 이런 분석 방식
은 1930년대 이후 대도시마다 분석훈련연구소가 번성하면서 이들 연구
소에 의해 주조되어 확산된 것이다. 프로이트의 저술에 있던 초기 형태
의 분석은 긴밀한 의사-환자 관계라는 맥락에서 환자의 성적 활동을 알
아낼 것을 강조했던 것이었다. 프로이트 자신은 꽤 "비전통적"이어서,
환자의 집에 찾아가기도 하고 함께 어울리기도 하고, 관습에 어긋나는

행동에 탐닉하기도 했다.[32] 어찌되었든 초기의 프로이트는 감정을 누그러뜨리는 정신치료를 제시하지는 않았다는 것이다. 오히려 초기 분석은 성교 중단, 자위, 어린 시절의 성욕에 관한 기억 등에 관한 주제를 철저하게 캐내는 것이었다.

정신분석이 침투해 들어오자, 정신의학계는 이를 저지하면서 두 가지 문제와 마주하게 되었다. 첫 번째는 성이 정신질환의 원인이라는 주장에 대한 회의론과, 두 번째는 정신의학의 주 대상이 정신병에서 신경증으로 전환되는 것에 대한 교수진들의 반감이었다.

정신분석과 정신의학계 사이의 첫 번째 전쟁은 중앙유럽에서 일어났다. 프로이트에 반대하는 사람들의 주된 논조는 모든 것을 오직 성의 문제로만 환원시키는 프로이트 이론에 대한 불신이었다. 한때 크레펠린의 조수였고 1906년 쾰른에서 정신과 교수가 된 구스타프 아샤펜부르크는 자위 행동이 "감정억압"을 일으킨다는 것은 있을 법하지도 않고, 금욕이 불안의 주원인이라는 것 또한 말도 안 되는 것이라고 보았다. 아샤펜부르크는 프로이트가 환자에게 그런 말을 하도록 유도했음에 틀림없다고 말하면서, 궁전과 같이 쌓아 올린 정신분석 이론은 암시의 승리를 의미하는 것에 불과하다고 결론지었다.[33] 프랑크푸르트 근처 개인 클리닉의 수석의사인 아돌프 프리틀란더는 정신분석 운동가들 사이에서는 악명 높은 적으로 알려져 있었다. 그때까지도 프리틀란더는 여성을 부정적으로 해석하는 모든 분석이론가들을 줄줄이 혹평해 왔기 때문에 분석가들로부터 비난을 받고 있었다.[34] 그럼에도 불구하고 다른 사람과 비교하면 그는 꽤 중립적이라고 볼 수 있었다. "정신-분석[정신치료를 의미함]은 신경과 의사와 정신과 의사에게는 항상 없어서는 안 되는 방법이었다. 그러나 성의 이론에 관해서는 우리 모두가 의혹을 느끼고 또 필요하다고 생각하지도 않는다."[35] 이런 식의 언급은 대체적으로 독일에서 정신분석을 대하는 전형적인 태도였다. 그렇다고 고상한 체하려는 것은 아니었다. 왜냐하면 정신분석을 비난하던 사람들이 내밀한 것을 다루는 다른 방식의 정신치료도 비난했던 것은 아니었기 때문이다. 비난했던 순수한 이유는 신경증의 병리가 종국에는 오직 성의 문제로만 귀결된다는 것을 받아들일 수 없었기 때문이었다.

교수들은 조금 다른 의미로 적개심을 보였다. 반反 정신분석적 태도를 가진 사람들이 대학 정신과의 수장 자리를 차지하고 있다고 분석가들은 주장했던 것이다. 실제로 잘 알려진 취리히의 오이겐 블로일러와 조금 덜 알려진 베를린의 카를 본훼퍼는 예외적인 수장들이었다. (예를 들어 1914년 의사를 모집할 때 지원자들이 치른 시험문제에는 다음과 같은 질문이 적혀 있었다. "정신의학에서 정신분석의 의의를 적으시오."[36]) 다른 정신과 의사들과 마찬가지로 교수들도 모든 정신질환을 성 문제로 환원시키는 정신분석 운동을 싫어했다. 그러므로 독일의 저명한 신경정신의학자인 아돌프 쉬트림펠이 빈 사람들 모두가 성에 집착하고 있다고 말한 것은 당연했다.[37] "프로이트 식 사교邪敎에는 구역질이 난다." 취리히 정신과 교수 아우구스트 포렐이 1907년에 한 말이다. 그는 정신분석을 받고 성에 집착하게 되면서 증상이 악화된 환자에 관해서도 나중에 언급한 바가 있다.[38]

그때까지도 성이라는 주제는 대부분의 교수들에게 주요 관심거리가 아니었다. 오토 빈스방거, 오스발트 붐케, 알프레드 호에, 에밀 크레펠린, 콘라트 리거 등등이 정신분석을 공격하려 했다면, 무언가 그럴만한 상황이 있었을 것이다. 그 상황이란, 이들 모두가 예외 없이 수용소 정신의학자였다는 점이다. 이들에게 정신질환이란 정신증을 의미했고, 정신증은 수용소나 전문기관에서 치료 받아야 할 병이라고 생각한 사람들이다. 젊은 정신과 의사들이 정신병 환자는 내동댕이치고 신경증 환자를 낫게 해준다는 이단적 학설을 쫓아다니는 모습을 선배 의사로서는 참을 수 없었던 것이다. 그런 행동은 이들 선배 의사들이 매달려 온 평생의 작업과 정신의학에 대한 사명감을 부정한다는 뜻이었기 때문이다. 프로이트와 분석가들이 정신의학의 방향을 신경증의 해석과 치료로 전환시키는 것임을 그들은 정확히 이해하고 있었다. 정신분석은 정신의학의 방향을 전환시키는 것으로, 정신병자로 꽉 찬 수용소라는 공간에서부터 일상생활의 문제인 신경증으로의 전환을 의미했던 것이다.

정신의학의 무게 중심이 전환되는 것에 교수들은 경악했다.[39] 뷔르츠부르그의 교수 콘라트 리거는 1896년 이 유감스러운 상황을 명확히 묘사했다. "경험 많은 정신과 의사가 참으로 역겨움을 느끼지 않고도 [프로이트를] 읽을 수 있으리라고는 상상하기 어렵다. 프로이트가 역겨운 이유는 성에 관한 편집증적 잡담에 그렇게 큰 중요성을 부여하기 때문이다. …… 그 잡담이 모두 창조해 낸 것이라 할지라도 말이다. 그런 짓을 따라하다 보면 바로 혐오스러운 '시골 노파 정신의학Altweiber-Psychiatrie'✝으로 직행하게 될 것이다."[40] 시골노파 정신의학의 문제점은 미치지 않은, 단지 불행한 사람을 치료 목표로 겨냥하고 있다는데 있었다.

리거 등의 경고는 적절했다. 제1차 세계대전이 일어나기 몇년 전부터 젊은 정신과 의사들이 정신분석을 정신치료의 한 방법으로 보고 몰려들었기 때문이다. 이들은 두 부류로 나눌 수 있었는데, 첫 부류는 의사-환자 관계를 활짝 열어젖히기 위해 정신분석의 형식 일부를 이용하려는 것으로, 정신의학에 심리적 감수성을 도입하고자 하는 것이었지 정신과 의사 자신이 "정신분석가"가 되길 원치 않았던 경우이다. 두 번째 경우는, 환자들로부터 인기를 얻고 유명인이 될 수 있었기에 그럭저럭 프로이트 이론을 받아들인 사람들이었다. 내과 의사이자 정신과 의사인 빅토르 폰

✝ 주변의 온갖 일들을 부풀려 말해서 가십거리로 만들어 퍼뜨리는 시골 노파에 비유한 것.

바이츠제커는 젊은 시절 정신분석을 접하면서 "[1914년경] 대학 클리닉
은 내게 무언가 느끼게 해주었으나 다른 사람들은 의혹의 눈으로 보고
있었다. 병동회진은 점차 비인간적으로 되어 갔고, 실험실 검사와 심전
도 등의 검사가 대부분인 입원 환자 진료는 나에게 반항심만 일으켰다.
의사-환자 사이의 일대일 대화라고는 찾아볼 수 없었다. …… 진료실에
서 환자와 친밀한 대화를 나누는 정신치료사의 일과 그 얼마나 대조적인
가!"[41] 바이츠제커에게는 정신분석가의 공식 자격을 따는 것보다 환자와
대화를 나눌 때 새로운 방법을 사용할 수 있다는 것이 더 중요했던 것이
다. 정신분석에서 성지聖地를 발견한 것이 아니라 소통하는 길을 본 젊은
의사 그룹에 그는 속해 있었다.[42]

또 다른 그룹의 정신과 의사들은 아마도 심리학적인 것보다는 경제적
이득에 더 관심이 커서 환자를 끌기 위해 정신분석을 받아들인 개인 신
경클리닉 소유자들이었다. 이들이 "정신분석"을 한다고 각별하게 선전
을 해댔던 이유는 제1차 세계대전 전후로 "프로이트주의"를 요구하는 중
산층의 요구에 대한 공급자로서의 반응이라고 볼 수 있다. 개인 클리닉
의 환자들이 바로 중산층이었기 때문이다. 경쟁이 심한 개인 클리닉은
최신 유행이라면, 그것이 1890년대의 식이요법이든, 벨에포크 시대의
"신선한 공기와 태양" 요법이든 무엇이든 하려들었다.[43] 그리하여 정신
분석은 1910년 이후 최신 유행 품목이 된 것이다.

1895년에 발표된 프로이트와 브로이어 식의 정신치료는 일명 승화치
료라 불렸다. 이 치료 방식은 개인 클리닉들에서 즉각적으로 받아들여
이미 1900년에 유행이 시작되었고, 튀링겐의 온천치료소와 블랑켄부르
크의 개인 신경클리닉을 운영하던 볼프강 바르다 같은 사람은 "프로이트
와 브로이어의 승화치료"가 엄청나게 환자를 끌어 모은다고 동료들에게
자랑할 정도였다.[44] 프로이트가 승화치료의 치료성을 폐기하고 통찰치료

로 전환하자, 이를 지지하는 개인 클리닉들은 몇 배 이상 더 불어났다. 프로이트가 1907년 빈을 방문한 이후, 크로이츠링겐에 있던 벨뷰 클리닉의 젊은 루트비히 빈스방거가 정신분석의 명인으로 등장했다. 1910년 빈스방거의 아버지 로베르트가 사망한 이후 아버지의 클리닉을 물려받은 루트비히는 의사와 환자 모두에게 이 새로운 치료법을 열정적으로 선전하기 시작했다. "모든 정신신경증, 그리고 여러 정신증과 정신병리적 성격 등이 정신분석으로 치유되거나 아니면 최소한 개선될 수 있다고, 그 당시 나는 확신하고 있었다"라고 빈스방거는 말했다.[45] 정신의학계 주류에 속한 의사들은 그런 클리닉을 배척했지만, 벨뷰 클리닉은 새 치료법 덕분에 문전성시를 이루고 있었다.[46] 전쟁 전에 빈스방거와 같은 예는 또 있었는데, 예를 들면 베를린 정신분석협회 창립 멤버 중 하나인 오토 율리우스부르거가 있다. 베를린 교외 랑크비츠에 있는 대형 개인수용소의 의사이었던 율리우스부르거는 정신분석과 유태인을 싸잡아서 비난하는 것에 매우 민감했다.[47]

사회에서 정신분석이 받아들여지는 데에는 제1차 세계대전의 영향이 지대했다. 아마도 프로이트가 말한 죽음의 본능과 공격성에 관한 이론이 전쟁의 끔찍한 불합리성을 실명해 주었기 때문인지도 모른다. (1920년 프로이트는 그가 전에 언급했던 성 본능만이 있는 것이 아니고, 에로스Eros와 타나토스Thanatos, 즉 생에 대한 본능과 죽음에 대한 본능의 두 종류의 기본적 본능이 있다고 주장했다.) 전쟁 후 모든 치료 현장에 정신분석이 휘몰아쳐 들어왔다. 그전에는 정신치료와 아무런 관계가 없던 많은 클리닉이 자기네도 정신분석을 도입했다고 선언하기 시작했다. 예를 들면, 1927년 빌헬름스회헤의 카셀 외곽에 있던 시설의 소유자 빌헬름 로르바흐는 "목욕요법, 현대적 광光치료 및 신선한 공기치료, 최신식 전기치료, 고지대高地帶 치료법, 운동 및 마사지 …… 최면암시 및 비최면 암시치료 …… 등의 다양한 치료법" 중의 하나로 "정신분석"도 하고 있다고 선전했다.[48] (로르 바흐는 전쟁 직후 그 시설을 사들였는데, 전 소유자는 환자를 폭행해서 망신을 당한 사람이었다.) 그러나 나치의 독일 장악 이후 독일 모든 개인 클리닉에서 정신분석은 사라졌다.

정신분석이 침투해 들어간 마지막 정신의학 영역은 공립 수용소였다. 무언가 새로운 것을 해보고자 열망했던 수용소의 젊은 의사들이 프로이트 이론을 선택했던 것이다. 초기의 전형적인 예를 하나 들어 보자. 1903년 빈 외곽 키에를랑-구깅에 있는 로우 오스트리아 수용소에 근무하던 젊은 의사 한스 에글라우어는 여자 환자의 "내적 세계"를 조사해 보려 시도했지만 성과가 없었는데, 그 이유는 그녀가 너무 무식하고 교육받지 못했기 때문이라고 환자 기록지에 적어 놓았다.[49] 1903년 빈에서 열렸던 프로이트의 강의 축하행사에서 영향을 받았음에 틀림없다. 소설가이자 정신과 의사인 알프레드 되블린은 나치 점령 전에 베를린-부흐 수용소에서 일한 적이 있었는데, 1929년 발간한 자전적 소설 《베를린 알렉산더플라츠》에서 가공의 정신증 환자 "프란츠 비베르코프"에게 정신분석을 시도한 두 명의 젊은 의사에 관한 얘기를 적었다.[50] 소설 속에는 이런 장면이 나온다.

"[젊은 의사들은] 프란츠 비베르코프의 문제가 심인성이라고 보고, 경직 증상이 그의 영혼에서부터 발생한다고 생각했다. 그래서 억압과 통제─아마도 어린 시절의 심리상태에서 기인한 것─에 의한 이 병리현상을 해결하기 위해 정신분석을 시도했다." 어찌되었든 그들은 비베르코프로부터 한마디도 들을 수 없었다. 분석은 실패했다.

젊은 의사들은 나이 많은 수용소 수석의사에게 조언을 구했다. 그러자 수석의사는 이들의 행동을 비웃으며, "그 친구 같은 전과자가 쓸데없는 얘기나 잔뜩 늘어놓는 자네들 애송이 신사를 보면 …… 그리고 기도로 낫게 해주겠다는 사람들을 보면, 내가 짐작하기로는, 아마도 자네들을 어린애 하나도 감당 못하는 얼간이로 보았을 거네."

그 젊은 의사들은 항변하며, "그러나 선생님, 그의 기억은 억압되어 있고, 저희들이 보기에는 정신적 위기를 겪어 생기는 억압이고, 현실감각도 없었고, 아마도 유아기 때 실제로 경험한 좌절과 실패에 의한 것이라고……."

나이 든 의사가 말했다. "정신적 위기 따위는 엿 먹으라고나 하게. 자네들은 정말로 치유의 대가들이구만. 새 치료법에 박수를 보내지. 빈에 있는 프로이트에게 축전이나 보내시게나."**51**

정신분석요법을 수용소에 적용해 보려는 젊은 의사들의 노력은 어느 곳에서나 이렇게 퇴짜를 맞았다. 1907년경 바젤 프리트마트 수용소에 정신분석을 도입하려던 아르투르 무트만의 시도도 수석의사에 의해 좌절되었는데, 그는 무트만의 판단력이 보잘것없다고 보고 무트만의 박사 후 자격을 위한 연구 후원금을 거절했다.**52** 또 다른 젊은 스위스 의사 카를 게리는 샤프하우젠 근처에 있는 라이나우 수용소에서 일하고 있었는데 푸렐이 쓴 개미의 정신생활에 감명을 받아 1904년에 출판된 프로이트의《일상의 정신병리》를 읽기로 결심한다. 그의 동료이자 정신분석 옹호자로 잘 알려진 프란츠 리클린의 격려를 받고 취리히 대학 정신과 뷔르그횔츨리 클리닉에서 열린 융과 블로일러의 정신분석 세미나에 참석하기 시작했다. 라이나우에 있는 모든 의사들에게 이런 열풍은 전염병과 같이 퍼져 나갔고, 단 한 명 예외는 감독의사로서, 게리의 표현에 의하면 "성에 관한 얘기만 나오면 귀를 막아 버리는" 사람이었다. 그러나 게리는 중증 환자에게 정신분석을 시도해 보기도 했는데, 이 시도가 모두 실패하자 프로이트에게 완전히 등을 돌려 버렸다.**53**

따라서 중앙유럽 정신의학계에서 정신분석을 도입하려는 시도는 세 방향으로부터 일어났다. 첫째, 의사-환자 관계에서 심리적 측면에 더 섬세하게 반응하기 위해서. 둘째, 개원가에서 경쟁력을 높이기 위해서. 끝으로 공공의료 분야에서 정신분석을 도입하려 했던 이유는 치료에 조금이라도 희망을 가지기 위해서였다. 신경증의 심리 치료 방식을 흡수할 경우 정신의학의 범위가 얼마나 넓어지게 될 것인지 의사들이 깨닫게 되면서, 각기 다른 세 방향으로부터 정신분석이 유입되어 비로소 진료소에 바탕을 둔 정신의학의 토대가 마련된 것이다.

1926년 바덴-바덴에서 정신치료에 관한 총회 첫 연례행사가 열릴 즈음에는, 정신치료라는 말의 의미는 개인 클리닉에서 정신분석 기법을 사용한다는 것과 동일한 의미가 될 정도에까지 이르렀다. 몇몇 소아과 의사와 피부과 의사가 이 총회에 참석하기는 했지만, 참석자들 거의 대부분은 정신과 의사였다.[54] 그러므로 1920년대 중반 중앙유럽에서 정신분석 세력은 이미 정신의학계 깊숙이 들어와 있었던 것이다.

다른 나라들의 사정을 얘기하지 않아도 중앙유럽에서 있었던 사건들을 읽어 보면 역사 전반에서 주요 쟁점이 무엇인지 분명해진다. 제1차 세계대전 이후 개인 진료소에서 정신치료를 하려는 젊은 정신과 의사들은 어느 곳에 있건, 비록 모든 의사가 분석가의 자격을 갖추려고 하지 않았다 할지라도, 모두가 정신분석을 염두에 두고 있었다. 1920년대 말이 되자 정신치료에 관해 의사들이 읽는 책은 실질적으로 거의 정신분석에 관한 것이었다.[55] 이 현상은 어느 나라에서나 마찬가지였고, 정신의학이란, 온천 시설에서 환자를 물에 집어넣는 것이 아니라, 특별한 의사-환자 관계에 기초하여 모종의 치료를 하는 분야를 의미하게 되었다.

1920년에 정신의학은 수용소 외부에서 꽃을 피우기 시작했다. 정신의학이 번성하게끔 에너지를 불어넣은 지적 경향은 분명 정신분석이었다. 그때까지 역사의 무게 중심이 유럽에 위치하고 있었기에 중앙유럽에서부터의 맥동脈動이 드디어 국제 사회로 퍼져 나가기 시작했다. 1930년대에 이르러 정신의학의 역사는 중대한 변화를 거치게 된다. 독일과 오스트리아에서 부상한 나치 세력이 한 세기 반 동안 그 땅에서 번성했던 풍성한 과학적 정신의학의 역사를 차츰 죽여 나가기 시작했기 때문이다. 저명한 유태인 의사들이 대학살에서 살해당하거나 다른 나라로 이주하는 대혼란 속에서 이들이 비축해 온 과학의 에너지는 사방으로 흩어지게 되었던 것이다. 의학의 전문분야로서의 정신의학은 1945년 독일과 오스트리아 땅에서 죽음을 맞이하게 된다.

1930년대 이후 정신의학의 구심점은 미국으로 옮겨졌다. 창립자인 프로이트가 빈에서 한껏 꿈꾸었던 그 이상으로 정신분석이 만개한 곳은 미국이었다. 미국 정신의학은 30년 동안 정신분석의 지배를 받았고, 1970년대가 되어서야 정신분석의 미몽에서 깨어나게 된다. 세계대전 이후 중앙유럽에서 미국으로 정신의학의 동력원이 이동함에 따라 미국에서의 일들이 정신의학 역사의 진화에 핵심적 중요성을 띄게 되었던 것이다.

정신분석의 신천지

미국 정신의학 역사에서 정신분석은 매우 큰 의미를 가지고 있다. 프로이트의 영향으로 미국 정신의학의 주 연구 대상은 정신증에서 신경증으로 바뀌었고, 진료 장소도 수용소에서 번화가 중심가로 이전되었다. 그 어느 나라보다도 미국 정신의학에 정신분석은 깊숙이 침투해 들어오게 되는데, 그 대가로 정신의학은 일반 의학으로부터도 멀어지고 과학 발전은 오랫동안 침체되어 있어야 했다.

정신분석은 미국의 진료소 정신의학이 정착하는 데 중요한 역할을 했
다. 그러나 정신의학의 공간이동 현상은 실제로는 정신분석이 대세를 잡
기 훨씬 전에 시작된 것이었고, 그것도 정신분석과는 무관한 이유에 의
한 것이었다. 1880년대 미국까지 거슬러 올라가면, 외래 진료소의 형태
로 정신과를 자유 재량껏 설립할 수 있었는데, 이들 진료소 중 일부는 수
용소에 기지를 둔 곳도 있었다. 1885년 11월 펜실베이니아 광인 병원의
감독관이던 필라델피아 출신 존 채핀은 펜실베이니아 종합병원에 정신
과 외래 클리닉을 세웠고, 이는 수용소의 모母 기관 역할을 했다. 이곳에
연 100여 명의 환자가 왔고, 반은 정신과 환자, 반은 신경과 환자였다.[56]
이 클리닉은 정신병자를 수용소에 입원시키지 않고 외래에서 진료한 미
국 최초의 시설로 주목된다. 12년 후인 1897년, 의과 대학생과 젊은 의
사들에게 임상실습을 시키기 위해 월터 채닝 보스턴 시약소+에 "정신과
클리닉"이 설립되었다. 채닝은 브루클린 외곽에 개인 신경클리닉을 소유
하고 있었고, 또한 그 근방 여러 연구소에서 정신의학을 교육하고 있었
다. 그는 "병원 밖에도 정신의학이 활동할 넓은 분야가 있습니다"라고
말했다고 한다.[57]

사실 그랬다. 20세기 전환기에 정신의학은 다양한 명목 아래 지역사
회 환자들을 돌보기 시작했다. 예를 들면, 1906년 뉴욕 주에서는 한 자
선단체가 루이스 슈일러의 지도하에 퇴원 환자를 돌보기 위한 후속 치료
프로그램을 시행하기 시작했다. 제1차 세계대전 직전 몇몇 정신병원이
외래환자 클리닉을 열었는데, 볼티모어의 헨리 핍스 정신과 클리닉이 대
학병원으로는 처음으로 아돌프 마이어의 지휘하에 그런 시도를 했다.[58]

한걸음 더 나아가 미국 정신위생 위원회가 1909년에 설립되었다. 과
거 정신과 환자였던 클리포드 비어가 쓴 《자아를 찾은 마음》이라는 책이
마이어와 윌리엄 제임스 같은 저명인사들로 하여금 "정신위생mental

hygiene"이라는 개념을 촉진시키도록 고무했던 것이다. 그 이후 미국인의 "정신건강"을 향상시키기 위한 다양한 정신위생운동에 많은 정신과 의사들이 참여하면서 여러 방면으로 선의의 노력이 이어졌다.[59]

따라서 정신분석이 미국에 도입되기 훨씬 이전에, 정신과 개원의들은 가벼운 증상을 가진 매우 흔한 정신질환을 돌보기 위해 도시 중심가에 교두보를 두고 이미 열심히 일하고 있었다고 볼 수 있다. 그러므로 1927년 당시 미국 정신의학협회 회장이자 매사추세츠 주 정신건강부 장관이던 조지 클라인이 다음과 같은 말도 할 수 있었던 것이다. "지난 세기 동안 정신의학은 정신병원의 벽을 넘어 괄목할 만한 진전을 보였다."[60] 1910년 열린 미국 정신의학회 연례행사에 참석한 정신과 의사 중 개업의는 3.2%에 불과했다. 1921년 연례총회에서는 7.3%로 증가했다.[61] 정신분석은 이런 교두보를 발판으로 그 세력을 확장, 승리의 기세를 몰아 정신의학계 전반을 휩쓸게 된 것이다. 미국에서 정신의학은 정신분석이라는 방수차caisson[++]를 타고 당당하게 개원가로 진군해 들어간 것이다.

프로이트의 저술은 처음부터 열렬히 받아들여졌다. 베를린이나 빈에서 박사 후 수련을 받고 독일어를 구사할 수 있던 의사들이 프로이트의 저술을 독학하여 혼자서 수련하기도 하였다. 예를 들면 보스턴 주변에서 프로이트가 읽히기 시작한 것은 1894년부터였는데, 이때는《히스테리아에 관한 연구》가 출판되기 1년 전이었다. 하버드의 심리학자인 윌리엄 제임스는 몇몇 의사들에게 터프츠 대학 모턴 프린스 교수의 자택에서 열

✢ 시약소는 약을 나누어 주기만 한 곳이 아니라 의사들이 진료도 했던 곳으로 대부분 가난한 사람들을 위한 정부기관이었다.

✢✢ 폭약 운반 차량, 혹은 침몰선 인양용 방수 차량을 의미한다. 정신분석에 대한 저자의 복합적 평가가 함축된 표현으로서, 정신분석은 정신의학의 발전을 저해시킨 폭약으로 볼 수도 있고, 다른 의미에서는 당시 침몰해 가던 정신의학을 인양하는 역할을 한 것으로 볼 수도 있다.

리는 토론그룹에 참여할 것을 독려했다. (프린스는 1906년《비정상·사회 심리학 저널》을 발간했고, 준準 프로이트 식 관점을 신경증 연구에 도입한 사람으로 미국 의사와 심리학자들 사이에 잘 알려진 인물이다.) 하버드 신경학 교수 제임스 잭슨 퍼트넘은 이 저널 첫 호에 매사추세츠 종합병원에서 자신이 경험한 "정신분석" 사례에 관해 기고했다. 비록 퍼트넘이 의도했던 바는 아니었지만—그는 정신분석에만 특별히 관심을 가지고 있었던 것이 아니라 제반 정신치료의 효과를 시험해 보는 것에 흥미를 가졌다[62]—어찌 되었든 미국에서 프로이트 이론이 공식적으로 출범했음을 반영하는 것이었다.

뉴욕에 있는 많은 신경과 의사들과 가정의들도 프로이트의 기법을 배웠다. 1909년 오스트리아에서 태어나 15세에 미국으로 이민 온 신경과 의사 에이브러험 브릴이 프로이트의《히스테리아에 관한 연구》를 꽤 조잡한 영어로 번역해서 출판했다. 브릴은 오스트리아와 스위스를 여행할 때 프로이트를 만난 적이 있었는데(아마도 그는 프로이트와의 잡담을 분석훈련으로 간주했던 것 같다), 그 만남으로 자신이 미국의 정신분석 창립자라고 주장하기까지 했다.[63] 유럽과 마찬가지로 뉴욕에서도 주로 정신치료를 사용하던 신경과 의사들 사이에서 정신분석이 번창해 갔다. 1922년이 되자 뉴욕 시에만 "비공식적" 분석가들이 500명 이상이 되었다.[64]

1909년 9월 프로이트는 클라크 대학 스탠리 홀 강좌에 초청되어 융과 페렌치를 동행하여 미국에 오게 된다. 이 여행은 미국의 의사와 대중에게 정신분석을 크게 확산시키는 역할을 하게 된다. 그러나 프로이트는 미국을 싫어했고 자신에게 열광하는 미국인들을 경멸했다. (그는 프린스가 "프로이트 일행의 미국 순회에서마저 프린스 자신을 돋보이려 하는 오만한 얼간이"라고 평했다.) 그럼에도 언론의 인터뷰는 대중에게 커다란 호기심을 불러일으켰다. 프로이트가 오자마자 즉각적으로 정신분석을 찬양하는

의학계의 평론이 여기저기서 터져 나왔고, 미국에서 정신분석은 일종의 운동으로 출범하게 된다.[65]

정신분석 운동의 기초 작업은 두 단계로 이루어졌다. 첫 단계는 지역마다 정신분석협회를 설립하여 분석가 자신들의 전문기관을 만든 것이고, 두 번째 단계는 정신분석 훈련 연구소를 세운 것인데, 이들 연구소는 대개 지역협회의 통제를 받기도 했다. 이들 연구소는 복잡한 정신분석 이론과 기법을 교육시켜 미래의 분석가 세대를 양성하기 위한 목적으로 설립된 것이었으며, 따라서 자신들의 이론체계가 다음 세대로 확실히 전수되도록 한 것이었다. 유럽과 마찬가지로 협회와 연구소는 각기 독립적이었다. 그러나 유럽과 달리 수련 받을 자격은 오직 의사에게만 주었다. 의사 아닌 사람에게 수련 자격이 주어지지 않는 것에 대한 합당한 이유는 비록 없었지만—무의식을 파고들어가는 것이 본질적으로 의학에 속하지 않는데도—미국 정신분석은 일반인이 경쟁 대열에 서는 것을 용납할 수 없었던 것이다. 의사들의 관점에서 보면 그러했다는 말이다. 정신분석이 수용소라는 한정된 공간을 벗어나기 위한 티켓이었다는 사실을 고려한다면, 심리학자나 사회사업가들과 정신분석의 독점권을 공유할 생각이 전혀 없었을 것이다.[66]

미국의 첫 지역 정신분석협회는 1911년 2월 브릴에 의해 뉴욕에 설립되었다. 설립 당시부터 수용소를 벗어난다는 것은 의미심장한 것이었다. 15명의 창립자 중 10명이 맨해튼 주립병원과 관련되어 있었다.[67] 나머지 5명 중 한사람인 브라니슬로우 오누프는 롱아일랜드 아미티빌에 있는 개인 신경클리닉 니커보커 홀의 수석의사였는데, 이 클리닉은 1911년 오누프가 제안하지 않았더라도 곧 정신분석을 시작하려던 참이었다.[68] "이 일에 관해 우리 클리닉의 직원들과 워드 아일랜드 지부 정신의학협회에서 성실하게 논의했다"고 데이비드 핸더슨이 말했다. 그는 1908년과 1911년 사이에 워드 아일랜드에서 정신과 수련의를 지냈던 사람이다. 어느 협회 모임에서 아돌프 마이어는 논문을 발표했는데, 그 제목은 "프로이트의 정신분석에 관한 몇 가지 근본 주제에 관한 논의"였다.[69] 그러므로 정신분석이 미국에서 탄생하게 된 데에는 수용소 정신의학이 깊숙이 연루되어 있었던 것이다.

1911년 5월, 영국에서 토론토로 망명했다가 볼티모어까지 오게 되었던 어니스트 존스가 미국 정신분석협회의 창립회의를 주선했다. 바로 전해에 워싱턴에서 존스와 동료들은 다른 기구인 미국 정신병리학회를 만들었고, 여기에는 퍼트넘, 마이어, 어거스트 호크, 존스 등이 참여했다. 1911년 새로 생긴 정신분석협회와 정신병리학회가 볼티모어의 한 호텔에서 동시에 열리게 되었다.[70] 미국 정신분석협회는 지역협회가 아니었으므로 미국 내에서 프로이트의 이론에 관심을 가진 사람 누구에게나 개방되어 있었다.[71] 이 범지역적 기구는 1932년까지는 소수의 사람들만 가입하였고, 탄탄한 지역 협회를 이미 가지고 있는 뉴욕 사람들에 의해 통제되고 있었다. 협회를 구성하는 사람들은 그 시대에 이미 프로이트 이론에 관심을 가졌던 고집 세고 내성적인 사람들이었다.

다른 곳에서도 지역 협회가 만들어지기 시작했다. 워싱턴은 1914년 정신분석협회 지부로 승인받았다. (1930년에 확고한 기구로 기반을 다지기 전까지는 간헐적으로 활동했다.) 보스턴의 첫 정신분석협회는 1930년에, 시카고는 1931년에 생겼는데, 그 회원 중에는 유럽의 묵직한 인사들인 프란츠 알렉산더와 테레즈 베네덱 등이 포함되어 있었다.[72] 1932년에 미국 정신분석협회는 지역협회들로 이루어진 연방체제로 재편성되고, 이때부터 전국 기관의 기준이 지역 협회와 수련에도 적용되었다. 1930년 설립된 정신분석훈련 연구소에는 이 기준이 혹독하게 적용되었다. 어느 곳에서나 통일된 방식을 사용하도록 정통 정신분석 기법이 만들어졌고, 그동안 최면, 승화치료 등등 "정신분석"이라고 자칭하며 개인적으로 특이한 방식을 사용하던 사람들에게도 강요했다.

역사적 관점에서 보면 정신분석에 관한 가장 흥미로운 점은 정신분석이 정신의학계 전반을 다 점령하려 시도했다는 점이다. 어떻게 하나의 작은 이론이 정신의학이라는 광범위한 분야를 집어삼키려 했던 것일까? 거기에 사용된 전략 중 하나는 중복 회원을 만드는 것이었다. 이상적으로 보면 모든 분석가는 정신과 의사가 되어야겠지만, 실제로 정신과 의사가 분석가가 되는 비율은 낮았다. 1920년대부터 정신분석에서 명성을 떨친 의사들이 점차 정신과 회합에 나타나기 시작했다. 예를 들면 1928년 미니어폴리스에서 열린 정신과 회합에 참석한 32명의 개원가 정신과 의사들 중에는 후에 디트로이트 정신분석 그룹을 창립하도록 도왔던 레오 바트마이어, 뉴욕 정신분석협회 창립자 중 한 사람인 클래런스 오벤도프 등이 있었다.[73]

점차 분석가의 수가 정신과 의사로 채워지기 시작했다. 선택의 여지가 없었다. 1938년 미국 정신분석협회가 정신과 수련과정✛을 1년 이상 수련한 의사에게만 분석 훈련을 받을 자격을 부여했기 때문이다. 1940년대에 몇몇 지역 협회는 이 기간을 2년으로 늘리기를 요구했고, 전국 협회는 정신과 수련의에게 근처(실제로 근처에 있다면) 정신분석연구소에서 정신과 레지던트 수련과 함께 정신분석 훈련을 받을 것을 장려했다. 1944년이 되자 미국 정신분석가의 70%가 정신과 의사로 채워졌다. (신경과도 포함되었는데, 그 이유는 미국이 1934년 정신과와 신경과 전문의 자격시험을 통일했기 때문이다.) 1953년이 되자 미국 정신분석협회 회원 82%가

✛ 미국에서 레지던트 수련이 4년제로 규격화된 것은 20세기 초이지만 20세기 중반까지도 표준제도로서 정착되어 있지 않았었다.

동시에 미국 정신의학협회 회원이었다. 이제 분석 지원자는 시작하기 전에 최소한 3년 이상의 정신과 레지던트 수련을 받아야 함을 명문화하기에 이른다.[74] 이런 방식으로 정신분석이 정신의학 내에 침투해 들어오게 된 것이다.

정신과 의사와 정신분석가는 협회 차원에서도 긴밀하게 함께 움직였다. 1924년부터는 미국 정신의학협회와 정신분석협회는 한 도시에서 같은 날에 총회를 가지게 되었다. 9년 후인 1933년부터는 정신의학협회는 정신분석에 관심 있는 회원을 위해 정신분석 특별 부서를 따로 만들었다.[75] 초기에는 비록 정신의학협회 운영위원회 내부에서 분석을 포용하는 것에 대해 격한 논란이 있었지만, 대세는 정신분석 쪽으로 기울고 있었다. 훈풍이 개원가 쪽으로 불고 있었고, 이는 정신치료를 더욱 조장할 것임을 뜻했다.

분석 운동은 더욱 강경해져서 1930년 말경에는 정신의학계의 핵심으로 침투해 들어오기 시작했다. 뉴욕 정신분석협회 회장 로런스 큐비는 정신과 의사를 위한 정신분석 교육은 정신병원과 의과대학에 부속된 기관에서 시행해야 한다고 주장했다. "이렇게 함으로서 정신분석이 모든 정신병원 의사들의 필수 훈련 과정에 포함될 수 있을 것이다."[76] 시카고 훈련연구소의 프란츠 알렉산더가 1939년 어니스트 존스에게 보낸 편지에서 단언했듯이, "[정신분석]은 급속하게 의학계의 일반 진료와 훈련 과정의 일부가 되어 가고 있다."[77]

미국이 제2차 세계대전에 동참할 무렵이 되자, 정신분석은 학부에서는 물론 대학원 수준에 해당하는 정신과 수련에서도 필수과정으로 인정받는 데 성공했다. 모든 의과 대학생을 분석가로 만들지는 못했지만, 1942년경 정신의학 교육에 관한 조사 결과에서 다음과 같은 결론을 내리기에 이른다. "의과 대학생의 정신병리 교육 과정에 정신분석 기초개념을 도입하는 것에 아무 이견이 없고, 실제로 분석 개념을 가르치지 않고는 정신병리를 가르칠 수 없음은 자명하다."[78] 제2차 세계대전 때 발생한 전투신경증combat fatigue[+]을 치료하기 위해 정신분석 이론으로 무장한 정신과 의사들은 군대로 진군해 들어갔다.

정신분석이 승승장구하자 이 매력적인 새 치료법에 대중이 호응하는 것은 시간 문제였다. 적어도 치료받을 여건이 되는 계층에게는. 베를린의 중산층이 "열등감 콤플렉스Minko"를 일상 대화에서 나눴듯이, 미국 중산층 역시 해체를 요구하는 무의식의 "방어기전들"에 숨막혀하는 상태였다. 샐리 피어스의 자서전이 1929년 출간됐는데, 그 책에서 그녀는 고급 개인 신경클리닉을 전전하며 신경증 치료를 받았던 경험에 대해 기술했다. 휴식치료법, 고함치료법, 뒤부아 스타일의 합리적 설득치료 등의 온갖 치료법으로도 그녀의 신경증은 치료되지 않았다. 그러다가 그녀는 정신분석가인 "프랭크 게일로드"와 조우하게 된다. 닥터 게일로드는 그녀에게 이렇게 말했다. "증상 하나하나마다 숨어 있는 무의식적 원인을 찾아내어 의식의 수면 위로 끌어올리기 전까지는, 그리고 의식 밖으로 드러내는 것만 아니고 이에 관해 토론하고, 조사하고, 평가하고, 그리고 환자 자신이 그것이 무엇이었는지 이해하고 인정하기 전까지는 신경증은 완벽하게 치유되지 않습니다. 그것은 발전적인 성인의 삶을 살아가는 데 방해가 되는 유아기적 퇴행물입니다." 피어스는 매일 한 시간씩 그에게 분석을 받았고 이 분석은 수개월간 지속되었다. 마침내 그녀의 이성을 방해하던 "무의식적 방어기전"이 깨지자 그녀는 회복될 수 있었다. 실제로 수개월의 분석 후에 그녀는 좋아졌다고 한다. 이것은 정신분석이 어떻게 작동되는지 명백하게 보여 주는 근거로 제시되었다. 미국 대중은

....

[+] 전쟁과 연관된 불안증상, 전환증상 등을 일컫는 여러 명칭 중의 하나이다

정신분석의 성찬을 즐기기 시작했고, 피어스와 유사한 얘깃거리들이 줄줄이 발표되면서, 대중은 아마존 간호사와 휴식치료를 하던 개인 클리닉을 떠나 파크 애비뉴에 있는 정신분석 개원의들을 신봉하기 시작했다.[79]

1935년 잡지《포춘Fortune》에는 "신경증의 발병"이라는 타이틀의 진지한 기사가 실렸다. "어린 시절의 성욕을 억제하는 것은 특정 욕망과 관련된 기억을 무의식 아래로 깊숙이 밀어 넣는 역할을 하고, 성인이 되면 신경증이라는 증상으로 다시 살아난다."[80] 우울한 사업가나 불안에 빠진 가정주부들이 역사상 처음으로 스스로 정신과 의사를 찾기 시작했고, 그 정신과 의사가 뉴욕, 보스턴, 워싱턴에 살고 있는 사람이었다면, 그는 분명 정신분석가였을 것이다.

유럽인, 미국에 도착하다

역사는 때로 기이하게 흘러간다. 유럽에서 우아한 치료법이라고 약간의 인기를 끌었던 정신분석이 미국에 건너와서는 미국인의 문화와 사고방식 대부분을 규정하는 집단 이데올로기로 탈바꿈하게 만든 것은 바로유대인 대학살, 즉 홀로코스트였다. 1930년대 파시즘이 유럽의 유태인분석가들을 미국으로 몰아내면서 대서양을 건너온 그들이 당시에는 소소한 미국적 운동이었던 정신분석에 신비로운 매력과 국제적 중량감을더해 준 것이었다. 얼핏 보기에는 독일어권 문화에서 영어권 문화로의대규모 이동이 정신분석에 긍정적 영향을 미친 것으로 보이며, 국제적명성을 가진 인물들이 세련되지 않은 미국의 비정통성에 신망을 더해 준것으로 여겨졌다.[81] 그러나 장기적 안목에서 보면, 유럽 분석가들의 신세계로의 이주는 정신분석계에 치명적이었음이 밝혀진다. 왜냐하면 이들 망명자들이 가지고 온 것은 숨 막힐 듯한 정통성으로, 프로이트와 그의 딸 안나의 이론에 대한 무조건적인 충성이었기 때문이다. 미국 정신분석은 이것으로부터 결코 벗어나지 못했다. 결국 스스로 성장하지 못하고 의학계에 불신을 불러와 정신분석의 죽음을 자초하게 되었던 것이다.

유럽에서 망명 온 분석가는 숫자로는 그리 많지 않다. 1933년부터 1944년 사이에 안식처를 찾으러 미국에 온 독일과 오스트리아 의사 4000명 중 정신과 의사는 250명 미만이었다. 이들 250여 명 중 정신분석가는 50명 이하였다.[82]

그러나 이들 중 많은 이들이 명성 있는 자였다. 베를린 정신분석협회에서 이주 온 사람부터 살펴보자. 프란츠 알렉산더는 정신신체의학 자체와 동일시될 정도의 인물인데, 1930년 시카고 대학 정신과 교수에 임명되었다. (알렉산더는 교수가 "정신분석 교수"여야 한다고 고집했다고 한다.) 임명된 지 2년 후에 그는 시카고에 정신분석훈련 연구소를 설립했다. 나치가 득세하자 더 이상 독일로 돌아갈 수 없게 되었다. 1931년 베를린의 산도 라도는 애초에 뉴욕에 마음이 끌려 베를린 스타일의 연구소를 만들었다. 그 역시 돌아가지 못했다. 오토 페니켈은 첫 정신분석 교과서를 집필한 사람인데, 1933년 베를린을 떠나 이리저리 떠돌다가 1938년 로스앤젤리스에서 훈련강사로 일하게 되었다.[83] 1940년 5월 미국 정신분석협회에서 망명 분석가를 구제하기 위한 응급위원회를 열었는데, 그들이 접촉 가능했던 분석가들 목록에는 베를린으로부터 온 8명의 이름이 올라 있었다.[84]

새로 도착한 사람들에게는 어려움이 따랐다. 영어를 읽기는 하나 말하는 데는 서툴렀다. 예를 들면, 페니켈이 메닝거 클리닉의 요청으로 강의하기 위해 토페카에 갔을 때였다. 자신이 발음을 잘 못한다는 것을 알고 있는 그는 다른 망명자인 마틴 그로티안에게 도움을 청했다. 후에 그로티얀이 회상하기를, 페니켈이 뭔가 "페니스 칙사"敕使[+]에 대해 얘기하기를 원하는 것으로 생각했다고 한다. "그건 틀린 말 같았지요. 그래서 망설이면서 …… '페니스 담쟁이덩굴'이라고 말했습니다. 다른 망명분석가가 '선망'이라고 제의했지만 오토와 나는 그 역시 아닌 것 같다고 거절했습니다." 페니켈의 강의에 "모두 존경을 표했지만 이해한 사람은 하나도 없었다. '페니스 칙사'는 열렬한 갈채를 받았다."[85]

언어적 결함에도 불구하고 이들 망명 분석가들의 광휘를 원하는 곳은 많았다. 헤르만 눈베르크는 1932년 빈을 떠나 처음에는 필라델피아에 있다가 뉴욕 파크 애비뉴에 개업하여 안착했다. 프로이트의 주치의였던 펠릭스 도이치와 그의 아내 헬렌은 1935년에 빈을 떠나 매사추세츠 주 케임브리지에 멋진 집을 마련했다. 1938년 나치가 빈을 공격하자 공황에 빠진 빈을 탈출하는 분석가들이 줄을 이었다. 프로이트의 부관 격이던 파울 페데른은 그가 한때 머물렀던 뉴욕에 다시 도착했는데, 그의 친구 정신과 의사인 하인리히 멩에 의하면 "오스트리아에서 한때 지도자격 정신과 의사 중 한사람으로 간주되었던" 사람이라고 했다.[86] 하인츠 하트만은 뉴욕에서 훈련강사로 귀착했다. 의사가 아닌 일반인으로서 분석가가 된 에른스트 크리스는 뉴욕에 있던 사회연구를 위한 뉴스쿨에서 교수가 되었다. (그는 의과대학을 다녔으나 1933년에 중단했고 예술사 박사가 되었다.) 베아트(일명 "톨라Tola") 랑크는 보스턴에 있는 저지 베이커 생활지도 센터에 안착했다.[87]

급변하는 상황을 겨우 하루 전 혹은 몇 시간 전에야 파악한 남자 여자들이 황급히 도망치던 장면을 상상해 보자. 빈의 극작가 프란츠 베르펠은 이 장면을 재구성했는데, 나치의 탱크가 길 밖에서 으르렁거리는 상황에서 존경받는 중년의 인사들이 갑자기 전화 한 통을 받게 된다.

　의사: "오늘이어야 한단 말입니까? 국경 너머로 …… 다른 방법은? ……그

렇지 않다면 …… 최악의 상황이란 도대체 무엇이오? 댁이 나를 차로 데려다 준다니 너무나 감사합니다."

나이 든 이 의사는 옷가지를 마구 쑤셔 넣으며 짐을 꾸리다가, 갑자기 멈췄다. 서재로 가더니 손을 덜덜 떨며 책을 끌어내리기 시작했다. "뭘 가져가야 하지?" 그는 책상으로 달려갔다. "의사자격증만이라도 챙겨야 돼."
[베르펠은 상상력을 발휘해 환상의 여지를 남겨두었다.] 길거리의 불빛이 의사의 늙은 스승의 흉상 있는 데까지 비추었다. 의사는 스승의 목소리가 방안 가득 울리는 것을 들었다. "반유태주의는 조울증에 걸린 국가가 앓는 병이라서, 종종 주기적으로 다시 살아난다."

의사: [흉상에게 설명한다.] "진단 내리기는 쉽지요, 헤르 교수님. 왜냐하면 첫째, 교수님은 유태인이 아니고, 둘째로, 당신은 죽었잖습니까?"[88]

망명 정신과 의사와 정신분석가가 신세계에 유행을 파급시키며 활약을 했던 이들의 상황을 매우 현실적으로 보여 주는 이 장면은 그들의 힘과 용기에 대한 헌사였다.
망명 정신분석가들은 미국 정신의학과 정신분석에 지대한 영향을 미쳤다. 파울 쉴더는 빈 정신분석협회 회원이었지만 그의 관심사는 정신역동적 정신의학Psychodynamic psychiatry[++]은 물론 생물정신의학까지 모든 분야에 걸쳐 있던 사람인데, 존스 홉킨스 대학에서 일하기 위해 1928년 잠정적으로 빈을 떠났다. 그러나 그의 경력은 1930년 뉴욕대학 교수

[+] envy(선망)를 envoy(칙사), ivy(담쟁이덩굴)로 잘못 해석한 것.
[++] 인간의 심리적 움직임을 해석하고 정신치료에 응용한 것으로 정신분석 이론도 일부 차용한다.

직까지 이어졌고, 벨뷰 정신병원의 임상정신의학 과장까지 하게 되었다. 그런데 놀랍게도 그가 뉴욕 정신분석협회에 가입하려 하자 거부를 당했는데, 그 이유는 그의 정신치료 기법이 너무 비정통적이라는 것이었다. (그는 일주일에 다섯 번 50분씩 환자를 보지 않았고, 게다가 환자에게 충고를 하기까지 했다.[＋]) 그럼에도 불구하고 그는 정신분석이 마음과 몸의 관계를 풀어나갈 길이라고 강변했고, 벨뷰 병원에서 나중에 유명해질 젊은 정신과 의사들을 길러냈다. 그중에는 1953년《미국 정신분석협회 저널》을 창간한 편집인인 존 프로쉬도 있었다.[89] 쉴더는 1920년대에 자신의 선택으로 유럽을 떠났으므로 진짜 망명인이 아니라고 하는 사람이 있을지도 모르겠다. 그러나 그가 떠난 이유는 반유태주의자인 정신과 교수 율리우스 바그너-야우레크가 그를 승진시키기를 거부했기 때문이었고,[90] 따라서 엄밀하게 말하면 망명인은 아니겠지만, 다른 망명인인 눈베르크, 알렉산더 등과 마찬가지로 반유태주의의 쓴 맛을 보았던 것은 사실이다.

새로 도착하는 사람들은 스타로 받아들여졌다. 빈의 엘제 파펜하임은 1939년 볼티모어의 핍스 클리닉에 도착했을 때 겨우 28세였다. 빈에서는 평범한 정신과 수련의였고 분석훈련 과정을 마치지 않은 상태였다. 그러나 홉킨스에서 그녀는 곧 경이의 대상이 되게 된다. "빈에서 왔기 때문에 나는 즉각 전문의로 인정되었고, 심지어 영웅 대접을 받았다"고 그녀는 적었다.[91] 핍스에서 빈 스타일의 정신분석 의사가 그렇듯 위세가 있었으니 다음과 같은 일화도 가능했던 것이다. 뉴욕 출신 의사로 빈에서 프로이트에게 4개월간 분석을 받았던 조세프 워티스는 마이어를 따라 회진을 돌 때마다 그로부터 "프로이트라면 이것에 관해 어떻게 생각했겠나?"라는 질문을 받았다고 했다. 워티스는 그때마다 허세부리며 뭔가를 말했다고 파펜하임에게 털어놓았다.[＋＋92]

망명 분석가들은 미국의 젊은 의사들과 연합하여, 1930년대 여기저기서 생겨난 훈련연구소에서 정통 분석이론을 교육하는 데 중요한 역할을 했다. 그들은 과거에 성행했던 절충적 이론이나, 마구잡이식의 상궤를 벗어난 이상한 이론과 구별되는 총체적 정통체계를 교육하고자 했던 것이다. 미국 정신분석에서 정통이라 함은 "자아 심리학Ego psychology"으로서, 프로이트가 1923년 처음으로 정신의 구조(금기된 생각에 에고와 이드가 갈등하는)에 관해 고안한 이론이었다. 프로이트의 딸 안나가 자아심리학의 기수가 되었다.

미국의 자아 심리학Ego Psychology은 성에 초점을 맞춘 이드 심리학id psychology에서 벗어나 성인 환자의 사회적 적응 부담에 초점을 맞추었다. 이는 문명화된 삶에서는 어쩔 수 없이 금기시되는 욕망을 억압해야 한다는 프로이트 자신의 비관적 관점과는 대조적인 것으로, 환자의 삶을 개선시키고자 하는 실용주의적이고 진보정신을 가진 미국 정신분석가에게 맞추어진 이론이었다. 자아 심리학은 또한 젊은 망명 분석가들이 미국에 가져올 수 있는 특별한 선물이기도 했다. 자아 심리학자 하인츠 하트만은 빈에서 프로이트에게 훈련 분석을 받은 마지막 후보자 중 하나였는데, "분석의 미국 총리"라고 불렸다. 에른스트 크리스와 루돌프 뢰벤스타인이 하트만에 합류하여 이들 삼총사는 1950년대부터 1960년대 사이에 자아 심리학을 지배했다.[93] 따라서 이제 막 훈련 연구소를 설립한 젊은 미국 의사들, 예를 들면 보스턴의 랄프 카우프만과 이브스 헨드릭, 혹은 뉴욕의 로런스 큐비와 버트럼 르윈 등은 정신분석 훈련을 받기 위해 망명 유럽인들과 제휴하지 않을 수 없었던 것이다.[94]

갓 미국에 온 유럽 사람들은 그들이 지닌 절대적 명성으로 미국 촌뜨

✛ 의사가 환자에게 직접적인 충고나 조언을 하는 것은 정신분석에서 바람직하지 않은 행동으로 본다.
✛✛ 마이어가 한때 정신분석을 숭배했음을 보여 주는 일화이다.

기들을 압도했다. 미국 분석가들이 저술한 것은 하나도 없었다는 사실은 해외에도 알려져 있었다. 반면에 미국에 갓 도착한 유럽인 중 많은 사람들은 이미 국제적 명사였다. 1966년에 아놀트 로고우가 31명의 정신분석가에게 "가장 뛰어난 살아 있는 정신과 의사와 정신분석가"를 뽑으라고 하자, 7명 중 상위 6명이 유럽에서 온 망명자들이었다.[95] 안나 프로이트가 첫째였고, 그 뒤를 이어 하인츠 하트만과 에릭 에릭슨이었다. 미국 태생인 필리스 그린네이커가 네 번째였는데, 그녀는 소아 정신분석 연구로 알려져 있다. 이 목록을 더 충실하게 만들어 주는 인물은 루돌프 뢰벤스타인으로서 1920년대 초 베를린에서 의학과 정신분석 공부를 다 마친 후, 파리에서 13년의 공백기를 거친 후에 뉴욕 5번가에서 개원했고, 자아 심리학에 관한 책을 쓰게 된다. 파리에서 뉴욕에 온 르네 스피츠는 아동 양육 연구의 대가로 알려지게 되었다. 로베르트 벨더는 의사 출신이 아닌 빈에서 온 분석가로 필라델피아에 정착하여 프로이트 해설가로 인기를 얻었다. 1980년에 뉴욕, 보스턴, 샌프란시스코 훈련연구소의 회원들에게 정신분석의 지도자가 누구인지 묻는 설문조사에서 또 다시 7명의 지도자 중 상위 6명이 망명 분석가들이었고, 그 순위는 앞서 했던 조사결과와 동일했다.[96]

이처럼 유럽에서 망명 온 소수의 분석가들이 미국 정신분석의 지도자 자리를 꿰차는 데 성공했던 것이다. "이들 분석가들은 상상 속의 프로이트 주위를 경호인과 같이 둘러쌌다." 베를린으로부터 미국으로 도망 온 정신과 의사인 마틴 그로티안은 초기에는 토페카에 있는 메닝거 클리닉에서 일했는데, 수년이 지난 후에 이렇게 말했다. "그들은 정신분석 이론, 기법, 치료법, 훈련과정 어느 것 하나라도 변하지 않도록 고수하려 애썼다." 그로티안이 미국에서 발견한 정신분석은 "베를린의 커피하우스에서 자유롭게 토론하던 편안하고 활발한 분위기의 분석"이 아니라,

"위협적으로 규격화된" 미제 생산품이었고,[97] 인지기능과 정신치료의 본
질에 관한 과학 발전을 따라잡지 못하고 변화와 적응에 실패한 것들이었
다. 유럽 망명인 분석가들은 미국의 정신분석을 마지막 공룡과도 같이,
19세기적 이데올로기를 숭상하는 신전으로 바꿔 버렸고, 곧 그 신전이
산산이 부서져 내리도록 부지중에 보증해 놓은 것과 같았다.

정신분석의 승리

첫 번째 승리는 1940년대 말과 1960년대 사이에 일어났다. 예일 대학
심리학과의 높은 자리에서 사태를 지켜본 세이무어 새러슨이 회상하기
를, "제2차 세계대전 전 미국 정신의학은 생물정신의학이었고, 전쟁이
끝나고 채 몇 년이 지나지도 않아 대부분이 정신분석으로 바뀌어져 버렸
다."[98] 정신분석의 상승세는 통계 숫자로도 알아볼 수 있다. 미국 정신분
석협회 회원은 1932년 92명이었는데, 1968년에는 1300명으로 증가해
서, 정신과 의사 13명 중 1명이 정신분석가의 비율이었다.[99] 루이스 코저
가 "미국 정신분석의 황금기"라 칭한 1960년대가 되자 20개의 훈련연구
소와 29개의 지역협회가 존재하게 되었고,[100] 우울증을 가진 중류층의 일
차적 치료법은 정신분석이라는 의견이 지배적으로 되었다. 이렇게 화산
폭발하듯 팽창하게 된 이유 중에는, 정신과 의사가 군복무 중애 훈련연
구소에서 분석훈련을 받으면 그 비용을 군에서 지불해 주도록 정한 제대
군인 원호법도 한 가지 이유가 된다. 그러나 진짜 동력은 분석가들이 프
로이트의 영역을 전 정신의학계와 미국 대중에게까지 확장하기 위해 중
단 없는 지배력을 행사하려 했다는 데 있었다.[101]

1940년대 초부터 미국 유수 대학의 정신과 주임교수 자리는 정신분

석가들로 채워지기 시작했다. 한 자리씩 확보될 때마다 정신분석 운동계 내부에서는 승리를 자축했다. 뉴욕―1940년대에 전국에 있는 분석가의 3분의 1이 몰려 있었던[102]―은 이 운동의 진원지였는데, 초기부터 그리고 가장 집중적으로 정신분석이 침투해 들어온 곳이었다. 뉴욕에는 훈련 연구소가 연이어서 세워졌다. 1941년 캐런 호니는 추종자 집단을 이끌고 뉴욕 정신분석협회New York Psychoanalytic Society를 뛰쳐나가 이와 경쟁적인 정신분석 미국 연구회American Institute for Psychoanalysis를 설립했다. 1942년에 이 새 협회는 뉴욕 의과대학 교육과정에 훈련 프로그램을 끼워 넣을 수 있었다.[103] 뉴욕 정신분석협회의 두 번째 분열은 1942년 산도 라도가 또 다른 경쟁협회인 정신분석적 의학 협회Association for Psycho-analytic Medicine를 만들며 일어났다. 라도 쪽 사람들은 1944년 실질적인 성공을 달성하게 되는데, 컬럼비아 대학 정신과를 설득하여 대학 내에 정신분석 훈련연구소를 설립했고, 이는 미국에서 최초로 대형 기관 내에 설립한 훈련연구소가 되었던 것이다.[104] 미국 정신분석협회가 1946년 조항을 바꾸면서 한 개 도시에 한 개 이상의 훈련연구소 설립을 허가하자, 컬럼비아 대학 정신분석 클리닉은 대학 내 정신분석 교육의 강력한 요새가 되었다.

전쟁이 끝난 후 뉴욕 시 이외의 지역에서도 대학 정신과는 계속 분석계에 점령되어 갔다. 예일 대학의 인간관계 연구소는, 새러슨의 표현에 의하면, "정신분석적 생각이 벌 떼처럼 윙윙거리는 센터"였다.[105] 1948년 정신분석을 지향하는 젊은 정신과 의사 그룹이 유진 칸을 협회에서 쫓아냈다. 그는 크레펠린의 제자로 1930년 뮌헨에서 미국으로 망명 온 사람이었는데, 정신분열증의 유전성에 특별히 관심을 가지고 있었기 때문이었다. 빈에서 온 정신분석가 프레데리크(일명 "프릿츠") 레들리히는 인간관계 연구소 건물 안에 위치한 정신과 교실 주임교수였다. 이즈음은 미국 내 거의 모든 정신과 수장 자리가 분석가에 의해 채워진 상황이었다. 케네스 어펠은 1953년 펜실베이니아 대학 정신과 장이 되었고, 로이든 애슬리(필라델피아 협회 회원)는 1956년에 피츠버그 대학 교수였으며, 같은 해 클리블랜드 웨스턴 리저브 대학은 모리츠 케이턴과 애니 케이턴 (필라델피아 협회 소속)에게 의과대학 내에 새로 생긴 정신분석 연구소의 운영을 부탁했다. (모리츠는 정신과 교수가 되었다.)[106] 이 목록은 계속 이어진다.

유럽에서 그곳 대학 교수들에게 냉대 받았던 기억이 아직도 생생한 망명 분석가들은 이런 대접에 깜짝 놀랄 수밖에 없었다. 에디트 바이게르트는 1930년대 초 베를린의 에른스트 짐멜 정신분석 요양원에서 정신과 수련의를 하고 있다가 1938년 독일에서 도망쳐 나왔다. (이제 그녀는 워싱턴 정신분석 연구소 소장이 되었는데) 1953년 독일에 있는 동료에게 이렇게 알려준다. "우수한 대학의 정신과 과장 직위는 점차 정신분석가나 분석을 이해하는 정신과 의사들로 채워지고 있습니다." 그녀가 정신분석가는 아니지만 정신분석에 동조적인 정신과 의사라고 지칭한 사람은 근처 존스 홉킨스 대학의 존 화이트혼를 염두에 둔 것이었을지도 모른다. 1941년 마이어의 후임으로 온 사람이 화이트혼이고, 그는 손스 홉킨스 정신과에 처음으로 자격을 갖춘 정신분석가를 기용했는데, 그 사람은 1947년에 분석 공부를 시작하고 자격을 다 갖춘 시어도어 리츠였다.

바이게르트는 이렇게 썼다. "미국의 정신분석은 정신의학의 시녀로 추락하지 않았습니다. 프로이트가 그것을 두려워했는지도 …… 도리어 높이 존경받는 개척가로 여겨지는 경향이 있습니다."[107] 스위스 정신과 의사인 헨리 엘렌버거는 1953년 토페카 메닝거 클리닉에 자리를 얻었는데(그리고 1970년에는 정신의학 역사가로 하늘을 찌를 듯한 명성을 얻었다), 자신이 쓴 책에서 미국 정신과 의사들에게는 취약한 부분이 있다고 했다.

질병 분류에 취약했고, 질병 현상학에 취약했고, "체질학적" 접근법에도
취약했으며, 정신의학의 유전 부분에는 아예 무지했다. 정신분석에서만
일등이었다. 1955년 엘렌버거는 다음과 같이 기록했다. "세계 그 어느
나라보다도 미국은 역동 정신의학을 정신의학의 선도적 경향으로 가장
먼저 받아들였다."[108]

분석가들이 대학 정신의학의 수장 자리를 차지하게 되자, 그들은 정
신의학 전 분야의 통제권을 쥐게 된다. 기관이나 단체의 분야에서, 이들
이 미국 정신의학협회America Psychiatric Association(APA)를 장악하게 된 것
이다. 1940년대 후반부터 1950년대 초 사이의 미국 정신의학협회 회장
들은 대부분 분석가였는데, 메닝거 형제 중 막내인 윌리엄 메닝거, 혹은
매우 동조적인 화이트혼 등이 그 예이다. 1960년대에 이르자 미국 정신
의학협회의 회장은 일괄적으로 분석가가 차지했거나 혹은 분석과 긴밀
하게 연관된 다른 기관의 회원이 차지했다.[109]

그런 기관의 예를 하나 든다면 정신의학 발전을 위한 그룹Group for
Advancement of Psychiatry(GAP)이 있는데, 1946년 미국 정신의학협회 모임
에서 윌리엄 메닝거를 리더로 하여 영턱스(변혁을 원하는 젊은이들)가 세
운 단체이다. 창립 목적은 학부모 연합회에 정신분석을 도입하여 이를
사회적 운동으로 확산, 촉진하기 위한 것이었다. 예를 들면 1950년 GAP
성명서에는 사회적 현실이 불안을 일으키고(확실히 옳다) 그런 현실은
"또한 불안에 방어하려는 방어기전(투사, 반작용, 증상 형성, 승화 등등)의
선택에 영향을 미친다"라고 적혀 있다.[110] 이런 명료한 성명서는 프로이
트 학파에게 젖줄과도 같았고, GAP는 정신분석을 강력하게 옹호하는 입
장을 취했다. 1948년 177명의 GAP 회원 중 30%가 미국 정신의학협회
에서 적을 두고 있었다. 이 숫자는 미국 정신의학협회 내 모든 위원회 직
위의 4분의 3에 해당했다.[111]

이렇게 기관 장악에 더하여, 확실하게 정신의학 분야를 통제할 가장 강력한 방법은 수련의의 정신과 훈련 과정을 맡는 것이었다. 정신분석이 미국 정신의학에 그토록 막강한 영향을 끼칠 수 있었던 것은 분석가가 수적으로 많아서가 아니라, 분석가들이 쓴 책, 대학 정신과 교수직을 장악한 것, 그리고 정신과 의사 자격시험 위원회를 장악하면서 이루어진 것이었다. 1953년 미국 전역에 있던 7000명의 정신과 의사 중 분석가는 500명에 불과했다.[112] 그러나 정신분석의 영향은 이 수적인 비례를 넘어선 것이었다. 1940년대와 1970년대 사이 미국의 정신과 의사들은 정신분석가는 아니었지만, 대체로 정신분석을 지향하고 있었다고 말하는 것이 옳을 것이다.

정신분석의 정신의학계 침투 현상을 가속화시킨 것은 1952년 의학교육의 본체인 미국 의과대학 협회(AAMC)와 APA가 공동보고서를 발표하면서 부터였다. 이 보고서에는, 정신과 의사가 되기 위해서는 "프로이트 이론을 포함하여" "정신역동의 원칙에 관해 이해해야만 한다"는 구절이 있었고, 이제 모든 이들이 이에 동의하게 되었던 것이다. 훈련시킬 정신분석 연구소가 그리 많지 않았으므로 대학원에서 교육과정을 확보할 방법을 어떻게든 찾아야 했다. "…… 분석에 관한 지식은 다양한 형식, 즉, 정신치료 감독과정, 분석지향적 사례토론회 등으로 수련의사 훈련 프로그램에 삽입되었고 …… 보다 나은 과학적 의사소통에 관해 …… 소위 '정신분석적 치료'를 감독하고 구조화하는 것은 매우 바람직한 일이다."[113] 1953년 카를 메닝거가 적었듯이 "점차로 정신역동 개념이 완벽하게 우세를 차지했다."[114] (정신역동이라는 말은 정신분석의 암호명이었다.)

이러는 동안 분석가들은 프로이트의 가르침에 행복의 비밀이 숨겨져 있다고 대중을 설득하고 나섰다. 의료시장 수요자들은 정신분석을 정신의학계의 새로운 지배세력으로 떠오르게 한 주체 중 하나이다. 수련의들은 정신분석 훈련을 요구하기에 이르렀는데, 대중이 원했기 때문이기도 했지만 또한 대중의 요구를 만족시켜 주기만 하면 높은 수입을 올릴 수 있기 때문이기도 했다. 뉴욕 주립대학과 컬럼비아 대학 병원에서 수련을 받고 있는 42명의 수련의에게 1951년 여론조사를 한 결과 다음과 같은 결론을 내렸다. "정신분석연구소에서 훈련받는 것은 '일등시민'의 증명서로 간주되고 있으므로, 누구도 '이등시민'이 되기를 원치 않는다는 것은 자명하다."[115]

"뉴요커"만이 분석을 갈구하던 것은 아니었는데, 후에 이들 뉴욕 사람들이 분석받기를 열망하던 현상은 "뉴요커 증후군"이라고 불리게 된다.[116] 수련의들은 어디에 있든 분석 훈련을 원했다. 1955년 GAP는 전국가적 현상에 대해 다음과 같이 말했다. "정신분석가가 되면 명성도 높아지고 경제적 보상도 매우 커진다." GAP가 165명의 정신과 수련의에게 설문조사한 결과 "모두 …… 개인적으로 분석을 받거나 정신분석 훈련도 받고자 하는 것으로 나타났다." 이들 수련의 중 20%는 당시 분석 훈련을 받고 있었고, 26%는 수련의 기간 동안 이미 정신분석 훈련을 끝냈다.[117]

분석가 자격을 취득한 사람들은 프로이트에 관해 교육할 수 있게 되기를 열망했다. 마치 수련의들이 자격 획득을 열망했듯이. 1951년 여러 곳의 정신과 교수들을 대상으로 여론 조사한 결과, 56%의 교수가 개인 분석과 함께 분석 훈련을 받았고(11%는 훈련은 받지 않고 개인 분석만 받았는데, 이는 전국 정신분석협회가 수년간 격렬하게 비난했던 행태였다)[118] 1955년 GAP가 정신과 대학원 과정 14곳을 조사한 결과 "모든 수련 프로그램이 정신역동 이론에 근거해서 이루어지고 있다"고 했다.[119]

1965년경 정신과 교육에 가장 영향력이 컸던 책은 무엇이었을까? 모든 수련 프로그램의 과반수에서 17개 서적이 기초 목록에 올라 있었는데, 이들 거의 대부분이 정신분석에 관한 책으로, 알파벳 순서로 나열해 보자면, 아우구스트 아이호른의 《변덕스러운 젊음》에서부터 그레고리 질부어그의 《의학적 심리학의 역사》에 이르고 있었다.[120]

이런 접근방식은 곧 보답을 받게 되었다. 1966년에 이르자 미국 정신과 의사의 3분의 1이 정신분석훈련을 받았고, 67%는 진료시 "정신역동적 접근법"을 쓰고 있다고 대답했던 것이다.[121] 1960년대 중반 미국 대중에게 정신의학은 정신분석과 동일한 것으로 간주되기에 이르렀다. 드디어 정신의학계를 완벽히 장악하게 된 것이다.

정신분석이 정신의학을 장악한 결과로 나타난 가장 '사악한' 측면은, 분석이론의 적용 범위를 확대하려는 분석가들의 야망이 정신증의 진단과 치료에까지 뻗었다는 점이다. 정신증은 1920년대까지 정신의학의 핵심 관심 분야였기 때문에, 정신의학을 접수하려면 정신증에 대해 어떻게든 설명하지 않으면 안되었다. 이에 따라 분석가들은 애초부터 정신분열증, 조증, 정신증적 우울증 등의 정신증에 온갖 이론적 설명과 치료법을 다 갖다 붙였다. 비록 프로이트가 그의 추종자들에게 정신증에 손을 대면 문제가 생길 것이라고 공식적으로 언급했다고는 하지만, 비공식적으로는 허용적이었고, 프로이트의 측근은 주요 정신증 환자를 맡는 것에 아무런 양심의 가책을 느끼지 않았다.

1908년 페렌치는 편집증 환자인 M. 양을 치료하는 데 열중하고 있었다. 페렌치는 프로이트의 고견을 듣고자 했다. 프로이트는 그녀가 시설에서 치료받아야 한다고 생각했을까, 혹은 외래환자 진료소를 다니는 것이 더 적절하다고 생각했을까? 프로이트의 답변은 이러했다. "내가 보기에 M. 양은 명백히 편집증 환자일세. 그리고 아마도 이미 치료 가능성의 경계를 넘어간 것 같네. 그래도 자네가 계속 치료해 보겠다면 그 환자에게서 배울 것이 많을 걸세. M. 양을 데리고 온 형부는 얼간이 의사라오.

그는 필경 내 제의와는 다른 충고를 할 것이네. 부다페스트에 있는 개인 수용소에 입원시키고 자네가 그녀를 치료하게나."[122] 프로이트의 제자인 파울 페데른은 정신증 환자에게 강력한 정식正式 정신분석을 집중적으로 시행할 것을 제안하여, 정신분석의 대상을 신경증 이상으로 확대하는 위대한 정신분석을 주창했던 사람으로 알려지게 되었다.[123] 유럽에서는 한때 정신증 환자에게 정신분석을 해보려 했지만 한두 번 시도해 본 후에 폐기되었고, 유럽의 정신분석은 대체로 신경증에만 적용하고 있었다.

정신증을 정신분석으로 치료하려는 시도를 가장 강력하게 펼친 곳은 미국이었다. 여기에 매우 큰 영향력을 끼친 인물은 아돌프 마이어로서 그는 미국 정신분석협회 초기 회원이었고 워싱턴-볼티모어 지역사회에서 주요 인사였다. 비록 마이어 자신은 정신분석이 아니라 "객관적 정신생물학objective psychobiology"을 실천하고 있다고 단언했지만, 가끔 분석가에게 환자를 보내곤 했다. 그러므로 자신이 분석으로 기울어지고 있다고 선언했던 것은 마이어 자신의 혼돈된 성격을 드러낸 것에 불과했다. 그는 "별 필요가 없는지 확인하려 물어보는 것 그 이상의 것은 아니다"라고 변명했다.[124] (그러면서 마이어는 정신분석가에게 환자를 보냈고, 또 동시에 트렌턴 주립병원의 헨리 코튼에게도 보내 광기의 원인이라고 간주되었던 치아와 대장을 제거시키기도 했다.) 1909년 즈음 이미 마이어는 정신분석이론으로 정신분열증을 이해해 보려 잠시 시시덕거렸고, 이런 마이어의 제자인 에드워드 켐프(1914년 마이어를 떠나 워싱턴에 있는 국립 수용소 성엘리자베스 병원에 전임 정신치료가가 되었다)와 맥피 캠벨(나중에 보스턴 정신병리병원의 원장이 되었다)은 정신증 환자에게 분석요법을 적용할 것을 열렬히 지지했다.[125]

마이어 덕분에 주요 정신증 환자에게 정신분석요법을 사용하는 것이 워싱턴-볼티모어 지역에 통례로 단단히 자리 잡게 되었던 것이다. 두 개

의 대형 민간 신경클리닉—메릴랜드, 록빌에 있는 체스닛 럿지(1910년
어니스트 루서 불러드에 의해 설립되었다)와 메릴랜드, 타우슨에 있는 에녹
프랫 병원(1891년 쉐퍼드 수용소로 개원된 곳이다)은 중증의 정신증 환자를
정신분석으로 치료하는 주력 병원이 되었다. 1922년 해리 스택 설리번
이 쉐퍼드에 부임했는데, 그는 정신증의 정신분석 치료로 아마도 가장
유명한 인물일 것이다.

설리번은 1916년부터 1917년 사이에 클라라 톰슨으로부터 분석 훈련
을 받았다. 톰슨은 미국 정신분석 역사상 가장 강인한 여성 인물이고 호
니와 같은 파에 속해 있었다. 설리번은 세인트 엘리자베스 병원에서 윌
리엄 앨런슨 화이트—초기에 분석에 흥미를 보인 가장 잘 알려진 정신
과 의사—의 지도감독 아래 정신증에 관심을 가지게 된다. 쉐퍼드에 온
설리번은 이곳에서는 자신이 자유롭게 결정할 수 있음을 알았다. 그리고
"정신분열증"이라고 진단한 환자를 위해 6인용 특별 병실을 만들어 꽤
좋은 치료 성과를 얻었다. (당시 미국은 세계 어느 나라보다도 정신분열증 진
단을 가장 많이 한 국가이다.) 설리번의 견해에 따르면, 정신분열증은 불안
을 극복하지 못한 것에 대한 반응이다. 그는 환자와 몇 시간이고 공감어
린 대화를 했던 것으로 알려져 있고, 이들 중 많은 환자는 그런 관심에
감사를 표했다.[126] 엄격하게 보면 설리번이 비록 정통 분석파는 아니었다
할지라도, 그럼에도 불구하고 그의 행적은 미국 정신분석계가 정신증 치
료에 관심을 가지도록 도화선을 지피는 역할을 하게 되었던 것이다.

1930년 설리번은 쉐퍼드를 떠나 뉴욕과 워싱턴에 개인 진료소를 차리
게 되었다. 1930년대 말에는 자신이 정신의학 교습소를 만들고 저널까지
만들었다. 이러는 동안 정신분석을 따르는 정신과 의사와 분석가들이 쉐
퍼드와 체스닛 럿지로 몰려들었다. (예를 들면 1938년 워싱턴-볼티모어 정신
분석 협회에 속한 회원 중 체스닛 럿지 출신만 6명이나 되었다.)[127]

1935년 독일에서 오랫동안 개인 클리닉을 운영하던 망명 분석가 프리다 프롬 라이히만이 체스넛에 도착하면서 상황은 새롭게 변하기 시작했다. (프리다는 에리히 프롬과 짧은 기간 결혼 생활을 한 바 있다.) 설리번이 워싱턴-볼티모어 지역에서 주요 인사였다는 점을 고려한다면, 프리다는 설리번으로부터 어느 정도 영향을 받았을 것이다. 그러나 그녀는 거기에서 한걸음 더 나아갔다.[128] 프롬-라이히만은 정통 분석파들이 정신분열증의 원인은 불안이라고 한 설명을 믿지 않았다. 그녀는 특히 어머니가 병의 원인역할을 한다고 믿었다. "정신분열증을 만드는 어머니"+라는 악명 높은 주제에 관한 그녀의 저서가 1948년 출간되자, 미국의 어머니들은 근거 없는 비난에 시달려야 했다. 정신분열증의 문제점은 무엇인가? 프롬-라이히만은 다음과 같이 적었다. "정신분열증 환자는 유아기와 소아기에 중요한 인물(주로 어머니)과의 접촉에서 극심하게 거부당한 왜곡된 경험을 하였으므로 [성장해서는] 타인에게 견디기 어려운 불신과 원한을 가지게 된다."[129] 어머니는 아이들 곁을 절대로 떠나서는 안 되었다. 그리하여 상황은 망가져갔던 것이다. 마치 나폴레옹이 러시아를 침공했던 것처럼++, 정신의학계에 침입한 정신분석이 마침내 승리의 극점에 도달하는 순간이었던 것이다.

정신병의 원인과 치료에 관한 설리번과 프롬-라이히만의 이론은 변방으로 밀려나기는커녕 정신의학계에 널리 받아들여졌다. 프롬-라이히만의 '정신분열증을 만드는 어머니' 이론은 정신분열증 환자 치료법의 한 종류인 "가족체계 이론"의 근거가 되었고, 다른 치료가들, 예를 들면 캘리포니아의 멘로 파크에 있던 정신건강연구소의 그레고리 베이트슨으로 하여금 정신분열증에 관한 복합적 이론인 "이중 구속double bind"++++ 가설을 세우도록 이끌었는데, 그 가설에서는 어머니야말로 가족 안에서 가장 병든 사람이라는 것이었다. "어머니야말로 자녀들 정신병의 원인이라고 보고 치료하는 것이 치료의 표준이 되어 버렸다."[130]

정신분열증은 물론 여타 정신증 모두를 정신분석으로 해석하는 것이 미국 정신의학의 표준 신조가 되어 버린 것이다. 그렇다면 조증의 원인은? 뉴욕의 분석가인 버트럼 르윈은 1951년 구강성 세 요인, 즉 "먹고자 하는 욕구, 먹히고자 하는 욕구,…… 그리고 잠자고 싶은 욕구"가 원인이라고 했다.[131] 우울증은? 산도 라도는 "절박하게 사랑을 갈구하는 것"이 원인이라고 했다. 부모가 자신을 처벌하지 못하게 선수치려고 에고가 스스로를 처벌하려 한다는 것이다.[132] 편집증의 경우는? 런던의 분석가 멜라니 클라인은(베를린을 거쳐 부다페스트로부터 런던에 왔다) 편집증은 생후 첫 6개월부터 생기는데, 아기가 엄마를 증오해서 젖을 뱉어내면 엄마가 자신의 증오를 눈치채고 엄마가 자기에게 보복할까 봐 두려워해서 생기는 것이라고 했다.[133] 1958년 미국 정신분석협회가 프로이트 학설의 교조적인 교육 프로그램을 정신병원에 도입하기 위해 벌였던 캠페인은 정신의학계 최후의 저항을 무너뜨리는 것이었다.[134] 해외에서 미국으로 들어와 델라웨어 주립병원에 있던 한 정신과 수련의는 정신분석가가 완벽한 통제권을 잡은 후의 상황을 이렇게 회상했다. "필라델피아 근처 여러 대학 클리닉의 정신과 의사들을 모아 개인 및 그룹 정신치료 훈련을 하게 되었다. 그 교육 과정은 정신분석적 정신치료였다. 이것은 우리로 하

⸫⸫⸫⸫⸫⸫⸫⸫⸫⸫

✛ 가정에서 지배적이고 동시에 과보호적이며 기본적으로는 거부하는 어머니가 자식을 정신분열증으로 만든다는 이론으로, 이 이론을 필두로 하여 모든 정신질환과 성격장애, 심지어 동성애조차도 그 원인을 어머니 탓으로 돌리는 소위 "엄마 사냥의 시대the mother-hunting era"가 열리게 된다.

✛✛ 나폴레옹이 힘의 정점에 있을 때 60만 대군으로 러시아를 침공하였으나 수개월 만에 4만으로 줄어 퇴각했다. 이 전쟁의 패배가 나폴레옹의 몰락에 주원인으로 작용했다. 정신분석이 몰락할 때 집중적으로 공격받은 것이 정신분열증의 어머니 원인론이고, 대중이 정신분석에 등을 돌리게 된 결정적 요인으로 작용했다는 점에서 나폴레옹의 러시아 전쟁에 비유한 것이다.

✛✛✛ 특히 부모-자식 간의 의사소통에서, 언어적 의도와 비언어적 의도가 상반되게 전달되는 방식으로, 아이는 이런 불분명하고 모순된 의사소통에서 혼란에 빠지게 되고 인지사고의 왜곡이 일어나게 된다는 것이다. 미국정신의학회 1979년 총회에서 정식으로 틀린 것으로 선언되었다.

여금 수용소와 같은 기관-정신의학이란 그저 얼른 거치고 지나가야 할 짧은 과정에 불과하다고 절실히 느끼게 했다. 분석훈련을 가능한 한 빨리 받아야 했다. 정신의학의 이상적 목표는 개인 진료소를 열고, 대학에 있는 사람이 아닌 정신분석연구소에 있는 사람으로부터 훈련, 감독받으면서 정신분석을 하는 것이라고 생각했다. 1940년대의 정신분석적 관점에서 보면, 이곳(델라웨어 주립병원)에서 하는 매일의 진료 행위는 그 치료 효과가 매우 의심스러운 것이었다. 신체적 치료는, 그들이 말하는 바에 의하면, 임시방편이라고 했다. 신체적 치료는 문제를 드러내는 것이 아니라 덮어 두는 것이다. 안절부절못하는 정신병 환자에게 안정제를 투여하는 것은 환자를 치료하려는 것이 아니라 의사 자신의 불안을 가라앉히려는 것이라고 했다. 어느 누구도 정신분석에 조금이라도 의구심을 내비치거나 다른 이론을 언급하면, 그 사람은 자신의 심리적 저항을 극복하지 못한 신경증적 불구자로 간주되었다."[135] 이런 식의 사고를 가진 분석가들의 손에 정신의학이 넘어가 버린 것이다.

정신분석가들이 정신의학계를 지배하려고 공들였던 노력에 비추어 볼 때 매우 모순적인 사실 하나는, 지난 100여 년간 정신의학의 지적 핵심에 자리잡고 있는 진단분류법을 멸시했다는 점이다. 크레펠린이 질병의 경과와 결과에 근거하여 정신질환을 범주화했던 시도를 분석가들은 조롱했다. 1956년 카를 메닝거는 "낡은 크레펠린 식 용어는 이제 대부분 사라졌다"고 선언했다.[136] 그러나 사라진 것은 크레펠린 용어만이 아니었다. 질병의 실체에 관한 명확한 정의가 사라져 버린 것이다. 메닝거는 "정신질환은 특수한 질병이라는 견해가 영원히 사라졌다. 누구나 언젠가 한번쯤은 어느 정도의 정신질환을 일시적으로 앓고, 많은 사람들은 생애 대부분의 시간 동안 가벼운 정신질환을 조금씩 가지고 있다"고 했다.[137] 다른 말로 표현하면, 우리 모두가 약간의 정신분열증 혹은 약간의 조울증을 가지

1951년 메닝거 가족. 가운데 아버지 찰스 F. 메닝거, 오른쪽에 캔자스, 토페카에 1919년 메닝거 진단 클리닉을 설립한 아들 카를, 왼쪽에 있는 아들 윌리엄은 1946년 GAP를 설립하는 데 공헌했다. 메닝거 클리닉

고 있다는 것이다. (유전적 근거를 배제하려는 주장이다.) 메닝거는 정신질환의 기질성을 지지하던 망명 온 정신과 의사 로타 칼리노프스키에게 언젠가 이렇게 말한 적이 있다. "나는 자네를 지적인 사람이라고 생각하고 있는데 왜 분류법에 흥미를 가지고 있는지 도무지 이해할 수가 없네."[138]

정신증에 정서적 요소가 있는지 없는지를 구별하려 했던 크레펠린의 노력에 분석가들이 그토록 무관심했던 이유는, 정신질환은 오직 한 가지뿐이고, 환경 적응에 얼마만큼 실패했는지의 정도에 따라 양적 차이만 있을 뿐이라는 확신이 그 배경에 있었기 때문이었다. 병과 건강 사이는 절대적 경계선이 그어져 구별되는 것이 아니고 단지 위태롭게 경사지며 맞닿아 있는 것이어서 "질병을 완치한다"라는 말은 아무런 의미가 없는 말이라고 했다. 우리 모두는 상처받고 살아가며 흔하게 신경증을 앓는다. 당연히 정신의학의 목적은 증상의 의미를 이해하고, "암시를 걸거나 약을 주어 증상을 직접 주무르려 하지 말고"—어느 표현에 의하면— "원인이 된 심리상태를 원상으로 돌려놓는 데 있다."[139]

환자를 고통스럽게 하는 "질병"의 정체가 무엇인지 조사하는 데에는 무관심했던 분석가들의 이런 태도는 미국 정신의학의 모든 분야에 침투해 들어왔다. 엘렌버거는 다음과 같이 회상한다. "유럽에서 사람들은 증상sympton이 있어서 정신과에 간다. 미국인들은 문제problem가 있어서 정신과에 간다."[140] 증상은 질병에서 비롯되는 것이고, 문제는 사회로 인해 발생한다. 이런 질병 개념은 뇌의 병변, 신경전달물질의 병리, 유전적 부하 등 모든 상태에 적용되었다. 만일에 정신질환이 심인성이어서, 어린 날 비정상적으로 사회화되어 환경에 적응하지 못해서 생기는 것이라면, 신경매독을 제외하고는 정신질환이란 실제로 존재하지 않는 것이 된다. 엘렌버거의 말을 다시 인용하자. "미국의 일부 의사들이 조울증을 정신분열증의 아형으로 생각하고 있다는 말을 듣고 한 독일 정신과 의사가 경악하던 모습을 나는 아직도 기억한다. 왜냐하면 이 말은 마치 낙타가 코끼리의 한 아형이라고 주장하는 것과 마찬가지의 환상이라고 그는 생각했기 때문이었다. 미국인들은 유럽인들이 정신질환을 구별하고 각 질환의 특성을 알아내려 얼마나 힘겹게 애를 써 왔는지 이해할 수 없었던 것이다. 미국인들이 보기에 유럽인들은 그저 질병에 라벨을 붙이기만 좋아하는 것 같았을 것이다. 편집증이 정신분열증의 아형인지, 혹은 독립된 질병인지에 관해 유럽인들이 열띤 질병 분류학적 토론을 벌이는 것이, 그들에게는 천사가 남자인지 여자인지를 놓고 중세기에 벌였던 신학적 논쟁과 마찬가지로 어리석은 것으로 보였던 것 같다."[141]

질병의 본질에 대한 무관심으로 인해, 정신분석 훈련을 받은 정신과 의사들은 심각한 증상을 가진 중증 환자를 만나면 당황하곤 했다. 로런스 큐비와 산도 라도는 중증 환자를 정신외과psychosurgery unit[+]로 보내곤 했다. 그레이스튼 파크에 있는 뉴저지 주립병원과 컬럼비아 대학 신경과는 공동으로 정신외과를 운영했는데("컬럼비아-그레이스튼 프로젝트"), 큐비와 라도로부터 "위신경증적 정신분열증pseudoneurotic schizophrenia"[++]이라는 진단을 받은 환자도 받았다. 이 진단명의 의미는, 이 환자에게 심각하게 잘못된 무언가가 있는데 그것이 무엇인지 모르겠다는 것이다. 이렇게 의뢰되는 것이 환자에게 무해하지 않은 것은 아니었다. 왜냐하면 이들은 곧이어 전두엽절제술, 즉 뇌의 일부를 외과적으로 자르는 수술을 받게 될 것이었기 때문이다.[142]

주요 정신질환을 잘못 진단할 때 생기는 문제는, 종잡을 수 없는 정신분석학 용어를 부적절하게 아무 데나 갖다 붙이는 데 있었다. 특히 환자가 분석가와 매우 다른 사회적 배경을 가진 경우에는 더욱 그러했다. 1955년 클리블랜드의 한 병원에서 전립선 수술을 받은 75세 흑인 노동자의 침상 옆에 정신분석가 여럿이 모여 있던 당시 상황을 한번 들여다보자. 이 환자의 행동이 이상하게 보였기에 외과 의사들이 정신과에 자문을 구했고, 정신과 의사들은 이 환자가 "정상"이라고 보았다. (비록 따옴표를 친 것이었지만) 그럼에도 불구하고 분석가들은 이 환자에게 병리적인 점이 있다고 보았는데, 환자가 "가족을 위해 열심히 '일하는 남자'로서의 자부심"을 얘기하고 또 "침대에 누워 있는 것은 약한 남자나 하는 짓이고, 수술 후에 충분히 '원기'를 회복할 수 있을지 걱정되기에" 가능한 한 빨리 자리를 털고 일어나야겠다고 말했다는 것이다. 이 모든 것이 "위남성성pseudomasculinity"✛✛✛의 증거라고 보았던 것이다.[143] 의미하는 것은? 흑인 노동자가 자부심을 가지는 것은 가짜 남성성이다. (그리고 여건이 허락하기만 하면 정신분석으로 좋아질 수 있다.)

여하튼 대부분의 분석가들은 흑인 노동자를 치료하는 데에는 관심이

✛ 정신질환을 치료하기 위해 뇌수술을 하는 것으로, 그 대상은 난치성 강박증상, 난폭행동을 동반하는 정신분열증, 성격장애, 마약중독, 간질 등에 적용되었다. 치매와 같은 심각한 부작용으로 폐지되었으나, 현재에는 일상생활이 불가능할 정도의 중증 난치성 강박장애 등의 특수한 경우에 국한하여 정밀한 뇌수술이 시행되기도 한다.
✛✛ 신경증의 증상을 보이지만, 본질적으로는 정신증이라는 의미로 쓰이는 용어.
✛✛✛ 겉으로는 남성적 특성을 지나치게 강조하는 태도를 취하나 사실은 남성적이지 못한 자신을 방어하기 위해 나타내는 행동에 불과한 경우, 혹은 여자가 강인하게 보이기 위해 남성적 특징을 차용하는 경우.

없었다. 분석 이외의 치료법을 사용하는 의사와 비교했을 때, 분석가들이 보던 환자는 전문직업인, 행정가 등이 훨씬 많았다.[144] 당시 정신의학은 "좋은" 환자와 "나쁜" 환자를 구별했다. 좋은 환자는, 나중에 알베르트 아인슈타인 의과대학 정신과장이 된 허먼 반 프라그가 말했듯이, "비교적 젊고, 매우 지적이고, 자기성찰적인" 사람이었다. 말하자면 교육받은 중류층 사람을 뜻했다. 나쁜 환자란 중증, 만성적 무능상태로, 정신분열증, 중독, 그리고 가난하고 교육받지 못한 사람들이었다. "다른 말로 표현하면, 환자가 분석치료에 적합한 사람이어야 좋은 환자라는 것이지요. 치료가 환자에게 적응하는 것이 아니라."[145] 반 프라그와 같이 사려 깊은 의사에게 정신의학은 의학의 모조품이자 수치거리였던 것이다.

1960년이 되자 정신분석은 정신의학계 안에서 성공의 극점에 달했다. 비록 분석가는 모든 정신과 의사의 10%에 불과했지만,[146] 정신분석의 영향은 미국내 대부분의 개원의에게 세력을 뻗치고 있었다. 반면 생물정신의학은 주립병원의 삭막하고 지루한 공간에만 국한되어 있었다. 분석가들은 정부와 의회에도 상담을 해주었다. 속칭 "쉬링크shrink"[+]가 된다는 것은 중상류층 이상의 미국인의 삶 자체를 얻는 것이었다.

정신분석의 입김 아래 미국 정신의학은 수용소라는 꽉 막힌 공간을 빠져나와 먼 길을 돌아 드디어 대로에 선 것이다. 복작거리는 중류층 삶에서 허우적거리는 사람들은 시내 한가운데에 개원한 의사에게 분석을 받을 수 있었다. 1917년 미국 정신과 의사 중 개원 의사는 8%에 불과했던 데 반해, 1933년에 이 수는 31%로 증가했다.[147] 1941년경에는 개원을

[+] head-shrinker의 줄임말이자 정신과 의사를 지칭하는 용어이다. 죽은 자의 머리 가죽을 벗겨 두개골을 주먹 크기로 줄여 보관하는 아마존 부족을 헤드 쉬링커head-shrinker라고 하며, 비유적으로 과대망상적 자아를 줄여 준다는 의미도 있고, 또 정신과 의사에 대해 품는 의심(머리에 뭔가 이상한 짓을 하지 않는지)에서 생기는 긴장을 완화하기 위한 농담에서 비롯되었을 것이다. 그러나 영화, 잡지 등에서 사용되면서 흔한 일상적 용어로 정착했다.

했거나 혹은 기관에 있으면서 따로 개인 진료소를 가진 정신과 의사가 전체의 38%에 달했다.[148]

이 수는 정신분석 전성기 동안 더욱 극적으로 달라진다. 1970년이 되자 미국의 모든 정신과 의사 중 최소한 66% 이상이 개원을 했고, 실질적으로는 이 수보다 더 많았는데, 왜냐하면 이들 중 많은 의사들이 병원이나 대학에 직을 가지고 있으면서 따로 개인 진료소도 가지고 있었기 때문이다.[149] 1941년 병원이나 수용소에 있었던 정신과 의사들은 1962년이 되자 그 절반이 개원가로 옮겼다. (1970년대 이후 정신분석이 쇠퇴하기 시작하자 기관에 근무하는 정신과 의사는 증가하기 시작했다. 1988년에는 11%의 정신과 의사들만이 개원을 하거나 개인 소유 정신병원에서 일하게 되었다는 사실은 흥미로운 일이다.)[150] 정신치료적 모델의 승리는 대도시 중산층 사이에 정신과 의사를 심어 놓는 역할을 했다. 문제가 생기면 안경사나 변호사를 찾듯이 정신분석가를 쉽게 찾을 수 있게 되었던 것이다.

중산층이 삶의 위기마다 정신분석을 필요로 하자 분석가들은 오만해지기 시작했다. 홉킨스의 소아정신과 의사인 레온 아이젠버그가 1962년 의학 교육자들 모임에서 정신분석의 과학적 본질에 대해 몇 가지를 비판하는 모험을 감행했는데, 그러자 정신분석의 사도들은 분석의 정당성을 의심하는 사람들에게 즉각적으로 정신과 진단명을 붙여 버리거나, 아니면 무턱대고 방에서 나가라고 고함을 질렀다. "정신과 교실의 주임교수들이 진짜 말 그대로 객석에 놓인 마이크로 우르르 몰려들었다 …… 거기에 참석한 저명한 인사들이 모두 일어나 정신분석은 정신의학의 '기초과학'에 해당한다며 정신분석이 얼마나 우월한지 강변하기 시작했다."[151] 1964년 잡지 《팩트》가 2400명의 정신과 의사에게 여론조사를 했다. 공화당 상원의원인 배리 골드워터가 린든 존슨을 가뜬하게 이기고 대통령에 당선된 것에 대해 의견을 묻자, 1189명의 분석가들이 골드워터는 "심리적으로 대통령에 맞지 않다"고 대답했다.[152] 분석가들은 터무니없이 오만불손했다. 그러나 이 오만함도 곧 산산이 무너져 내리게 될 것이었다.

정신분석과 미국의 유태인

정신분석의 엄청난 확산 현상을 "내부자"의 관점으로만 이해하는 것은 불가능하다. 즉 정신의학 내부에서는 정신분석 개념이 어떻게 발전되어 왔고, 그 특성이 어떻게 계승되어 왔는지 논하기 어렵다는 의미이다. 정신분석에서 보는 성의 개념은 너무나 공상적인 것이어서, 그 개념이 탄탄했기 때문에 취약한 기존 이론들을 밀어내고 정당하게 인정받았다고 볼 수는 없다. 그보다는 정신의학계 내부 동력으로는 결코 제공할 수 없었던 외부 사건들이 계기를 마련해 주었던 것이다. 이것이 정신의학 역사를 "외부자"의 시각에서 보는 관점이다. 계기가 된 요인을 열거하자면, 중산층에 부가 축적됨에 따라 개인적 자기 관리가 가능해졌다는 점, 대학에 들어가지는 못했으나 인문주의적 교육을 받은 사람들의 자기 성찰 욕구가 증가했다는 점 등등 매우 다양하다. 일부 학자들은 미국에서는 교수가 확고한 권위를 가지고 있지 못해서 정신분석에 반대하는 교수들의 의견이 무시되었던 반면, 유럽에서는 교수들이 정신분석의 확산을 저지할 수 있었다고 보고 있다.[153] 한 역사학자는 미국인들의 가족생활의 특징인 "온실"과 같은 가정환경이 정신분석이 침투해 들어갈 만한 "오이디푸스적" 둥지를 만들었기 때문이라고 보았다.[154] 그러나 나는 다른 외부적 요인에 관심을 환기시키고자 한다. 그 요인이 정신분석의 흥망성쇠에 가장 중요한 것이기 때문에 관심을 가지는 것이 아니라, 이것이 정신분석의 번영에서부터 쇠락에 이르기까지의 온 과정을 마치 한 가닥의 실과 같이 중단없이 꿰고 지나가는 주제이기 때문이다. 그것은 바로 유럽과 북아메리카의 유태인 이야기이다.

　정신의학의 역사적 관점에서 보면, 구세계와 신세계의 유태인 부침浮沈의 역사는 커다란 중요성을 가지고 있었다. 정신분석이 대서양 양편에서 겪게 될 불운의 공통된 주제는, 문화접변acculturation✛을 막 경험하고 정체성의 혼돈에 빠져 있던 중류층 유태인 모두에게 절실히 필요했던 것은 집단적 자기 확인의 상징물이었다는 점이다. 프로이트는 정신분석에는 그 어떤 인종적 특성도 없다고 강조했지만, 프로이트와 그 추종자들이 비유태인 특권 문화층에 던진 숨은 뜻은 '우리 유태인들은 당신네들 근대 문화에 이렇듯 귀중한 선물을 가져다주었다'는 것이었다.

　왜 유태인들은 그 어떤 인종 집단보다 더 이런 상징물을 필요로 했을까? 근대 역사를 보면, 유태인들은 극심한 충격을 두 번이나 겪어야 했다. 시골의 전통적 소규모 삶에서 대도시의 중류층 삶으로의 대규모 이동을 겪은 유태인이라면 누구나 다 첫 번째 문화적 충격, 즉 새로운 곳에서 거쳐야 할 동화와 융화과정, 그리고 심리적 격동을 느껴야 했다. 폴란드와 우크라이나의 18세기 유태인 촌 작은 마을에서 베를린, 프랑크푸르트, 빈과 같은 대도시의 소란스러움으로 이동할 때 경험하는 충격은 유태인에게만 국한된 것은 아니었다. 그러나 유태인들에게는 홀로코스트라는 두 번째 연이은 충격이 기다리고 있었다. 홀로코스트와 더불어 이제 막 중류층에 진입하여 유럽 부르주아적 삶의 안락함을 즐기려던 수십만 명의 유태인들은 혼돈의 악몽 속에서 미국으로 쫓겨 가야 했다. 이 두 번째 충격은 그 어떤 인종도 겪지 못했던 것이었다.[155] 이로 인해 미국의

✛ 문화변용이라고도 한다. 서로 다른 문화와 전통을 가진 인구집단이 접촉할 때 힘의 역학관계에 따라 자유로운 변화가 일어날 수도 있고, 규제된 문화적 개입이 일어날 수도 있다. 유태인의 경우 소규모 집단이 짧은 기간 내에 대규모 사회에 적응해야만 했던 상황이었으므로 정체성의 혼돈이 심했다고 본다.

유태인들은 자기 확인의 특별한 상징물을 필요로 했고, 생생한 도시의 혼돈 속에서 집단적 자존심의 인식표를 욕구했던 것이다. 그 상징물이 바로 정신분석이었다고 나는 주장한다.

20세기 시작을 전후로 중앙유럽 유태인들은 뿌리째 뽑혀져 문화적 혼란에 빠져 있었다. 1860년부터 1900년 사이에 셀 수도 없이 많은 사람들이 유럽의 유태인 거주지역과 동유럽의 유태인 촌에서 쫓겨져 나왔으나 아직 서부 유럽에 뿌리를 내리지 못하고 있었다. 베를린과 빈의 유태인 중 많은 사람들은 자신의 종교를 저버리고 이름을 바꾸고 기독교 혹은 가톨릭으로 개종하면서 어떻게든 빨리 동화하려 애쓰고 있었다. 쉴러의 연극에도 익숙해지고 정교한 독일어를 구사하려 최선의 노력을 했음에도 불구하고 그들이 맞닥뜨린 것은 반유태주의의 견고한 벽이었다.

사회학자이자 역사학자인 존 커디히에 따르면 정신분석이 만들어지게 된 배경에는 "탈식민지 사람들이라면 가질 만한 이데올로기"✢가 있었다.[156] 유태인 신경증 환자가 분석에 이끌린 것은 당연한 현상이었다. 정통 유태주의가 제공하는 외적 표식과는 대조적으로, 정신분석은 자신의 정체성을 확인할 내부로부터의 가능성을 열어 주는 것이었기 때문이다. 그리고 특히 유태계 여자들의 마음에 가 닿았을 것이다. 잘 교육받고 호기심 많은, 그러나 은둔해 있어야만 했던 유태계 여자들—빈의 작가 로베르트 무질의 표현에 따르면 "영성에 흠뻑 젖어 있는 중류층" 여자—은 노동자 남편을 둔 비유태계 하류층 여자들보다, 그리고 살롱을 돌아다니며 사교계의 현란함을 즐기던 귀족계층 비유태계 여자들보다 더 자

✢ 작은 마을 단위로 모여 살던 유태인들은 20세기의 전환기에 유럽을 서진西進하면서 급속도로 근대 청교도 문화권에 적응해 들어와야 했다. 마르크스, 프로이트의 이론은 유태인의 집단적 경험을 논리적으로 설명하고 보편화시켜 줄 응집력 있는 서사로 작용하여 유태인들이 전환기의 격변에 적응하는 데 도움이 되었고, 또한 이들 유태 지식인의 업적으로 유태 자신들에게는 물론 외부로도 자신들의 정당함을 주장할 수 있었다고, 커디히는 주장한다.

아 성찰적이고 더욱 심리화 경향을 가지고 있었을 것이다.[157] 아니면 유태인 남자든 여자든 정신분석이 "우리의 것"이기 때문에 더 숭배했을 수도 있다. 어떤 경우든 간에 초기의 정신분석은 매우 특별한 사회적 위치에 있었다.

베를린, 부다페스트, 그리고 빈의 중류층 유태인들 사이에서 정신분석은 분석 자체가 가진 능력의 범위를 넘어서는 공전의 대히트를 치게된다. 역사학자 스티븐 벨러는 빈의 아웃사이더인 유태인들이 빈의 관능적 바로크 전통문화에 대항하기 위해서 "과학적 합리성과 본능을 결합시킨 정신분석을 이용하여 빈 사회를 정치적으로 공격했다"고까지 해석했다.[158] 부다페스트 유태인 거주지역 레오폴드스타트에서는 정신분석을 일컬어 "불가해하고 꿰뚫을 수 없는 비밀스러운 교리 혹은 의식……"이라고 불렀다.

역사학자 파울 하르마트의 결론은, "교화된 유태인 집단이 처해 있던 소수민족 특유의 상황 때문에 정신분석은 그들에게 가장 인기가 높았다."[159] 물론 비유태인도 정신분석을 지지했다. 환자들 중에도 일종의 유태주의적 향성向性이 있었던 것으로 보인다.

분석가 자신도 대다수가 유태인이었고, 또 유태인이라는 것 자체가 프로이트의 지혜를 이해하는 데에 도움이 된다고 생각했다. 1908년 프로이트가 베를린의 정신분석가 카를 아브라함에게 카를 융(당시 정신분석계에 있던 몇 안 되는 비유태인 중 하나였다)과의 사이에 있었던 오해에 관해 말한 것을 인용하자면, "제발 관대해지게나. 그리고 융보다는 자네가 내 생각을 이해하기 쉬울 걸세 …… 왜냐하면 인종적 친근함 때문에 자네는 내 이론을 더 이해하기 쉬울테고, 반면 융은 기독교인이자 목자의 아들로서 내 이론을 받아들이려면 자기 내면의 심한 저항을 극복해야 하네." 다른 상황에서 프로이트는 아브라함에게 또 확신을 심어 준다. "내가 자네에게 끌리는 이유를 말해도 된다면, 우리는 서로 유태인의 특성으로 연결되어 있다는 것일세. 우리는 서로를 이해하지."[160] 프로이트를 둘러싼 측근들은 거의 대부분이 유태인이었다. 페렌치는 비유태인 중 하나인 런던 사람 어니스트 존스에 관해 프로이트에게 이렇게 말했다. "유태인으로 태어났다는 것에 어떤 심리적 이득이 있다는 것인지 지금의 저로서는 잘 알지 못하겠습니다 …… 선생님께서 존스를 계속 지켜봐 주시고 그가 분석을 포기하려고 하면 막아 주십시오."[161]

정신분석은 중류 유태인들 사이에서 유태교적 세계관으로 들어가는 길잡이로 알려졌다. 1920년대 "미노나Mynona"라는 익명으로 글을 쓴 유머 작가 살로모 프리틀란더는 기독교인이 "진정한 유대교"로 개종하기 위해 통과해야 할 관문에 대해 분석했다. 프리틀란더가 쓴 한 이야기에서, 괄괄한 반유태주의자 레쉬오크 백작은 아름다운 레베카에게 반해 그녀를 얻기 위해서라면 체면도 다 버리고 유태교로 개종하기로 결심한다. 레베카는 그가 진정한 유태인이 되어야만 그를 받아들일 것이라고 고집한다. 유태인으로서의 정체성을 가지기 위해 백작이 거쳐야 할 첫 단계는 프로이트 교수로부터 분석을 받는 것이었다. 프리틀란더는 프로이트를 칭하기를 "무화과 잎 앞가리개fig-leaves✢를 파괴하는 자"라고 했다. 프로이트가 "해부학적 기술이라고 부를 만큼 정확한 솜씨로 고상한 레쉬오크 백작의 영혼의 보호막을 하나씩 벗겨내자, 백작이 하인의 팔에 안겨 울음을 터뜨리는 바람에 하인은 기겁하고 말았다." (레쉬오크 백작은 유명한 외과 의사에게 가서 블론드 머리의 프러시아 용사와 같은 자신의 모습을 "유태인 율법학교 학생"의 모습으로 바꾸어 달라고 한다.)[162] 유태인, 비유태인 독

✢ 수치심 가리개. 아담과 이브가 에덴동산에서 나올 때 수치스러운 부분을 가렸던 잎사귀를 말한다. 수치스러운 부분에 대한 변명으로 합리화하는 것에 비유한다.

자 모두 프리틀란더의 얘기가 재미있다고 하면서도 암묵적으로는 정신분석이 유태주의와 동일하다는 전제를 받아들인 것이었다. 만일에 정신분석이 신념의 역사를 기록한 것이었다면 이런 사회적 논의는 별로 중요하지 않을 것이다. 그러나 정신분석을 흥망성쇠의 역사를 가진 일종의 운동으로 이해하려 한다면, 그토록 많은 유태인 의사와 환자 모두가 분석을 지향하던 그 향성에는 특별한 의미가 있는 것으로 보아야 할 것이다.

시대의 흐름에 따라, 적어도 유럽에서는, 정신분석은 유태주의적 특성을 잃어버렸다. 비록 그 시초는 빈과 베를린의 유태인들 사이에서 시작된 것이었지만, 발전하는 과정에서 정신분석은 더 이상 유태인만의 소유물이 아니게 되었다. 정신분석을 하는 많은 개인 클리닉 의사들이 유태주의적 향성을 가지지 않게 된 것이다. 게다가 스위스와 영국의 경우, 정신분석은 특별히 비유태인의 것으로 알려진다. 1920년대에 스위스 정신과 의사 막스 뮐러가 말하기를 "스위스 정신분석 운동의 경우, 다른 나라들과는 달리, 유태인 의사나 비非의사 분석가가 대부분을 차지하지는 않았다."[163] 1914년 이전에 스위스에서 분석을 옹호하던 두 명의 주창자 ―유진 블로일러와 카를 융―는 오히려 반유태주의자였다. (빈의 정신과 의사 에르빈 스트란스키가 유태인임을 일고 블로일러의 부인이 크게 놀라서 다음과 같이 말했던 것을 보면 아마도 블로일러의 집안 분위기가 그랬던 것 같다. "그렇지만 스트란스키 씨는 적어도 비유태인의 영혼을 가지고 있지 않나요?")[164] 정신분석계에 유태인이 넘쳐나던 현상에 관한 말 중 한 가지를 인용하면, 어니스트 존스가 망명인 분석가를 제외하고는 "영국에서만큼은 …… 유태인 정신분석가가 오직 두 사람뿐이다"라고 안도했다고 한다.[165]

1933년 전에는 저명한 유태인 의사들 중에 정신분석에 적대적인 사람이 많았다. 예를 들면 중앙유럽에서는 구스타프 아샤펜부르크, 아돌프 프리틀란더, 어윈 스트란스키 모두 유태인이었고, 이들은 프로이트의 공공연한 적이었다. 미국에서는 보스턴의 에이브러험 마이어슨과 뉴욕의 버나드 색스이다. (스트란스키는 분석에 적대적인 사람이 반유태주의자라면 비난할 만한 일이 아니라고 생각했다.)[166] 1933년에 이르기까지 유럽 그리고 미국마저도 초기 정신분석에는 유태주의의 인장印章이 찍혀 있었다고 주장할 수 있다.

1933년 이후 이 모든 것이 달라지게 된다. 운동으로서의 정신분석은 유럽에서는 사라졌다. 신세계로 도피했던 유태인들은 정신분석의 대행자였다. 나치에 의해 망가뜨려지고 극심한 혼란에 빠진 이들 생존자들에게 정신분석은 접대국 시민들 앞에 내미는 입장권이었던 것이다. 인종적으로 적대적이고, 심리적인 것에 둔감하며 문화적으로는 뒤쳐진 사람들로 여겨지던 앵글로 색슨계 접대국 시민들 앞에서 정신분석은 이들 망명 유태인들에게, 의사이건 의사가 아니었던 간에, 유태인으로서의 결속을 나타내는 인식표였을 것이다. 마틴 그로티얀은 그의 동료 망명 분석가에게 "정신분석은 신세계 사람들에게 가져다주는 구세계의 빛을 상징한다"고 말했다.[167] 그러나 그 빛은 유태인이 창조한 것이었고 수 세기에 걸쳐 유태인을 덥혀 주던 온기였다.

미국에 있던 유태인들은 이주의 고통을 겪지 않았으나, 그럼에도 불구하고 그들은 아웃사이더였고, 정신분석이 제2차 세계대전 이후 새롭게 명성을 얻게 되자 많은 유태인 의사와 환자는 집단적 자기 확인의 상징인 정신분석에 이끌려 들어왔다— '이것은 우리가 창조한 것이다, 이것으로 우리는 한 단계 올라서게 될 것이고 그럼으로써 우리는 다른 사람들을 계몽할 수 있다.' 1945년 이후 미국 유태인들은 정신분석을 일종의 "문명화의 사명"*으로 생각했고 전 세계에 주는 치유의 선물이라고 생각했다. 그러나 유태인 분석가들이 인류를 위한 사명이라고까지 묘사한 것에 걸맞을 만큼 정신분석은 그리 공들여 쌓아 올려진 이론체계는 아니었다. 1953년 프란츠 알렉산더는 앞으로 상황은 그들의 편이 될 것이라고 동료들에게 이렇게 확신을 주었다. "당신네들이 선언하는 바가 세상에 받아들여지자마자 사람들은 이 새로운 진실을 전수해 달라고 진지하고도 열렬하게 요청해 올 것이다. 세상은 당신네들을 향해 '그것에 대해 말해 주십시오. 어떻게 새로운 앎이 우리를 도와줄 것인지, 신경증 환자와 정신병 환자를 치료하기 위해 어떻게 그것을 보람 있게 사용해야 할 것인지 알려주십시오. …… 어떻게 사회적 편견을 없애고 나라 사이의 긴장을 완화하고 전쟁을 예방할 것인지 알려주십시오.'"[168] 이 새로운 앎에 특별히 의지하고 있던 사람들이 유태인 자신들이었다고 본다면 이상한 것일까?

정신분석이 제2차 세계대전 이후 그렇듯 빠른 속도로 확산된 이유는 무엇일까? 심리학자 세이무어 새러슨은 말한다. "대부분의 분석가들(그리고 전쟁 동안 분석훈련을 받은 꽤 많은 수의 정신과 의사들)은 유태인이었다. 이들에게 히틀러와 파시즘은 추상적인 것이 아니라 그들의 실존을 위협하는 실재였다. 그리고 이들에게 프로이트는 모세와 같은 인물을 상징했고 인간 본성에 관한 전망을 열어 주는 존재였던 것이다……."[169] 새러슨과 알렉산더가 보기에 유태인은 재능은 있으나 주변부에 머물던 집단이었고 아직도 불안하고 통합되지 않은 집단이었던 것이다.

정신분석계에 유태인 의사들이 얼마나 분포되어 있는지 조사한 것이 있다. 1959년 두 명의 연구자들이 정신분석을 믿는 정신과 의사들의 성향을 조사했다. 85%는 유태인 혈통으로 계층 상향적이자 자기 통찰적이었고, 고향으로부터 뿌리 뽑혀져 나와 있었다(이와 대조적으로 생물학 지향

─────────

✤ 프랑스어 mission civilisatrice로, 중세 유태-기독 전통에 따라 발전된 유럽은 미개한 문화는 타파하고 문명화로 이끌어 주어야 할 의무를 가지고 있다고 간주했다. 식민지 확장의 이념적 토대가 되었던 것으로, 미개한 신세계 미국에 온 유럽의 학식 있는 정신분석가들이 계몽의 임무로 생각했음을 의미한다.

정신과 의사들은 주로 신교도였다). 여러 특징 중, 정신분석에 편향된 유태인 정신과 의사들은 비유태인들 사이에서 눈에 띌 만큼 걸출했다. 어느 정도 종교적 믿음을 유지하고 있는 신교도 기질성 정신과 의사와는 대조적으로 유태인 정신분석 의사들은 투쟁적이었다. 이들은 좌파적이고 자신의 사회계층을 더 많이 의식하고 있었는데, 신교도 집단은 반대로 이런 주제에 대해서 약간 난처해하는 태도를 취했다.[170] 아놀드 로고우가 1965년 35명의 정신분석가와 149명의 비非분석 정신과 의사에게 설문조사를 했을 때, 분석가의 26%가 자신이 유태인이라는 것을 공언할 수 있다고 대답했고, 17%는 자신의 어머니가 유태인임을 기꺼이 말하겠다고 했으며, 3분의 1은 종교적 성향에 대해 아무것도 말하지 않겠다고 했다. (반면 비非 분석 정신과 의사들은 이 세 가지 항목에서 모두 낮은 비율로 답했다.)[171] 이 통계조사를 근거로 하면, 비유태인도 꽤 되기는 하지만, 정신분석을 하는 사람들 대다수가 결국은 유태인 혈통을 가지고 있다고 보는 것이 무리는 아닐 것이다. 그렇다면 환자는 어떠했을까? 유태인들은 인구집단의 수에 비해 정신과 서비스를 과소비하고 있는 것이 거의 관례처럼 되어 있었다. 정신분석은 특히 더욱 그러했다. 로고우의 조사에서 3분의 1의 정신분석가가 자신의 환자 층에는 유태인들이 놀랄 만큼 많다고 답변했다.[172] 다양한 방식의 많은 연구에서도 이와 유사한 결과가 나타났다.[173] 아마도 가장 극적인 결과를 보인 조사로는, 1976년 미국 전역의 성인 인구를 무작위로 추출하여 시행한 설문조사에서, 유태인 응답자의 59%가 언젠가 정신치료를 받은 적이 있다고 응답했다는 점이다. (비유태인의 경우 25%였다).[174] 다른 말로 하면, 정신치료가 압도적으로 정신분석 지향적이었을 때, 모든 미국 유태인의 절반 이상이 일생 어느 한 시점에서는 정신치료를 받고 있었다는 말이다. 20세기 중반 유태인들은 정신분석은 일종의 "우리의 것"이라고 불렀다는 말은 결코 사실을 과장한 말이 아니다.

여기에서 정신분석의 쇠퇴기 상황에 관해 총괄적으로 얘기하기는 어렵다.(499~511쪽을 보라) 여기에는 많은 요인이 작용했는데, 새로운 약물치료의 등장으로 오랜 시간을 정신치료에 쓸 필요가 없어졌다는 것, 신경계의 이상에 의한 원인을 강조한 새로운 정신질환 모델, 그리고 대안적 정신치료의 등장 등이 그것이다. 이런 변화와 비교하면, 정신분석의 주 정박지였던 유태사회는 그리 크게 변하지 않았다. 정신분석이 대중적으로 돌변하게 된 계기가 과연 유태인이 사회적 기반을 상실했기 때문인지에 관해서는, 지금까지의 유태인 얘기에 연이어 이 시점에서 말하는 것이 적절하겠다. 내 견해로는 유태인이 점차 미국에 동화되어 가면서 사회적 기반을 상실하게 된 것이라고 보고 있다. 이들은 더 이상 집단적 인식표로서의 정신분석을 필요로 하지 않았는데, 왜냐하면 그들은 더 이상 자기 확인의 필요성을 느끼지 않게 되었기 때문이었다. 대신 그들은 다른 사람들과 똑같아졌다.

《나는 장미정원을 약속한 적이 없어요》에 나오는 "데보라"의 경험에 비추어 조앤 그린버그가 1964년 발간한, 자신의 정신증에 관한 반# 자서전적 수설은 다음과 같이 말한다.

그린버그는 1932년 태어났고 부모 모두 근래 이민 온 사람들이었다. 1944년 12살 즈음 그녀는 의심할 여지없는 진짜 정신병 증상을 앓기 시작한다. 그린버그 가족은 뉴욕 소아전문 정신분석가인 리처드 프랭크에게 상담을 의뢰하고, 조앤의 나이 16세에 체스넛 럿지에 입원시켰다. 프랭크는 조앤이 16세가 되기 전까지는 부모와 지내도록 했는데, 럿지가 그 나이 이하의 어린이는 입원시키지 않아서 그랬기도 했지만, 또한 프랭크가 이 어린 환자를 정신분석적으로 치료하길 원했었음도 사실이다.[175]

그 당시 그린버그 가족이 거주하던 곳은 반유태주의가 강한 곳이었다. 소설 속에서 데보라는 "잔인하도록 반유태주의적" 캠프에서 급우들로부터 "냄새나는 유태인"이라고 놀림을 받게 된다. 뉴욕 근교에서 너무나 잘 지내던(최소한 소설 속에서만은) 그린버그 가족은 자신의 집 담벼락에 반유태주의 슬로건이 낙서되고 베란다에는 죽은 쥐가 매달려 있는 수모를 겪는다. 그린버그 가족들이 철저하다시피 유태인 문화로 자신들을 방어하고 있었다는 것은 전혀 이상한 일이 아니었다. "수년 전에 유럽에서 도망쳐 나오던 당시의 그 전쟁을 데보라도 자신이 성장하는 시간과 공간에서 다시 치루고 있었던 것이다." 그린버그는 소설 속의 인물들이다. 그리고 데보라의 친구들은 모두 유태인이다. "나는 유태인이 아닌 사람은 한 사람도 알지 못했어요. 그리고 유태인이 아닌 사람은 결코 믿지 않았어요"라고 데보라는 말했다.

데보라에게 무엇을 해줄 수 있었을까? 그녀의 어머니는 정신분석에 관해 들은 적이 있었다. 그녀는 체스넛 럿지의 데보라 담당 의사에게 이렇게 말했다. "이 병은 본인의 과거와 어린 시절 때문에 생긴다지요? 그래서 요즘 우리 머릿속에 들어있는 것은 온통 과거뿐이랍니다. 저는 생각하고 또 생각하고 제이콥(남편)도 또 생각하곤 합니다. 우리 온 가족이 계속 생각해 오고 있고 그리고 놀라게 되는 것은……" 그러나 그들은 데보라의 병을 일으켰을 만한 것이 무엇인지 알아낼 수 없었다는 것이다.

그러나 한 정신과 의사는 알고 있었다. 그 의사는 프리다 라이히만이었다. 데보라 어머니의 잘못 때문이라는 것이었다. 라이히만("닥터 프리드")은 데보라의 기억을 어르고 달래어(혹은 암시했을 수도 있다) 그녀의 어머니가 어릴 때 그녀를 버렸다고 믿게 했다. 그 기억이 무의식에서 튀어나와 의식 위로 올라온 것이었다. "말이 홍수처럼 쏟아져 나오고 그리고 마침내 끝나자 닥터 프리드는 미소지었다. '당시에는 큰일이었겠습니다. 버림받고 사랑을 모두 앗아가 버린 바로 그 일 말입니다.'"[176]

이른 1940년대 뉴욕에서 온통 방어막으로 둘러싸인 좁은 문화권 안에서 정신분석 이외에 다른 어떤 치료가 유태인들에게 적합할 수 있었을까? 그 치료를 맡은 정신과 의사들은 대부분 분석가들이었다. 체스넛 럿지와 같은 고급 개인 클리닉이 부자 유태인 가족들에게 장소를 제공했다. 유태인 문화권 사람들에게는 정신분석이야말로 유일하게 가능한 방법이었는데, 왜냐하면 유럽으로부터 온 재기 넘치는 유태인 지식계급으로부터 받을 수 있는 치료 방법은 오직 그것뿐이었기 때문이었다. (닥터 프리드는 자신의 유럽 환자 중 한 명이 다하우✝에서 죽었다고 설명한다.)[177] 데보라, 그린버그 가족들, 그리고 위대한 미국 도시에 사는 중류층 유태인들은 실은 정신분석에 흠뻑 젖어 있는 별세계에서 살고 있었던 것이다.

이렇듯 격리되어 거의 존재감 없이 살던 미국 유태인이 방어막을 뚫고 나온 것은 1960년대 이후이다. 타인종과의 결혼이 가장 의미심장한 것이었는데, 왜냐하면 부모 중 한 사람이 유태인이 아닐 경우 그 아이들이 유태인으로 키워질 확률은 양 부모 모두가 유태인일 경우의 절반밖에 되지 않기 때문이다. 1960년 이전에 5%의 유태인만 비유태인과 결혼했던 데 반해, 1960~1969년 사이에는 12%, 1970~1979년 사이에는 19%, 1980~1989년 사이에는 33%에 달하게 되었다. 젊은 유태인 사이에는 인종간 결혼이 새로운 추세였다. 똑같은 일이 세대를 통해 되풀이된다. 신세계에서의 1세대는 인종간 결혼이 5%이었고, 4세대에서는

....

✝ 뮌헨 북쪽 약 16㎞ 거리의 다하우 시 변두리에 1933년 나치 최초의 집단수용소가 세워졌다. 제2차 세계대전 동안 약 150개에 달하는 지부 수용소가 남부 독일과 오스트리아 여러 곳에 세워졌고 이들을 본부 수용소와 합쳐 다하우라 불렸다. 적어도 16만 명의 죄수가 거쳐 갔고, 3만 2000여 명이 이곳에서 살해되었다. 다하우는 입소자들을 의학실험에 강제로 사용케 하기 위해 최초로 실험실을 세운 가장 중요한 수용소였다. 따라서 다하우는 유태인에게는 인종 학살의 상징적 장소이다.

38%였다. 미국에서는 모든 결혼관계가 매우 불안정하다는 점을 고려하면, 유태인 사회의 불안정을 나타내는 가장 두드러진 점은 다음과 같다. 첫 결혼에서 상대가 비유태인일 비율은 11%에 불과했지만, 두 번째 결혼에서는 24%, 세 번째 결혼에서는 40%에 달하게 되었다는 점이다.[178] 1990년에 이르자 유태인의 52%가 다른 종교를 가진 사람과 결혼했고, 유태 교회에 속한 사람은 절반에도 미치지 못했다. 이 통계는 유태 사회가 와해되어 가고 있음을 보여 주는 것이다.[179]

유태 문화권으로부터의 이탈은 정신분석과 같이 그 사회의 결속의 상징이던 것으로부터의 이탈을 수반하고 있다. 최근 정신분석을 받는 환자의 인종 자료는 입수하기 어렵지만, 이 분야의 권위자의 말을 빌리면, 정신분석을 받는 유태인 환자의 수는 "아마도 감소하고 있을 것"이라고 한다.[180] 유태인이 우리 모두와 다른 종류의 인간이 아니라면 우리 모두가 받는 치료법을 선택할 것이고, 1970년대 이후부터 그것은 더 이상 정신분석이 아니었던 것이다.

6

대안을
찾아

20세기 초 정신분석과 수용소라는 두 갈림길 사이에서 어느 쪽으로
도 마음이 끌리지 않았던 정신과 의사들은 대안을 찾기 시작했다.
신경매독의 열치료법과 수면연장법 등은 제2차 세계대전 이후의 약
물혁명을 예고했는가 하면, 전기충격요법과 뇌엽절제술은 격렬한 반
反 정신의학 운동을 야기했다. 반면 정신치료의 새로운 비전의 밑바
탕이 된 낮병원과 치료공동체가 등장한다.

A HISTORY OF PSYCHIATRY
Alternatives

20세기 전반, 정신의학은 딜레마에 빠져 있었다. 환자가 저절로 나을지도 모른다는 희망으로 거대한 수용소 건물에 환자를 가둬 놓고 있던 한편, 다른 곳에는 정신분석이 존재하고 있었다. 그러니 정신분석은 부자들의 자기 성찰 욕구에 맞는 것일 뿐 진짜 정신질환에 적합한 것은 아니었다. 어느 쪽으로도 마음이 끌리지 않는 두 선택의 사이에서 정신과 의사들은 대안을 찾기 시작했다. 찾아냈던 대안 중 어떤 것은 궁지에 몰려 폐기되었고, 어떤 것은 새로운 정신치료의 바탕이 될 비전을 보여 주었고, 또 어떤 것은 제2차 세계대전 이후 벌어질 약물치료의 대변혁을 예고하는 것이었다.

　그러나 이런 대안적 방법들은 얼핏 보기에 혁명적이고 꽤 과감한 기술혁신이었을지 몰라도, 기실 그 발단부터 어두운 절망의 조짐을 품고 있었다. 이 시대의 무모함은 시대적 맥락에서 이해되어야만 한다. 수용소는 환자들로 가득 차 있었고, 정신과 의사들은 뇌와 마음의 질병 앞에

밀리지빌에 있던 조지아 주립 요양원. 1950년 침상 수 1만 개에 달하여 미국 내에서 가장 큰 정신병원이었다. 처벌 방식으로 사용되었던 악명 높은 "조지아 강력 칵테일 전기충격요법"이 만들어진 곳이다. **밀리지빌 중앙주립병원**

서 속수무책이었다. 이 시절 정신의학은 1세기 전 그토록 희망에 찼던 치유의 약속에서 버림받고 추락하여 끝 모를 절망의 맨 밑바닥에 가라앉아 있었던 것이다. 1920년대와 1930년대 정신의학의 무게 중심은 여전히 정신병원에 있었다. 그러나 뱀굴snake pit✛과 같은 정신병원은 아무리 강철 같은 의지를 가진 의대졸업생일지라도 감히 일할 엄두를 내기 어려울 정도로 황폐해져 있었다.

환자들은 계속 쌓여 갔다. 1903년부터 1933년 사이에 미국의 정신병자 수용시설 환자 수는 14만 3000명에서 36만 6000명으로 두 배 증가했다. 환자 대부분은 수용 인원 1000명 이상의 대형 기관에 수용되어 있었다.[1] 악명 높은 조지아의 밀리지빌 병원은 환자가 8000명이 넘었다.

정신병원의 몸집은 불어나고 있었지만, 치료적 기능은 떨어지고 있었

✛ 독사를 풀어 놓은 땅굴에 죄인을 떨어뜨려 죽게 했던 처형 장소로, 고대 유럽과 중국 등지에서 사용되었다. 수많은 뱀과 뒤엉켜 죽어 가는 사람과 썩어가는 시체와 해골 등이 있는 장소로, 혼돈스럽고 불결한 어둠의 장소로 비유되며, 1948년 〈뱀굴〉이라는 제목의 정신병원 이야기가 영화화되면서 정신병자 수용소를 비하하여 일컫는 단어가 되었다.

다. 영국의 경우 1870년대 수용소 환자의 회복률은 40%였지만, 1920년 대에는 31%였다. 병원 내부 사람들조차 "과학적 정신의학은 실패한 것 인가?"라는 의문을 품기 시작했다.[2] 유럽에서 1940년 망명하여 뉴욕 정 신의학 연구소 전임의로 온 로타 칼리노프스키가 회상하기를, "1930년 대 이전 정신병원 의사들이 할 수 있는 일이라고는 환자를 편안하게 해 주고, 가족과 만나게 해주며, 저절로 나을 경우 사회로 돌려보내는 일밖 에 없었다. 오늘날(1980년)의 정신과 의사들은 그 상황을 이해하지 못할 것이다."[3]

이런 정신병원은, 과거 수용소가 그렇게 불렸듯이, 황폐함 그 자체였 다. 영국의 어느 정신과 의사는 이런 병원을 외부와 차단된 탈옥 불가능 한 감옥에 비유했다. 물론 의사들은 흰 가운을 입었고 간호사들은 모자 를 썼다. 환자 역시 "거친 옷감의 헐렁한" 환자복을 입었고 여자들은 광 목으로 된 주머니 같은 옷을 입었다. 병동과 복도의 장식용 그림은 "두 가지 색깔—어두운 초콜릿색과 번들거리는 초록색—에 국한된 서너 가 지 변용된 그림뿐이었다. 병동을 걸어 들어가면 정신분열증 환자가 "하 루 종일 조각상과 같이 꼼짝 않고 서 있고 …… 규칙적으로 몸을 흔들거 나 지칠 줄 모르고 왔다 갔다 했다." 공개적인 자위행위나 벽에 대변을 칠하는 행동은 당시에는 일상적인 모습이었다.[4]

그렇다고 모든 게 내리막길은 아닌 것이, 1930년대 수용소는 한 세기 반 전의 수용소에 비하면 그래도 깨끗한 편이었다. 젊은 환자들은 실제 로 꽤 많이 퇴원했다.[5] 일생을 갇혀 살아야 하는 끔찍한 일은 정신병 수 용시설이 아니라 정신박약 수용소에서나 있는 일이었다. 그러나 환자를 진료해야 하는 의사의 관점에서 보면 수용소 정신의학을 의학의 한 분야 라고 보기 어려웠다. 아무도 낫지 않았던 것이다. 정신질환에 관한 과학 적 지식도 별로 없었다. 최신식 실험실과 훌륭한 도서실을 갖춘 의료 중심지에서 멀리 떨어져 나름대로 전원생활을 즐길 수는 있었을 것이다. 그러나 이런 불모의 유폐생활의 굴레를 쓰게 된 젊고 야심 찬 정신과 의사들은 대안을 찾기 시작했다.

열 치료법과 신경매독

20세기 거의 내내 정신의학계는 만성 정신병, 특히 정신분열증과 조울증의 치료법을 알아내기 위해 끊임없이 실험해 왔다. 1917년 오랜 연구 끝에 마침내 신경매독의 치료법을 발견하게 된다. 신경매독은 19세기부터 중류 계층을 갉아먹는 병으로 알려져 있었다. 이 이야기는 빈의 정신과 의사 율리우스 바그너-야우레크라는 이름과 직결된다.

바그너-야우레크는 결코 정신과 의사가 되겠다는 소명의식을 가진 적이 없었다. 항상 오스트리아 북부 벌목꾼 같다는 말을 들었던 바그너-야우레크는 1857년 시골 마을인 벨스에서 태어나 1880년 빈 의과대학을 졸업했다. 당시의 많은 오스트리아 인과 마찬가지로 그는 철저한 반유태주의자였다. 그보다 3년 먼저 졸업한 유태인 동료가 유명한 내과 의사 하인리히 밤베르거 밑에서 수련 받게 되자, 질투에 찬 바그너-야우레크는 "폴리쉬 클럽"[+] 전체를 저주하며 내과가 아닌 다른 분야로 전공을 바꾸었다.[6] 그가 정신과로 전과하게 된 이유는 단지 빈 수용소에서 근무하는 게 편했기 때문이었다.

얼마 지나지 않아 그는 기질성 정신의학 분야와 연관된다. 아직 수용소 수련의였던 1883년, 바그너-야우레크는 한 여자 정신병 환자가 연쇄구균 감염으로 단독erysipelas[++]이 발병한 이후 정신병 증상이 완화되는 사례를 경험하였다. 이 사건으로 그는 열熱과 광기의 연관관계에 호기심을 가지게 되는데, 이는 오랫동안 의학계가 의혹을 품고 있었던 주제였다. 1887년 바그너-야우레크는 열을 이용해 정신병을 치료할 가능성이 있음을 시사하는 논문을 발표한다. 신경매독 또한 치료 가능성이 있다고 언급했으나 특별히 신경매독만을 언급한 것은 아니었고, 정신병 환자를 발열시키기 위해 말라리아 환자의 혈액을 접종하는 시도는 해볼 만하다고 제시했을 뿐이었다.[7] 그러나 운명의 여신은 그에게 손을 내밀었다. 1890년 독일 미생물학자 로베르트 코흐가 당시에는 결핵 예방에 효과적이라고 간주했던 투버큘린tuberculin[+++]을 발견했기 때문이다. 바그너-야우레크는 열을 발생시키기 위해 신경매독 정신병 환자 몇 명에게 투버큘린을 주사해 봤다. (신경매독의 원인균인 스피로헤타 균이 열에 약하다는 사실에 착안하여 고열 자체가 신경매독의 질병 진행을 늦추리라고 생각했던 것이다.) 1909년이 되자 투버큘린을 사용한 환자 모두에서 신경매독 증상이 완화되었음을 발견하게 된다.[8] 그러나 투버큘린이 독성을 지니고 있다고 생각해서 그는 이 실험을 중단했다.

그는 말라리아를 생각했는데, 이는 다른 감염질병과 달리 실험 중에 실제 병이 발생했을 경우 키니네quinine[++++]로 병을 통제할 수 있는 이점이 있다고 판단했던 것이고, 그리하여 진전마비 환자에게 말라리아를 주입하는 것으로 방향을 선회한다. 1917년 그의 환자인 한 병사가 마케도니아 전선에서 전쟁신경증을 일으켜 돌려보내졌는데, 말라리아에 감염

+ 폴란드 이주자들의 모임. 혹은 그런 모임에서 하던 브릿지 게임의 특별한 방법을 일컫기도 하는데, 소규모의 폐쇄적 사회를 비유할 때 쓰인다.
++ 연쇄상 구균 감염에 의한 접촉성 피부병이다.
+++ 결핵균 추출물의 일부로서 결핵 진단을 위해 피부에 문질러 과민 반응 여부를 본다. 당시에는 결핵균에 있는 글리세린이 치료 효과가 있으리라고 기대했으나, 감염자에게서 알레르기 반응을 일으킨다는 것을 알게 되면서 진단 방법으로 쓰이게 되었다.
++++ 말라리아 치료제로 사용되던 킹코나 류 나무껍질에서 추출한 알칼로이드 제제이다.

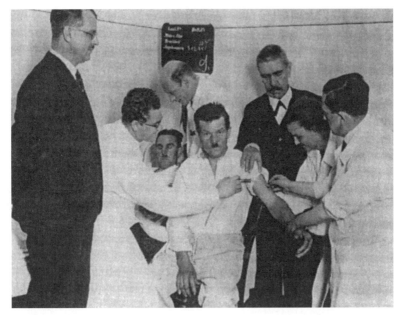

빈 대학의 정신과 교수인 율리우스 바그너-야우레크(오른쪽)가 말라리아 환자의 팔에서 뽑은 혈액을 신경매독 환자에게 주입하는 것을 보고 있다. 1917년 발견한 이 "말라리아 열 치료법"은 정신의학계에서 성공적인 첫 신체적 치료법으로 꼽힌다. 1934년 사진 **빈 의학역사 연구소**

된 것 같다는 얘기를 듣게 되었다. 보조의사가 바그너-야우레크에게 물었다. "그 환자에게 키니네를 줄까요?" 아니라고 대답한 바그너는 이 병사의 혈액을 신경매독 환자에게 주사하기로 결심한다.

1917년 5월, 37세의 배우 T.M.이 신경매독이 꽤 진행된 상태로 재입원했다. 주 증상은 기억감퇴, 발작, 양쪽 크기가 다른 동공, 빛 반사 소실 등이었고, 상태로 보아 결국은 사망선고만 기다려야 될 판이었다. 1917년 6월 14일, 잃을 게 하나도 없는 이 환자에게 바그너-야우레크는 말라리아 혈액을 주사했다. 3주일 후 첫 번째 고열성 발작이 일어났고, 9번의 발작 후에 키니네가 투여되었다. 놀랍게도 6번째 열성 발작 이후, 매독에 의한 발작은 사라졌다. "그 이후 환자의 증상은 점점 좋아져서 신경매독의 증상이 거의 다 사라진 상태에까지 이르렀다. 입원 당시에는 걷지도 못하던 환자가, 8월부터 11월 사이에는 뇌손상 클리닉에 있는 환자에게 매주 강의도 하고 음창吟唱을 들려주기까지 했다. …… 기억나는 대로 온갖 레퍼토리를 다 음창했던 것이다." T.M.은 보기에도 좋아져서 1917년 12월 5일 퇴원했다. 1년 후에 바그너-야우레크는 말라리아 열 치료를 받은 환자 9명에 관한 증례 보고를 했다.[9] 이는 정신의학 역사에서뿐만 아니라 의학계 전체 역사에서 획기적인 사건이었다. 바그너-야우레크의 열 치료법은(사실 완치라고 부르기는 어렵고) 단지 치매에 빠져 곧 죽을 환자에게 거의 정상에 가까운 생활을 하도록 해준 것이었다. 이는 전前 세대 정신의학계에 퍼져 있던 허무주의를 일시에 날려 버리는 것이었다. 신경매독에 의한 정신병을 완화할 수 있다면, 다른 원인에 의한 정신병도 역시 치료가 가능해 보였던 것이다. 이 치료법 개발로 바그너-야우레크는 1927년 노벨상을 받았다.

바그너-야우레크의 열치료법은 정신분열증을 비롯해서 온갖 정신과적 상태에 실험이 되었다.[10] 슬프게도 열치료법은 만병통치가 아님이 밝혀진다.[11] 강한 부작용이 나타났던 것이다. 말기 신경매독의 경우 꽤 효과적이어서 절반 이상의 환자가 뚜렷이 호전을 보였지만, 절차가 까다롭고, 위험하며, 말기매독 환자와 똑같은 혈액형의 말라리아 감염 혈액이 필요했다. 또한 특별한 종류의 말라리아에 감염되어 있어야 했다. 3일마다 고열과 오한을 일으키는 삼일열이어야 했던 것이다. 열치료법은 게다가 매우 돈이 많이 드는 치료법이었다.[12]

그럼에도 바그너-야우레크의 열치료법은 정신병 치료법을 찾아내기 위한 다른 연구들을 촉발시키는 출발점이 되었다. 이후 수세기 동안 "기능성" 정신병, 즉 기질성 병변이 뚜렷하지 않은 정신병의 물리적 치료법을 찾아내려는 노력이 정신병 역사의 서사에서 주된 줄거리가 되었다.

바그너-야우레크와 빈 기질학자들은 중앙유럽 정신의학의 거시적 역사에 속해 있고, 마이네르트, 그리징거, 프로이트 등과 동등한 무게로 기억되고 있다. 그러나 나치에 의한 정치적 격동은 이 모든 노력을 신세계로 이동시켰고, 정신분석의 중심이 유럽에서 서진하여 뉴욕 센트럴 파크가 새로운 중심지가 되었듯이, 기질성 정신의학도 신세계로 이전되었다.

신대륙으로 이동한 이유는 바그너-야우레크의 열치료법을 개선하기위한 것이었다. 1910년 베를린 의사 파울 에를리히가 "살바르산salvarsan"✚이라는 화합물이 일차 및 이차 매독 모두에서 질병 진행을 차단한다고발표했다. 살바르산은 비소와 기질성 물질을 조합한 비소제재인데, 매독균이 중추신경계로 퍼지기 전에 균의 활동을 정지시키는 효과가 있었다. 시간이 지남에 따라 미국 의사들은 에를리히의 발견을 아르스페나민arsphenamine, 혹은 에를리히가 606번째 실험을 한 끝에 만들어 낸 물질이라는 뜻으로 "606"이라고 부르게 된다. 그러나 일반 의학계가 살바르산을 열광적으로 받아들였던 데 비해 정신의학계는 신중했다. 신경매독에효과를 나타내려면 질병 초기에 살바르산을 투여해야 했기 때문이다. 매독을 일으키는 스피로헤타 균이 중추신경계에 도달하기까지는 긴 잠복기를 거치는데, 증상이 드러나서 확실해질 때쯤이면 사실상 이미 늦은경우가 허다했기 때문이었다.

신경매독에 종지부를 찍은 페니실린은 정신분석이 만연하던 미국 중심부 뉴욕이 아니라, 변방에 있던 한 연구소에서 나타났다. 1929년 옥스퍼드의 알렉산더 플레밍이 페니실린 곰팡이 배양물이 균의 성장을 억제한다는 것을 발견하면서 이야기는 시작된다. 제2차 세계대전이 발발했던 당시 옥스퍼드에 있던 연구자들은 병원 내 박테리아 감염에 페니실린이 매우 유효함을 인식하게 되었다. 문제는 만들어 낼 수 있는 페니실린

✚ 아르스페나민의 상품명. 비소를 포함하고 있어 장기간 투여시 비소 중독 증상이 나타난다.

의 양이 너무 적었기 때문에 이것은 군인을 위해 비축해 두어야만 했다. 이 장애를 극복한 곳이 미국의 변방에 위치한 연구소들로서, 처음에는 일리노이 주의 피오리아에서 시작되었다가 마침내는 전국에 산재한 21개의 제약회사에서 실험하기에 이른다. (대량의 페니실린을 만들려면 발효시킬 통이 필요했는데, 오렌지 소다 탄산수에 첨가하는 비타민 C를 만들던 통을 사용했다고 한다.)[13]

페니실린을 신경매독과 연결지은 것은 미국의 성과다. 1943년 미국 공중건강과에 파견된 군의관이자 스태튼 아일랜드 해군병원 성병 연구센터의 센터장이던 존 머호니가 충분한 페니실린을 구해 일차 매독환자에게 실험한 결과 매우 효과적임이 증명되었다.[14] 그러자 미국 정부기관인 과학연구개발과에서 페니실린 전문위원회를 조직하여 페니실린이 어떤 병에 효과가 있고 어떤 방식으로 투여해야 하는지를 조사하게 했다. 각기 다른 8개 병원과 대학이 신경매독에 페니실린이 어떤 효과를 나타내는지 연구하도록 위탁받았고, 1944년 8월 페니실린의 놀라운 효과가 입증되었다.[15]

사례를 들자면, 존스 홉킨스 병원에서 34세의 진전마비 여자 환자에게 페니실린을 실험적으로 투여했다. 그녀는 환청, 혼돈, 혀와 손 및 입 주위에 경련을 일으키고 있었다. 페니실린 치료를 시작한 지 16일째 되던 날, 혼돈 증상과 경련이 사라지고, 말하기와 글씨 쓰기가 정상으로 돌아왔다. 환청도 사라지고, "시장도 보고 집안일을 예전과 다름없이 할 수 있게 되었고 …… 운전도 할 수 있게 되었다."[16] 다른 환자 헬렌 M은 근육 사용 능력을 잃어 비뚤비뚤 선 긋는 것 외에는 글씨를 쓸 수 없던 환자였다. 1944년 3월 23일부터 심해에서 올라오는 잠수부처럼 서서히 글쓰기 능력이 돌아오기 시작하여, 5월 13일이 되자 본래의 사인을 할 수 있게 되었다.[17]

경이로운 이야기가 아닐 수 없다. 신경매독 환자들은 한때 수용소를 가득 채웠던 사람들이었다. 확실한 것 한 가지는, 적어도 광기의 원인 하나는 완치가 가능해졌다는 것이다.

초기의 약물들

정신병에 관한 한 오직 신경매독 한 가지만이 감염에 의한 것이라고 밝혀진 질병이다. 페니실린은 다른 주요 정신병 어느 것도 치료하지 못했는데, 그 이유는 열성 섬망을 제외하고는 바이러스나 박테리아에 의한 병이 아니었기 때문이다. 원인을 알 수 없는 소위 "기능성 정신병"인 정신분열증과 같은 병은 어떠했을까? 제2차 세계대전 전의 치료약들은 이런 환자에게 무슨 역할을 할 수 있었을까? 갈팡질팡했던 역사의 기록을 이제 들여다보자.

정신병에 약을 사용하던 일은 인류 역사만큼 오래된 일이다. 정신병자에게 설사제를 먹이던 관습은 대장에 쌓인 독성물질이 광기를 불러온다는 가정에 근거했던 일이며, 그 관행은 중세 이전까지 거슬러 올라간다. 정신의학계에서도 이 관행은 19세기를 거쳐 20세기까지 지속되었다. 베들렘에 있던 존 해스럼도 1809년에 이렇게 기록해 놓았다. "설사는 때로 광기의 자연치료제이다." 해스럼은 설사약("정화제")을 "광기 치료에 필수적인 약"이라고 했다.[18] 1921년까지도 영국의 정신과 의사들은 목화씨유(장 점막을 자극해 설사를 유발한다)에 "정신적 위기를 없애거나 완화시켜 주는" 효용성이 있다고 상세히 기술해 놓았다.[19] 아편 또한 유구한 역사를 가지고 있고 수세기 동안 부자들에게 진정제로 사용되어 왔다. 프랑스 젊은 화류계 여자가 불안으로 잠 못 이루던 밤에 연인에게 썼던 1773년의 편지는 그 효과를 잘 보여 준다. "영혼을 짓누르는 고통에 저는 굴복할 수밖에 없었습니다. 아침 5시에 아편 2그레인‡을 먹었습니다. 곧 안정을 되찾았고 저에게는 이것이 잠보다 더 나은 것 같습니다."[20]

약물치료 분야에서는 변함없이 이어지는 주제가 있는가 하면 또 어떤 주제는 한때 성했다가 쇠퇴했다. 근대 초기에는 나름대로 치료적 상상력이 있어서, 미나리아재비 풀이나 베라트룸 비리데veratrum viride‡‡‡ 등의 약초를 써서 심박동을 느리게 하거나 구토를 유발하는 데 사용했다. 미나리아재비 풀은 19세기 이후부터는 쓰이지 않게 되었다. 대신에 광기를 약으로 치료하는 두 종류의 새로운 경향이 자리 잡게 되었다. 하나는 미나리아재비 풀이 아닌 다른 알칼로이드(질소를 함유한 약초에서 추출한 약물)를 광범위하게 사용하게 되었다는 것이고, 두 번째는 주로 독일 유기화학 공장의 실험실에서 합성된 수면제와 진정제가 점진적으로 사용되기 시작했다는 점이다.

수용소에서 사용하기 시작한 첫 번째 새로운 알칼로이드는 1806년 아편에서 분리해 낸 모르핀이었다. 아편과 마찬가지로 모르핀 역시 오랫동안 경구經口로 투약되었다. 새뮤얼 커크브라이드는 물에 탄 모르핀을 환자에게 처방한 바 있다.[21] 1855년 에든버러의 의사 알렉산더 우드가 피하로 주사하여 순환계에 직접 투입되는 방법을 개발하면서 모르핀 투약은 새로운 국면을 맞게 된다. 오랫동안 신경성 증상과, 어깨 통증, 만성 불면증(아편을 경구로 복용하고 기절한 병력을 가진) 등을 앓았던 미스 X라는 노인에 대해 그가 기술한 것이 있다. "11월 28일 밤 10시에 그녀의 집

---

‡ 약품, 보석등의 무게 단위. 1 그레인=0.0648 그램.
‡‡‡ 백합과에 속하며 일명 아메리카 가짜 미나리아재비풀이라 한다. 심혈관계와 신경계에 강한 독성이 있어 죽음에 이르게 할 수 있다.

을 방문하여 편안한 밤을 보내도록 아편을 주었다. 가장 고통을 느끼는 부분(어깨)이 어디인지 확인한 후 주사기를 끼워 맞추고 …… 염화아편 용액 20방울을 주사했다." 10분 후에 "그녀는 현기증을 느끼며 의식이 혼미해지기 시작했다." 30분 후에 통증이 사라졌다. 다음날 아침 11시에 그가 다시 방문했을 때, "그녀가 아직도 깨어나지 않은 것을 보고 난처해 졌다. 깊은 숨을 쉬며 몸을 가누지 못했다." 깨어난 후 어깨 통증은 영영 사라졌다.[22] 진정제에 대한 새로운 식견이 싹트게 된 것이다. 약을 주사 로 투여하면 환자를 진정시킬 뿐만 아니라 오랫동안 잠자게 할 수 있음 (수면제)을 알게 된 것이었다. 19세기 후반 수용소 정신의학계에서는 모 르핀 피하 주사가 안절부절못하는 환자를 가라앉히는 주된 방법이 되었 는데, 모르핀 중독성의 심각성을 알게 되면서 이 방법은 중단되었다.[23]

19세기 후반 수용소 치료법은 "알칼로이드의 시대"였다. 수많은 알칼 로이드 제제 중 가장 흔히 쓰이던 것은, 환각제 성분으로 잘 알려진 가짓 과solanaceae 사리풀종으로부터 추출한 히오시아민hyoscyamine이었다. 18 세기 말 권위 있는 많은 학자들이 사리풀 추출물이 "조증성 섬망"을 가 라앉히는 효과에 주목한 바 있다. 1833년 화학자들은 사리풀로부터 히 오시아민을 분리해 냈고 다름슈타트에 있는 메르크 사가 다양한 비非 정 신병적 상태에도 효과가 있다고 마케팅을 시작했다. 마침내 1868년 빈 의 약리학자 카를 쉬로프는 히오시아민이 진정 및 수면 효과가 있음을 입증했다. 요크셔에 있던 웨스트 라이딩 수용소의 로버트 로우슨은 이를 1875년경부터 환자에게 투약하기 시작했다.[24] 1880년대에는 히오시아민 혼합물이 수용소마다 널리 사용되기에 이르렀고, 이것이 수용소 약물 사 용 시대의 서막이다.

히오시아민 얘기는 계속 진화되어 갔다. 1880년 히오시아민으로부터 히오신hyoscine✝이 분리되었는데, 이는 나중에 정신과에서 광범위하게 사용되게 된다.[25] (미국에서는 스코폴아민scopolamine이라고 불렀다.) 히오신은 심한 초조 상태로 인해 죽음에 이르게 될 정도의 중증 조증 환자에게 사용하는 진정제 혼합물의 필수 성분이 되었다. 1930년까지도 베들렘 왕립 병원과 같은 곳에 있던 정신과 의사들은 "머리 찧기, 문지르기, 머리털 뽑기, 쉬지 않고 피부를 잡아 뜯어 패혈증에 빠지는 등의 증상에 히오신을 사용했고 …… 극단적 형태의 증상과 흥분, 공격성 등에는 히오신보다 더 강력한 히오신 Co. A와 모르핀, 아트로핀(히오신과 밀접하게 연관된)의 혼합물 등을 사용했다."[26] 20세기까지도 이런 "칵테일"에 관한 기초 지식이 수용소 정신약물학 과정에서 교육되었다.

히오시아민 계열 약물 이야기는 정신과 약물이 어떤 과정을 거쳐 개발되었는지를 전형적으로 보여 주는 이야기이다. 화학자가 발견해서 분리해 내면 약리학자는 정신질환만 제외한 다른 온갖 질병에 대입해 보는 것이다. 창의적인 정신과 의사라면 그 약이 X 질병 혹은 Y 질병에 효과적이라는 것을 알아낼 터이고, 그러면 제약회사는 그 성분을 정제하여 약으로 만들어 시장에 내놓고, 그럼으로써 그 약은 환자에게 도달하게 된다. 이런 식으로 우연히 효과를 발견하여 약으로 발전된 이 시기와 대조적으로, 2차 생물정신의학 시대에는 처음부터 끝까지 기획하여 체계적으로 약을 개발해 나간 시대이다.

오래 지속된 "알칼로이드 시대"에, 정신과 의사들은 약이 일시적 효과만 나타낸다는 사실을 감추지 않았다. 약이 실제로 정신병을 완치할 수 있으리라고—그릇된 방향이든 아니든 간에—생각하기 시작한 것은 약이 제약회사 실험실에서 합성되기 시작한 이후부터였다. 유기물 화학

✢ 3-hydroxy-2-phenyl-propionic acid. 항콜린성, 항무스카린성 효과가 있어서 항구토 효과, 장운동 이완 및 점막분비 차단 효과가 있다.

회사들은 당시 독일에 집중되어 있었기 때문에 약에 관한 이야기는 중앙 유럽에서 출발하여, 유태인 과학자들이 신세계로 망명한 미국에서 끝을 맺게 된다.

이야기의 핵심은 바이엘과 같은 대형 제약회사의 작업대 위에서 만들어진 진정제가 대량으로 쏟아져 나오면서 시작된다. 이런 식으로 제품화되어 첫 번째로 나온 진정제는 클로랄 하이드레이트chloral hydrate로서 1832년 기센 대학의 화학 교수 유스투스 폰 리비크에 의해 합성되었다. 유기화학의 창립자인 그가 가르친 제자 중 많은 화학자가 1888년 설립된 약물제조 기업인 바이엘에 들어가게 된다.[27]

클로랄은 "프로작prozac" 시나리오의 예행연습인 셈이었다.(522~530쪽을 보라) 흔한 정신적 증상에 효과를 나타내어 대중의 호응을 받게 될 약품 개발의 첫 번째 시나리오였던 것이다. 1869년 베를린 대학의 약학 교수 오토 리브라이히는 클로랄이 수면제 기능을 가지고 있어서 정신병이 아닌 우울증 환자의 불면과 불안 증상을 해결해 준다고 판단했다. 그 시대의 희극과 소설은 클로랄을 끼워 넣어야 이야기가 수월하게 풀려 나가므로, 여자 주인공이 순결을 잃어버리기 전에 약에 취해 있도록 플롯이 짜여졌다. 탐정소설 팬들 또한 클로랄을 "기절시키는 약"이나 "마취제 술"로 알고 있었다. 클로랄은 모르핀과 가짓과 식물에서 추출한 알칼로이드를 능가하게 되었는데, 약효와 용량이 비례했고 주사할 필요가 없었기 때문이었다. (환자들이 비록 약의 지독한 냄새와 먹고 난 후의 구취를 끔찍해 했지만.) 수세기 동안 클로랄은 수용소의 주된 약물이자, 집에서 치료받고자 하는 중류층 환자에게 널리 사용되었고, 또 남용되기에 이른다.

특히 여자들이 정신병에 걸렸을 때 이를 인정하기 힘든 가족들이 환자를 집에서 치료하면서 많은 중독자를 만들어 냈다. 42세 여자 환자가 클로랄 중독 치료를 위해 빈의 테오도어 마이네르트에게 의뢰되었다. 그는 약물중독이 그녀의 주된 문제점이라고 생각했다. 그러나 의사가 클로랄을 중단시키자 약으로 억압되어 있던 정신병 증상이 표면으로 떠올랐다. 그녀는 개인 수용소로 보내져야만 했다.[28] 버지니아 울프는 오랫동안 정신병적 우울증을 앓고 있어서 개인 신경클리닉의 치료를 받아 왔는데, 1920년대에 비타 색빌-웨스트와 성적 관계를 맺으면서 그녀 역시 집에서 클로랄을 복용하기 시작했다. 1928년 그녀가 비타에게 쓴 편지에서는 "이제 자야겠어요. 클로랄이 내 척수 안에서 부글거리기 시작하니 더 이상 쓸 수가 없군요. 그런데 중단하기가 어렵네요. 내가 마치 나방과 같이 느껴져, 심홍색 눈과 내려뜨린 부드러운 망토를 가진, 포근한 수풀에 막 내려앉으려는 나방…… 만일에…… 아, 이건 온당치 않은데……."[29] 빈과 런던의 중류층 사람들이 집에서 정신과 질환을 치료하던 전형적인 모습이었다.

다른 알칼로이드에 관한 이야기는 거의 희극에 가까운데, 특히 치료하고자 하는 상태가 그렇게 절박한 것이 아닐 경우에는 더욱 그러했다. 조증의 경우 격한 감정에 겨워 스스로 지쳐나가 떨어질 때까지 안절부절못하게 된다. 아포모르핀apomorphine은 합성 모르핀 알칼로이드인데 강력한 구토유발제이다. 19세기 말에 발견되어 수용소로 유입되면서 조증환자에게 사용하기 시작했다. 몬트리올에 있던 더글러스 병원의 의사들은 아포모르핀을 히오신과 섞여 먹였는데, 환자가 하도 구토를 하는 바람에 구토하다 지쳐서 조용해지곤 했다.[30] 아이오와에 있던 인디펜던스 수용소에서는 "시간이 지나도 조증 증상이 가라앉지 않는 환자에게 이 약을 투여했다. 1시간 이상 계속 구토하던 환자들은 말 그대로 얼굴색이 푸르스름해지고, 마치 두들겨 맞은 듯 축 늘어져서 6시간 이상 휴식을 취할 수 있었다."[31]

클로랄과 아포모르핀은 잠시 동안만 증상을 억제할 수 있다는 의미의 치료를 뜻했다. 약으로 정신병을 완치시키려던 첫 시도는 기이한 상황에서 일어났다. 19세기 말 상하이에서였다. 사건 발생은 사고에서 시작한다. 브로마이드bromides와 약간의 상황 배경이 합쳐져 이야기가 시작되는데, 브로민bromine은 바닷물과 염분이 있는 샘에서 자연적으로 발견되는 물질로서, 1826년 몽펠리에의 한 약초의가 해초를 태운 재에서 처음으로 분리해 냈다. 요오드의 대치물이 될 수 있다는 생각으로 프랑스 의사들이 다양한 증상에 즉각적으로 사용하기 시작했는데 그 어떤 증상에도 효과가 없었다. 천연 브로민은 부식성이 있어서 포타슘 등의 염鹽과 결합해서 사용해야만 했다. 프랑스 의사들은 브로민 염이 때로 졸음을 유발한다는 것에 주목하게 된다. 영국의 소설가 이블린 워가 《길버트 핀폴드의 고난》이라는 자전적 소설에서 브로민 중독bromism에 관해 설명하는데, 역 브로민 효과inverse bromism⁺가 그것이다.[32]

메이페어에서 호사스럽게 개업을 하던 런던 내과 의사 찰스 러컥이 1857년 한 의사 모임에서 간질에 관한 글을 발표하며 브로민을 언급한 이후로 브로민은 의학계에 정식으로 도입되었다. 그 자리에서 러컥은 "히스테리성 간질" 환자의 발작을 억제하기 위해 2주 동안 하루에 3번씩 브로민 염 10그레인을 투여했다고 지나가는 말로 언급했다. 또한 "간질은 아니지만 젊은 여자 히스테리아 환자에게 투여했더니 아주 효과가 좋았다"고 말했다.[33] 그는 브로민이 진정 효과가 있음을 시사했던 것이다. 이후로 브로민은 진정제 목록에 올라가게 된다.

브로마이드는 공공 수용소에 급속히 퍼지게 되었는데 클로랄보다 값이 저렴했기 때문이었다. 1891년이 되자 파리에 있는 수용소들이 1년간 소모하는 포타슘 브로마이드의 양은 1000kg이 넘게 되었다.[34] 나이 많은 수용소 정신 의사들은 아직도 "트리플 브로마이드triple bromides⁺⁺를 …… 용액 형태로 취침 전, 그리고 밤에 필요시마다 자주 수천 명의 환자에게 투여했던 것"을 기억하고 있다.[35] 1879년경 젊은 의사 닐 맥리오드가 개업하기 위해 상하이에 갔을 때는 이미 포타슘 브로마이드를 익숙하게 사용할 수 있던 때였고, 또 그 효과에 확신을 가지고 있었다는 데에서 드디어 이야기는 핵심으로 들어간다.

수면연장 요법

에든버러 의과대학을 졸업한 지 얼마 안 된 맥리오드는 정신병을 실제로 치료할 약물치료법을 처음으로, 그것도 부지중에 발견한 개혁가가 되었다.[36] 1897년경 상하이에 살고 있던 48세의 부인이 일본의 한 호텔에 머물고 있었는데, "갑작스러운 가족의 발병 소식에 크나큰 신경성 충격을 받게 된다." 호텔의 다른 숙박인들이 내는 소리에 그녀는 광란의 상태가 되었다. 맥리오드는 급성 조증 상태로 진전된 그녀를 상하이로부터 집으로 데려와 달라는 부탁을 받게 된다. 훈련된 간호사를 구할 수도 없었기 때문에—그러나 모르핀과 코카인 중독자들을 브로마이드로 잠재워서 마약을 끊게 했던 경험을 많이 했던 터라[37]—이 부인이 비록 정신병적 상태이기는 하지만 그녀에게도 그 방법을 써보기로 맥리오드는 결정한다. 그가 다량의 브로마이드를 투여하자 그녀는 깊은 잠에 빠졌고 해먹으로 옮겨졌다. 증기선과 육로를 통한 장장 500마일의 길을 수일 동

✤ invresse bromurique로도 표기한다. 브로마이드는 반감기가 9~12일로서 반복적으로 투여시 체내에 다량 축적되고, 신경세포막에 장애를 일으켜 정신병 증상, 경련발작, 섬망에 빠지게 한다. 가벼운 정신증상이나 간질발작을 치료하려고 브로마이드를 복용하다가 도리어 심한 정신병과 심한 경련발작에 빠지는 것을 뜻했다.

✤✤ 소듐sodium, 포타슘potassium, 암모늄ammonium 세 가지 염 형태의 브로마이드를 섞은 것이다. 한 가지보다 더욱 강력한 효과를 나타낸다.

안 여행하면서 마침내 상하이에 도착하여 그녀가 깨어나자 "정신질환의 흔적"조차 보이지 않게 되었다.[38]

이후 그녀는 2년간 건강했고 1899년 6월 재발했는데, "다른 충격적인 일로" 재발하여 사냥개와 함께 말을 타고 사냥을 나갈 수도 없게 되었다. 그녀는 짜증스러워지더니 "앞뒤가 맞지 않는 말을 하고, 기고만장하고, 쉬지 않고 끊임없이 떠들고, 밤을 무서워하며 집에서 도망가고 싶어 했으며 동거인들을 알아보지도 못했다." 맥리오드는 다시 그녀를 급성 조증이라고 진단했다. "보호 쿠션을 둘러친 방"도 없고 "숙련된 조수"도 없는 데다가 상하이에서 수천 마일이나 떨어져 있는 상황에서 이제 그는 "브로마이드 수면"이라고 명명한 옛 방식으로 치료하기로 결정한다.

첫날 맥리오드는 2드람dram(약 3.888그램)의 나트륨 브로마이드를 아침 8시 반부터 시작하여 하루에 3회 투여했다. 그녀는 하루 종일 집안을 서성거리며 "말도 안 되는 소리를 끊임없이 하더니" 그날 저녁 9시에 잠이 들었다. 둘째 날은 1온스를 더 투여했다. 이날은 조금 자고 일어나더니 "뚜렷한 망상을 보였다." 이 시점에서 그는 브로마이드 투여를 중단했다. 이미 2온스의 브로마이드를 먹였던 것이다. 셋째 날 그녀는 말하기 힘들어하고 부축하지 않으면 걷기도 힘들어했다. 넷째 날 그녀는 일어나지 못했다. 그리고 이후 3일 동안 계속 일어나지 못했다. 9일째 되던 날 서서히 의식이 돌아오기 시작하더니 발을 간질이면 오므리는 반응을 보였다. 12일째가 되어서야 우물거리며 말하기 시작했고 그다음 주가 되어서야 맥리오드는 그녀의 정신상태를 검사할 수 있었다. "23일째: 잘 잤음. 정신질환의 흔적은 거의 없음. 그날부터 정상적 정신상태를 유지함. 정원을 거닐고 아래층으로 내려가 식사를 함."

맥리오드는 "브로마이드 수면"으로 다른 8명의 환자를 치료했다. 그 중 한 사람은 폐렴으로 사망했는데, 혼수상태에 있을 때 게워 낸 토사물이 폐로 들어가 일어난 일 같았다. 다른 사람은 중독이 치료되었거나 앞서 말한 환자와 같은 "급성 조증"에서 회복되었다. 맥리오드가 기술한 것을 보면, "환자는 5일 혹은 9일 밤낮 잠을 잤고, 걷거나 앉아 있지 못하고, 말하지도 못했으며, 그 어떤 고차원의 뇌 기능도 수행할 수 없었다." 맥리오드는 환자를 6시간마다 변기에 앉히고 서너 시간마다 큰 컵으로 우유 한 잔을 마시게 했다. 의식혼탁 상태에서 깨어나면 환자는 병에서 회복된 것으로 보였다. 그 후 몇 명이 재발했는지는 알려져 있지 않다.[39]

맥리오드의 수면연장 치료는 매우 긴 시간동안 반半 혼수상태를 유지했다는 점에서 단지 짧은 기간 진정만 시키던 기존의 방법과는 확연히 차이가 있었다.[40] 정신의학 역사상 처음으로 정신병 완치를 위한 물리적 치료라는 관점에서 약물치료법이 기술된 것이다. 맥리오드의 방법이 환자를 과연 완치했는지 여부는 이야기의 핵심이 아니다. 약으로 완치가 가능할 수도 있다는 생각이 정신과 의사들의 집단적 사고방식에 심어지게 되었다는 것이 중요하다.

다른 의사들은 브로마이드 수면연장 치료법을 일시적으로 사용하다가 폐기해 버렸다.[41] 브로민 자체가 독성이 너무 강했을 수도 있고, 아니면 심사숙고해 보지도 않은 채 무모하다고 생각하여 "영웅적 행위"라고 무시해 버렸을 수도 있다. 수면연장법의 다음 단계는 브로민이 아니라 바르비투르산barbiturates 계열에서 일어났다.

1903년 독일의 화학자 에밀 피셔와 공동 연구자인 요제프 폰 메링이 원래는 1864년에 합성되었던 약물을 진정 및 수면 효과가 있는 약으로 변형시켰다.[42] 이 합성물을 발명한 사람은 자신의 여자 친구 이름인 바바라Barbara를 본 따 약 이름을 바르비투르산이라고 명명했다. 피셔와 메링은 자신들이 변형시킨 새로운 약, "디에틸 바르비투르산diethyl barbituric acid" 혹은 바르비탈barbital이 진정 효과를 가졌음을 알게 된다. 이 약은

크게 개량되어, 과거의 진정제들과 달리 불쾌한 맛도 나지 않고 부작용
도 줄었으며, 치료 용량이 치사량보다 훨씬 낮아서 안전하게 치료 효과
를 얻을 수 있었다(포타슘 브로마이드는 치료 효과를 얻기 위해서는 치사량에
가깝도록 써야 했다). 바이엘 사는 피셔의 발명품을 "베로날Veronal"이라는
이름으로 마케팅하였고, 쉐링 사는 "메디날Medinal"이라는 상품명으로 판
매하기 시작했다. 베로날과 메디날은 큰 성공을 거두게 되어 가정상비약
의 위치를 차지할 정도까지 되었다.[43] 바르비투르산은 비쌌다. 독일에서
는 베로날 1그램이 40페니히에 달했던 데 비해, 비非 바르비투르산 진정
제인 트리오날Trional 1그램은 15페니히였다.[44] 그럼에도 불구하고 베로날
과 유사 바르비투르산 제품은 즉각적인 성공을 거두게 된다. 이 약은 조
증 환자를 조용하게 만들었고, 우울증 환자에게는 잠을 되찾아 주었으
며, 일상적인 수면 문제에도 효과적인 수면제 역할을 하게 되었다. (지금
까지도 미국에서는 릴리 사에서 만든 단기 작용 시간을 가진 세코날Seconal, 혹은
세코바르비탈Secobarbital이 흔히 사용되고 있다.)

　베로날이 처음으로 환자에게 사용된 것은 1904년으로 자신도 불면증
으로 고생하던 젊은 수용소 의사 헤르만 폰 후젠에 의해서였다. 그는 자
신이 약을 복용한 경험을 모두 기록했는데, 첫날 밤에는 베로날 0.5그램
을 복용했고 다음날에는 1그램을 복용했다. "양일 모두 약을 복용한 지
10~15분이 지나자 나른해지기 시작해서 1시간 반이 지나자 깊은 잠에
빠졌다. 베로날 0.5그램을 복용했을 때는 8시간을 잤고, 1그램 복용하니
9시간을 잤다. 첫날 일어났을 때 충분히 휴식을 취한 느낌과 상쾌함을
느꼈다. 둘째 날 1그램을 복용한 후에는 이튿날 아침 침대에서 일어나기
가 힘들었다……."[45] 다른 어떤 약으로도 그렇듯 깊은 잠에 빠지고도 아
침에 상쾌한 기분으로 일어나지 못했었다. 이 제품이 인기를 끌 가능성
은 거의 확실해 보였다.

베로날은 개인 신경클리닉에서 최우선으로 사용하는 약이 되었다. (반면 공공 수용소에서는 좀더 값싼 브로민이나 클로랄에 의지하고 있었다.) "제 인 힐리어"라는 젊은 여자가 여러 차례 요양원에 입원하던 중 조울증에 빠지게 되었다.

> 태양이 이제 막 나무 뒤로 저물고 있다. …… 잠자리에 들기까지는─베로날 을 먹는 시간인─아직 몇 시간이나 남아 있다. 나는 계속 긴급하게 요구해대 고 있다. "내가 조금만 더 소란을 피우면 그들이 고리타분한 규칙을 고집하 지 않고 혹시나 조금 일찍 내 요구를 들어줄지도 모르겠다." 하긴 조금은 들 어주었다. 내 앞에 선 간호사가 맑은 물이 담긴 컵과 함께 내미는 마법의 하 얀 약─그것은 언제나 이 세상에 단 하나밖에 없는 차갑고 하얀 것으로 보인 다─을 내밀기 오래전부터, 훨씬 오래전부터 나는 내 목소리를 듣고 있었다. 쉬고 갈라진 그리고 다른 환자들의 소름끼치는 목소리와 뒤섞인 나 자신의 목소리를……. [46]

베로날이 대성공을 거두자 다른 종류의 바르비투르산이 시장에 쏟아 져 나왔다. 1912년 바이엘은 루미날Luminal(페노바르비탈phenobarbital)을 시장에 내놓았는데, 이 약은 아직도 간질 환자에게 쓰이고 있다. 일명 "페노밥Phenobarb"으로 불린 이 약은 작용 기간이 길기 때문에 이 약을 조 달할 만한 재정이 있는 수용소에서는 많이 애용하게 되었다. 어느 나이 많은 정신과 의사가 회상하기를, "가장 많이 쓰이던 약은 페노바르비탈 용액이었다. 분홍색 물약이 든 병을 많은 환자들이, 특히 여자 환자들이 가지고 다니면서 필요할 때마다 찻숟가락으로 한 술씩 먹었다."[47] 이 약 은 수용소뿐만 아니라 의학계 전반에서 광범위하게 사용되었고, 가정의 들은 "결혼식 전날 밤 히스테리에 빠진 여자"를 가라앉힐 때에도 이 약을 사용했다.[48] 1960년 바륨valium이 나타나기 이전의 대표적 정신과 약을 말한다면 그것은 바르비투르산이었던 것이다.

수면연장을 가능하게 해준 바르비투르산에 익숙해진 상황에서, 정신병 완치를 향한 20세기 첫 대규모 시도가 이루어지게 된다. 바르비투르산으로 수면연장을 개발한 선취권은 실제로는 1915년 토리노 대학 정신과 클리닉에 있던 보조의사 주세페 에피파니오에게 돌아가야 한다.[49] 수면연장이 성공했음을 기록한 그의 논문이 전쟁의 와중에 발표되다 보니이를 읽은 외국 정신과 의사도 별로 없어서 뚜렷한 영향을 미치지 못했다. 20세기 첫 물리적 치료라 부를 만한 수면 연장 치료법은 뷔르그횔츨리에 있던 취리히 대학 정신과 클리닉 스태프 의사였던 야코프 클라에시라는 스위스 정신과 의사와 연관된다. 1920년 클라에시는 스위스 제약회사 호프만-라로쉐로부터 공급받은 두 종류의 바르비투르산을 혼합하는 혁신적인 아이디어를 냈고 이 혼합물은 좀니펜Somnifen이라는 이름으로 시장으로 내보냈다. 클라에시의 야망은 수면혼수를 정신분열증 치료이상의 범위로 확대하려는 것이었다.

당시 37세로 뷔르그횔츨리의 개인병원 견습생이었던 클라에시는 알약만 들여다보는 생물학적 정신과 의사는 결코 아니었다. 그는 언제나정신치료에 열광적이었고 실제로 주장하기를, 장기간의 깊은 수면은 환자를 가라앉혀 주므로 환자와의 대화를 용이하게 해준다고 했다. 그러나그는 옳은 판단을 하는 사람은 아닌 것 같다. (그는 1930년대 나치 신봉자가 되었고 그 자신도 조울증적 성격으로 기분의 변동을 겪고 있었다.) 또한 야심이 매우 컸다. 아마도 이런 모든 성격 특성이 그로 하여금 취리히의 약학자인 막스 클뢰타의 제안을 지나치게 받아들이게 만든 것 같다. 클뢰타는 에피파노의 깊은 잠 치료법을 이번에는 좀니펜을 이용하여 다시 도전해 볼 만하다고 제안했던 것이다.[50] "나는 수면 연장법, 말하자면 수면제로 혼수상태를 만들어 치료하는 방법을 도입하기로 결심했다." 클라에시는 꽤 과대망상적으로 보고하기를 "의사와 환자 사이의 관계성을 개선하기 위한 목적"이라고 했다. 잠에 빠지게 하여 외부로부터의 자극을 차단함으로써 정신분열증 환자에게 뿌리박혀 있는 부정적 태도를 없앨 수 있고, 그리하여 정신치료를 할 수 있는 상태가 된다는 것이다. 1920년 4월 뷔르그횔즐리에 있는 초조성 증상의 여자 환자 병동의 책임을 맡게 되면서 한 환자를 만나게 된다. 39세인 그녀는 3년 전 발병하기 전까지는 "능력 있는 사업가"였다. 그녀는 누군가가 자신과 남편을 죽이려 한다고 불안해했고, 환청 증상으로 개인 신경클리닉에 입원해 있었다. 조금 나아지자 집으로 돌아갔다가 재발하면서 1919년 3월에는 뷔르그횔즐리에 입원했다. 그녀가 하도 광폭했기에 20여 년 동안 사용하지 않았던 쿠션이 둘러쳐진 작은 특별실에 가두어야 했었다.

클라에시는 그녀와 치료적 관계를 맺기 위해 애를 썼다. 어느 날 작은 방에 갇혀 있는 그녀가 나체로 서 있는 것을 본 클라에시가 "당신과 같이 지적인 여성이 이런 누추한 곳에서" 무얼 하고 있느냐고 물었다.

"뭘 원하세요?" 그녀가 물었다.

"어떻게든 꼭 당신을 치료해서 이런 끔찍한 생활에서 벗어나게 하려고요." 그가 대답했다. 그러자 그녀는 울음을 터뜨렸고 흐르는 눈물과 콧물을 감추려고 했다. 클라에시가 자신의 손수건을 건네주었다. 그녀의 얼굴에 솔직한 표정이 나타났다. 그녀는 그에게 미소를 지으며 옆에 서 있던 간호사에게 "저 사람은 괜찮네"라고 말했다. 클라에시는 그녀와 친밀한 치료적 관계를 만들어 나갔다.

4월 말이 되자 클라에시는 좀니펜을 이용한 깊은 수면으로 "그녀의 방어기제들을 해제"하기로 결정했다. 한 번 할 때마다 5~6일간 지속되는 이 과정을 그는 두 번 시행했다. 1920년 10월 그녀는 회복되어 퇴원하게 되었다. 그녀의 남편이 나중에 말하기를, "지금과 같이 근면하고 신중하고 부드러웠던 적이 없었다"고 했다. 그러나 그녀는 퇴원하기 바로 직전에 클라에시에게 자신의 결혼생활에 문제가 많다고 말했다. 그녀는 남편이 겁쟁이라서 자신이 그를 지배하도록 내버려두고 있다고 비난했고, 주치의가 자신의 남편이라면 좋겠다는 소망을 드러냈다. 클라에시는 조심스럽게 결론을 내렸다. "좀니펜 수면연장은 환자와 대화할 수 있도록 좋은 효과를 나타냈고 환자에게 통찰력을 주었다."[51]

클라에시가 수면 혼수요법으로 치료한 26명의 환자 중 4분의 1 내지는 3분의 1이 좋아져서 퇴원을 했거나 경증 환자 병동으로 옮겨졌다. 얼핏 보기에 유망한 새 치료법 같아 보였다.[52] 문제는 환자들 중 3명이 폐렴이나 순환기 장애로 사망했다는 것이었다. 위험성이 높다는 것이 수면연장 요법의 약점이었다. 수년 후에 뮌징겐 수용소에 있던 스위스 정신과 의사 막스 뮐러가 "환자를 치료할 수 없다는 생각에 마비되어 가고 있는 상황"을 타개하고자 두 가지 바르비투르산의 효과를 비교 연구한 결과, 좀니펜을 이용한 수면연장 요법의 치사율이 5%에 달한다는 것을 발견했다.[53] 클라에시는 연구 도중 사망한 사람들의 사망 원인을 기존에 가지고 있었던 기질성 질환의 탓으로 돌렸고, 정신분열증의 새 치료법—자신이 발견했다고 믿은—의 잠재적 치명성에 주의를 환기시킨 뮐러를 평생 용서하지 않았다고 한다.

그 후로도 얼마 동안 수용소에 일말의 희망이라도 안겨주었던 치료법이 있었다면 그것은 좀니펜보다 안전한 바르비투르산을 이용한 수면 연장 요법이었다.[54] 클라에시처럼 중증 환자들에게 정신치료의 가능성을 조금이라도 열어 주기를 희망하던 의사들은 깊은 수면요법을 정서장애 환자에게도 적용했다.[55] 모즐리 병원의 엘리엇 슬레이터는 수면치료에 대해 이렇게 말했다. "1930년대 초 급성정신병에 사용할 치료법이 뭔가 하나라도 있었다면 그것은 수면치료밖에 없었다." 모즐리 병원 의사들은 환자를 하루에 12~16시간 잠자게 하고, "중간에 나른한 상태에서 일으켜서 먹이고 수분 보충을 시켰다." 그러고 나서 일어난 환자들은 정신병 증상이 있었던 시간을 거의 기억하지 못했고 병원에서 일찍 퇴원할 수 있으리라 기대했던 것이다.[56]

수면 혼수와 관련하여 뇌를 설명하려는 견해가 정신의학계 전반에 확산되었다. 1930년대 초 독일 의사들은 모르핀 중독 환자에게 모르핀을 끊게 하기 위해 수면혼수 요법을 사용했다.[57] 워싱턴의 정신분석가 해리 스택 설리번은 환자들로 하여금 정신치료를 받을 정도로 마음을 열게 하기 위해 "3일 내지 10일간" 술에 취하게 만들었다. ("화학 치료제들 중 확실히 믿을 만한 것은 에틸알코올로써 알코올은 성인으로서의 분별력을 흐리게 만든다……"라고 설리번은 설명했다.)[58] 칼리노프스키는 클라에시의 수면 연장 요법이 "기능성 정신병을 일시적이나마 개선시켜 주는 첫 치료법"이라고 말했다.[59] 따라서 수면 연장 요법은 정신분석 중심의 역사가들이 정신의학을 단죄할 때 조금이나마 면죄해 주는 부분에 해당할 것이다. 또한 수면 연장 요법은 정신병자를 돌보는 것이 의사로서의 평생 임무라고 생각했던 의사들에게 희망을 주었다. 수세기 동안 환자를 가둬 놓기만 하던 정신의학에 수면치료는 완치의 희망을 보여 준 것이었다.[60]

그러나 여기에는 불쾌한 사건이 추가된다. 구세계에서 시작된 물리적 치료법 대부분이 신세계에서 막을 내렸듯이, 수면 연장 요법 역시 취리히에서 시작되어 몬트리올의 의사 D. 유안 캐머런에서 막을 내렸다. 캐머런은 1901년 스코틀랜드에서 태어나 1924년 글라스고우에서 의과대학을 졸업했다. 당시 명망 있는 정신의학 센터—블로일러가 있는 뷔르그휘즐리와 마이어가 있는 핍스클리닉—에서 수련을 받고 1929년 캐나다 마니토바에 있던 한 수용소에서 일하기 시작했다. 그후 미국의 수용

맥길 대학 정신과 교수(1943~1964) D. 유안 캐머런. 스코틀랜드 출신으로 북아메리카에서 유명세를 얻은 정신과 의사로서, 1950년대 전기경련요법과 수면요법으로 악명 높은 '탈 패턴화depatterning' 실험을 해서 정신의학의 정도正道를 이탈한 것으로 유명하다. **맥길 대학 문서보관소**

소 몇 군데를 거치고 1943년 몬트리올에 있는 앨런 메모리얼 연구소(맥길 대학 정신과 교실과 로열 빅토리아 병원이 합동 운영하는 곳으로 해운업계의 거두였던 휴 앨런 경이 소유한 병원 옆에 자리한 큰 건물이다)의 제1과장이 되었다. 1950년대 초 캐머런은 이미 저명한 연구자로 알려지게 되었고, 1952년~1953년 미국 정신의학협회 회장을 역임하기도 했다.

정신분석의 적으로 불리던 캐머런은 새로운 물리적 치료법을 즉각 받아들였다. 그 자신이 1920년대에 취리히에 살았기에 클라에시의 바르비투르산 혼수 요법을 몬트리올에 도입하는 것은 그로서는 자연스러운 일이었을 것이다. 그러나 캐머런은 치료법을 약간 변형시켜 환자들이 수면연장 상태에 빠져 있는 동안 의사의 메시지를 들려주면(그는 이것을 "세뇌"라고 불렀다) 회복이 빨라질 것이라고 믿었다. 이 "심리 조종법psychic driving"은 1953년 처음으로 시행되었다.[61] 한 보고서에 의하면, "여자 환자 수면실 벽에 걸린 스피커에서 테이프에 녹음된 소리가 어머니 목소리처럼(그가 희망한 바에 따르면) 울려 퍼졌다." "처음에는 버뮤다에서 온 한 여자 환자가 스피커의 목소리에 약간 반응을 보였다. 그리곤 예기치 않은 순간 그녀는 심한 공격성을 드러냈다. '잠에서 어슴푸레 깨어난 그녀는 비틀거리며 침대에서 빠져나오더니 목소리가 들리는 스피커로 달려가 부수려고 했다.' 이런 공격적 행동은 약 6일간 계속되었다. '차츰 소리에 반응을 보이지 않던 그녀는, 10일이 지나갈 무렵이 되자 도리어 목소리의 내용을 받아들이기 시작하며 말하기를, 네, 나는 버뮤다로 돌아가고 싶어요. 네, 부모님은 나를 사랑하십니다'라고 말하게 되었다."[62]

여기에서 캐머런의 실험이 출발하게 된다. 그는 1955년부터 환자를 깊은 잠에 빠지게 함과 동시에 하루에 여러 번 전기쇼크(뇌에 전기 자극을 가하여 치료적 경련발작을 일으키는 것)를 가했다. 그는 이것을 "탈脫 패턴화"라 부르고, 정신병이 일어나게 되었던 기존 뇌의 구성 양상을 바꾸는 것이라고 설명했다.[63] 이후 10년 동안 환자의 동의도 없이, 또 과학으로 위장도 하지도 않은 채 그는 조직적인 "탈 패턴화" 요법을 시행해 왔는데, 이는 분명 의학적 판단의 정당성을 잃어버린 것이었다. 1964년 캐머런은 알바니 의과대학에 자리를 얻어 몬트리올을 떠났다. 그는 치욕 속에서 3년 후 사망했다. (《뉴욕 타임스》 부고 란에는 그가 "알바니 병원의 저명한 노인학 연구자"라고 적혀 있었다.[64]) 캐머런과 함께 수면요법도 사망선고를 받았다. 1960년대가 되자 정신질환을 치료할 수 있는 안전하고 효과적인 약이 많이 등장하게 된다. 수면요법은 지금까지도 정신의학계의 혁명이 시작된 시점으로 기록되고 있다.

쇼크요법과 혼수요법

뇌에 전기자극을 주어 경련발작을 유발하는 것이 왜 치료 효과가 있는지 아직도 불분명하다. 그러나 효과는 있었다. 위험하기는 하지만 환자를 장기간 혼수상태에 빠뜨리는 것도 브로마이드 수면에 의한 혼수와는 대조적으로 효과가 있다. 많은 중증 환자를 정신병으로부터 벗어나게 한 이 치료법의 기전은 아직도 충분히 이해되고 있지 않다. 그러나 현재 전기치료(ECT)는 주요 우울증에 일차 치료법으로 사용될 만큼 효과가

만프레드 사켈(왼쪽)은 1933년 인슐린 혼수요법을 발견했다. 사켈이 초기에 연구하던 빈 대학교 클리닉의 정신 과 교수 오토 푀츨(가운데)과 제2차 세계대전 이후 같은 대학 정신과 주임교수인 한스 호프(오른쪽)가 한 자리에 있다. 위 사진은 1957년 사켈이 상을 받던 장면으로 그는 그해에 사망했다. **AP/Wide World Photos**

있음이 경험적으로 입증되었다. 쇼크치료는 감금이나 정신분석보다 뚜렷하게 우수한 효과를 나타내며, 1930년대 이들 치료법의 등장은 정신의학 역사상 중대한 전환기로 기록되고 있다.

그러나 혼수요법이나 쇼크요법은 오늘날 논란의 대상으로 남아 있다. 반정신의학 운동이 이들 요법을 거부한 것은 당연한 일이고, 정신치료에 의존하고 있는 의사들 또한 그 어떤 치료법보다도 이들 요법을 배제시키고 있다. 그러나 역사상 기록을 보면, 반세기 이상 허무주의적 절망에 빠져 있던 정신의학계에 등장한 혼수요법과 쇼크요법은 정신과 의사들에게 강력한 새 치료 방법을 보여 주는 것이었고, 이들 요법은 의사들이 절망감에 무너지지 않기 위해서라도 반드시 정착시켜야 할 것이기도 했다.[65]

이야기는 빈 대학을 갓 졸업한 젊은 의사 만프레트 사켈과 함께 베를린에서 시작된다. 사켈은 1900년 갈리시아(당시에는 오스트리아에 속했음)의 나드베르나에서 마이모니데스[+]의 후손이라고 일컬어지는 독실한 유태인 가정에서 태어났다. 1925년 대학을 졸업할 즈음 오스트리아에는 극심한 반유태주의가 만연하였으므로 그는 베를린에서 직장을 구해야 했다. 그는 시 근교에 있는 쿠르트 멘델의 고급스러운 개인 클리닉 리히 테르펠트 요양원에서 조수 의사로 일을 시작했다. 이 클리닉은 모르핀중 독에 빠질 가능성이 큰 여배우나 의사와 같은 사람들을 끌어모았다. 갑 작스러운 모르핀 중단은 구토와 설사 등의 증상을 일으킨다. 1920년대 말에 사켈은 1922년에 막 발견된 인슐린 호르몬을 극소량만 투여해도 그런 증상이 잘 치유됨을 발견하게 되었다.[66]

인슐린은 1923년에 이미 정신의학계에서 시도된 바 있는데, 미시건 앤아버에 있는 정신병리 병원의 의사가 당뇨병 환자에게 인슐린을 투여 하면 당뇨 증상은 물론 우울증까지 나아지는 것 같다는 경험을 한 것이 다. 사실 그렇지는 않았다.[67] 1920년대 말에는 식욕이 없는 사람이나 먹 기를 거부하는 환자에게도 인슐린을 사용했다.[68] 그러나 치료 효과가 인 슐린에 의한 혼수상태(저혈당성 쇼크)에서 오는 것임은 아무도 발견하지 못했다.

사켈은 아마 이런 저술이 있었음에 대해 잘 알지 못했을 것이다. 어쨌 든 사켈은 환자들이 인슐린 주사를 받은 후 가끔 예기치 않게 혼수상태 에 빠지는 상황에 어떻게든 대처해야만 했는데, 혼수에서 깨어난 환자들 이 더 이상 모르핀을 갈망하지 않는다는 사실에 주목하게 되었다. 더욱 이, 전에는 "안절부절못하고 짜증스러워하던" 환자들이 "대하기 쉬워지 고 차분해"졌던 것이다. 1933년 사켈은 이에 관한 보고서를 발표했다.[69] 환자를 인슐린성 혼수에 빠뜨리면 그 자체로 주요정신질환이 치료됨을 이 시점에서 사켈은 명확히 알고 있었다.

－－－－－－－－－－

✤ 마이모니데스는 스페인 출생 중세 유럽의 유명한 철학자, 의사, 신학자이다. 아리스토텔레스 철학과 유 태 신학을 통합한 《방황하는 자를 위한 안내서》, 의학 분야에서는 갈레노스의 저작을 인용 비판한 《의학 원리의 서書》와 《보건론》이 유명하다.

자명하게도, 나치 점령은 1933년 사켈을 빈으로 돌아가게 했고, 바그너-야우레크의 후임자인 오토 푀츨 교수가 지휘하는 대학 정신과 클리닉에 자리를 얻는다. 또한 빈 교외에 있는 개인 클리닉의 수석 의사로도 일하게 되었다. 사켈은 위험해 보이는 이 치료법을 시험해 보자고 푀츨을 설득하고, 1933년 10월 정신분열증 치료법으로서의 "인슐린 쇼크"라는 그의 이론을 대학 클리닉에서 체계적으로 실험하기 시작했다.

클리닉의 동료들은 그 결과에 깜짝 놀랐다. 카를 두시크는 다음과 같이 말했다. "우리는 클리닉에서 실험을 하던 첫날부터 같이 있었기 때문에 그 결과를 나 자신이 확인할 수 있었다. 저혈당 반응이 나타나는 동안 환자의 성격이 워낙 많이 변하기 때문에 마치 저혈당 치료 자체가 새로운 사람을 만들어 내는 것 같았다."[70] (수십년 후에 프로작에 환호를 보낼 사람들을 생각하면, 정신과 치료의 성공은 새로운 사람을 만들어 내는 것 같다는 인상을 주곤 한다. 320-324쪽을 보라.)

1934년 사켈은 첫 번째 성과를 방송으로 알렸다. 즉 인슐린으로 저혈당을 유도하여 인슐린 혼수에 빠뜨린 결과, 증상이 놀라울 만큼 완화되었다는 내용이었다.[71] 대상 50명은 모두 정신분열증 첫 발병 환자였는데, 이들 중 70%는 완전히 회복되었고, 18%는 "사회생활을 할 정도로 회복"되었다.[72] 빈에서 시행한 그의 임상실험 기록 첫 장에는 12명의 환자 중 8명이 회복되어 집으로 돌아갔다고 기록되어 있었다. 또 한 명은 집으로 돌아간 이후 곧 사망했고, 나머지 3명은 슈타인호프에 있는 빈 시립 수용소로 전원되었다.[73] 이들 환자는 과거에는 회복 가망이 전혀 없다고 간주되던 사람들이었다. 이 단계에서 누군가가 인슐린 "쇼크"요법에 경련발작이 반드시 있어야 효과가 나타나는 것은 아니라는 것에 주목했다. (혹시 발작이 나타나면, 당시에는 부작용으로 간주했었다.)

그러나 사켈의 성과는 대학 클리닉 이외의 곳에서는 웃음거리가 되었고, 사켈은 사기꾼인 데다가 푀츨이 그를 후원한다는 게 미스터리라고 조롱을 했다.[74] 사켈은 빈에서 겨우 3년을 지낸 후에 1936년 미국으로 건너가 자비로 치료받으려는 부자 환자들을 치료해 주다가 미국에 눌러앉게 된다. 처음에는 뉴욕 주립 정신병원의 스태프 의사였다가, 맨해튼에서 개업을 시작했다. 정신분석이 지배하던 미국 정신의학 협회에서는 처음에 그를 회원으로 받아들이길 거부했고, 나중에《뉴욕 타임스》의 과학부 기자가 사켈의 성과에 관심을 촉구하자 겨우 그를 받아들였는데, 뒤돌아보면 참으로 어처구니없는 일이었다.[75] 사켈은 자신의 명예와 선취권을 방어하는 데 온 생애를 보내다가 1957년 사망하였다.[76]

인슐린 혼수요법은 중앙유럽보다는 스위스와 앵글로색슨 국가에서 받아들여졌다. 당시 세계에서 가장 진취적인 곳은 아마도 스위스의 개인 클리닉과 공립 정신병원이었을 것이다. 따라서 1937년 뮌싱겐 공립수용소 소장인 막스 뮐러가 정신분열증의 새 치료법을 주제로 국제회의를 주선한 것은 당연한 일이었다. 뮌싱겐은 인슐린 치료의 "세계적 성지"가 되었다. "사람들은 사켈이 아니라 나를 믿고 있다"라고 뮐러는 으스대곤 했다.[77]

비독일어권 나라로 인슐린 혼수요법이 확산되던 방식도 모든 물리적 치료법이 그러했듯이 개인과 개인 사이에서 일어났다. 영국으로 이 요법을 수입해 온 허버트 제임스 퓰러-스트레커는 뷔르츠부르그의 독일 의사인 아버지와 스코틀랜드인 어머니(결혼전 성이 퓰러이다) 사이에서 태어났다. 1920년대 영국으로 이주해서 글라스고우에서 의사자격을 막 땄을 때 데이비드 헨더슨은 그를 에든버러 왕립 정신병원으로 데려와 앞으로 만들 인슐린 병동의 책임을 맡겼다. 퓰러-스트레커는 1936년 초 그곳에서 혼수요법을 시작했다.[78] 그해 말, 정신병원 감독위원회의 닥터 이저벨 윌슨이 빈과 뮌싱겐을 방문하고 영국으로 돌아가 이 새 치료법의 효과에 관해 보고했다. 그녀는 "정신분열증의 질병 부담이 너무 막대하므로, 이 병을 치유하거나 완화시킬 수 있다면 무슨 방법이든 끝까지 주의 깊게 시도해 봐야 한다고 말했다."[79]

영국 정신과 의사들은 깊은 수면치료에 대해 계속 의심스러워하던 터라 인슐린 혼수요법은 이들로부터 환영받기에 적절했다. 엘리엇 설터는 1931년 모즐리에 왔다. 인슐린 요법 이전의 만성 우울증 환자에 대해 그는 이렇게 기록했다. "갱년기 우울증에 걸린 사람들은 대개 나이 많고 깡마른 남자, 여자들로서 침대에 베개를 높이 베고 누워 무기력하게 시간을 지냈다. 깊은 불행감에 빠져 파킨슨병과 유사하게 보이는 가면 같은 얼굴에 말투는 느렸다. 혹시라도 말을 주고받을 기회가 있다면, 자신들이 얼마나 절망에 빠져 있고, 얼마나 지독한 병인지, 저주받은 병과 죽음과 끔찍한 사후세계에 관해 말하는 것을 들을 수 있을 것이다." 모즐리에서 인슐린 혼수요법을 사용하도록 의사에게 허용된 첫 대상은 바로 이런 환자들이었다.[80]

영국 병원의 정신과 의사들 사이에 인슐린 혼수요법 열광이 확산되고 있었다는 사실은 한 젊은 의사가 집에 보낸 편지에서 짐작해 볼 수 있다. 1937년 워릭셔 해튼에 있는 코벤트리 정신병원에서 여름 동안 "대진의代診醫"로 일하던 한 젊은 캐나다 의사가 집으로 보낸 편지들이다. 토론토에 있는 자신의 상사에게 그해 7월에 보낸 편지에는 다음과 같이 적혀 있다.

1400병상의 이 큰 병동에는 6명의 의사가 일하는데 모두 35세 이하이고 열성적입니다. (이 병원은 한 명의 전임 약사를 두고 있고 (다행히도) 심리학자는 한 명도 없습니다.) 의사 한 명을 더 두기보다는 약, 특히 (조증과 우울증 환자에게는) 바르비투르산에 더 신뢰를 느끼고 있습니다. …… 이곳에서 정신분열증 환자에게 시행하는 인슐린 혼수요법은 이제 생물학적 원인에 의한 다른 질병에도 화학치료의 가능성을 열어 주고 있습니다. 지난 4년 동안 "약종상藥種商"들이 얼마나 활기를 띠었을까요? 이곳의 수석의사인 닥터 D. N. 파핏은 빈에 6주 동안 있었고, 이제 우리는 5주 전부터 이 요법을 시행하고 있습니다. 영국에서는 오직 서너 군데에서만 이것을 하고 있고, 그 중요성에 대한 저술은 아직 찾아볼 수 없습니다. …… 앞으로 8월과 9월 동안 인슐린 혼수요법 클리닉에서 더 지낼 생각입니다.[81]

워릭셔 수용소는 아주 잠시 동안만 선구자의 자리를 차지할 수 있었다. "1939년이 되자 자신만만하고 진취적인 모든 병원들은 인슐린 클리닉을 설치했다"고 한다.[82] 모즐리 병원에서의 경험을 근거로 물리적 치료에 관한 교과서를 쓴 윌리엄 사건트와 엘리엇 설터의 유명한 책은 인슐린 혼수요법이 명백히 일차 치료법이라고 적고 있다.[83]

미국에 인슐린 혼수요법을 소개한 사람은 사켈이 아니라, 프로이트에게 정신분석을 받는 동안 1934년에 우연히 인슐린 혼수요법을 접하게 된 젊은 미국 정신과 의사였다. 1906년에 태어난 조지프 워티스는 1932년 빈 의과대학을 졸업했다. 그는 뉴욕으로 가서 그때 당시 막 도착한 빈의 정신과 의사 파울 쉴더와 함께 벨뷰 병원 정신과에서 인턴 과정과 수련의 훈련을 마쳤다. 1934년 가을, 성에 관해 흥미를 가진 워티스는 프로이트로부터 교육 분석을 받고 있었다. 이 분석을 받는 도중 1934년 12월 빈 종합병원에 있는 푀츨의 정신과 클리닉을 방문할 기회를 우연히 얻게 되고, 사켈이 인슐린을 투여하는 모습을 관찰하게 되었다. 이에 감명을 받은 젊은 워티스는 벨뷰 병원으로 돌아와 정신분석에 등을 돌리고 미국에서는 처음으로 인슐린 혼수요법을 시작했다.[84] 1936년 11월 이 주제에 관해 논문을 써《신경학 저널》에 발표했다.[85] (이 보고서의 발표는 18

개월이나 지연되었는데, 그의 말에 따르면 정신분석가들이 지배하던 정신의학 저널들은 이 논문을 출판하지 않으려 했기 때문이라고 했다.)[86] 워티스는 사켈의 논문을 영어로 번역했다.

당시 사켈은 미국에 최초로 인슐린 요법을 도입한 사람이 자신이라는 선취권을 스스로 주장하는 강의를 1937년 1월 뉴욕 의사 청중들 앞에서 했다.[87] 그러나 그 모임은 미국 정신의학계 전체 크기에 비하면 아주 작은 모임이었다. 거기에 아돌프 마이어가 참석해서 인슐린 혼수요법을 칭찬하면서, 자신의 말이 얼마나 모순된 내용인지도 자각하지 못한 채 온갖 "장황한 칭송의 말"을 늘어놓았던 것이다. 유안 캐머런이 "인슐린 혼수요법을 지원하기 위해 모금을 강요"한 것은 당연한 일이었다. 정신분석학자 스미스 엘리 젤리프는 무심결에 프로이트의 사고방식을 우스꽝스럽게 만들었는데, 말하자면, 인슐린 혼수요법은 "자기애적自己愛的 에고를 지키기 위하여 외부로 향하는 리비도를 후퇴시켜 죽음의 본능과 결합시킴으로서 효과를 나타내는 것"일지 모른다는 것이었다.[88] 정신분석가들은 수용소 정신과 의사들을 가난한 시골뜨기 사촌쯤으로 여겼다. 그러나 1940년대와 1950년대에 이 시골뜨기 사촌들은 환자를 감금하고 관리하는 것에 불과했던 관리보호주의의 막다른 골목에서 탈출하고자, 그리고 의학의 본류에 다가가고자 인슐린 혼수요법을 그러잡았던 것이다. 1960년대 초가 되자 100여 개가 넘는 미국 정신병원에 인슐린 특별병동이 생기게 되었다.[89]

인슐린 혼수요법은 어떻게 시행되었을까? 치사율이 100명 중 1명에 이를 정도로 위험한 것이었으므로 특별병동에서는 여러 명의 의사와 간호사가 팀을 이루어 치료를 했다. 조지 워싱턴 대학의 월터 프리먼(후에 뇌엽절제술에 열광하게 된다)이 표현한 바에 의하면, "인슐린 병동에서는 때로는 동시에 20명이 넘는 환자를 혼수상태에 빠뜨리기도 했다.""저혈

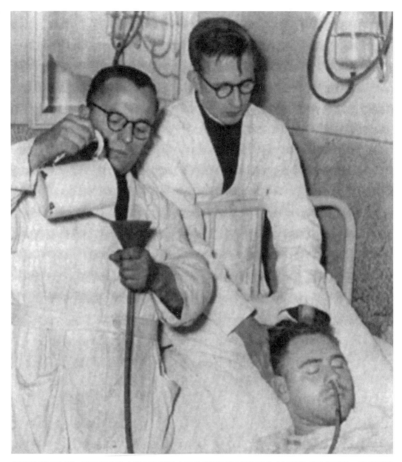

벨기에 겐트에 있는 닥터 귀슬랭 수용소에 있던 수도사 2명이 인슐린으로 혼수상태에 빠진 환자의 코에 연결된 튜브를 통해 포도당 용액을 투여하고 있다. 혼수상태가 깊어져 죽음에 이르는 것을 차단하기 위해 진한 포도당 용액을 환자의 위장에 직접 부어 넣는 것이다. 1940년대 말 혹은 1950년대 초로 추정된다. **닥터 귀슬랭 박물관 제공. 현재 닥터 귀슬랭 정신의학센터 부속관이다.**

당 쇼크의 위험을 알려주는 표식이 전혀 없었기 때문에 대부분의 의사들은 너무 (지나친 저혈당에) 가까이 가는 것을 주저했다."[90]

이 요법은 단계적으로 서서히 진행되었다. 모즐리 병원의 슬레이터에 의하면, "환자들은 매일 소량의 인슐린 주사를 맞고, 조금씩 용량을 늘리면 점차로 깊은 잠에 빠지게 되고 더 나아가 혼수상태에 이를 때까지 인

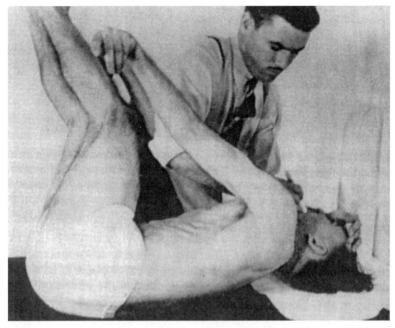

1941년 미국의 정신병원에서 환자를 묶지 않은 채 메트라졸 경련요법을 하는 장면. 라디슬라스 폰 메두나가 1934년에 발명한 메틀라졸 요법은 세계 최초의 실질적 경련 요법이다. **(미국 정신의학 저널) 97(1941), 미국정신의학협회**

슐린을 맞는다." 혼수에 빠진 환자를 옆에서 지켜보며 면밀히 관찰하다가 20분이 지나기 전에 설탕 용액을 투여해서 의식을 찾게 했다. (다른 병원에서는 2시간씩 혼수에 빠지게 하는 경우도 종종 있었다.) "환자가 20여 차례 혼수를 겪고 나면 정신상태가 눈에 띄게 좋아지는데, 처음에는 깨어난 직후에만 그렇다가 나중에는 하루 종일 맑은 정신이 지속되고, 마침내는 혼수요법을 중단해도 그 상태를 유지할 수 있었다." 슬레이터의 말에 의하면 인슐린 혼수요법을 도입한 이후 모즐리 병원의 회복율이 2배로 껑충 뛰어올랐다고 한다.[91] 1943년경 캐나다의 노바 스코티아 병원에서 찰스 로버트가 운영하던 인슐린 병동에서는 10여 일에 걸쳐 인슐린 용량을 서서히 늘려 환자가 깊은 혼수상태에 빠지고 때로는 경련 발작을 일으킬 때까지 지속했다. "혼수에서 벗어나면, 환자는 '잠시 정신이 맑아지는 시간'lucid interval'을 가지게 되어 일시적으로나마 망상이나 환청이 없이 정상적인 대화가 가능해졌다."[92]

수용소 정신과 의사들이 인슐린 혼수요법에 열광했다는 것이 놀랍지 않은가? 혼수요법은 잠시 동안일지라도 실제로 효과가 있는 것이었고, 수면요법과 같이 위험성이 높지도 않았다. 장기적 시각으로 보았을 때, 인슐린 혼수요법과 바르비투르산 수면요법은 치료 효과가 비슷했다.[93] 이 두 치료법은 손쓸 방법이 하나도 없었던 과거에 비하면 실질적으로 발전된 것이었기에 정신과 의사들이 열광해 마지않았던 것이다.

인슐린 혼수요법이 도입된 지 몇 달이 채 지나지 않아, 소위 쇼크요법이라 부르는 두 번째 방법이 뒤이어 나타났는데, 이것이 경련요법의 실질적 시작이다. 인슐린 혼수요법과 경련요법의 차이는 매우 중요하다. 두 번째 방법은 메트라졸Metrazol✛을 이용하여 혼수에 빠뜨리지 않은 채 경련발작을 유도하는 것이었다. 경련을 일으킬 정도로 뇌에 쇼크를 주는 것이 정신병, 특히 우울증에 효과가 있는 것 같다는 경험에서 출발한 것이었다. 경련치료의 시대는 인슐린과 함께 시작된 것이 아니라(인슐린치료에서 경련은 바람직하지 않은 현상으로 간주되고 단지 부차적 현상으로 생각했다), 메트라졸(유럽에서는 카르디아졸Cardiazol)이라는 상품명을 가진 일종의 장뇌樟腦로 시작된 것이다. 이를 발견한 사람은 38세의 부다페스트 정신과 의사 라디슬라스 폰 메두나로서, 1934년 정신분열증 환자에게 경련발작을 일으킴으로서 증상이 완화되었다고 발표한 사람이다.[94]

메두나는 1923년부터 1926년까지 부다페스트에 있던 뇌연구를 위한 학제간 연구소에서 신경병리학자로 수련을 받은 후 부다페스트 대학 정

✛ 펜틸렌테트라졸phentylenetetrazol이라고도 하며 신경전달물질인 GABA 길항 효과가 있다. 신경세포막의 투과성을 증가시켜 중추신경계의 흥분을 유도하며 불안에서부터 간질에 이르기까지 다양한 자극 효과를 나타낸다.

신과 교수가 된 자신의 상사인 카를 샤퍼를 따라 대학 정신과로 옮겨 갔다. 이곳에서 메두나는 처음으로 정신과 임상과 접하게 된다. 그곳 동료들이 급사한 정신분열증 환자를 부검할 때 이를 지켜 본 그는 뇌에 나타난 변화에 흥미를 느끼게 되었다. 그는 간질 환자의 뇌가 정신분열증 환자의 뇌와 매우 다른 것을 발견했다(혹은 발견했다고 믿은 것인지도 모른다). 메두나는 이에 관해 곰곰이 생각한다. 그때 한 학자가 간질환자가 정신분열증을 일으키면 간질 발작의 횟수가 감소하는 것을 관찰했다는 사례를 1929년에 발표했다. 메두나는 이 두 질병 사이의 관계를 역으로 연결시켜 보았다. 정신분열증 환자가 간질발작을 일으키면 좋아질 수 있을까? (그 대답은 '그렇다' 로 보였다.[95]) "나는 두 질병의 관계를 생물학적 대립 개념으로 이해했다"고 메두나는 자서전에서 말했다.[96] 그렇다면 정신분열증 환자에게 간질성 발작을 유발시키면 정신병 증상이 좋아질 수 있을까? 메두나는 경련을 일으키는 것으로 오래전부터 알려져 있는 장뇌camphor[+]를 선택했다. 18세기 이후부터 장뇌는 정신병 치료에 종종 쓰여 왔지만, 메두나는 이런 사실을 잘 몰랐던 것 같다.[97] 1933년 11월 23일, 사켈이 빈에서 열린 의사회의에서 인슐린 혼수요법에 관해 발표하던 날, 메두나는 장뇌 동물실험에 착수했다. 1934년 1월 23일 메두나는 처음으로 자신의 환자에게 장뇌를 투여했다.[98]

L. Z.는 33세 남자로 1930년에 부다페스트 주립병원에 입원해 있었고, "사람들이 나에게 손짓을 한다"는 망상을 가지고 있었다. 자신의 배와 귀에서 들려오는 환청도 있었다. 1933년 내내 그는 침대 커버 아래 숨어 살다가 1934년 1월부터는 음식을 거부하기 시작했다. 1월 23일 메

....

[+] 녹나무 등에서 추출하거나 테레빈유로부터 합성한 방향성 물질로서 의학적으로는 살충, 기침완화 등으로 사용되나, 다량 사용시 독성이 강하여 중추신경 및 근육계의 흥분 작용은 간질로 나타난다.

두나가 환자에게 첫 번째 장뇌주사를 했다. 45분이 지나자 L. Z.는 첫 경련발작을 시작했고, 동공이 최고도로 확대되었다. 2주일 동안 5차례에 걸쳐 그는 장뇌주사를 맞았다. "2월 10일 아침, 환자는 스스로 침대에서 일어나 활발한 목소리로 먹을 것을 달라고 요청했다. 주변에서 일어나는 모든 일에 호기심을 보이며, 자신의 병이 무엇이냐고 묻고, 자신이 그동안 아팠음을 인정했다. 자기가 얼마나 오랫동안 병원에 있었는지 물어서 4년 째 있는 것이라고 대답하자 그는 믿으려 하지 않았다."[99]

이것은 출판된 글의 내용이다. 실제는, 환자가 너무 기분이 좋아져서 병원에서 도망쳐 집으로 가서는 "아내와 살고 있던 사촌이 사실은 아내의 정부라는 것을 발견하고는 사촌을 때려 집밖으로 내쫓고는, 다음에는 아내를 때리며 했던 말이 …… 주립병원에서 사는 것이 더 좋다. 그곳에는 적어도 평화와 정직함은 있었다'라고 했다는 것이었다.[100]

메두나는 나중에 말하기를, "그때 이후로 그 환자는 완치되었다고 생각한다." 메두나가 5년 후 유럽을 떠날 때까지 그 환자는 잘 지내고 있었다.

1935년 1월 메두나가 자신의 경련요법에 관해 첫 논문을 발표할 즈음, 그가 치료한 환자는 26명에 달했고, 이들 중 10명은 그야말로 극적으로 회복되었다.[101]

장뇌의 문제점은 경련 유발의 신뢰성이 떨어진다는 데 있었다. 또한 환자들은 경련이 일어나기 직전의 불안감을 싫어했고, 장뇌에 의한 구토, 그리고 주사 맞을 때의 근육통을 싫어했다. 1934년 부다페스트의 한 약리학 교수가 메두나에게 다른 약을 권했는데, 그것은 9년 전 합성된 것으로 "카르디아졸"이라는 이름으로 심장 자극제로 판매되고 있었다. 메두나는 환자에게 카르디아졸을 투여했고 1936년이 되자 110명의 환자에게 실험하기에 이르렀으며, 이들 중 절반이 회복되었다. (주로 발병한 지 얼마 안 되는 환자들이었다.)[102]

카르디아졸은 결코 큰 성과를 내지 못했는데, 우선 경련 유발 효과가 불확실했고 환자들이 무서워했기 때문이었다. 환자들이 "끔찍한 죽음의 공포와 몸이 산산조각 날 것 같은 위기감을 느끼고 …… 반복적으로 경련발작을 경험하면서 강하게 저항하는 것은 이상한 일이 아니었기"[103] 때문에 뮐러는 뮌싱겐에서 이를 곧 폐기하게 되었다. 실제로 카르디아졸 경련을 하는 환자를 보면 금방이라도 숨이 끊어질 것 같이 보였다. 뮐러는 "약물로 간질발작을 일으킨 환자를 보는 것은, 특히 일그러진 시퍼런 얼굴을 보는 것은 너무나 무서운 일이어서 나는 기회만 있으면 그 방에서 도망 나갈 구실을 만들어 냈다. 내가 그 방에서 특별히 할 일이 없다고 변명했고, 또 내가 없어야 동료들이 더 활발하고 덜 소심해할 것이라고 둘러댔던 구실이 부적절한 것이었음을 이제 깨닫는다. 그것은 모두 내 책임 아래 일어나는 것이었다……"라고 기록했다.[104] 리스터셔의 한 정신병원에 있던 어느 정신과 의사는 "내가 약을 가득 채운 주사기를 등 뒤에 감추고 여러 명의 간호사와 함께 무리지어 환자를 구슬리려 다가갈 때면, 싫어하던 환자들의 불행한 표정과 찡그려진 얼굴과 몸짓"이 기억난다고 했다.[105]

월터 프리먼은 70세의 "혼돈된" 자기 친척에게 메두나 치료법을 시행하는 엄청난 실수를 저질렀다. 그는 외과의사인 자기 남동생과 함께 환자에게 6cc의 메트라졸을 정맥 안에 주사했다. "그녀는 10초 이내에 경련을 시작하더니 입을 커다랗게 벌리고 등을 활처럼 뒤로 젖힌 채 약 20초간 뻣뻣하게 경직되다가 이어서 약 25초 동안 지속되는 대발작으로 넘어갔다. 발작이 끝나자 수초 이상 숨을안 쉬고 늘어져 있었다. 그녀는 청색증을 나타내기 시작했다. …… 마침내 헐떡이며 큰 숨을 들이마시더니 깊게 숨쉬기 시작했다. 그녀의 얼굴색이 점차 원래의 상태로 돌아오면서 내 동생의 얼굴색도 회복되기 시작했다."

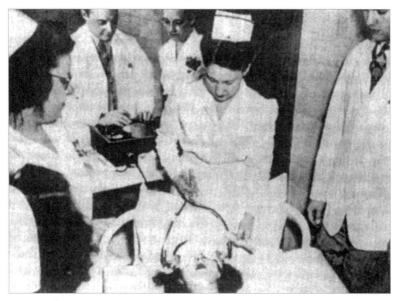

전기경련 요법을 시행하는 모습. 레어나드 로이 프랭크(편저), 《쇼크치료법의 역사》, 1978

"아이고머니나!" 동생은 이마의 땀을 훔쳐냈다.

그녀는 유언장에 프리먼에 대해 언급하기는 했지만 평생 그를 용서하지 않았다.[106]

1939년 메두나는 부다페스트에서 시카고로 망명하여 처음에는 로욜라 대학 교수로 있다가 일리노이 의과대학으로 옮겨서 이산화탄소 치료법과 관련된 뭔가 확실치 않은 연구에 참여했다.[107] 유럽에 전쟁이 발발하자, 정신의학계의 다른 모든 발명품이 거쳐간 운명과 마찬가지로 카르디아졸 치료법도 미국의 역사로 편입되었다. 본질적으로 성격이 전혀 다른 연구소들, 예를 들면 밀리지빌의 거대한 수용소와 셰퍼드 사립 클리닉과 같은 최첨단의 호사스러운 클리닉들은 1930년대 말부터 1940년대 초 사이에 모두 카르디아졸(메트라졸)을 실험했다.[108] 메트라졸에 대한 혐오감이 극심해지자, 경련요법 중 덜 혐오스러운 형식의 전기경련요법(ECT)이 소개되면서 메트라졸 경련요법은 역사의 폐기물 창고로 들어간다.

전기충격요법

1938년의 분위기를 살펴보자. 세상 사람들 모두가 새로운 "물리적 치료법"에 대해 얘기했는데, 이렇게 불리게 된 연유는 정신치료나 정신분석치료와 확실히 구별하기 위해서였다. 당시는 바르비투르산 혼수요법, 인슐린 혼수요법, 메트라졸 경련요법 등이 증상 완화 상태를 오랫동안 유지하거나 완치까지 할 수 있다고 알려지면서 수용소에서 대활약을 하고 있었다. 다음 단계로 나온 것이 전기충격요법electroconvulsive therapy(ECT)으로, 로마 대학 정신과 교수인 우고 체를레티가 1938년 처음으로 사용했다. 정신의학의 역사상 전기를 이용한 치료법은 전에도 많이 있었지만, 전기적 충격을 뇌까지 도달하게 하여 경련발작을 일으키는 혁신적 방법을 발명한 사람은 체를레티이다.[109]

체를레티는 1877년 베니스에서 80마일 떨어진 코넬리아노라는 작은 공장지대 마을에서 태어났다. 그의 아버지는 이태리에서 최초로 포도재배 학교를 설립한 사람이다. 체를레티는 토리노에서 1896년 의학 공부를 시작했고 2년 후에 로마로 옮겨 지오반니 민가치니의 신경병리학 실험실에서 일하게 되었다. 의과대학 학생 신분인 채로 체를레티는 니슬과 함께 뇌조직학을 연구하기 위해 하이델베르크로 갔다. 1901년 의과대학을 졸업한 후 로마의 한 정신과 클리닉에서 보조의사로 일하기도 했다. 제2차 세계대전이 일어나기 전까지 그는 독일과 프랑스에서 박사후 과정을 계속했는데, 그중에는 뮌헨 대학 클리닉에서 크레펠린과 함께 일했던 시간도 포함된다. 곧 그는 뇌 구조 연구자로서 상당한 명성을 얻게 되었다.[110] 1세대 생물정신의학이 서서히 죽어 가던 당시, 그때까지 체를레티는 전형적인 생물정신의학자 중 하나로 눈에 띄는 존재는 아니었다.

제1차 세계대전이 끝난 후 체를레티는 대학 정신과에서 일련의 직위를 거치면서 "암울한 과학"[111]으로서의 임상정신의학을 처음으로 제대로 경험하는 기회를 얻게 된다. 이러는 동안, 특히 1930년대 초 제노아의 신경정신과 클리닉 과장으로서의 임무를 수행하며 간질에 대해 연구를 계속했다. 과연 뇌의 특정 병소가 간질발작을 일으키는가? 이 질문에 대한 답을 얻기 위해 체를레티는 개에게 전기 자극을 가하여 발작을 일으키는 실험을 했다.[112] 전극 하나는 개의 입에, 다른 전극은 개의 항문에 붙이고 실험한 결과, 가공할 만한 결과가 나타났다. 실험동물 절반이 심장마비를 일으켜 죽고 말았던 것이다. 1935년 체를레티는 로마 대학에서 교수직을 얻고 동시에 로마 대학 부설 신경 및 정신질환 클리닉의 과장이 되었다.

1936년 10월 체를레티는 3명의 조수 의사, 페르디난도 아코르네로, 루치오 비니, 람베르토 롱기를 불러모았다. 이들은 모두 20대 중반의 젊은 의사로서 수련의 과정 최종 단계에 이른 사람들이었다.[113] 메두나의 카르디아졸 요법에 감명 받았던 체를레티는 이들 세 명에게 각기 임무를 할당했다. 아코르네로는 인슐린 혼수요법을, 롱기는 카르디아졸을, 비니에게는 개에게 시행했던 실험이 사람에게도 적용될 수 있는지를 연구해 보라는 것이었다. 이들 젊은 정신과 의사 세 명의 관계는 떼려야 뗄 수 없는 동지였고, 로마 클리닉에서 밤낮으로 함께 일하면서 각자 개인적으로 일하기보다는 한 연구실에서 팀이 되어야 잘 기능할 수 있는 사람들이었다. 비니는 전극을 개의 관자놀이에 붙이면 전류가 안전하게 전달될 수 있음을 발견한다.[114] 개를 이용한 실험이 1년간 지속되는 동안 개를 태운 마차가 일주일에 한 번씩 클리닉에 드나들었다. 아코르네로와 비니는 실험이 끝난 개를 부검하여 현미경 뇌 박편을 만드느라 분초를 다투 며 뛰어다녔다.

1937년 막스 뮐러가 기획하여 정신분열증의 새로운 치료법에 관한 대규모 회의가 뮌싱겐에서 서서히 모습을 드러내자 아코르네로와 비니 는 그곳에서 무엇을 발표할 것인지 체를레티와 의논한다. 아코르네로는 인슐린 연구 결과를 제안했고 비니는 개 실험에 관한 논문을 발표하겠다 고 했다. 비니가 개 실험 방식을 인간에게도 적용할 가능성이 있다는 말 을 무심히 지나치듯 언급하기로 결정했다. (그는 실제로 이에 관해 언급했 었다. 그러나 회의장의 사람들은 전혀 관심을 기울이지 않았다.)[115]

로마로 돌아 온 두 사람을 체를레티는 로마 도살장으로 보냈다. 돼지 를 도살하기 전에 전기로 의식을 잃게 만든다는 얘기를 들었던 것이다. 그곳에서 연구자들이 어디에 전극을 붙일 것인지, 경련에 이르는 전류량 과 죽음에 이르게 하는 전류량의 차이를 배울 수 있었을까? 도살장에서 비니와 아코르네로는 체계적인 실험을 할 수 있었고, 그리하여 전극을 관자놀이에 붙이는 것이 가장 실용적이고, 경련을 일으키는 전류량과 죽 음을 초래하는 전류량은 매우 차이가 크다는 것을 발견하게 된다.

열정적인 세 명의 젊은 수련의들은 이제 환자에게 적용할 만반의 준 비를 갖추게 되었다. 그러나 체를레티는 계속 망설이고 있었다. 나중에 아코르네로가 회상한 바에 따르면, "사람에게 이 실험을 할 경우, 우리가 뭔가 미처 알아내지 못한 요인이 작용하여 환자가 사망하게 되면, 모든 책임은 체를레티에게 떨어지게 될 것이다. 간섭이 심한 곳으로 정평이 나 있는 우리 학교의 명예는 심한 타격을 받게 될 것이고 우리 과장은 후 유증에 시달리게 될 것이다."[116] 그러나 이러는 와중에도 비니는 기술자 의 도움을 받아 1초 간격으로 80~100볼트의 전류를 흘려보낼 초기 설 비를 완성해 놓았다. 이제 첫 환자가 도착했다.

1938년 4월 15일, 로마 병참부 경찰이 기차역 근처를 방황하던 밀라노 출신의 39세 기술자 한 명을 체포하여 클리닉으로 데려왔다. 병참부의 통보서에는 "그가 제정신이 아닌 것 같아 보이므로 그곳 클리닉으로 보내니 관찰하며 보호해 주기를 바람"이라고 적혀 있었다. 클리닉에 도착한 환자를 보니, 의식은 명료했고, 자신이 어디에서 왔는지 알고는 있었으나 알아듣기 어려운 말을 횡설수설하며 "텔레파시에 의해 조종당하고 있다"고 호소하는 것이었다. 환청도 있었다. 옷차림도 흐트러져 있었다. 젊은 수련의 아코르네로는 "정신과 의사의 시각에서 볼 때, 증후군은 뚜렷하고 병이 꽤 진행된 상태이며, 예후도 좋지 않아 보였다."[117]

클리닉 2층에는 외떨어진 설비실 하나가 있었는데, 그곳에 비니는 자신이 만든 장비를 다 옮겨 놓고 실험할 차비를 갖추어 놓고 있었다. 4월 18일 아침, 환자는 체를레티, 비니, 아코르네로, 그리고 다른 두 명의 조수 의사와 함께 그 방에 들어왔다. 조수 중 한 명은 복도에서 망을 보고 아무도 들여보내지 않도록 명령을 받았다. 머리를 면도한 환자는 주변에서 무슨 일이 일어나고 있는지 전혀 무관심했다. 간호사가 환자의 양 관자놀이에 전극을 부착하고 간호보조원이 고무 튜브를 환자의 치아 사이에 물려 발작시 혀를 깨물지 않도록 준비했다. 이제 모든 준비는 끝났다. 비니가 체를레티를 쳐다보자 체를레티는 고개를 끄덕였다. "찍—"하고 전기가 흐르는 소리가 들렸다. 환자의 온몸의 근육이 일시에 경직했다. 아코르네로는 청진기를 환자의 가슴에 대었다. 심박동수가 빨라진 것 외에는 모든 것이 정상이었다. 아코르네로는 너무나 흥분해서 한마디도 할 수 없을 정도였다.

깨어난 환자는 금방 무슨 일이 일어났었는지 알지 못했다. 비니의 말에 따르면 "환자에게 10분의 1초간 80볼트의 전기자극을 주었다. 그는 소발작absence attack⁺을 했다."

"90볼트로 올려 보세." 체를레티가 말했다.

다시 한 번 "찍-" 하고 전기 소리가 들렸다. 환자는 1분 동안 꼼짝 않고 누워 있더니 노래를 부르기 시작했다.

"마지막으로 한 번 더 높은 볼트로 해보게." 체를레티가 말했다. "이번 한 번으로 끝내세."

이때 환자가 침착하고 이성적인 목소리로 마치 시험문제에 답하듯 말했다. "보세요. 처음 것은 귀찮았고, 두 번째에는 죽을 뻔했습니다." 수련의들은 어리둥절해서 서로를 쳐다봤다.

"자, 계속하지. 내버려두고." 체를레티가 말했다.

비니는 장비의 전력을 최대한으로 높였다. 세 번째 전기충격 후에 환자는 전형적인 간대성 대발작 간질을 시작하더니, 규칙적으로 근육 수축과 이완을 반복했다. 호흡이 멈췄다. 얼굴이 퍼렇게 변하더니, 심박동이 급하게 뛰고 동공반사가 소실되었다.

호흡이 중단되자 비니는 초를 세기 시작했다. 48초 후에 환자는 큰 숨을 내쉬었다. 의사들도 똑같이 참았던 숨을 크게 내쉬었다. 이들은 이제 막 인간을 대상으로 안전하게 경련을 유발할 수 있는 전기의 양을 확정한 것이었다.

환자는 일어나 앉더니 "침착하게 미소 지으며 마치 우리가 뭘 바라는지 묻기라도 하는 양 우리를 바라보았다." 체를레티가 후에 표현한 말이다.

의사들이 환자에게 물었다. "무슨 일이 있었지요?"

환자가 대답했다. "모르겠어요. 아마 잠들었나 봅니다."

처음으로 정신과 환자에게 경련을 유발하는 전기요법을 시행한 일은 이렇게 끝났다.[118] 체를레티는 즉시 "전기쇼크" 요법이라는 명칭을 붙였

✛ 잠깐 동안의 의식상실을 나타내는 발작.

다.[119]

그 환자는 11번의 ECT 후에 회복되었고 1개월 후에 "건강한 상태와 정신"으로 클리닉에서 퇴원했다. "사고력과 기억력에는 아무 이상이 없었다." 그는 과거에 자신이 생각했던 피해망상과 환청이 모두 병에 의한 것이라는 것을 깨달았다. 밀라노에 있는 직장으로 복귀해서 1년이 지난 후까지도 "완벽하게 잘 지냈다. 그러나 그의 아내의 보고에 의하면 집에 돌아온 지 3개월 만에 다시 질투심이 심해지고, 때로 한밤중에 일어나 누군가에게 대답하듯이 혼자 말하곤 했다고 한다."[120]

그러므로 ECT는 정신분열증의 완치법이 아니었다. 그러나 증상을 완화시켜 주고 환자 개인이 다소간 기능할 수 있도록 도와주는 것으로 설명할 수 있었다. 이는 곧 전 세계 정신의학계에 급속히 퍼져 나갔다. 로타 칼리노프스키가 조니 애플시드의 역할을 맡았다. 그는 베를린에서 한쪽 부모가 유태인인 가정에서 태어나 1922년 베를린 대학에서 의학을 마쳤다. 1933년 독일을 벗어나 이탈리아로 가서, 로마에서 의사자격을 두 번째로 획득했다. 그는 체를레티 클리닉에서 ECT를 하던 초기에 그곳에 함께 있었다. 1939년 로마를 떠나 파리로 간 그는 생탕 정신병원에 ECT를 도입하도록 했다. (비니에게 강요해서 기계장치를 만드는 지침서를 보내게 했다고도 한다.) 1939년 7월 영국에 도착한 칼리노프스키는 런던 쿨즈던에 있던 네던 정신병원의 샌더슨 맥그리거와 함께 그곳에 ECT를 도입했다.[121] 세인트 바르톨로메오 병원에 있던 독일인 동료가 그에게 요청하여 함께 회진을 돌고 그곳에도 ECT 장비를 설치하도록 했다.[122] 따라서 칼리노프스키는 유럽 대륙과 영국에 ECT를 확산시킨 장본인이다.

1940년 3월 영국 땅에서는 칼리노프스키가 외국인일 수밖에 없었으므로 어쩔 수 없이 영국을 떠나 미국으로 가서 1940년 9월 컬럼비아 대학 부설 뉴욕 주립 정신의학 연구소에 ECT를 소개했다. 이 연구소는 기

계장치를 자체적으로 제작했다.[123]

모든 곳에 전기쇼크 요법 기계가 소개되었는데, 특히 수용소 정신과 의사들은 크게 환영했다. 메트라졸 주사를 피하려 도망가는 환자를 더 이상 쫓아다니지 않아도 되었기 때문이다. ECT 장비가 베들렘 병원에 도착하던 장면을 회상하며 한 의사는 이렇게 말했다. 'ECT는 즉각적으로 의식을 잃게 하고, 공포감도 안 느끼고, 경련이 끝난 후에도 불편함이 없고 구토 증상도 나타나지 않았다.' "그 기계는 작은 영사기 정도 크기였고 그 위에는 기능을 알 수 없는 다이얼과 스위치가 죽 늘어서 있었다. 의사와 간호사에게 그 기계는 사용하기 조금 겁이 나는 것이었지만, 경련치료에 대한 환자들의 공포감은 점차 사라져 갔고 드러내놓고 거부하는 일도 드물어졌다."[124] 한 은퇴한 정신과 의사는 이렇게 말했다. "ECT가 없었다면 나는 정신과 의사를 계속해 나가지 못했을 것이다. 경련치료가 없었더라면 대부분의 정신질환이 가지고 있는 처참함과 치유할 수 없다는 절망을 견뎌내기 어려웠을 것이기 때문이다."[125] 1944년이 되자 영국에서 카르디아졸은 ECT에게 자리를 내주게 되었다.[126]

미국으로 ECT를 도입한 선취권은 기계적인 면에서는 칼리노프스키 —대학 정신의학계에 소개했다—에게 있지 않다. 1939년 ECT 기계를 미국으로 수입해 온 사람은 한때 체를레티와 함께 일하기도 했던 리나토 알만시였다. 알만시는 데이비드 임패스타토와 공동연구를 했는데, 임패스타토는 이탈리아 출신으로 미국에서 의사자격을 땄고 뉴욕 콜럼버스 병원의 스태프 의사였다. 이 둘은 기계를 제작하여 먼저 개에게 실험해본 후에 1940년 2월 자신들의 사무실과 병원 외래에서 환자에게 시행했다.[127] 수개월 동안 미국에서는 동시다발적으로 이런 일이 진행되어, 칼리노프스키를 제외하고는 어느 누구도 미국 ECT 탄생의 주역이라 할 수 없다.[128]

그러나 미국에서 ECT의 입성이 환영받은 것만은 아니었다.[129] 한 가지 예를 든다면, 정신분석가들은 비록 ECT가 주요우울증(약 4분의 1의 우울증 환자가 자살했다)의 치료에 유용하다고 인정하면서도 대체로 ECT에 반대했다. 워싱턴 정신분석가 해리 스택 설리번은 다른 모든 물리적 치료법과 마찬가지로 ECT도 쓸모없다고 주장했으며, (그가 보기에는) ECT는 "정신분열증보다 행복한 바보가 낫다"는 가치관에 근거한 것이라고 했다. 설리번은 정신분열증이란 "특별한 재능을 타고났으므로 사회적으로 중요한 사람들"일 수 있다는 희망을 가지고, 치료하지 말고 내버려두면 저절로 회복될 가능성이 있다고 생각했던 것이다.[130] 1947년 정신의학의 발전을 위한 모임(GAP)이 "무분별하고 무차별적인 ECT 사용"에 비판의 날을 세웠는데, 그렇다고 노골적으로 비난한 것은 아니었다.[131] (나중에 이 모임은 "ECT의 부적절한 사용"에만 반대한다고 다소 유보적인 태도로 변했다.)[132] 미국 정신분석 저널에는 전기쇼크에 대한 시기심 어린 의혹의 글이 연달아 실리기 시작했다. ECT의 명백한 유용성은 뇌 생물학보다는 정신역동성 등에 근거해야 한다는 식이었다.[133] 이들이 이렇게 나온 이유는, 만일에 뇌의 신경세포가 병을 일으키는 것이라면, 정신분석의 이론적 틀은 무참히 내동댕이쳐지는 꼴이 될 것이기 때문이었다.

따라서 ECT는 정신분석을 진퇴양난의 궁지로 몰아넣었다. 주요우울증을 가장 효과적으로 치료하는 새로운 방법을 정신분석 이론으로는 용납할 수 없었던 것이다. 수련의 입장에서는, 정신치료가로 수련을 받고 많은 환자를 봐서 수익을 올릴 수 있는 개업 의사가 되던가, 아니면 박봉의 정신병원 의사가 되어 ECT를 하던가, 둘 중 하나를 선택해야만 했다.[134] 1966년 아놀드 로고우가 미국 정신과 의사와 정신분석가들의 성향을 알아보기 위해 인터뷰 했을 때, 정신과 의사의 3분의 1이 ECT를 사용한 반면 정신분석가는 전체 조사 대상 중 오직 한 명만이 ECT를 사용했다.[135] 1940년대 말부터 1950년대 사이 미국에서 ECT가 잘 받아들여지지 않았던 이유 중 일부는 물리적 치료법이 자신의 관점과 다르다고 본 정신과 의사들의 반대였다.

그러나 ECT가 가진 실제적 위험도 한몫했다. 환자가 ECT 치료대 위에서 몸부림칠 때 팔다리나 척추에 골절이 올 위험이 있었다. 영국의 호튼 병원에서는 간호사들이 말 그대로 자신의 몸으로 환자를 덮어씌워서 환자가 덜 움직이도록 했는데, 한 사람은 두 발을 붙들고, 다른 간호사는 골반을 찍어 누르고, 또 다른 네 사람은 양쪽에서 두 사람 씩 환자의 어깨와 팔을, 그리고 손을 잡고, 또 한 사람은 환자의 머리를 잡고 턱을 누르며 ECT를 했다.[136]

이런 위험성은 1939년 월터 프리먼과 오마하의 정신과 의사 에이브럼 버닛이 우연히 만나게 되면서 해결 방법을 찾게 되었다. 버닛은 강직성 뇌성마비 아동들에게 근육긴장을 이완시키기 위하여 근육신경을 차단하는 소량의 쿠라레curare[+]를 처방했다. 또한 그는 우울증 환자에게 메트라졸 쇼크 요법을 하기도 했었다. 프리먼은 버닛에게 어쩌면 쿠라레가 쇼크치료 중 일어나는 척추 골절을 예방할지 모른다고 언급했다. 프리먼은 양질의 쿠라레를 구할 수 있는 에콰도르 사업가를 알고 있었고 그로부터 버닛은 많은 양의 쿠라레를 확보할 수 있었다. 그리고 네브래스카 대학 약리학 실험실에서는 장기간 안정적 효과를 유지할 수 있도록 쿠라레를 표준화해 주었다.[137] 쿠라레가 처음으로 의학계에 공식 도입된 계기이다.

1940년 버닛은 쿠라레가 실제로 머리와 목의 근육을 일시적으로 마비시켜 환자가 몸부림치는 것을 막아 준다는 것을 입증했다.[138] 이 발견은 곧바로 ECT에 적용되어 더 많은 우울증 환자에게 안전하게 ECT를 시행할 수 되었다. 그럼에도 쿠라레는 위험성이 매우 높은 약물이었고 심장 합병증을 일으킬 수 있었다. 1949년에는 신경-근육 접합부를 안전하게 차단하는 석시닐콜린succinylcholine⁺⁺이 개발되어 기관지 삽관 등의 단기간 효과가 필요할 때 사용되었다. 1952년부터 ECT 병동에서는 척추 골절을 미연에 예방할 수 있는 훨씬 덜 위험한 방법을 사용했다.[139] 전신마취 등에 사용되는 초단기간의 효력을 가진 바르비투르산 계열인 메토헥시탈 나트륨methohexital sodium(상품명 "브레비탈Brevital") 등이 함께 사용되었다.

1959년이 되자 ECT는 조울증 환자와 주요 우울증 환자에게 "필수적 치료법"이 되었다고 칼리노프스키는 기록한다.[140] ECT는 그 어느 치료법보다도 효과적이었고, 신속하게 효과를 나타냈으며 환자들이 그리 싫어하지 않았다. 1959년은 정신의학계에게는 일종의 황금기였는데, 당시에는 칼리노프스키를 비롯한 어느 누구도 반反 정신의학 운동으로 ECT가 쇠퇴하리라고 예상하지 못했었을 것이다.

돌이켜보면, 쇼크요법은 정신의학이 신경학의 그늘을 벗어나는 시점을 나타내는 이정표로 이해된다. 1930년대까지 정신의학계 모든 분야에 신경과 의사들이 지배적으로 자리잡고 있어서, 신경과 의사들은 개업가 정신치료에 실질적으로 독점권을 행사하고 있었고 또 아무 효험도 없는 온천치료 등을 지휘하고 있었다. 그때까지 정신의학은 불쌍한 신데렐라처럼 수용소에서나 곤곤하게 존재를 유지하던 초라한 존재였던 것이다. 말라리아 발열요법, 수면 연장 요법, 쇼크요법은 정신과 의사들이 스스로를 다잡고 처음으로 독자적으로 치료법을 개발한 것이었다. 사켈, 메

⁺ 남아메리카 원주민이 화살에 묻혀 사냥할 때 쓰던 독성 물질로, 소량 사용시 단기간 근육 마비를 일으킨다.

⁺⁺ 골격근 이완제 중 가장 신속하게 효과가 나타나고 작용 기간도 짧아서 환자를 단기간 마비시켜야 될 필요가 있는 상황인 기관삽관, 전기충격요법 등에 사용된다.

두나, 체를레티는 "신경과를 밑바닥부터 흔들어대는 데에" 성공했던 것
이라고, 1943년 뉴욕의 나이 많은 정신과 의사 루이스 캐서메이어는 비
유적으로 표현했다. 케서메이어는 비꼬듯이 덧붙이기를, "쇼크치료가 환
자에게 얼마나 좋은 일을 했는지에 관해 의문을 가진다하더라도, 정신의
학에 지대한 역할을 했음을 부인할 사람은 아무도 없다."[141]

뇌엽 절제술 괴담

광기를 치료하기 위해 뇌를 수술한다는 생각은 본질적으로 비이성적
인 것은 아닌 것 같다. 예를 들어 강박 행동을 초래하는 신경로路를 절단
하거나 악성 단백질을 생산하는 핵심 부위를 제거하는 등의 뇌수술로 정
신병의 일부 증상을 제거할 수 있다는 생각은 언제나 의사들의 마음속에
있어 왔다. 중세기 때 의사들은 신비로운 "광기의 돌stone of madness"+을
잘라내는 것을 상상하곤 했다. 우리 시대에 와서 태아 도파민 생성 신경
세포를 이식하면 파킨슨병의 진행이 느려진다는 근거가 있다.[142] 뇌의 대
상회cingulate gyrus+++를 파괴하는 대상회 절제술을 하면 심한 강박증 증세
가 완화되는 경우도 있다.[143] 이는 성공적인 정신외과술 중 하나이다.
그러나 1930년대 물리적 치료 열풍이 불 때 그중 한 가지 실패한 것
이 있었으니 그것은 뇌엽절제술로서, 뇌엽의 일부를 파괴하는 수술이었
다. 바르비투르산 수면, 인슐린 혼수, 메트라졸 경련 그리고 ECT 등의

+ '바보의 돌fool's stone' 이라고도 한다. 광기의 원인이 머리 속에 생긴 돌이라고 생각하여 두개골 절개
술을 시행해서 돌을 찾았다고 한다. 이런 생각이 사회에 하도 많이 퍼져 있어서 사기꾼들은 두피만 절개
했다가 꿰매고 돌을 꺼냈다고 보여 주기까지 했다. 중세기 때 이를 소재로 한 그림이 많이 남아 있다.
+++ 뇌 중앙부에 위치하며, 정서, 기억, 학습, 기획 등을 담당하는 변연계의 중추부분이다.

중세시대의 의사들은 광인의 머리 속에 "광기의 돌"이 들어 있다고 믿었다. **얀 산데르스 반 헤메센, 〈수술〉, 1555**

물리적 치료의 명백한 성공을 배경으로 뇌수술은 합리적으로 볼 때 가능성이 커보였다. 그리하여 1880년대와 1890년대를 끝으로 한동안 잠잠하던 정신수술이 재부상하게 된 것이다.

정신수술psychosurgery의 근대사는 1860년대 바젤에서 의사면허를 받은 스위스 수용소 의사 고틀리프 부르크하르트의 이름과 함께 시작된다. 바젤 대학의 강사직에서 발다우 공립수용소의 스태프를 거쳐 1882년 뇌샤텔 근처 마린에 있는 사립 클리닉 프레파기에르의 과장이 된다.[144] 그는 여기에서 최면술 등의 다양한 새로운 기법을 광범위하게 실험한 것으로 알려져 있다.[145] 수술에 관한 수련을 받지 않았음에도 그는 자기 환자들의 두뇌 여러 부분을 서툴게 실험적으로 수술했다. 1888년 12월 정신분열증이 확실한 환자 6명에게 그는 다시 정신수술을 시행했고 이 수술은 그리 성공적이지 않았다. 한 환자는 경련발작으로 사망했고, 두 번째 환자는 개선되었으나, 세 번째와 네 번째 환자는 변화가 없었으며, 마지

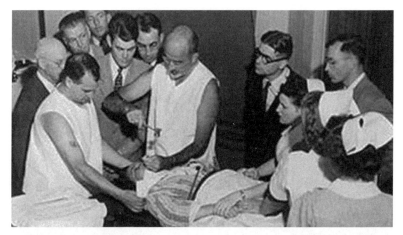

워싱턴 대학병원 신경과 의사로서 미국에 뇌절제술을 보편화시킨 장본인 월터 프리먼. 사진은 1949년 환자의 전두엽을 파괴하기 위해 환자의 눈꺼풀 아래로 절제용 기계를 망치로 두드려 삽입하는 장면이다. UPI/Corbis-Bettmann

막 두 명의 환자는 "조용해졌다."[146] 부르크하르트가 1890년 베를린 의사 총회에서 자신의 새로운 기법에 관해 발표했을 때 청중들 반응은 불온한 편이었다. 논문 발표가 끝난 후에는 아무도 토론하려 나서지 않았고, 완전한 침묵으로 대하는 것이 그를 무시하는 가장 좋은 방법이라는 데 모든 참석자들이 동의하고 있었던 것이다.[147] 부르크하르트의 논문은 이듬해에 약간의 소요를 일으키긴 했으나,[148] 뇌 자체를 직접 조작한다는 생각은 곧 폐기되고 말았다.

그러나 무언가 조작해 보려는 분위기는 지속되었다. 1890년대 영국에서 신경매독 증상을 완화하기 위해 두개골에 구멍을 뚫고(천공) 뇌막을 절개하여 고름이나 뇌척수액 배출을 시도한 적이 있었다.[149] 논문으로 보고된 것은 아니지만, 1890년대에 브레슬라우 외과 의사 요한 미쿨리츠는 감각운동 피질 부분을 파괴하여 간질 병소를 제거하려고 했다.[150] 파리의 생탕 수용소 소장 마냥은 소두증microcephaly✝ 아이의 머리에 미리 구멍을 뚫어놓으면 (뇌가 성장하는 데 지장이 없어져) 정신지체에 이르지 않을 것이라고 믿었다. (그는 과거에 있었던 이런 식의 시도에 관해 언급하기는 했지만, 나중에는 "바람직하지 않다"고 말을 바꾸었다.)[151] 따라서 19세기 말에 외과수술로 뇌를 조작해 보려는 생각이 널리 퍼져 있었던 것은 의심할 여지가 없으나, 주제로서의 피상적 얘기만 무성할 뿐 사례별로 평가해야 하는 실제적 논의단계는 거치지 않았던 것이다. 뇌를 주무르기 위해 필요했던 것은 오직 새로운 소견, 혹은 거짓 소견뿐이었다.

이 시점에서 포르투갈 리스본의 신경과 의사 에가스 모니즈가 무대 중앙에 나타난다. 그는 1927년 이미 명성을 얻고 있었는데, 방사선으로 뇌혈관을 가시화하는 뇌혈관 조영술에 관해 기술했기 때문이었다. 그는 노벨상 후보에 두 번 거론되었으나 모두 기각되었다. 자신의 위대함이 부인 당했다고 앙심을 품은 채 그는 1935년 런던에서 열린 제2차 국제 신경학대회에 참석한다. 그는 종일 지속되었던 뇌 전두엽 심포지엄에 참석해서 많은 학자들로부터 큰 관심을 받게 되었다. 그곳에서 예일 대학의 칼라일 제이콥슨과 존 풀턴이 침팬지에게서 전두엽을 상당 부분 제거했더니 정서 변화가 오더라는 말을 듣게 된다. 발작적인 분노와 고집을 부리던 침팬지가 수술 후에는 거의 쾌활하게까지 보이더라는 것이었다.

"닥터 모니즈는 자리에서 일어나 질문을 했다. 동물의 유사 신경증적 행동과 바람직하지 않은 행동이 전두엽을 제거해서 없어진다면 인간의 불안 상태 역시 수술로 완화시킬 수 있지 않을까요?"[152]

뇌엽절제술 혹은 모니즈가 명명한 백질절제술leukotomy++에 대한 영

✤ 두개골과 뇌의 성장발달장애로 표준편차 2 이하의 머리 크기와 정신지체를 동반한다. 미리 두개골에 구멍을 뚫어놓아 뇌의 성장에 두개골이 장애가 되지 않게 하겠다는 발상이나 효과는 없고 부작용이 더 컸다. 동남아 일부 지방에서는 사제의 저주를 받아 발생했다는 미신이 있어 지역의 절이나 사원에 아이를 바쳤다고 한다.
✤✤ 뇌의 전두엽을 좌우로 루프모양으로 자르는 것으로 신경섬유를 자른다는 의미이나 실제로는 전두엽의 기능을 파괴하는 결과를 나타낸다.

감의 씨앗이 심어지던 순간이었다. 1935년 11월부터 1936년 2월 사이에 모니즈는 신경외과 의사 알메이다 리마를 설득하여 리스본의 산타마르타 병원 신경과로 전원된 봄바르다 수용소 환자 20명의 전두엽 일부를 제거하도록 했다. 7명은 "완치"되었고, 7명은 증상이 완화되었으며, 6명은 변화가 없었다고 보고했다.

모니즈는 이 결과를 보고하면서도 상세한 내용은 밝히지 않았다.[153] 사실 뭔가 새로운 치료법을 처음으로 발견했다고 하는 사람들의 발표는 과장된 언사가 특징이어서, 자신의 역사적 선취권을 주장하는 데에만 열심이고, 나중에 주위에서 엄밀한 통계적 검증과 추적검사를 요구해도 상관하지 않는 것이 상례였다. (사켈이 빈 의학 언론에 처음으로 보고한 인슐린 혼수요법은 심지어 실험 대상 환자 수가 몇 명인지도 보고되어 있지 않다.) 이런 사람이 이제 뇌엽절제술이라는 이름으로 인간의 뇌를 야만적으로 유린하기 시작한 것이다.

워싱턴의 신경과 의사 월터 프리먼이 런던 대회에 참석해서 모니즈의 수술법에 무비판적으로 열광하게 된 것은 매우 불행한 일이었다. 신경외과 의사 제임스 와츠와 함께 공동으로 미국에 뇌엽절제술을 퍼뜨린 장본인이 바로 프리먼이었기 때문이다. ("뇌엽절제술lobotomy"이라는 명칭은 바로 이들이 붙인 것이다.) 미국에서의 첫 수술은 1936년 워싱턴에 있는 조지 워싱턴 대학병원에서 이루어졌다. 1946년에는 횡안와橫眼窩 뇌엽절제술을 개발했는데, 이는 안구의 천정을 통해 뇌에 기구를 찔러 넣어 절제하는 기법이다.[154]

프리먼이 뇌엽절제술을 수술실이 아닌 "진료실 치료법"으로 하자고 주장함으로 인해 1947년 와츠와 결별하게 된다. 그 이후 프리먼은 혼자 수술을 하기 시작했다. 1950년대 초 그는 미국 대륙을 순회하며 일종의 원맨쇼 같이 횡안와 뇌엽절제술 시범을 보여 인기를 끌었다. 예를 들면,

1951년 여름 미국 17개 주 정신병원과 캐나다, 푸에르토리코, 쿠라사우를 돌며 수술 시범을 보였다. 프리먼의 전기를 쓴 엘리엇 발렌스타인에 따르면, "그해 5주간의 여름 여행 동안 스테이션왜건에 캠핑 도구, 전기경련요법 상자, 구술용 녹음기, 그리고 환자 기록과 사진, 편지 등을 넣은 파일 상자 하나 등의 짐을 싣고, 수술용 도구는 호주머니에 넣은 채 1만 1000마일을 돌아다녔다."[155] 그 수술 도구에는 종종 얼음 깨는 송곳도 있었다.

뇌엽절제술이 관리하기 힘든 광폭한 환자를 가라앉히는 효과가 있기는 했지만, 대개는 판단력 상실, 사회적 기능 상실을 유발했고, 사회생활의 요령을 알아채는 데 둔감해지고 부적절하게 대담한 상태를 만들었다. 물리적 치료에 관한 그 시절의 교과서를 쓴 저자들은 다음과 같이 구차한 변명을 해야만 했다. "수술 받은 모든 사람이 전보다 더 행복해졌을 가능성은 있지만, 이는 그 자신뿐만 아니라 사회로서도 더 큰 것을 희생한 대가이다……."

"환자는 더 성급해지고, 쉽사리 짜증내고, 자극을 받으면 감정폭발을 하고, 때로는 자신이 한 행동의 결과를 생각하지 않고 일을 저질렀다. 개인적 욕구를 명령조로 요구하기도 했다."[156] 저자들이 기록하지 않은 것은, 뇌의 전두엽 기능이 상실되면서 환자의 자아도 상실되었다는 것이고, 이는 프리먼의 반대자들이 두 단어로 표현한 "탈전두엽 치매 defrontalized dementia"✛라는 것이었다.[157]

뇌엽절제술에는 두 가지 방식이 있었다. 모니즈는 전前전두엽 백질절제술prefrontal leucotomy을 선호했는데, 이는 두개골 정수리에 구멍을 뚫어 그곳으로 채찍 모양의 백질절단기를 넣어 뇌 양 전두엽의 난원상卵圓像

✛ 뇌의 고위기능을 담당하는 전두엽 전방부의 기능상실로 치매에 빠진 상태를 말한다.

중심부에 있는 백질을 절단하는 방식이었다. 절단기를 앞뒤로 휘저으면 절단기 칼날이 신경섬유다발을 잘랐다. 프리먼이 1946년 이후 선전하고 다닌 횡안와 뇌엽절제술은 안구의 천정궁을 통해 절단했다.

1952년 2월 아침, 밀리지빌 주립병원의 닥터 해처가 심리학자 피터 크랜포드에게 횡안와 뇌엽절제술 과정에 대해 설명하는 것을 예로 들어 보자.

닥터 해처: "피터, 오늘 아침 내가 횡안와 뇌엽절제술을 하는데 와서 보지 그래."
크랜포드: "내가 그걸 보면, (미쳐 버릴테니까) 다음 수술 환자는 내가 될 걸요."
닥터 해처: "별거 아니네. 얼음송곳 같은 걸 이렇게 들고 안구 바로 위 뼈를 통해 탁탁 쳐서 뇌로 밀어넣은 다음 한번 휘이 저으면서 뇌섬유를 잘라내는 거야. 그걸로 끝이야. 환자는 아무런 고통도 느끼지 않지."
크랜포드: "선생님도 아무것도 못 느끼겠지요. 아침 먹으러 가려던 참이었는데, (못 먹을 것 같아) 마음을 바꿨어요."
닥터 해처: "(웃으며) 자네 정신을 바꿔도 좋겠지. 그렇지만 내가 (사람들) 정신을 바꾸는 식으로는 못 바꾸겠지."[158]

1950년대에 미국 수용소 정신의학계는 밀리지빌의 상황과 같았다. 1940년부터 1944년 사이에 미국에서 시행된 뇌절제술은 684건에 그쳤지만, 프리먼과 와츠의 선전으로 1940년대 말 그 숫자는 급증하기 시작한다. 1949년에는 극에 달해 5074건의 수술이 이루어졌다. 역사학자 제럴드 그롭에 의하면, "1936년 뇌절제술이 도입된 이후부터 1951년까지 18,608명 이상이 정신외과술을 받았다."[159] 이 수술은 미국 내 공립 정신병원의 절반 이상에서 시행되었으나, 보스턴 정신병리 병원과 같은 고급 병원은 뇌절제술로부터는 안전지역이었다.

이 수술법은 1950년대 초 갑자기 나타났듯이 정신의학의 역사에서 홀연히 사라져 버렸다. 그러나 이 사건은 의학의 오만함을 보여 주는 사건이라는 점에서 아직껏 역사적 연구의 대상으로 남아 있다. 영국에서는 1950년대 중반 새로운 항정신증 약물이 개발되기 훨씬 이전부터 뇌엽절제술이 감소해 왔다.[160] 그러나 영국과 미국 어디에서건 이 수술이 사라진 데에는 1954년의 새 약물 개발이 의심할 바 없이 큰 기여를 했음은 물론이다.[161] 1930년대의 다른 여타 물리적 치료법도 새 약물 앞에서는 모두 사라져갔다.

되돌아보면, 윤리적 측면에서 전두엽절제술은 변호받을 여지가 전혀 없다. 그러나 그 어떤 물리적 치료로도 다가갈 수 없었던 안절부절못하는 환자에게 어느 정도 도움은 주었을 것이다. 1987년 어느 정신과 의사가 고백하기를, "(수술 대상을 엄밀하게 선별하여 검사한 후) 12명 내지는 15명 정도의 환자에게 개인적으로 전전두엽절제술을 했는데, 이들 중 시설에 6~10년 동안 수용되어 있으면서 통제되지 않던 환자들 일부에서는 만족할 만한 결과가 나타났다. 극적으로 행동에 변화가 온 환자도 있었고, 몇몇에서는 장기간 그 효과가 지속되기도 했다. 환자들 입장에서도 수용소 뒤쪽에 내내 묶여 있는 것보다는 수술받는 편이 훨씬 나았을 수도 있다."[162] 추적조사에 의하면 정신외과술을 받은 모든 환자 중 3분의 1은 병원에서 퇴원해 집에서 생활하고 있었다고 한다.[163] 그럼에도 이들 중 많은 사람들이 조만간 저절로 나을 사람들이었을 것이다. 그렇다면 한편으로는 뇌와 영혼에 돌이킬 수 없는 손상을 받았다는 사실과 다른 한편으로는 몇 개월 혹은 몇 년 동안 더 수용소에서 지내야 했을 시간을 비교, 그 가치를 저울질해 보아야 할 것이다. 한 의과 대학생은 이렇게 결론을 지었다. "소위 정신병이라는 것이 기질성 뇌질환이라고 할 만큼 모두 다 중증은 아니다."[164] 그렇다. 뇌엽절제술은 수용소 가장 깊은 곳에 있는 가장 낫기 어렵고 또 치료하기 어려운 환자에게 했어야 했다. 그리하여 다른 어떤 물리적 치료법보다도 이 수술은 정신과 의사들에게 어두운 불안을 드리우고 있었고, 그리하여 새 약물이 등장하자마자 제일 먼저 폐기했던 것이다.

사회 정신의학, 지역사회 정신의학

그동안의 물리적 치료법은 보호관리 위주의 수용소 대對 정신분석의 대립에서 오는 딜레마를 해결하기 위해 대안을 찾던 중 발견한 것들이었다. 그러나 여기에 아직 남아 있는 한 가지 대안이 더 있었으니, 그것은 몸을 다루는 물리적 접근방식보다는 환경을 조성하여 치료 효과를 보려는 시도였다. 사회 정신의학과 지역사회 정신의학은 질병이 환자의 유전자에 숨어 있는 것도 아니고 어린 시절의 경험에서 기인한 것도 아니며, 단지 주변 환경 때문에 생긴다고 주장한다. 그러므로 정신질환은 치유적 공동체 환경에서 가장 잘 나을 수 있다고 설명한다. 이 주제는 영국에 관한 이야기가 되겠다.

정신의학 역사상 나라마다 자신의 뚜렷한 족적을 남겨 왔다. 독일은 1차 생물정신의학의 기반을 마련했고, 프랑스는 치료적 수용소를 열었다. 미국은 정신분석을 한껏 꽃피우게 했고, 나중에는 2차 생물정신의학 시대를 열었다. 영국이 전 세계에 내놓을 만한 것은, 정신질환의 기저에는 인간관계의 폐해가 깔려 있다는 이론이었다. 만일 정신병과 신경증이 잘못된 인간관계에서 비롯된 것이라면, 건강한 인간관계를 회복하도록 하는 것이 치료가 될 것이다. 치료 원칙은 집단치료의 형태여야 했다.

정신질환에 통합적 접근방식을 취한다는 사회의학 또는 지역사회 정신의학에 관한 이야기는 마치 레고나 팅커토이 조각 같은 것이어서, 다양한 구성요소들 혹은 조각들이 정신의학의 지평선에 오랫동안 펼쳐져 있기만 했었다. 오직 영국에서만 제2차 세계대전 전후로 이 조각들을 모아 단일한 체계를 만들게 된 것이다.

그 조각들 중 하나가 개방형 수용소였다. 개방형 수용소라는 개념은 환자가 자발적으로 입원하고 자기 뜻대로 퇴원한다는 것인데, 이는 정신병 환자가 낙인찍히지 않고, 또 신경증 환자가 정신과 의사에게 쉽게 찾아오게 하기 위해서는 필수적인 것이었다. 독일은 전통적으로 이런 식의 기관을 개원가에 가지고 있었는데, 1861년 헬름슈테트에 설립된 오토 밀러 신경증 클리닉(1865년 하르츠 산맥의 경치 좋은 블랑켄베르크로 이전했다)을 필두로 생기기 시작한 것이다. 개인 수용소로 말하자면, 1866년 아돌프 알브레히트 에를렌마이어가 벤도르프-온-라인에 개인 수용소를 세우고 개방병동을 따로 두어 환자가 비교적 자유롭게 입원하고 퇴원하게 한 바가 있다.[165]

다른 조각 중 하나는, 환자를 퇴원시켜 일종의 가족형 돌봄 공동체로 보내는 제도가 있다. 이때 가족은 반드시 혈연가족일 필요는 없었다. 이런 방식은 그 유명한 길에 있던 벨기에 "광인 거류지"[+]에서 이미 오래전부터 실천해 오고 있었고, 이 사례가 몇 군데에 영향을 준 것으로 보인다. 스코틀랜드 수용소는 가족에 의한 돌봄 원칙으로 잘 알려져 있다.[166] 독일은 19세기 중반, 농장을 운영하는 가정집에 정신과 환자들을 기숙생으로 보내어 운영비를 조금이라도 아끼려고 했다. 1867년부터는 벤도르

[+] 네덜란드의 도시 길에 있던 치료공동체. 일명 "colony for the insane". 13세기부터 길 시(市)의 세인트 딤프나 교회를 중심으로 정신병자를 지역사회 공동체에서 자유롭게 살게 하면서 돌보던 전통이 이어져 탈기관화의 이상적 모델로 꼽힌다. 성녀 딤프나는 정신병자의 수호성인으로 알려져 있다.

프에 있는 개인 수용소 소장인 카스파 막스 브로지우스가 부자 환자들을
자신의 감독 아래 개인 집에 거주하게 해서(수용소에 입원한 경력이 있다
는) 오명도 피하고 형식상의 절차도 피하게 해주었다.[167] 후에 페르디난
드 바렌도르프도 하노버 근처 일텐에 있는 사립 수용소에서 이런 식으로
좀더 많은 환자를 체계적으로 관리하였다.[168] "가족돌봄" 제도는 18세기
말 중앙유럽의 모든 사립 및 공립 수용소에서 보편화되어 있었다.

수용소에서 정신과 외래를 운영하기 시작하자 정신병원도 주변 지역
사회와 연결되기 시작했다. 1920년대 중반이 되자 중앙유럽에 있는 대
형 정신병원은 대부분 외래를 두게 되었다. 샤르코는 파리 살페트리에르
에 외래 클리닉을 설립했다. 매사추세츠에도 외래 클리닉이 33군데 생겼
고, 뉴욕에는 25개, 펜실베이니아에는 9개가 생겼다.[169] 종합병원에 정신
과 외래를 둔다는 것은 지역사회로 한 걸음 더 다가감을 의미했다. 독일
에서는 1825년 처음으로 로스톡에 정신과 외래가 생긴 바 있다.[170] 정신
의학의 발전 상황을 전반적으로 살펴보면, 폐쇄된 수용소와 지역사회의
장벽을 허물어 내던 변화는 이미 1930년 이전에 시작되었던 것이다.
1933년 이후 독일 정신의학이 무너지면서 이런 선도적 변화의 발자취는
역사서에서 지워져 버린다. 그리하여 1930년대와 1950년대 사이 두 세
기 동안, 국제적 느림보였던 영국은 국제적 리더로 도약하게 되었다.

이런 변화가 일어난 이유는, 명백하지는 않지만 사회 저변에서 싹튼
민주주의와 사회참여 동기가 강한 엘리트층의 운동과 합쳐지면서 일어
난 것으로 설명될 수 있다. (누군가는 블룸스베리 그룹Bloomsbury group[+]이
어떻게 정신분석에 빠지게 되었는지 회상한다.) 변화의 방향은 1930년 정신
병자에 관한 법령Lunacy Act이 통과되면서 결정되었다. "광인"을 위험한
짐승으로 간주하여 광인의 집에 가둬 봉하도록 했던 1890년의 정신병자
법령과는 정반대로, 1930년의 법령은 수용소의 문을 사회로 향해 활짝

열어 놓게 한 것이다.[171] 새 법률은 수용소 개방 정책을 입법화한 것으로 병원과 병실의 자물쇠를 없애고 "가假 퇴원" 제도를 도입하여 환자들이 맥주 한 잔 마시러 거리로 나가는 것을 허락했다. (다른 세 가지 종류의 가퇴원 제도가 더 있었는데, 이 제도는 환자를 집단 탈주시키기보다는 도리어 안정시키는 역할을 했다.[172]) 개방정책을 처음으로 도입한 사람은 "친절하고 선한 웨일즈 사람"++ 퍼시 리스이다. 그는 1935년 월링햄 파크 병원의 감독관으로서 병원 대문을 항상 개방해놓도록 지시했다. 병원 내 병동의 문도 모두 잠그지 않았는데, 의사들을 경악케 했던 것은 "자살 가능성이 큰" 환자 병동도 여기에 포함시킨 것이었다.[173]

그러나 영국에서 사회·지역사회 정신의학이 생기게 된 결정적 계기가 된 것은 1930년 법령이 아니라 사실은 제2차 세계대전이었다. 1938년 나치의 오스트리아 침공으로 인해 의사이자 정신치료사인 37세의 유태인 조슈아 비어러는 빈을 도망쳐 나와 런던으로 오게 된다. 비어러는 알프레드 아들러 밑에서 수학한 바 있으며, 빈에 있던 스타인호프 정신병원과 개업가에서 풍부한 정신치료 경험을 가지고 있었다. 런던 근처 런웰 병원은 최신식 시설을 갖춘 "빌라"식 병원이었는데, 1938년 이 병원에 직위를 얻자마자 비어러는 정신치료 프로그램을 시작했다. 그때 당시의 영국 병원으로서는 꽤 이례적인 것이었고, 전임 정신치료사는 몇명 되지도 않을 때였다. 비어러는 환자들에게 꿈과 어린 시절의 회상과 기억에 관해 물었다.[174]

그러나 전쟁전 정신의학이라는 맥락에서 볼때 특별하다고 생각되는

✛ 런던 중심부에 위치한 블룸스베리는 예술, 학문, 의료의 핵심기관들이 몰려 있어 문화와 과학의 핵심 세력인 엘리트 집단을 비유하는 단어로 쓰인다.

✛✛ 퍼시 리스는 젊은 의사들의 과감한 아이디어에도 귀를 기울이고 기회를 제공했으며, 예술치료, 그림치료 등을 정신병원에 도입한 것으로 유명하다. 그러나 지나친 개방정책은 사고 가능성을 열어 놓았다는 점에서 직원들을 노상 긴장하게 했다고 한다. 중층적 의미에서 리스를 일컫는 말이다.

것은 바로 그룹 정신치료였다. 1939년 비어러는 런웰의 입원 환자들로 구성된 정신치료 그룹을 기획하고, 런던에 있는 두 군데 공립 종합병원의 외래 환자를 위한 치료 그룹도 조직했다. 1942년에는 런던의 역사적 교육병원인 가이스 앤 세인트 바르톨로메오 병원⁺에까지 그룹치료의 범위를 넓혔다.[175] 비어러는 개인 정신치료는 환자로 하여금 분석가에게 의존하게 만들어 자신의 문제를 지연시킨다고 생각했다. 반면 그룹 정신치료는 환자를 "독립적이고 적극적이며 자기 스스로 결정하도록 만들며, 동시에 병에 관한 통찰력을 얻고 완치로 나아갈 수 있게 한다고 믿었다.[176] 이것이 영국에서 발생한 첫 그룹 정신치료로서 아마도 유럽 대륙에서도 처음이었을 것이다.

그렇다면 어떻게 처음으로 이 그룹을 조직하게 되었을까? "1939년 12월 8일, 신경증 환자와 정신증 환자 35명이 런웰 병원 안에 있는 병동 '서니사이드 하우스'에서 만나 사교적 클럽을 만들었다. 이 모임의 회장은 환자가 맡았다." 치료적 그룹, 혹은 곧 치료공동체라 불리게 될 이 모임은 환자에 의해 운영되는 것이지 병원 스태프에 의해 지시받는 것은 아니었다. 이 사회적 클럽 모임에 스태프 한 명이 참석하기는 하지만, 그 외에는 "철저하게 자율적으로 운영되고" 환자가 관리자를 임명하며 잡지를 출간하고, 일주일에 3회 모이는 것으로 운영되었다. 여기에서 일어났던 전형적인 토론주제의 예는 이러했다. "왜 우리는 남들이 몰락하는 것을 보고 즐거워하는가?"[177] "모임의 규율은 클럽 회원들의 재량에 달려 있다"고 비어러는 말했다. 따라서 비어러는 그룹 정신치료 모임이 결성되도록 촉진했을 뿐만 아니라 그 모임이 환자에 의해 운영되어야 한다는 원칙을 세운 사람이다. 그는 이 방법을 "공동체 치료community treatment"라고 불렀다.[178]

이제 장면을 비어러에서 런던 북쪽 외곽으로 돌려보자. 전쟁 발발 직후 보건부는 전에 공립학교 자리였던 곳에 전쟁공포증을 가진 시민과 군인을 치료하기 위한 정신의학 센터인 밀 힐 응급정신병원을 설립했다. 모즐리 병원의 의사들이 이곳의 스태프로 파견되었고, 이곳 병동에는 전쟁피로증후군effort syndrome++ 병동도 포함되어 있었다. 전쟁피로증후군은 심한 운동 후의 숨 차는 증상으로 나타나는데, 일명 '군인의 심장solder's heart'이라고 불렸다. 100개의 침상으로 이루어진 이 병동을 이끄는 사람들은 심장 전문의 한 명, 정신과 수련의 한 명, 맥스웰 존스, 그리고 젊은 스코틀랜드 의사로 남아프리카에서 태어나 에든버러 대학을 졸업하고 전쟁 발생시 모즐리에 있던 사람이 있었다. "치료공동체"라는 것이 실제로 싹을 틔운 곳은 존스 지휘 아래 있던 밀힐 병원인데, 이는 말 그대로 싹을 틔웠다고 표현할 수 있다. 전시 간호사 대부분은 권위주의적 구식 병동 간호사가 아니라, 전쟁을 완수하기 위해 간호 업무를 선택한 전문직 여성들이었다. 이들은 자유로운 의사소통에 익숙해 있어서 환자에게 지시하려 들지 않았고, 의사로부터 일방적인 지시를 받으려고도 하지 않았다. 존스의 말에 의하면 "14명의 병동 환자를 맡고 있던 한 간호사는 병동일지를 작성하면서, 환자 집단에 영향을 주는 문제와 그 문제가 토론을 통해 어떻게 해결되었는지를 기록했다." 이렇게 중류층 출신의 자원 간호사와 함께 환자들 사이에 일종의 역동적 관계가 자리잡기 시작했던 것이다.

이런 상황에서 의사들은 환자를 한 자리에 모아 놓고는 환자들의 실제 병은 일종의 히스테리아라고 정중하게 설명해 주었다. 처음에는 이런

✢ 저자가 가이스 앤 세인트 토마스Guy's & St.Thomas 병원을 잘못 표기한 것 같다. 1721년 토머스 가이 경에 의해 설립된 병원으로 영국 NHS 내 가장 오래된 교육병원이다.
✢✢ 일명 '다코스타Dacosta 증후군' 등으로 불리며 위협적 전쟁 상황에서 불안에 의해 야기되는 다양한 정신신체 증상을 나타내며 불안에 의한 자율신경계 반응으로 본다.

집단 활동이 특별히 치료적 효과를 보이는 것 같지 않았다. 단지 일방적으로 강론를 하는 것이 아니라 좀더 효율적인 방식으로 환자에게 정보를 전달하는 정도였다. 그러나 "효과는 머지않아 드러나기 시작했다. 토론 그룹은 단지 교육적 모임에 그친 것이 아니고, 병동 전체의 인간관계와 사회적 구조에 영향을 미치게 되었다." 환자들은 병동 생활에서 일어나는 문제점을 논의하기 시작했다. 집단의 분위기는 때로 엉뚱한 방향으로 흘러가기도 했다. 그 모임에 참석했던 간호사들은 이와 같은 변화가 다른 병동에서도 일어나고 있다고 보고했다. 밀힐에 있던 의사와 간호사들은 이런 변화가 무엇을 의미하는지 곰곰이 생각했다. 이들은 상황을 시험해 보기 위해 일부러 그룹 안에 문제를 제기하기도 하고, 환자들 앞에서 간호사들이 작은 연극을 연출하기도 했다. 예를 들면 "'정상적' 아버지와 히스테리성 어머니를 둔 가정에 세 딸이 있는데, 각기 분열증적, 사이코패스적, 히스테리성 성격의 딸이 있는 가상의 가정을 연출하는 것이었다. 환자들은 이런 드라마적 접근법에 지대한 관심을 나타냈고 그다음 토론의 참여도는 껑충 뛰어올랐다." 1944년 1월이 되자 환자들이 직접 사이코드라마에 참여하기 시작했는데, 이들은 당시에는 수용소에서 사이코드라마를 처음 시작한 제이콥 모레노[+]에 대해 알지 못했기 때문에 이 단어를 쓰지는 않았다.[179] 그러므로 1944년에 존스는 그룹 내에서 자발적으로 일어나는 상호 작용의 치료적 가능성에 관해 이리저리 생각하며 즐거워하고 있었던 것이다. 당시 그는 '그룹 정신치료'라는 용어는 사용하지 않았다.

1945년 초에 이 치료공동체는 더 많은 수의 환자를 대상으로 현지 실

[+] 오스트리아 출신의 미국 정신과 의사로 사이코드라마의 창시자이자 그룹 정신치료의 선구적 리더였다. 프로이트 이론에 근거하여 인간관계 이론을 다양한 형식의 요법으로 실행했다.

험을 하게 된다. 전쟁피로증후군을 안고 귀환한 전쟁포로들을 치료하던 켄트 주 다트포드에 있는 서던 병원의 한 병동이 밀힐 사람들에게 맡겨진 것이다. 6명의 정신과 의사, 50명의 간호사, 그리고 밀힐에서 온 스태프들이 300병상의 환자에게 그룹치료를 적용하게 되었다. 환자들은 교외통근용 그린라인 버스 3대로 병원에서 출퇴근하며 낮 동안에는 다트포드에서 일을 하도록 했다. 존스의 설명에 의하면, "이들은 각각 50개의 침대가 놓인 6채의 오두막에서 지냈다. 각 집단마다 우리가 밀힐에서 했던 그대로 매일 공동체 모임을 가졌다." 이렇듯 지적인 분위기에서 환자들은 아내와 다시 성생활을 시작하는 데 대한 두려움, 자신들이 전쟁에 나가 있을 때 태어난 아이들에 관한 걱정, 남편으로서 자격이 없는 것은 아닌지 걱정하는 마음 등을 토론했다.[180]

"다트포드는 치료공동체에 관해 상당한 관심을 불러일으켰다"고 존스는 말했다. 1947년 4월, 정부 각 부서로부터의 자금 후원 아래 전 세계에서 가장 유명한 치료공동체가 탄생하게 된다. 런던 주 평의회 건물의 한쪽 낡은 건물에서 이제는 벨몬트 병원이라는 새 이름을 달고 "장기간 미취업 상태인 신경증 환자"의 문제를 연구하기 위한 100병상 규모의 환자 집단을 맡게 된 것이다. (전쟁 동안 밀힐에 근무하던 모즐리 병원 의사들은 벨몬트에 신경증 센터를 설립했는데, 이는 심리치료보다는 물리적 치료에 더 치중하는 곳이었다.[181]) 존스의 새 병동은 근면한 신경증 병동Industrious Neurosis Unit이라 불렸다. 그와 간호사들이 발전시켜 온 모든 아이디어가 이 팀에 투입되었다. 환자들의 일정은 그룹 활동으로 채워졌다.

월요일: 병동 회의. "환자가 불평을 발표하거나 혹은 건설적인 제의를 한다."
화요일: 계몽적 영화
수요일-목요일: 병동 스태프가 그룹 토론을 이끈다.

금요일: 사이코드라마. 환자들은 10시부터 12시까지, 그리고 2시부터 4시까지 직업치료를 받는다. 금요일 저녁 일찍 밖으로 나가서 오후 7시가 되면 환자가 조직한 사회 프로그램을 한다. "모든 환자들의 요구를 충족시키지 못했을 경우 그룹 토론에 부쳐졌다."[182]

근면한 신경증 병동은 1954년 사회재활 병동으로, 나중에는 헨더슨 병원(이 개혁운동에 많은 영향을 준 스코틀랜드 정신과 의사 데이비드 헨더슨의 이름을 딴 것이다)이 되어 사회정신의학 및 지역사회 정신의학의 최고最古의 중심지가 되었다.

치료적 공동체는 한쪽 극단인 정신분석과 다른쪽 극단인 수용소 보호 관리주의 사이에서 균형을 취하려고자 했던 대안으로 나타난 것이었다. 근면한 신경증 병동은 물리적 방식의 대안도 아니었고, 또 정신증 환자는 입원시키지 않는다는 원칙도 있었지만, 때로는 정신증 환자를 받기도 했다. 존스와 스태프들은 정규적으로 인슐린 혼수요법을 시행했었다. 면담을 위해 바르비투르산의 일종인 아미탈을 사용했고, 또 가끔은 원칙에 근거하여 뇌엽절제술을 하기도 했다.[183]

애기를 너무 서두르지 말자. 치료공동체는 전쟁 동안 널리 알려졌다. 노섬브리아에 있던 수용소의 전前 부감독관이었던 토머스 메인이 버밍햄 근처 노스필드 군 병원에 이런 병동을 만들고 스태프들은 물론 스태프와 환자간의 친밀한 정서관계를 강조했다. 이것은 "제2차 노스필드 실험"으로 불리는데, 메인은 자신이 "치료공동체"라는 용어를 처음으로 사용했다고 주장했다.[184] 메인의 말에 의하면 "노스필드는 모든 스태프와 환자가 자발적으로 참여하는 정서적 관계로 이루어진 (의학적으로 지시하는 관계가 아니라) 치료적 환경이다."[185] "진심이 병동 운영의 기반이다."[186] 메인의 말은 정신분석에서 쓰이는 특수 용어들로 가득 차 있었지만, 다른

한편에서는 바르비투르산 수면과 ECT도 사용했다는 것은 흥미로운 일이다.[187]

이런 진보적 견해가 꽉꽉한 군 병원 행정당국에 급속하게 퍼져 나간 이유는 존스 등보다 훨씬 상부로부터의 막강한 후원이 있었기 때문이었다. 메인은 런던 중심부 태비스톡 클리닉 출신 정신과 의사 집단인 소위 "태비 군단Tavi brigadiers"✛이라 불리는 집단의 일원으로 군 정신의학의 통솔을 맡은 사람이었다. 태비스톡 클리닉은 1920년 휴 크라이튼-밀러와 존 로울링 리스에 의해 설립된 곳으로, 신경성 환자를 위해 준準 정신분석 위주로 외래 진료를 하던 곳이었다. 1933년 리스가 그곳의 의무원장이 되었다. 1939년 전쟁이 발발하자 리스는 군軍 정신의학의 수장이 된다. 그는 연구와 훈련을 위한 군 센터에 정신분석적 사고방식을 가진 젊고 똑똑한 정신과 의사들을 불러모았는데, 그중 한 사람이 바로 메인이었다. 존 보울비도 있었는데, 그는 나중에 애착이론으로 주목을 받게 된다. 1942년에 이미 리스는 "사회정신의학social psychiatry"이라는 용어를 사용했고, 그 개념은 에스퀴롤 때부터 사용하고 있었지만 세상의 평판을 얻게 된 것은 이 시점부터였다. 전쟁 초기부터 태비스톡에서는 사회적 주제를 대상으로 많은 세미나가 열렸다.[188]

이제 치료공동체는 근거지가 필요해졌다. 치료공동체의 원리는 환자에게 권한을 주는 것, 정상적으로 생활하도록 해주는 것, 그리고 병을 일으킨 나쁜 인간관계에서 벗어나 지역사회와의 관계를 개선하는 것이었다.[189] 그러므로 수용소는 치료공동체의 핵심인 그룹 정신치료에 적당한 곳은 아니었다. 그렇다면 이들은 어디에 근거지를 두어야 했을까? 바로

✛ 영국 국립보건의료제도(NHS) 내에 존재하는 핵심 정신분석 집단으로 불리고 있으며, 이에 속하는 대표적인 사람으로는 반정신의학의 기수 중 하나인 R. D. 랭이 있다.

여기에서 낮 병원이라는 개념이 탄생하게 되는데, 이는 정신병원, 종합병원 혹은 심지어 개인병원과 연결된 일종의 외래 부서로서, 환자가 그룹치료, 상담, 작업치료 등의 의료서비스를 받을 수 있도록 통합적 치료를 위한 공간이어야 했다. 처음으로 낮 병원을 만든 사람은 유안 캐머런으로서, 그는 1946년 정신의학사상 처음으로 '낮 병원day hospital' 이라는 용어를 도입하고 몬트리올에 있는 앨런 메모리얼 연구소에 낮 병원을 만들었다.[190] 그러나 당시 조슈아 비어러는 캐머런이 이미 만들었다는 사실을 모른 채, 1948년 영국에서는 처음으로 낮 병원을 만들었다.

비어러 낮 병원의 모체가 된 것은 원래 런던 외곽 햄스테드에 있던 두 개의 건물로, 전쟁으로 폐허가 된 자리에 1946년 비어러가 사회정신의학 센터를 열었다. 그는 동료들과 함께 토론하면서, 사이코드라마, 그룹 정신치료, ECT, 인슐린 혼수요법 및 영국내 진보적 정신의학계에서 이룩해 놓은 혁신적 기술과 환자의 사교클럽을 병합하여 운영할 낮 병원의 가능성을 타진하고 있었다. 그다음 12개월 동안 병원 운영측, 개업 정신과 의사들, 그리고 가정의들로부터 이를 지지하는 많은 의견이 쏟아져 나왔다. 1948년 8명의 파트타임 정신과 의사, 2명의 전임 정신과 의사, 파트타임 심리학자 1명, 1명의 정신과 사회사업가, 1명의 작업치료사, 1명의 사회치료사, 그리고 몇몇의 스태프로 이루어진 팀을 운영할 자금을 마련했다.[191] 엄청난 자원이 확보될 수 있었다는 것은 "사회 정신의학·지역사회 정신의학"이 모토로 등장할 만한 사회에서나 있음직한 일로, 이는 영국 정신의학 황금기의 정점을 나타내는 것이었다.

낮 병원은 수용소 관리를 대신할 수 있는 인간적이고도 값싼 대안으로 떠올랐다. 다른 낮 병원이 1951년 브리스틀에, 1953년 모즐리에 계속 생겨났다. 1959년이 되자 영국 내에 38개 이상의 낮 병원이 존재하게 되었다.[192] 이 운동은 비어러의 철학인 "치료는 환자가 처해 있는 전반적 사회적 환경과 환자가 맺고 있는 모든 사회적 관계를 포함하는 것이어야 한다. 환자는 인간으로서 그리고 지역사회의 일부로서 대우받아야 한다"는 것을 반영하고 있다.[193]

지금 돌이켜보면, 낮 병원 운동의 의의는 주요정신질환의 치료 장소를 수용소에서부터 지역사회로 옮기려 한 최초의 시도였다는 점이다. 항상 나중에 돌이켜 보는 역사학자라는 유리한 입장에서 보면, 이 정책은 순진하기 그지없는 것이었지만, 전쟁 직후의 영국 상황에서, 존스의 치료공동체와 비어러의 사회 및 지역사회 정신의학은 가슴 설레는 희망을 보여 준 것이었다. 한편으로는 비관적이기만 한 신경생물학적 방식에 대항하는 대안이자, 다른 한편에서는 정신분석의 비전적秘傳的 의식의 대안으로 다가왔던 것이다.

미국은 이에 관심도 없었다. 미국도 비록 사회 정신의학이라는 용어를 사용하기는 했지만, 이 용어는 정신의학의 역학疫學이나 정신병원 내 인간관계 연구의 의미로 쓰였고 영국에서와 같이 그룹 정신치료가 핵심인 사회 정신의학은 아니었다.

제1차 세계대전 전후로 미국 정신의학은 강력한 사회 운동과 맞닥뜨리게 되었는데, 그것은 수용소라는 막다른 골목에 처한 상황을 타파하고 환자와 정신질환을 사회적 입장에서 해석하려 했던 운동이었다. "사회 정신의학"이라는 용어를 처음 사용한 사람은 1917년 엘머 서다드로서, 보스턴 정신병리병원의 과장이었던 그는 정신의학의 사회 기여와 사회 심리학을 이해하고 있었다.[194] 1920년대 초 미국 정신의학협회 연례 총회에서 두 명의 전 협회장을 포함하는 일련의 연사들이 했던 감동적 연설의 내용은, 이제 수용소는 사회로 손을 뻗어야 하고 지역사회 예방운동을 통해 정신질환을 미리 막아야 한다는 것이었다.[195] 이런 식의 수사修辭는 정신과가 이미 수용소 보호관리주의를 벗어날 준비가 되어 있음을 뜻

하는 것이며(120~122쪽을 보라), 또한 의학의 본류로 돌아가고자 함을
의미했다. 또한 이는 1920년대 의학이란 사회과학의 한 부분이라고 보
고 "전인全人" 의료에 관심을 쏟던 미국 "사회의학" 원칙과도 적합했
다.[196] 그러나 이들 중 어느 것도 그룹 정신치료나 지역사회 관리와는 무
관했다.

미국에서 그룹 정신치료가 최초로 싹튼 시기는 1934년으로서, 뉴욕
벨뷰에 있던 파울 쉴더가 정신과 외래에서 2~7명의 환자를 함께 모아
일주일에 한두 번 집단면담을 하면서 시작되었다. 쉴더는 말하기를, "그
룹 정신치료에서는 몇 명의 환자가 모여 한 의사를 만나고, 이때 환자들
은 저마다 다른 환자들의 문제도 알게 된다." 심한 증상을 가진 사람도
꽤 많았던 이들 환자들은 남들의 말을 들으며 자신만 특별히 문제를 가
진 것이 아니라는 것을 알고 안도하곤 했다. "한 예를 들자면, 어느 날 한
환자가 자기 누이동생을 성폭행하려 했던 것을 기억해 내었다. 그런데
그룹 안에 있던 많은 사람들이 자신들도 유사한 충동을 경험했다고 회상
했고, 따라서 그런 사건의 올바른 평가가 가능해졌다."[197] 쉴더는 창의성
이 풍부했으나 곧 교통사고로 사망했다. 군대가 그룹 정신치료의 뒤를
받쳐 주던 영국과 달리 미국의 그룹 정신치료는 출범조차 하지 못했다.
미국의 경우 제2차 세계대전 동안 정신분석이 군 정신의학을 장악하고
있었고, 환자의 사교 클럽 대신에 프로이트의 교리가 전성기의 권력을
누리고 있었던 것이다.

1950년 코넬 의과대학의 토머스 레니에 의해 위탁된 '미드타운 맨해
튼 연구'와 같은, 인구집단의 정신건강을 대상으로 하는 대규모 조사들
이 이루어졌다는 점에서 미국에서 사회정신의학이라는 용어는 1950년
대와 1960년대에 번성하기 시작했다고 볼 수 있다.[198] 미국에서 "치료공
동체"라는 말은 개방정책을 따르는 정신병원을 의미했으므로 영국식 스

타일이 상당히 와전되었던 것이다. 그리고 사회정신의학의 미국식 정의는 환자의 삶에 영향을 미치는 모든 요소를 포괄하는 광범위한 의미로 쓰여서, 환자의 어린 시절, 친구관계, 사회계급, 빈곤 등이 다 포함되어 있었다. 이들 요소들이 미국 정신의학으로 하여금 사회적 운동으로서의 특성을 가지게는 해주었지만, 영국에서 말하는 그룹 정신치료, 낮 병원 그리고 환자 자율성 등과는 공통성이 적었다.

후에 미국에서도 치료공동체가 꽃을 피우게 된다. "치료공동체라는 인식표가 없으면 어떤 병원도 진보적이라는 평가를 받을 수 없었다"라고 1970년대 한 관찰자는 기록했다.[199] 그러나 이 실험적 운동도 의사와 환자 사이의 일대일 관계를 강조하는 정신분석 사상에 의해 흔히 변형되곤 했다. 미국에서 치료공동체를 만들려고 할 때면 영국의 방식을 서투르게 모방하곤 했다. 켄 키지의 소설《뻐꾸기 둥지 위로 날아간 새》(1962년)는 악몽과 같은 공동체의 모습을 그리고 있다.(448쪽을 보라) 미국에는 낮 병원이 오직 한 개가 있었으니, 메닝거 클리닉이 그것이었다.[200]

미국식 "지역사회 정신의학"은 비극으로 끝나고 말았고, 수용소에 있던 무능한 환자들을 대거 사회로 내보내 세상의 거친 풍파에 내던져지게 했던 것이다(455~457쪽을 보라). 영국이나 유럽 내륙에서 환자에게 제공하던 낮 동안의 돌봄과 같은 것은 미국에서는 찾아볼 수 없었다. 존 F. 케네디 정부의 1963년 정신건강 법령은 이들 세대에게는 예외적인 것으로 보였을 것이다. 이 법령에 의해 만들어진 정신건강 센터는 지역사회로 하여금 정신병 환자를 돌보게 한 것이 아니라 중류층 신경증 환자에게 정신치료를 제공하는 장소가 되어 버렸던 것이다.[201] 미국에서 지역사회 정신의학은 과거에도 그러했고, 그리고 현재까지도 일종의 기괴한 농담으로 남아 있다.

정신의학의 역사를 총괄적으로 훑어 보면, 공동사회주의communitarianism⁺가 미국 진입에 실패한 것이 도리어 당시 분위기를 쇄신하는 데 도움이 되었음을 알 수 있다. 정신분석과 경쟁할 만한 양식 있는 학설의 부재가 생물정신의학으로 하여금 쉽사리 정신분석을 전복할 수 있게 해 주었던 것이다. 유럽의 경우를 보면, 지역사회 정신의학이 수세기 동안 생물학적 정신의학의 군림을 저지하고 있었다.[202] 그러나 곧 생물학적 현상과 사회적 관점이 반드시 양립될 수 없는 것만은 아니라고 보게 된다. 정신질환은 때로 스트레스에 의해 유발되어 모습을 드러내기 때문이다. 이를 인식하면서부터 사회정신의학은 정신분석보다 더 오랫동안 탄탄한 자리를 유지할 수 있었다.

반세기 동안 정신의학은 보호관리주의와 개인 정신분석 사이에서 덫에 걸려 꼼짝 못하고 있었다. 덫을 벗어나기 위한 대안을 찾던 중, 브로마이드 수면요법에서부터 ECT 그리고 사회적 모임에 이르기까지 일련의 요법들로 정신의학을 이리저리 땜질하며 겨우 지탱하게 해주었다. 이들 대안요법에는 충돌하는 패러다임도 없었고, 이론적 논쟁도 없었다. 의사가 하루는 사이코드라마를 지시하고 이튿날은 ECT를 시행하는 식이었다. 정신과 의사들은 일상의 진료에서 (가난한 환자에게) 수용소 관리를 할 것인지, (부자 환자에게) 정신분석을 할 것인지 선택해야 하는 갈등적 상황에서 극도로 절망에 빠져 있었던 것이다. 그러므로 반세기 동안 정신의학은 신경생물학적 패러다임이라는 한 극단과 다른 극단인 심인성 이론 사이에서 그 어떤 선택도 하지 못하고 우왕좌왕하고 있었다고 볼 수 있다. 1960년대 이후 이런 식의 실용적 절충주의는 더 이상 허용되지 않게 된다. 크레펠린이 매장해 버린 신경생물학적 패러다임이 드디

⁺ 개인주의에 반하여 시민사회의 중요성을 강조하는 복합적 철학을 바탕으로 개인의 권리와 공익 사이의 균형을 잡으려는 일종의 이념 운동이다.

어 무덤에서 일어나 포효하며 귀환한 것이다. 효과가 확실한 정신약물이 등장하고, 정신질환이란 단순히 인간관계의 문제에서만 비롯된 것이 아니고, 정신분열증을 만드는 어머니 따위의 이론보다 훨씬 더 깊숙이 생물학적 현상과 관련된다는 근거가 드러나게 된 것이다. 20세기 첫 반세기 동안 등장했던 대안요법들은 이차 생물정신의학의 도래와 함께 거의 대부분 치료법 목록에서 지워져 버렸다.

7

생물정신
의학의
부활

제2차 세계대전 이후 유전학과 약물학이라는 두 날개로 2세대 생물
정신의학은 비상하기 시작한다. 정신의학은 이제 뚜렷이 두 개의 진
영으로 나뉘게 된다. 정신분석을 필두로 정신질환의 후천적 원인을
주장하는 진영과, 유전적, 뇌화학적 요인 등 기질적 원인을 주장하는
진영, 그리고 그 사이의 절충적 시각이 혼재하는 과도기적 시기를
맞게 된다.

A HISTORY OF PSYCHIATRY

The Second Biological Psychiatry

생물정신의학은 1970년대 당시 지배적 패러다임이었던 정신분석을 밀어내고 정신의학을 의학의 본류에 다시 자리매김하면서 무대 중앙으로 등장했다. 정신병이란 뇌의 화학적 변화와 발달이상에 근거한 실질적 질병이라고 보았던 19세기의 1차 생물정신의학적 관점이 귀환한 것이다. 이는 정신분석과의 단절을 의미했는데, 즉 정신질환을 심인성으로 보고, 잘못된 양육 혹은 환경에서 오는 스트레스가 원인이며 성찰적 정신치료로 치유될 수 있다고 주장하던 정신분석과 결별한 것이다. 물론 정신치료가 생물학적 패러다임에서도 일부를 차지하지만, 그것은 단지 특정 형식에 구애되지 않는 의사-환자 사이의 본질적 관계를 의미하는 것이었지, 무의식적 갈등을 극복하기 위해 발레 안무 짜듯 정교하게 쌓아 올린 정신분석을 의미하는 것은 아니었다.

2차 생물정신의학이 정신과 임상에서 일상적으로 실용화되기 시작한 것은 1970년대 부터였지만, 1차 생물정신의학이 쇠퇴해 가던 시절에 이미 유전과 뇌의 발달 이상을 원인으로 보았던 관점, 약물 사용 원칙, 그리고 보조적 수단으로서의 정신치료라는 견해가 싹을 틔웠다. 1차 생물정신의학의 지적 직계 후손은 1917년 뮌헨에 설립된 독일 정신의학연구소로서, 이곳은 에밀 크레펠린이 1차 생물정신의학의 종말에 관해 저술한 곳이다. 비록 크레펠린은 원인론에 관해 논쟁적―그의 선배들이 유전과 뇌 생물학적 관점에 대해 말하면 눈썹을 치켜 올리곤 했다―이었다고는 하지만, 그럼에도 불구하고 그의 주위를 둘러싼 프란츠 니슬과 알로이스 알츠하이머 등은 정신질환의 병소는 뇌에 있다고 믿던 사람들이었다. 동료 연구가들 중에는 몇 명의 유전학자가 있었는데, 이들이 크레펠린 연구소에 정신질환 유전 연구실을 설립한 사람들이다. 독일 제3제국이라는 운 나쁜 상황에 처해 있던 이 실험실에서부터 이야기는 시작된다.

유전자의 등장

주요 정신질환의 신경학적 원인에 관한 근거 중 가장 확실히 드러난 것이 유전이다. 질병의 상당 부분은 유전과 상관없는 것인데, 예를 들면 자궁내 발달이상이나 환경의 영향 등이 그러하다. 그러나 생물정신의학에서 주장하는 것은 유전되는 본질적 부분이 최소한 모종의 역할을 한다는 것이다.

1차 생물정신의학은 이 역할을 유념하고 있었지만, 통계적으로 무지했고, 대조집단과 비교함으로서 균형있는 시각으로 보려 하기보다는 일화적 사례에 의존했다. 게다가 초기 생물학적 정신의학자들이 "퇴행"이라는 가치판단이 들어간 용어를 선택함으로 자신들의 성과를 질식시켜 버렸다는 역사적 평판 또한 부정적으로 작용했다. 이에 2차 생물정신의학의 선각자들은 양적 자료가 필요함을 인식하고, 정신분열증과 비교할 대조군으로 우울증 환자를 선택했다. 또한 자료를 수집할 때 가정환경의 영향을 배제해야 함도 알고 있었다. 정신분열증이 항상 유전적인 것만은 아니고, 아이들이 가정에서 정신병을 가진 친지의 행동을 보고 배워 정신분열증으로 발전할 가능성도 있기 때문이었다.

1차 생물정신의학자들이 통계의 중요성에 집착했다는 것은 사실이다. 리하르트 폰 크라프트-에빙이 아직 그라츠에 있을 때 19명의 정신병 여자 환자를 조사했는데, 그중 12명에게서 "신경정신병리성 가족력"을 발견했다.[1] 1913년 크레펠린은 하이델베르크의 환자 기록을 재조사하며 정신분열증 환자의 70%에게서 주요 정신질환의 가족력이 있음을 확인했다.[2] 에든버러 수용소 소장이었던 토머스 클라우스턴은 이를 더 체계적으로 조사했다. 모든 환자의 23%에게서 정신질환의 가족력이 있었던 반면, "사춘기 광증"(당시 정신분열증의 한 유형을 일컬음) 환자는 65%의 가족력을 가지고 있었다.[3] 클라우스턴은 이 통계 자료가 유전성을 포괄적으로 나타내는 것이라고 확신했다. "…… 개인은 …… 구조와 기능면에서 조상 및 후손과 기질적으로 하나라는 것을 항상 염두에 두어야 한다. 이들은 심지어 사슬처럼 연결된 것도 아니다. 사슬이라는 것은 각기 분리된 고리가 연결된 것이고, 고리들은 각기 다른 쇠로 주조된 것이다. 반면 인간이라는 것은 조상의 일부이고 또한 후손의 일부이다. 그래서 뿌리와 줄기가 나무를 이루듯 한 개인이 이루어진 것이다."[4]

19세기의 통계는 가정환경과 유전성을 동일시하는 경향이 있었다. 환경의 영향을 배제한 유전성을 확인하려면 쌍둥이 연구와 입양아 연구, 이 두 가지가 반드시 필요했다. 이를 위한 정교한 수준의 수학 기술은 1920년대까지는 가능하지 않았다.

하나의 수정란이 둘로 나누어진 일란성 쌍둥이는 동일한 유전자 배합을 가지고 있다. 한 영국 연구자의 말에 의하면, "이렇듯 동일한 유전자 조합은 유전자가 작동하는 범위 안에서 동일한 사람을 만드는 데 반해, 이란성 쌍둥이들의 유전자는 형제자매와 별반 다르지 않다. 만일 일란성 쌍둥이에게서 서로 다른 점이 발견된다면 그것은 환경에 의해 만들어진 것이다."[5] 그러나 일란성 쌍둥이의 질병 일치율이 높다면, 즉 쌍둥이 둘이 모두 질병에 걸릴 수 있는 경향이 크다면 유전성이 작용하는 것이다. 이란성 쌍둥이 사이에서 그 질병의 일치율이 낮다면 유전이 더 확실하게 작용함을 의미한다. 우리 시대의 연구 예를 하나 들면, 일란성 쌍둥이의 정신분열증 발병 일치도는 50%인 반면, 이란성 쌍둥이의 경우 15%에 지나지 않는다.[6] 이 사실은 정신분열증의 생물학적 본질을 입증하는 중요한 자료이다. 1875년 처음으로 쌍둥이 연구를 제안했던 프란시스 골턴은 쌍둥이 연구를 일컬어 "본성과 양육의 영향을 정확하게 저울로 달 수 있는" 기회라고 했다.[7]

1928년 뮌헨의 독일 정신의학연구소에 있던 바이에른 출신의 젊은 정신과 의사 한스 룩센부르거는 특정 지역에서 태어난 모든 쌍둥이에 관한 대규모 조사연구를 처음으로 시작했다. 그는 단지 호기심을 자극하기 위해 쌍둥이에게 초점을 맞춘 것이 아니라 쌍둥이에 관한 편견없는 일련의 자료를 모으려 애썼다. 쌍둥이 중 하나 혹은 둘 다 정신질환을 가진 대상을 찾기 위해 룩센부르거와 동료들은 바이에른에 있는 모든 정신병원에 요청하여 특정 일자에 입원하고 있는 환자의 목록을 확보했다. 그러고는 그 목록을 지역 목사와 사제에게 보내 이들 중 쌍둥이가 있는지 알아보았다. 사제들은 1만 6000명의 환자 중 211명이 쌍둥이 중 하나라고 지적했다. 그는 환자 기록을 다시 보고 입원한 이들을 면담하여 이중 106명을 정신분열증으로 진단했다. 입원하지 않은 나머지 쌍둥이가 정신분열증을 가질 확률은? 연구자들은 성년 이후까지 살고 있는 65명의 나머지 쌍둥이를 면담하고, 누가 일란성 쌍둥이이고 누가 형제인지를 우여곡절 끝에 알아낸 결과, 일란성 쌍둥이의 7.6%가 둘 다 환자였고, 이란성 쌍둥이에는 한 쌍도 없음을 알아냈다.[8] 그동안 주요정신질환의 원인이 기능성이라는 주장과 심인성이라는 주장도 있었지만, 이 연구 결과는 정신병이 기질적 토대를 가졌음을 증명하는 첫 근거자료가 된다. 독실한 가톨릭 신자인 룩센부르거는 나중에 나치 유전학자가 된 그의 스승이자 상사인 에른스트 뤼딘과 관련됨으로써 자신의 명예에 오점을 남겼다. 룩센부르거 자신도 독일 제3제국에서 수년간 인종유전학의 변증자로 종사하다가, 1941년 정권을 비난하여 위험한 처지에 놓이게 되자 뤼딘의 제안에 따라 게슈타포로부터 비교적 안전한 독일 군대에 자원했다.[9]

그러나 정신유전학의 쌍둥이 연구방법론은 인종주의와 아무런 상관관계가 없었다. 정신분열증의 부분적 유전성을 입증하는 것은 당시 중앙유럽에서 학자로 인정받는 가장 빠른 길이었다. 예를 들면, 1942년 취리히 대학의 정신과 교수기 된 만프레트 블로일러는 어느 쪽에서 보든 주류에 속해 있었다. 그럼에도 불구하고 한 미국 연구자가 그의 집을 방문하자, 이종교배와 역교배backcross[+] 결과가 날개에 발현된 "오래된 나비 표본 상자"를 보여 주며 미국인의 기분을 맞춰 주었다고 한다. 그 상자는 블로일러의 고등학교 과학 숙제였다. 블로일러는 방문객에게 "정신분열증의 멘델적 유전법칙을 발견하는 것이 내 일생의 꿈"이라고 말했다고 한다.[10]

그러므로 쌍둥이 연구는 나치 정신에 고무되어 일어난 일은 아니었

[+] 교배에 의해 생긴 잡종 제1대와 이 교배에 사용된 어버이 중 어느 한쪽과의 교배. 동물의 품종 개량이나 특정 유전 형질을 분리해 내고자 할 때 사용된다.

다. 그리고 이 분야에 중요한 공헌을 한 다음 사람들은 유태인 학자들이
었다. 아론 로자노프는 1879년 러시아에서 태어나 13세의 나이에 미국
으로 와서 1901년에 코넬 대학에서 의학공부를 마쳤다. 그 후 롱아일랜
드의 킹스파크 주립병원과 연결된 뉴욕 주립수용소에 들어가게 되었다.
좋은 직장을 기다리며 잠시 머무는 기회주의자나 뒷전에 물러나려는 의
사들이나 들어오던 수용소에서 로자노프는 과학, 특히 유전학에 호기심
을 가진 눈에 띄는 의사였다. 1922년 로스앤젤리스로 옮겨 알람브라 개
인요양원을 개업한 그는 주립병원의 자료를 사용하여 대규모 쌍둥이 연
구를 하기로 결심한다.[11] 1930년대 초가 되자 충분한 숫자가 확보되었다.
룩센부르거 연구의 약점이 쌍을 이룬 쌍둥이 숫자가 적었다는 것이었으
므로, 로자노프는 쌍둥이 중 한 명이 주요정신질환을 가진 1014쌍에 관
한 자료를 축적하기에 이르렀다. 이들 1014쌍의 대상 중 정신분열증은
142명이었다. 일란성 쌍둥이 양자가 모두 정신분열증인 경우는 68.3%
였던 반면, 이란성 쌍둥이의 경우는 14.9%였다.[12] 이 차이는 엄청난 것
이었다. 로자노프는 조울증에도 관심을 가졌고, 적어도 한 명이 조울증
인 90쌍의 쌍둥이를 대상으로 상세히 조사했다. 이들 중 나머지 쌍둥이
가 조울증으로 밝혀진 경우는 69.6%에 달했고, 이란성 쌍둥이는 16.4%
에 그쳤다. 로자노프는 다음과 같은 결론을 얻는다. "유전성 혹은 배태기
胚胎期의 요인이 조울증의 주요 원인 중 하나이다."[13]

　여기에서 중요한 점은, 일부 역사학자들이 초기 정신유전학자들은 우
익에 속했다고 주장해 왔으나, 로자노프는 우익 주변인물이 아니었다는
점이다.[14] 로자노프는 1939년 캘리포니아 정신의료원 제도를 지휘하여
재가在家 환자를 위한 광역 캘리포니아 주립 프로그램을 만들었는데, 이
는 샌프란시스코에 모즐리 병원 스타일의 연구센터인 랭리 포터 클리닉
을 설립하는 데 일조했다. 로자노프의 쌍둥이 연구는 두 차례의 세계대

전 사이에 국제적 정신의학 저술에 공헌한 미국의 주요 업적 중 하나로
서 논증할 만하지만, 정작 미국 정신의학의 정사正史는 정신분석 중심의
역사학자들로 인해 그를 침묵 속에 묻어 두었다.[15]

에른스트 뤼딘과 한스 룩셈부르거의 유전실험실에서 공동 연구자로
있던 사람 중에는 젊은 프란츠 칼만도 있었다. 그는 1897년 슐레지엔의
노이마르크트에서 태어나 브레슬라우 대학에서 1919년 의사자격을 따
고, 크레펠린의 뮌헨 연구소에서 수련을 받았다. 1929년 뤼딘과 룩셈부
르거가 착수한 대규모 연구에 참여하게 되었고, 그 연구의 일환으로 베
를린의 헤르츠베르게 정신병원으로 옮겨, 30년 전부터 그 병원에 입원해
왔던 정신분열증 환자의 모든 친척을 조사하는 업무를 맡게 되었다.
1935년부터 시작된 나치 인종법의 여파로 칼만은 베를린에서 도망쳐 대
서양을 건너 그동안의 연구 기록을 뉴욕 주립 정신의학연구소로 가져온
다. 그리고 연구 결과를 1938년 영어로 출판했다(그러나 유의미한 분석 대
상이 될 만큼의 충분한 자료는 포함되어 있지 않았다).[16]

그러나 그 사이에 칼만은 로지노프의 연구 성과를 접하게 된다.
1940년대 초 그는 뉴욕 주에 있는 공립 수용소 환자를 대상으로 쌍둥이
연구를 하는 데 온 힘을 바치기로 결심했다. 1945년 뉴욕 수용소 제도에
속한 7만 3000명의 환자 중 691명의 정신분열증 환자에게서 추적 가능
한 쌍둥이 형제가 있음을 그는 발견한다. 이들 중 일란성 쌍둥이의 일치
율은 85.8%인데 반해, 이란성 쌍둥이는 14.7%이었다.[17] 그러므로 일란
성 쌍둥이 중 한 명이 병에 걸리면 다른 쌍둥이 형제가 병에 걸릴 확률은
거의 확실한 데 반해, 형제간에서는 7명 중 1명이 걸릴 뿐이다. 칼만은
매우 소박한 어조로 정신분열증의 멘델 유전(DNA 내에 단일 좌가 존재한
다는 의미로)에 관한 논문을 작성했고, 당시 이 논문을 엘리엇 설터가 낭
독했다. 이 연구 결과는 극히 확증적이어서 1950년 파리에서 열린 첫 번

째 세계정신의학 총회에 발표되었을 때 일대 센세이션을 일으키게 되었다. 이 논의에 "흠집을 내어" 가치를 격하시키기 위해 세계 각국에서 소집된 대표들로부터 질풍과 같은 항의를 받았고, 의장은 청중이 서면으로 제출된 의견조차 읽기를 거부했다. 항의자들 대부분은 정신분석가들로서, 칼만이 "안락의자에 앉아 공상이나 하는 냉소가들 무리"라고 별명 붙인 사람들이었다.[18]

또 다른 대규모 쌍둥이 연구가 제2차 세계대전 이후 실행되고,[19] 이제는 정신분열증과 조울증은 유전적 요인이 강하다는 사실이 뚜렷이 보이기 시작했다. 인척관계가 가까울수록 정신분열증 발병 비율은 높아졌다.[20] 그런데, 가정환경 또한 모종의 역할을 하지는 않을까? 무엇보다도 일란성 쌍둥이는 대개 함께 성장하게 된다. 아마도 정신질환을 가진 가족에 의해 가정환경이 "뒤틀려져서"—당시에는 이런 용어를 썼다—다른 가족구성원도 병이 생길 수 있다. 유전과 대조해 볼 때 환경은 얼마나 발병에 기여하는 것일까? 정신분열증을 유발하는 어머니나 가족관계의 결함에 의해 얼마나 많은 환자들이 질병의 함정에 빠지게 되는 것일까?

1959년 세이무어 케티는 정신분열증인 친부 혹은 친모를 가진 아이들로서 수양 가정에서 자라는 아이들, 따라서 (유전의 가능성은 있으되) 성장시 정신병적 환경의 영향을 받지 않는 아이들을 조사하기로 했다. 케티 자신은 미국 생물정신의학의 창시자 중 한 사람이다. 1915년 필라델피아에서 태어나 1940년 펜실베이니아 의과대학에서 의사자격을 딴 후 계속 대학에 남아 뇌 약리학과 뇌 생리학을 연구했다. 1951년 그는 2년 전에 설립된 베데스다 국립정신건강 연구소의 과학부 국장이 되면서, 과학부가 여태까지 해오던 정신분석 연구를 기초과학 분야로 바꾸어 버렸다. 그는 1967년 하버드 대학 교수가 되기 전까지 계속 그곳에 있었다. 1983년 하버드에서 은퇴하고 베데스다로 돌아온 그는 정신의학 역사상 가장 충실한 연구 중 하나로 손꼽히는 프로젝트를 이끌었다. 덴마크 쌍둥이 연구가 바로 그것이다. 덴마크는 국가가 시민의 삶을 관리하는 데 매우 각별한 역량을 가지고 있었다. 국가 법무부의 입양등록부는 연구자들이 입양된 아이들의 혈연관계를 확인하도록 허용했다. 주민등록제가 있어 입양아의 삶의 궤적을 추적하는 일이 가능했던 것이다. 그러므로 덴마크에서는 입양아의 혈연관계나 입양된 가정에서 어떻게 자라는지도 알 수 있었다. 케티와 동료들은 1924년부터 1947년 사이에 코펜하겐의 입양아 5483명에 관한 연구를 하고 그 결과를 1968년에 발표했다. 이 입양아 집단 중 507명이 나중에 정신병원에 입원했다. 이 프로젝트와 무관한 다른 연구자로 하여금 각각의 사례를 조사하도록 하고 그 결과 33명이 정신분열증임을 밝혀냈다. 이 환자 및 친척들과 비교할 대조군으로서는 정신병원에 한 번도 입원한 적이 없는 입양아를 선정했고, 연령별 대비가 되는 사람들로 구성했다. 정신분열증 환자 입양아의 직계 혈연가족에서는 10%가 정신분열증을 가지고 있었던 반면, 대조군에서는 거의 발견되지 않았다. 양육환경이 아닌 생물학적 유전관계가 이들 입양아의 발병과 관련이 있었던 것이다. 케티와 동료들은 "유전 인자가 정신분열증의 세대간 전승에 중요한 역할을 한다"고 조심스럽게 결론을 내렸다. 유전 기전은 칼만이 가정했던 단일 유전자 멘델 모델이 아니라, 수많은 유전적 요소가 관여하는 것이었다.[21]

1992년 케티는 정신분열증 입양아 절반가량의 혈연관계에서 질병이 발견되는 반면, 대조군에서는 거의 나타나지 않음을 알고, 연구 범위를 확대하여 덴마크에 있는 모든 입양아를 조사해 보기로 한다.[22] 그 결과, 덴마크 전체 정신분열증 입양아의 생물학적 혈연관계에서 대조군보다 10배나 많은 정신분열증이 나타났다. 또한 입양아의 형제나 자매에서 정신분열증이 훨씬 더 높은 비율로(12.5%), 이촌 사이에서는 훨씬 낮은 것(2.2%)으로 나타나서, 이 연구자들이 주목했던 "유전적 계승 소견과 일치했다."[23]

케티의 정신분열증 입양아 연구는 유전 분야 연구의 봇물을 터뜨린 것과 같아서, 가족, 쌍둥이, 입양아 연구들이 눈사태처럼 쏟아져 나오기 시작했다. 1977년 덴마크에서 수행된 조울증에 관한 어느 연구에서는 일란성 쌍둥이에서 67%, 이란성 쌍둥이에서 20%의 일치율을 나타냈다.[24] 1980년대의 쌍둥이 연구는 폐쇄공포증과 공황장애에 관한 것도 포함했다.[25] 정신신체질환에 관한 입양아 연구 또한 유전인자에 초점을 맞추었다. 아버지가 난폭한 알코올중독증인 가정에서 자라게 될 경우, 이 아들은 생물학적 아버지와 유사한 행동을 보이고(접촉이 없었어도), 딸의 경우 기질적 이상이 없음에도 불구하고 만성적인 신체 증상을 호소한다고 했는데, 이는 과거에 "히스테리아"라고 불린 증상이다.[26] 다른 연구에 의하면 히스테리아의 증상은 모계를 통해 딸에게, 반사회적 행동은 부계를 통해 아들에게 유전된다고 하기도 했다.[27]

정신의학 온갖 분야가 쌍둥이 연구 결과를 앞다투어 보도했다. 성격 특성, 예를 들면 건강염려증, 경조성輕躁性 성격, 우울성 성격 등에서 심리학적 검사에 의해—마치 유전 요소를 찾아내는 리트머스 시험지처럼—일란성과 이란성 쌍둥이의 차이를 밝히려 했다.[28] 이런 연구는 심인성 병인론을 짓밟는 것이나 다름없었다. 한 세기 동안 히스테리와 정신신경증의 증상은 스트레스나 가정생활의 문제로 생긴다는 이론이 지배해 왔다. 유전에 관한 새로운 소식은 이 질병이 유전적 소인을 가지고 있기는 하지만, 환경적 요인 또한 질병 발현의 유인誘因으로 작용할 수 있음을 함의하고 있었던 것이다.

그렇다면 가족은 어떤 역할을 하는 것일까? 전체적으로 보았을 때 유전이 정신분열증과 같은 "행동질환"에서 50%의 원인을 차지한다면, 나머지는 가정의 영향에 의한 것일까? 전혀 그렇지 않았다. 혈연관계가 없는 입양아 둘이 한 양육 가정에서 자라는 경우, 이들이 질병 일치율을 보이는 확률은 제로였다. 한 연구 결과에 의하면, "아이들이 한 가정에서 성장한다하더라도 아이들마다 환경으로 받는 영향은 다르다."[29] 즉 입양된 특정 아이를 발병시킬 만한 요인이 있다할지라도 그 요인이 다른 아이에게도 똑같은 발병 요인이 되지는 않는다는 것이다. 환경의 영향에 포함되는 것은 가정만이 아니기 때문이다.

1970년대 이후로 분자생물학이 질병에 관여하는 유전자를 확인할 가능성을 열어 놓자 원인을 찾기 위한 정신의학적 연구는 더욱 대담해졌다. 1995년이 되자 정신분열증을 일으키는 유전자가 염색체 6번에 있을 것이라고 잠정적으로 알려지게 되었다.[30] 조울증의 경우 염색체 18번과 21번이 연루되어 있었다.[31] 정신의학 유전학자들은 유전적 예측에 관해 제안하기 시작했는데, 질병을 일으키는 특정 유전자는 세대에서 세대로 전승될 때 그 크기가 확장되는 경향이 있어서, 어느 한 가계家系를 따라 정신분열증이나 조울병이 전달될 때 증상이 점차 심해지는 이유를 설명하는 기전을 의미한다.[32] 이는 1세대 생물정신의학이 주장했던 "퇴행"과 정확히 대응하는 것이었다. 정신분열증을 만드는 어머니는 이제 완전히 사라져 버린 것이다.

처음으로 약물이 효과를 나타내다

생물정신의학의 한쪽 날개가 유전학이었다면, 다른쪽 날개는 약물치료였다. 약물은 정신의학에서 언제나 사용되어 왔고, 예를 들어, 대장에 독성물질이 쌓여 자가 독성이 일어나 정신적 문제가 일어난다고 보고 수용소에 새로 입원한 모든 환자에게 설사제를 투여한 적도 있었고, 우울

클로로프로마진이 소개되기 전의 정신병. 1900년대 독일 어느 정신병원의 환자가 시계의 알람 소리에서 아내의 목소리를 듣고 있다. **라이프치히 대학교 도서관**

증과 조증 환자에게는 아편과 알칼로이드 아편제제를 사용했는데 어느 정도 효과는 있었지만 중독성이 매우 강했다. 약물치료의 근대기는 뇌의 화학적 상태를 체계적으로 실험하게 되면서 드디어 막을 올렸다. 뇌화학이란 신경전달물질을 의미했다. 신경전달물질은 신경세포 연접부를 통해 세포간 자극을 전달하는 물질이다. 뇌화학에 관한 연구는 20세기 직전의 영국 신경생리학까지 역사를 거슬러 올라가야 하지만, 신경전달물질을 최초로 분리해 낸 사람은 그라츠 대학의 약리학 교수인 오토 뢰비이다. 1921년 시작한 작업에 기초하여 1926년 그가 발표한 것은 아세틸콜린acetylcholine✚이라는 화학물질이 신경세포간 자극전달을 중재한다는 것이다.[33]

아세틸콜린의 발견은 추상적 지식에 머무르지 않고 곧바로 치료에 이용되었다. 1930년대에 정신과 의사들은 정신분열증이 완화될지도 모른다는 기대감으로 환자에게 아세틸콜린을 투여했는데, 당시 이 약물의 기전도 잘 알지 못하던 상태였다.[34]

1930년대 물리적 치료의 성공에 고무되어 정신병원에 있던 의사들은 약물치료에 개방적이었고, 1940년대 동안 수용소에서 시행되던 쇼크요

✚ 근육에 신경정보를 전달하는 물질로서 자율신경계와 운동신경에 존재한다. 중추신경계에서는 각성, 집중력, 보상체계 등에 관여하며 결핍시 기억장애, 특히 알츠하이머 치매와 연관된다. 최초로 발견된 신경전달물질로서 이를 발견한 오토 뢰비는 노벨 생리학상을 받았다.

법과 혼수요법을 개선할 약제를 찾기 위해 부단히 실험을 계속했다.

1937년 베를린의 망명 정신과 의사 하인츠 레만이 몬트리올의 버던 기독병원에 도착했을 때, 그가 발견한 것은 1600명의 환자와 이들을 돌보는 몇 명의 의사뿐이었다. 레만은 "그런 상황에서 일한다는 것은 끔찍한 일이었다"고 말했다. "나는 온갖 일을 다해야 했는데 …… 정신병과 주요정서장애에는 …… 어떤 생물학적 요인이 있을 것이라고 확신했다. …… 나는 온갖 종류의 약으로 실험을 했고, 예를 들면 엄청난 양의 카페인을, 내가 기억하기로는 혼미상태에 빠진 긴장형 정신분열증 환자 한두 명에게 투여해 봤는데, 물론 효과는 없었다." 그는 지질로 녹인 유황 현탁액을 환자에게 주사하기도 했는데 "통증과 열을 일으켰다." 또한 말라리아 요법과 유사하게 열을 일으키려고 티푸스 항독소를 주사하기도 했다. "그 어떤 것도 효과가 없었다. 심지어 테레빈유를 환자의 복근에 주사하기도 했는데, 예상한 바와 같이 복근에 커다란 무균성 농양이 생겼고 백혈구 수도 증가했다. 물론 그 농양은 수술로 제거했다. 이들 중 어느 것도 효과가 없었다. 그러나 이 모든 방법은 정신분열증에 도움이 된다고 유럽에서 제시하던 것들이었다."[35]

여기에서 지적하려는 것은, 레만과 같은 연구자들이 환자에게 비인간적인 실험을 했다는 것이 아니다. 이들은 환자에게 해줄 수 있는 무언가를 찾아내기 위해 최선을 다하고 있었다는 것이다. 1951년경 프랑스 해군 외과의사 앙리 라보리가 흥미로운 새 "마취 강화제"를 실험하기 시작한 예만 보아도, 새 항정신증 약물 또한 이미 충분히 받아들여질 분위기가 형성되어 있었던 것이다.[36] 라보리야말로 정신의학을 전면적으로 변화시킬 약의 개발에 결정적 역할을 한 사람이다. 바로 클로르프로마진 chlorpromazine이 그것이다.

1949년 튀니지 반자르트에 있는 마리타임 병원에 배치되었을 때 라보리는 35세였다. 그는 당시 합성 항히스타민제가 마취제의 효능을 "강화"시킬 수 있는지를 연구하고 있었다. 생리적 쇼크에 빠진 병사를 수술하는 것은 해군 외과 의사에게는 항상 난제였고, 쇼크 발생에 관여하는 자율신경계를 항히스타민제제로 차단할 수 있다면, 수술 안전성을 확보할 수 있어서 수술 성공율도 높아지리라고 라보리는 생각했다. 여러 가지 강화제 중 당시 롱플랑 제약회사가 합성한 페노티아진phenothiazine 계열의 항히스타민제를 선택했다. 1937년 항히스타민제들이 발견된 이후로, 정신병 환자에게 사용되었지만 효과는 거의 없었다. 라보리는 당시 정신병환자에게 전혀 관심이 없었지만, 자기 수술 환자에게 페노티아진을 투여했을 때 그중 몇 명이 주변에서 일어나는 일에 꽤 무관심해진다는 것을 발견하게 된다(당시에는 정신안정 효과라고 불렀다). 후일 라보리의 회상에 의하면, "군 정신과 의사에게 부탁해서, 매우 불안해하고 긴장한 지중해성 기질Mediterranean type⁺의 환자에게 이 약을 쓰고 수술 후 어떠한지 관찰해 달라고 했다. 수술이 끝난 후, 환자가 현저하게 조용하고 편안해 하더라고 그 정신과 의사는 말했다. 그러나 그 정신과 의사는 자기가 관찰한 것 이상의 것, 즉 정신과 환자에게 적용할 가능성에 관한 것을 생각해 보지는 않았던 것 같다."[37]

그동안 자신의 관심 분야와 무관한 지역 주둔군 해군병원에 있던 라보리는 1951년 초 파리에 있는 발-드-그라스 군병원의 생리학 실험실로 전보된다. 대범한 실험실장의 지도하에 호기심 가득 찬 동료들이 있던 그곳에서 그는 쇼크 환자 연구에 박차를 가했다. 기존의 항히스타민제가

⁺ 부정적인 측면에서는 흔히 과장된 정서적 표현과 과시적인 태도를 지칭하지만, 다른 한편으로는 로마인의 진취적이며 적극적인 측면도 일컫고 있어 상반된 특성을 혼재하여 지칭하는 것 같다. 여기에서는 과장되고 시끄러운 성격을 지칭했다.

자율신경을 차단하는 뚜렷한 효과가 없었기에, 1951년 6월 라보리는 롱
플랑에 새 페노티아진 샘플을 요청했다. 페노티아진은 그 회사의 화학자
폴 샤르팡티에가 합성하여 4560RP(롱플랑의 약어)라고 이름붙인 것이었
다. 샤르팡티에는 나중에 이 약을 "클로르프로마진"이라고 명명했다. 제
약회사는 라보리의 요청이 있기 이미 훨씬 전에 이 약의 정신과적 유용
가능성을 염두에 두고 있었지만 아직 임상의사들에게 실험 요청을 하지
는 않고 있던 상황이었다.[38]

　라보리는 발-드-그라스에 있는 외과 환자들에게 4560RP를 사용하기
시작했다. 곧 이 약이 외과적으로 기대했던 효과에 더하여 일종의 "무관
심" 상태를 만들어 내는 것에 그는 주목한다. 항히스타민제 연구자들이
정신과 환자에게 투여해서 약을 실험해 오던 관습에 따라, 라보리는 자
신도 이를 실험해 보기로 결심하고, 1951년 11월 빌쥐이프 정신병원에
서 약의 독성을 알아보기 위해 동료 의사인 한 정신과 여의사에게 약을
주사했다. 정맥 주사를 맞은 직후 그녀는 일어나 화장실에 갔다가 그대
로 기절해 버리고 말았다. 이 일로 말미암아 빌쥐이프 병원 정신과 과장
은 더 이상 이 약을 쳐다보려 하지 않았다.[39] 그리하여 발드그라세로 돌
아온 라보리는 병원 구내식당에서 점심을 먹으며 동료 정신과 의사들을
설득한다. 환자에게 약을 투여하도록 설득하다가 그리 내켜하지 않는 3
명의 정신과 의사로부터 마침내 동의를 얻어냈다.[40] 1952년 2월 초 의료
계 언론에 4560RP를 사용한 외과적 업적에 관한 자신의 논문을 발표하
면서 라보리는 논문 말미에 적으려고 했던 다음 글귀를 깜빡 빠뜨렸다.
"이러한 소견을 보면 정신의학계에서도 이 약품을 사용할 수 있으리라
예상할 수 있는데, 아마도 바르비투르산 수면 연장요법에 사용될 수도
있을 것이다."[41] 라보리가 그때까지 —아마도 끼적거리며 —이 글귀를 적
고 있던 1952년 1월 19일, 발-드-그라스의 정신과 의사들은 조증 발작을

가진 24세 남자 쟈크 L.에게 클로르프로마진을 투여했다. "환자는 주사를 맞은 후에 조용해졌다. 눈을 감고 누워서 움직이지도 않은 채 물으면 대답은 했지만, 아직도 조증의 특성이 드러나 있어서 윙크를 하면서 혀를 쏙 내밀더니, 곧 잠에 빠져 버렸다." 잠에서 깨어난 그의 조증 상태는 변화가 없었다. 그 후 3주 동안 그 환자는 바르비투르산, ECT와 함께 클로르프로마진을 주사 맞았다. 마침내 2월 7일이 되자 환자는 브리지 게임도 하고 정상적인 생활을 할 만큼 조용해졌다. 비록 환자는 "경조증" 상태이기는 했지만.[42] 환자의 증상이 왜 누그러졌는지 알 수는 없었지만 최소한 클로르프로마진이 환자에게 해롭지 않다는 것은 밝혀졌고, 그동안 굉장한 새 약이 정신병에 효과를 나타낸다는 소문이 파리 전역으로 퍼져 나갔다. 이 얘기는 파리 정신의학계의 두 거물의 귀에도 들어갔다. 이들은 생탕 정신병원의 장 들레이와 피에르 데니커로서, 1952년 3월 당장 환자에게 약을 투여하기 시작했다.[43] 당시 45세였던 들레이는 소르본 대학 정신과 교수이자 생탕의 원장이었고, 그보다 10년 젊은 데니커는 그 병원의 스태프 의사였다. 1952년 5월 의학적 심리학 협회 100주년 기념 행사장에서, 이 둘은 클로르프로마진에 관한 자신들의 업적을 짤막하게 보고했는데, 라보리에 관해서는 한마디도 하지 않았다.[44] 그 협회의 6월 학회에서 그들은 환자 8명에 관해 완성된 보고서를 발표했다.[45] 확실한 사실은, 이 둘이 클로르프로마진만 사용해서 환자를 치료한 첫 번째 사람들이라는 것과, 반면에 이 약의 정신과적 효용성을 발견한 사람이 이들이 아니라는 것이다. 역사는 들레이와 데니커만 찬양하는 실수를 범하고 있다. 정신의학의 연대기에 신기원을 연 그 첫장인 약물치료 도입에 이 둘만 연관시킴으로서 정작 약의 효용성을 발견한 라보리는 침묵 속에 묻혀 버린 것이다.[46]

어찌되었든, 1952년 5월 생탕에 있던 들레이와 데니커의 환자들은 클로르프로마진으로 상태가 좋아졌다. 첫 번째 환자는 정신병 병력이 오래된 57세의 노동자로서 "카페에서 즉흥 정치연설을 하고 낯선 사람들과 싸움을 벌이거나, 자유를 사랑하라고 며칠 동안 설교를 하며 꽃 광주리를 머리에 이고 길거리를 배회하다가" 얼마 전에 입원한 사람이었다. 9일 동안 클로르프로마진 치료를 받고 그는 정상적인 대화가 가능해졌고, 3주일이 지나자 퇴원할 만한 상태가 되었다. 나머지 7명의 환자도 동일한 경과를 보였다.[47] 클로르프로마진 치료는 ECT보다, 인슐린 혼수요법보다, 그리고 그 어떤 물리적 치료보다도 효과가 컸고, 덜 위험했으며, 환자가 견딜 만했다.

즉각 클로르프로마진은 프랑스 전역으로 퍼져 나갔다. 한 역사학자의 기록에 의하면, "1953년 5월이 되자, 파리에 있는 정신병원에서 가장 심한 환자들의 병동에 변화가 나타나기 시작했다. 구속복, 수압치료용 팩, 환자들의 난동은 과거사가 되어 버렸다! 한때 정신과 환자로부터 사슬을 걷어 냈던 파리의 정신과 의사들은 다시 한번 환자에게 자유를 준 선구자가 되었는데, 이번에는 사슬로부터가 아니라 환자 내부의 고통으로부터 자유롭게 한 것이었다. 약물이 정신의학에 혁명을 일으킨 것이다."[48]

그러나 클로르프로마진과 같은 새 약물의 발견과 적용 과정의 배경에 있던 궁극적 힘은 학계에 있던 과학자도 아니었고, 라보리나 들레이 같은 임상의사로부터 나온 것도 아니었다. 그것은 제약회사였다. 롱플랑이 클로르프로마진을 항정신증 약물이라고 꼭 집어서 말한 것은 아니었지만, 이 약을 체계적으로 디자인하고 동물실험을 한 것은 그곳의 과학자였다.[49] 이 약은 결코 우연히 발견된 것이 아니었던 것이다. 클로르프로마진이 세상에 이름을 날리게 되면서, 제약회사 운영진과 과학자들이 약물의 시대를 이끌어 가는 구동력을 잡게 되는데, 이는 반드시 기억해 두어야 할 사항이다. 왜냐하면 클로르프로마진의 출현 이후 수 세기 동안

신약을 발견하려는 경쟁적 질주에서 지배권을 가지게 된 것은 거대 제약
회사들이었기 때문이다.

유럽의 임상 의사들이 클로르프로마진을 북아메리카로 가져올 때 이
때 이를 받아들인 한 회사가 있었다. 1952년 전쟁 직후 괴팅겐에서 의사
자격을 얻은 지 얼마 안 된 젊은 루스 쾨페-카얀더가 온타리오 종합병원
에서 인턴을 하고 있을 때였다. 그곳에서 그녀는 마취과 의사가 마취 효
과를 강화하기 위해 클로르프로마진(당시 미국 이외의 지역에서는 상품명
라각틸Largactil으로 알려져 있었다)을 사용하는 것에 주목했다. 그 마취과 의
사는 롱플랑 사로부터 실험용으로 약을 제공받았던 것이다. 1953년 인
턴을 마치자 쾨페는 캐나다 온타리오주 런던의 한 정신병원에서 정신과
수련을 받기 시작했다. 정신과 수련의 1년차였던 그녀는 수개월간 25명
의 환자에게 클로르프로마진을 투여하도록 허가를 받아 놓은 상태였다.
1953년 11월 토론토 근처에서 열린 정신과 의사 모임에서 "이 약의 뛰어
난 효과"에 관해 발표했다. "이 약은 안절부절못하고 흥분하거나 과잉행동
이 있는 환자를 숙취시키지 않으면서도 안정시킨다. 환자의 초조한 행동
은 사라지지만 그렇다고 의식을 잃는 것도 아니다. 환자들은 자신이 어떤
상태인지 알며, 말하고 먹고 자는 데에도 어려움을 느끼지 않았다. 긴장형
발작catatonic excitement+도 생명을 위협할 정도로 심하지 않게 되었다."[50]

그러나 역사는 클로르프로마진을 북아메리카에 소개한 사람이 쾨페-
카얀더가 아니라 몬트리올 버던 병원의 하인츠 레만이라고 기록하고 있
다. 롱플랑 회사가 몬트리올에 위치하고 있다는 점에서 프랑스령 캐나다
는 당연히 회사의 교두보가 되어야 했다. 레만의 회상에 의하면, "어느

+ 긴장형 정신분열증 환자에게서 극도의 과잉운동이 나타나는 것으로 쉬지 않고 지속되는 경우가 많으므
로 이를 중단시킬 치료를 하지 않으면 사망에 이르기 쉽다.

날 …… 롱플랑으로부터 한 영
업사원이 찾아와서, 온갖 종류
의 문헌과 샘플을 두고 갔다. 비
서가 내 스케줄이 너무 바빠 만
날 수 없다고 하자 그가 말하기
를, '만나지 않아도 됩니다. 여
기에 물건만 두고 갈 겁니다. 이
신약은 매우 효과가 좋아서 제
가 설명하지 않아도 선생님께
서 이 문헌을 한번 읽기만 하면
곧 관심을 가지실 것입니다.'"

레만은 이 얘기를 전해 듣고
꽤 건방지다고 생각하기는 했

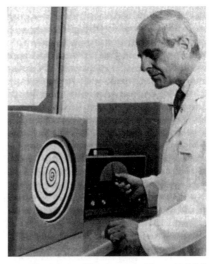

몬트리올 버던 기독병원에서 1953년 처음으로 북아메리
카에 클로르프로마진을 소개한 하인츠 레만. 1960년대
찍은 이 사진에서서 레만은 항정신증 약물의 효과를 측
정하기 위해 아르키메데스 식 나선 양수기를 사용하고
있다. **맥길 대학 문서보관소**

지만, 관심을 가지기에는 충분했다. 일요일 그는 욕조에 몸을 담그고 데
니커의 몇몇 논문을 읽었다. 레만은 독일인이었지만 부인이 프랑스 출신
캐나다 인이었고 집안에서는 프랑스 어를 쓰기 때문에 프랑스 논문을 쉽
게 읽을 수 있었다(병원의 다른 정신과 의사들은 모두 영어만 했다). 치음에
레만은 클로르프로마진도 그렇고 그런 진정제 종류의 하나일 것이라고
생각했다. "그러나 이렇게 적혀 있는 것이 눈에 확 들어왔다. '마치 뇌엽
절제술을 한 것과 같이 작용한다'는 어귀에 강한 흥미를 느끼고 이것은
무언가 다르다고 혼잣말을 했다. 이들 둘, 들레이와 데니커의 논문은 잔
뜩 멋 부리는 글귀로 가득 차 있었지만, 자기들이 무슨 말을 하는지 정확
히 알고 있었다." 레만은 몇 명의 간호사에게 약 실험에 자원해 주기를
청하고 이들에게 소량의 약을 투여했다. 약은 간호사들을 졸리게 했지
만, 바르비투르산과는 달리 지적 활동을 방해하지는 않았다. 레만은 충

분한 약을 회사로부터 공급받고 71명의 환자에게 투여할 실험을 도와줄 수련의들을 골랐다.

그 결과에 그는 경악했다. 나중에 그가 말한 바에 의하면, "급성 정신분열증 2~3명은 증상이 완전히 사라져 버렸다. 내 평생 이런 일을 본 적이 없었다. 이는 일종의 요행—다시는 일어나지 않을 일이지만 어쨌든 여기에서만 일어난 그런 일—이라고 생각했다. 4~5주가 지나자 증상이 사라진 환자들이 많아졌다. 말하자면 환청, 망상 등의 사고장애 등이 사라져 버렸다는 것이다. 1953년은 이런 효과—정신분열증 증상이 몇 주만에 사라지는 일—를 낼 만한 치료법이 하나도 없던 때였다."[51]

1953년 5월과 7월 사이에 그는 환자에게 약을 투여하고 그 "유례없는 unique" 새 치료제의 효과를 기록한 소견을 논문으로 써냈다.[52] 병원장은 그에게 이렇게 말했다고 한다. "선생이 출간하는 어떤 것에도 '유례없다'는 말은 쓰지 마십시오. 나중에 후회하게 될 것이 뻔하니 말이오. 유례없는 것은 없는 법이거든." 레만은 "유례없다"는 단어를 그대로 두었다.[53]

온갖 일이 벌어졌다. 레만에 따르면, "10년 동안 정신병 상태에 있어서 이혼당한 만성 정신분열증 환자들이 갑자기 모든 증상이 사라지자 전부인들과 다시 결혼했다. 참으로 이상한 시기였다."[54]

그러나 이상한 일은 한 가지 더 있었다. 어느 날 레만과 동료들은 환자들이 "가면을 쓴 것 같은 특이한 표정으로 뻣뻣하게 걸어가는 이상한 걸음걸이를 관찰하고는 그 모습이 파킨슨 병parkinsonism[+] 같다고 말을 주고받았다. 그러나 당시에는 약물에 의한 이차적 파킨슨 병임을 알지 못했기 때문에 그런 쪽으로는 생각해 보지도 않았다 …… 환자 두 명이 그런 모습을 보였고, 2주일이 지나자 두세 명이 더 그런 모습을 나타내자, 이를 약물 부작용으로 보고 추체외로 증상extrapyramidal symptoms[++]이라고 이름 붙였다."[55] 이 증상은 나중에 지연성 운동실조증tardive dyskinesia[+++]

으로 불리게 된다. 1953년 당시에는 그리 큰 해로 보이지 않았던 부작용
이, 수년 후 환자들을 대거 수용소 밖으로 내보내게 되자 엄청난 사회
적·의학적 문제로 돌변하게 된다. 이런 부작용을 피하기 위해 환자들이
약 복용을 중단했기 때문이었다.

그러나 그때까지도 불수의적 찡그림, 요실금 등의 난처한 일이 생기
거나 본인이 통제하지 못하는 몸의 움직임 등은 미래의 일에 불과했다.
중요한 것은 레만이, 비록 뇌의 원인병리를 완치하지는 못하지만, 클로
르프로마진은 정신의학 역사상 처음으로 정신병 증상을 없애 주었다고
영어권 청중들에게 설득력 있게 강연했다는 점이다. 조증에서 해방된 것
에 기뻐하는 환자의 모습 등은 감동받지 않을 수 없을 만큼 강력한 효과
를 나타냈다. "한 조증 환자는 약을 먹고 얼마 안 가 증상에서 벗어나서
다음과 같이 말했다. '(아플 때는) 하루 동안에 마치 평생을 다 사는 것 같
았습니다.'" 불안에 시달리던 다른 환자는 이런 말을 했다. "약을 먹고
나니, 마치 모든 사람이 고함을 질러대는 난장판에 의장이 나타나 삽시
간에 상황을 통제한 것과 같은 느낌입니다."[56] 주요 의학 저널에 실린 이
런 흥미로운 이야기는 새 약을 대륙 전체에 알리는 역할을 했다.

이제 장면은 가장 험난하고도 험난한 미국으로 넘어간다. 험난한 이
유는 정신병의 "진짜 원인을 캐내야 한다"는 정신분석이 지배하는 곳이
었기 때문이었다. 이 시점에서 이제 갓 생긴 야심만만한 제약회사 스미
스 클라인 앤 프렌치가 무대에 등장한다. 이 회사는 특허 약품을 생산하
는 곳이었고, 새 회장이 된 프랜시스 보이어는 이 회사를 "윤리적"으로

✣ 근육경직, 떨림, 느린 운동과 특이한 보행 및 발음장애를 증상으로 하는 중추신경계의 퇴행성 질환으로
운동중추의 도파민 신경세포의 기능저하(약물 등으로 인한)에 의한다.
✣✣ 근육의 협동운동을 관장하는 중추신경계의 장애로 인해 나타나는 증상.
✣✣✣ 항정신증 약물 등의 항도파민 약물의 장기복용에 의해 나타나는 운동실조증.

격상시키기를 원했다. 즉 의사가 처방하는 약만 생산하는 품격있는 제약 회사로 격상하려 했다는 의미이다. 롱플랑이 뭔가 새롭고 굉장한 것을 가지고 있다는 것을 알아챈―정신과적으로 유용한 것인지도 모른 채― 보이어는 1952년 프랑스로 간다. 롱플랑은 외부로는 함구하고 있었다. (이미 미국에 있는 큰 회사 몇 군데와 접촉했지만 성공하지 못한 상태였다.) 보이어가 사용허가권에 사인을 할 때만 해도 그는 그 약을 항구토제로만 알고 있었다. 스미스 클라인에는 실질적으로 연구자금이 거의 없는 상태여서 광범위한 임상시험은 할 수 없었다. 보이어는 이렇게 말했다고 한다. "이 약을 항구토제로 시장에 내놓고 결과는 나중에 봅시다." 회사는 "소라진Thorazine"이라는 이름으로 판매에 들어갔다.

스미스 클라인 국제부 직원으로서 당시 29세였던 존 영을 오랜 세월이 지난 후에 필자가 인터뷰한 바가 있다. 보이어가 클로르프로마진이 항정신증 약물이라는 것을 알게 된 것은 언제였을까?

"쇼터 박사님, 그 질문이 별 의미가 없다는 것을 기억할 만큼 나이가 드시지는 않았군요. 당시 항정신증 약물이라는 개념은 존재하지도 않았습니다. 그때는 약이라는 것이 아예 없었으니까요. 소위 '항정신증'이라는 개념은 나중에 만들어진 것입니다. 정신병을 치료할 수 있는 약이 존재하리라고는 상상도 하지 못했을 때였지요. 당시 맥린 병원의 의사와 간호사들이 입사하며 품었던 희생정신도 6개월만 지나면 바닥나 버리는 그런 상황이었습니다. 이 약이 환자를 완치시켜 주길 바랐던 것이 아니라 무언가 계속 잡아 주는 역할, 말하자면 의사와 간호사들이 '이봐, 우리가 이 사람들에게 뭔가 해줄 수 있을지도 모르겠어'라는 희망을 유지해 주던 그런 역할이었다고 할까요."[57]

스미스 클라인 사의 클로르프로마진을 환자에게 처음 투여한 정신과 의사는 윌리엄 롱으로서 이 병원의 의료담당 부장이었다. 영의 말에 따르면, 그가 선택한 5명의 조증 환자 중 한 명은 "심한 증상을 가진 수녀로서 극단적으로 거친 말을 하고 이제 막 폭력 행동이 나타날 조짐을 보이고 있었다. 그는 이 환자를 매우 염려하여 우선적으로 이 약을 투여했다. 그 결과는? 그는 자신의 눈을 믿을 수 없을 지경이었다. 수녀답지 않은 극단적 말과 행동을 하던 그녀가 오후가 되자 조용해진 것이다. 그는 이 장면을 점심식사 자리에서 여럿에게 말했는데, 바로 그것이 클로르프로마진의 전형적인 효과였다."

스미스 클라인으로서는 수용소가 아닌 개원가의 정신과 의사들이 신약 실험을 해주기를 바랐으나, 미국 정신의학의 지배적 분위기로 보아서 쉽지 않은 일이었다. 1953년 9월, 맥린 병원의 정신과 의사 윌리스 바우어가 나중에 밝혀진 바로는 가장 파급력이 큰 약물실험에 들어가게 된다. 그는 실험 결과를 다음과 같이 보고했다. "몇몇 정신질환의 질병경과 자체를 바꿀 강력한 약이다." ECT처럼 기억력을 손상시키지도 않았고, 바르비투르산처럼 환자를 잠자게 하거나 억제하지도 않았다고 했다. 이 연구 결과는 《뉴잉글랜드 의학잡지》에 발표되었다.[58]

의과대학 병원에서 클로르프로마진이 받아들여졌음을 확인한 스미스클라인은 특별업무팀을 만들고 약물 실험에 최적의 장소인 주립 수용소 주변부터 공략하기 시작했다. 약물 사용을 꺼리는 주립병원을 대하면 특별업무팀이 주입법부에 가서 항정신증 약물을

"프로이트는 죽었는가?" 정신약물의 등장으로 프로이트 학파의 위상은 추락했다.

사용함으로써 관리비를 경감할 수 있다고 역설했다.[59] 줄스 매서만과 같은 분석가들은 클로르프로마진이 "미화된 진정제에 불과하다"고 비난하기는 했지만 얼마 지나지 않아 설립된 지 오래되지 않은 주립병원들은 대부분 약을 사용하게 되었다. 곧이어 《타임》지에 점잔빼는 프로이트 학파를 조롱하는 기사가 실렸다. "상아탑에 사는 분석가들은 붉은 벽돌 red-brick[+]의 실용주의자들이 환자 내부세계에 '숨어 있는 정신병리'를 캐내려 하지 않으므로 병을 완치할 수 없다고 주장한다. 이들 정신분석 의사들은 환자가 다섯 살 때 동생의 돼지 저금통을 훔쳤거나 혹은 근친강간에 대한 무의식적 갈등을 가졌기 때문에 세상과 담을 쌓게 된 것은 아닌지, 바로 그런 것들을 알아내려 한다. 이런 논쟁은 붉은 벽돌 안의 세상에서는 마치 머리핀에 천사 장식이 몇 개 붙어 있는지를 따지는 것과 다를 바 없다."[60]

그러나 클로르프로마진은 뱀굴과 같은 수용소에서만 유용한 것은 아니었다. 볼티모어에 있던 쉐퍼드 앤 에녹 클리닉 등의 호사스러운 개인 클리닉에서도 약은 망상과 환청을 누그러뜨려 주었고 안절부절못하는 환자를 가라앉혀 주었다. 한 의사의 말에 의하면 클로르프로마진을 비롯한 여러 약들은 "거칠게 고함지르고 근처에 다가가지도 못할 만큼 난폭한 환자를 언제 그랬냐는 듯이 안정시켰다." "많은 환자들이 시골길을 드라이브하러 외출하고 타우슨 시나 볼티모어 시내로 쇼핑을 가고, 때로는 감독관 없이도 극장과 박물관에 가며 운동시합에 출전하거나 친지들과 저녁 만찬을 하러 외출했다. 삶의 방식이 다양해지고 환자는 즐거움을 느끼기 시작했으며 점점 더 좋아졌다."[61]

클로르프로마진이 정신의학계에 일으킨 혁명은 페니실린이 의학계에 등장했을 때와 비교할 수 있다. 약이 비록 정신병의 원인을 제거해 주지는 못했을지라도, 정신병의 주요 증상을 제거해 줌으로써 잠재성 정신분열증 환자도 수용소에 갇혀 있지 않고 비교적 정상적 생활을 꾸려 갈 수 있게 된 것이다. 1955년 들레이와 데니커는 정신병 증상을 완화시키는 약물에 "신경이완제neuroleptic"라는 명칭을 붙였는데 미국인들은 "항정신성 약물antipsychotics"이라는 용어를 선호했다.[62] 엡섬에 있던 대형 수용소에서 일하던 영국 정신과 의사 헨리 롤링은 클로르프로마진은 "회오리바람처럼 들어와 정신과 치료영역 전부를 집어 삼켰다"고 회상했다. 그것은 "정신약물학의 시대"가 열렸음을 의미했다.[63]

풍요의 뿔[++]

클로르프로마진의 뒤를 이어, 각종 항정신증 약물, 항조증약, 항우울제 등 정말로 풍요롭게 온갖 약물들이 쏟아져 나왔고, 이는 사회복지사업 정도의 수준에 머물던 정신의학을 가장 정밀한 약물 지식을 가진 전문분야로 발전시켰다. 물론 이 풍요의 뿔에서 흘러나온 깃 모두가 혜택을 주었던 것은 아니었다. 어떤 것은 나도 한번 끼어 보자는 식으로 단지 경쟁을 위해 시장에 나온 약도 있었고, 어떤 약은 독성이 발견되어 축출되기도 했으며, 어떤 약은 정신의학 영역을 벗어나 길거리 암시장의 남용 대상이 되기도 했다. 그럼에도 전반적으로 볼 때, 풍요의 뿔에서 만들어진 약들은 정신질환의 증상을 대부분 완화시켜 주었다. 언론인들의 상투어인 "새로운 희망"이라는 단어는 이 정신과 약들로부터 만들어진 것

✤ 초기 수용소 건물이 붉은 벽돌로 지어진 데서 유래한 말로, 정신병자 수용소를 의미한다.
✤✤ 그리스 신화에서 제우스를 젖 먹여 키운 염소가 가진 뿔로서, 제우스가 실수로 부러뜨린 후에 사죄의 의미로 마력을 부여해 주어 바라는 것은 무엇이든 쏟아지게 했다고 한다. 풍요로움, 끝없는 행운, 축제 등을 비유할 때 사용된다.

이었다.

이 이야기는 1949년 존 케이드로부터 시작되는데, 그가 오스트레일리아 분두라에 있는 송환자送還者 정신병원의 감독관으로 있던 때가 그의 나이 37세였다. 마치 19세기 말 상하이의 닐 맥리오드처럼 케이드는 외딴 시골에 있었지만 과학에 대한 호기심을 잃지 않고 있었다. 그는 갑상선중독증이 갑상샘 호르몬의 과다생성에 의한 것이라면, 조증도 환자의 몸에서 만들어진 어떤 독성 물질에서 기인될 가능성이 있다고 보고 이에 관해 연구하기로 결심했던 바였다. 무엇을 조사할지 뚜렷한 생각은 없이 그는 조증 환자의 소변을 채취해서, 사용되지 않는 병원 조리실에서 실험용 쥐인 기니피그의 복강에 주사하는 실험을 했다. 물론 기니피그는 환자의 소변을 주사할 때도 죽었고 정상 대조군의 소변을 주사해도 죽었다. 케이드가 소변 함유 성분을 조사하면서 깨달은 것은 소변에는 요산이 들어 있어서 기니피그를 죽이지 않으려면 이를 녹여야 한다는 것이었고, 소변내 요산을 가용성으로 만들기 위해 리튬lithium✝과 섞어 보았다. 리튬은 19세기 중반부터 의학적 목적으로 사용되었는데, 요산을 녹이는 성분이 있어서 통풍치료에 사용되었다.

케이드는 문득 떠오른 생각으로 리튬만 기니피그에게 주사하면 어떨지 생각했다. 기니피그는 혼수상태에 빠진 것 같아 보였다. 케이드가 기록한 바에 의하면, "기니피그로 실험해 본 사람이라면 기니피그의 죽은 것처럼 보이는 행동이 위장전술에 불과하고 곧 깜짝 반응을 보이리라는 것을 잘 알 것이다. 그러므로 리튬 탄산염을 주사한 후에 기니피그가 배를 드러내고 벌렁 누워서는 건드려도 깜짝 놀란 반응을 보이지 않고 멀

✝ 엽장석葉長石에서 발견되는 알칼리금속원소의 일종으로, 의학용으로 사용할 때에는 염鹽의 형태로 쓰며, 그 외 건전지, 건조제, 윤활제 등 다양하게 사용된다.

뚱히 쳐다보고 있는 것에 도리어 실험자 자신이 깜짝 놀랐다."

케이드는 놀랄 만큼 중요한 일을 발견하고 일순 주저했으나 다음 단계로 진행하고자 하는 그의 결심은 확고했다. 그는 조증 환자에게 리튬을 투여하기로 결정했다. 우선 그는 자신의 몸을 실험 대상으로 주사를 했는데, 리튬 구연산염과 리튬 탄산염을 반복적으로 주사하여 독성이 나타나는지 관찰했지만 아무 이상이 없었다. (케이드가 일본 전쟁포로 수용소에서 3년간 지낸 것으로 보아 아마도 고통을 잘 견뎠던 것 같다.) 그 후 케이드는 리튬을 조증 환자 10명, 정신분열증 환자 6명, 만성 정신병적 우울증 환자 3명에게 주사해 보았다. 우울증 환자에게는 아무런 변화가 없었다. 반면 정신분열증 환자의 경우 안절부절못하는 증상이 약간 완화되는 듯 보였다. 그러나 조증 환자에게 나타난 효과는 그야말로 경이로운 것이었다. 조증 환자 10명 모두가 좋아졌던 것이다. 5명은 쾌차하여 퇴원했고, 퇴원해서도 계속 약을 복용했다.[66] (이들 중 몇 명은 리튬을 중단했고 다시 재발해서 케이드가 보고서를 쓸 1949년 말 당시까지 병원에 계속 입원해 있었지만.)

케이드가 극도로 흥분한 조증 환자가 아닌 중간 정도의 증상을 가진 만성 조증 환자에게 리튬을 주었던 것은 행운이었다. 왜냐하면 심한 환자에게는 리튬의 효과가 적기 때문이다. 발견하던 과정에서 뜻밖의 방법을 사용한 것도 놀랄 만한 일이었지만, 그 결과는 거의 믿기 어려울 정도로 확실한 효과를 보여 주고 있었다. 케이드가 실험한 10명의 조증 환자중 8번째에 해당하는 50세의 환자는 20세 때부터 반복적으로 재발하는 조증을 앓고 있었다. "당시 조증 발작은 2개월째 지속되고 있었고 완화될 기미도 없었다. 환자는 끊임없이 떠들고, 행복감에 도취되어 안절부절못하고 옷매무새도 다 흐트러져 지냈다." 1949년 2월 11일부터 리튬 구연산염 20그레인을 하루 3번씩 복용하기 시작한 지 9일이 지나자 그는 정원 일을 다시 시작하게 되었다." "2주가 다 되어갈 즈음 그는 완전히 정상으로 돌아왔다. 조용하고, 단정하고, 합리적으로 말하고, 병이 심할 때 자신이 어떠했는지 잘 알고 있었다. 두 주 전에는 밤마다 독방에 가두고 강제로 수면제를 먹여야 했고 식당에서 하도 소란을 피워서 독방에서 식사를 해야 했던 바로 그 사람이었다."

1949년은 리튬 효과에 관한 논문을 발표하기에는 최악의 해였다. 그해 《미국 의학협회저널》에 다른 병으로 리튬 치료를 받다가 울혈성 심부전으로 사망한 두 사람의 사례가 실렸기 때문이었다. 케이드의 말에 의하면, "만성 환자만 있는 작은 병원의 이름도 없는 정신과 의사가, 게다가 연구에 관한 훈련도 받은 적이 없고, 시설도 갖추지 않은 채 기초적 기술만으로 일구어 낸 성과는 특히 미국과 같은 나라에서는 설득력을 얻기가 거의 불가능했다."[65] 따라서 케이드가 눈에 띄지도 않는 《오스트리아 메디컬 위클리》에 발표한 리튬 논문은 관심도 끌지 못한 채 오랫동안 잠자고 있어야 했다.

1952년 덴마크 아루스 대학 정신병원에서 연구원으로 있던 젊은 정신과 의사 모겐스 쇼우는 생화학 연구를 하기 위해 적절한 주제를 찾고 있었다. 병원장이던 정신과 교수 에릭 슈트롬그렌은 케이드의 논문을 쇼우에게 보여 주면서 이를 아루스 병원에서 검증해 보자고 했다. 쇼우는 특별히 흥미를 가지게 되었는데, 자신의 가계에 조울증의 내력이 있었고, 역시 정신과 의사인 그의 아버지도 이 질환에 가장 흥미를 가진 터였다. 쇼우는 위약僞藥을 대조군으로 하여 이중맹검법placebo-controlled✝으로 실험해 보고자 했다. 정신의학계 최초의 이중맹검 대조법이 이때 사용되

....
✝ double blind trial이라고도 하며, 약의 효과를 검증하는 방법 중 하나로, 연구 대상군과 정상 대조군의 두 집단에게 약을 투여하는데, 이때 누가 진짜 약을 복용하고 누가 위약을 복용하는지 피실험자는 물론 투약하는 실험자 자신들도 알지 못하게 통제된 상황에서 약의 효과를 비교하는 연구 방법이다. 특히 신약의 효능을 입증하고자 할 때 필수적으로 요구된다.

었다. 쇼우의 연구 결과는 케이드의 주장을 뒷받침했다. 케이드는 리튬이 조증의 "증상을 완화"한다고 주장했는데, 이는 치료를 중단하면 증상이 재발됨을 의미했다.[66] 쇼우는 다음과 같이 회상했다. "내 노력의 열매를 맛본 사람은 그 누구도 아닌 바로 나 자신이다. 내 가족 여럿에게 리튬을 투여했고 뚜렷한 효과를 보았기 때문이다(쇼우도 그중 한 사람이다). 재발방지 약으로 치료하지 않았다면 이들은 또 병원에 입원하거나 아니면 죽었을 것이다."[67] 쇼우의 연구 결과는 정신의학계의 국제무대로 출범하게 되었다.

그러나 리튬의 출범은 매우 지지부진하여, 1960년이 되어서야 미국에서 연구가 시작되었다(그중 한 곳이 몬트리올에 있는 캐머런 앨런 메모리얼 연구소이다).[68] 미국 식약청을 통과한 시기는 겨우 1970년이었으며, 그것도 오리건 주의 한 의사가, 의사의 임무는 환자를 책임지고 치료하는 것이며 이는 약물 사용을 통제하려는 정부 권력보다 우선한다고 주장하면서, 시민불복종 운동을 실천하여 식약청 허가와 상관없이 리튬을 처방하겠다고 위협하는 사건이 일어난 후에야 허가된 것이었다.[69] 따라서 1970년대까지 리튬은 미국에서 인정받지 못했음이 확실하다.

리튬을 받아들이는 데 왜 20년이나 걸렸던 것일까? 한 가지 이유는 리튬이 도처에 널려 있는 자연물질이다 보니 (이윤이 없어서) 이를 제품화하는 데 후원할 기업이 없었다는 점이다. 어떤 제약회사도 제품화하려 들지 않았다. 두 번째 이유는 미국의 정신분석가들 사이에 퍼져 있던 치료 가능성에 대한 부정적 인식과, 영국에서 정신과 의사 훈련센터로 가장 오랜 역사를 가진 모즐리 병원에 만연해 있던 허무주의를 극복해야만 했다는 점이다. 모즐리에서 1966년까지 정신과 교수를 한 오브리 루이스와 역학의 선구자인 마이클 쉐퍼드는 리튬이 "위험한 난센스"라고 생각했다.[70] (영국인들은 클로르프로마진에 대해서는 덜 반대했는데, 왜냐하면 메이 앤 베이커 사가 그 약을 상용화할 것을 채근하고 있었기 때문이었다.) 따라서 조증 환자들은 쓸데없이 더 오랫동안 고통을 받아야 했다.

정신분열증과 조증은 인구의 2%까지 차지한다. 반면 우울증은 훨씬 더 많이 발생하여 최대 4명 당 1명꼴로 나타난다. 효과적인 우울증 치료제는 이제 아스피린처럼 보편화되어 있다. 풍요의 뿔에 관한 역사는 이제 우울증의 시대로 넘어가서, 케이드가 리튬에 관해 발표한 직후 출현한 이미프라민imipramine에 대해 말해 보자. 이미프라민은 정신의학 역사상 첫 우울증 특효약으로 등장했다.[71]

1950년 스위스 뮌싱겐에 있던 뮌슈테를링겐 수용소 의사에게 J. R. 가이기 사로부터 막 개발한 항히스타민제를 수면제로 사용할 수 있을지 시험해 달라는 요청이 들어왔다. 당시 약리학계의 관심은 항히스타민제에 집중되어 있었다. 뮌싱겐 정신과 의사는 수면효과는 거의 없지만 항정신증 약물로 쓰일 가능성은 있을 것 같다는 답변을 적어 보냈다. 회사는 이 말을 무시했다.

그곳 정신과 의사들 중 롤런드 쿤이라는 사람이 있었다. 당시 38세로 큰 키와 세련된 말투의 쿤은 생화학을 전공했으며 뛰어난 실력을 갖추고 또한 인간애도 지닌 보기 드문 사람이었다. 그는 베른에서 의학 수련을 받으며 유기화학을 선택과목으로 수료했다. 이후 야콥 클라에시(깊은 수면치료 전공)의 지도하에 발다우 수용소에서 정신과 수련을 마쳤다. 또한 쿤은 스위스에서 뇌 전기활동을 조사하는 뇌파검사기를 선구적으로 사용한 사람이기도 하다. 그러나 동시에 의사 생활 초기에 정신분석에도 능통했었다. 정신분석 훈련을 받으며 크로이츠링겐 근처 벨뷰 개인 클리닉의 루트비히 빈스방거와는 절친한 사이였다. 또한 뮌싱겐수용소에서 열리던 막스 밀러의 "심리학 클럽" 모임에도 자주 참석했다. 스위스에서는 밀러처럼 쇼크요법에 정통하면서도 심리학에 흥미를 가지는 일은 모순된 행동으로 보지 않았다. 스위스는 1933년부터 1950년대 사이에 정신역동학과 기질성 정신의학이 모두 공존하는 중심부였고, 쿤에게는 가장 적절한 장소였던 것이다.

그곳에서 쿤은 "옛 것에서 찾으라"는 격언에 딱 들어맞는 상황을 경험하게 되었다. 얼핏 보기에 "신경증적 히스테리아" 증상을 가진 것으로 보이는 젊은 여자 환자에게 정신분석 치료를 하면서 그 경험은 시작되었다. 소위 "정신역동적" 치료로 환자는 많이 나아졌고 "정확히 프로이트의 이론에 따라서 무의식적 내용이 의식 위로 드러났다." 만사가 매끄럽게 진행되어 그녀는 회복되었다.

"며칠이 지나 그녀가 다시 내 진료소로 찾아왔는데, 진한 화장에 향수 냄새를 풍기고 원색의 화려한 옷에는 보석을 주렁주렁 달고 있었다. …… 강한 억양의 말투와 비약적 사고思考, 지나친 행복감 등의 기분 변화와 성마른 태도를 보이고 있었다." 쿤은 자신이 실수했음을 깨닫게 된다. 옳은 진단은 조증이었어야 했다. 환자가 저절로 좋아진 것을 그는 정신분석으로 "완치"시켰다고 보았던 것이나. 그 당시에 누구나 종종 그랬듯이, 쿤은 초기 우울증을 간과하고 "히스테리아"라고 잘못 진단했던 것이다. 쿤이 생각하기에 조울정신병은 기질적 질병으로, 프로이트 방식으로는 아무것도 해줄 수 없는 병이었던 것이다.

정신분석에서 멀어지면서 그는 이런 환자를 돕기 위해 의사는 무엇을 할 수 있을지 자문한다. 더욱이 그 환자를 정신병원에 입원시켜 ECT를 하게 되면서 그는 더 큰 고뇌에 빠지게 된 것 같다. "스스로에게 얼마나 많이 물었던가? '우리는 아편요법을 개선시켜야 한다!'고 그러나 어떻게?"

그 사이 클로르프로마진이 1952년 세상에 알려지게 되었다. 쿤과 동료들은 우울증과 조증에 대한 고민을 잠시 접어 둔다. 뮌슈테를링겐 의사들은 정신분열증 환자에게 시험할 약의 샘플을 롱—플랑 사로부터 무상으로 받았는데, 수용소의 제한된 재정 때문에 많은 환자에게 정규적으로 처방할 약을 다량 구매할 수 없었기 때문이었다. 1954년 2월 가이기 사에도 요청하여 환자에게 시험할 약간의 항히스타민제를 보내 달라고 요청했다. G22150(가이기 사 내부 명칭)이라 이름 붙여진 그 항히스타민제는 어느 정도 효과는 있었지만, 우울증 환자에게는 아무 효험이 없다는 이유와 심한 부작용의 발현으로 사용하고 남은 약은 돌려보냈다.

이즈음 쿤은 뮌슈테를링겐에서 약물요법을 이끌고 있었다. (그가 그 병원의 원장이 된 것은 1971년이었다.) 쿤은 가이기에게─혹은 가이기가 쿤에게 요청했다는 말도 있다─클로르프로마진과 똑같은 화학적 고리 구조를 가진 다른 항히스타민제를 자기네가 시험해 볼 수 있다고 제의했다. 이 약은 정신분열증 환자에게 투여되었다. 악화된 환자도 많이 있었고, 일부 무기력하게 지내던 만성 환자들은 에너지가 용솟음쳐 안절부절 못하게 되었다. 왜 이런 괴상한 효과가 나타나는지 쿤은 가이기 사의 과학자들과 의논했고, 1955년 어느 땐가, 그렇다면 이 약을 우울증 환자에게만 투여해 보자고 결정하게 된다. 우울증 환자에게 나타난 효과는 놀라운 것이었다. 그 효과는 "상상할 수 없을 정도로 놀랍고 경이로운" 것이어서 병원 의사와 가이기의 과학자들은 약이 효과를 나타내는 과정을 숨을 죽이고 지켜보아야 했다. 쿤과 가이기의 과학자들은 분명 우울증을 개선시키는 약을 발견했던 것이다.[72]

이 약을 투여받은 첫 40명의 우울증 환자 중 몇 명에게서 나타난 효과는 극적이었다. 쿤에 의하면, "환자들은 점차 생동감을 찾기 시작했다. 나지막하고 음울한 목소리는 크고 힘차게 되었고, 주고받는 대화가 많아지고, 불평하며 울던 일도 사라졌다. 불만에 차서 징징거리고 짜증내던 사람이 친근하고 만족스럽고 사교적인 성격으로 변화했다. 온갖 병을 걱정하던 건강염려증과 신경쇠약이 사라진 것이다." 아침이면 침대에서 벌

1958년 첫 우울증 특효제인 이미프라민이 개발되기 전에 우울증은 이러했다. 1823년 조지 크룩생크가 우울증을 희화하여 그린 "푸른 악마" 그림이다. **필라델피아 예술박물관 윌리엄 헬펀드 컬렉션**

떡 일어나 동료 환자들과 어울리려 병실 밖으로 나오고, "서로 남을 즐겁게 해주고 병원 생활에 적극 동참했으며, 편지를 쓰거나 가족에 대해 관심을 보이기 시작했던 것이다." 친지들이 방문하면 환자의 달라진 모습에 놀라움을 표현하며 "이렇게 잘 지내는 모습은 아주 옛날에나 본 것 같습니다"라고 단언했다. 환자 자신들은 "기적과 같은 치료법"에 대해 말했다.[73]

쿤이 보고서에서 환자들의 변화에 대해 기술한 언어는 꽤 흥미롭다. 왜냐하면 우울증으로부터의 회복이 마치 무덤으로부터의 부활과 같은 모습으로 묘사되었기 때문이다. 부활의 수사는 새로운 계열의 항우울제가 등장할 때마다 약효를 설명하는 데 사용되었고, 프로작이 등장했을 때에도 어김없이 이런 식으로 묘사되었기 때문이다.(527~530쪽을 보라) 쿤은 1957년 9월 취리히에서 열린 제2차 국제 정신의학회의 모임에서 이 약에

관해 발표했다. 당시 쿤의 발표를 듣던 청중은 겨우 12명이었다.[74]

1958년 봄 가이기는 이 약을 이미프라민(토프라닐®)이라고 명명했다. 이미프라민은 "삼환계三環界" 항우울제 중 첫 타자인데, 이렇게 이름이 붙은 이유는 세 개의 고리를 가진 화학구조로 되어 있기 때문이다. (클로르프로마진은 거의 유사한 구조에서 원자 두 개만 다르다.) 항우울제의 필요성은 자명한 것이어서, 곧 삼환계 항우울제들이 경쟁적으로 시장에 쏟아져 나왔고, 예를 들면 머크 제약회사의 아미트립틸린amitryptiline(엘라빌®)이 1961년에 품시되었다. 미국에서 항우울제의 처방 횟수는 1980년대에 이미 1000만 회 이상으로 증가했고, 이들 중 대다수를 차지하는 것은 삼환계 항우울제였다. 그리고 항우울제의 종류는 수십 가지 이상에 달했다.[75]

풍요로운 약물시대가 열리며 정신의학은 새롭게 대중으로부터 신뢰를 얻게 되었다. 정신과 의사들은 실제로 환자를 낫게 할 수 있었던 것이다. "현대적 치료법으로 정신과 증상을 완화시키는 일은 비교적 쉬워졌다." 모즐리 병원에서 은퇴한 노인정신의학 전문의 펠릭스 포스트는 정신과 의사들이 편집증 환자를 치료할 수 있고 만성 우울증 환자(전에는 입원시키지 않으면 필경 자살로 이어질)를 입원시키지 않고도 치료할 수 있음에 감격했다. 포스트의 말에 따르면, "과거에는 브로마이드 하나만 가지고 수개월 혹은 수년씩 외래 환자를 봐야 했고, 진력나는 면담을 해야 했다. 환자기록지에는 오직 단 하나의 용어, 혹은 마지막 용어인 I.S.Q(In Status Quo, 현상 유지, 다른 말로 '별 변화 없음')만 적혀 있었다. 그러나 이제 환자들 대부분은 뚜렷이 나아지고 있다……." 그러므로 새로운 약물요법은 포스트와 동시대에 살던 정신과 의사들의 경험을 완전히 바꾸어 준 것이다. "나는 고립된 시골에서 홀로 의사 생활을 시작했고, 조금도 나아질 가망이 전무한 채 한없이 피폐해 가는 수많은 환자를 보며 손써

볼 방법을 하나도 가지지 못한 채 두려움에 질려 있었다. 결국 정신과 의사들 전문인 그룹에 들어와서야 내가 의사로서 내 환자들을 도울 수 있다는 자신감을 가지게 되었다."[76]

이차 생물정신의학의 약리학적 기반이 된 항정신증 약물, 항조증 약물, 그리고 항우울제의 발견은 단계적으로 천천히 준비해 온 과학적 연구에 힘입은 것이지만, 여기에는 우연이라는 행운이 더해진 것이었다. 정신약물이 불러일으킨 과학적 호기심과 판매이익은 정신의학을 그 어느 때보다도 가장 탄탄한 과학적 기반 위에 올려놓게 하였다. 이제 신경과학의 세계로 진입할 때가 된 것이다.

신경과학과의 만남

신경과학은 주요 정신과 질환을 뇌의 화학과 해부병리학적 관점에서 이해하고자 한다. 그럴 수 있다는 확신이 1차 생물정신의학 기저에 있던 논리였으나 그 세대는 별다른 성과를 이루지 못했었다. 1852년 당시 할레 수용소 보조의사였던 젊은 하인리히 레흐는 이렇게 말했다. "광기는 질병 그 이외의 것이 아니다. 오직 의학적 치료만이 그 병을 이길 수 있다." 레흐가 보기에는 정신적 균형 여부는 뇌의 화학적 상태를 의미했다. "뇌에 화학적 혹은 물리적 변화가 극히 미세하게만 일어나도 …… 정신질환을 일으킬 수 있다."[77] 이 설명은 그 후 150년이 지난 현재의 의사들이 환자에게 정신질환에 관해 설명하며 "뇌의 화학적 불균형 때문에 고통 받고 있는 것입니다"라고 말하는 것과 별반 다르지 않게 들린다. 그러나 레흐를 비롯한 수많은 정신과 의사들이 현미경을 들여다보며 쏟았던 열정과 노고는 아무런 성과를 남기지 못했다. 뇌 기능을 파헤치는 연구는 임상의사들만의 노력으로 진행하기에는 너무 방대한 작업이었다. 1891년 스코틀랜드의 정신과 의사 토머스 클라우스턴이 신경과학의 장대한 비전을 어렴풋이 묘사한 적이 있다. "[언젠가] 생리학적 관점과 병리학적 관점을 병합하여 뇌기능과 뇌발달을 보다 넓은 통합적 시각으로 이해할 날이 올 것이다." 클라우스턴은 여기에서 한 걸음 더 나아가 신경과학이 "뇌발달과 관련된 모든 노이로제성 정신질환을 단일한 도식 내에서 분류할 날이 올 것이며, 여태까지 개별적 병리 현상이라고 보았던 질병에 일괄된 생리학적 통일성을 부여할 수 있게 될 것이다."[78] 클라우스턴이 말한 "뇌발달과 관련된 노이로제"란 정신분열증을 비롯하여 뇌의 발달 이상으로 생기는 모든 질병을 의미했다. 수세기가 지난 지금껏 질병을 일으키는 뇌 화학의 주제는 아직껏 난제로 남아 있다.[79]

역사상 처음으로 뇌와 마음, 그리고 여기에 생기는 질병을 총괄적으로 연구했던 센터는 크레펠린의 뮌헨 연구소이다. 함께 일했던 사람으로는 신경병리학자인 발터 스필마이어, 유전학자인 한스 룩센부르거, 그리고 신경면역학의 선구자로서 매독이 뇌에 침투하면서 일어나는 뇌 면역 반응을 기술한 펠릭스 플라우트 등이 있다.[80] 나치가 득세하면서 이 위대한 연구소는 선구자로서의 지위를 잃어버렸다. 예를 들면, 플라우트는 혈장학과 실험 요법 연구소 소장이었는데, 1936년 런던으로 망명한 후 1940년에 자살로 생을 마감했다.[81]

제2차 세계대전이 끝난 후 이들이 하던 연구는 다른 나라로 건너가 그 맥이 이어져서, 1950년 파리에서 첫 국제 정신의학 총회가 열릴 즈음에는 생물정신의학을 진수시킬 기초적 인원이 모일 수 있게 되었다. 후일 2세대 생물정신의학이 안착하게 될 신경과학의 세분야 전문가들이 모두 그 회의에 참석하였다. 모즐리 병원 정신의학 연구소 선임강사 데니스 힐은 정신의학계에서의 뇌파기계 사용에 관해 발표했다. 그는 정신분열증 연구에 뇌파기를 사용한 선구자였다.[82] 그의 말에 의하면, 기능성 정신병의 "이상異狀과 비정상성은 놀랄 만큼 다양하지만" 그럼에도 불구하고 뚜렷한 특이성은 없다. (뇌파검사 기술은 나중에 소아정신의학에서 발달지연을 조사하는 데 사용된다.[83]) 브리스틀의 맥스 리스는 프라하에서 망명한 정신과 의사로서 정신 내분비학 창립자 중 한사람인데, 방사선 동위원소를 이용하여 정신질환자의 갑상샘 활동을 측정한 연구 결과를 발표했다.[84] 1950년 데릭 릭터는 카셸턴에 막 도착하여 신경정신의학 연구센터의 소장으로 임명되었고, 향후 영국에서 정신약리학 분야를 확립했다. 파리 학회에서 릭터는 뇌의 대사활동을 추적하기 위한 방사성동위원소 사용법에 관해 발표했다.[85] 그 자리에서 발표되었던 것이 모두 다 후일 임상 정신과에서 중요해진 것은 아니었지만, 병든 마음의 물리적 본질로서의 뇌에 관한 체계적 연구의 청사진이 바로 1950년 파리에서 구상되었던 것이다. 임상 신경과학이 진정으로 탄생한 곳이 바로 그 회의였고, 나중에서야 사람들은 임상 신경과학clinical neuroscience이라는 용어의 의미를 이해하게 된다.

미국에서 생물정신의학의 창립자를 한 사람 꼽아야 한다면 아마도 스탠리 콥일 것이다. 그는 하버드의 신경학자로서 1934년 매사추세츠 종합병원에 정신과를 만들면서 정신의학으로 전과轉科했다. 유럽에서 폭넓게 수련을 받고, "신경과학으로 설명할 수 있는 정신생물학psychobiology"에 관심을 가지고 있었다. 이 용어는 신경외과 의사인 윌더 펜필드로부터 나온 용어인데, 펜필드가 앨런 그렉의 일생에 관심을 가지면서 그렉과 인연이 닿은 콥에 대해서도 기술해 놓았다. 앨런 그렉은 록펠러 재단의 의료부장으로서 1933년부터 기초 정신의학 분야, 특히 신경생리학과 신경학 분야에 연구 자금을 지원해 주고 있었다. 그렉은 록펠러를 움직여 매사추세츠 종합병원에서 하던 콥의 기초생물학 연구를 20년간 지원하도록 했다.[86] 콥과 트레이시 퍼트넘의 공동 연구 결과 중 하나가 딜란 틴Dilantin✝이라는 첫 번째 간질치료 약이다.[87] 콥의 재임 기간 동안 그 병원에서는 핵심 연구자 여럿이 배출되었는데, 그중 한명이 엘리 로빈스(490쪽을 보라)으로서, 정신분석이 한창 유행하던 시기에 정신의학은 생물학적으로 사고해야 한다고 주장했던 사람이다.

1946년 샌프란시스코 페어몬트 호텔에서 소수의 연구자들이 만나 연구 집단을 조직했는데 콥도 여기에 참여했다. 이 모임은 캘리포니아 출신 신경학자 두 사람에 의해 조직되었다. 한 명은 조애니스 닐슨이고, 다른 한 명은 그의 제자 조지 톰슨이다. (이듬해에 이 둘은 미국 최초로 생물정신의학 교과서를 공동 저술했다.[88]) 이것이 미국 생물학 분야 조직으로서는 가장 오래된 생물정신의학회가 되었다.[89] 창립자들은 자신들이 1세대 생물정신의학의 대를 잇는다고 생각했다. 이들은 마이네르트, 베르니케, 플레치흐를 거론하며 "신경세포학적 지식에 바탕을 둔 정신의학이라는 개념은 새로운 것이 아니다"라고 언급했다. 그때부터 지금까지 생물정신의학은 "관찰과 해석에 의한 방대한 원리체계superstructure"를 축적해 왔다. 이제는 이 모든 정보에 근거하여 질병이 위치하는 뇌의 실질 부분을 지적해 낼 때가 온 것이다. "생물학적 개념을 발전시키려는 사람이라면, 상부구조인 원리체계를 떠받치는 토대를 구축해야 한다는 데 동의할 것이다." "그들의 소망은 …… 생물학적 개념을 증명해 줄 해부 구조를 조사하는 것이다."[90] 1950년대 초 대서양 양편에 있던 소수의 연구자들은 생물정신의학의 신경과학적 토대를 다지려는 결연한 의지를 서로 확인했다.

신경과학 요소 중 가장 오래된 분야는 약물이 뇌와 마음에 어떤 영향을 미치는지 연구하는 정신약물학일 것이다. 이 용어는 르네상스 후반기에 의학이 아닌 분야에서 유래되었다. 성직자인 우르바누스 레기우스 사후 1548년에 발간된《정신약물학》이 그 어원이다.[91] 약물을 이용한 뇌 연구는 19세기 동안 산발적으로 일어났다. 에스퀴롤이 사망한 후 파리 스타일로 세운 그의 개인 클리닉에 있던 스태프 의사 자크-조세프 모로("여행가 모로"[++]라고 불림)가 광기와 해시시의 관계에 대해 가설을 세운 바있다. "해시시는 광기의 미스터리를 비추는 등불과 같아서 다채롭고 변화무쌍하며 기이한 광기의 감춰진 근원으로 우리를 안내한다." (모로우 자신은 연구 목적으로 해시시를 사용한다고 주장했다.)[92] 두 세기 이후에 위대한 프랑스 생리학자인 클로드 베르나르가 약물을 사용하는 뇌 연구에 관해 언급했다. "독약은 수술용 칼보다 더 섬세하고 정밀한 일종의 생리학적 메스로 신경계 연구에 사용될 수 있다……."[93] 뇌와 마음의 질병의 정체를 밝히고 병든 곳을 치료하는 도구로 약이 기능할 수 있다는 이 말에는 정신약물학의 본질이 담겨 있다. 그 뒤를 이어 1880년대 크레펠린이 뇌에 미치는 약물의 효과를 처음으로 체계적으로 연구하면서 "약물심리학pharmaco-psychology"이라는 용어를 만들었는데, 당시 그는 약물을 치료적 기술로 사용하리라고는 생각하지 않았었다.[94]

그 후 40년이 지나도 크게 달라진 것은 없다. 1920년 존스 홉킨스의 약리학자 다비트 마흐트가 "심리적 기능에 미치는 약물의 영향"에 관해 기술하면서, "소위 '정신약물학'이라고 부를 만한 영역에 지금껏 축적되어 있는 지식은 매우 빈약하다"라고 말했다.[95]

1943년 LSD[+++]가 발견되면서 약물 연구는 다른 국면으로 접어드는데, 이 약은 정신병을 유발한다는 점에서 심리적 과정을 실험적으로 조

[+] 항전간제로 1908년 독일화학자 하인리히 빌츠에 의해 최초로 합성되었고, 퍼트넘 등은 그 효용성을 발견했다.

[++] '여행가 모로'라는 별명은 4년간 동양을 여행한 후에 얻었다. 마리화나를 들여와 실험하면서 해시시의 효과나 꿈이 광기와 같다고 주장하는《해시시와 광기》를 썼다.

[+++] 리세르그산 디에틸아미드Lysergic acid diethylamide의 약자이다. 호밀 곡류 곰팡이에서 추출한 반半 합성 환각제이다.

각彫刻해 보게 했다.[96] 그러나 LSD는 환각제로 길거리에서 남용되기에 이르고 임상적 효용은 없었다.

클로르프로마진과 초기 향정신성 약물이 발견되면서 정신약물학은 정당한 평가를 받게 된다. "생리학적 메스"로서의 지위를 획득하게 된 것이다. 새롭게 정립된 연구 분야는 다양한 항정신증 약물과 항우울제의 작용 기전을 연구하는 것이었다. 1950년대 중반까지 정신의학 국제사회에서 배척받던 독일이 맨 처음으로 이런 방향으로 연구를 추진했다. 약물 연구의 초기 주도권이 독일 정신의학의 과거와 현재를 이어 주는 적절한 다리 역할을 하게 된 것이다. 1956년 하이델베르크 대학을 졸업하고 쾰른 대학 교수로 있던 볼프강 드 부어가 정신약물학 교과서를 집필했고,[97] 이것이 세계 최초의 교과서이다. 하이델베르크 대학 시절 드부어는 정신분열증 연구의 대가인 슈나이더 밑에서 공부했다. 그러나 교과서를 쓰게 된 계기는 슈나이더가 아닌 빌리 헬파흐의 격려와 재촉이었다. 헬파흐 역시 하이델베르크에서 크레펠린의 제자였다. 크레펠린의 교과서는 당시 젊은 심리학자인 헬파흐에게 영감을 주어 그를 정신의학으로 전향하게 한 바가 있기 때문이었다. 1950년대 초 당시 나치의 과거에 혐오를 느낀 헬파흐는 독일 정신의학이 다시 과학의 세계에 정위定位되기를 희망했다. 이들은 학문을 추구하는 학자였다.

그러나 새로운 정신약물학 연구는 학자가 아니라 제약회사가 대부분 주도하게 된다. 1957년 국제 신경약물학 학회(CINP)를 설립하자고 주장한 것은 드부어였는데, 첫 회장은 산도즈 제약회사 사장인 에른스트 로스린이 되었다.[98] 그러므로 정신약물학 협회는 민간자원에 의해 설립된 신경과학 기관이다. 제약회사들은 클로르프로마진의 뇌에 대한 작용 등에 관한 기초연구에 연구 자금을 후원했는데, 그 목적은 기초과학 발달에 힘입어 질병과 연관된 생화학적 경로나 해부학적 구조를 알아낸다면,

그 과정을 차단하는 약물을 디자인해 낼 수 있을 것이기 때문이었다. 정신약물학은 임상의사나 학계 연구자들의 공로라기보다는 실로 제약회사의 창조물이라고 해도 과언이 아닐 것이다. 1960년대 이후로 이 분야는 미국과 영국에서 가장 번창하는 거대 사업으로 발전하기에 이른다.

특히 도파민dopamine[+]과 세로토닌serotonin[+++]은 정신약물학 무용담의 주인공들이다. 이들이 어떻게 관심의 초점으로 부상했는지 알아보기 위해 1952년으로 돌아가 보자. 당시 하버드에서 갓 박사학위를 받은 베티 트와럭은 존 웰쉬 교수의 실험실에서 일하고 있었다. 그녀는 1952년 세로토닌을 분리해 내고 이를 신경전달물질이라고 보았다. (이들은 아보트 사 실험실에서 제공한 소량의 샘플을 가지고 작업을 했다.) 1년 후에 그녀는 클리블랜드 클리닉의 어빈 페이지와 함께 포유류의 뇌에서도 세로토닌을 분리해 내었다.[99]

1957년 스웨덴 룬트 대학의 약리학자인 아르빗 칼슨과 동료들은 도파민도 신경전달물질임을 확인한다.[100] 칼슨은 뇌에 있는 도파민의 존재를 최초로 확인한 인물로서 이 책에 자주 이름이 나오게 될 것이다. 이로써 정신과는 임상치료에 응용할 신경과학 분야로서의 첫발을 내딛게 되었다.

그렇다면 클로르프로마진과 다른 항정신증 약물이 도파민과 연관됨을 이들이 어떻게 알게 되었을까? 괴테보르크 대학으로 옮긴 칼슨이 1963년 쥐에게 이 약물을 투여했을 때 쥐의 뇌에서 도파민 수치가 상승하는 것을 발견한다. 칼슨이 그 당시 특별히 도파민과의 연관성을 언급한 것은 아니지만, 이 약의 작용 부위가 도파민 계통일 가능성은 매우 크

[+] phenethylamine계 신경전달물질로 운동, 동기 및 보상체계, 인지기능 및 정보 조정에 관여한다.
[+++] monoamine계 신경전달물질로 대부분은 장관에 존재하며 뇌에 있는 일부는 식욕, 수면, 기억, 통증 등에 관여한다.

다고 생각했다.[101]

그러나 건강한 쥐와 달리 정신분열증 인간의 경우는 어떠할 것인가? 여기에서 한 걸음 더 나아가, 도파민이 정신분열증을 악화시키거나 혹은 원인이 될 수도 있다는 의문을 그는 가지게 된다. 이 의구심은 도파민 효과를 강화하는 암페타민이 정신분열증을 악화시킨다는 것을 발견하게 되면서 더욱 커져 갔다.[102]

그 사이 세로토닌과 우울증의 연관성에 조명이 비치기 시작했다. 1950년대 중반 미국 국립건강연구소에 있는 연구자들이 이에 초점을 맞추어 세로토닌—정신약물학자들의 용어로는 "5-HT(5-hydroxytryptamine)"—의 불균형이 일부 정신질환과 연루됨을 발견했다. 이 계통의 약물이 발전해 온 경로는 특히 주목할 필요가 있는데, 그 이유는 이 약물 경로가 종국에는 프로작으로 귀결되기 때문이다. 그러나 정신증에 초점을 맞추었던 이들 연구자들은 애초에 세로토닌이 정신증보다는 우울증에 관여한다고 생각했으므로 큰 관심을 기울이지 않았다.

세로토닌 경로는 1955년 국립 심장연구소 버나드 브로디의 화학약리학 실험실에 불이 밝혀지면서 집중적으로 연구되었다. 브로디 팀은 레세르핀reserpine[+]이라는 화합물을 동물에게 투여하자 뇌를 포함한 여러 조직에서 세로토닌이 소실되는 것을 관찰했다.[103] 이것이 인간행동과 생화학 사이의 핵심적 연결고리를 밝혀 낸 첫 번째 성과이다.[104]

뒤이어 여러 연구자들이 새로운 정신과 약이 뇌에 화학적 변화를 일으킴을 확인하여 이 둘 사이의 연결 가능성을 더욱 견고하게 해주었다. 1960년 영국 과학자들이 이미프라민을 복용한 우울증 환자의 혈액내 세로토닌 수치가 급격히 감소했음을 보고했다. 이때부터 "재흡수 기전"에 관한 연구 결과가 속속 밝혀지기 시작한다. 즉 항우울제는 인체 어딘가로 세로토닌을 격리시킨다는 것이다.[105] (특히 신경세포 간 연접 부위에서 재흡수를 차단해 세로토닌을 가두는 것이다.) 그로부터 8년 후인 1955년, 브로디의 실험실에서 같이 일했던 아르빗 칼슨이 이 현상은 영국인들이 주장했던 것처럼 혈소판에서만 일어나는 것이 아니고 뇌 자체에서도 일어나는 현상임을 지적했다. 삼환계 항우울제는 신경세포 간 연접부로 분비된 세로토닌이 신경세포로 재흡수되는 과정을 차단한다는 것이었다. 재흡수되는 양이 적을수록 연접부 내의 세로토닌은 증가하고 우울증에 대항하는 기능은 증가하게 되는 것이다. 따라서 칼슨의 우울증에 관한 "세로토닌 가설"이 증명된 것이다.[106]

이렇듯 뇌의 화학물질, 혹은 신경전달물질에 관한 연구가 진행되면서 이들 물질이 신경세포를 따라 내려가면서 각 수용체와 어떻게 접합하는지 그 기전의 전체 양상도 드러나게 되었다. 신경전달물질 이론을 파헤치고자 했던 첫 시도는 아르빗 칼슨의 1963년 연구이다. 만약 약물이 도파민을 변화시킨다면, 뇌에서 도파민이 신경자극을 전달하는 데에 변화를 줄 수도 있을 것이다. 그러자 1974년 존스 홉킨스의 솔로몬 스나이더가 클로르프로마진과 같은 항정신증 약물이 도파민 수용체에 접착하여 도파민 활동을 차단할 것이라는 가설을 세웠다.[107] 따라서 치료의 핵심은 신경전달물질의 수용체 접착 기능을 변화시키는 데 있을 것이 틀림없다고 보았던 것이다.

1980년대까지 이 분야의 연구는 하나의 신경전달물질이 하나의 질병과 연관된다는 일대일 이론의 틀을 따라 이루어지는 경향이 있었다. 그래서 뇌에 자연적으로 존재하는 여러 가지 카테콜아민catecholamine[++] 중

✦ 인도사목Rauwolfia Serpentia에서 추출한 알칼로이드로서 혈압강하제, 진정제 등으로 사용되었다. 클로르프로마진이 나오기 전에 정신병 치료에 주로 쓰였고, 수면제로도 사용되었으나 현재 정신과에서는 거의 쓰이지 않는다.

✦✦ 교감신경계 기능의 일부를 맡는 부신 호르몬이며, 아미노산인 티론tyrone에서 유도되며 카테콜catechol을 포함한다. 도파민dopamine, 에피네프린epinephrine 등이 여기에 속한다.

예를 들어 노어아드레날린noradrenalin은 정서장애에만 연관된다고 보았다. 이것이 "우울증의 아민 가설"이라 불린 것이다. 후에 세로토닌도 여기에 포함된다. 도파민과 같은 신경전달물질은 정신병과 연관되고, 아세틸콜린은 치매와 연루된 것으로 보았다.[108]

하나의 신경전달물질-하나의 질병 이론은 꽤 논리적으로 보였다. (게다가 제약회사가 마케팅하기에도 매우 편리한 개념이었다.) 그러난 연관성이 인과관계를 의미하는 것은 아니었다. 1980년대에 이 이론은 흔들리기 시작한다. 매우 효과적인 항정신증 약물인 클로자핀clozapine[+]은 도파민 대사와는 상관없고 도리어 세로토닌과 관계되는 것이었기 때문이다. (클로자핀은 1970년 중반에 개발되었지만, 1988년이 지나서야 정신분열증 치료에 효과적이라는 것이 밝혀지게 되었다.) 신경전달물질은 계속 새로 발견되어 1990년대에 이르자 40여 개 이상이나 되었으며, 도파민과 세로토닌은 정신질환 발현에 관여하는 많은 신경전달물질 중 오직 일부에 해당하고, 더욱이 이들이 지배적 역할을 하지 않음도 속속 드러나기 시작했다.[109] 그러나 한 가지 신경전달물질 대對 하나의 질병 가설은 뇌의 기초적 기능을 연구하는 데 수년 동안 자극을 주었다는 점에서 큰 의미가 있다. 기전이 밝혀지지 않았더라도 약물이 어떻게든 효과가 있었다는 것은 과거의 가설이 다다르지 못했던 신경과학의 영토를 활짝 열어 놓은 셈이었기 때문이다.

뇌 조직에 존재하는 물리적 병소를 찾아내는 분야인 신경병리학은 정신질환을 신경과학적으로 해석하는 데 또 다른 버팀목 역할을 했다. 정신분열증에 관한 해부학적 연구는 한때 "신경병리학자들의 무덤"이라고

[+] 도파민 수용체들에 주로 작용하던 전형적인 항정신증 약물과 달리 세로토닌계 수용체에도 작용하여 효과를 나타낸다 하여 비전형적 항정신증 약물로 불린다.

불리기도 했다.¹¹⁰ 마이네르트는 현미경만 들여다보다가 건강을 해쳤고, 그다음 세대 정신분석 중심의 역사학자들은 마이네르트가 질병의 해부학적 장소를 찾으려 했다고 조롱했다. 그러나 마이네르트는 옳았다. 후에 신경병리학자들은 마이네르트가 꿈도 꾸지 못했을 초정밀 기술로 그가 찾고 있던 병소를 찾아내게 된다. 1970년대 정신분열증의 수많은 수수께끼 중 한 가지 답을 찾아낸 사람들이 신경병리학자들이었다. 만일 정신분열증이 유전질환이라면 왜 가족력이 전혀 없는 가정에서 환자의 절반이 발생하는가? 그 답은, 비유전성인 태내 발달이상과 분만 도중의 뇌손상으로 인해 생후 뇌발달에 이상이 생기고 성장하여 성인이 되었을 때 쉽게 정신병이 생길 수 있다는 것이었다.

이런 연구의 발자취를 거슬러 올라가면, 크레펠린과 스필마이어가 뮌헨에서 착수하고, 로자노프가 미국에서의 연구에 도화선에 불을 붙였던 계보를 찾아낼 수 있다. 예를 들면, 1939년 남 캘리포니아 대학에서 로자노프의 제자인 바니 카츠가 100명의 남자 정신분열증 환자와 100명의 정상 대조군의 산과産科 분만 기록을 분석한 바가 있었디. 그 결과, 분만 도중에 어떤 종류든 손상을 받은 사람에게서 정신분열증 빈도가 훨씬 높았다. 제2차 세계대전 이후 정신분석이 정신의학을 지배하게 되면서 이러한 조직병리적 연구는 일종의 금기사항이 되어 버렸으나, 1970년대 이후 다시 제 궤도를 찾게 되었다. 당시 정신분열증을 연구하던 학자들은 태내 뇌신경세포 발달 과정에서 생긴 세포간 연결망의 문제점을 찾으려 했다. 로스앤젤리스 캘리포니아 대학의 조이스 커벨먼과 아놀드 쉬벨은 로스앤젤리스 재향군인 병원에서 사망한 정신분열증 환자의 뇌를 마이네르트 시대의 기술과는 비교도 안 될 정도로 정밀한 방법으로 부검했다. 10명의 환자 뇌에서 추출한 1만 3680개의 신경세포를 조사한 결과, 정신분열증 환자 뇌의 특정 부위에 있는 신경세포가 정상

대조군에 비해 훨씬 무질서하게 흩어져 있는 것을 발견하고, 이는 태아 뇌세포들이 서로 연결망을 형성하는 발달 과정에서 목표 부위의 세포와 제대로 맞닿지 않아서 생긴 결과라고 보았다. "신경세포의 수지상 돌기가 이렇듯 무질서하게 되는 경우는 배아발생 시기의 발달 이상을 제외하고는 거의 없다."[111] 또 다른 연구자들은 정신분열증 환자의 뇌에서 비정상적으로 거대한 신경세포들을 발견했다.[112] 이러한 소견은 태내에서의 이상 발달 시에만 나타나는 것이므로 정신분열증 때문에 생겼다고 볼 수는 없다.

바이러스도 태아의 뇌 발달에 이상을 초래할 수 있다. 헬싱키에 심한 인플루엔자가 유행할 때, 태아의 뇌가 가장 빠르게 발달하는 시기인 임신 중반기에 있던 여성 코호트에 관한 조사cohort study[+]가 있었다. 26년 후 이들의 자녀군에서 정신분열증의 발병 빈도가 예외적으로 매우 높았다.[113] 더 광범위한 연구로는, 인플루엔자 유행시기 이후 40년간 인플루엔자와 정신분열증의 관계를 조사한 것이 있다. 덴마크에서 1910년부터 1950년 사이에 태어난 어린이를 검사했을 때에도 같은 결과가 나타났다.[114]

바이러스에 의한 뇌의 염증반응으로 신경세포의 이동에 문제가 생겨 세포 간 연결에 교란이 오는 것을 신경교神經橋 세포 증식gliosis[+++] 현상이라고 한다. 1972년에 이미 연구자들은 성인 정신분열증 환자에서 태내 발달이상에 의한 일종의 신경교 증식증이 나타남을 부검에서 발견한 바 있었다. 1982년 워싱턴 성 엘리자베스 병원에 있던 재니스 스티븐스는 병원에서 사망한 25명의 정신분열증 환자의 뇌를 조사하여 다른 종합병원에서 사망한 일반 환자의 뇌와 비교해 보았다. 그 결과 실질적인 신경교 증식증이 다른 연구자들이 지적했던 바로 그 부위에 나타남을 발견했다. 이 현상은 ECT나 약물에 의한 결과는 아니었다.[115]

1970년대 이후 임상에 적용되기 시작한 컴퓨터 단층촬영(CT), 자기

공명 영상촬영(MRI), 양전자방출 단층촬영(PET) 등 뇌 자체를 선명하게 보여 주는 근대 후기의 기술은 마이네르트가 미처 상상해 보지 못했던 것들이다. 1976년 런던-해로우의 임상연구센터에 있던 이브 존스턴, 티모시 크로우 등의 연구자들은 입원중인 17명의 정신분열증 환자와 이 환자들이 발병하기 전에 일하던 직장과 유사한 직장을 가진 동일 연령의 대조군을 CT 검사로 비교해 보았다. 정신분열증 환자의 뇌는 정상대조군과 매우 다른 지형도를 보였다. 특히 뇌실이 확장enlarged ventricle[+++]되어 있었는데, 확장 정도는 증상의 중증도와 비례했다.[116] 이는 뇌실 주변의 뇌조직 발달과 관련이 된다고 보았다.[117] 현미경으로만 부검 조직을 들여다보아야 했던 마이네르트는 뇌실과 같은 뇌의 전체 구조를 조망하기는 어려웠을 것이다. 20세기 후반 발달한 영상기법은 과거에는 꿈도 꾸지 못했을 정도로 살아 있는 인간의 생생한 뇌구조를 보여 주게 되었던 것이다.

1990년대 중반부터 이루어진 신경병리 연구 결과는 정신분열증이 기질적 질환임을 강력하게 시사하고 있다. 플로이드 블룸은 1993년 캘리포니아 라 졸라에 있는 스크립 연구센터에 있었고 나중에 《사이언스》의 편집장이 되었는데, "정신분열증이 실질적으로 신경병리에 기인함을 입증하는 이렇듯 많은 근거자료들은 의심의 여지를 남기지 않는다"라고 말했다.[118]

크레펠린이 말한 "조발성 치매"는 너무 광범위한 개념이다. 범위를

✛ 특정 시기에 특정 경험을 공유하는 집단을 장기간 시계열로 추적하여 조사하는 연구 방법이다. 예를 들어 1999년 서울에서 태어난 사람들을 하나의 집단으로 보고 이들을 대상으로 하면 이는 출생 코호트birth cohort이다.

✛✛ 신경교 세포는 중추신경계 조직을 유지하며 신경세포간의 연결 시냅스를 통해 정보를 전달하는 역할을 관장한다. 과다하게 증식하는 경우는 대부분 손상을 받은 후유증이거나 퇴행성 질환일 때 나타난다.

✛✛✛ 뇌중앙에 뇌척수액이 있는 부분을 뇌실腦室이라 하며 뇌실질이 위축되면서 뇌실이 커지게 되는 현상.

좁혀서 기질적 뇌질환이라는 측면에서 볼 때, 정신분열증에는 두 개의
얼굴이 있다고 보았다. 하나는 신경발달학적 특징을 가지며 남자에서 훨
씬 많이 나타나고 주로 청소년기에 발병하는 것이다. 다른 하나는 아마
도 신경발달과 무관하며 그 원인은 불분명하고 남자보다 여자, 특히 중
년기에 많이 발병하는 것이다.

그러나 뇌 발달 쪽이 더 강조되었다. 이른 나이에 발병하는 정신분열
증은 태아나 영아의 뇌에서 일종의 "연타 모델two-hit model"에 의해 발생
하는 것으로 보았다. 첫 번째 "타격"은 유전성이고, 두 번째로 받는 타격
은 자궁 내 뇌손상 혹은 난산 등과 같은 생물학적 요인이나 살아가며 겪
는 사회심리적 요인들이다.[119] 일련의 사건들이 신체적 혹은 행동상의 후
유증을 남겨 놓아서, 생명이 시작되던 초기의 병리적 사건을 유추해 볼
근거가 된다는 것이다.[120] 발달상의 이상을 일으키는 원인에 관해서는
1990년대 중반까지도 확실히 밝혀진 것이 없었다. 바이러스 때문일 수
도 있고, 혹은 조기에 발현된 유전자 때문일 수도 있다. 아니면 블룸이
말했듯이, "특정 가계도에 있는 특정 게놈〔유전자〕이 신경세포의 뇌피질
로의 이동을 완성하는 데 필요한 몇몇 유전자 발현 상태를 유지하지 못
한 것에서 기인할 수도 있다."[121]

1980년대는 정신분열증 이외에도 다른 정신질환의 기질적 원인을 밝
혀내기 위해 뇌 영상기법과 다른 신경병리적 기법이 발달하던 시기였다.
뇌실 확장은 조울증 환자에서도 발견되어 정신분열증의 특이 소견이 아
님이 밝혀졌고, 또한 배태 기간에 이상이 발생했을 수 있음을 시사했
다.[122] 1987년부터는 일부 연구자들이 강박장애 환자의 해부학적 생리학
적 변화를 찾아내고자 했다. 1934년 오토 페니켈이 강박장애에 관해 설
명한 바에 의하면, "리비도 발달상, 항문기 가학성 단계anal-sadistic level 때
부터 자기보호적 수단을 차용하기 시작한 예고가, 그다음 단계인 성기

기-오이디푸스 콤플렉스phallic-oedipus complex로 제대로 진행되지 못했기 때문이다."[123] 이보다 더 기발한 해석이 또 있을까?

어느 쪽이 맞을까? 강박장애를 일으키는 원인이 항문기 가학성 단계에 고착한 리비도 발달의 이상일까, 아니면 뇌 생물학적 이상일까? 1987년 연구자들은 이를 구별하기 위해 양전자방출 단층촬영을 이용해 조사했다. 포도당과 결합된 방사성 동위원소가 뇌에 흡착되는 정도를 측정하여 어느 부위가 활성화되는지 알아보고자 한 것이다. 이 연구에서, 손 씻기 등의 특정 행동이나 생각 등의 반복적 의례 행위를 유발하는 특정 자극(예를 들어 더러운 수건 등)을 강박장애 환자에게 주고, 감마카메라가 강박충동이 일어날 때의 동위원소 흡착 패턴을 추적했다. (환자는 검사하는 중간중간에 손을 씻도록 해서 강박증상이 가라앉도록 했으며, 다음 자극에 대비하도록 했다.)[124] 1994년, 전두엽과 기저핵 사이를 오고가는 전기활동 고리가 강박장애의 해부학적 병소에 해당한다는 사실이 확인되었다.[125] 이런 환자는 향정신성 약물(프로작)을 복용하면 증상이 개선(병소 부위의 혈액량이 증가됨)되었다.[126]

생물정신의학은 거의 반세기 동안 실질적으로 방기되어 있던 분야를 발달된 과학기술을 사용하여 이제는 차근차근 연구하게 되었던 것이다. 이 과학적 연구방법은 유전학, 약리학, 방사선학, 생화학, 병리학 연구자들이 연합 활동을 함으로써 얻어낸 개가였다. 이러한 학자들이 모여 설립한 신경과학 협회는 1971년 설립 당시 250여 명이었던 회원수가 1980년대 말이 되자 1만 1000여 명 이상으로 증가하였다. 이들의 과제는 뇌에서 유전자에 의해 만들어지는 수천 종의 생성물을 연구하는 것이다.[127]

정신과 의사는 기초과학자가 아니고 임상의사이다. 의사의 임무는 환자를 치료하고 편안하게 해주는 것이다. 의사들은 의사-환자 관계에 내재된 인도적 측면을 지키는 버팀목이 되어야 하고, 의사-환자 관계는 그 무엇보다도 두 인간 사이의 만남을 의미한다. 동시에 환자의 유전적 배경, 뇌의 해부학적 구조, 그리고 가장 효과적인 치료법과 약물을 찾아내야 하는 것이다.

임상 현장에서 정신과 의사가 실험실 과학자와 같은 태도를 가지는 것은 바람직하지 않은데, 1960년대에는 이런 태도를 가진 의사들에 대한 비난이 엄청난 분노로 터져나왔다. 이 운동은 반反 정신의학 운동이라 불리게 된다. 반정신의학은 20세기 정신의학의 기반 붕괴—수용소 환자를 "지역사회"로 복귀시킨 것, 즉 탈기관화deinstitution-alization라 불리는 사건—와 함께 연이어 진행되었다. 반정신의학 운동과 탈기관화는 생물정신의학이 의도하지 않았던 어두운 그림자로 이해될 수 있을 것이다.

반反정신의학

의료의 역사는 아이러니로 가득 차 있다. 1960년대와 1970년대에 의사들이 기질적 질병을 치료할 능력을 갖추게 된 바로 그 순간 승리의 월계관을 빼앗겨 버린 것이다. 당시 일반 의료계에서는 전반적으로 의사-환자 관계에 전과 다른 불화가 싹트고 있었다. 페니실린 등으로 질병을 치료할 수 있음을 알게 된 의사들이 의사-환자 관계의 심리적 측면을 간과함으로서 초래된 일이었다.[128]

마찬가지로 정신의학에서도, 정신질환을 치료할 수 있는 효과적인 새 약물이 등장함에 따라 환자가 절실히 필요로 하는 따뜻한 돌봄에 대해서는 무관심해졌던 것이다. 약물 부작용을 확인하기 위한 단지 5분의 면담은, 정신치료 위주로 진료하는 정신과 의사의 염려하는 태도 및 긴 시간의 면담과는 비교될 수가 없었다. 반정신의학 운동가들이 항상 괄호를 붙여 지칭하며 비웃던 것은 정신과가 스스로 과학적 의학이라고 자칭하는 태도였지, 시위자들이 분노하던 보호관리주의에 대한 것은 아니었다. 반정신의학 운동이 아이콘으로 내세운 모습은 머리 위에 안테나를 단 정신과 의사가 전압기록기 위에 그려진 나체 여인상을 들여다보며 고민하거나, 혹은 우주선 헬멧을 쓴 의사가 엄숙한 얼굴로 주사기를 내미는 모습 등이었다.[129] 어찌되었든 정신의학이 전적으로 과학주의로 전환함에 따라 돌봄의 정신은 상실되어 갔던 것이다.

정신의학 자체의 변화만이 아니라 정신과 외부의 많은 다른 요인들도 반정신의학을 유발하는 동기로 작용했다. 1960년대 전반적 사회 분위기는 의료를 포함하여 모든 권위에 대한 적개심이 끓어오르는 때였다. 좌파 작가들은 정신의학에 "부르주아 계급"의 통제 의지가 숨겨져 있다고 보았고, 카를 마르크스의 용어를 빌리자면 주식과 채권을 소유한 중상류층이 사회를 통제하기 위해 사용하는 도구라는 것이었다. 여성주의 작가들은 남자 정신과 의사들이 가부장제 권력을 여성에게 주입하기 위해 남성 젠더를 대표하는 중개인이라고 했다.

소수의 특정 지식인들도 반정신의학 운동에 동참했다.[130] 이 운동의 기본 주장은 정신질환이란 본질적으로 의료의 대상이 아니며 사회적, 정치적, 법적 대상이라는 것이다. 정신분열증이 어떤 것이고 우울증이 무엇인지는 사회가 규정하는 것이다. 정신질환이 사회적으로 구성되는 것이라면, 이는 탈脫구성의 대상이 되어야 하며 그럼으로써 자유를 원하는 자와 일탈자들을 풀어 주어야 하고, 뛰어나게 창조적인 사람들에게 "병리적"이라고 붙여놓은 오명을 떼어 주어야 한다.[131] 즉 정신병이란 없다. 그것은 신화에 불과하다는 것이다.

반정신의학 운동은 19세기 내내 지속되어 오기는 했지만, 20세기 말

에 이를 재점화시킨 것은 1960년
대에 한꺼번에 쏟아져 나온 일련
의 책으로서 이들은 매우 강력한
파급력을 지니고 있었다. 그중 가
장 유명한 것은 아마도 1961년
출판된 미셸 푸코의 《광기와 문
명》일 것이다.(450~451쪽을 보라)
그 책에서 푸코는 정신질환이란
18세기에 사회적·문화적으로 발
명된 것이라고 주장했다. 게다가

반정신의학 운동이 내세운 생물정신의학 정신과 의사
의 이미지. Madness Network News Reader, 1974

다른 몇 가지 블록버스터 급 저서들 또한 모두가 1960년대 말에 일어난
탈기관화의 이론적 배경을 뒷받침해 주는 것이었다.

반정신의학의 창시자—이들은 모두 남자이다—중 한 사람으로서 토
마스 사츠가 있다. 그는 부다페스트에서 태어난 정신분석가로 제2차 세
계대전 직후 시카고에서 수련을 받았다. 1954년 해군에 입대했을 때가
34세였는데, 당시 그는 오래전부터 고민해 오던 정신질환에 대한 생각을
적어 나가기 시작했다. 정신질환이란 신화에 불과하며, 의사가 단지 삶
에 문제가 생긴 개인에게 정신병이라는 잘못된 개념을 억지로 떠안긴 것
에 불과하다고 했다. 1960년 출판된 그의 저서 《정신질환의 신화》에서
그는 정신질환이라고 불리는 모든 것이 "과학적으로 무가치하며 사회적
으로는 해로운 것"이라고 주장했다.[132] 그의 책은 널리 읽히고, 미국 지식
인들은 만일 정신질환이라는 것 자체가 존재하지 않는다면 사람들을 수
용소에 가두는 행위는 무엇으로 정당화될 수 있겠는가라는 질문을 던지
기 시작한다.

1961년 출판된 사회학자 어빙 고프먼의 역작 《수용소》는 지식인들에

게 더욱 강렬한 충격을 주었다. 1955년부터 1956년 사이에 그는 미국 국립정신건강 연구소에서 연구원으로 일했던 경험을 바탕으로 세인트 엘리자베스 수용소를 현장 조사했다. 당시 세인트 엘리자베스 수용소에는 6000명 이상의 환자가 수용되어 있었다. 그곳에서 고프먼이 본 상황은 혐오스럽기 그지없는 것이었으며, 수용소란 일종의 "전체 기관total institution"✛으로서 환자를 유아화幼兒化시키고 삶을 제한하는 폐쇄적 제도라고 해석했다. "정신병원의 구조적 배열은 의사와 정신과 환자 사이에 극명한 차별을 유도하려는 목적으로 조직되어 있다." 고프먼에 따르면, "입원하면서부터 환자는 배제, 강등降等, 모욕과 모독이라는 일련의 과정을 거치게 된다." 감옥의 재소자들과 같이 정신과 환자들 사이에는 "이 시설에 있는 동안의 시간은 그저 흘려버리는 것에 불과하며 삶이 파괴당하고 있다고 느끼고, 환자들은 이 시설에 자신의 인생을 빼앗기고 있다는 끔찍한 느낌을 공유하며, 이곳의 시간은 자신들의 삶에서 말소된 시간이고, '끝장난 시간', 혹은 '이미 다 끝난 시간', '지나간 시간', 혹은 '쇠락한 시간'으로 인식 …… 그 결과, 수용자들은 그들이 머물러야 있어야 하는 정해진 기간—선고받은 기간—동안 삶으로부터 추방당했다고 느끼는 것이다." 고프먼의 주장은 많은 부분 정당하기는 하지만, 그 기저에는 정신질환이란 존재하지 않으며, 이를 치료하겠다는 전문가들의 주장은 권력을 장악하려는, 수치를 모르는 평계에 불과하다는 생각이 깔려 있었다. 감금을 정당화할 정신질환이라는 것 자체가 없다는 것이 고프먼의 생각이었다.[133]

✛ 개인의 삶의 모든 부분이 자신이 속한 기관의 지배 권력과 위계질서에 복종하고 의존하도록 만드는 기관을 의미한다. 이때 기관은 일종의 사회적 소우주의 기능을 한다. 어빙 고프먼이 정의한 용어이고, 정신병원(수용소), 감옥, 원양해운선, 심지어 기숙사, 고아원, 수도원 등도 전체 기관으로 볼 수 있다. 가장 대표적인 것이 나치 수용소이다.

이들 세 사람, 푸코, 사츠, 고프먼의 노작들은 대학 엘리트층을 감동시키고 정신병원과 정신의학계 전체를 향해 분노의 화살을 던지게 하였다. 정신의학에 반反하는 대중의 상상력에 불을 지른 책은 아마도 켄 키지의 책일 것이다. 키지는 스탠포드 대학에서 문예창작과 과정을 마치고 멘로 파크에 있는 재향군인병원에서 정부주관으로 실험하던 LSD 실험에 자원했다. 실험이 끝난 후에도 그곳 병원 잡역부로 취직해 계속 그 병원에 머물게 된다. 이때의 경험이 1962년《뻐꾸기 둥지위로 날아간 새》로 출판되었다. 이 책은 당시 모든 대학생들에게 정신과에 대한 강렬한 이미지를 심어 주게 된다. 정신질환에 대한 키지의 관점은 책 속의 주인공인 반反 영웅 랜들 맥머피의 말에 녹아 있다.

[맥머피]가 말하기를, 자신은 벌채를 하며 여기저기 기웃거리던 떠돌이였는데 군대에 끌려가 군생활을 하면서 자신의 타고난 품성이 무엇인지 깨닫게 되었다고 했다. ······ 군대는 그에게 포커 게임을 가르쳤던 것이다. 그 이후 더 이상 방랑하지 않고 온갖 종류의 도박판에서 살게 되었다. 포커나 하고 독신으로 지내며 자신이 원하는 곳에서 원하는 대로 살아온 그에게 남들이 제대로 좀 살라고 말하면, 그는 "열심히 살아가는 사람들을 이 사회가 어떻게 괴롭히는지 잘 아시면서······"라고 대답하곤 했다.

실로 사회는 그를 괴롭혔다. 감옥에 수차례나 가두고 또 계속 말썽을 부리면 정신병원에 밀어 넣었다.[134] 이 소설이 전달하고자 하는 메시지는 분명하다. 정신과 환자는 아픈 사람이 아니고 단지 일탈자일 뿐이라는 것이다. 이 소설을 바탕으로 1975년 밀로스 포먼 감독이 만든 영화는 미국에서 공전의 히트를 쳤고 그해 아카데미 상을 휩쓸어 주요 분야 오스카 상 5개를 수상했다.

1966년 산타바바라 캘리포니아 대학의 사회학자 토머스 쉐프는 소위 정신질환자라고 불리는 사람의 실제 문제는 "낙인찍기"라고 주장하고 나섰다. 그에 따르면, "가장 만성적인 정신질환자일지라도 부분적으로나마 최소한의 사회적 역할을 한다." "정신질환자에 대한 사회의 반응이 그 사람이 어떤 역할을 맡게 될지에 가장 중요한 결정 인자로 작용한다." "정신질환"이 모순된 것임을 강조하기 위해 쉐프가 언제나 따옴표를 쳐서 기술하는 정신질환 그 자체는 일탈에 불과하다. 규범을 어기는 자를 일단 사회가 정신질환자라고 낙인찍게 되면, 그 일탈 행위는 규정되고, 결과적으로 "사회를 통제하는 작인agents of social control"✛이 그를 목표 대상으로 지목한다. 그러므로 정신질환이라는 진단명으로는 그 개인을 설명할 수 없으며, 도리어 사회제도가 일탈을 통제할 능력이 없음을 드러내는 것이다.[135] (이런 해석 방식에 대해 세인트루이스✛✛의 정신과 의사 새뮤얼 구제는 "정신과 환자와 함께 평생을 보낸 우리 의사들은 물론, 심지어 환자의 가족들까지도 '낙인찍기 이론'은 근본적으로 웃기는 얘기라고 생각"한다고 말했다.[136])

영국에서 초기 반정신의학 운동에 속한 작가로는 1960년 《분열된 자아》라는 책을 쓴 로널드 랭이 있다. 스코틀랜드 출신인 랭은 글라스고우에서 정신과 수련을 받았고 런던 태비스톡 클리닉에서 정신분석훈련을 받았다. 사츠와 마찬가지로 그도 나중에 정신분석으로 방향을 바꾼다. 그의 초기 저술을 보면, 정신분열증 환자의 뜻 모를 말은 "자신의 흔적을 지워 위험한 사람으로부터의 추적을 피하기 위한 것이며 …… 때로는

✛ 사회질서와 규범을 유지하도록 통제하는 보이지 않는 힘을 지칭하며, 특정권력, 권력을 행사할 수 있는 개인, 직업군, 권위 등 형식적인 것이든 비형식적인 것이든 모두 작인으로 기능할 수 있다.
✛✛ 세인트루이스에 있는 워싱턴 대학으로 새뮤얼 구제가 정신과 주임교수로 있었고, 2세대 생물정신의학의 구심점을 의미한다.

자신과 의사를 바보로 만든다. 그는 단지 미친 짓을 연기하는 것일 뿐이다……"라고 정신분열증의 심리를 분석했다.[137] 나중에 랭은 가족에게 화살을 돌려서, 가족이 정신분열증의 원인이며, 소위 질병이라고 부르는 것은 기실 천부의 재능으로서 창조적 의식 상태를 나타내는 것이고, 미친 사회에 대한 건강한 반응sane response to a mad society에 불과하다고 주장했다. 1964년에는 정신분열증 환자를 일컬어 "내적 의식세계와 시간을 탐험하러 떠난 자들"이라고 했다. "아마도 우리는 르네상스 시대에 탐험을 떠나 돌아오지 않았던 자들에게 보내는 존경심으로, 소위 정신분열증이라고 불리는 사람들에게 혹여 수년이 지난 후에라도 다시 우리에게 돌아오라고 관용을 보이는 법을 배워야 할 것이다." "미래 세대는 소위 정신분열증이라고 불리는 상태가 지극히 평범한 사람의 폐쇄된 마음의 틈새를 뚫고 나오는 한 줄기 서광이라는 것을 알게 될 것이다."[138] 믿기 어렵지만, 랭은 태비스톡 클리닉의 정신분열증 연구부서의 수석 연구원이었다.

푸코의 《광기의 역사》를 축약하여 영어로 번역한 《광기와 문명》이라는 책을 랭이 리뷰를 쓰고 이것은 1967년 잡지 《뉴 스테이츠먼》에 실렸는데, 이를 통해 푸코는 진보적 앵글로색슨 사회에 공식적으로 명함을 내밀게 되었다.[139] 이때쯤에는 푸코는 이미 정신의학이라는 비즈니스의 사악함을 해석한 주요 권위자가 되어 있었다.

1960년대 말이 되자, 반정신의학이 일컫는 "소위 정신질환이라고 불리는so-called psychiatric illness"이라는 용어가 미국과 유럽의 지식인들 사이에서 최고의 지적 위치를 차지했다. 지식인들 사이에서는 정신의학이란 사회통제를 위한 불법적 분야이고, 정신과 의사의 감금 권한을 박탈하고 감금치료 자체를 없애야 한다는 일종의 사회적 합의가 확산되어 있었다.

이런 식의 해석이 대학생과 지식인들 사이에 인기를 끌고 있었지만,

실제 환자들은 이를 확신할 수 없었다. 필명 "해나 그린"으로 《나는 장미 정원을 약속한 적 없어요》‡를 집필한 조앤 그린버그는 실제로 정신질환을 앓았다. 그녀는 키지의 책을 싫어했다. 나중에 언급한 그녀의 말에 따르면, "창조성과 정신질환은 상호보완적인 것이 아니라 서로 극과 극이다. 정신질환과 창조성을 혼동하지 말라. …… 광기는 상상력의 정반대 말이다. 광기는 감옥과 같은 요새다."

"[체스넛 럿지에 있는] 사람들 중 일부는 정신질환에 대해 너무 너그러워서, 어느정도 경험이 쌓이기 전까지는 정신질환이란 창조적이고 사랑스러운 것이라고 생각한다. 환자가 말하는 것이 얼마나 예리한 지각력에서 나온 것인지 모른다고 당신들에게도 말할 것이다. 문제는 나 스스로 선택해서 지각知覺하고 싶다는 것이다. 무의식의 미몽 속에서 제멋대로 튀어나오는 것을 지각하기를 나는 원치 않는다는 것이다. 나는 내가 선택한 그 무엇이 되고 싶다. 남이 나를 어떻다고 말하는 그런 존재가 아니라."[140] 그러나 1960년대와 1970년대에는 남들 모두가 말하는 것이 옳은 것으로 간주되었고, 그런 식으로 지내는 사람은 정신과와 소우할 필요가 없을 터였다. 어찌되었든 수용소에는 더 이상 사람들이 있을 필요가 없어졌다.

"지역사회"로의 귀환

‧‧‧‧‧‧‧‧‧‧‧‧‧‧‧‧‧‧‧‧‧
✢ 이 책에 나오는 프라이드 박사는 프리다 프롬-라이히만이었고, 당시 그린버그는 정신분열증으로 진단되었다. 나중에 두 명의 정신과 의사가 이 책의 증상을 재평가한 결과, 그린버그는 정신분열증이 아니라 신체적 증상을 호소하는 심한 우울증이었다고 기술했다. 당시 정신분열증이라는 진단은 일종의 "기타 등등"의 진단명 구실을 했었다. 1977년 영화로, 2004년 연극으로 나왔다. 같은 제목의 포크송과는 무관하다.

반정신의학 운동이 확산되기 이미 오래전부터 수용소는 침몰하고 있었다. 환자는 "사회"로 돌아가야만 한다!. 이 캐치프레이즈가 순식간에 허구로 끝나고 만 것은 우리 시대의 사회적 대붕괴의 한 측면을 반영하는 것이었다.

1960년대 이전 수용소는 분명 문명의 승리라고 볼 만한 곳은 아니었다. 제2차 세계대전 당시부터 정신병원에서 일하던 양심적 반대자들의 목소리는 수용소가 절망의 장소라는 소식을 대중에게 전하고 있었다. 1946년 개혁적 언론인 알버트 도이치는 클리포드 비어에 관해 알고 정신건강 운동에 적극적으로 참여하면서부터 시골에 있는 수용소 실태를 조사하기 시작했다. 사진사를 대동한 그는 "미국의 부와 문화 핵심부 근처에 위치한 수용소들"을 주로 둘러보았다. 이를 편집하여 1948년《미국의 수치》라는 책으로 출판한 도이치는 자신이 직접 본 지옥 같은 장면에 관해 기술했다. 수세기 전 윌리엄 화이트가 묘사했듯이, 친절하지만 가부장적인 감독관과 가족 같은 직원이 있는 그런 안식의 공간은 더 이상 존재하지 않았다.[141] 도이치는 불행의 늪에 빠져 허우적거리며 망각 속으로 침몰해 가는 남자와 여자들을 그림 그리듯 묘사해 냈다. "정신병원에서 가장 통렬한 장면—그가 수용소를 방문할 때마다 본 것이다—은 의사가 뜀박질하듯 서두르며 병동을 회진할 때 환자가 겁먹은 채 소심하게 의사의 팔이나 가운을 잡아끄는 장면이었다.

"선생님, 잠깐만 뵐 수 있을까요?"

그 대답은 항상 "미안. 다음에, 다음에."

어느 의사가 절망적인 어투로 말했다. "내가 뭘 어떻게 할 수 있겠소? 환자 한 사람마다 개인적으로 돌봐야 한다는 것을 나도 잘 압니다. 그런데 내 담당 환자가 500명이나 되니 뭘 해줄 수 있을 것 같소?"

필라델피아 주립 정신병원—그곳 사람들은 "바이베리"⁺라고 불렀다
—에서 도이치가 본 장면은 "벌레가 우글거리는 습기 찬 지하실에서 수
백 명의 환자들이 잠을 자는 모습이었다. 낮 시간을 보내는 헛간 같은 방
에서는 시끄럽고 광폭한 환자들이 주변을 견딜 수 없게 만들고 있었는
데, 그 이유는 이들이 안정될 때까지 따로 떼어 둘 격리실이 없었기 때문
이었다." 그 병원에는 인슐린 혼수 치료를 할 충분한 인력도 갖추지 못했
다. 도이치의 책에 나오는 사진 중 "실금失禁 병동" 장면은 "단테의 지옥
편"과 같아서 실로 머리끝이 쭈뼛할 정도로 무서운 것이었다. "아무런
가구도 없는 방에 300여 명의 남자들이 모두 나체로 서 있거나, 쭈그리
고 있거나 기어다니면서 괴성을 지르거나 아니면 끙끙 앓는 신음소리를
내거나 혹은 이 지구상에 있을 것 같지 않은 소리로 웃어대고 있었다."¹⁴²

온 나라가 경악했다. 일찍이 1949년에, 메리 제인 워드가 자신의 정
신질환에 관해 쓴 자전적 소설이 영화화되었다. 20세기 폭스 사가 제작
하고, 올리비아 드 하빌랜드를 여주인공으로 한 이 영화는 〈뱀굴The Snake
Pit〉이라는 제목으로 상영되었다. 미소 짓는 하빌랜드의 얼굴 뒤 배경에
는 으스스한 광기의 얼굴이 서 있는 영화 포스터를 커버로 한 《타임》
1948년 12월호에는 영화 〈뱀굴〉의 리뷰가 실렸다. "캘리포니아 수용소
의 간호감독관이 이 영화를 보면, 영화 속 여자들이 흐느끼고 중얼거리
며 노려보는 모습에 '어머, 저 배우들 전부 우리 여자 환자들과 똑같네'
라고 말했을 것이다."¹⁴³

나중에 반정신의학 운동의 자양분이 될 이런 공포스러운 얘기가 급속

⁺ 필라델피아 북동쪽 마을인 바이베리에 있어서 붙은 명칭이고, 앨버트 도이치의 책에 집중적으로 묘사되
어 있다. 1936년 필라델피아 주립병원으로 개명되었으나 오랫동안 바이베리로 불렀다.

1949년 상영된 올리비아 드 하빌랜드 주연의 영화 〈뱀굴〉 포스터를 커버로 한 《타임》 표지.

히 대중에 유포되는 와중에 몇몇 기본적 현실은 전혀 관심을 받지 못하고 있었다. 그중 한 가지는 65세 이하의 환자들은 비교적 빨리 정신병원에서 퇴원하게 되었다는 점이었다. 이들은 일생을 입원해 있기는커녕 오래 입원해 있지도 않았다. 1946년부터 1950년 사이 펜실베이니아 워렌 주립병원의 기록을 보면 65세 이하 환자의 80%는 5년 이내에 퇴원했다.[144] 둘째, 도이치와 반정신의학 운동가들이 환자의 괴상한 자세와 병적 행동을 보고 "시설병hospitalism"✚이라고 해석했는데, 이는 사실은 정신분열증의 일부 증상이거나 혹은 뇌를 비롯해 신경계통 전체를 침범하는 선천적 생물학적 질병에 의한 것임이 밝혀졌다.[145] 셋째, 정신병원 상태가 혼란스럽기 그지없기는 했으나, 더 나쁜 상황도 있었다는 점이다. 길거리를 나돌아 다니던 환자는 그야말로 최악의 상태였다.

수많은 정신과 환자들을 "지역사회"로 복귀시키게 된, 소위 탈기관화라 불리게 된 이 사건의 계기가 된 것은 1954년 미국 식약청이 클로르프로마진을 항정신증 약물로 허가한 것이었다.[146] 난폭한 환자를 약물로 안정시키고 정신병 증상을 치료 할 수 있게 되자, 이론적으로만 본다면, 환

✚ 19세기에 소아 환자의 예에서 이미 기술된 증상으로, 병원에 장기간 입원하고 있는 환자가 친밀한 인간관계, 사회적 접촉 등에서 오랫동안 멀어지면서 나타내는 일련의 행동 특성을 말한다. 정서적으로 무감동해지고 의욕과 동기가 소실되며 신체적 기능 이상, 소아의 경우 발달장애 등이 주 증상이다.

자는 정신병이 쇠진되기를 기다리며 정상 사회에서 어렵지 않게 살아가리라고 생각했던 것이다. 뉴욕 주 정신위생위원회 부사무국장이었던 헨리 브릴은 새로운 약물 사용을 초기에 주도했던 사람 중 하나이다. 1955년 1월 적대적인 프로이트 파 사람들의 비난으로 자신의 경력에 해가 될 위험을 무릅쓰고 그는 클로르프로마진과 레세르핀을 뉴욕 공립병원에서 사용하도록 허가했다. 12개월도 채 지나지 않아 주립병원의 정신과 환자 수가 감소하기 시작했다.[147] 곧이어 다른 곳에서도 입원 환자 수의 눈에 띄게 감소했다. 그러므로 탈기관화는 반정신의학 운동에 의한 것이 아니라 실은 이차 생물정신의학에 따른 결과라고 볼 수 있다.

미국의 경우 주립병원과 시립병원의 환자 수가 역사상 가장 많았던 1955년의 55만 9000명에서부터 감소하기 시작하여 1970년에는 33만 8000명으로, 1988년에는 10만 7000명으로 줄어들어, 30년 동안 전체의 80%가 퇴원했다.[148] 붉은 벽돌의 수용소에 있던 환자가 5분의 1로 줄어든 것이다. 1955년에는 모든 정신과 환자의 77%가 정신병원 "입원치료"를 거친 데 반해 1990년에는 오직 26%만 입원 치료를 서쳤다. 이러한 환자 이동을 자세히 들여다보면, 그 시기 동안 정신건강 관리 기관이 5배로 증가하여 1955년에 170만 건이던 서비스 횟수가 1990년에는 860만 건에 달하게 되었다.[149] 즉 환자 돌봄의 장소가 의료 역사상 유례가 없을 정도로 대규모 이동했음을 의미한다.

그러나 과연 약물치료가 탈기관화를 유발한 것이었다면, 약물로 치료가 가능한 환자인지 아닌지와 상관없이 온갖 종류의 환자가 길거리로 쏟아져 나오는 상황을 한동안 지속시킨 요인은 무엇이었을까? 의료계 외적으로 보자면 그 요인은 반정신의학 운동이었고, 의료계 내부로 보면 당시 싹트기 시작하던 지역사회 정신의학이라는 이념이 있었다. 이 내외적 요인이 합쳐져 이루어진 현상이라고 볼 수 있을 것이다. 반정신의학 운동은, 정신질환 자체가 없다면 정신병원이란 사악한 시설에 불과하다고 역설하고 다녔다. 그리고 조슈아 비어러와 토머스 메인의 이념에 심취한 선의의 정신과 의사들은 "치료적 지역사회"가 대도시 차가운 길거리에도 만들어질 수 있다고 믿었다. 그들은 정신과 환자들이 박수를 받으며 친구와 이웃의 따뜻한 가슴에 안기는 낭만적 상황을 그리고 있었던 것이다. 이런 신화 같은 이념이 유포된 데는 1946년 정신건강 법안에 의해 설립된 국립정신건강연구소에도 일부 책임이 있다. 존 F. 케네디가 1963년 입법하여 세워진 지역사회정신건강센터(CMHC)를 이 연구소가 운영하도록 되어 있었다. 그러나 얼마 지나지 않아 CMHC는 비교적 큰 문제가 없는 환자에게 정신치료를 제공하는 장소로 변질되어 버렸고, 게다가 탈기관화가 일어난 첫 10년 동안은 질병이 한창 진행 중인데도 병원에서 밀려난 사람들을 위한 후속 행정조치가 아예 없었던 것이다.[150]

따라서 탈기관화는 실로 "미국의 수치"가 되어 버렸다. 노숙자의 3분의 1이 사실상 정신질환자이고, 이들은 피난처도 없고 직업도 없어 자신의 삶을 꾸려나갈 수 없는 사람들이었다. 퇴원한 다른 환자들은 범법 행위로 형사 치안부를 들락거렸고, 한 연구에 의하면 시립 형무소 재소자의 14%가 과거에 정신과 입원치료를 받았던 사람들이었다.[151] 환자들을 따뜻이 받아들여야 했을 지역사회 구조는 요양원과 하숙집으로 귀결되고 말았다.[152] 그리고 병원에서 투여하던 효과적인 항정신증 약물은 환자가 일단 길거리로 나가게 되면 복용을 중지했는데, 그 이유는 얼굴 경련을 비롯한 불수의적 운동 증상이 나오는 지연성 운동실조증이라는 부작용 때문인 경우가 많았다.[153] "도움 받을 길조차 없는 이들 거리의 사람들은 옷가지나 담배 혹은 술 한 병을 찾는 자들의 먹잇감이 되기 일쑤였다"고 전해 오는 얘기는 말한다. "그들은 개들과 함께 살아가도록 강요받은 토끼들입니다."[154]

1950년대 초 미국에서 일하다가 영국으로 돌아갔다가 수십 년 만에 다시 미국에 온 한 영국 정신과 의사는, 탈기관화는 결국은 "퇴원해서 지옥에나 떨어져라" 식의 정치였다고 말했다. "내가 1950년대 초에 병원에 갔을 때 집이라고 부르기엔 부적절하지만 피난처가 있었고, 비록 돌봄의 기준이 최상은 아니었지만 적어도 돌봄은 받고 있었다. 그 모든 결점에도 불구하고, 수용소를 나온 이들 불행한 환자들은 만성 질병을 안고 있고 도움 받을 길도 없어서 이제 싸구려 숙박소나 감옥, 혹은 길바닥 생활 이외의 대안이 없는 상황에서 한없이 악화되어 갈 것이다."[155]

이 절망적 상황에 대한 반작용으로 1980년대에는 종합병원과 사립 정신병원에서 환자를 입원시키기 시작했다. 미국내 사립 정신병원은 1970년 150개에서 1988년 444개로 증가했다.[156] 1994년 정신과 시설에 입원했던 160만 명의 미국인 중 종합병원에 있던 사람은 전체의 43%, 주립 혹은 시립수용소에 입원한 사람은 35%, 사립정신병원에 입원했던 사람은 11%였다.[157] 궁극적으로 볼 때 반정신의학 운동은 결국 실패했다. 시역사회 정신의학은 비록 그 기본정신은 의미 있는 것이었으나, 심각한 정신질환자를 치료하는 실질적 수단으로서는 신용을 잃었고, 지역사회에서도 호응하지 않았으며 지역사회 안에서 치유되지도 않았던 것이다.

ECT 전쟁

그러나 반정신의학 운동이 사라져 갔다 해도 마지막 독화살은 남겨 놓았으니, 그것은 ECT에 대한 적개심이었다. 1950년대 내내 ECT는 정규적으로 시행되고 있었다. ECT는 정신과의 많은 치료법 중 하나에 불과하며 대중이 그에 관해 특별한 생각을 가지고 있지는 않았었다. 예를 들어《리더스 가이드 간행물 연감》에는 1950년대 동안 단 한 편의 ECT 관련 글만 목록에 올랐는데, 그것은 언론인 루시 프리먼이《사이언스 다이제스트》에 기고한 것으로, "그 효과는 놀라울 만큼 크지만 …… 쇼크 치료법이 너무 많이 사용되는 것 같다"는 것이었다.[158]

이런 상황은 1960년대 초 반정신의학 운동이 본격화되면서 극적으로 변화되었다. 반정신의학운동가들의 주장은 ECT가 뇌를 손상시키고 ECT 가 치료라기보다는 일종의 훈육방법으로 사용되고 있어서 아무런 치료 효과가 없다는 것이었다. (주립 수용소에서 질서유지를 위해 말 안 듣는 환자에게 때로는 ECT를 하겠다고 위협했다는 것은 사실이고, 밀리지빌에서 했던 "조지아식 강력 칵테일Georgia Power Cocktail"+을 목격했다는 사람도 있었다.[159]) 그러나 ECT가 뇌손상을 준다거나 치료적으로 효과가 없다는 근거는 거의 없었기 때문에 ECT 반대자들은 ECT에 대한 분노—ECT에 대한 적대감은 거의 종교개혁 운동과 같았다—를 정당화시켜 줄 근거가 필요했다. 지금 돌이켜보면, 그것은 아마도 사형수의 전기 처형이 연상되어 인체에 전기를 흘려 넣는 것에 대한 문화적 혐오감이었을 수도 있다. 반정신의학 운동가들 사이에 ECT가 불러일으키는 적대감은 거의 절대적이었다. 예를 들면, 고프먼은 그의 저서《수용소》에서, 사악한 정신과 의사가 환자에게 미리 ECT실을 보여주길 거절하는 장면을 묘사하여 ECT에 대한 적대감을 슬쩍 지적했다.[160]

그러나 그 무엇보다도 대중에게 ECT의 사악함을 가장 강렬하게 심어준 것은 키지의 책이었다. "뇌를 죽이는 그 구역질나는 방을 그 검은 녀석[병원잡역부]은 '쇼크 상점'이라고 부르는……"이라고 ECT실을 표현했다.《뻐꾸기 둥지 위로 날아간 새》에서는 ECT를 받은 불쌍한 "럭클리" 가 어찌되었는지 이렇게 말한다.

두 주가 지나서야 그들은 럭클리를 병동으로 돌려보냈다. 면도된 그의 이마에는 기름칠한 퍼런 멍이 보였고 양쪽 눈 윗부분에는 작은 단추 크기의 플러그 두 개가 꿰매어져 있었다. 그의 눈을 들여다보면 그들이 그를 얼마나 지져 댔는지 알 수 있었다. 그의 눈은 온통 안개가 낀 듯 흐리멍덩하고 다 타 버린 퓨즈같이 황폐해져 있었다. 하루 종일 하는 일이라고는 그 텅 빈 듯한 얼굴 앞에 낡은 사진 한 장을 들고 차가운 손가락으로 끝없이 이리저리 돌리고 있어서, 그 사진도 그의 눈처럼 회색으로 낡아 빠져 갔다. 결국 그 사진은 원래 모습이 어떠했는지 도저히 알 수 없이 되어 버렸다.[161]

이런 글이 과연 실제 ECT에 관해서 얼마나 제대로 묘사했는지 여부는 쟁점이 아니었다. 이 글은 독자들의 분별력과 상관없이 공포감을 심어 주었다. ECT는 중지되어야만 했다.

또한 한 가지 요인이 더 있었다. ECT가 사이언톨로지 운동의 시각에서 증오의 대상이 되어 버린 것이다. 1950년 L. 론 허버드가 대안 정신지료로 창립한 "다이어네틱스dianetics"[++]가 사업을 시작하면서 ECT를 반대하는 기치를 내세웠던 것이다. (사이언톨로지는 1954년 이들이 "교회"로 설립한 것이다.) ECT는 독성 "기억심상記憶心像, engrams"을 몸에 주입하는 것이고, 뇌가 많이 손상되지 않은 사람으로부터 그 나쁜 심상을 제거해 주는 것이 다이어네틱스의 과제라고 했다.[162] 사이언톨로지 운동이 재력과 권세를 얻게 되자 그 운동의 일환인 '인권을 위한 시민위원회'는 ECT를

+ 말썽부리는 환자를 처벌하기 목적으로 마취나 보호 장비를 하지 않은 채 강제로 시행하던 ECT로, 전류의 수준도 조절했다고 한다.
++ 좋지 않은 심상心象을 제거하여 신체적 증상을 치료한다는 일종의 심리요법이다. 나중에 교회화되어 사이언톨로지로 명칭을 바꾸고, 자신들만의 원칙을 일상생활에까지 적용하고 있다.

불법화시키기 위해 선두에 서서 캠페인을 이끌었다. 토머스 사츠는 그 위원회의 첫 번째 자문 정신과 의사였다.[163]

환자권익 집단의 소란스러운 요구에 부응하기 위해, 미국 입법부는 ECT를 규제하기 시작한다. 유타 주가 1967년 처음으로 ECT 금지법을 통과시킨 후, 1983년이 되자 26개 주가 그런 법령을 통과시켰으며, 다른 6개 주는 행정조처로, 다른 1개 주는 연방법 판결하에서만 ECT를 하도록 허가했다.[164] 어떤 사법관할 지역에서는 ECT를 실질적으로 금지시킨 곳도 있었다. 1974년 가을 캘리포니아 입법부는 ECT를 금지하는 것과 동등한 효과를 가진 법안을 통과시켰다. 즉, 환자가 ECT를 자원했다 하더라도 그 지역사회 의료 권위자들로 구성된 조사위원회의 승인이 있어야 시행할 수 있고, 또 다른 모든 방법을 사용한 결과 효과가 없을 때에 한해서만 시행하도록 명문화한 것이었다. 이를 어길 경우 의사 면허를 취소하도록 했다. 재판에서 논란을 거쳐 이 법은 실효에 이르지 못했다.[165] 1982년 버클리 시의 ECT 중지를 위한 연합은 ECT 금지 투표를 시행하는 데 유효한 1400명의 서명을 받아냈다. ("어길 경우 500불의 벌금과 6개월의 징역에 처한다.") 이 역시 폭넓은 지지를 얻어 냈으나 법안은 통과되지 못했다.[166] 1995년 텍사스 주에서도 사이언톨로지의 후원하에 ECT 금지 법안이 상정되었다.[167] 비록 법안은 통과되지 못했지만, 언론계에 광범위하게 유포시키는 효과는 거두었다. 1960년부터 1980년 사이에 대학 정신과 수련 프로그램에서 실질적으로 ECT가 사라지게 되었다는 사실은 이렇듯 대중으로부터 경계의 눈초리를 받는 상황에서는 전혀 놀랄 일이 아니었다. 근래에 정신과 수련을 받은 사람들은 ECT에 관해 잘 모르는 경향이 있다. 예를 들어, 뉴욕 먼로 구에서는 연간 처음 ECT를 하는 비율이 1961년 인구 10만 명당 31명이던 것이 1975년에는 19명으로, 39%가 감소했다.[168]

1975년 영화 〈뻐꾸기 둥지 위로 날아간 새〉의 한 장면. 영화 속에서 ECT는 일탈 행동에 가하는 처벌로 묘사되어 당시 ECT에 대한 반감을 반영했고, 계속 반감을 가중시키는 데 기여했다.

1970년대 초 반정신의학 운동가들이 매사추세츠에서 ECT 금지법을 통과시키려 하자 정신과 의사들이 반격에 들어간다.[169] 1972년 초 정신건강 주 위원회의 밀턴 그린블랫은 "매사추세츠 주의 ECT"에 관한 특별업무팀을 구성하여 팀장으로 하버드 대학의 프레드 프랭클을 임명했다. 프랭클의 관심 분야는 최면술과 정신신체질환이었는데, 그는 대립하는 양대 세력의 중간지대에 떨어진 셈이었다. 즉, 정신분석 위주의 개업 정신과 의사들과 기관에 있는 정신과 의사들 사이 중간 입장에 놓이게 된 것이다. 특별업무팀은 매사추세츠 주에 있는 650명의 정신과 의사를 대상으로 여론조사를 했고, 이 중 66명만 답변을 보내왔는데, ECT 지지율이 약간 우세했다. 1973년 제시된 보고서에는 정신치료를 지지하는 업무팀 위원마저도 어떤 방법으로든 자살을 줄일 수만 있다면 ECT를 지지하겠다고 적혀 있다. 게다가 비록 심사기준은 엄격하게 정했지만, 주요 우울증과 조증 환자에게 ECT를 허용했음을 마지못해 털어놓았다. ECT를 받을 만큼 심한 우울증이란 어느 정도 심각해야 할까? "환자 자신이 '우울하다'고 말했다 하더라도 정서장애가 있다고 즉각 간주해서는 안 된다." 그들이 추론하기에, 쇼크치료법의 주된 장점은 "자기통제가 안 되던 환자로 하여금 다시 통제력을 찾게 해주고 그럼으로써 환자가 치료적 관계를 맺도록 하는 데 있다."[+][170]

1974년 가을, 미국 정신의학협회(APA)는 매사추세츠 특별업무팀이 했던 그대로 ECT에 관한 특별위원회를 소집하고 프랭클에게 의장을 맡겼다. 이들은 APA 모든 회원에게 여론조사를 실시했는데, 답변한 3분의 1이 ECT 사용을 반대했다. 그러는 와중에도 ECT를 사용하던 회원들은 ECT의 효과가 뛰어남을 계속 보고해 왔다. 게다가 ECT를 받은 환자의 83%가 치료 결과에 만족한다고 단언했다고 덧붙였다. 그동안 그토록 말이 많았던 부작용에 관해서는, ECT 받은 시기와 근접한 시간에 대한 일시적 기억상실을 보고한 환자는 절반 이하였고, 13%의 환자는 'ECT 치료 시기로부터 먼 시간에 대한 일시적 기억상실'을, 1%의 환자는 "먼 시간에 대한 영구적 기억상실"을 호소했다. 그렇다면 약물치료와 비교했을 때 ECT는 어떠했을까? APA 특별업무위원회의 1978년 보고서에는 두 가지 치료법이 비교적 균형을 이루고 있는데, ECT의 경우 중증 우울증 환자와 (항우울제가 효과를 나타내려면 3주가 걸린다는 것을 감안하면) 자살 경향이 강한 환자에게 적합하다고 했다. 비록 애매한 어구와 지나치게 조심스러운 어투로 인해 이해하는데 약간의 혼란은 있었지만, 전반적으로 볼 때, 그 보고서는 주요정신질환, 특히 우울증에 대해서는 ECT에게 통과 허가서를 준 셈이다.[171]

1980년대 맥스 핑크가 나서서 ECT를 지지하기 시작하면서 편견의

....
✛ 다시 말해서 정신분석을 받을만한 상태를 만들기 위해 ECT를 해야 한다는 의미.

장벽은 점차 사라져 갔다. 핑크는 1950년대에 힐사이드 병원에서 일했고 나중에 뉴욕 주립대학 스토니 브룩 캠퍼스에서 정신과 교수가 되었는데, 정신약물학 초기 리더 중 한사람이다. 그가 처음 ECT와 접한 것은 1944년 벨뷰에서 수련의로 일하던 때였다. 그 이후로 그는 계속 ECT를 사용해 왔다고 한다. 1981년 핑크는 가능한 모든 자료를 동원하여 ECT가 항우울제보다 월등하게 효과적임을 "강력하게" 주장하는 발표를 했다. ECT를 거부하는 주된 이유는 "특별한 위험요인에 대한 대중적 이미지" 때문이라는 것이다.[172] 즉, ECT를 반대하는 비전문가들이 2세기에 걸쳐 간섭해 왔기 때문에 주요 정신질환에 관한 최선의 치료법을 대중으로 하여금 무서워하게 만들었다는 것이었다.

ECT를 복귀시키려는 노력이 전 방위로 펼쳐졌다. 1985년 여름 국립건강연구소는 신경과학 전 분야의 전문가들을 한자리에 모아 ECT와 다른 치료법을 비교, 장점과 위험성을 확인하는 "합의를 도출하기 위한 회의"를 열었다. 그 보고서의 결론은 "중증 우울증의 단기 치료에 ECT보다 더 효과적인 다른 치료 방법이 있다는 보고는 하나도 없다." 위험성은? "전반적으로 평가할 때, 그 위험성은 단기 효과성 바르비투르산으로 마취했을 때의 위험성과 같다." 가장 흔한 부작용은 ECT 전후 몇 주간의 기억 상실이다. 보고서의 최종 결론은 의과대학 정신의학 수련과정에 ECT 훈련을 재도입해야 한다는 것이었다.[173]

1980년대에는 세계 여러 나라 정신의학협회도 ECT 지지 의견을 공공연히 드러냈다.[174] 미국 정신의학협회가 1978년 공표한 부정적 ECT 공문은 이제 구식이 되어 버렸고, 1987년에 이르러서는 ECT에 관한 새로운 특별업무팀이 구성되었다. 그 보고서는 1990년에 발표된다. 이제 ECT는 더 이상 자살 위험이 큰 환자에게만 적용되는 절망적 치료법이 아니었다. 이 보고서의 결론은 "ECT는 모든 유형의 단극성 주요 우울증에 효과적인 치료법"이고, 또한 조울증(지금은 양극성 정동장애), 조증, 정신분열증 등에도 적용된다.[175] 1994년이 되자 정신과 수련의들은 우울증의 각종 치료법을 ECT와 비교한 매뉴얼을 가운 호주머니에 넣고 다니게 되었다. ECT 대對 모의 ECT—31%에서 증상개선, ECT 대 위약—41%, ECT 대 항우울제("다환성 항우울제heterocyclic antidepressants"✦)—20% 등등이 그 매뉴얼에 적혀 있었다.[176]

ECT의 복귀는 ECT가 정신과 전반에 보편적으로 사용되리라는 것을 의미하는 것이 아니라, 더 이상 공포의 대상이 아니게 되었음을 의미한다. 1988년 한 조사 결과에 의하면, 지난 1개월 동안 ECT를 사용한 정신과 의사는 10명 중에 한 명꼴이었다.[177]

환자 문화라는 측면에서는, 점잖게 표현된 ECT 일화가 많아지게 되었고, 이는 뻐꾸기 둥지에 나왔던 공포스러운 이야기와는 대조적이었다. 심리학자 노먼 엔들러 자신이 우울증에 걸렸을 때 그는 의사들과 상의하여 책에 나와 있는 모든 치료법을 시도했지만 효과가 없었다. 병이 깊어지자 그의 행동은 "괴상하고 편집증적"으로 되었다고, 나중에 회복된 후에 그렇게 기술했다. 그 내용 중, 소변 채집병과 관련된 에피소드를 하나 적어 보자. 의사가 검사를 위해 소변 샘플을 요청하자, 엔들러의 부인은 집안을 온통 뒤진 끝에 빈 약병 하나를 발견했는데, 그것은 딸이 복용하던 항생제가 들어 있던 병이었다. "나는 그 병을 사용하기 꺼렸는데, 왜냐하면 그 약병에 붙어있는 라벨을 깨끗이 떼어낼 수 없었기 때문이었다. 마침내 라벨 찌꺼기를 완벽히 떼어냈을 때, 그걸로도 충분하지 않다고 느꼈다. 그리고 무언가 비합리적인 이유로 생각한 것은, 내가 그 병에

✦ 세 개의 아민 환環을 가진 삼환계 항우울제를 변형하여 생산된 것으로, 예를 들어 maprotilin, trazodone, venlafaxine 등등이 이에 해당한다.

소변 샘플을 담아 보내면, 닥터 P가 그것을 내 소변으로 생각하지 않을 것이고 내가 거짓말을 했다고 병원에 집어넣을 것 같았다." 엔들러는 소변 채집을 거부하며 집안을 도망 다녔다고 한다. "내 행동에 집에 있던 모든 사람이 경악했고 아내는 나에게 마구 고함을 질렀다."

엔들러의 주치의는 마침내 그에게 ECT를 권했다. 그 자신 심리학자인 엔들러는 공포에 질렸다. 엔들러와 동료들은 1960년대 반정신의학의 교훈에 깊이 심취해 있었던 것이다. 과거에 정신과 의사들과 논쟁할 때 정신질환은 없다는 주장의 논문을 보여 주며 의사들이 "질병을 '부과' 하는 것"이라고 비난했던 적이 있었다. "대부분의 심리학 동료들은 나와 똑같은 부정적인 태도를 가지고 있었다. 우리 모두는 편견에 차 있었고 편향되어 있었으며 새로운 기술을 거부했다."

그러나 이제 엔들러는 절망 상태에 있었다. 벌거벗고 도시 중심가 대로를 걷는 것이 우울증을 낫게 하는 데 도움이 된다면 그대로 했을 것이라고 그는 말했다. 그날 저녁 동료 심리학자 한 사람이 그를 설득하려고 전화했다. "그는 왜 내가 기꺼이 '뇌 절반을 태워 버리는 데' 동의했는지, 왜 내가 정신치료에 더 깊숙이 빠지지 않았는지 알고 싶어 했다."

1977년 8월 30일 화요일 엔들러는 ECT를 승낙했다. 그 주 금요일 아침 클리닉에 등록하고 이동침대에 누워 ECT실로 들어갔다. "팔에 주사 바늘이 꽂히고 100부터 거꾸로 세기 시작했다. 91까지 세었던 것 같다." 다음에 기억나는 것은 그가 회복실에서 깨어났다는 것이다. "나는 조금 취한 듯한 기분이었고 피곤했지만 혼란스럽지는 않았다. 내 기억은 멀쩡했다. 내가 어디에 있는지 분명 알고 있었다." 조금 쉬고 난 후 과자와 커피를 마시고 집에 왔다. 그다음 2주 동안 그는 ECT를 6번 더 받았다. 한 번씩 받을 때마다 조금씩 나아지는 것을 느꼈다. 9월 15일이 되자 그는 심리학과 과장 일을 다시 시작해 하루 종일 일할 수 있게 되었다. "그 두

주 동안에 나에게 기적이 일어났던 것이다.""나는 일종의 정서적 불구 상태로부터 벗어난 것이다."[178]

이런 일을 작은 성과로 보아서는 안 된다. 노먼 엔들러와 같은 개인을 낮게 할 수 있는 새로운 생물정신의학의 업적은 역사적 차원의 성과를 의미하는 것이었다. 그러나 한편으로는 정신의학계 내에 분열을 일으켜서, 한쪽에는 의학적 모델을 주축으로 질병을 기질적으로 설명하고 약물치료를 주장하는 일명 "현실파tough-headed"⁺와, 다른 한쪽에는 질병의 "정신사회성 모델"을 주축으로 하여, 증상을 삶의 곤란함에서 기인하는 것으로 설명하고 정신치료와 가족치료를 주장하는 일명 "이상파soft-headed"⁺⁺가 위치함으로써, 정신의학은 두 개의 파로 나누어지게 된 것이다. 이상파 의사들은 정신분석, 가족치료, 실존주의 사고를 대변하는 반면, 현실파 의사들은 생물정신의학을 대표한다.[179] 현실파 중 가장 강건한 새뮤얼 구제는 "정신의학은 생물학에 다름 아니다"라고 말했다.[180]

그 말은 모든 정신질환이 뚜렷하게 식별할 수 있는 뇌질환이라고 주장하는 약식 생물학 개요가 아니다. 사회적·심리적 요인이 분명 우울증 발생에 어떤 역할을 하는데, 이는 단지 유전에 의해 부여받은 성향을 유발시키는 것에 그치는 것이 아니라, 독립적으로 작용하여 스트레스와 절망을 질병 수준으로 변환시키는 역할을 한다는 말이다. 어느 선도적 생물정신의학자는 다음과 같이 말했다. "정신질환의 발현에서 심리적·사회적 요인을 평가절하 하는 것이나, 생물학적 치료법 …… 의 심리적 요인을 간과하는 것이나, 임상적인 측면에서 보았을 때 모두 어리석은 짓이다."[181]

1950년대 정신분석과 지역사회 정신의학 주창자들은 생물학은 실질

⁺ 고집통이라는 의미도 있다.

⁺⁺ 멍청하다는 뜻도 있다.

적으로 아무런 역할을 하지 않는다고 주장하고, 유전적 본성이 아니라 후천적 교육에 의해 모든 것이 결정된다고 주장했다. 따라서 본성과 교육이 50 대 50으로 작용한다는 논의는 당시의 관점에서 보면 극히 파격적으로 보였을 것이다. 그렇다고 기질적 요인을 정당하게 제자리에 놓기 위해 기질성 절대론자가 될 필요는 없다. 본성과 교육은 서로 얽히기 마련이다. 그러나 학문적 공간에서 유전적 본성을 주장하며 논쟁이라도 할 수 있게 되었음은 큰 성과였다.

8

프로이트에서
프로작으로

새로운 약물은 거대한 수용소에 있던 환자를 사회로 쏟아 내는 탈기
관화 현상을 재촉했다. 그러나 무방비 상태로 지역사회에 돌아온 환
자들은 대부분 사회적응에 실패하고, 지역사회 정신의학 또한 실패
한다. 온 세계를 휩쓸던 정신분석도 쇠퇴하기 시작했다. 제약회사의
주도로 새롭게 쏟아져 나오는 약물이 대중의 욕구를 채워 주게 된
것이다. 이 변화에 큰 역할을 한 것은 항우울제 프로작이었다.

A HISTORY OF PSYCHIATRY

From Freud to Prozac

20세기 말 정신의학이 생물학적 접근방식을 채택함에 따라 정신의학도 일반 의학과 마찬가지로 과학적 동인動因을 갖추게 되었다. 그러나 희망은 아직 이루어지지 않고 있다. 도리어 정신의학은 대중의 요구에 좌우되고 기업의 가치관에 발목 잡혔으며, 소위 과학주의에 기반을 두었다는 질병 분류체계의 깊은 수렁에 빠지고 말았다. 주요정신질환 분야에서만큼은 1970년대 이후 신경과학이라는 이름의 고속도로를 달려왔으나, 일상의 고통을 의학적으로 판단하는 데에서는 길을 잃어버린 듯하다.

　불안과 슬픔, 강박적 성향, 성격 장애 등 늘 인간을 따라다니는 일상의 세계에서 과학은 방향 감각을 잃었다. 일상의 세계에서는 유전학의 발자국도 희미해지고 신경전달물질은 증발해 버린다. 생물학의 무게는 줄어들고, 대신 사회문화의 비중은 높아진다. 신경성 질환 영역에만도 수없이 많은 진단명이 있다고 주장하고 있으나, 실제로 있는 것은 서너 가지 혹은 하나도 없을지 모른다. 일상의 세계에서 정신의학의 경계는 모호해지고, 병리성과 특이성 사이의 구별조차 애매해진다. 정신의학도 과학의 한 분야임을 주장하며 의학의 영토에 닻을 내렸으나, 지금 그 안에서 목적 없이 방황하고 있는 것이다.

그렇다면, 과연 이 상황이 정신의학만의 잘못이었을까? 20세기 들어 정신의학이 당면한 가장 핵심적 문제는 괴로움을 심리화psychologize하려는 대중의 새로운 경향에서 비롯되었다. 정신의학이 이를 의료화 medicalize하여 신경성 질환이라고 불렀던 예전 상황이나, 혹은 계급이나 젠더 문제 차원으로 사회화socialize했던 것과는 또 다른 경향이기 때문이다. 1970년대 이후로 신경과 의사와 상담하러 오게 했던 개인적 문제가 이제는 심리학적 용어로 정의되기 시작했고, 이것이 의미하는 바는 비非 의학적 정신치료로 자신의 어려움이 해결될 수 있으리라고 믿기 시작했다는 것이었다. 19세기였다면 미국인들로 하여금 위어 미첼이나 조지 비어드를 찾게 했을 문제가 20세기 들어서는 의학의 시선을 벗어나 북미의 대화치료라는 대세로 녹아 들어가 버린 것이다. 이에 따라 의학의 한 축을 담당했던 정신의학은 심리학이나 사회사업 같은 비의학적 상담에 패배해 버렸다. 고통 받는 자아라는 인식이 보편적 문화로 자리 잡게 되자 스트레스와 연관된 병을 취급하던 전문분야인 정신의학은 더욱 위협을 받게 되었던 것이다.

근대 이후에 사람들이 받는 스트레스의 총량은 엄청났다. 자료가 갖추어진 1980년대 초를 살펴보면, 연간 2200만 명의 미국인들이 정신적 문제로 도움을 청했다.[1] 이들이 정신치료 기관을 방문한 횟수는 매년 3.3억 회에 달했다. 1987년 정신치료에 소요된 의료 비용은 미국 전체 외래 진료 비용의 8%에 해당했다. 이 숫자는 단일 치료로는 엄청난 분량이었다.[2] 신경과 의사들의 이색적 치료법에 불과했던 정신치료가 불과 100년 만에 실질적으로 국가적 차원의 기분전환거리가 되어 버린 것이다. 평생

472

기준으로 보면, 미국 성인 인구의 4분의 1 이상이 온갖 종류의 상담을 각 종 전문가로부터 받았다는 말이 된다.[3]

이렇듯 심리적 서비스에 대한 요구가 경악하리만큼 증가하자 두 가지 현상이 나타나게 된다. 첫째, 사람들이 질환이라고 간주하는 질환 역치illness threshold✚가 낮아짐으로서 심리적 불만의 총량이 증가했다. 이 역치를 낮추는 데 정신의학은 분명 큰 역할을 했던 것이다. 두 번째, 질환이 아닌 일상적 스트레스와 삶의 문젯거리를 의사에게 상담하려는 경향이 증가했다는 점이다. 이는 대중이 삶의 어려움을 의료화하기보다는 심리화해 왔음을 반영하는 것이고, 이 어려움이라는 것도 경제적 문제, 사회적 혹은 도덕적 성질의 것으로서, 과거에는 목사나 좋은 이웃으로부터 도움을 구하던 문제들이었다. 정신치료가 개인적 스트레스를 다루기 시작하자 환자들은 정신과의 경계를 넘어 심리학자, 정신과 사회복지사, 그리고 소위 "정신건강 관리자"라는 다른 서비스 종사자에게까지 흘러넘쳐 들어가게 된다. 진료실에서 정신치료로 수입을 유지하던 정신과 의사에게 이런 식의 환자 유출은 정신과 비즈니스에 경계경보를 울리게 되었다.

시장의 몫을 유지하라

정신질환 역치가 낮아진 현상은 부분적으로는 의사가 야기한 것이기도 했지만, 또 일부는 환자의 요구에 의한 것이기도 했다. 인간의 특정 행동이 병리적 현상으로 간주될수록 분명 정신과 의사에게는 득이 많아진다. 따라서 정신과 의사들은 기꺼이 질병 역치를 낮춤으로서 경쟁관계

✚ 불편함의 수준을 넘어 병에 해당한다고 간주하기 시작하는 증상의 수준을 이른다.

에 있는 심리학자와 사회복지사들로부터 환자를 끌어오고자 했다. 소년
기 행동을 한 예로 들어보자. 모험심은 톰 소여처럼 사내아이들의 한 특
성이라고 간주했던 적이 있었으나, 1960년대 이후부터 그런 행동을 병
으로 보는 일련의 심리적 진단명이 속속 등장한다. 1950~1960년대에
"미소微小대뇌 기능부전minimal cerebral dysfunction"[✤]이라고 불리던 이 진단
명은 점점 그 값어치가 올라갔다. '톰 소여'가 뇌손상이 있는 아이로 바
뀌어 버린 것이다. 불합리한 이 진단명은 곧 폐기되었고, 대신 과잉행동
과 주의집중의 장애로 초점이 맞추어지는데, 교실에서 교사를 가장 약
오르게 하는 것이 남자아이들의 떠들썩한 행동이었기 때문이다. 일부 교
육전문 정신과 의사들의 의견을 무시하고, 교육 전문가들은 소년기를 병
리화pathologize시키는 이 진단명을 기꺼이 인정했다. 1968년 "아동기(혹
은 청소년기)의 과잉행동성 반응Hyperkinetic Reaction of Childhood or
Adolescence"이라는 진단명이 공식 질병 분류에 입장하였고, 이는 주의 산
만과 안절부절못하는 행동을 의미했다.[5] 곧 1980년에 "과잉행동을 가진
주의력결핍 장애(ADHD)"로 개명된다.[6] "ADHD" 진단군에 속하는 아이
들이 실제로 기질적 질병을 가지고 있는지 여부는 아직 명확치 않다. 중
요한 점은 이렇게 진단될 경우, 치료 권한은 오직 의사에게만 주어진다
는 점이고, 그 치료는 "리탈린(메틸페니데이트)"[✤✤]이라 불리는 유사 암페
타민 특성의 약을 처방하는 것이다. 1995년에 이르자 오직 한 가지 처방
약, 즉 리탈린의 처방 건수가 연간 600만 건에 달하게 되며, 250만 명의

....

✤ 뇌염 등의 후유증으로 미세한 뇌손상이 있을 경우 과잉행동과 집중력 장애가 나타난다는 점에서
한때 주의력결핍 과잉운동장애의 원인으로 보았다.

✤✤ 일종의 정신자극제로, 각성중추의 이상에 의한 것으로 간주되는 ADHD 환자는 물론 수면장애의
일종인 기면증, 과다수면증 등에 사용된다. 암페타민과 유사한 작용이 있어서 메타암페타민(히로뽕)
중독의 대체요법에도 사용된다. 우리나라에서도 "공부 잘하는 약"으로 알려져 오남용되는 사례가 많
아 사회적 문제로 대두되고 있다.

미국 어린이들이 약을 복용하게 되었다.[7] 이는 시장의 몫을 유지하기 위해 어떤 전략을 쓰는지 보여 주는 대표적인 예이다.

아이들이 공포 이야기를 듣고 무서워하는 것은 언제나 있었던 일이다. 그러나 전쟁후유증과 관련된 "외상성 스트레스 장애(PTSD)"라는 진단명이 도입되기 전까지는 아이들이 흔히 겪는 유령 공포 따위에도 정신과 진단명이 붙으리라고는 아무도 상상하지 못했을 것이다.(496~499쪽을 보라) 스트레스를 받은 재향군인에게만 해당되는 특별한 정신과적 증후군이 존재하는지는 아직 불분명하다. 그러나 실재한다 하더라도, PTSD가 정신과의 공식 질병 전문용어로 등장하자마자, 곧 대중문화에 낚이면서 어찌할 도리가 없이 진부하게 변모하여 일상사의 모든 것이 이 용어로 심리화하는 데 사용되기 시작한다. 그리하여 1995년 〈배트맨〉과 같은 영화를 보고 무서워하는 아이들에게까지 "PTSD" 진단명을 붙이기에 이르렀다. 정신과 권위자의 말에 의하면, 수백 마일 멀리서 일어난 범죄 뉴스를 본 아이들의 80%가 "외상성 스트레스" 증상을 보인다고 했다.[8] 아이들이 불안해하는 것은 전혀 새로운 것이 아니다. 새로운 것은, 아이들이 성장하면서 겪는 평범한 문제를 부모들로 하여금 질병으로 받아들이도록 설득해 온 정신과 의사들의 태도인 것이다.

우울증의 범위는 끊임없이 확장되어 왔다. 주요정신질환으로서의 우울증은 메마른 정서, 자기비하, 기쁨을 느끼지 못하는 상태, 자살에 관한 생각 등으로 여러 문화권에서 익숙한 상태이다. 이 병은 생물학적 요인이 강력하게 작용한다. 그러나 1960년대 이후로 미국 정신의학에서는 행복하지 않은 상태 혹은 불행감, 식욕감퇴, 수면 장애 등을 포함하는 불유쾌함dysphoria 등도 우울증이라는 용어와 같은 의미가 되었다. 이에 따라 그렇게 정의된 우울증의 빈도가 꾸준히 증가하고 어린아이에게도 그런 일이 일어난다는 사실이 그리 놀랄 일은 아니다.[9] 1991년 미국 국립 정신건강 연구소는 "정신질환 자각의 주Mental Illness Awareness Week"의 일부 프로그램으로 "국가 우울증 선별의 날"을 기획했다. 이 프로그램은 가정의들로 하여금 더 많이 우울증을 진단하도록 고무하고, 뒤이어 정신과 의사에게 진료 의뢰를 하도록 하기 위한 것이었다. 혹시라도 주요우울증을 제때 진단하지 못해서 자살로 이어지는 것을 예방할 수 있다는 점에서 일부 합리적인 측면이 없는 것도 아니지만, 궁극적으로 나타난 결과는 정신의학이 다른 그 어떤 정신치료 관련자들도 넘볼 수 없이 확고한 영역을 세운 것이었다. 정신과 환자의 수가 해마다 "기록을 갱신하며" 증가하는 것에 미국 정신의학은 환호했다.[10] 우울증이라는 주제가 끊임없이 회자되자 우울증은 정신과에 오는 모든 환자의 28%에 달하게 된다.[11] (모든 정서장애에 효과적으로 작용한다는 "프로작"과 같은 항우울제 [526~530쪽을 보라]가 우울증 진단을 증폭시켰다는 것은 의심할 여지가 없다. 의사들은 치료할 수 없는 진단명보다는 치료 가능한 진단명을 붙이는 경향이 있다.)

성격장애 진단은 제국 건설을 위한 거푸집a whole sandbox for empire-building[+] 구실을 했다. 성격장애라는 개념—비록 환자만 제외한 다른 사람들을 고통스럽게 하는 것이지만—은 과학적으로는 애매한 개념이나, 일단 정신과에서 성격장애라고 진단되기만 하면 그 이후의 사태는 정해진 궤도를 따라 진행된다. 특히 반사회적 성격장애는 개원가에서 주로 진단되었고 과거엔 의학 이외의 분야에는 잘 알려져 있지 않았던 것이다.[12] 다중인격장애multiple personality disorder(MPD)[++]라는 진단은 모호한 명칭이었으나 어느 날 갑자기 튀어나와 1980년대에는 거의 유행병과 같이 전 사회에 퍼지게 되었다.[13] 그 외의 성격장애들은 모두가 잘 알고 있는 성격의 어느 한 특성이 과장되게 나타나는 것을 의미했다. 남에게 골칫거리가 되는 사람을 환자로 만든다는 것은 비록 골칫거리였다 하더라도 실은 극히 정상적 상태를 병리화했음을 의미한다. 따라서 성격장애를 포함하여 정신과 질병이라고 표식이 붙게 된 상태는, 어느 수준 이상이어야 질병으로 간주되는지를 판단하는 기준인 질병역치가 매우 낮아졌음을 뜻하는 것이다.

질병역치가 낮아지면서 정신과 환자의 범위는 역사상 유례없을 정도로 확장되었다. 정신의학의 주된 관심사가 19세기에는 입원한 정신병 환자였고, 20세기 초에는 외래 신경증 환자였다면, 20세기말에 이르러서는 과거에는 병이라고 간주하지 않았던 상태 혹은 가정의가 보았어야 할 그러한 상태에 초점을 맞추기 시작했던 것이다. 정신의학계의 선도자들은 "독립된 범주라고 보아도 무방한 상태…… 가벼운 우울증, 불안과 우울감의 혼합상태, 가벼운 인지기능 장애"에 관해 말하기 시작했다. 예전에는 "환자라고 부를 정도로 일정한 수준 이상의 증상을 가지지 않은 사람subthreshold patients"들을 끌어들이기 위해 "질병역치 이하의 증상 subthreshold symptoms"이라는 용어가 사용되었다.[14] 이것은 제국 건설의 언어이자 시장 장악의 언어였다. 유행성 이하선염 혹은 주요우울증 등을 질병이라고 정의하는 것과 같은 타당한 논리성은 이들 새 진단명에서는 찾아보기 어렵다.

정신과의 진료 초점이 질병에서 일상의 불행으로 전환되는 것에 대해 정신의학계 내부에서 토론이 있었는데, 이때 의사들은 숨김없이 서로의

✢ 일상적인 상태를, 병원에서 치료받아야 할 정신질환으로 전환시키는 것을 제국주의적 세력 확장에 비유했다. 저자가 해석하기로는, 성격장애라는 진단은 병리성 여부를 판단하는 준거가 된다는 점에서 일상적 문제를 질병으로 전환하기 위한 기본 작업으로 보고, 집을 지을 때 기본틀을 세우는 거푸집에 비유한 것이다.

✢✢ 적어도 두 사람 이상의 인격이 별개로 작동되는 것으로, 인격들은 서로를 기억하지 못한다. DSM-IV-R에서는 해리성 인격장애Dissociative Identity Disorder로 바뀌었고, ICD-10에서는 그대로 쓰인다.

견해를 드러냈다. 정신의학계의 원로인 월러스테인은 1991년 이렇게 말했다.

> 보험회사는 개인 정신치료에서 우리가 다루는 주제들―살아가며 느끼는 제반 불만이나 대인관계 문제 혹은 직장 적응의 어려움 …… 학업이나 직업성취도가 낮은 것, 등등―이 치료비를 지불해 줘야 하는 공식 질병이 아니라고 간주하고 있다. 무엇보다 문제시되는 것은, 대학원생╬들이 박사학위 논문을 쓰기 위해 (이런 상태와) 비교될 만한 용어를 사용하지 못한다는 것인데 …… 보험회사가 치료비를 제공할 만한 질병 상태라고 보기는 매우 어렵다.

월러스타인은 정신과 대학원생들이 실망하고 좌절해 있으므로 도움을 주어야 한다는 것을 강조했었다.[15] 어쨌든 위 글에서 그의 관심사는 고전적인 의미에서 정신의학적 질병이 아니라 질병역치 이하의 상태였다.

그러므로 당시 정신의학은 여러 방면으로 영역을 확장하고 있었음을 알 수 있다. 비非의학 분야로부터의 도전과 경쟁으로부터 정신의학을 지키기 위해 일상적 고통을 질병으로 진단하여 영토를 넓히고자 하는 유혹은 강력한 것이었다. 이는 19세기 신경과 의사들이 여성의 증상을 "히스테리아"라고 진단하여 병리화했던 사실과 다르지 않으며, 이로 인해 한동안 히스테리아는 여성성과 동일한 것으로 불려왔던 것이다.[16] 이제 그 대상은 우울증 등등으로 바뀌었고, 그동안 잘 알려져 있지 않았던 이 개념은 대중에게 그대로 흡수되어 들어갔다. 멤피스의 정신과 의사 하곱

╬ 여기에서 말하는 대학원생은 정신과 수련의들 중 특히 정신분석 훈련 과정에 있는 수련의를 의미한다.

아키스칼은 "정신질환의 개념은 이제는 더 이상 뚜렷한 의미를 지니지 못할 정도로 희석되어 구별하기 애매해졌다"고 말했다. "예를 들면 경계 선적 정신분열증과 같은 최신식 진단명이 많아지면서, 정신질환은 지금 거의 유행성 전염병 수준으로 되었다."[17] 증상을 그 강도로 나누어서, 주 요우울증에서 슬픔까지 왼쪽에서 오른쪽으로 이어지는 긴 연속선상에 놓았을 때, 혹은 정신분열증에서 기이한 행동까지의 연속체로 보았을 때, 여태까지 정신의학은 병의 판단 기준을 꾸준히 오른쪽으로 밀어내 왔고, 그래서 희귀한 병적 상태는 물론 일상적 불편함까지 모든 것을 정 신과의 진료 대상으로 포섭해 왔다. 즉 어디서나 볼 수 있는 보편적 인간 조건이 정신과 의사에게 치료비를 지불하는 상태가 되었음을 의미한다.

온 나라가 정신치료를 갈구하다

경계를 확장하면서 정신의학계 저변에 자리 잡고 있던 생각은, 대중 이 정신치료를 소리 높여 갈구하던 당시 상황에서 경쟁에 뒤쳐져서는 안 된다는 것이었다. 정신의학계가 자기 몫을 지키기 위해 행동에 나서자 정신치료 시장의 경쟁열은 높아만 갔다. 첫 번째 도전은 사회복지사로부 터 왔다. 미국의 첫 사회복지사는 아돌프 마이어의 부인인 메리 포터 브 룩스이다. 사회복지사에 의한 정신치료가 시작된 시기는 1904년으로, 브룩스는 당시 마이어가 감독관으로 있던 워드아일랜드 수용소의 환자 가족들을 방문하기 시작했다.[18] 제2차 세계대전 이후 사회복지사 리더들 은 이 분야를 체계적인 전문직으로 탈바꿈시키기 위해 주 업무를 사회서 비스에서 정신치료로 전환시켰던 것이다. 1920년 뉴올리언스에서 열린 사회복지사 전국대회에서 필라델피아의 제시 태프트는 사회복지일이란

"그 특성상 근본적으로 심리학적인 것, 굳이 말하자면 정신의학적인 것"
이라고 정의했다. 이어서 뉴욕의 러셀 세이지 재단 자선사업부 부장인
메리 리치몬드가 "소그룹 심리학"이라는 관점에서 환자가족들에게 "사
회적 치료"를 할 것을 주창했다.[19] 정신과 사회복지사의 수는 1945년
2000명에서 1985년 5만 5000명으로 증가했다(참고로, 1985년 정신과 의사
의 수는 3만 2000명이었다.)[20] 1990년이 되자 미국 내에 "임상" 사회복지사
clinical social worker✚는 8만 명에 달하게 된다.[21] 그해 미국 사회복지사 협
회 회원 중 파트타임이건 풀타임이건 간에 개인클리닉을 가진 회원은 전
체의 4분의 1에 해당했다.[22] 버클리 대학 사회사업과 교수 해리 스펙트의
말을 빌리면, 이들 사회복지사의 주 고객은 "'건강염려증적' 백인 중류
층으로서, 행복하지 않고, 불만스럽고, 충족되지 않은 20~40세 사람들
이었다."[23] 이들이야말로 1970년대 이후 정신과 개원의들의 주 고객층이
었던 사람들이다.

심리검사만 하던 심리학자들도 연이어 정신치료 시장에 뛰어들면서
경쟁은 더욱 뜨거워지게 된다. 계기가 된 것은 심리학자 칼 로저가 1951
년 출간한 《고객 중심 치료》라는 책이었다. 로저가 주장한 "인간적인 정
신치료humanistically oriented psychotherapy"는 프로이트 분석이나 융 분석이
론과 같은 복잡한 치료체계를 배우고 훈련받을 필요가 없이, 자아를 재
건하고자 하는 선의의 감정만 있으면 되는 것이었다. 로저는 정신치료의
체계적 "방법론"을 회피했다. 고객 중심으로 치료한다는 것은 "고객이
자신의 심리적 상황을 다룰 능력이 있음을 믿는 것"을 의미했다.[24] 로저
의 말에 따르면, "사람은 자아개념을 전환하고 태도를 바꾸거나 혹은 자
기 자신을 파악하여 나아가야 할 방향을 스스로 결정할 무한한 내적 자

✚ 의료계에서 일하는 사회복지사로 주로 정신치료와 가족상담 등을 담당했다.

원을 소유하고 있으며, 이를 자각할 수 있는 심리적 환경만 마련된다면 그 사람의 잠재력이 깨어난다"고 했고, 이는 심리학자가 시행해야 할 정신치료라는 것이었다. 나중에 로저는 회고록에서 "[내 방법은] 상담 분야를 완전히 전복시킨 것"이었다고 주장했다.[25] 성마른 성격의 스펙트의 말을 인용하자면, 정신치료 분야에서 그의 아이디어는 다음의 말로 요약할 수 있다. "당신은 할 수 있다. 당신은 멋지고 착한 사람이며, 당신 안에 모든 것이 풍부하게 담겨 있다. 그래서 기분만 좋아진다면 문제될 게 뭐가 있겠는가!"[26]

정신과 의사들은 심리학자들의 영역 침범이 면허증도 없는 의료행위라고 비난하며 초기에는 날카롭게 반응했다. 로체스터 대학교에서는 정신과가 나서서 로저의 생활지도 센터를 폐쇄시키려 했다. 시카고 대학으로 옮겨가 상담센터를 시작한 로저는 정신과가 상담센터를 폐지시켜 버리지 않도록 꾸준히 캠페인을 계속해서 명맥을 유지했다.[27] 결국 심리학의 번성기는 오게 된다. 1996년 미국 심리학 협회의 임상심리학 지부에는 거의 7000명의 회원이 있었고, 정신치료를 하는 비회원 심리학자들까지 포함한다면 그 수는 더 많았다.[28] 1990년대에는 임상심리학자와 사회복지사를 합친 수가 정신과 의사 수를 능가하게 되었다. "정신치료는 …… 이제 대부분이 비의학적 활동으로 변해 버렸다"고 정신의학 발전을 위한 그룹(GAP)은 한탄한 바가 있다.[29]

그렇다면 이러한 새로운 정신건강 전문가들로부터의 서비스를 과연 누가 원했을까? 그들 모두가 정신질환자였을까? 광의로 해석한다 하더라도 말이다. 그렇지 않았다. 미국사회에 질환을 가진 인구가 많았음은 확실하다. 국립 합병질병율 조사(NCS)의 결과에 따르면, 1990년대 초 무작위로 추출한 미국 성인 대상군의 48%가 일생에 적어도 한 번 이상의 정신질환 혹은 물질남용의 병력을 가지고 있었고, 30%는 조사 시점 전

12개월 동안 정신과 질병을 앓고 있었다. (이 조사에서 사용한 정신과라는 단어는 가장 광의로 사용한 것이어서 조사 자체가 경계 확장을 해준 셈이다.) 조사가 정확한 것이라면, 이 통계는 미국 사회에서 가장 흔한 의학적 문제가 정신과적 문제임을 확인해 준 것이고, 이 숫자는 고혈압과 거의 맞먹는 비율이었다.[30]

그럼에도 불구하고 정신과적 문제를 가진 사람이 정신치료의 주된 대상은 아니었다. NCS 결과에서는 질병을 가진 사람의 21%만이 치료를 받고 있었다.[31] 나머지 5분의 4는 정신치료에 관심도 없고 다른 치료도 받지 않고 있어서, 행복하든 불행하든, 각자 삶의 문제를 끌어안고 살아가고 있었던 것이다.

반면 정신치료를 요구하던 사람들은 삶에 불만을 가진 불행한 사람들이었고, 그렇다고 정신질환이라고 진단될 만한 우울, 불안, 강박적 행동 등의 증상을 가지고 있던 것은 아니었다. 여러 연구 결과들은 정신치료를 받고 있는 사람이 진짜 정신질환자가 아님을 보여 주고 있다. 예를 들면, 캐나다 온타리오의 1990년 조사에 따르면, "지난 1년간 전문기관에 갔던 사람들의 42%는 그 기간 동안 정신질환을 가지고 있지 않았다."[32] UCLA의 저명한 생물정신의학자 대니얼 프리드먼은 "누구나 다 문제를 가지고 있다. 그러나 누구나 다 증상을 가지고 있는 것은 아니다. 단지 몇몇만 질병을 가지고 있다"고 했다.[33]

1990년대에 엄청난 시대변화에 뒤쳐졌던 정신의학은 노선 전환을 하지 않으면 안 되는 상황에 처해 있었다. 정신과 의사가 되기 위해 받는 수련 내용과 수련을 끝내고 사회에 나왔을 때 해야 할 일이 현저히 달랐던 것이다. 수련의로서는 주요정신질환을 치료하는 법을 배워야 했다. 그러나 일단 사회에 나와 클리닉 진료실에서 일하게 되면서는 일상적 문제를 가진 사람이나 더 큰 수익을 올려주는 신경증에 끌리게 되었다. 그러다 보니 사회복지사나 심리학자와도 직접적인 경쟁을 해야 했다. 이런 상황에서 정신의학이 취한 방향은 생물정신의학의 본질인 주요정신질환으로 돌아간 것이 아니라 정반대의 길이었다. 과거에는 질병으로 보지 않았던 "질병역치 이하"의 상태까지 진료 범위를 확장시킨 것이었고, 골치 아픈 일상사를 무마하기 위해 정신치료를 받으려는 대중의 요구에 부응하는 방향으로 전환했던 것이다.

그러나 경제적 측면에서 본다 할지라도 정신의학은 과학의 영역에 머물러 있는 편이 더 나았을 것이다. 정신의학이 경쟁자들과 뚜렷이 구별될 수 있는 길은 신경과학에 정통하는 것이었을 터이기 때문이다. 그리고 의사가 아닌 사람들과 낯붉히며 씨름하는 것은 정신과 의사들에게 도움이 되기보다는 대중 앞에서 정신의학의 명예를 끌어내리는 것에 불과했기 때문이다. 예를 들면, 1995년 미국 정신의학협회는 의회에 강력한 로비를 펼쳐 심리학자들이 약을 처방하지 못하도록 했는데, 이는 정신과 의사가 자기이익만 추구한다는 인상을 대중에게 심어 주었다.[34] 이 에피소드가 대중에게 준 인상은 정신의학이 의학의 한 분야인 과학에 속한다는 주장을 무색케 하는 것이었다. 미국 정신의학은 진단과 치료 양 분야에서 갈 길을 잃고 있었다.

정신과 진단의 과학성 대 패션

정신과 진단이 과학성만큼 정치성에도 좌우되자 정신의학의 방황은 더 위태로운 단계에 접어들었다. 의학에서의 진단은 치료의 방향과 예후를 알려주는 핵심 가치이자, 환자에게도 그만큼 중요한 주제이다. 정신의학에 비해 의학 다른 전문분야에서는 대부분 그 원인을 알고 있다는 점에서 진단은 우회적이지 않다. 병리학 수업에서 학생들은 병든 장기의 원인을 다음과 같이 분류한다. "외상성, 감염성, 신생물新生物, 독성, 자가 면역성⋯⋯" 등등. 기질성 질병의 원인은 종류가 비교적 한정되어 있고 논쟁이 되는 경우는 그리 많지 않다. 한번 상상해 보라. 호흡기 의사들이 폐렴의 원인에 관해 열띤 논쟁을 벌이다가 제각기 따로 협회를 만들고 제각기 다른 원인을 주장하는 저널을 만든다면 어떻겠는가. 그러나 정신의학에서는 유전 요인 등을 제외하고는 명확히 원인이 밝혀진 질병은 몇 종류밖에 없다. 예를 들면, 누군가가 자기를 너무나 사랑하고 있다는 망상을 가진 애정망상erotomania⁺의 원인은 무엇인가? 따라서 정신과 질병 분류는 원인보다는 증상에 따라 이루어지며, 이런 분류 방식은 19세기 이전에 의사들이 쓰던 방식이었다. 많은 다양한 증상들을 몇 개의 군으로 그룹지어 이를 큰 범주 안에 묶는 방식에는 임의성任意性이 있을 수밖에 없다. 애정망상은 정신분열증에 속하는가, 아니면 망상성 장애에 속하는가, 그것도 아니면 독립된 다른 질병인가. 그리고 역사적으로도, "히스테리아"를 어떤 질병 범주에 넣을지를 두고 정신의학계 전체가 부침을 반복할 정도로 증상군의 범주화는 논쟁의 대상이었다. 이런 측면에서 질병 분류는 정신의학을 혼란에 빠뜨릴 가능성이 매우 큰 위험요인이었던 것이다.

위험을 배가시키는 요인으로는 나라마다 전통에 따라 한 가지 상태에 각기 다른 진단명을 붙일 수 있다는 점이 있다. 예를 들어 프랑스의 "분화성 망상장애la bouffée délirante"⁺⁺는 다른 어느 나라에서도 찾아볼 수 없

⁺ 색정광이라고 표기되지만 실제로는 성욕 과다가 아니고, 권력자나 유명한 사람이 자신을 사랑하여 미행하고 엿들으며 상황을 조작한다고 믿고 행동하는 일종의 편집망상이다.

⁺⁺ 급성으로 온갖 종류의 심한 정신병적 증상이 나타났다가 증상이 완전히 소실되는 경우를 의미하며, 프랑스에서 주로 사용되었으나 보편화되지는 못했다. ICD-10의 급성일과성 정신병적 장애와 유사하다.

는 진단명이다. 1950년대 중반 저명한 정신의학 역사학자 헨리 엘렌버거는 "영국인들은 모든 정서적 문제를 '노이로제'라고 부른다"며, "프랑스에서는 정신박약을 아무 데나 붙이고," 스위스에서는 "프랑스 인들이 말하기를, 우리 스위스 인들은 '정신병의 90%를, 그리고 정상인의 50%를 정신분열증'이라고 부른다고 하더라"고 했다.[35]

그러나 미국만큼 정신분열증 진단을 많이 하는 곳은 없었다. 정신분열증이야말로 미국 정신의학이 가진 기이한 취향이었다. 1940년대와 1950년대 동안 미국 정신과 의사들은 영국 의사보다 몇 배나 더 많이 이 진단을 했다. 환자의 비디오를 보고 내린 진단을 비교한 연구가 있다. 알코올 남용의 병력을 가지고 있고 급격한 정서변화와 한쪽 팔의 마비 증상을 보인 브룩클린 출신의 젊은 남자 "환자 F"를 비디오로 찍어 46명의 미국 정신과 의사와 205명의 영국 정신과 의사에게 보여 주었다. 미국 의사의 69%가 정신분열증이라고 진단한 데 비하여, 영국 의사는 단 2%만 정신분열증이라고 진단했다.[36]

이런 식의 국가 간 차이를 보고 의사들은 당황했다. 왜냐하면 이 결과가 암시하는 것은 정신의학은 과학적 정밀함을 추구하기보다는 국가의 문화적 전통을 중시한다는 것이며, 그렇다면 정신과는 의학이라기보다는 민속학에 불과해지기 때문이었다.

더 큰 문제는, 정신분석 전성기에 많은 정신과 의사들은 진단에 무관심했고 증상 분류보다는 그들이 세운 가설에 따른 정신역동적 원인을 확인하는 걸 더 중요시했다는 데에 있다. 컬럼비아 대학 교수였던 로버트 스피처는 1980년에 미국 정신의학에 새로운 분류체계를 도입하는 데 주도자 역할을 한 사람으로서, 1960년대 미국 정신의학협회 연례총회를 다음과 같이 기억한다. "대학의 정신과 의사들이 진단 기술記述에 관해 발표하는 시간은 항상 총회 맨 마지막 날 오후로 잡혀 있었다. 그 시간에는 아무도 참석하지 않는다. 정신과 의사들은 진단이라는 것 자체에 관심이 없었기 때문이었다."[37]

정신의학계에서는 1960년대부터 올바른 진단의 중요성을 널리 촉구하기 시작했다. 새 세대의 젊은 정신과 의사들은, 일반 의학과 마찬가지로 정신의학도 드러난 증상을 근거로 감별진단 체계를 확립해야 하고, 임상적 진단 혹은 진단적 "인상印象"에 도달하기 위해 적절한 검사를 시행할 것을 촉구했다. 잠자던 정신의학의 기상을 알리는 종소리는 구세계로부터 울려 퍼진 것이었고, 좀더 정확히 말하면 역사 깊은 빈에서 미국으로 망명온 의사들로부터 나온 것이었다. 1902년 빈에서 태어난 에르빈 스텐겔은 빈에서 의학 공부를 마쳤다. 그는 프로이트와 바그너-야우레크 등과 친분이 있었고 사켈과는 급우 사이였다. 스텐겔은 1년간 정신분석을 공부했지만 성찰심리학에 심취하지는 못했고, 학자로서 정신의학계 전반에 심각한 비판의식을 가지게 되었다. 1938년 빈에서 도피해 나와 처음엔 영국 모즐리 병원에 들어갔다가 1957년 (오브리 르위스에 의해 런던에서 쫓겨난 것이라고 전해진다) 셰필드 대학교에 정신의학 교실을 설립했다.[38]

1959년 스텐겔은 정신과 진단에 타당성이 없다고 비판하는 책을 출판했는데, 그 영향력은 매우 컸다. 정신분석가는 물론 미국에 있는 아돌프 마이어의 추종자들까지도 "개인의 유일한 특성만을 강조한다"고 비판했던 것이다. 냉담하게 적어 내려간 그의 글에는 "그런 식의 접근방식은 정신질환을 범주화하려는 시도를 방해하는 것일 뿐"[39]이라고 적혀 있다. 이것은 진단학 부활의 개막을 알리는 축포였다.

10년 후인 1969년 미국과 영국의 진단 내용을 비교하는 대규모 비교연구가 이루어졌는데, 그 결과 두 나라의 진단에 심한 차이가 있음이 명백히 드러나게 된다. 결과를 발표했던 하인츠 레만은 "오늘날 정신과 진단은 규제되지도 않고, 피상적이고, 설득력도 없고, 따라서 쓸데없이 시간만 낭비한다고 여겨질 정도로 전락되어 있다. 이제 정신의학 진단에도 르네상스가 와야 할 때"라고 말했다.[40] 정신의학계 내부의 학자들로부터 정신의학의 본질을 근본부터 재고할 것이 촉구되었던 것이다.

진단적 타당성을 지향하도록 만든 두 번째 원동력은 약물치료였다. 정신병과 우울증의 특효약이 개발됨에 따라 정확한 진단이 실용적 차원에서 필요해진 것이다. 도널드 굿윈과 새뮤얼 구제는 공동 집필한 정신의학 교과서에서 "리튬과 항정신증 약물이 효과를 나타내면서 한때 학문적 관심거리에 불과하던 조증과 정신분열증의 감별진단이 이제는 치료 방향을 결정하는 실제적 문제로 대두"[41]했다고 기술했고, 그 파급력은 매우 컸다.

이 주제는 1970년대에 첨예한 논쟁거리가 된다. 그때까지 미국 정신의학계에서―심지어 정신분석 이외의 분야에서도―진단분류는 별 흥밋거리가 되지 못했었다. 19세기 정신과 의사들은 수용소 연례 통계에 뚜렷한 질병 범주 몇 종류(멜랑콜리, 광증이 나타난 진전마비, 치매 등등)만 기록했다. 그러나 이제 인구 통계를 내야하는 절박함에 쫓겨 미국 정신의학은 진단에 관해 숙고해야만 했다. 1908년 국가 통계청은 미국 의학-심리학 협회에게 질병 분류 위원회를 조직할 것을 요청한다. 1918년이 되자 이 협회는 국가정신건강위원회와 합동으로 미국 역사상 처음으로 정신질환 분류법인《광인 치료시설에서 사용하기 위한 통계요람》을 만들었다.[42]

이때까지도 미국의학에게는 전반적으로 자체 분류체계가 없었다. 1927년 뉴욕 의학원이 주관하여 국가적으로 통용될 "질병 표준 분류법"을 제정할 조직이 만들어졌다. 이듬해 의학계의 모든 전문분야가 한 자리에 모여 회의를 열었고, 그 결과가 1933년 출간된《질병 표준분류 명명

법》이다. 미국 정신의학협회는 이 책의 정신의학 부분을 작성했다.[43]

제2차 세계대전 발발 당시 미국은 공립수용소에 수용된 정신병자를 분류하기 위해 고안된 진단분류법만 사용하고 있었다. 그러나 전쟁은 정신병이라는 진단명으로는 도저히 설명할 수 없는 사뭇 다른 부류의 환자들을 양산해 냄으로서 정신의학에 도전으로 다가오게 된다. 평상시에는 눈에 띄지 않던 소소한 성격 문제가 군에서는 중대한 일이 되었던 것이다. 그러나 이들을 이해하는 데 적용될 수 있는 진단명은 "정신병리성 성격psychopathic personality"[+]과 같은 것밖에 없었다.[44] 정신신체 질환의 경우, 범주라는 것이 아예 없어서 위-장관 내과 의사나 심장내과 의사가 병명을 고안해서 붙이기도 했다("군인의 심장"이 그 예다). 전쟁 스트레스 반응은 전쟁 피로 증후군이라고 불리기도 했다. 새로운 분류법은 모든 곳에 필요했다. 그리하여 새로운 진단체계가 계속 만들어지고 정신과 병명은 늘어만 갔다. 1940년대 말은 말 그대로 혼란이었다.

그리하여 1948년 미국 정신의학협회는 단일한 국내 분류법을 제정하기 위한 위원회를 구성한다. 회원들에게 초안이 배부되고 새로운 제안이 상정되는 과정을 거쳐 1952년 미국 정신의학협회 최초의 독립적 분류체계인 《정신질환을 위한 진단과 통계 요람The Diagnostic and Statistical Manual [of] Mental Disorders》(DSM-I)이 만들어진 것이다.

분류법이 만들어지기까지의 과정은 자세히 살펴볼 필요가 있는데, 그 이유는 당시의 지배적 철학이 분류체계에 그대로 담겨 있기 때문이다. 1952년 당시 미국 정신의학협회의 요직은 물론 분류위원회 위원들, 그리고 협회 회원들까지 당연히 정신분석에 편향된 사람들이었다. APA의 1951년 진단명과 통계 위원회 의원 28명 중 10명 이상이 정신분석 기관에 속해 있거나 정신분석에 관해 저술한 사람이었다.[45] 따라서 DSM-I의 많은 부분은 이들의 견해에 따라 작성된 것이다. 예를 들어, "정신신경증

장애"는 프로이트 정신분석 이론이 그대로 적용된 진단명이다. "이들 장애의 주된 특성은 환자가 직접 느끼거나 표현하는 불안으로서, 무의식으로부터 다양한 심리적 방어기제(억압, 전환, 전치 등)가 동원되어 자동적으로 통제된 것이다."[46] 프로이트보다는 아돌프 마이어에게 더 경배하는 의미에서 "반응reaction"[++]이라는 단어가 확산되면서 심지어는 "정신분열증 반응", "반사회적 반응"이라는 용어가 사용되었던 것이다.

1950년대와 1960년대는 정신분석이 미국 정신의학의 지배권을 단단히 장악하고 있던 시대로서 1968년에 나온 개정판 DSM-II에는 이 변화가 그대로 반영되어 있다.[47] 초안 작성 위원회 위원 10명 중 6명이 정신분석파에 속했다. 명명법에 이 지배권이 그대로 드러나 있다. 정신신경증은 더 이상 "반응"으로 불리지 않고 "노이로제neuroses"로 개칭되었다. "전환 반응"과 "해리 반응"은 불요불굴의 "히스테리아"로 대체되었다. 도대체 히스테리아란 무엇인가? "정서적으로 과부하된 상황"과 연관된 증상을 일컬으며 이는 "무의식의 저변에 깔려있는 갈등을 상징"한다.[48] 질병에 관한 설명은 모두 짤막하며 진단시에 어떤 사항을 적용할지에 관한 사용 기준도 적혀 있지 않았다. 정신과 의사들이 필요로 했던 것은 정신분열증과 조증의 감별진단에 필요한 지침이었으나 그런 것은 찾아볼 수 없었다.

초안 작성 위원회 위원 중 한 명은 일종의 변절자라고 볼 수 있는데,

✚ 당시에는 사회규범에 반하는 성격장애 모두를 현재와 같이 구별하지 않고 하나의 진단명으로 불렀다.

✚✚ '반응'이라는 용어에는 '질병이 아니다'라는 의미가 있다. 아돌프 마이어의 생물-정신-사회적 모델에 근거한 질병 개념으로, 정신질환이란 뚜렷이 구별되는 실체로서의 질병이 아니라, 환경에 대한 부적응적 반응에 불과하다는 주장에 의한 것이었다. 마이어는 진단함에 있어서 의학적 모델에 근거해야 한다는 주장을 하면서도 다른 한편에서는 질병은 병적 반응에 불과하다는 모순된 주장을 했던 것이다.

로버트 스피처. 컬럼비아 정신과 의사로서 1980년 소개된 DSM-III를 주도적으로 작성했다. **로버트 스피처**

한때 정신분석가였던 로버트 스피처였다. 1932년 태어난 스피처는 뉴욕 의과대학을 졸업하고 뉴욕 주립정신병원에서 수련을 마침과 거의 동시에 컬럼비아 정신분석 클리닉에서 분석가 자격을 땄다. 그러나 1959년경 정신분석에 등을 돌리고 진단분류학에 합류하였고, 1968년에는 뉴욕 주립정신병원 평가부서의 과장이 되었다.

당시 스피처는 정신과 진단을 완전히 다른 방향에서 조명하여, 자연적 질병이라고 추정되는 정신질환의 실체에 일치시키기 위해 최대한 정밀한 진단체계를 만들고자 결심했다. 이것은 "자연을 관절부위에서 자르는 것"⁺이었고, 오래전 크레펠린이 기획했던 것이기도 했다. 그러나 "자연의 관절"이 어디에 있는지는 연구에 의해 정해야 했다. 가장 좋은 방법은 의사가 진단하려면 반드시 있어야 할 증상이 무엇인지 결정하는 것이라고 보았다.

스피처에게는 다행스럽게도 당시 미국 정신의학계에는 소규모의 연구자들이 정신과 진단의 재분류를 위한 연구에 착수하고 있었다. 이들 연구자 중 한 명은 1948년 텍사스 출신으로 하버드 의과대학을 졸업하고 매사추세츠 종합병원에서 정신과 수련을 한 엘리 로빈스로서 세인트루이스에 있는 워싱턴 대학에 연구원으로 오게 되었다. 그곳에서 그는

⁺ 플라톤의 〈파이드로스〉에서 파이드로스의 질문에 대해 소크라테스가 답한 내용이다. 사물을 범주화하기 위해서는, 마치 푸주한이 동물을 분해하기 위해 관절부터 자르듯이, 자연에서 취약한 연관성이 있는 부위를 따라 나누어 분류하는 것이 자연의 본성을 보존할 가장 좋은 방법이라고 플라톤은 생각했다.

자신과 공통된 관심사를 가진 두 명의 수련의를 만나게 되는데, 바로 조지 위노커와 새뮤얼 구제이다. 이들은 당시 전혀 인기가 없던 뇌화학, 생물학, 분류학에 관심을 가지고 있었던 것이다. 이들 셋이 정신분석에 대항하여 정신의학계에 일대 혁명을 일으킨 핵심인물들이다. 이들을 중심으로 모인 일군의 의사들을 사람들은 "신新 크레펠린 파"라 부르게 된다.[49] 크레펠린이 뇌생물학에 무관심했던 점을 고려하면 비록 정확한 용어는 아니지만 말이다. 1955년 구제가 워싱턴 대학 정신과 교실 주임교수가 되면서 워싱턴 대학은 생물정신의학의 메카로서 세계적 명성을 얻기에 이르렀다. 그곳에서 배출된 연구자들 중 폴라 클레이턴은 위노커와 함께 정신의학의 의학적 근거에 관한 교과서를 공저했고,[50] 나중에 진단학의 대가가 된 존 파이너, 그리고 "히스테리아"의 생물학 연구자가 된 로버트 우드러프 등이 있다.

1972년 파이너가 이끄는 세인트루이스 그룹은 진단시 엄격하게 지켜야 할 기준을 처음으로 발간한다. 그 책에서 의사는 자신의 "최선의 임상 판단과 경험"에 따라 진단해서는 안 되고, 대신 환자의 증상이 (변화되는 와중이 아니라) 고정되어 있을 때의 상태에 따라 평가해야 한다는 것을 주장했다. 환자가 우울한가? 그렇다면 환자는 (a) 우울한 기분, (b) (식욕 감퇴, 죄책감 등등을 포함하는) 다음 8개의 증상 중 적어도 5개 이상을 가지고 있을 것, (c) 병원에 오기 전에 적어도 1개월 이상 증상이 있어야 우울증으로 진단이 가능하다. 정신질환의 모든 것에 이와 유사한 진단 기준이 발표되었다.[51] 스피처가 세련되게 다듬어 명명한[52] "파이너 기준" 혹은 "연구 진단 기준(RDC)"은 의사들 사이에, 대학들 사이에, 그리고 나라들 사이에 통일된 진단 기준을 사용하게 했다는 점에서 가히 혁명이라 부를 만했다.

그 사이 미국 정신의학협회(APA)는 DSM-II를 개정하라는 압력을 받고 있었다. 동성애자 집단은 동성애가 질병으로 포섭된 것에 불만을 가지고 있었다.[53] 보험회사들은 장기간의 정신치료에 큰 돈을 지불하기 전에 더 상세한 진단명을 제출할 것을 요구했다. 정신분석에 정나미가 떨어진 많은 임상의사들은 수상쩍은 원인론보다는 증상에 근거해서 진단하기를 원했다. 1973년 초 APA의 의학부장인 월터 바턴이 "향후 2년 동안 DSM-II를 개정하여 DSM-III을 만들기 위한" 준비 특별업무팀을 조직했다.[54] GAP 출신의 젊은 멜빈 샙쉰이 그다음 의학부장이 되었다. 만일 DSM-II를 디자인했던 그룹이 개정 작업을 이어받는다면, DSM-III는 결국 DSM-II를 약간 변형한 것에 그치리라는 것을 샙쉰은 깨닫는다. 모든 면에서 전면적으로 달라져야만 했다. 1974년 4월 샙쉰은 스피처와 시어도어 밀런을 불러 온 종일 회의를 했다.[55] 역시 GAP출신인 시오도어는 시카고 일리노이 대학 의료센터 신경정신의학 연구소에 있던 심리학 박사였다. 이 회의에서 1980년 발간된 DSM-III 작업을 추진할 특별업무팀이 만들어졌다.

스피처가 팀의 수장이 되었다. 이 팀에 합류한 사람으로는 새뮤얼 구제 그룹에서 온 클레이턴과 우드러프가 있었고(업무팀의 3분의 1이 워싱턴 대학에서 수련 받은 사람들이었다), 역시 구제 지도하에 수련을 받은 캔자스 대학의 도널드 굿윈, 그리고 섬망 전문가로서 기질성 정신질환 연구자인 Z. J.(일명 "비시"[+]) 리포우스키가 있다. 또한 도널드 클라인이 있는데, 그는 정신약물학 전문 정신과 의사로서 1978년에 컬럼비아 대학 정신과 교수가 된 사람이다. 그 외 13명의 위원이 더 있었다. 지난번 DSM 팀이 정신분석에 치우쳤던 만큼, 이번 팀은 정반대로 생물정신의학을 지향하

✥ 리포우스키의 성실 근면함과 더불어, 정신과 의사는 물론 다른 많은 의사와 박사가 아닌 사람들(non-MD)에게 자문정신의학을 가르치는 교육자로서의 태도에서 비롯된 별명으로 '정신적 감독자 Bishop' 라는 의미이다.

는 사람들로 구성되었다. 이 단어를 사용할 경우 소란이 일어날 것이 분명하므로 비록 생물정신의학이라는 말은 사용하지 않았지만. 스피처의 회고에 의하면, "빈이 아닌 세인트루이스에 사고의 뿌리를 두고 있고, 프로이트가 아닌 크레펠린으로부터 감화를 받은 우리 팀은 애초부터 정신분석 이론과 실기에는 냉담했다."[56]

이 팀이 과학에 바탕을 둔 자료를 만들 것임은 분명해졌다. DSM-III를 소개하는 자리에서 스피처는 "진단과 관련된 다양한 문제를 해결하기 위해서 특별업무팀은 가능한 한 진단적 타당성을 보여 주는 여러 종류의 연구 결과에 근거해서 작업을 했다"고 말했다. 1977년과 1979년 사이 국립 정신건강연구소의 후원하에 여러 지역 정신과 의사 500명으로 하여금 1만 2000명의 환자를 대상으로 DSM-III의 초안으로 현지 진단시험을 하게 했다. 300여 명의 정신과 의사들이 쌍을 이루어 검사하고, 둘 사이의 검사 결과가 어느 정도 일치하는지 비교 조사했다.[57] DSM-II는 134쪽이었던 데 반하여, DSM-III는 500여 쪽에 달했고, 각 쪽마다 최종진단을 내리기 전에 점검해야 할 기다란 목록의 진단 기준이 적혀 있었다.

바로 거기에 과학정신이 구현되어 있었다. 예를 들어, 스피처가 제안한 "정신분열 양樣 성격장애"는 케티의 코펜하겐 입양 연구 결과에 근거한 것으로서 정신분열증의 가족력을 가진 사람에게서 나타나는 특정 유형의 성격을 뜻했다.[58] 하버드 정신과 의사 제럴드 클러먼은 DSM-III를 일컬어 "과학의 승리"라고 표현했다.[59] 미국 정신의학은 DSM-III의 과학적 토대를 근거로 일반 의학의 영역으로 귀환했으며, 진단에 의학적 모델을 적용했고, 그동안 악영향을 끼쳤던 모호한 "생물-정신-사회적 모델"을 경시했다. 어느 정신의학 역사학자는 DSM-III가 "정신의학 지식 기반의 중심"이 되었다고 판단했다.[60]

미국 정신의학의 재정위再定位는 다른 여러 곳에 영향을 미쳤다. 1900

년대 초 DSM-III과 함께 DSM-III의 개정판(DSM-III-R)은 20여 개 이상
의 언어로 번역되었다. 일찍이 반정신의학, 자크 라캉, 미셸 푸코의 정신
을 받아들였던 프랑스의 정신과 수련의들은 불안장애의 네 가지 진단 기
준(그리고 18개의 증상, 이중 6개에 적합해야 진단이 가능하다)을 외워야 했
다.[61] 독일에서 DSM-III-R 번역판은 크레펠린이 말한, "장애"가 아닌 "질
병"이라는 단어를 부활시켰다.[62] 그러므로 DSM-III는 그 중요성이 미국
에서만 지대했던 것이 아니라 전 세계 정신의학의 동향에 영향을 미친
것으로서, 정신역동 이론의 시대를 접고 다시 과학으로 방향이 설정되었
음을 의미하는 것이며, 또한 정신질환은 신화라고 했던 반정신의학주의
를 부정하며 19세기 실증주의적 원칙을 다시 채택하였음을 의미한다.

그러나 문제는 끊임없이 따라다녔다. DSM 방식의 정신의학은 과학
의 창파滄波로 돛을 올린 것이 아니라 도리어 사막을 향해 방향을 바꾼
것 같았기 때문이다. DSM이 거듭 개정될 때마다 질병명은 점차 늘어만
갔다. DSM-III가 265개의 각기 다른 병명을 열거했는데, 이는 DSM-II의
180개에서 3분의 1도 넘게 증가한 것이다. DSM-III-R은 292개로, 1994
년 발표된 DSM-IV는 297개의 병명을 열거하고 있다.[63] 이 자연계에 과
연 297가지의 정신과 질환이 실재하고 있는 것일까? 초안자들은 심지어
크레펠린 식의 "질병" 개념을 회피하고, 실생활에서 "장애"가 뚜렷하다
는 것은 각 질병이 독립된 실체임을 의미하는 것이라고 주장하기까지 했
다.[64] 신장학이나 심장학 분야에도 그렇듯 많은 독립된 질병이 있으리라
고 기대하지는 않을 것이다. 물론 뇌는 신장이나 심장보다 더 복잡한 것
이기는 하지만, 그렇다 할지라도 피넬은 정신질환의 수를 "끝이 없을 정
도의 다양함"에서 4가지로 줄이려고 했었다.[65] 정신의학은 분지分枝하기
보다는 총괄적으로 묶는 지적 압축의 전통을 가지고 있다. DSM-III 초안
자 중 한 사람은 DSM의 특성 중 하나인 광범위한 포괄성을 다음과 같이

해명했다. "임상 현장에서 흔히 볼 수 있는 상태를 가능한 한 많이 포용하여" 미래의 연구자들이 이들 상태가 과연 "실체로서의 증후군"인지 아닌지 그 타당성을 판정해 주기를 바라기 때문이라고 했다.[66] 그러나 DSM에서 끝없이 이어지는 증후군의 행진을 보면 DSM의 작성 과정에 무언가 통제되지 않은 부분이 있을 것이라는 불편한 느낌을 가지지 않을 수 없다.

또한 DSM-III는 매우 인종 중심적으로 보여서, 보편적이어야 할 정신의학에 중대한 흠을 남기고 있다. 신경성 식욕장애와 같은 질병은 세계 일부 지역에는 알려져 있지도 않은 병이다. 만일에 DSM-III 초안이 인도에서 만들어졌다면 아마 빙의가 큰 부분을 차지했으리라고 쉽사리 짐작할 수 있을 것이다.[67] 정신의학의 '용감한 신세계'가 "경계선적 성격장애"와 "우디 앨런 증후군Woody Allen Syndrome"✛과 같이 미국 동부 연안 특유의 문화적 병리의 늪에 빠져 들어간다는 것이 있을 법한 얘기인가? 한 비평가가 말했듯이, "경계선적 성격이나 자기애적 성격은 아이오와 주나 이동주택에서는 찾아볼 수 없고, 또 분명히 말하건대, 모로코 북부 도시 탕헤르나 루마니아의 수도 부쿠레슈티에서는 그것이 무엇인지도 모를 것이다."[68] 2세기 동안 나라마다 다른 문화는 정신의학을 늪에 빠뜨리는 존재였다. 19세기에 있었던 "난소성 히스테리아ovarian hysteria"✛✛라는 병명이나, 20세기 초 장臟 기능에 집착하던 도시 중류층에서부터 나온 "대장성 자가독성colonic autointoxication"✛✛✛이라는 진단명을 한번 생각해 보

✛ 우디 앨런은 미국의 극작가, 영화감독 등등의 다양한 예능인이다. 만사에 대한 불만을 뛰어난 블랙코미디 작품으로 표현하나 본인이 말할 때에는 박학다식함에도 불구하고 우물거리며 제대로 말하지 못하는 태도를 보였다. 또한 자신의 수양딸과의 결혼에 대해 자신이 오랫동안 받았던 정신분석 이론을 거론하며 합리화하는 태도를 보였다. 이에 빗대어 인생에 불만을 가진 자신없는 태도의 어중간한 수준의 지식인을 의미한다.
✛✛ 히스테리 증상이 난소의 기능부전으로 왔다고 보았다.
✛✛✛ 변비로 대장에 변이 쌓이면 독성물질이 나와 광증과 각종 병을 유발했다고 보았다. 광기 환자에게 설사제를 투여하거나 헨리 코튼과 같이 대장 제거수술을 하는 이론적 근거가 되었었다.

라. 소위 과학적이라는 정신의학 분류법이 단지 북미 중류층의 문화적 편견을 반영한 것이라면, 빅토리아 시대 숙녀 행동교본이 구식이 되었듯이 정신의학 분류 요람도 곧 한물가게 될 것이다.

DSM-III 초안자들이 과학을 향해 고속도로를 달려갈 때 마지막 함정으로 나타난 것이 정치성이었다. "자료"를 근거로 객관적 질병 분류법을 만들려 아무리 애를 썼다 할지라도 끊임없이 양보할 것을 요구하는 세력과 싸워야만 했고 이념 공작을 극복해야 했다. 이 모든 협상 과정을 뒤돌아보면, 초안자들이 만든 것은 과학 문서이기도 하지만, 한편으로는 정치 문서에 불과하다는 인상을 받지 않을 수 없다. 초안자들은 우선 질병 목록에서 동성애를 제거하려는 세력과 싸워야 했었다. (DSM-II에서는 동성애를 "변태 성욕"으로 분류했다.)[69] DSM-III 특별업무팀 소위원회는 동성애를 칭할 다른 명칭으로 "동성변태기호증homodysphilia, 변태동성기호증dyshomophilia, 동성애 갈등homosexual conflict 장애, 애정관계amorous relationship 장애, 자아-이질적ego-dystonic 동성애 등"에 관해 심사숙고했다. 그러나 합의가 잘 이루어지지 않자 소위원회는 이 주제를 특별업무팀으로 되돌려 보냈고, 업무팀은 이 명칭 전체를 삭제하는 것으로 결정했던 것이다.[70] APA 전 회원을 대상으로 투표에 부친 결과 1974년의 APA 결정을 지지하는 것으로 나왔다. 수세기에 걸쳐 끔찍한 정신병으로 여겨지던 동성애가 한순간에 더 이상 질병이 아닌 것으로 탈바꿈한 것이다.✛

✛ 1968년 Stonewall Inn폭동을 기점으로 동성애 운동이 시작되어 1971년 첫 게이퍼레이드(Gay Pride Parade)가 이루어졌다. 정치로비, 거리시위, 언론플레이는 물론 운동권 내 자체 연구결과 제공 등으로 APA를 압박하여 1973년 소위원회에서 질병명 삭제를 결정했고 1974년 투표에서는 APA 회원 58%의 지지를 얻었다. 1980년 DSM-III는 자아부조화성 동성애 장애만 남겨놓았고 1987년 개정판에서 드디어 완전한 삭제가 이루어졌다. Stonewall Inn폭동은 이제 봉기로 명명되고 그곳은 문화유산으로 지정되었다.

　정신분석파의 정치적 세력 또한 DSM-III의 구조에 영향을 미쳤다. 1975년 완성된 첫 초안을 보았을 때 정신분석가들은 분노했다. 원인을 "알 수 있을 때에만" 질병이라 부를 수 있으며, "증명되지 않은 원인론은 피해야 한다"고 적혀 있었기 때문이다. 정신분석가들은 수십 년 동안의 정신분석 경험 자체가 프로이트식 정신병리의 존재를 증명하는 것이라고 주장했다. 또한 "노이로제" 병명이 초안에서 사라진 것도 불만이었다. DSM 개정작업의 진행을 방해하겠다는 정신분석가들의 위협에 직면하자, APA 이사회는 1979년 5월 한 발 뒤로 물러나, 장애라는 단어 뒤에 괄호를 붙여 "노이로제"를 적어 넣기로 결정한다.[71] 새로 작성한 초안의 서두에서는 "노이로제"에 "신경증적 과정"를 포함하지 않고 "단지 기술적記述的으로만" 결함투성이 설명을 하는 데 그쳤다.[72] 이는 과학과는 아무런 상관이 없는 일이었고 그저 덩치 큰 이익집단에게 준 정치적 의미의 빵부스러기였던 것이다.

　1971년 이후 베트남 참전 군인들은 강력한 로비 집단으로 등장했다. 그들의 주장에 의하면, 전쟁에서 돌아와 다시 미국 사회에 적응하며 겪는 어려움은 본질적으로 정신과적 문제이고, 전쟁의 상처 이외에는 그 원인을 설명할 수 있는 게 없다는 것이다. 참전 군인들과 그들을 편들던 일부 정신과 의사들은 이것이 병이라고 주장했다. 사용된 언어 중 "인정받기 위한 몸부림"을 짐작케하는 것으로서 나중에 질병에 해당될 증상으로는 억압된 기억에 의한 증후군, "큰 상처를 받고 이에 대한 반응이 지연되어 나타나는 것"으로서, "죄책감, 분노, 희생양이 되었다는 느낌, 정신적인 먹먹함, 소외감" 등이 있다. 1973년 초, 전국 기독교회 평의회가 "베트남전 참전 군인의 정서적 욕구에 관한 1차 전국대회"를 열었다. 그 결과 이 병을 새로운 병으로 인정하지 않으려는 정신의학협회를 설득하기 위해서 전국적 캠페인을 벌일 것을 결의하였다. APA 분류위원회가 동성애자에게 얼마나 쉽사리 함락되었는지 비추어 보면, 이 사건 역시 정신과 의사들이 말려 들어갈 것이 뻔했다. 참전 군인을 대변하는 정신과 의사들로 이루어진 "실무팀"이 "전쟁 후 장애post-combat disorder"라는 진단명을 제의했고, 스피처와 업무팀 소위원회는 "반응성 장애reactive disorders"를 제의함에 따라, 이 두 팀이 모임을 거듭할수록 모종의 합의가 이루어질 것은 확실했다. 1978년 반응성 장애에 관한 소위원회가 특별 업무팀에게 "외상 후 스트레스 장애post traumatic stress disorder(PTSD)를 진단분류표에 포함시킬 것을 권유했다. 이 캠페인에 참여했던 한 사람은 이렇게 회상했다. "PTSD가 DSM-III에 포함된 이유는 핵심적 역할을 한 정신과 의사들과 참전 군인들이 그 병명을 DSM에 포괄시키고자 수년 동안 의식적으로, 그리고 매우 의도적으로 작업을 해왔기 때문이다. 결국 성공했고, 그 이유를 설명하자면, 이들이 반대자들보다는 좀더 조직적으로 행동하고, 더욱 정치적 적극성을 가지고 있었고, 호기好機를 잡을 줄 알았기 때문이다."[73]

동성애자와 베트남 참전군인의 전례가 심어 준 것은 정신과적 진단은 조작이 가능하다는 인식이었다. 분류위원회에 압력을 가한 세 번째 집단은 페미니스트였다. 1987년 발간된 DSM-III-R의 리스트에는 "자기패배성 인격장애self-defeating personality disorder"[+]가 올라 있고 이는 여자에게 흔해서 남자보다 2배 이상 잘 생긴다고 설명해 놓았다. 분류위원회는 "심화된 연구가 더 필요한" 새로운 질병 범주에 이를 넣었다. 페미니스트들은 "후기 황체기 불쾌기분장애late luteal phase dysphoric disorder"[++]에도 반발했는데, 이 역시 "심화된 연구가 더 필요한" 범주에 들어갔다.[74] 그러나 1994년 발간된 DSM-IV에서 자기패배성 인격장애가 빠지게 된 것은 심화 연구에 의한 것이 아니라 정치력 압력에 의한 것이었다. 월경에 관한 문제는 지속적 연구 대상 목록에 올라가 있고, "월경 전 기분장애"가 그

것이다.[75]

우스꽝스럽기까지 한 이런 일화를 들으면 어떠한 공식 진단명도 심각하게 받아들이기 어려워질 것이다. 특히 성 지향성과 관련된 문제, 스트레스 관련 주제, 여성 혹은 월경과 관련된 주제는 다수의 의지에 좌우되거나 혹은 압력집단의 끈질긴 캠페인에 의해 병리화되기도 하고 혹은 탈병리화될 수 있다는 것이다. 정신분석의 늪에서 빠져나오려 의도했던 DSM-III 이후의 진단 분류가 과학이라는 나침반을 따라가지 않음으로써 도리어 정신의학을 길도 없는 어두운 숲으로 끌고 간 셈이 되었던 것이다.

정신분석의 쇠락

DSM 시리즈가 진화되어 온 배경에는 정신분석의 꾸준한 쇠락이 자리 잡고 있다. DSM-IV는 이제는 투표해도 충분히 승산이 있었기 때문에 노이로제라는 용어를 삭제했다. 정신의학 역사학자인 미첼 윌슨은 1970년대의 정신분석가들에 대해 이렇게 기록했다. "정신분석가들은 미국 정신의학의 역학구도가 바로 자신의 코앞에서 바뀌고 있음을 보게 되었다. 불과 2세기 전에는 새롭고 현대적이라던 정신분석이 …… 이제[1970년대]는 참아내기 어려운 흉물스러운 골칫거리가 되어 버린 것이다."[76]

정신의학은 정신분석이라는 은총을 던져 버리고 이제 자유롭게 과학

✢ 피학적 성격이라고도 불렸으나 DSM에 정식으로 등재되지는 않았다. 학대받고 모욕당하는 부정적 상황을 스스로 찾아가며 긍정적 경험을 일부러 배척하는 행동이 특징이라고 설명했다. 페미니스트는 이 명칭이 매 맞는 아내나 강간 피해자를 피해자로 보지 않고 능동적 주체로 보게 할 수 있으므로 구타와 강간을 정당화시켜 줄 수 있다고 반대했다.

✢✢ 월경 주기 중 황체기 후반부 때 기분 변화와 신체적 변화가 심하게 나타나는 경우이며, DSM-IV에서는 월경 前 증후군(PMS)으로 변경되었다.

을 향해 전진하리라고 기대했으나, 도리어 역설적이게도 혼란과 방향상실에 빠지게 되는데, 이는 19세기 초 체액이론의 쇠락이 병리학의 자유로운 발전에 기여했던 것과는 대조적이다. 정신분석이 근대 후기 "담론"들 중 하나 정도로만 변형되어 가자 온갖 정신치료법이 경쟁적으로 생겨났고, 1970년대 말에는 적어도 130여 개 이상의 각기 다른 정신치료 방식이 존재하게 되었다.[77] 정신치료의 정글 속에서는 온갖 괴상한 것들도 정당성을 주장하고 나서서, 심지어는 "치료적 접촉therapeutic touching"에서부터, 거실 카펫이나 소파 쿠션 위에서 새로 태어나게 해준다는 방법까지 성행하게 되었다. 정신의학이 이런 주제에 섣불리 한마디 언급했다가는 똬리 튼 뱀에 손을 대는 것과 다를 바 없는 상황이 초래될 게 분명했다.

정신분석의 쇠락은 특히 "생물-심리-사회" 모델 분야에 혼란을 가중시켰는데, 이 분야는 그때까지도 심리 영역의 대부분을 프로이트 이론을 차용해 설명해 왔기 때문이었다. 프로이트 분석이 아니라면 다른 그 무엇으로 정신치료를 할 것인가? 대안적 정신치료로 대두된 다른 방식 거의 모두가 효과 면에서는 비슷비슷했다. 대인관계 치료든, 그룹치료든, 가족치료든, 사이코드라마든, 최면술이든, 마취치료법이든 무엇을 선택해도 별반 차이가 없었다.[78] 더욱 한심한 것은, 심리학자 한스 아이젱크가 지적했듯이, 통계적으로 분석하여 비교한 결과 그 어떤 치료법도 뚜렷한 효과가 없었다는 점이다.[79] 그러므로 1970년대 이후 한때 그토록 강력한 확신을 심어 주었던 정신치료가 정신분석의 쇠락과 함께 갈 길을 잃기 시작했다는 것은 너무나 놀라운 일이 아닌가.

구세대들은 이런 변화에 충격을 받았다. 로버트 월러스테인이 캔사스 토페카에 있던 재향군인병원에서 수련의로 일할 때만 해도 정신분석은 "정신질환을 치료할 유일한 방법"이었다. 그의 수련 기간 대부분은 성찰

정신치료 훈련으로 꽉 차 있었다. 수련의들의 근무 시간은 일주일에 평균 40시간이었는데, 이중 20시간은 "환자와의 일대일 개인 정신치료"를 위한 것이었다. 주당 20시간 곱하기 50주 곱하기 3년 하면 "수련의 기간 동안 정신치료 시간은 총 3000시간"에 달했다.

1949년 이후 젊은 정신과 의사의 훈련 내용은 크게 변했다고 월러스테인은 말한다. 오늘날 전형적인 4년의 수련 기간 동안 주된 훈련 내용은 "더 이상 정신치료가 아니라 약물치료"이다. 환자가 1개월 이상 입원하는 경우가 드물고, 수련의들도 장기간의 정신치료를 시도해 볼 기회를 가지기 어렵다. 정신과 수련의들이 교대로 순환해서 일해야 할 분야도 많아져서, 지역사회 정신건강센터, 섭식장애센터, 성장애센터, 약물유지요법 클리닉 등등 "모든 분야가 약물치료와 행동요법에 초점을 맞추는 곳"이다. 이렇게 쓰이는 수련의들의 업무 시간은 한때 모두 성찰정신치료에 바쳤던 분량이었으나, 오늘날의 수련의들은 정신치료에 약 200시간밖에 쓰고 있지 않다. "수련의 4년간의 프로그램을 다 합하면 총 8000여 시간에 달하는데, 이중 정신치료 훈련에 할당된 200시간을 전체의 2.5%에 해당된다고 보면, 이 현상에 뭐라고 대답할지……"[80] 월러스테인이 말을 끝맺지는 않았지만, 그 의미는 명확했다. 정신의학 수련 프로그램에서 정신분석 위주의 정신치료에 할당된 시간이 50%에서 2.5%로 변화하는 동안, 정신의학 내에서 정신분석은 그렇게 쇠락하고 소멸해 왔음을 의미했다.

정신분석가들은 수련 분야를 통제할 요새를 잃어버렸다. 1945년 당시 국립정신건강연구소 소장이었던 버트럼 브라운은 "당시 분석가가 아닌 사람이 의과대학 정신과 교실 주임교수가 되기란 거의 불가능했다"고 말했다. 그러나 1970년대 중반이 되자, 정신분석가가 교실 주임교수 되는 일은 드물어졌다.[81] 1990년이 되면, 미국 내 163개 정신과 수련 프로그램 중 100개 이상에서 정신치료 교육을 폐기해 버렸다. "현재 수련 중인 정신과 의사의 60% 이상이 일주일에 두 번 이상 환자와 면담하는 집중적 정신치료를 한 번도 해보지 않고 수련을 마치게 될 것이다."[82]

정신분석의 쇠퇴와 함께 정신과 의사의 수련은 백인 중류층을 대하는 데 필요한 훈련에서 현실 사회를 위한 과정으로 변모하게 된다. 뉴욕 주립정신병원 수석 연구자로서 현실주의 과학자인 폴 호크는 1940년대와 1950년대는 "슈크림 같은" 정신과 의사를 배출하는 데 주력했다고 말했다. 그의 말을 인용하면, "수백만의 미국인이 당면하고 있는 현실을 망각하고 …… 경제구조 맨 꼭대기에 있는 소수의 유복한 환자의 안녕을 돌보는 전문가로서의 삶에 만족하고 살았다."[83] 1955년 이 기관의 새 원장이 된 로런스 콜브가 정신분석하기에 적합한, 그래서 의사가 "관심을 가질 만한" 환자만 입원시키던 관행을 폐지하고, 맨해튼의 워싱턴 하이트 구역⁺에 사는 사람들에게 병원의 문호를 개방할 것을 지시하자, 입원 환자의 인구 구성이 극적으로 변화된다. 백인에서 유태인까지, 그리고 흑인에서 청교도까지 모든 계층이 입원하게 되었던 것이다.[84]

대학병원 수련 프로그램이 변화되자 정신분석에 흥미를 가진 정신과 의사도 훨씬 적게 배출되었다. 전체 정신과 의사 중 정신분석을 하는 의사는 1950년대에 전체 정신과 의사의 10%였던 데 반하여 1988년에는 2.7%로 감소했다.[85]

정신과 개업가에서도 정신분석은 지배력을 잃게 되었다. 1950년 프리츠 레들릭과 동료들이 뉴헤이븐의 정신과 개원 실태를 조사했을 때에는, 어느 곳에서나 정신분석이 우세하여 환자의 32%가 분석을 받고 있었고, 이들 환자는 예일 대학 정신과 수련의들 대부분이 "보편적으로 선호하는" 대상이었다. 25년 후, 레들릭이 재조사를 했을 때 "약물을 처방하지 않는 정신과 의사는 거의 없었고," 그룹치료와 가족치료가 성찰정신치료보다 훨씬 많이 시행되고 있었다. 레들릭에 따르면, "…… 인격성장이나 변화보다는 …… 증상 완화에 중점을 두고 있었다."[86] 한때 정신분석의 요새였던 메닝거 클리닉에서는 1965년에 209명에 한 명꼴로 정신분석이 의뢰되었고 23%의 환자만 어떤 종류건 간에 한 가지의 정신치료를 받고 있었다(1945년에 정신분석·정신치료를 받던 환자는 전체의 62%였다).[87]

프로이트의 스위스 제자이자 정신분석의 지도자급 인물이었던 루트비히 빈스방거는 몰락하기 시작한다. 빈스방거의 한 친척이 정신질환에 걸렸을 때 젊은 독일 정신과 의사 프리츠 플뤼겔이 약물을 사용하여 그 친척을 성공적으로 치료했다. 치료 단계 막바지에 와서 빈스방거는 플뤼겔에게 다음과 같이 말했다고 한다. "프리츠, 내가 50년 동안 쌓아올린 정신역동의 아성을 자네는 약 두 알로 무너뜨려 버렸네."[88] 크로이츠링겐에 있던 빈스방거 클리닉은 한때 빈스방거가 개발한 성찰적 "실존 정신분석existential analysis"의 요새였으나 1980년 문을 닫고 말았다.

다가올 고난을 감지한 미국 정신분석협회는 1974년 정신분석계의 동향을 알아보기 위해 회원 투표를 했다. 정신분석의 기조 환자층을 이루던 사람들은 다른 대안 정신치료인 그룹치료, 기족치료, "인간 잠재성 운동human potential movement"✛✛ 등으로 몰려 나갔다. "자조自助 요법에 해당하는 바이오피드백, 명상, 자가최면요법, 심상훈련imagery training,✛✛✛ 대안적 삶의 방식 등이 사람들에게 호소력 있게 다가왔다. 달리 말하면, 삶에 불만을 가졌던 사람들이 2세기 전에 선택할 수 있는 것은 그리 많지 않았으나, 이제는 수많은 방식 중에서 마음대로 선택할 수 있게 되었던

....

✛ 맨해튼 북부 끝에 위치하며, '이민자들의 고향'이라 불린다. 인구의 절반이 히스패닉이고, 3분의 1은 흑인으로, 경제 수준은 하층에 속한다.
✛✛ 아직 잠자고 있는 개인의 잠재성을 깨워 보다 나은 삶을 지향하도록 한다는 자기 수양법이다.
✛✛✛ 마음에 떠오르는 경험과 연관된 이미지를 통제하여 행동 양상을 바꾸려는 방법이다.

것이다. 그리고 정신분석은 그 많은 것 중 하나에 불과했다." 정신분석협회 회원의 5분의 3이 약물처방을 하기 시작했고, 3분의 1은 결혼상담 등 갖가지 변형된 치료를 하고 있었다. 투표 결과 보고서에는 "요즘은 전형적인 좋은 노이로제 환자가 거의 없다"는 비탄의 말이 적혀 있었다. 또한 정신분열증을 만드는 엄마라는 개념이 사라지면서, 가사에 매여 좌절에 빠진 신경증적인 "정신분석 카우치의 귀염둥이"였던 여자들은 "성취 욕구로 갈등하는 여자 환자"로 바뀌어져 있었다.[89]

마지막 타격은 환자들로부터 신뢰를 잃었다는 점이다. 1974년 미국 정신분석협회 회원 여론조사 결과를 1962년부터 1967년 사이의 조사 결과와 비교하여 보니, 정신분석을 끝까지 다 마치기를 원하는 환자 수가 뚜렷이 감소해 있었다. 과거에 협회 회원의 절반 이상은 일주일에 4~7명의 환자를 보았는데, 1976년에는 이 수가 감소한 것이다. 회원의 3분의 1이 일주일에 8명 이상의 환자를 보았다면, "지난 1년 동안은 회원의 5분의 1만이 그만큼의 환자를 보았다."[90] 미국 건강관리공단(HMO)이 장기간 지속되는 정신치료에 진료비를 지불하기 꺼려한 것도 정신분석이 쇠락하는 일부 요인으로 작용했으나 그것은 부분적 원인에 불과했다. 정신분석에 대한 요구도가 떨어진 것이 가장 큰 요인이었다.

영화에서 정신분석의 이미지는 존 휴스턴의 〈프로이트〉(1962) 혹은 〈캡틴 뉴먼 박사〉(1963, 마릴린 먼로를 치료했던 로스엔젤리스의 분석가 랠프 그린슨에 관한 영화이다)와 같은 영화에서 영웅으로 묘사되었는가 하면, 또 다른 영화에서는 호색가(〈프로이트 미끄럼틀 위의 여자〉), 혹은 가정에서는 무능한 가장(〈견딜 수 없던 세월〉, 1968년 영화로 데이비드 니븐과 오지 닐슨이 출연했다)으로 묘사되어 그 이미지는 다양하다. 영화에서는 이런 농담도 나온다. "나쁜 정신과 의사는 환자와 섹스하고 나서 죽여 버리지만, 좋은 정신과 의사는 섹스만 한다."[91] 1993년도 《타임》의 표지에는 두

개골이 조각 퍼즐로 부서져 나가는 프로이트의 얼굴이 나와 있고, 잡지 안에 실린 사진에서는 분석용 카우치가 창문 밖으로 날아가고 있다. 이 것이 의미하는 바는 아마도 동요하고 있을 독자층에게 이렇게 묻는 것이 었을 것이다. "프로이트가 틀렸다면 어떡하지?"[92] 1920년대 "열등의식 Min-ko"에 관해 세련된 어조로 토론하던 1920년대 베를린 사람들과는 달 리, 1990년대 미국 중류층은 곧 다른 주제로 넘어가 버렸다. "P"로 시작 하는 단어는 이제 더 이상 정신분석이 아니었다. 그것은 프로작이었다.

　1980년 재판 사건은 소위 의학적 치료라던 정신분석에 가하는 마지 막 모욕이었다. 많은 사람들이 우울증 환자였던 라파엘 오쉐로프를 부추 겨 정신분석치료를 하던 사립병원 체스너 럿지를 상대로 소송을 걸게 했 던 사건이다. 1979년 버지니아 알렉산드리아에서 온 당시 42세였던 의 사 오쉐로프는 정신증적 우울증 증상으로 체스넛 럿지에 입원하게 되었 다. 그곳에서 7개월간 머무는 동안 그는 일주일에 네 번씩 집중적 정신 치료를 받았으나 그 자신은 약을 복용하기를 원했다. 주치의는 그가 어 릴 때 상처받았던 바로 그 시점의 아동기까지 퇴행하여 거기에서부터 다 시 "일어날 것"을 원했기 때문에 약을 투여하길 거부했다.[93] 반면 닥터 오쉐로프는 증상이 나아지기만 바랐던 것이었으므로 결국은 다른 병원 으로 옮길 것을 청하게 된다. 코네티컷에 있는 개인 클리닉 실버 힐 파운 데이션으로 옮긴 그는 그곳에서 클로르프로마진과 항우울제를 투여 받 았다. 3개월이 채 지나지 않아 그는 퇴원해서 정상적 생활로 돌아올 수 있었다. 그러나 집에 돌아온 오쉐로프는 자신의 삶이 붕괴되어 있음을 발견하게 된다. 아내는 그를 떠났고 그가 운영하던 병원은 신망을 잃었 으며 그의 파트너(그를 체스넛 럿지로 몰아넣었던 사람이다)는 함께 개원했 던 병원에서 그를 내쫓았던 것이다.

　1982년 오쉐로프는 체스넛 럿지를 상대로 의료과오 소송을 했는데,

과오라고 주장한 이유는 체스닛 럿지가 그를 7개월간 식물인간과 같이 내버려두지 말고 효과가 이미 확인된 최신의 약물치료를 했어야만 했다는 것이다. 조정위원회는 25만 달러를 합의금으로 내세웠다. 럿지와 오쉐로프는 모두 항소했으나, 재판이 열리기 바로 직전 합의했다. 하지만 합의금액은 알려지지 않았다. 정신분석은 "인정된 표준 진료"에 맞는 것일까? 당시 저명한 하버드 대학 정신과 교수 제럴드 클러먼이 오쉐로프 편에서 증언한 내용을 보면, 집중적 정신치료는 여태까지 대조군 대비 연구에 의하여 효과가 입증되지 않은 반면, 약물 효과에 대한 검사는 증명이 되었다는 것과, 대조군 대비 검사가 과학의 궁극적 표준이라는 것이었다.[94] 이 사례는 주요정신질환을 정신분석만으로 치료하는 것은 의료과오라는 인상을 대중에게 강력하게 심어 주는 사건이었다.

오쉐로프 사례는 많은 논쟁을 불러일으켰다. 비록 법원이 생물학적 치료와 행동치료가 진료의 황금률이라고 판정한 것은 아니지만, 이제부터는 체스닛 럿지가 닥터 오쉐로프를 치료했던 것과 같은 방식으로 진료하는 의사는 무거운 벌금을 물 각오를 해야 했던 것이다.

이에 따라 정신분석은 스스로 의료의 영역을 벗어나는 탈 의료화의 길을 밟게 된다. 의사들이 정신분석에 대한 신뢰를 잃게 되자, 비의료인들이 분석훈련소의 빈자리를 채우기 시작했던 것이다. 그러나 미국 정신분석협회는 오랫동안 비의료인에게 분석 훈련을 용인하지 않아 왔다. 1985년 4명의 심리학자가 미국 정신분석협회를 상대로 집단 소송을 했는데, 분석 훈련을 독점하는 것은 독점 금지에 관한 연방법을 위반하고 있다는 것이었다. 1988년부터 분석 훈련 기관에서 비의료인을 받아들이기 시작했다. 사회복지사와 심리학자들이 분석프로그램에 쏟아져 들어왔다. 1991년에 이르자 분석 수련자의 21%가 비의료인들로 채워졌다.[95]

안 될 이유가 있었겠는가? 정신분석은 질병 치료를 위한 것이 아니고 내적 세계를 탐험하기 위한 것이라는 인식이 확산되어 있었는데? 정신 분석가 로버트 미첼스는 정신분석이 "주요정신병" 환자에게 합당한 치료라고 주장하면서도 다른 한편으로는 좀더 포용적인 관점을 취하기로 결정한다. 즉 이 분야는 "경험을 최적화하고 민감성을 증강시키기 위한 것"이라는 것이다.[96] 이 말을 들은 비평가 아돌프 그룬바움이 비꼬기를, 분석은 "말하자면 오페라 정기권으로 한 시즌 내내 오페라를 본 후 오페라를 대하는 느낌이 달라지는 것처럼 일종의 교화教化된 경험과 같다."[97]

1895년의 히스테리아에 관한 연구에서부터 1994년의 오페라 티켓에 이르기까지 그 여정은 험난하기도 했다. 1990년대 중반이 되자 정신분석은 지식인들 사이에서 한물간 유행이 되어 버리고, 대신 언어학, 사회과학 분야에서 열렬히 받아들여지기 시작했다. 1994년에는 더블린 대학이 정신분석 예술학사 과정을 열었다.[98] 정신분석은 20세기 후반에 이르러 정신의학 영역 밖으로 멀리 날아가 예술과 문학의 영기靈氣 속으로 흘러 들어간 것이다. 어찌되었든 정신분석은 더 이상 정신질환 치료의 특권적 지위를 누리지 못하게 되었다.

정신분석에 무엇이 잘못되었던 것일까? 여기에는 외적 요인도 작용했는데, 우선 분석을 요구하는 인구 층의 변화를 그 요인으로 들 수 있다.(502~504쪽을 보라). 그러나 내적 요인 또한 크게 작용했다. 융통성의 결여와 신경과학의 새로운 발견을 포섭하는 데 대한 저항이 정신분석의 쇠락에 크게 기여했다. 그리고 이 저항은 정신분석이 틀렸다고 증명되는 것에 대한 분석가들의 공포에 기인한 것이었다.

미국의 정신분석계는 치료 결과에 관한 자료를 수집하는 데에 강하게 반발해 왔다. 1948년 미국 정신분석협회는 분석치료 결과를 평가하기 위한 위원회를 구성했다. 그러나 "회원들의 저항을 이겨 낼 수 없어서" 결국 그 계획은 무산되어 버리고 만다.[99] 1952년 5월 회의에서 당시 회장

이던 로버트 나이트가 다시 한번 시도하려 했다. "정신분석 치료는 그 특
성상 사람마다 매우 개별적인 것이어서 …… 통계를 내기란 대단히 어
려운 일이었다. 정신분석가들은 전문직업성이 요구하는 비밀 엄수라는
커튼 뒤로 숨는 경향이 있어서 연구에 충분한 자료를 내놓기를 꺼리며",
특히 "치료 결과에 관해서는 더욱 그러하다." 그러나 나이트는 이 계획
을 진행하기로 굳게 마음먹고 있었기 때문에 1953년 로런스 큐비와 함
께 즉각 정보수집 중앙위원회를 구성한다.[100] 이 위원회는 비밀리에 활동
했는데, 이들은 어떤 정보든 간에 "협회 이외의 집단"에게 제시할 때에
는 반드시 운영이사회의 승인을 거친 후에 제출하도록 지시를 받은 터였
다.[101] 1956년 4월 큐비가 위원회 활동 경과를 보고하려 할 때쯤에는 불
만의 소리가 더욱 높아져 있었다. 위원회가 만든 통계 범주가, 그들이 보
기에는 너무 조악해서 "정신질환자들에게서 나타나는 점진적 변화, 변화
의 정도 및 생각의 수준"을 나타내기에 미흡하다는 것이었다. 큐비는 회
원들에게 기다려 보라고 강경하게 말했다. "미국 정신분석협회가 여태까
지 협회로서 맡아 온 일 중 어떤 것도 이 정보수집중앙위원회가 하는 연
구 프로젝트만큼 의학교육자는 물론 정신의학 교육에 관심있는 외부로부
터 주목을 받은 적이 없었다. 재단 후원금을 받을 수 있는 프로젝트이기
도 하고……."[102] 따라서 과학적으로 표준화하려는 연구자들이 정신분석
을 배척하게 된 궁극적 이유는 오랜 기간 쌓여 온 불신과, 또 선의의 의도
를 가진 많은 이들이 이런 불신을 씻어 내도록 연구를 진행할 것을 촉진
하였음에도 불구하고 아무것도 진행되지 않았다는 데 있다.

　게다가 위원회는 아무런 결과를 내지 못했다. 1957년 12월 연례 모임
에서 해리 와인스톡 위원장은 곤란한 처지에 관해 말했다. 몇 개의 결과
밖에 유포되지 않았던 것이다. "오해의 소지가 많은 통계 …… 로 인하
여, 이 보고서는 비밀로 할 것을 회원들에게 당부"한다고 했다. 위원회는

해산되었다.[103] 그다음에 일어난 일은 더욱 처량했다. 회원들이 보낸 보고 자료 3000여 건과 이를 분석한 치료 성과에 관한 추적 자료들을 키펀칭을 위해 IBM으로 보내기로 했는데 자료 원본이 없어져 버린 것이다. 펀치카드에 기록할 코드 일부도 없어져 버렸다. 한참이 지난 후인 1967년, 그동안 몇몇 유의사실factoid⁺로 겨우 버텨 오던 미국 정신분석협회는 마침내 정신분석의 성과를 "평가"하려던 계획 전체를 폐기해 버리고 말았다.[104] 이 참담한 실패는 정신분석이 통계로 확인되는 것을 얼마나 두려워했는지를 나타낸 기념비적 실패 사건이었다.

정당한 사유도 있다. 분석협회 외부 사람들이 수집한 겨우 몇 안 되는 통계자료에서는 정신분석이 다른 정신치료에 비해 효과가 나쁜 것으로 나타났던 것들이었다. 1952년 모즐리 병원 심리학 교실 주임교수인 한스 아이젱크는 정신분석과 다른 "절충적" 치료법을 효과면에서 비교하는 연구를 처음으로 시행했다. 모든 신경중 환자의 3분의 2가 2년 이내에 저절로 회복된다는 사실을 염두에 두고 그의 연구 결과를 살펴보자. 아이젱크는, 정신분석을 받은 환자는 44%만이 치료 말기에 회복된 반면, 여러 요법을 절충하여 적용한 방법으로 치료받은 환자는 64%가 회복되었다고 발표했다.[105] 만일 절충적 치료를 받은 환자가 우연히 회복된 것이라면, 만일 그렇다면, 정신분석은 도리어 환자 회복을 더디게 했다는 것으로 해석된다.

정신분석에 대한 과학의 불신은 점점 깊어만 갔다. 1954년 영국으로 망명 온 니슬의 제자였던 하이델베르크의 정신과 의사 윌리엄 메이어-그로스가 쓴 교과서에는 이렇게 적혀 있었다. "과학이라는 망토를 두른 프로이트의 접근방식은 얼핏 보기에 합리적으로 보이지만, 사실은 오늘날

⁺ 정신분석의 과학적 근거가 없음에도 여태껏 사실처럼 인정되어 왔음을 의미한다.

가장 효과적인 신앙치유일 것이다."[106] 비록 메이어-그로스가 미국인들이 프로이트에게 바치는 호기심 어린 경배를 비난하긴 했지만, 정작 정신분석의 종언을 고하는 망치 소리가 들려온 곳은 다름 아닌 바로 미국이었다.

다른 예를 하나 들어 보자. 1959년 도널드 클라인이 아직 힐사이드 병원에 있을 때였다. 그는 매우 불안하고 공황에 빠진 환자들에게 클로르프로마진을 투여했는데, 아무런 변화가 없었다. 클라인은 곰곰이 생각한다. 미국 정신분석 이론에 의하면 정신과적 문제는 불안 때문에 생긴다고 하고, 불안은 내적 갈등에서 기인한다. 때로 심한 불안 증상을 보이는 정신분열증 환자가 클로르프로마진을 투여하니 호전되었다. 그러나 불안증 환자는 클로르프로마진으로 좋아지지 않았다. 그러므로 단순한 불안 증상이 정신분열증 환자의 불안보다 조금 낮은 수준의 불안이라는 것은 아마도 맞는 말이 아닐 것이다. "연속성 이론, 즉 정신병 환자는 그보다 가벼운 질환의 환자보다 더 많이 불안해하는 것뿐이라는 말은 옳지 않다. 그것이 아니라면, 이 둘 사이에는 폐렴과 감기 사이의 관계처럼 생리적 불연속성이 있게 된다." 페니실린은 폐렴에 효과적이지만 감기에는 효과가 없다. "이 사실만으로도 폐렴과 감기가 단순히 양적 차이를 나타내는 동일 질환이 아니고, 질적으로 다른 뚜렷한 개별적 질병임을 의미하는 것이다."[107] 달리 표현하자면, 정신질환이란 건강함에서부터 신경증으로, 그리고 신경증에서 정신증으로 이행하는 연속선상에 있는 질병들이 아니고, 단지 정도의 차이를 나타내는 것이 아니며 제각기 다른 독립된 질병 실체가 있다는 말이다.

정신분열증에 대한 정신분석 접근방식은 어떠했을까? 1960년대 초 캘리포니아의 카마릴로 주립병원에 있던 두 명의 연구자가 정신분열증 첫 발병 시의 재원在院 일수를 비교해 보았다. 첫 번째 그룹은 정신분석 정신치료를 했고, 두 번째 그룹은 약물치료를 한 환자들이었으며, 세 번째 그룹은 여러 치료법을 혼합하여 사용한 환자들이고, 대조군은 아무 치료도 하지 않았다. 그 결과, 정신치료만 받았던 그룹이 가장 오래 입원해 있었다(평균 재원 일수 191일). 실제로 이 그룹은 아무 치료도 받지 않는 대조군보다 더 악화되어 있었다. 항정신증 약물인 스텔라진만 투여받고 정신치료는 받지 않은 두 번째 그룹은 평균 151일 만에 퇴원했다.[108] 해리 스택 설리반이나 프리다 프롬-라이히만을 추종하던 사람들에게 이 연구 결과는 결코 희소식이 아니었을 것이다.

정신분석은 1970년대 이후로 계속 후퇴하면서 오합지졸로 변해 버렸다. 1977년 심리학자 세이무어 피셔와 로저 그린버그는 다음과 같은 결론을 내렸다. "'정신분석'이라고 이름 붙여진 치료 방식이 저비용으로 단기간에 치료하는 다른 방식의 치료법보다 더 오래 지속되는 심원한 효과를 나타낸다는 근거는 실질적으로 없다."[109] 피츠버그 대학 철학과 교수 아돌프 그룬바움이 1984년과 1994년에 발간한 두 권의 두꺼운 책에서는 정신분석의 치료적 핵심개념인 "전이transference"라는 것은 아무런 효과가 없음을 폭로하는 글이 적혀 있다.[110] 정신분석은 과학적으로 입증해야 할 임상 자료를 에세이나 일화로 대체시킨 것에 불과하다고 학자들마다 정신분석을 비난하고 나섰다. 1995년에는 75쪽에 이르는 각주를 담은 《왜 프로이트가 틀렸는가?》라는 저작물도 나왔다.[111] 오이디푸스 콤플렉스, 유아성욕, 꿈의 본질, 여성의 속성 등, 프로이트가 기술한 모든 것이 불신의 대상이 되었고, 반증되지도 않아서—반증할 수가 없었으므로—정신분석은 과학적으로는 점성학 수준 정도로 강등된 것이다. 정신의학과 심리학의 주류는 정신분석에 흥미를 잃고 저널도 인용하지 않게 되었다. 그리고 그룬바움이 말했듯이, "프로이트가 주문으로 불러낸 본능을 만족시키려는 충동"에 의한 것이 아니라 유전프로그램에 의해 작동

되는 사고, 기억, 지각 분야의 기능장애 연구에 박차를 가했다.[112]

1985년 아이젱크의 말을 인용해 보자. "모든 과학은 사이비 과학이 가하는 단련 과정을 거쳐야만 한다." "화학은 연금술이라는 족쇄를 떨쳐 내야 했었다. 뇌과학은 골상학의 교조주의와 단절해야 했고 …… 심리학과 정신의학 역시 정신분석이라는 사이비 과학을 저버려야 할 것이며 …… 진정한 과학으로 일변하기 위해서는 중단없이 계속 과업을 수행해 가야만 한다."[113]

미용美容 정신약물학[+]

1990년 브라운 대학 정신과 교수 피터 크레이머는 "미용 정신약물학 cosmetic psychopharmacology"[114]이라는 달콤한 신조어를 만들어 내고는 그 단어를 엘리 릴리 사가 개발한 프로작®(플루옥세틴fluoxetine)이라는 새로운 항우울제에 적용했다. 크레이머는 환자로 하여금 "안녕한 상태보다 훨씬 더 좋게better than well"[++][115] 느끼도록 해주는 약이라고 주장했지만, 결국은 약물중독을 부추긴 것이라는 비난을 받게 된다.

그러나 프로작과 그 외 유사한 약으로 치료할 수 있다는 우울감이나 불안감은 사소한 문제가 아니었다. NCS 조사에 의하면, 지난 12개월 동안 모든 미국인의 10.3%가 적어도 한 번은 주요우울증을 앓았고, 일생

[+] 질병을 치료하기 위한 약물치료가 아니라 심리적 상태의 개선 혹은 미용을 위한 것이라는 의미로 신조된 용어이다.

[++] 기능 이상을 초래하는 질병이라고 할 만한 수준의 증상이 없음(well)에도 불구하고 건강상태를 더욱 개선시키고자(better) 하는 욕구를 의미한다. 특히 발달된 과학기술을 이용하여, 보다 나은 상태, 혹은 정상적 상태를 능가하는 인간 개선의 수준까지 향상하려는 욕구이다. 정신과에서 대표적인 예는 소심한 성격을 바꾸기 위해 프로작을 요구하는 경우이다.

주기로 보았을 때 전 미국인의 19%(5명에 1명꼴)가 생활에 지장을 초래할 정도의 기분장애를 경험했다고 했다. 또한 전 미국인의 20%가 폐쇄공포증, 광장공포증 등의 공포증을 지난 12개월 동안 경험했다고 하며, 20명 중 1명꼴로 전반적인 불안을 느낀다고 했다.[116] 다시 말해 이런 증상들이 너무나 일반적이어서, 스스로 마음을 다잡고 생활을 꾸려갈 수 없는 상태는 이제는 조롱의 대상이 아니라 마땅히 도움을 받아야 할 상태로 간주되었던 것이다.

인간 정신의 복잡성에 별 관심을 기울이지 않는 옛날 스타일의 정신과 의사들보다는 정신치료 전문 정신과 의사들에게 환자들이 더 편안함을 느낀다는 것은 의심할 여지가 없다. 그러나 진료실에서는 공감 어린 관계를 조성하는 것보다는 현실적으로 증상을 완화시켜 주는 것이 더욱 궁극적인 치료 목적일 것이다. 뇌에 원인이 있는 문제는 뇌의 화학 수용체에 작용하는 약에서 그 치료법을 찾을 수 있었다. 이는 정신의학에는 좋은 소식이었다. 항정신증 약물은 정신분열증에, 삼환계 항우울제는 우울증에, 그리고 항조증 약물은 조증에 각각 특이적으로 작용한다는 사실과 대조적으로, 새로 나온 멋진 약들은 불안과 우울 등의 온갖 다양한 증상들을 한 가지 약으로 해결할 수 있었다.

새로운 약이 야기한 문제점은, 이러한 약물이 20세기 말에 이르러 너무나 유행하게 되자, 환자들이 보기에 의사는 의사-환자 관계를 치료적으로 사용하여 상담하는 사람이라기보다는 신기한 약을 전달해 주는 사람으로만 간주하기 시작했다는 점이다. 미용 정신약물이 소개되면서 의료계는 커다란 소용돌이에 말려 들어가게 된다. 과거에 의사는 종기 따는 사람이나 관장 목적으로 강력한 설사제 처방전을 써 줄 수 있는 사람으로 보았고 환자들은 때로 성급하게 화를 내기도 했을 것이다. 포스트모던 시대에도 때로 환자가 자기가 상상했던 기대치 이하의 진료를 받고 분개할 수 있다. 그리고 환자 스스로 자신의 문제에 대한 해결방향을 미리 결정하고 상담이란 단지 약물을 처방받기 위한 방법이라고 볼 수도 있다. 일차의료기관인 개원의사들은 항생제 처방만 요구받는 상황을 경험하고 있다.[117] 정신과의 경우 환자가 바륨과 프로작을 요구하는 것으로 나타난다.

향정신성 약물은 어떤 형태로든 우울이나 불안 증상을 가진 사람에게 사용되고 있었다. 알코올은 인류의 역사만큼 오랜 역사를 가지고 있다. 아편은 18세기에 유행했고 19세기에는 아편 알칼로이드를 우울증 치료에 사용했다. 바르비투르산 진정제는 20세기 직전에 사용되었다. 이 약들은 중독성과 낮 동안의 졸음이라는 단점이 있었고 정신질환의 핵심 증상을 치료해 주지는 못했다.

미용 정신약물학은 일상적인 불안과 울적함을 털어 버리려고 비교적 부작용이 적은 약을 사용하는 것으로, 밀타운 이야기가 시발점이다. 이 얘기는 히틀러를 피해 망명한 프랑크 베르거에서 출발하는데, 베르거는 1913년 체코슬로바키아 필센에서 태어나 1937년 프라하에서 의과대학을 졸업했다. 영국으로 피신한 베르거는 전쟁 동안 병균학자로 지내다가 1945년부터 브리티시 드럭 하우스 사에서 일하기 시작했다. 그곳에서 근육이완제인 메페네신mephenesin✝과 관련된 일을 했는데, 그는 그 약이 파킨슨 환자에게 도움이 될 것이라고 생각했었다. 효과는 전혀 없었다. 그러나 그 약이 잠시나마 불안을 가라앉혀 준다는 사실에 베르거는 주목했다. 후일 베르거는 자신이 "정신질환의 신경약리학적 논리에 흥미를 가지고 있었다"고 말했다. "내가 가장 관심을 가지고 있던 것은 사람들이 예민해질 때 나타내는 생리학적 현상이었다. 흔히 아무 이유도 없이 민감

....

✝ 중추신경계에 작용하는 근육이완제. 사실 근이완 효과보다는 근육의 경직과 긴장을 풀어 주는 효과를 나타내며, 파킨슨씨병에서의 긴장, 알코올 중독의 떨림, 류머티즘에서의 근육 뭉침 등에 사용했다.

해지고 짜증스러워진다. 일단 확 짜증이 나면 심각한 일과 그렇지 않은 일을 구별하기 어려워지고 쓸데없이 흥분하게 된다. 그렇다고 이들이 미친 것은 아니다. 단지 쉽게 흥분하고 짜증스러울 뿐이며 사소한 일로 위기상황을 불러일으키는 것이다. 이 과도한 흥분의 생리학적 근거가 무엇인가?"[118] 이 질문에 대한 답으로 그는 몇 십억 달러의 보상을 얻게 된다.

1947년 미국으로 이민 간 베르거는 로체스터 대학 소아과 조교수가 되면서 작은 제약회사인 카터 프로덕트의 상담을 맡게 되었다. 당시 카터 사는 "카터의 작은 간장약肝臟藥"으로 유명해진 상태였다. 카터는 베르거가 메페네신처럼 불안에 작용하는 약을 개발해 주길 원했고, 뛰어난 유기 화학자 버니 루드윅에게 새로운 성분을 합성하도록 지시했다. 1950년 5월 루드윅은 나중에 메프로바메이트meprobamate라 명명된 약을 만들어 낸다. 그러나 카터 사가 의사들에게 설문조사를 해서 불안에 작용하는 약을 개발하면 사용하겠는가라고 물어본 결과, 대부분의 의사가 쓰지 않겠다고 하자, 그 약에 흥미를 잃어버렸다. 그러는 동안 베르거는 카터 사의 부속 기관인 뉴저지의 월러스 연구소에 1949년 합류하게 되었다. 베르거는 메프로바메이트에 확신을 가지고 있었으므로 월러스 연구소에서 자신이 행사할 수 있는 권한으로 메프로바메이트 사용에 필요한 모든 절차를 진행시켰다. 수천 명의 환자에게 임상시험을 했고, 새끼를 밴 동물에게 실험해서 태내 결함을 일으키는지 조사했으며, 심지어는 붉은 원숭이에게 실험하여, 가둬 놓으면 흥분하는 이 원숭이가 메프로바메이트에 의해 어떻게 조용해지는지 보여 주는 영상물도 제작했다.

다른 제약회사인 와이어스 연구소 사람들이 이 영상을 보고 베르거에게 관심을 표명했고, 카터 사가 이 약의 특허권을 팔 생각이 있음을 알게 되었다. 1955년 월러스는 메프로바메이트를 "밀타운miltown"이라는 이름으로, 와이어스는 "에콰닐Equanil"이라는 이름으로 판매하기 시작했다.[119]

Pregnancy
can be made
a happier
experience...

Miltown therapy resulted in complete
relief from symptoms in 88% of 163
pregnant tension complaining of in-
somnia, anxiety and emotional upsets."

MILTOWN RELIEVES BOTH MENTAL AND MUSCULAR TENSION

• causes no adverse effects on circula-
tory system, G. I. tract, respiration or
other autonomic function

• does not impair mental faculties,
motor control or normal behavior

• well tolerated throughout pregnancy"

Miltown®

WALLACE LABORATORIES, New Brunswick, N. J.

프랑크 베르거가 개발한 약 "밀타운"은 "행복과 마음의 평화"를 가져다준다는 약으로 순식간에 미국을 휩쓸었다. **밀타운 광고 포스터, 1959**

1950년대 미국 문화사에서 "신경 안정제"라는 명칭으로 불린 이 두 이름의 약은 엄청난 파장을 일으키게 된다.

정신의학계도 밀타운에 흥분했다. 1955년 5월 미국 정신의학 협회 총회에서는, 아마도 월러스 연구소의 선동으로 "속삭이는 캠페인"이 퍼져 나갔다. "밀타운에 대해 들어보셨소? 굉장하다고 하는 말을 들었지요." 원로 정신약물학자인 프랑크 애이드의 회상에 따르면, "1955년 APA 총회에서 메프로바메이트의 존재를 모르고 집으로 돌아간 의사나 연구자는 거의 없었을 겁니다."

그 후 몇 달 동안 미국에서 판매된 그 어느 약보다도 밀타운과 에콰닐에 대한 요구는 거세졌다. 약국 공급량은 동이 나고 약사들은 약국 창문에 "밀타운 품절" 혹은 "밀타운 내일 입수 예정" 등을 써 붙였다.[120] 텔레비전 사회자 밀턴 벌이 자기 프로그램을 시작하면서 자신을 "밀타운" 벌이라고 소개할 때쯤에는 이미 밀타운은 일상적인 단어가 되어 버린 후였다. "이 달의 책" 세트 사이에 꽂혀 있는 S. J. 피렐먼의 1957년 책 《밀타운으로 가는 길》은 밀타운이란 단어를 일상적 신조어로 만들어 버렸다.[121] 잡지들은 다투어 밀타운을 보도했다. 《룩》, 《기독시대》, 《투데이 헬스》, 《타임》 등은 "행복한 약," "행복의 약," "마음의 평화를 위한 약," 그리고 "약 처방으로 행복을"이라는 기사를 실었다.[122] 1956년의 한 조사에서는 조사했던 그 달에만 미국인 20명 중 1명이 신경안정제를 복용하고 있었다.[123] 따라서 밀타운은 대중이 열광했던 첫 번째 정신과 약이다.

다음 번 열광의 대상은 바륨이었다.[124] 경쟁하던 제약회사들은 클로르프로마진과 밀타운 현상을 유심히 지켜보았다. 1954년 스위스에 본사를 두고 뉴저지 너틀리에 미국 지사를 둔 호프만-라로슈는 자기네 유기 화학자에게 "정신안정제 약물"을 개발하라고 지시한다.

흥미로운 점은, 이런 기획에는 대학 연구자도 참여하지 않았고 정부 기금도 관련되지 않았다는 점이다. 따라서 이 모든 일은 오직 이윤을 창출하려는 기업에 의해 진행되었다는 점이다. 바륨의 자매 꼴인 리브륨 Librium을 처음으로 실험한 정신과 의사 어빈 코언은 이렇게 회상했다. "벤조디아제핀(바륨 등) 이야기의 본질은, 제약회사들이 치료약물을 무엇으로 인식하고 사업을 진행시키면서 개선된 약을 만들어 냈는지 그 전형적 양상을 보여 주는 모델이다."[125] 로쉐는 시장경쟁에서 뒤쳐지지 않기 위해 자기네 유기화학자가 새 약을 생산해 내기를 바랐을 뿐이었다.

로쉐 화학자 중 한 사람은 망명 온 레오 스턴바크로서 1931년 크라쿠프의 야기엘로 대학에서 유기화학 박사학위를 받았다. 이후 취리히에서 연구하다가 1940년 바젤에 있는 로쉐가 그를 채용하게 된다. 1940년 스위스는 독일이 곧 침공할 것이라는 소문으로 공포에 빠져 있었다. 로쉐 사는 스턴바크를 포함한 유태인 과학자들의 안전을 위해 1941년 너틀리 지점으로 전근시켰다.

1954년 스턴바크가 상부로부터 지시를 받았을 때, 그는 1930년대 중반부터 크라코우에서부터 연구해 오던 염료를 개발해 보리라 생각했었다. 그는 새로운 염료(벤조헵톡스디아진benzoheptoxdiazines) 시리즈물 합성에 착수했으나 모두 실패하게 된다. 동물 약리 실험에서 모두가 불활성으로 나타났던 것이다. 결국 로쉐 운영진은 그 연구를 중단하라고 지시했다. 1957년 4월 스턴바크는 어질러진 실험대를 정리하던 중, 자신이 1955년에 합성한 물질 중 하나가 바닥에 결정체로 남아 있는 것을 발견하게 된다. 전형적인 중앙유럽식 철저한 성격을 가진 그는 그것을 검사하기로 결심하고 운영진에게 "이것을 마지막으로 염료물 연구는 끝낼 것"이라고 약속했다.[126]

며칠 후 스턴바크는 로쉐 약학부장인 로웰 랜들의 전화를 받았다. 염료물 중 마지막 합성물(이것은 나중에 클로르디아제폭사이드chlordiazepoxide[리브륨]로 불리는데)이 매우 흥미롭다는 것이었다. 이 합성물을 난폭하기로 유명한 원숭이들에게 투여한 결과 "길들이는 효과"를 나타내는 것에 놀랐고, 더군다나 원숭이를 졸립게 하지 않으면서도 그런 효과를 나타냈던 것이다. 또한 "리브리움을 투여한 쥐는 귀를 잡고 들면 축 늘어져 버리기는 하지만, 바닥에 놓고 살짝 찌르면 곧바로 일어나 걸었다."[127] 이 약은 놀라운 성질을 가지고 있는 것처럼 보였다. 1958년 5월 로쉐는 환자에게 사용해 보기로 한다.

1959년 1월 로쉐의 의학부장이 몇 명의 정신과 의사를 설득하여 정신과 외래에 오는 몇 명의 환자에게 클로르디아제폭사이드를 시험해 보기로 했다. 약을 먹은 환자는 매우 좋아졌고 훨씬 덜 불안하고 덜 긴장되었으며, 잠도 잘 잤다.[128] 정신과 의사들이 긍정적으로 나오자 이에 힘을 입은 로쉐는 1960년 2월 리브륨이라는 상품명으로 판매에 들어갔다. 이것이 벤조디아제핀 혹은 흔히 "벤조"라 부르는 약물 중 첫 번째 약이었고, 1960년대 동안 미국에서 가장 많이 처방되었던 약이다. 마침내 1000여종 이상의 벤조가 세계 시장에 유포되었다.[129]

그러나 리브륨은 부작용이 있었고 환자가 갑자기 약을 중단하면 발작이 올 수 있었다.[130] 로쉐는 스턴바크가 연구하고 있는 시리즈물에 더 큰 잠재력이 있음을 감지하고, 그를 다시 실험실로 보냈다. 1959년 그는 벤조와 연관된 디아제팜diazepam을 합성해 냈는데, 이것은 리브륨보다 훨씬 더 강력하고 경구 약으로 만들어도 약효가 감소하지 않았다. 로쉐는 1963년 이를 "바륨valium"이라 명명하고 판매하기 시작했다. 바륨은 프로작이 나타나기 전까지 제약 역사상 가장 성공한 최고의 약으로 꼽히고 있다. 1969년부터는 바륨이 리브륨을 누르고 미국의 최다 판매약이 되었다.[131] 1970년에 이르자 미국 여

리오 스턴바크가 1950년대 말 벤조디아제핀 신경안정제를 처음으로 합성하면서, 뉴저지 나틀리에 있는 로쉐 실험실에서 작업하는 모습이다. 바륨은 이 사진이 찍힌 다음 해인 1963년부터 판매되기 시작했다. 호프만─라로쉐 사

자 5명 중 1명이, 미국 남자 13명 중 1명이 "가벼운 신경안정제와 진정제"를 복용하기에 이르렀고, 그 대부분은 벤조 계열의 약물을 의미하는 것이었다.[132]

벤조디아제핀은 정신과 진료에 극적인 변화를 가져왔다. 정신의학 역사상 처음으로 정신과 의사는 환자들에게 밀타운과는 다른, 졸리지 않으면서도 효과를 나타내는 약을 제공할 수 있게 되었던 것이다. (항정신증약물은 너무 강한 효과와 부작용이 있어 신경증환자에게 줄 수 없었다.) 처방을 받는 정신과 환자 수가 증가하기 시작하여, 1975년 진료소당 25.2%의 환자가 약 처방을 받았다면, 1990년에는 50.2%의 환자가 처방전을 받아갔다.[133] 벤조디아제핀으로 탄탄한 기반을 다진 정신의학은 점차 약물 처방을 위주로 하는 전문분야로 탈바꿈하기 시작했다. 과거의 주된 치료방법이었던 역동적 정신치료는 정신의학에서 차츰 사라져서 일반인들의 대안요법으로만 사용되기 시작했다.

그러나 문제점이 한 가지 있었다. 벤조디아제핀에 중독성이 있음이 밝혀지면서 환자가 약을 중단하려 애쓰다 보면 약 복용을 시작하기 전보다 더 증상이 악화되곤 했다. 약물남용의 가능성을 인식한 미국 식약청은 1975년 벤조디아제핀과 메프로바메이트를 "스케쥴 IV"[+]로 분류하여 재처방을 규제하고 약사에게는 특별보고 의무를 부과했다.[134] 바륨 판매량은 이미 감소하기 시작하여 1980년 판매 순위 32위로, 리브륨은 59위로 떨어졌다.[135] "바륨 열풍valiumania"의 종언이었다. 그럼에도 불구하고 이 약들은 완전히 사라진 것이 아니다. 바륨 스타일 제품은 미국에서 아직도 매년 700만 건 이상 처방되고 있다.

여기까지는 "비과학적" 설명이 별로 많지 않다. 벤조디아제핀은 불안과 가벼운 우울증에는 완벽할 정도로 적절한 치료였고 정신과 의사들은 과학적 마음가짐으로 환자에게 약을 처방했다. 그러나 정신과 약의 판매에서 큰 이윤이 나온다는 것이 확연히 드러나면서 모든 것이 달라지게 된다. 바륨의 인기가 치솟아 오를 때 제약회사들은 미래의 시장이 바로 이곳에 존재한다는 사실에 눈을 뜬 것이다. 제약회사마다 경쟁적으로 향정신성 약물 개발에 뛰어들게 되자 이들은 정신과 의사의 진단 감각을 왜곡시키기에 이르렀다. 파고들 만한 틈새시장을 만들어 내기 위해 제약회사들은 질병 범주를 부풀리기 시작한 것이다. 어떤 상태가 질병으로 명명되었다 할지라도 별로 주목받지 못하던 질병이, 제약회사가 치료약을 개발해 내놓게 되면 가히 유행성 전염병처럼 곧바로 대중성을 획득하게 된다. 정신약물학 역사학자인 데이비드 힐리는 "의학 분야에서는 여

✢ 신약 실험 과정 중 마지막 과정으로, 동시다발적으로 지역 센터들에서 대규모의 환자를 대상으로 무작위적으로 약의 효과를 시험하는 스케줄 3을 통과한 후, FDA 승인을 거쳐 시장에 나온 약의 후 검증 과정을 말한다. 오랜 기간 투여 후에 나타나는 부작용이나 드물게 출현하는 해로운 효과, 임산부에 대한 안정성 등이 검증 대상으로 문제시 회수된다.

태까지 흔히 보아 왔듯이, 치료방법이 개발되면 그 질병의 존재를 알아 채기 쉬워진다"고 말했다.[136]

공황장애의 예를 들어 보자. 전통적으로 정신의학에서는 공황증상을 불안의 일부 증상으로 보았다. 1968년 DSM-II에서는 "불안 노이로제"라 고 불렀다. "이 노이로제는 지나친 걱정으로 인한 불안이 공황상태로까 지 진전되는 것이 특징이고, 흔히 신체적 증상이 동반된다."[137] 그러나 1964년 당시 뉴욕 글렌 오크스 힐사이드 병원에 있던 도널드 클라인이 공황은 불안과는 다른 독립된 병임을 제시하는 논문을 발표했다. 제약회 사 가이기와 스미스 클라인 프랑스 회사로부터 일부 후원금을 받아 이루 어진 이 논문에서는 약을 복용하면 공황발작을 막을 수 있다고 주장했 다.[138] 클라인이 DSM-III 개정작업 특별업무팀 일원이자 "불안장애 및 해 리장애" 분야 개정 소위원회 위원이었으므로, 다른 팀 위원들을 설득할 수 있었다. 1980년 DSM-III 발간과 함께 공황장애는 독립된 질병으로 등재되고, 그 특징은 "갑작스레 엄습하는 강렬한 두려움"과 진땀이 나고 기절할 것 같은 신체적 증상이 동반하는 것이라고 기술되어 있다.[139] 이 듬해인 1981년 미시건 주 칼라마주에 있는 업존 제약회사에서 새로운 종류의 벤조디아제핀을 알프라졸람alprazolam(상품명 자낙스Xanax)이라는 이름으로 판매하기 시작했다. 당시 벤조디아제핀 시장은 침몰하고 있던 차였으므로, 업존은 홍보 방식을 바꾸어 새롭게 창조된 질병, "공황장 애"에만 특별히 적용되는 약으로 자낙스를 자리매김하려 했던 것이다. 1980년대 회사는 코넬 대학의 제럴드 클러먼의 지휘하에 이루어진 광범 위한 임상시험을 통해 공황장애가 진정 독립적인 질병이며 자낙스가 그 병에 특별히 경이로운 효과를 나타낸다는 것을 확인해 주었다.[140] 그 결 과는 전적으로 확신할 만한 것은 아니었다.[141] 그럼에도 불구하고 1990년 대 초 자낙스는 정신의학계에서 가장 인기 있는 약이 되었으며, 정신과 의사들은 자낙스 처방은 과학에 근거한 것이고, 당시 전국을 휩쓸고 있는 공황장애 유행에 시달리는 환자에게 희망을 주는 것이라고 믿고 있었다. 정신의학계 내부에서는 공황장애를 "업존 병"이라고 농담하곤 했다.

정신의학 진단이 점차로 제약회사들에 의해 조작되어 온 상황을 배경으로 해서 1990년대에는 일상용어에도 약이 등장하게 된다. 프로작이 바로 그것이다. 바륨이 등장했을 때, 불안을 치료할 효과적인 약이 존재하게 되자 환자와 의사 모두는 온갖 문제를 불안이라는 용어로 정의하는 데에 기꺼이 동참했다. 우울증을 치료할 프로작이 등장하자 이제는 우울증이 주인공이 되었고 우울증은 모든 종류의 스트레스에 대한 검증표가 되었다. 맨해튼에 있는 베스 이스라엘 의료센터의 한 의사가 말하길, "전화벨이 울리면 매번 누군가가 프로작에 관해 얘기합니다." "사람들은 그 약을 먹어 보고 싶어 하지요. 의사가 그건 우울증이 아니라고 말하면 그들은 '나는 분명히 우울합니다!'라고 대꾸한답니다."[142]

프로작이 명성을 얻기까지의 도정에는 존 개덤이 있었다. 영국 정신약물학 창립자 중 한사람이기도 한 개덤은 에든버러 대학에 있었는데, 1953년 7월 소규모이긴 하나 영향력 있는 연구자들 모임에서 다음과 같은 말을 했다. "인간이 제정신을 유지할 수 있는 것은 아마도 뇌의 5-HT[세로토닌]때문일 가능성이 있다."[143] 이 말은 당시 젊은 정신약물학자 전 세대에게 마치 "하늘에 떠 있는 길잡이signpost in the sky"+와 같은 역할을 했다.[144] 개덤 자신도 세로토닌 분석에 관한 기초적 연구했는데, 1950년대의 이런 초창기 이야기는 영국 정신약물학의 개가 중 하나로 간주할 수 있을 것이다.[145] 이어서 나온 가설은, 만약 세로토닌이 사람들로 하여금 정신적 균형을 잡게 해주는 물질이라면, 뇌의 세로토닌을 증가시킨다면 정신질환에 대항할 수 있을 것이라는 것이었다.

이제 장면은 베데스다에 있는 미국 국립 건강연구소로 넘어간다.

정신약물은 미국 사회에서 하나의 유행이 되었다. 환자들은 정신과 의사와 상담하기보다는 약물 처방을 적극적으로 요구하게 되었고, 제약회사들 역시 자신들의 약을 '더 행복한 삶'을 위한 '묘약'으로 내세웠다. **자낙스와 프로작 광고 포스터**

1957년 그곳 버나드 브로디의 화학병리 연구실(LCP)에 있는 연구자들은 항정신증 약물 레세르핀이 체내 세로토닌 저장고를 개방한다는 것을 발견했다. 브로디 그룹은 아민amine의 존재를 행동 변화와 관련시켜 조사했는데, 여기에서 세로토닌은 단연 스타급이었다. 정신의학에서 다루는 세로토닌 연구의 모든 분야를 열어 놓은 곳은 브로디의 LCP였다. 어느 연구자의 표현에 의하면 "LCP는 약리학의 카멜롯++이었다."[146]

그러나 이 이야기에서는 영국에도 카멜롯이 또한 존재했음이 흔히 간과되고 있다. 개덤의 말에 고무된 영국의 젊은 연구자는 미국의 연구와 동시에 뇌화학 연구를 진행하게 된다. 알렉 코펜은 의학연구협의회에 속

++ 비행 중 방향이나 기후를 알 수 없을 때 하늘의 구름이나 밤하늘의 별에서부터 정보를 유추해 내는 방식이다. 향방을 정할 정보나 근거가 부족한 상황에서 궁극적 목표가 되는 거대담론 혹은 진리 등을 비유적으로 표현한 것이다.
+++ 아서 왕 전설에 나오는 성 이름이다. 여기서는 이야기의 출발점이자 본거지를 비유한다.

한 생화학자이자 정신과 의사로서 세인트 에바 병원의 의사였다. 1963년 코펜은 세로토닌 등가等價 물질이 우울증을 개선시킴을 보여 주는 결정적인 실험을 했다.[147] 후에 코펜이 말한 바에 의하면, "세로토닌이 우울증에 결정적으로 관련된다는 사실—이 아이디어는 이제 수백만 달러가 걸린 제약 시장의 중심에 있는 것이지만—은 내가 처음으로 관찰한 것이라고 단언하겠다. 그러나 당시에는 사람들이 이런 주장을 하는 나를 오랫동안 조롱하고 세로토닌은 아무것도 아니라고 말했다. 의료계는 유행이 지배하는 곳인데 세로토닌은 당시 유행이 아니었던 것이다."[148] 코펜도 잘 알고 있었다.

1960년대 말 아비드 칼슨이 코펜의 주장을 보충하면서 세로토닌이 정서와 욕동을 통제할 것이라고 했다.[149] 그리고 칼슨은 스웨덴 제약회사 아스트라 사를 교육하고 지도해서 우울증 치료제로 사용될 세로토닌 재흡수 차단제를 시장에 내놓도록 했다. 아스트라는 1981년 유럽 여러 나라 시장에 "젤미드Zelmid"(지멜리딘zimelidine)를 내놓았는데,[150] 이는 재앙으로 끝나 버렸다. 2년 후 젤미드는 독성이 있음이 알려져 회수되어 버린 것이다. 그렇지만 칼슨과 아스트라는 SSRI(선택적 세로토닌 재흡수 차단제)의 선구자로 중요하게 간주되고 있다.

제약회사의 불운에 관한 얘기는 20세기 말 정신의학에서 별로 중요하지 않다고 간과되기 쉽다. 인디아나폴리스의 엘리 릴리 사도 1970년대에 SSRI 유행에 관여했기 때문이다. 엘리 릴리의 수석 약리학자 레이 풀러는 세로토닌 발전의 세계적 경로를 그대로 밟아 간 사람이다. 1971년 릴리 사에 들어온 풀러는 회사를 설득해 세로토닌의 항우울 작용에 관심을 쏟길 원했다. 그러나 릴리는 반대했다. 1970년대 초 릴리 본사가 있는 서리에서 열린 회의에 관해 알렉 코펜은 이렇게 묘사했다. "릴리 연구부 부회장이 '닥터 코펜의 노고에는 감사드리지만, 우리는 플루옥세틴

fluoxetine[릴리의 세로토닌 제제]을 항우울제로 개발하지 않을 것입니다' 라고 한 말을 잊지 않을 것이다."

그러나 풀러는 릴리의 생화학자 데이비드 웡과 연합하여 회사 내부에서 이 일이 진행되도록 도모하여 세로토닌-우울증 팀을 조직했다. 그러는 사이 릴리는 이미 화학자 브라이언 몰로이에게 부작용이 심한 삼환계 항우울제와는 다른 종류의 항우울제 성분을 만들어 내도록 지시해 놓은 상태였다. 웡은 이 물질들 일부가 신경접합에서 세로토닌의 재흡수를 차단함을, 그래서 뇌의 세로토닌 양을 증가시킴을 발견한다. (현재와 비교하면 이 개념은 매우 단순한 것이었다. 항우울 효과는 단순히 세로토닌 등의 단가아민에만 작용하는 것은 아니다.)[151] 1974년에는 실험이 더욱 진척되어 "릴리 110140"[152]이 만들어졌고 화학명 플루옥세틴으로, 나중에 상품명 프로작이 탄생했다. 1976년 프로작 유사물질 니속세틴nisoxetine을 건강한 자원자에게 시험한 결과 부작용은 전혀 나타나지 않았다. 또한 연구팀은 이 약이 노어아드레날린 등의 다른 기타 신경전달물질에는 작용하지 않음을 확인했다.[153] 말하자면 이는 SSRI임이 분명해진 것이다. (SSRI라는 약어는 1990년대 초 이후에야 사용된 말이다.)[154] 1978년부터 릴리는 세로토닌 재흡수만 특수하게 차단한다는 문구를 플루옥세틴에 연관시켜 사용하기 시작했다.[155] 그 사이에 플루옥세틴은 인디애나폴리스와 시카고에서 임상시험에 들어갔고, 그 결과는 매우 고무적인 것이었으나—아마도 경쟁사에 알리지 않기 위해—릴리는 그때까지도 이를 공표하지 않고 있었다.[156]

1980년 드디어 이 약을 공개하기로 결정하고 플루옥세틴의 임상시험 clinical trial✝을 해줄 저명한 생물정신의학자를 찾게 된다. 존 파이너는 세

....

✝ 신약 혹은 새로운 기구를 환자에게 사용하기 전에 안전성과 효과를 검증하기 위한 시험으로 시험전, 0~4단계까지 6단계로 나뉘어 있다. 3단계 인체 실험에 이어 4단계에서부터 시장 판매에 들어간다.

인트루이스 대학의 새뮤얼 구제 교실을 떠나 캘리포니아 라메사에서 개인 클리닉을 운영하고 있었다. 1983년 이 클리닉으로부터 매우 좋은 뉴스가 날아온다. 즉 플루옥세틴은 다른 표준형 항우울제만큼 효과가 좋으며 심한 부작용도 없다는 것이었다. 한 가지가 더 있었다. 파이너가 평가한 12종류의 각기 다른 항우울제 중 플루옥세틴만이 체중 감소를 일으키는 "부작용"을 가지고 있다는 것이었다.[157] (1세대 항우울제들은 체중 증가가 문젯거리 중 하나였다.) 수백만 명의 사람들에게 체중 감소는 부작용이 아니라 열렬히 소망하는 바인데, 음식 절제를 하지 않아도 되는 체중감소 약은 엄청난 규모의 시장을 약속하게 될 터였다. 릴리의 1985년 연례보고서에는 체중감소제가 개발되었다는 소식이 적혀 있었고, 회사 주식은 마구 치솟았다.[158]

그러나 플루옥세틴의 항우울 효과에 관해 시험을 거듭할수록 회사는 체중 감소라는 주제는 뒷전으로 미루어 놓았다. 1984년부터 1987년 사이에 이루어진 수많은 시험 결과에서 환자들이 보고한 바에 의하면, 플루옥세틴은 다른 항우울제보다 월등하다고 했는데, 그 이유는 단지 부작용이 적고 편안하다는 것에 더하여 한걸음 더 나아가 유쾌하게까지 만들어 주며, 삼환계 항우울제처럼 변비와 무기력을 느끼게 하기보다는 마치 "100미터 달리기 경주에 막 뛰어나갈 준비가 된 것처럼" 느끼게 해준다는 것이었다. 또한 이 약은 삼환계 항우울제처럼 복용한 지 여러 주가 지나야 효과를 나타내는 것이 아니라 복용 초기부터 작용하고 치료적 영역 therapeutic window[+]도 더 안전했다. 말하자면 치료 용량과 치사 용량 사이의 용량 차이가 커서 안전 여부를 확인하기 위해 혈액검사로 약물농도를 측정할 필요가 없다는 의미이다.[159] 1987년 미국 식약청은 프로작의 사용을 승인했다.[160]

1990년 프로작 출시 3년 후 맥린 병원에 있던 2명의 연구자가 프로작은 우울증에만 효과가 있는 것이 아니고 공황장애에서부터 탈력발작 cataplexy⁺⁺에 이르기 다양한 효과가 있음을 주장하는 논문을 발표했다. 이렇게 여러 상태를 개선하는 데 프로작이 효과가 있으므로 이 상태들이 어떤 공통점을 가질 것이라고 추정하고, 그것은 정서와 관련된 일련의 장애(정서 스펙트럼 장애Affective Spectrum Disorder, ASD⁺⁺⁺)에 속할 것이라고 제시했다. 이는 분명 우울증의 범위를 확대하려는 과학적 변명이었고, 우울증은 이제, 그 저자가 말했듯이, "인류에게 가장 널리 퍼져 있는 질병" 중의 하나가 되었다.[161] 저자 중 한 사람인 해리슨 포프가 말한 "세계 인구의 3분의 1"이 ASD라는 어귀는 흔히 인용되곤 한다.[162] 프로작의 전망은 계산할 수 없을 정도로 찬란했다.

그리고 말 그대로 진행되었다. 1993년 미국 정신과 의사를 찾는 사람의 절반가량이 정서장애였다.[163] 바륨이 불안에 사로잡힌 미국을 달래 주었듯이, 새로운 우울증 약은 그 약으로 치료할 수 있는 온갖 질병을 생산해 낸 것이다.

언론의 묘기가 뒤를 이었다. 프로작은 심지어 아무런 정신질환을 가지고 있지 않아도 인생의 고민거리를 견디는 데 만병통치약으로 세상에 소개되었던 것이다. (실제로 정신질환을 가진 사람들 대다수는 어떤 종류의 치료도 받으려 하지 않는다고 한 의사가 말했다.) 1993년 《타임》은 프로작이 "일시적 유행이 아닐 것"이라고 단언했다. "이것은 의학의 눈부신 발전"으로, 일 중독에 빠진 "수전"은 월경주기 때마다 짜증스러워지고 한번은

⁺ 안전한 범위 내에서 치료 효과를 발휘하는 약물의 용량을 말한다. window라는 용어를 쓰는 이유는 치료효과를 찾아 밖으로 나가기 위해서는 창문의 아래턱(최소 용량)과 창문 위턱(치사 용량) 사이를 통과해야 된다는 의미를 나타내기 위해서이다.

⁺⁺ 몸의 근육 긴장도가 일시에 소실되는 것을 말한다. 기면증 등에서 나타난다.

⁺⁺⁺ 정서적 요인이 내포된 질병 모두를 총칭한다. 조울증은 물론 기면증, 과민성 대장염, 섬유근육통 등이 해당되어 정신과 질병에만 국한되지 않는 포괄적 용어이다.

남편에게 결혼반지를 내동댕이치기도 했는데, 이런 사람의 고통을 완화시켜 준다고 했다. 이제 그녀의 모난 성격은 조금 부드러워졌다.[164] 진짜 정신질환이란 극심한 고통과 장애를 일으키므로 괴로워하는 그들을 위로할 방편도 없다고 보았던 역사적 전통적 관점에서 보면 수전과 같은 사람들이 과연 실제 정신질환을 가진 것인지 아닌지 논쟁하는 것은 이제는 우스꽝스러운 일이 된 것 같다. 바로 여기에 프로작 시장의 핵심부가 펼쳐진 것이다.

원만한 성격과 체중감소를 약속하는 프로작은 약물 역사상 그 어떤 약보다 급속하게 퍼져 나갔다. 1990년이 되자 출시된 지 채 3년도 되기 전에 프로작은 정신과 의사가 처방하는 약물 순위 첫 번째를 차지하게 된 것이다.[165] 《뉴욕 타임스》에는 "수백만 명이 프로작을 복용하면서 합법적 약물 문화가 부상하고 있다"라는 머릿기사가 실렸다.[166] 약물 암시장이 생길 필요는 없어 보였는데, 왜냐하면 의사들은 상상할 수 있는 모든 상태의 환자에게 프로작을 처방해 주었기 때문이다. 1994년 《뉴스위크》는 "프로작은 친근함으로 보자면 클리넥스와 같고, 사회적으로는 생수生水와 같은 지위를 차지"했다고 적었다. "프로작은 오래된 오명을 깨뜨려 버렸다. 이제 미국인들은 저녁 파티를 하며 서로 프로작 경험을 나누고 있다."[167] 1994년에 프로작은 전 세계에서 두 번째로 가장 많이 팔렸는데, 역설적이게도 가장 많이 팔린 약은 위궤양 치료제 잔탁Zantac⁺이었다.[168]

정신의학 역사의 한 장에 프로작을 기록하기 위해 먼저 구별해야 할 일은, "좋은 과학"과 "과학주의"가 뒤엉켜 있는 실타래를 풀어내는 일이다. 이미프라민과 같은 삼환계 항우울제보다 더 안전하고 빠른 효과를 가진 2세대 항우울제를 찾다가 플루옥세틴을 개발해 낸 것이 좋은 과학이라면, 쿤이 말한 과학주의scientism⁺⁺란, 살아가며 어쩔 수 없이 맞닥뜨리게 되는 어려움과 곤란을 우울증으로 명명하여 질병으로 전환시켜 버림으로써, 인생사를 우울증이라는 척도로 측량하고 이 모든 것은 '기적의 약'으로 치료될 수 있다고 주장함을 의미한다. 이것이 가능했던 이유는 정신과가 제약회사의 기업문화에 집단으로 사로잡혔기 때문이었다. 그 결과, 과학의 한 분야인 정신의학은 약물 쾌락주의라는 대중문화를 양성하게 되었고, 정신질환에 걸리지도 않은 수백만 명의 사람들이 새로운 약을 갈구하게 된 것이다. 무엇보다도 약을 먹으면 자의식의 무거움을 떨쳐 버릴 수 있고 날씬한 몸매를 유지할 수 있기 때문이었다.

한편으로는 프로작이 공익에 커다란 기여를 한 바도 있다. 즉 정신과적 문제가 대중의 시선에 용인할 만한 것으로 비춰지기 시작한 것이다. 비록 정신질환이 가진 오명을 완전히 씻어내기까지는 아직 멀었지만. 수세기 동안 "광인"을 보던 대중의 경직된 시선은 사라지고, 이제는 "스트레스"에 시달리는 사람으로 바뀌어져 약으로 쉽게 완화될 수 있다고 보게 된 것이다. 대중의 변화를 잘 읽는 《뉴스위크》는 1990년 "프로작의 성공담이 치솟아갈수록 우울증 등의 정신질환이 그저 치료 가능한 질병에 불과하고 인격의 실패가 아니라는 인식도 높아져 가고 있다"고 썼다.[169] 역사학자 데이비드 힐리가 판단하기에, 가벼운 우울증의 경우 약물치료 효과가 매우 좋아서 사람들은 "'생물학적 우울증'이 대부분 가벼운 질병에 불과하고 이 병으로 병원에 입원한 사람은 극소수일 것이라고 생각하게 된 것 같다."[170]

정신질환의 오명이 벗겨지는 데에는 다른 요인도 작용했다. 정신질환

✢ 히스타민 수용체(H-2) 길항제로 위산 분비를 억제한다. 스트레스와 연관된 질병치료제와 항우울제가 제약사의 이윤을 올려 주는 쌍두마차인 현상은 지금도 변함이 없다.
✢✢ 인간 활동을 해석하는 제반 분야(철학, 종교, 인문학, 사회과학 등)를 자연과학으로 재해석하여 정의내리는 관점으로 카를 포퍼는 과학이 모든 것을 설명할 수 있다는 주장이 과학만능주의라고 비꼬았다.

자를 위한 전국연합(NAMI)은 1979년 워싱턴에 설립된 환자 지원집단인데, 주요정신질환자의 부모와 친구들로 구성되어 있고, '정신분열증을 만드는 가족'과 같은 편향된 이론에 반대하는 캠페인을 벌이며 정신분열증은 생물학적 질병이라고 주장한다. 1996년에 NAMI에는 13만 명의 회원과 38명의 직원이 있었다. 과거에는 정신질환자들을 그리도 끔찍이 싫어해서 정말로 마을 사람들이 환자들을 버스에 태워 항구로 가서 배로 멀리 보내 버렸을까?[+] 1985년 버스치료motorcoach therapy 반대 정신과의사 전국연합회라는 것이 생겼는데, 이들은 정신병원에서 퇴원한 "입퇴원을 반복하는 탐탁지 않은 정신병 환자를 버스 편도 요금만 주어 보내 버리는" 관행을 중단시키는 데 목적을 두었다.[171] NAMI와 같은 그룹들은 정신질환이 그저 종류가 다른 의학적 질병이며 기괴하고 무서운 것이 아니라는 것을 인식시키려 다양한 방식으로 노력해 왔던 것이다.

그럼에도 불구하고, 20세기 말 "정신착란"이 덜 끔찍한 것처럼 보이게 되었다면, 그 변화에 기여한 것은 많은 부분 정신약물학의 영향이다. 사람들이 정신질환을 더 잘 이해하게 되고 용인하게 된 것이 아니라, 단지 약물 혁명이 정신질환의 증상을 완화시키거나 혹은 완치시킬 수 있게 되었기 때문이며, 따라서 정신질환자는 팔이 부러지거나 머리에 혹이 생긴 사람과 마찬가지로 무서워할 필요가 없다고 보게 되었기 때문이다. 초창기 약물학 혁명을 이끌었던 피에르 데니커는 이렇게 말했다. "37년이 지난 후에야 광기의 얼굴은 완전히 달라졌는데, 이는 정신약물학은 물론 정신치료, 사회치료 등의 치료 방식과 지역사회에서의 재활 방법 등이 발전했기 때문이다." 데니커가 보기에 "광인 혹은 정신착란"은 "일

[+] 마을에서 귀찮아하는 사람들, 범죄인, 부랑아 그리고 특히 정신병자와 정신지체자들을 마을에서 내쫓기 위해 '바보들의 배'에 태워 멀리 보내던 중세 유럽의 관습이 근대에 들어서서 버스로 바뀌어 실제로 행해지던 곳이 있었다.

중세시대에는 정신질환자들을 최소한의 먹을거리만 넣어둔 채 배에 태워 멀리 보내버렸다. **제바스티안 브란트,**
〈바보들의 배〉, 1494

상적인 환자"로 변화되었다.[172] 약물치료가 "미용" 정신약물학이라고 보
든 아니든 간에 이는 결코 작은 성과가 아니다.

왜 정신의학인가?

200여 년의 기간 동안 정신과 의사의 역할은 치료적 수용소의 치유자
에서부터 프로작 처방의 문지기로까지 변화되어 왔다. 정신질환의 이미
지는 나쁜 피를 가진 자의 표식(유전의 저주)으로 두려움의 대상이었다가
이제는 쉽사리 치료가 가능한 병으로서, 본질적으로 여타 의학적 질병과
거의 동등한 감정으로 대하게 되었다. 실로 그렇다면, 마음의 병이 다른
의학적 질병과 다를 바가 없다면, 여기서 불편한 질문이 대두된다. 누가
정신과 의사를 필요로 할 것인가?
의사들은 점차 정신과 전문의를 택하지 않고 있다. 미국 의과대학 졸

업생 중 정신과 전문의가 되려는 사람은 1984년 3.5%였다가 1994년 2.0%로 떨어져서 거의 절반 가까이 감소했다. 1990년대 중반이 되어서는 년간 500명 이하의 젊은 의사들이 정신과 수련 과정에 들어온다.[173]

20세기 말 정신의학의 위기는 정신의학이 설립되던 초기의 위기와 다르지 않다. 설립 초기에는 신경과와 내과가 정신치료를 강점하려 했던 위기가 있었고, 붉은 벽돌의 음침한 수용소 건물은 정신의학을 가둬 놓는 무덤이었다. 20세기 말이 그 시대와 다른 점은, 이제 수용소보다 더욱 탄탄한 물리적 근거를 정신의학이 가지고 있다는 것인데, 그 근거란 약물 사용에 관한 지식을 소유하고 있다는 점이다.

그러나 그런 전문 지식도 가냘픈 갈대에 불과할 수 있다. 전문지식을 가진 다른 의학 전문분야들도 과거의 지혜를 뒤로 하고 과학의 길로 들어섰다. 더군다나 정신의학은 오래전부터 자신의 기반을 계속 잃어 오고 있다. 한때 정신과에 속했던 질병이 의학으로 설명되어 의료화될 때마다 그 질병은 정신의학의 영역에서 벗어났던 것이다. 신경매독은 내과 의사에게, 정신지체는 소아과 의사에게, 뇌졸중은 신경과 의사에게 넘어갔다. 이제 정신의학 자체가 의료화되었으니 독립적인 전문분야라고 정당화할 근거가 무엇이어야 하겠는가? 더욱이 심리학자와 사회복지사들이 집중적으로 정신치료사 훈련을 받음으로서 정신치료는 그들에게 옮겨갈 것이고, 뇌-생물학 분야는 뇌 영상촬영 결과와 뇌 기저핵 병소를 더 잘 판단할 수 있는 신경과 의사에게 점유될 가능성이 크다. 정신과 의사에게는 무엇이 남아 있을 것인가?[174]

이런 상황을 가정해 보자. "너무 피곤하고 녹초가 된 데다 눈물이 납니다"라고 환자가 말한다. "나는 의사를 잘 찾아가지 않는 편이지만, 도저히 벗어날 수가 없어서 이제는 좋은 의사에게 가서 한번 검진을 해봐야겠다. 찾아간 의사는 (심지어 나를 쳐다보지도 않고) 2분 정도 내 얘기를 듣고는,

갑자기 '우울증입니다' 라고 말하더니 처방전을 건네주고 나가 버렸다." 환자는 매우 화가 나서 문을 쾅 닫고 나와 울면서 집으로 돌아간다. "그 의사 눈에는 내가 의자로 보였나봐. 내 몸을 진찰하지도 않았어!"[175]

정신의학은 의사-환자 관계의 전문분야라는 기반을 가지고 있다. 의사가 정신치료 분야의 훈련을 받았든 신경과학의 훈련을 받았든, 이제 정신과 의사의 초입에 들어선 의사라면 환자에게 충분한 시간을 들이는 것이 정신과 임상 기예의 본질임을 알고 있을 것이다. 내과나 산과의 평균 진료 시간은 10여 분 정도이나 정신과의 경우 평균 40분 이상이다.[176]

이 40여 분 동안 정신과 의사는 정신과와 경쟁관계에 있는 다른 두 과(심리학과 신경과)가 하지 못하는 두 가지 본질적인 일을 한다. 정신과 의사는 신경과 의사가 하지 못하는 정신치료를 제공할 수 있다. (신경과 상담은 평균 28분이고, 이렇게 긴 이유는 신경학적 신체 진찰에 걸리는 시간 때문이다.)[177] 그리고 정신과 의사는 비의사에게는 허용되지 않는 약물 처방을 할 수 있다.

이렇게 정신치료와 약물치료의 병합은 뇌와 마음의 질병을 다루는 데 가장 효과적인 방법이라고 알려져 있다. 치료 결과를 비교해 보기 위해, 정신치료만 한 경우, 약물치료만 한 경우, 그리고 이 두 가지를 모두 함께 적용한 세 가지 경우를 비교하면, 약물치료와 정신치료는 서로 상승작용을 하여 최적의 진료를 할 수 있는 것으로 조사되었다. 한 연구 결과는 "두 가지 치료를 병합할 경우, 치료 효과는 뚜렷이 높아진다"고 했다. "두 가지 방법을 병합하는 것은 단순히 두 가지 효과가 합해진 것이 아니라 서로 간에 상승작용을 일으키는 효과가 있다 했다.[178] 약물치료에 의한 생물학적 증상 개선과, 환자의 왜곡된 인지 심리상태에 공감해 주는 의사와 얘기를 나누는 것은 상승효과를 일으킨다는 뜻이다.

여기에서 강조하는 것은 의사이다. 심리학자나 사회복지사의 정신치

료 기술을 평가절하하는 것은 아니지만, 의학의 역사를 보면, 자신을 돌
보는 사람이 다름 아닌 의사라는 것을 알게 되면 치료 효과에 대한 환자
의 기대감은 더 커졌다. 자기 얘기를 들어주는 사람이 단순히 친구나 믿
을 만한 사람이 아니라, 존경할 수 있는 의사라면 심중을 토로하면서 얻
는 카타르시스는 더 클 것이다.[179] "고통 받는 인간은 치유자의 모습으로
동정을 보이는 사람의 말에 반응한다"라고 한 관찰자는 말했다. "인간은
오래전부터 이를 알고 있었지만, 이것이야말로 정신과에 아직껏 남아 있
는 희망이다."[180]

옮긴이의 글
21세기, 정신의학의 길을 묻다

영광의 역사인가, 사죄의 역사인가?

정신병리에 관한 의학적 판단의 주체인 정신의학은, 역사적으로 볼 때 항상 당대 정상성의 기준을 정할 권한을 사회로부터 위임받아 왔다. 1960년대 사회과학적 비판이 그 초점을 건강과 질병에 맞추었을 때, 정신의학이 집중적으로 해체 대상이 되었던 이유도 이것이었다. 정상과 비정상의 기준을 판가름한다는 점에서 암묵적이고도 보편적인 사회 통제의 권력이 정신의학에 있다고 본 것이고, 더 나아가 그 배후에는 자본주의와 국가권력이 있어 일탈자를 격리하려는 목적으로 정신의학을 탄생시켰다는 것이다. 또한 수용소의 비참한 양상과 정신과 치료법의 비인간적인 양태, 정신과 진단의 무수한 시행착오와 임의적 특성 등은 정신의학에 의혹의 시선을 던지기에 충분한 조건들이었다. 동시대에 일어난 반정신의학은 정신과에 대한 대중의 혐오와 반감에서 출발하여, 정신질환의 실재까지 부정하는 지식인 운동으로 진전되었다. 그리고 여기에 푸코의 《광기의 역사》가 결정적 역할을 했다고 해도 과언이 아니다.

이러한 배경 아래 지금까지 쓰인 정신의학 역사서는 대부분 양극단에 위치하고 있었다. 의학 역사를 보는 시각과 마찬가지로, 한 극단에는 진보와 영광의 역사를 기록한 교과서적 역사가 있고, 대부분을 차지하는 다른

535

극단에는 정신분석을 목적지로 설정하고 자의식 과잉의 죄책감으로 써내려 간 사죄의 역사가 있다. 정신질환의 모호함 그 자체만큼 변화무쌍했던 정신 의학의 역사를 비판적이고도 균형 잡힌 시각으로 저술한 역사서가 절실히 필요한 이유가 여기에 있다.

　　저자는 서문에서 스스로 밝혔듯이 개정주의적 역사관과 사죄주의적 역 사관의 중간인 신사죄주의파에 자신을 위치한다. 정신의학의 역사를 일방 적 권력행사의 여정이 아니라, 사회적 맥락과 상호 의존하며 무수한 시행착 오를 겪어 온 역사로 기술하고자 한 것이다. 수용소가 정신병자 수용소로 바뀌기 이전 광인들이 처했던 현실과 수용소 초창기의 변천을 직선적으로 훑어보며 유럽 각지의 인구 통계자료를 검토한 저자는 푸코가 주장했던 '대감금' 현상이 실제 상황과는 동떨어진 것이었다는 반론을 펼친다. 저자 의 출발점은 과연 정신질환이 실재하지 않았던 것인가 하는 의문인데, 만일 실재하는 실체라면 정신의학의 태생에 대한 의혹과 수용소 음모이론 같은 반정신의학 이념은 단지 이론적 유희에 불과해질 것이기 때문이다. 저자는 온갖 이론과 이념의 놀이터에서 정신의학을 끌어내어 그 출범의 의의를 과 학혁명과 계몽주의 시대 인간 개선의 희망에서 찾고 있다.

정신의학이 겪어 온 세 번의 위기

　　이 책은 희망에 찼던 18세기 말 치료적 수용소에서 시작하여 20세기 말 정신과 개원의의 진료실에서 마무리된다. 그 200여 년의 짧은 기간 동안 정 신의학은 세 차례의 위기 혹은 난관에 봉착하게 되었다고 저자는 주장한다.

　　첫 번째 위기는 빈약한 토대 위에 세워졌던 1세대 생물정신의학이 퇴행 이론 등으로 자가당착에 빠지던 19세기 말로서, 치료적 수용소로의 꿈은 좌절되고 치유의 도구를 가지지 못한 정신의학은 타당한 근거가 없는 온갖 치료법의 온상이 되어 버렸다. 크레펠린의 기술記述 정신의학이 출현한 시기이자, 정신분석의 싹이 트던 시기가 바로 이때이다.

두 번째 위기는 일세를 풍미하던 정신분석이 몰락하던 20세기 중반 이후로서, 정신의학의 양극화가 가장 극심했던 때이기도 하다. 정신분석은 특정 계층의 자기성찰 욕구를 채워 주던 반면 수용소 정신의학은 치료 방법도 알지 못한 채 중증 정신질환자를 끌어안고 있었던 것이다. 이 시기는 또한 정신의학의 분열적 특성이 극명하게 드러나던 시기이자 약물혁명의 단초가 시작된 시기이기도 하다. 위기는 항상 새로운 돌파구를 찾아낸다고 했던가. 클로르프로마진의 등장으로 초만원이었던 수용소는 비워지고 환자들은 사회로 돌아왔다. 그러나 거리로 쏟아져 나온 이들을 돌보기 위해 만들어진 지역사회 정신의학은 참담한 실패로 끝이 난다. 본격적으로 정신약물학 시대가 열리기 전인 1990년대 초, 한편에서는 2세대 생물정신의학이 기초를 마련하고 있었고, 다른 한편에서는 정신분석이 차지했던 자리에 갖가지 정신치료법이 난무하고 있었다.

저자가 주장하는 세 번째 위기는 1990년대이다. 개혁뒤 진단분류법이 자리를 잡아가고, 정신약물학의 발달은 약물사용을 보편화시키면서 정신질환에 드리워졌던 오명을 씻어내는 것 같았다. 말하자면 마음의 병이 다른 신체적 질병과 다를 바 없다는 인식이 확산되었고, 정신과 의사는 약을 처방해 주는 의사가 되어 갔다는 것이다. 이 책은 불편한 질문으로 마무리된다. "누가 정신과 의사를 필요로 할 것인가?" 저자는 세 번째 위기의 성격이 정신의학 설립 초기의 위기와 유사하다고 보았다. 이제 다가올 2010년을 맞이하며 그때가 위기였는지, 그렇다면 위기는 극복되었는지 혹은 현재 진행형인지 이 시점에서 점검해 볼 필요가 있을 것이다.

위기는 변화를 예고한다

이 책이 처음 출간된 1997년 이후 12년이 지난 지금 돌이켜 보면 1990년대는 과도기적 시기였다. 수용소는 축소되고, 사회로 나온 중증 환자들은 내버려져 있었다. 약물치료는 현 시점에서 돌아보면 기초적인 수준이었다. 정신분석 또한 신경증 환자와 삶의 문제를 가진 사람들에게 더 이상 매혹적이지 않았고, 갖가지 정신치료는 효과 면에서 그 어느 것도 두각을 나타내지 못했다.

정신과의 인기를 반영하듯, 당시 미국의 의과대학 졸업생 중 정신과 지망자는 절반으로 떨어졌고, 우리나라도 예외는 아니어서 정신과 지망 수련의 모집정원을 채우기도 어려울 정도였다. 종합병원은 타과에 비해 수입이 낮은 정신과를 유치하려 하지 않았으며, 있다 하더라도 동료 의사들은 자기 환자의 정신과 자문을 구할 때 망설여야만 했다. 정신질환의 사회적 오명이 그때껏 무거웠기 때문이었다.

그러나 이런 과도기는 비교적 짧게 지나가고 1990년대 후반이 되자 상황은 달라진다. 이 변화는 DSM-III가 제정되던 시기처럼 과학적 패러다임을 수용하기 위해 일으킨 자발적 개혁에 의한 것이 아니었고, 정신의학 내부로부터의 성찰과 노력에 의한 것도 아니었다. 몇몇 사람들에 의해 '2차 정신약물학 혁명'이라 불리는, 선택적 효과를 가진 약물이 보편적으로 사용되면서 정신의학이 사회적 흐름에 동승했기 때문이었다.

또한 1990년은 뇌 연구 대중화 프로젝트가 시작된 해로서, 조지 부시 전 미국 대통령은 1990년대를 뇌의 10년Decade of Brain이라고 선언했다. 20세기 접어들어 가속화된 과학기술의 발달은 마지막 남은 미지의 영역을 뇌라고 보고 봇물 터지듯 뇌 연구에 박차를 가한다. 이는 단지 뇌의 구조와 기능을 연구하던 고전적 방식이 아니라, 학문간 융합을 통해 인간에 관한 모든 것을 뇌를 통해 설명하고자 한 것이었다. 감정, 인식과 사고, 행동양상은 물론 개인의 성격과 성향, 성 취향, 영성과 신앙성까지도 뇌과학으로 해석하고자 했다. 정신의학을 위시하여 심리학, 교육학, 언어학, 철학 등이 신경학, 분자생물학, 생리학, 정보기술 등의 최첨단 기술과 융합해서 탄생한 뇌인지과학이 그 대표적인 예이다. 1999년 개봉한 영화 〈매트릭스〉는 그 10년 동안 신경과학이 얼마만큼 보편화되었는지를 반영한다. 뇌과학과 함께 향정신성 약물 또한 급속하게 진화되어 갔다.

프로작, 그리고 약물에 빠진 세계

2차 약물혁명은 프로작으로 문을 연다. 최초로 약물혁명을 일으켰던 항불안제가 불안과 불면을 잠재워 주는 효과에 그쳤던 반면, 1987년 출시된 프로작은 항우울세 이상의 효과를 가지고 있었던 것이다. 1990년대 중반 이후부터 프로작을 위시한 '선택적 세로토닌 차단제(SSRI)' 는 삶의 고단함을 달래기 위해 약을 복용하는 소위 '약물문화' 의 문을 열어젖히는 역할을 했다. 부정적 감정을 차단하고 자의식을 완화하여 예민함과 수줍음으로 자신을 방어하던 수많은 사람들에게 "새로운 자아"를 주조해 내는 효과를 나타낸 것이다. 특히 피터 크레이머는 1997년에 출간한 《프로작에 귀를 기울여봐》[+]에서 프로작이 날씬한 몸매를 유지시켜 주고 에너지에 충만한 느낌을 주며 안정된 자기 존중감을 가지게 하여, 사소한 삶의 여건에 흔들리지 않게 해준다고 주장했다.

....

[+] 그 후편이 국내에 번역 · 출간되었다. 피터 크레이머 지음, 고정미 옮김, 《우울증에 반대한다》, 도서출판 플래닛, 2005년.

그러나 프로작은 단지 2차 약물혁명의 단초였을 뿐이다. 프로작의 유행이 의미하는 것은 약을 복용함으로서 정신질환이라는 오명을 쓰는 것이 아니라 도리어 세련된 도시문화에 적응하는 것이며, 약은 옷차림이나 화장처럼 '자기 변형'의 방식일 뿐이라고 여겨지기 시작했다. 이후 온갖 삶의 조건에 대한 약들이 쏟아져 나오게 된다. 금주 보조제, 금연 보조제, 식욕 억제제, 수줍음에 선택적으로 작용하는 약물, 쇼핑중독 등의 중독 행위에 작용하는 약 등등 정신과 약물은 우리 삶의 구석구석마다 등장하여 해결책을 제시해 주고 있다. 2002년 영국 《가디언》지는 "키에르케고르, 하이데거여, 이젠 안녕!"이란 부제하에 "전 세계적으로 2000만 명이 프로작을 복용하고 있고, 이제 우리는 병적 우울증 때문이 아니라 일상의 기분변화와 실존의 고통을 약물로 해결하는 '기능개선 정신약물학'의 시대에 접어들고 있다"는 기사를 실었다.[+]

프로작 붐은 제약업계의 엄청난 경제적 이익과 떨어뜨려 생각할 수가 없다. 1996년 리만 브라더스는 2000년쯤이면 프로작의 판매 수익이 연간 40억 달러를 넘어서게 될 것이라고 추정했다.[++] 1997년 미국 FDA가 제약업계의 직접 홍보 금지제도를 철폐함에 따라 홍보에 들어가는 돈은 1997년 7억 9100만 달러에서 2000년 24억 달러로 증가했고, 2000년 한 해에 SSRI 처방 건수는 7000만 건에 이르렀다.[+++] 2004년 항우울제의 전 세계 판매액은 140억 달러에 이르렀다.[++++]

이에 따라 정신과 의사가 보는 환자의 수도 증가했다. 1999년 WHO는 우울증이 전 지구적 질병부담율 중 2위를 차지할 것이라면서 이대로 진행되다간 2020년이면 우울증이 사망 원인 2위에 이를 것이라고 전망했다. 실제로 항우울제 프로작이 소개된 이후 2005년까지 미국에서 우울증 진단은 200% 증가했고, 항정신증 약물과 항불안제, 수면유도제 등 다양한 향정신성 의약품 판매는 4000% 이상 상승했다.[+++++] 처방된 약의 양은 진단된 환자의 수와 거의 비례한다. 정신의학은 이 흐름을 타고 다시 상승하기 시작했다. 1990년대 중반 이후 정신과 전문의 지망 의사들이 증가하면서 경쟁률도 높아갔고, 정신과가 종합병원 필수 과목의 하나로 의료법에 명기된 것은 우리나라의 경우 1999년이다.

의료와 대중의 관계 재편

급속히 증가하는 정신질환 진단에 관해 일부 학자들은 의혹의 시선을 던지고 있다. 예를 들어 F. 토레이는 저서《보이지 않는 흑사병》[******]에서 정신질환이 마치 전염병이 확산되듯 현대 사회에 퍼지고 있다고 말했다. 1970년대 의료화 비판과 동일 선상에서, 현대의 약물문화는 삶의 고민거리를 '정신의학화' 한다는 비난의 중심에 서게 된 것이다. 그러나 증가된 정신질환의 내용을 들여다 보면, 그 대부분을 차지하는 환자는 중증 정신질환을 가진 사람이 아니라 가벼운 증상으로 게다가 자발적으로 정신과를 찾는 사람들이다. 그러므로 현대 정신의학의 무언가가 이들 대중과 공명하고 있음을 짐작할 수 있다. 실제로 다양한 사연을 가진 사람들은 정신질환자라는

[✛] Borch-Jacobsen M(2002) Prozac notion; Mikkel Borch-Jacobsen examines the new 'epidemics'. Tuesday July 9, 2002, *Guardian Unlimited*

[✛✛] Lewis B(2003) Prozac and postmodern theory. 24, 49-63. *Journal of Medical Humaities*

[✛✛✛] Rubin LC(2004) Merchandising madness; Pills, promises and better living through chemistry. 38(2), 369-384. *The Journal of Popular Culture*

[✛✛✛✛]http://www.researchandmarkets.com/reports/314820/impact_of_generics_on_the_antidepressant.htm

[✛✛✛✛✛] Whitaker R(2005) Anatomy of an epidemic; Psychiatric drugs and the astonishing rise of mental illness in America. 7(1), 23-35. *Ethical Human Psychology and Psychiatry*

[✛✛✛✛✛✛] Torrey EF(2001) *The Invisible Plague; The rise of mental illness from 1750 to the present*. New Brunswick, NJ: Rudgers University Press

라벨이 붙는다 할지라도 매우 실용적으로 정신과 진단을 끌어안고 있으며, 이러한 점에서 현재 정신의학과 환자 사이의 역동적 상호 관계는 과거와 매우 달라져 있음을 알 수 있다.

의료화를 보는 시각은 다양한데, 우선 의사가 무소불위의 권력으로 건강과 질병을 정의하는 반면 환자는 이를 수동적으로 받아들이는 일방향으로 진행된다는 해석이 있다. 그리고 웨이츠킨과 같은 학자들은 특히 국가권력과 자본주의가 도덕적 통제와 국민의 '정상화'를 위해 의료적 방식을 사용한 것이라고 주장하는데[+], 푸코 역시 이 맥락에 위치한다.

다중결정론적 시각을 가진 세 번째 해석은, 사회를 구성하는 여러 집단의 이념이 의료와 상호작용하여 의료화나 정신의학화가 일어났다고 보는 관점이다. 여기에서 주요 변수는 도덕성이나 이익을 앞세운 몇몇 집단과 대중의 보편적 정서이다. 집단의 영향 중 대표적인 예는 베트남 참전군인이 주창한 외상성 스트레스 장애, 그리고 제약집단의 비아그라 개발과 발기부전의 의료화에서 찾을 수 있다. 특히 어느 상태에 대한 특효약이 개발되면 그 상태의 의료화가 뒤따르는 양상은 2000년 이후 더욱 확산되었다. 휘태커는 통계를 들어 이를 주장하는데, 1955년 클로르프로마진이 소개된 이후 미국내 정신질환 장애는 6배 증가했고, 1990년대 프로작 유행 이후 우울증은 두 배 이상 증가했다는 것이다.[++]

다중결정론에서 배경을 이루는 것은 대중이다. 의료화의 대상인 대중이 의료를 바라보는 시각은 시대변화와 함께 중층적으로 진화해 왔다. 경제 합리주의와 시장논리가 확산되는 사회 흐름 속에서 수동적이었던 환자는 점차 소비자 고객으로 변화되어왔다. 소비자 권리를 중시하며 언론매체 등을 통해 전문지식을 갖춘 대중은 자신의 욕구에 충실하고 다층적인 판단을 보유한 "일반인 전문가lay expert"[+++]로 등장한 것이다.

실제로 탈기관화 현상이 가속화되던 1960년대와 1970년대에 환자자조 그룹이 싹을 틔웠고, 이들은 점차 운동으로 퍼지면서 기관화의 길을 걸어 왔다. 대표적인 예로, 알코올중독 자조 모임인 AA(Alcoholic Anonymous)와 주의력결핍 과잉운동장애자 모임인 CHADD(Child and Adult with Attention Deficit Disorder)를 들 수 있다. 이들은 단순한 자조활동의 범위를 넘어 의료 서비스 전달방식과 사회적 법적 혜택을 요구하는 압력집단으로 변모하였다. 이들 대중과 과학과의 관계는 신뢰와 의심, 수동성과 목적성의 변증법적 상호 관계를 통해 다층적 구조를 이루고 있다. 이 사이에서 실용적 노선을 취하여 의료를 목적적으로 사용하는 대중이 증가하고 있는 것이다.

따라서 작금의 정신질환 유행에서 약물이 어떻게 사용되고 있는지 깊숙이 들여다보면, 약이 단순히 압제적으로 작용한다거나 자유롭게 해준다고 볼 수 없고, 또한 치료적이거나 완화제로 사용되고 있다고만 볼 수도 없다. 정신질환이 더 이상 고전적 의미에서의 병으로만 기능하지 않게 된 것이다. 그러므로 '정신의학화'는 관계의 네트워크 안에서 형성되어 온 다중결정의 결과로 보아야 할 것이다. 21세기로 접어들기 직전 등장한 기능개선 정신약물학 혹은 미용cosmetic 정신약물학이라는 용어는 소위 '정상 범위' 안에 있는 사람에게 약을 제공하여 행동변화를 일으키는 것으로서, 가벼운 증상을 약물로 치료하는 고식적palliative 정신약물학과 구별되기도 한다.[++++] 후자는 이미 오래전부터 실행되어 오던 것이나, 선택적 약물사용 문화는 이 둘 사이의 구분을 모호하게 하고 있다.

....

✢ Waitkin H(2000) *The second sickness; Contradictions of capitalistic health care.* Revised ed. Rowman & Littlefield Publishers, Inc.

✢✢ ibid 5

✢✢✢ Prior L(2003) Belief, knowledge and expertise: the emergence of the lay expert in medical sociology. 25, 41-7. *Sociology of Health & Illness*

✢✢✢✢ Charlton BG, McKenzie K(2004) Treating unhappiness-society needs palliative psychopharmacology. 185, 194-195. *British Journal of Psychiatry*

의료의 영역은 어디까지인가

의료서비스에 대한 새로운 요구는 몇 가지 윤리적 · 사회적 질문을 제기한다. 우선적으로 대두되는 질문은 고통의 존재론적 의의이다. 정신적 고통이든 신체적 고통이든 고통을 받는다는 것은 무언가가 잘못되었음을 알리는 경고이자 익숙하지 않은 것에 적응하기 위한 목적성을 가지고 있는 것이다. 그러나 스트레스와 삶의 예봉에 둔감해지기 위해 정신과 약물을 사용할 경우 고통의 원인이 된 일으킨 상황을 개선하고자 하는 적극적인 노력은 기대하기 어려울 것이다.

그 뒤를 잇는 질문은 그런 목적의 약물 사용을 과연 '치료'로 볼 수 있는가이다. 단지 정신적 기능개선을 위해 약을 사용하는 것이 합법적이라면, 운동선수의 스테로이드 사용이나 록커의 대마초 사용 또한 기능개선에 해당할 것이기 때문이다. 또한 개인의 욕구와 사회가 충돌하는 상황을 예견해 보지 않을 수 없다. 과거 의료이념이 질병의 치료와 고통의 완화에 있었다면, 현대 사회는 기능개선과 행복을 위해 의료가 서비스하기를 요구하고 있다. 사회적 합의가 이루어질 경우 이에 소요되는 재정은 상상할 수 없을 정도로 증가될 것이며 전통적 의료이념의 일대 전환이 필요하다는 점에서 현대 의료는 중대한 기로에 서 있다. 이 점에서 의료를 치료의학curative medicine과 보존의학palliative medicine으로 나누어야 한다는 주장[+]에는 귀 기울여 들어야 할 논리가 들어 있다.

더욱이 정신의학은 정신의학 자체의 정당성이라는 질문 앞에 서 있다. 개인의 특성과 성격이 알약에 의해 변형될 수 있다면, 개인의 정체성을 나

[+] Gilber D, Walley T, New B(2000) Lifestyle medicines. 321, 1341-1344. *British Medical Journal*; Charlton BG(2003) Palliative psychopharmacology: a putative speciality to optimize the subjective quality of life. 96, 375-378. *QJ Medicine*

타내는 근본적 특성은 어디에서 찾을 것인가? 과학적 정신의학이 전제하는 정신질환의 실체를 규정하기 위한 기준은 무엇인가? 소위 '정상성'인가, 아니면 '주관적 불편함'인가? 주관적 불편함일 경우, 진단분류 개혁을 통해 일반의학의 한 전문분야임을 입증하려던 그동안의 노고가 무색해지기 때문이다. 지난 반세기 동안 정신과에 대한 요구가 이처럼 짧은 기간에 폭발적으로 증가한 적은 없었고, 동시에 지금처럼 정신과에 냉소적인 비판이 강한 적이 없었다. 작금의 '정신질환 대유행'을 단순히 정신과의 전성기로만 볼 수 없는 이유가 여기에 있다.

다시, 정신의학의 길은 어디인가?

200여 년 동안 정신의학이 추구해 온 궁극적인 주제는 사회적 가치관과 정책의 영향으로부터 벗어나 정신질환의 과학적 실체를 찾는 것이었다. 그리하여 생의학적 패러다임으로 전환함으로서 정신질환의 생물학적 본질을 그러잡을 수 있을 것이라고 생각했다. 그러나 아직까지 질병의 본질에 관한 지식의 결정체나 생물학적 근거는 그리 충분하지 않다. 다른 한편에서는 일반의학도 궁극적 이념 논쟁에 답하지 못하고 있다. 의료는 질병을 넘어서 삶의 불행을 돌봐야 할 책임이 있는가? 어느 지점에서 '필요'가 '욕구'로 넘어가는가? 다양한 치유방식과 온갖 심리적 치료법이 난립해 있는 현실에서 정신의학은 과연 일상의 불행과 삶의 문제를 '치료'할 역할을 정당하게 부여받은 것인가?

정신의학이 주장하는 과학적 패러다임은 양날의 칼과 같다. 생물학적 패러다임을 고수한다면, 지금과 같이 엄청난 수의 사람이 원하는 기능개선 정신약물학을 포기하고 중증 정신질환자에게 초점을 맞추어야 한다. 반대로, 유행병이라 불릴 정도의 환자 몫을 유지하려 한다면, 정신의학은 대중의 욕구와 가치관에 영합함으로서 더욱 일용품화되고 결국은 탈의료화의 방향으로 향하게 될 것이다. 그렇다면 정신의학이 의학의 전문분야로 계속 남아 있을 수 있을 것인가? 신경과-정신과 합병에 관한 해묵은 논쟁[+]이 요즘 다시 고개를 들고 있음은 뇌과학을 주장하는 정신의학이 기로에 서 있음을 반영한다. 저자는 1990년대를 제3의 위기라고 보았지만, 역자가 보기에는 당시는 위기의 시작이었을 뿐, 지금이야말로 정신의학은 위기의 정점에 올라서 있다. 그 어느 때보다도 정신의학 내부로의 성찰이 절실히 필요한 이유이고, 그 성찰은 지나온 길을 뒤돌아보는 데에서 출발해야 할 것이다. 그리고 따라가야 할 하늘 위 지표signpost in the sky[++]는 아마도 다음의 질문이 아닐까 생각한다. 정신과 의사가 아니면 다가갈 수 없는 고통은 무엇인가? 돌봄의 방식을 정신과만이 유일하게 알고 있는 분야는 무엇인가?

2009년 12월

최보문

[+] Martin JB(2002) The integration of neurology, psychiatry and neuroscience in the 21st century. 159(5) 695-704. *American Journal Psychiatry.*; Pies R(2005) Why psychiatry and neurology cannot simply merge. 17(3) *Journal of Neuropsychiatry & Clinical Neuroscience.*

[++] 비행 중 방향과 기후를 알 수 없을 때 구름의 모습이나 밤하늘의 별에서부터 정보를 유추해내는 방식. 항방을 정할 정보나 근거가 부족한 상황에서 옳은 방향으로 지향하고자 할 때 궁극적 목표가 되는 거대담론 혹은 진리 등에 비유한다.

개정판 옮긴이의 글
정신의학의 새로운 맥락

이 책의 원서 《A History of Psychiatry》는 1997년에, 한국어판 역서는 2009년에 출간되었다. 그리고 2020년, 역서의 개정판이 출간된다. 대략 10여 년의 간격을 두고 있다. 2009년의 정신의학을 1997년의 특성이 양적으로 팽창하고 범위가 넓어진 것으로 본다면, 2020년은 10여 년 전과 어떻게 달라졌을까?

그동안 일어난 연대기적 사건 중 하나는 2013년 미국 정신의학협회의 《정신질환의 진단 및 통계 편람》다섯 번째 개정판 DSM-5가 나온 것이고, 다른 하나는 2018년 세계보건기구WHO의 국제질병분류인 ICD(International Classification of Diseases)-11이 출간된 것이다. DSM은 국지적으로 미국의 정신의학 진단분류법이고, ICD는 모든 질병에 관한 국제질병분류법이라는 점에서 적용 범위와 목적에서는 커다란 차이가 있다.

그러나 정신질환에 관한 한 DSM-5는 그 개념상 ICD-10 그리고 ICD-11과 그리 다르지 않다. 그럼에도 DSM-5는 출간되자마자 인문, 사회, 철학, 법조계 등 온갖 분야로부터 비판의 대상이 되어왔다. 개정 과정에서 정신의학자는 물론 각 계의 전문가들과 패널, 각종 특별위원회, 환자단체, 시민단체 등, 그리고 제약기업과 보험회사 등의 이익집단이 지향하는 다양하고도 이합집산하는 목적들을 그러모아 축조되었다는 의미에서 '정신과 진단의 바벨탑'이라는 조롱을 받았다. 또한 번잡한 인생사의 고난을 다 담았다는 의미에서 '삶의 고뇌에 관한 책(book of woe)'이라는 별명도 얻었다. 이 조롱과 별명의 배후에는 정신질환의 병인病因이 명확히 밝혀진 게 없다는 사실이 자리하고 있다. 이는 2세기 전 정신의학이라고 이름 붙여진 이 분야를 지금껏 쫓아다니는 핵심 딜레마이기도 하다.

1970년대, 정신 역동 이론과 생물 정신의학이 싸우고, 수용소의 참상이 드러나면서 의학의 한 분야로서의 위치마저 위태롭던 당시, 위기를 타파하게 했던 것은 1980년 DSM-III으로의 개정이었다. 일체의 이론적 가설을 배제하고 현상의 기술만을 목표로 한 신新 크레펠린주의의 선언이었던 셈이다. 기실 DSM-5는 DSM-III와 개념 틀은 유사하다. 개별적 비판은 제쳐두더라도, 현상의 기술에 더 초점을 맞추어 다축 체계를 제거하고, 정신질환의 정의를 '생존과 관련된 정신 기능의 감손'으로 축소시킴으로써 개인적 고통(illness)와 사회적 기능장애(sickness)를 가능한 배제하려 했다는 점이 다를 뿐이다. 병인이 밝혀지지 않는 한 최선의 질병 분류법으로 보아야 하겠다.

그러나 이 작은 변화는 임상적으로는 질환의 역치를 크게 낮추는 한편, 사회적 유용성을 가시화하는 효과를 불러왔다. 자기 표현적이고 심리적 해석에 능하며 인권에 민감한 오늘날의 개인들은 생존자의 강인함보다는 도덕적 우월함을 드러내는 피해자 지위를 선택하고 있다. 이때 외상후 스트레스 장애라는 진단명은 상처받은 자로서의 자격을 부여하는 설득의 언어이자 배상의 도구가 된다. 일탈적 행위에 대한 도덕적 변명으로서의 공황장애나 우울증, 심지어는 자신이 조현병 환자임을 주장하는 범죄자에게서도 도구적 사용 방식이 엿보인다.

정신분열증에 씌워진 오명과 잠재적 범죄자라는 낙인을 줄이기 위해

2011년 조현병이라고 개명까지 하였건만. 다른 관점에서 보면 '고뇌를 설명하는 책'이라고 불릴 정도로 일반적 고통을 대변한다는 점과, 도구적 사용자가 늘어나고 있다는 사실은 그만큼 낙인 효과가 엷어져 감을 반영하는 것일지도 모른다. 또 그만큼 진료실의 정신과 의사는 머리를 싸매야만 한다. 일상적 고통과 치료해야 할 질환을 감별하고, 도구적 사용자를 구별하여 한정된 의료자원을 어떻게 효율적으로 중증 환자에게 분배할 것인지 고민하기 위해서. 오늘날의 정신과 의사에게 요구되는 기예技藝는 정신질환의 병인이 다 밝혀질 훗날에도 필요성이 사라지지는 않을 것이다.

2020년 12월

최보문

주석

AJP	American Journal of Psychiatry
BJP	British Journal of Psychiatry
BMJ	British Medical Journal
BMSJ	Boston Medical and Surgical Journal
CUP	Cambridge University Press
JAMA	Journal of the American Medical Association
JNMD	Journal of Nervous and Mental Disease
NEJM	New England Journal of Medicine
OUP	Oxford University Press
PNW	Psychiatrisch-Neurologische Wochenschrift

Munk's Roll William Munk, Roll of the Royal College of Physicians of London(London: RCP, 1861-)

제1장 정신의학의 탄생

1 William p. Letchworth, *The insane in Foreign Countries*(New York: Putnam's, 1889) p. 172.

2 *King Lear*, III, iv.

3 Anton Müller, *Die Irren-Anstalt in dem königlichenJulius-Hospitale zu Würzburg*(Würzburg: Stahel, 1824) pp. 44, 46-47, 151, 164-165.

4 K. Ernst, "Geisteskrankheit ohne Institution: eine Feldstudie im Kanton Fribourg aus dem Jahr 1875" *Schweizer Archiv für Neurologie, Neurochirurgie und Psychiatrie*. 133(1983) pp. 239-262.

5 Louis Caradec, *Topographie médico-hygiènique du département du Finistère*(Brest: Anner, 1860) p. 335.

6 William Perfect, *Select Cases in the Different Species of Insanity*(Rochester: Gillman, 1787) pp. 131-133.

7 Dorothea L. Dix, "Report to the Legislature of Massachusetts of Jan. 1843" *On Behalf of the Insane Poor: Selected Reports*(reprint New York: Arno Press, 1971)(인용 pp. 5-7).

8 미셸 푸코는 근대 초기에 관해 이렇게 기술했다. "광기의 흔적을 따라가면 매우 익숙한 실루엣이 사회의 지평에 떠오른다. 광인들의 오래된 조합에서, 광인들의 축제

와 모임에서, 신선하고 생동감 있는 기쁨을 누리는 광인들의 모습이 …… 17세기 초
에는 이상하게도 모든 점에서 광기를 환대했었다." *Madness & Civilisation: A
History of Insanity in the Age of Reason*, 1961년 판 프랑스어 번역(New York:
Random House, 1965) pp. 40-41. 푸코의 이 주장에 관한 역사적 근거는 극히 희
박하다. 푸코의 저작물은 정신의학 역사학자들에게 매우 큰 영향을 미쳤다.

9 Patricia Allderidge, "Hospitals, Madhouses and Asylums: Cycles in the Care
 of the Insane", *BJP* 134(1979) pp.321-334.

10 Kathleen Jones, *Asylums and After: A Revised History of the Mental Health
 Services, From the Early 18th Century to the 1990s*(London: Athlone, 1993)
 pp. 7-10.

11 Richard Hunter & Ida Macalpine, *Three Hundred years of Psychiatry 1535-
 1860*(London: OUP, 1963) p. 632.

12 Mark Winston, "The Bethel at Norwich: An Eighteenth Century Hospital for
 Lunatics", *Medical History* 38(1994) pp. 27-51; p. 27 n.4에 8개 수용소가 모두
 열거되어 있다.

13 William Ll. Parry-Jones, *The Trade in Lunacy. A Study of Private Madhouses
 in England in the Eighteenth and Nineteenth Centuries*(London: Routledge,
 1972)을 보라.

14 John Haslam, *Observations on Madness and Melancholy*, 2nd rev.
 ed.(London: Callow, 1809; first ed. 1798) p. 317.

15 Andrew Halliday, *General View of the Present State of Lunatics and Lunatic
 Asylums in Great Britain and Ireland*(London: Underwood, 1828) pp. 14-15.

16 Foucault, *Madness and Civilisation*; 2장의 제목이 "대감금"이다.

17 Vincenzio Chiarugi, *On insanity and its Classification*(Canton, MA: Science
 History Pubs., 1987) George Mora(ed., trans.)의 Introduction에서 인용 p.
 lxxxiii. 키아루지의 Della Pazzia 는 원래 1793-1794년 사이에 피렌체에서 3권으
 로 출판되었다.

18 Jean-Pierre Goubert & Roselyne Rey(eds.), *Atlas de la révoltution
 française*, vol. 7: *Médecine et santé*(Paris: Éditions de l'École des Hautes
 Études en Sciences Sociales, 1993) pp. 38, 43.

19 Goubert, Atlas, p. 48. 1788년부터 1800년 사이 루앙의 the dépôt de mendicité
 통계에는 거지들(건강한자, 병자 모두 포함)과 감염병에 걸린 병자들이 "정신병자"
 보다 훨씬 더 많았다고 기록되어 있다.

20 Johann Christian Reil, *Rharsodieen über die Anwendung der psychischen
 Curmethode auf Geisteszerüttungen*(Halle, 1803; reprint Amsterdam:
 Bonset, 1968) pp. 7, 14.

21 독일에 있는 주립 기관명과 설립 일자를 보려면 Heinrich Laehr, *Ueber Irrsein
 und Irrenanstalten*(Halle: Pfeffer, 1852) pp. 242-283.

22 Müller, *Julius-Hospitale*, p. 17.

23 Mary Ann Jimenez, *Changing Faces of Madness: Early American Attitudes and Treatment of the Insane*(Hanover, NH: University Press of New England, 1987) pp. 38-39.

24 미국 역사에 대한 개괄을 보려면 Gerald N. Grob, *The Mad among Us: A History of the Care of America's Mentally Ill*(New York: Free Press, 1994) pp. 17-21.

25 뉴욕병원에 관한 것은 Henry M. Hurd, *The Institutional Care of the Insane in the United States and Canada*, 4 vols.(Baltimore: Johns Hopkins Press, 1916-1917) vol.3, pp. 133-135.

26 Norman Dain, *Disordered Minds: The first Century of Eastern State Hospital in Williamsburg, Virginia, 1766-1866*(Charlottesville: University Press of Virginia, 1971) p. 9.

27 Reil, *Rhapsodieen*, pp. 52-53.

28 앤드류 스컬은 파급력이 큰 그의 저서 *Museums of Madness: The Social Organization of Insanity in Nineteenth-Century England*(London: Allen Lane, 1979)에서 자본주의를 맹렬히 비난했다. pp. 30-31 및 그외. 그의 두 번째 저서*The most Solitary of Afflictions: Madness and Society in Britain, 1700-1900* (New Haven: Yale U. p. , 1993)은 근본적으로 Museums의 개정판이라고 볼 수 있는데, 자본주의에 대한 비판이 되풀이된다. pp. 106, 125. 중앙집권 국가에 대한 비판을 다시 불러일으킨 푸코주의적 시각의 저술로는 Dirk Blasius, *Der verwaltere Wahnsinn: Eine Sozialgeschichte des Irrenhauses* (Frankfurt/M.: Fischer, 1980) 등이 있다. 이런 책들의 맹렬한 비판적 시선이 다른 많은 저술에 스며들어갔다.

29 Hunter & Macalpine, *Thee Hundred Years of Psychiatry*, p. 402.

30 William Battie, *A Treatise on Madness*(London: Whiston, 1758) pp. 68-69.

31 Battie, *Treatise*, p. 93.

32 Henri Ellenberger, *The Discovery of the Unconscious: The History and Evotution of Dynamic Psychiatry*(New York: Basic, 1970)에서는 프로이트의 선조가 되는 인물을 기술하면서 바티에 관해서는 침묵했다. 정신분석 위주 역사학자 그레고리 질부르그는 *A history of Medical Psychology*(New York: Norton, 1941)에서 바티를 "기본적으로 뇌와 연관된" 사람이라고 빗나가게 언급하는 것으로 지나쳐 버렸다. p. 301.

33 키아루지의 생애에 관해서는 P. L. Cabras, *Uno psichiatra prima della psichiatria: Vincenzio Chiarugi*(Florence: Scientific Press, 1993); 코라가 키아루지의 *On Insanity*에 관해서 설명한 부분은 특히 pp. Iii-Iiii에 있다. 이탈리아 정신의학의 수사修史에서 키아루지를 찾으려면 Patrizia Guarnieri, *La Storia della psichiatria: Un secolo di studi in Italia*(Florence: Olschki, 1991) pp. 17-19.

34 피넬의 생애에 관해서는 René Semelaigne, *Philippe Pinel et son oeuvre au pointe de vu de la médecine mentale*(Paris: Imps. Réunies, 1888; reprint Arno Press, 1976) pp. 1-53. Jan Goldstein, *Console and Classify : The French Psychiatric Profession in the Nineteenth Century*(New York: CUP, 1987) pp. 67-72, 122-123. 피넬을 광인의 "해방자"로 묘사한 것은 Dieter Jetter, *Zur Typologie des Irrenhauses in Frankreich und Deutschland*(*1780-1840*)(Wiesbaden: Steiner, 1971) pp. 18-27을 보라. *Semaine des hospitaux de Paris* 32(Dec. 20, 1956) pp. 3991-4000에 René Bernard, "Une maison de santé psychiatrique sous la révolution: La maison Belhomme"를 보라.

35 Philippe Pinel, *Traité médico-philosophique sur l'aliénation mentale*, 2nd ed.(Paris: Brosson, 1809; first ed. 1801) pp. 252-253.

36 그날 피넬을 방문한 독일 방문객의 증언을 보려면 Christian Müller, *Vom Tollhaus zum Psychozentrum: Vignetten und Bausteine zur Psychiatriegeschichte in zeitlicher Abfolge*(Hürtgenwald, Switz.: Pressler, 1993) pp. 43-58.

37 의사가 아닌 사람을 채용하도록 확실한 조언을 해준 사람은 골드슈타인이었다. *Console and Classify*, p. 124 등.

38 에스퀴롤에 관한 것을 보려면 René Semelaigne, *Les pionniers de la psychiatrie française avant et après Pinel*, 2 vols.(Paris: Bailliére, 1930) vol. 1, pp. 124-140; Henri Ey, "J.E.D. Esquirol" in Kolle, *Grosse Nervenärzte*, 2nd ed. vol.2(1970) pp. 87-97.

39 Pinel, *Traité*, p. 236에 기술되어 있다. n.1. 에스퀴롤의 개인 클리닉에 관한 것은 Dora B. Weiner, "Esquirol's Patient Register: The First Private Hospital in Paris, 1802-1808" *Bulletin of the History of Medicine*, 63(1989) pp. 110-120.

40 Esquirol, "De la lypémanie ou mélancolie" (1820) in *Esquirol, Des maladies mentales*, 3 vols.(Paris: Baillière, 1838) vol.1, p. 470.

41 레일의 생애와 견해를 보려면 Otto M. Marx, "German Romantic Psychiatry", *History of Psychiatry*, 1(1990) pp. 351-68, 특히 pp. 361-368과 2(1991) pp. 1-25를 보라. 마르크스의 논문 제목과 달리 레일을 "낭만주의 정신과 의사"로 보기는 어렵다. 레일의 생애를 다룬 다른 책으로는 Adalbert Gregor, "Johann Christian Reil" in Theodor Kirchhoff(ed.), *Deutsche Irrenärzte* 2 vols.(Berlin: Springer, 1921-1924) vol.1, pp. 28-42을 보라. 피넬의 관점을 독일에 확산시키는 데 장애 요인이 된 레일에 관한 설명을 읽으려면 Heinrich Neumann, *Die Irrenanstalt zu Pöpelwitz bei Breslau*(Erlangen: Enke, 1862) p. 5를 보라. 에스퀴롤의 견해가 독일에 호소력이 있었던 것은 개인 클리닉을 운영한 경험에 근거한 것이었기 때문이라고 노이만은 해석했다.

42 Reil, *Rhapsodieen*, pp. 16-17, 19.

43 Reil, *Rhapsodieen*, pp. 185-187, 209-211.

44 Ernst Horn, *Oeffentliche Rechenschaft über meine zwölfjährige Dienstführung*(Berlin: Realschul, 1818) p. 73.

45 Karl Birnbaum, "Ernst Horn" in Kirchhoff, *Deutsche Irrenärtze*, vol.1, pp. 77-83(인용 p. 81); 호른의 개혁운동에 관한 것은 George Windholz, "Psychiatric Treatment and the Condition of the Mentally Disturbed at Berlin's Charité in the Early Decades of the Nineteenth Century", *History of Psychiatry*, 6(1995) pp. 157-176.

46 국제적 경향을 무시한 가부장주의적 교과서로는 미국 정신의학협회의 역사를 기록한 E. Barton, *The History and Influence of the American Psychiatric Association*(Washington: APA, 1987)이 있다.

47 Barton, *History American Psychiatric Association*, p. 302.

48 Benjamin Rush, "An Inquiry into Influence of Physical Causes upon the Moral Faculty"(1786) in Rush, *Medical Inquiries and Observations*, 4-vols.-in-2(Philadelphia: Carey, 1815; Arno Press reprint, 1972) vol.1, pp. 93-124(인용 p. 97). 1944년 아돌프 마이어는 러쉬를 일컬어 "미국 정신의학의 아버지"라고 했다. Eunice E. Winters(ed.), *Collected Papers of Adolf Meyer*, vol.3: *Medical Teaching*(Baltimore: Johns Hopkins Press, 1951) pp. 503-515. 특히 p. 503과 p. 515를 보라.

49 Benjamin Rush, *Medical Inquiries and Observations upon the Diseases of the Mind*(1812) 3rd ed.(Philadelphia: Grigg, 1827) p. 15.

50 Hurd, *Institutional Care of the Insane*, vol.3, p. 403 인용.

51 Rush, *Medical Inquiries Mind*, pp. 241-242.

52 Franco Valsecchi, *L'Italia nel Settecento dal 1714 al 1788*(n.p. : Mondadori, 1959) pp. 633-682; Eric Cochrane, *Florence in Forgotten Centuries 1527-1800*(Chicago: University of Chicago Press, 1973) pp. 449-453.

53 Scull, *Most Solitary of Afflictions*, pp.3-4, 198-199, 233-234. 스컬은 정신질환 같은 것은 없다는 관점을 가진 것으로 보이고, 그런 관점에서 보면 있지도 않은 질병을 치료한다는 정신과 의사의 주장은 쓸데없는 것이 된다.

54 Reil, *Rharsodieen*, p. 19.

55 Achim Mechler, "Das Wort 'Psychiatrie': Historische Anmerkungen" *Nervenärzt*, 34(1963) pp. 405-406. 메츨러는 라일의 *Beiträge zur Beförderung einer Curmethode auf psychischem Wege*(Halle, 1808)를 인용했는데 필자는 읽지 못했다.

56 John Ferriar, *Medical Histories and Reflections* 4 vols.(London: Cadell, 1810) vol.2, pp. 109-110. 이 저서의 초기 판은 1792-1798년에 나타났다.

57 에세이인 "Begriff der psychischen Medicin als Wissenschaft"는 아달베르트 카이슬러Adalbert Kayssler가 쓴 것으로 추정된다. *Magazin für die psychische Heilkunde* 1(i)(1805) pp. 45-47.

58 Battie, *Treatise on Madness*, p. 69.

59 Ferriar, *Medical Histories* vol.2, pp. 137-140.

60 Reil, *Rhapsodieen*, pp. 457-462.

61 Horn, *Rechenschaft*, p. 249.

62 Pinel, *Traité*, pp. 237-238.

63 Esquirol, 논문 "De La Folie"(1816), reprinted in *Des maladies mentales* vol.1, pp. 126, 128.

64 Pinel, *Traité*; 8장 제목 "Préceptes généraux à suivre dans le Traitement moral."

65 Molière, *L'amour médecin*(1665)(Paris: Nouveaux Classiques Larousse, 1975) pp. 50, 53.

66 Reil, *Rhapsodieen*, pp. 28-32.

67 Jean Camus & Philippe Pagniez, *Isolement et psychothérapie*(Paris: Alcan, 1904) p. 74.

68 Roy Porter, *Mind-Forg'd Manacles: A History of madness in England from the Restoration to the Regency*(Cambridge: Harvard U.p. 1987) pp. 206-222.

69 Chiarugi, *On Insanity*, pp.137-138, p.517. 번역자인 모라는 "moral"의 의미는 "심리학적인 것psychological"으로 이해하는 것이 가장 정확하다고 제안했다.

70 Samuel Tuke, *Description of the Retreat, an Institution near York for Insane Persons of the Society of Friends*(York: Alexander, 1813; reprint ed. London: Dawsons, 1964)(인용 p. 136) 그외 pp. 139-140; 이 퇴보에 관해서는 Anne Digby, *Madness, Morality and Medicine: A Study of the York Retreat, 1796-1914*(Cambridge: CUP, 1985); 또한 Porter, *Mind Forg'd Manacles*, pp. 222-228의 사려 깊은 요약을 보라.

71 Pinel, *Traité*, p. 219.

72 Pinel, *Traité*, pp. 134, 212.

73 레일의 "psychische Curmethode"에 나온 제반 규칙을 보려면 *Rhapsodieen*, pp. 218-253.

74 Haslam, *Observations*, pp. 295-296.

75 Julius Preuss, *Biblisch-talmudische Medizin*(1911)(reprint New York: Ktav, 1971) p. 347.

76 Stanley O, Jackson, "Unusual Mental States in Medieval Europe I, Medical Syndromes of Mental Disorder: 400-1100 A.D." *Journal of the History of Medicine* 27(1972) pp. 262-297 특히 pp. 284-285에는 잠자는 여인을 범한다는 악마 인큐부스incubus에 관해 기술되어 있다. 비교적 근대에 이루어진 히스테리 진단(고대까지 거슬러가지 않음은 주목할 사항이다)에 관한 것은 Helen King "Once upon a Text: Hysteria from Hippocrates" in Sander L. Gilman et al., *Hysteria beyond Freud*(Berkeley: University of California Press, 193) pp. 3-

90 : 18세기 히스테리 진단 유행에 관한 것을 보려면 Edward Shorter, *From Paralysis to Fatigue: A History of Psychosomatic Illness in the Modern Era*(New York: Free Press, 1992) pp. 1-25.

77 Jacob Friedrich Isenflamm, *Versuch einiger praktischen Anmerkungen über die Nerven zur Erläuterung...hypochondrisch und hysterischer Zurfälle*(Erlangen: Walcher, 1774) pp. 248-252.

78 Alfred Martin, *Deutsches Badewesen in vergangenen Tagen*(Jena: Diederichs, 1906) ; Roy Porter, *The Medical History of Waters and Spas*(London: Wellcome Institute for the History of Medicine, 1990); Lise Grenier/Institut Français d'Architecture, *Villes d'eaux èn France*(Paris: Hazan, 1985).

79 Phyllis Hembry, *The English Spa, 1560-1815: A Social History*(London: Athlone, 1990) pp. 270-283.

80 Otto Monkemoller, "Die Neurologie im Beginne des 19. Jahrhunderts" *PNW*, 9(July 13, 1907) pp. 128-130.

81 [Augustus Bozzi-] Granville, *Spas of Germany* 2 vols.(Brussels: Belgian Printing, 1838) vol.2, p. 386.

82 Granville, *Spas of Germany* vol.1, pp. 135-136.

83 Robert Peirce, *The History and Memoirs of the Bath*(London/Bath: Hammond, 1713) pp. 190-191.

84 Cheyne, *The Natural Method of Curing the Diseases of the Body*(1742)의 발췌문은 Hunter & Macalpine, *300 Years of Psychiatry*, p. 353에 인용되었다.

85 George Cheyne, *The English Malady: Or, A Treatise of Nervous Diseases of All Kinds*(London: Powell, 1733; Scholars' Facsimiles reprint ed., 1976) p. 2.

86 [Great Britain], *Dictionary of National Biography*, pp. 217-219; Porter, *Mind-Forg'd Manacles*, pp. 83-84; William F. Bynum, "The Nervous Patient in 18th- and 19th-century Britain: The Psychiatric Origins of British Neurology", in R. M. Hurray & T. H. Turner(eds.), *Lectures on the History of Psychiatry: The Squibb Series*(London: Royal College of Psychiatrists, 1990) pp. 115-127(특히 p. 117).

87 Charles Perry, *A Mechanical Account and Explication of che Hysteric Passion*(London: Shuckburgh, 1755) pp. 1, 5, 185, 187.

88 Pierre Pomme, *Traité des affections vaporeuses des deux sexes*(1763), 3rd ed.(Lyon: Duplain, 1768) p. 33 인용.

89 Joseph Daquin [혹은 d'Aquin], *Topographie médicale de la ville de Chambéry*(Chambéry: Gorrin, 1787) pp. 131-133.

90 피넬과 친했던 다캥은 1792년 정신질환과 오뗄 뒤에의 수용소 조직에 관한 에세이 *La philosophie de la folie ou essai philosophique sur les personnes attaquées* *de folie*(1792)를 썼다. 필자는 읽지 않았으나 이 에세이의 개요를 보려면 Marcel Gaucher & Gladys Swain, *La pratique de l'esprit humain: L'institution asilaire et la révolution démocratique*(Paris: Gallimard, 1980) pp.413-422를 보라. 저자들은 도덕치료를 발명한 사람은 다캥이라는 어처구니없는 주장을 했다.(p.422)

91 Battie, *Treatise*, pp. 35,36,57.

92 Battie, *Treatise*, pp. 1, 66 인용.

93 Chiarugi, *On Insanity*, p.208 그외 p. 813 등.

94 Chiarugi, *On Insanity*; 책 말미에 100명의 환자에 관한 보고서를 보면, 예를 들어 관찰 사례 3, p. 249에는 "많은 양의 임파액이 뇌 유막 하에 고여 있음을 발견했다."

95 Eric T. Carlson & Meribeth M, Simpson, "The Definition of Mental Illness: Benjamin Rush(1745-1813)" *AJP*,121(1964) pp. 209-214(인용 p. 211).

96 Pinel, *Traité*, pp. xix-xx. 피넬은 요한 그레딩이 부검에 관해 기술한 부분에 특별한 찬사를 보냈다. "les maladies les plus ordinaires des aliénés, et sur les lésions de structure ou les vices de conformation qui semblent leur être propres"(p. xx).

97 Reil, *Rhapsodieen*, p. 235 "Inden die zu reizbaren Hirnfasern zur Ruhegebracht, die trägen erregt werden, kehrt die normale Proportion in der Dynamil des Seelenorgans zurück und der hervorstechende Wahn schwindet."

98 Reil, *Rhapsodieen*, pp. 184, 188-189.

99 Markus Schär, *Seelennöte der Untertanen*(Zurich: Chronos, 1985) pp. 277, 279.

100 Battie, *Treatise*, pp. 59,60.

101 Haslam, *Observations*, p. 230.

102 Haslam, *Observations*, pp. 231-232.

103 Pinel, *Traité*, p. 13-16.

104 Esquirol, "De la lypémanie ou mélancholie" *Des maladies mentales*, 통계 pp. 435-436.

105 Esquirol, "De la Folio" in *Des maladies mentales*, p. 64.

106 Reil, "Medicin und Pädagogik" *Magazin für die psychische Heilkune* 1(1805), 411-446, 용어는 p. 416.

107 Chiarugi, *On Insanity*, p. 285.

108 Battie, *Treatise*, pp. 5-6, 33-34; Ferriar, *Medical Histories*, vol.2, pp. 111-114. 로크에 미친 영향에 관한 설명은 Porter, *Mind Forg'd Manacles*, pp. 188-193.

109 Otto Braus, *Akademische Erinnerungen eines alten Arztes an Berlins klinische Grössen*(Leipzig: Vogel, 1901) pp. 155-156.

110 Esquirol, "De la folio", in *Des maladies menfales*, pp. 25-54.

111 에스퀴롤과 하인로트의 우정에 관한 것은 Ey, "Esquirol" p. 90.

112 Johann Christian August Heinroth, *Lehrburh der Seelengesundheitskunde* vol.1(Leipzig: Vogel, 1823) pp. 591-592. 하인로트에 관한 것은 Luc S. Cauwenbergh "J. Chr. A. Heinroth(1773-1843): A Psychiatrist of the German Romantic Era" *History of Psychiatry* 2(1991) pp. 365-383; Emil Kraepelin, "Hundert Jahre Psychiatrie" *Zeitschrift für die gesamte Neurologie und Psychiatrie*, 38(1917) pp. 161-275; Werner Leibbrand & Annemarie Wettley, *Der Wahnsinn: Geschichte der abendländischen Psychopathologie*(Munich: Alber, 1961) pp. 492-496.

113 Carl Gustav Carus, *Lebenserinnerungen*, 4 vols.(Leipzig, 1865-1866) vol.1, p. 228.

114 예를 들면 Ellenberger, *Discovery of the Unconscious*, p. 212.

제2장 수용소의 시대

1 U.S. Bureau of the Census, *Historical Statistics of the United States, Colonial Times to 1970*, Bicentennial Edition, Part 2(Washington, DC: GPO, 1975) vol.1, p. 84, 표 B-421; 인구 10만 명당 183명의 환자가 정신병원에 있었다.

2 Henry C. Burdett, *Hospitals and Asylums of the World vol.1: Asylums*(London: Churchill, 1891) p. 322.

3 *Medical Dictionary for 1908*(London: Churchill, 1908) p. 389.

4 Heinrich Laehr, *Die Heil-und Pflegeanstalten für Psychisch-Kranke des deutschen Sprachgebietes im J. 1890*(Berlin: Reimer, 1891) pp. vii-xi.

5 Samuel W. Hamilton, "The History of American Mental Hospitals" in *American Psychiatric Association, One Hundred Years of American Psychiatry*(New York: Columbia U.p., 1944) pp. 73-166; 버지니아 윌리엄스버그에 있던 동부 주립병원(1773)이 처음 생긴 수용소이다.

6 정신질환 규제에 관한 개요를 보려면 Kathleen Jones, *Asylums and After: A Revised History of the Mental Health Services: From the Early 18th Century to the 1990s*(London: Athlone, 1993).

7 조앤 피터 프랭크와 의사경찰에 관한 전통을 보려면 Erna Lesky, *Die Wiener medizinische Schule im 19. Jahrundert*(Graz: Böhlau, 1978), 정원에 관한 얘기는 p. 175.

8 상세한 내용을 보려면 Dieter Jetter, *Zur Typologie des Irrenhauses in Frankreich und Deutschland(1780-1840)*(Wiesbaden: Steiner, 1971) pp. 119-169.

9 Theodor Kirchhoff(ed.), *Deutsche Irrenärzte: Einzelbilder ihres Lebens und*

Wirkens, 2 vols.(Berlin: Springer, 1921-1924) vol.1, pp. 94-99. Guido Weber, "Sonnenstein: Zur Hundertjahrfeier" *PNW* 13(July 1, 1911) pp. 127-133.

10 할레 수용소 감독관이자 정신의학 잡지 편집인이기도 했던 하인리히 다메로Heinrich Damerow는 급성환자 시설과 만성 환자 시설을 개별적으로 분리시키는 것에 반대하는 캠페인을 벌였다. 그의 저서 *Über die relative Verbindung der Irren-Heil-und Pflege-Anstalten*(Leipzig: Wigand, 1840)을 보라.

11 C, A, E. von Nostiz und Jänckendorf의 유명한 *Beschreibung der Königlich-Sächsischen Heil-und Pflegeanastalt Sonnenstein*(1829)은 구할 수 없어서, 이 책에 있는 상세한 내용을 Otto Bach, "Soziotherapie in der psychiatrischen Betreuung sächsischer Anstalten des 19, und zu Beginn des 20, Jahrhunderts"에서 참조했다. p. 5.

12 피에니츠의 운영 방식에 관한 상세한 내용을 보려면 Kirchhoff, *Deutsche Irrenärzte vol.1*, pp. 99-103

13 에밀 크레펠린은 조넨슈타인에 있는 다메로를 칭하여 "독일은 물론 국제적으로도 공공 정신의학의 새 날을 열어갈 떠오르는 태양"이라고 했다. Kraepelin, "Hundert Jahre Psychiatrie" *Zeitschrift für die gesamte Neurologie und Psychiatrie*, 38(1917) pp. 161-275(인용 p. 232). 조넨슈타인은 피에니츠 말년의 시기부터 이런 개혁적 색깔을 잃어 갔다. 1855년경 조넨슈타인의 상태에 관해 쾨흘러 박사가 언급한 것을 보려면 "Rückblicke auf meine 33jährige Thätigkeit im Bereich des practischen Irrenwesens von Mitte 1855 bis 1888" *Allgemeine Zeitschrift für Psychiatrie*, 46(1889) pp. 159-167 특히 pp. 141-146.

14 랑게르만에 관해서는 Kirchhoff, *Deutsche Irrenärzte* vol.1, pp. 42-51.

15 Kirchhoff, *Deutsche Irrenärzte* vol.1, pp. 83-84.

16 Maximilian Jacobi, *über die Anlegung und Einlichtung von Irren-Heilanstalten, mit ausführlicher Darstellung der Irren-Heilanstalt zu Siegburg*(Berlin: Reimer, 1834) pp. 16-17

17 Maximilian Jacobi, *Die Hauptformen der Seelenstorlungen in ihren Beziehungen zur Heilkunde* vol.1(Leipzig: Weidmann, 1844) 사례 pp. 135-143.

18 Carl Pelman, *Erinnerungen eines alten Irrenärzte*(Bonn: Cohen, 1912) p. 47.

19 수용소 개혁운동 이후 프랑스 지방 수용소에 관한 실태는 Jetter, *Zur Typologie des Irrenhauses*, pp. 44-79를 보라. 에스퀴롤의 제자들이 지방 수용소를 세우면서 가졌던 열렬한 개혁정신은 지역 관리들에 의해 사그라졌다.

20 Jan Goldstein, *Console and Classify: The French Psychiatric Profession in the Nineteenth Century*(Cambridge; CUP, 1987) p. 131. 골트슈타인은 정신과 의사의 인격이 치유력을 가지고 있다는 에스퀴롤의 믿음에 관해 부정적 견해를 밝혔다(pp. 132-133).

21 Etienne [Jean-Etienne-Dominique] Esquirol, "Mémoire historique et statistique sur la maison royale de Charenton"(1835) in Esquirol, *Des* *maladies mentales* vol.2(Paris: Bailliere, 1838) pp. 539-706(인용 pp. 695, 701-702).

22 1838년 수용소 규제법과 그 과정을 보려면 Jacques Postel & Claude Quétel, *Nouvelle histoire de la psychiatrie*(Toulouse: Privat, 1983) pp. 171-185를 보라. 골트슈타인의 잘 짜인 연구 조사는 이것이 "의사의 음모"라고 이상한 설명을 하고 있다. *Console and Classify*, pp. 276-297. 1838년 6월 30일 법안 원문을 보려면 Georges Guillain, "Sémiologie psychiatrique" in Pierre Marie, *Pratique neurologique*(Paris: Masson, 1911) pp. 252-259.

23 부르데트에 있던 수용소 목록을 보려면 *Hospitals of the World* vol.1, pp. 356-397을 보라.

24 John Ferriar, *Medical Histories and Reflections* [2nd ed.](London: Cadell, 1810) vol.2, pp. 136-137.

25 Richdrd Hunter & Ida Macalpine, *Three Hundred Years of Psychiatry, 1535-1860*(London: OUP, 1963) p. 690에서 인용.

26 George Man Burrows, *Commentaries on the Causes, Forms, Symptoms, and Treatment, Moral and Medical, of Insanity*(London: Underwood, 1828) pp. 667, 669. 버로우에 관한 것은 *Munk's Roll*(Lives of the fellows of the Royal College of Physicians of London) vol.3, p. 290.

27 *Munk's Roll* vol.3, p. 291.

28 William Charles Ellis, *A Treatise on the Nature, Symptoms, Causes, and Treatment of Insanity*(London: Holdsworth, 1838), pp. 6-7.

29 Ellis, *Treatise*, p. 8.

30 헌터와 매컬핀은 엘리스의 역사적 평판을 *Three Hundred Years of Psychiatry*(pp.870-877)에서 부활시켰다. 엘리스는 1835년에 기사 작위를 받았고 "광인에게 전문적 서비스를 한 것으로 기사 작위를 받은 첫 번째 정신과 의사이다." 그러나 그의 이름은 저명한 의사들의 표준 전기傳記 사전에 올라 있지 않다. 정신의학을 초토화시킬 정도로 비판한 앤드류 스컬은 초기 도덕치료의 쾌활한 환경을 우중충한 수용소 장면으로 대치시키기 위해 철저한 진보주의자인 엘리스를 혹평했다. *The Most Solitary Afflictions: Madness and Society in Britain 1700-1900* (New Haven: Yale U.P., 1993) p.167

31 앤드류 스컬이 쓴 포괄적 서문을 덧붙여 재발행된 *The Asylum as Utopia: W.A. F. Browne and the Mid-Nineteenth Century Consolidation of Psychiatry*(London: Tavisock, 1991). 스컬은 브라운을 비롯한 당시 대부분의 다른 정신과 의사들이 "광인을 치료하는 것은 전적으로 의사들만의 권한"이라고 했던 것을 맹렬히 비판했다.(p.lxviii, n, 145). 그러나 정신과 의사가 실제로 "광인"을 치료하지 않았다면 누가 했겠는가?

32 부고(訃告). "W. A. F. Browne" *Lancet* 1(Mar, 14, 1885) p. 499.

33 Browne, *What Asylums Were...* (1837) reprinted in Scull, Asylum as Utopia,

p. 177.

34 스코틀랜드에 있는 "왕립" 수용소는 사립 재원으로 설립되었으나 설립 허가 조항에 는 부자와 가난한 자 모두 받도록 되어 있었다.

35 Henry M. Hurd, *The Institutional Care of the Insane in the United States and Canada*, 4 vols.(Baltimore: Johns Hopkins Press, 1916), vol.3 p. 384 인용. 프랭크포드 요양원에 관해 상세한 내용을 알려면 pp. 439-455를 보라.

36 Hurd, *Institutional Care Insane*, vol.1, p. 235 인용. 토드와 하트포드 요양원에 관한 것은 ibid. vol.2, pp. 76-102을 보라. Gerald N. Grob, *Mental Institutions in America: Social Policy to 1875*(New York: Free Press, 1973) pp. 78-80. 토드와 요양원에 관한 것은 Francis J Braceland, *The Institute of Living: The Hartford Retreat, 1822-1972*(Hartford: Institute of Living, 1971) pp. 28-41.

37 와이먼과 맥린 수용소에 관해서는 Hurd, *Institutional Care of the Insane* vol. 2, pp. 599-602, vol.4, pp. 542-543; S.B. Sutton, *Crossroads in Psychiatry: A History of the McLean Hospital*(Washington, DC: American Psychiatric Press, 1986) pp. 23-51.

38 Mary Ann Jimenez, *Changing Faces of Madness: Early American Attitudes and Treatment of the Insane*(Hanover, NH: University Press of New England, 1987) p. 116. 기초적 설명은 Hurd, *Institutional Care of the Insane* vol.2, pp. 637-643.

39 우티카 수용소에 관한 것은 Hurd, *Institutional Care of the Insane* vol.3, pp. 152-159. 엘런 드와이어가 쓴 우티카 연구로는 *Homes for the Mad: Life Inside Two Nineteenth-Century Asylums*(New Brunswick: Rutgers U.p. , 1987)을 보라. 밀리지빌에 관한 것은 Peter G. Cranford, *But for the Grace of Cod: The Inside Story of the World' s Largest Insane Asylum, Milledgeville!*(Augusta: Great Pyramid Press, 1981) pp. 24-26(시초에 관해).

40 Hurd, *Institutional Care Insane*, vol.1, pp. 160-164.

41 Grob, *Mental Institutions in America*, pp. 371-372.

42 John Charles Bucknill, "Notes on Asylums for the Insane in America" *Lancet* 1(May 13, 1876) pp. 701-703.

43 David J. Rothman, *The Discovery of the Asylum: Social Order and Disorder in the New Republic* rev. ed.(Boston: Little Brown, 1990) p. 239. 로스먼은 범죄자와 빈자 등은 정신병자와 구별하여 다른 곳으로 재배치해야 함을 강조했다. 필자의 견해로는 이렇게 재배치된 사람들 대부분은 정신병자, 빈자, 범죄자는 물론 사회가 꺼리는 사람들도 섞여 있었을 가능성이 크다.

44 Adolf Meyer, "Thirty-Five Years of Psychiatry in the United(1928) in Eunice E. Winters(ed.), *The Collected Papers of Adolf Meyer* vol.2(Baltimore: Johns Hopkins, 1951) pp. 1-23(인용 p. 12).

45 Hans Laehr, *Die Anstalten für Psychisch-Kranke in Deutschland Österreich,* *der Schweiz und den baltischen Ländern* 7th ed.(Berlin: Reimer, 1912) p. 245. 프러시아 자료.

46 Georg Dobrick, "Videant consules...!" *PNW* 13(Sept. 30, 1911) pp. 265-269(인용 p. 265).

47 Max Schröder, "Heilungsaussichten in den Irrenanstalten" *PNW* 10(Sept. 26, 1908) pp. 222-223(인용 p. 223).

48 Friedrich Vocke, "Ein Beitrag zur Frage, ob die Zahl der Geisteskranken zunimmt" *PNW* 8(Feb.16, 1907) pp. 427-430(인용 p. 428).

49 수용소 환자 통계를 보려면 Josef Starlinger, "Über die zweckmässige Grösse der Anstalten für Geisteskranke" *PNW*, 15(June 21, 1913) pp. 143-151, 표 p. 146; Burnett, *Hospitals of the World* vol.1, pp. 383-391.

50 H. A. Wildermuth, "Reiseerinnerungen an Frankreich, England, Schottland und Belgien" *Allgemeine Zeitschrift für Psychiatrie*, 40(1883-1884) pp. 763-823(인용 p. 767).

51 Jones, *Asylums and After*, p. 116.

52 David Budden, *A County Lunatic Asylum: The History of St. Matthew's Hospital*(Burntwood: St. Matthew's Hospital, Pharmacy Department, 1989) pp. 60-62.

53 Montagu Lomax, *The Experiences of an Asylum Doctor*(London: Allen & Unwin, 1921) pp. 14, 41, 206.

54 토마스 사츠는 이 논제의 미완성본을 *The Myth of Mental Illness: Foundations of a Theory of Personal Conduct*. rev.ed.(New York: Harper & Row, 1974)로 미리 발표해 버렸다. 좀더 학구적으로 특히 미셸 푸코의 저작에 관해 기술한 것은 Dirk Blasius, "Psychiatrische Versorung in Preussen, 1880-1910" *Sudhoffs Archiv*, 66(1982) pp. 105-128("19세기 말과 20세기 초에 광기가 급증한 것은 사회적 병리현상의 급격한 변화가 환자에게 전이되어 나타났다기보다는 사회적 병리를 관료적으로 통제하기 시작했기 때문이다." p. 111); Richard W. Fox, *So Far Disordered in Mind: Insanity in California 1870-1930*(Berkeley: University of California Press, 1978)을 보라. 이 책에서 폭스는 수용소는 "생산성 없는 자를 격리시켜 두는 곳"이라고 했다(p. 176). 앤드류 스컬은 애초에 푸코주의자이었으나, 나중에는 정신과 의사들이 단지 자신들의 권력을 강화하기 위해 "문제 있는" 행동을 의료화한다고 보는 사회구성주의적 견해로부터 멀어지게 되었다. 그러나 스컬은 사회적 문젯거리를 정신질환으로 본다는 견해에서 더 이상 진전하지 못하고 정신질환이라는 단어에 항상 따옴표를 쳐서 그 역설성을 표시하려 했다. *Most Solitary of Afflictions*, pp. 378, 381을 보라.

55 이 관점을 지지하는 사람들은 런던의 웰컴 의학사연구소에 있는 일군의 학자들이었는데, 이들은 비록 "광기"가 실존함을 인정하기는 하나, 광기라는 현상의 구성요소를 분석하려 하지 않고 사회적 "관점"에서 보는 것에 안주했다. W. F. Bynum, Roy

Porter, *Michael Shepherd*(eds.), *The Anatomy of Madness: Essays in the History of Psychiatry*(London: Tavistock, 1985-1988)의 서문을 보라.

56 새 분야를 개척한 논문으로 에드워드 헤어의 논문, 특히 "The Changing Content of Psychiatric Illness" *Journal of Psychosomatic Research*, 18(1974) pp. 283-289; "Was Insanity on the Increase?" *BJP*, 142(1983) pp. 439-455. 진단을 역추론하고 환자의 원래 의무기록을 찾아내 재분석함으로써 Trover H. Turner는 19세기 환자 중에 정신질환자가 매우 높은 비율로 포함되어 있음을 입증하였다. *A Diagnostic Analysis of the Casebooks of Ticehurst House Asylum, 1845-1890* (Cambridge: CUP, 1992; Psychological Medicine, monograph supplement 21). 일탈자들을 환자로 규정했다는 것에 대해 터너는 결론적으로 말하기를 "단지 사회적 관점으로 볼 때 일탈된 자나 남에게 위해를 가하지 않는 괴짜에게 의학적 모델이 강요되었다는 것은 이치에 맞지 않는다. 여기에서 드러나는 상황은 도리어 의료의 무력함을 보여 주는 것일 뿐이다." Turner, "Rich and Mad in Victorian England" *Psychological Medicine*, 19(1989) pp. 29-44(인용 pp. 24-25, 43).

57 Julius Wagner-Jauregg, "Der Rechtsschutz der Geisteskranken" *Wiener Klinische Wochenschrift* 14(May 23, 1901) pp. 518-521(인용 p. 519).

58 Dwyer, *Homes for the Mad* p. 87. 정신과 의사가 광기를 의료화했다는 혐의에 대해, 드와이어는 "수용소 의사들은 수용소 밖에서 붙여 온 진단명을 단순히 인정한 것"(p. 117)이라고 변호했다.

59 H. C. Erik Midelfort, *Mad Princes of Renaissance Germany*(Charlottesville: University Press of Virginia, 1994).

60 Hunter & Macalpine, *Three Hundred Years of Psychiatry*, pp. 13-15.

61 가족생활의 정서적 패턴 변화에 대한 내 관점은 Shorter, *The Making of the Modern Family*(New York: Basic, 1975)에 설명되어 있다. 영국에서 사립 수용소가 번성하게 된 이유 중 하나가 가족 간에 친밀성이 생겼기 때문일 수 있다는 주장은 Charlotte Mackenzie, *Psychiatry for the Rich: A History of Ticehurst Private Asylum, 1792-1917*(London: Routledge, 1992), pp. 20-21.

62 Bruno Goergen, *Privat-Heilanstalt für Gemüthskranke*(Vienna: Wimmer, 1820) pp. 3-4.

63 Wilhelm Svetlin, *Zweiter Bericht über die Privatheilanstalt für Gemüthskranke auf dem Erdberge zu Wien*(Vienna: Urban & Schwarzenberg, 1981) p. 28 표 5.

64 Anon, "Neurological and Psychiatrical Clinics in Germany" *BMJ* 1(June 20, 1908) p. 1534.

65 John Crammer, *Asylum History: Buckinghamshire County Pauper Lunatic Asylum-St John's*(London: Gaskell, 1990) p. 120.

66 Dwyer, *Homes for the Mad*, p. 101 그림 4, 6.

67 Morton Cramer 등, *A Historical Study of the Disposition of First Admissions* to a State Mental Hospital: Experience of the Warren State Hospital during the Period 1916-50(Washington, DC: GPO, 1955; Public Health Service Pub. No. 445) p. 9, 표6. 책 첫머리 그림은 1916-1925년 사이의 것이다..

68 Gerald N. Grob, *From Asylum to Community: Mental Health Policy in Modern America*(Princeton: Princeton U.p. , 1991) p. 159.

69 Burdett, *Hospitals of the World* vol.1, pp. 164-165, 151-152, 175.

70 이를 두드러지게 주장한 사람은 Scull, *Most Solitary of Afflictions*, pp. 361-373.

71 Budden, *History of St. Matthew's Hospital*, pp. 34-35.

72 신경매독의 역사를 간략히 개괄하려면 Edward Shorter, "What Can Two Historical Examples of Sexually-Transmitted Diseases Teach Us About AIDS?" in Tim Dyson(ed), *Sexual Behaviour and Networking: Anthropological and Socio-Cultural Studies on the Transmission of HIV*(Liège: Eds. Derouaux-Ordina, 1992) pp. 49-64.

73 Lewis Thomas, *The Youngest Science: Notes of a Medicine-Watcher*(New York: Viking, 1983) pp. 46-47.

74 Kurt Kolle, *Wanderer Zwischen Natur und Geist: Das Leben eines Nervenarztes*(Munich: Lehmann, 1972) p. 28.

75 Maria Rivet, *Les Aliénés dans to famille et dans la maison de santé*(Paris: Masson, 1875) p. 145.

76 신경매독에 관한 초기 저술의 개요는 Heinrich Obersteiner, *Die Progressive allgemeine Paralyse* 2nd ed.(Vienna: Hölder, 1908) pp. 3-7. Obersteiner는 진전마비는 "근대의 질병"이라고 결론지었다(p. 7). 학문적 관심을 환기시킨 것은 Edward H. Hare, "The Origin and Spread of Dementia Paralytica" *BJP*, 105(1959) pp. 594-626.

77 William Perfect, *Select Cases in the Different Species of Insanity*(Rochester: Gillman, 1787) pp. 68-71. 퍼펙트의 환자 중 한 명이 매독 1기와 2기 증상을 모두 거치면서 "퇴행이 진행되어 백치에 이르렀다.(pp. 242-246)"

78 George Mora(ed., trans.), Vincenzio Chiarugi, *On Insanity and Its Classification*(1793)(Canton, MA: Science History Pubs., 1987) obs.3 pp. 248-249; obs.83 p. 302.

79 John Haslam, *Observations on Madness and Melancholy* 2nd rev.ed(London: Callow, 1809) pp. 208-209n., 259.

80 Etienne Esquirol, "Démence" in *Dictionnaire des sciences médicales* vol. "Dac-des"(Paris: Panckoucke, 1814) pp. 280-293(표 및 인용 pp. 285-293); 살페트리에르에는 여자 환자만 있었다. 자비自費 환자는 남녀 모두 있었다.

81 Etienne Esquirol, "De la démence"(1814 [sic]) in Esquirol, *Des maladies mentales* vol.2(Paris: Bailliere, 1838) pp. 219-282(인용 pp. 271-272); 베일의 학위논문 *Traité des maladies du cerveau et de ses membranes*(1826)은 에스

퀴롤이 에세이에서 인용한 가장 최신 참고문헌이다. p. 275.

82 Christian Friedrich Harless, "Noch einige praktische Bemerkungen über die Myelitis" in Harless & Valerian Aloys Brera(eds), *Über die Entzündung des Rückenmarks*(Nürnberg: Schrag, 1814) pp. 36-73(인용 p. 54).

83 Moritz Heinrich Romberg, *Lehrbuch der Nervenkrankheiten des Menschen* vol.1, pt.2(Berlin: Duncker, 1846) "Tabes dorsualis"[sic]에 관한 부분은 pp. 794-801(인용 p. 801).

84 Stephanie Austin, "The History of Malariotherapy for Neurosyphilis" *JAMA* 268(July 22, 1992) pp. 516-519.

85 매독 환자의 6%가 신경매독으로 진행된다는 설명은 E. Gurney Clark & Niels Danbolt, "The Oslo Study of the Natural Course of Untreated Syphilis" *Medical Clinics of North America* 48(1964) pp. 613-623. H.J. Kallmark가 신경매독 사망률을 오직 2-4%라고 기록한 것은 *Eine statistiche Untersuchung über Syphilis*(Uppsala: med. diss., 1931) pp. 196, 226.

86 Heinrich Neumann, *Die Irrenanstalt zu Pöpelwitz bei Breslau*(Erlangen: Enke, 1862) p. 41.

87 John Punton, "The Results of Six Years' Work in a Sanitarium for Nervous and Mental Diseases" *The Kansas City Medical Index-Lancet* 28(1907) pp. 177-186, 표. opp. p. 178.

88 Max Sichel, "Die progressive Paralyse bei den Juden" *Archiv für Psychiatrie und Nervenkrankheiten* 52(1913) pp. 1030-42, 특히 p. 1034.

89 Joseph Workman, "On Paresis" *Canada Lancet* 10(1878) pp. 357-359(인용 pp. 358, 359).

90 Lomax, *Experiences of an Asylum Doctor*, p. 93.

91 Caesar Heimann, *Bericht über Sanitätsrath Dr. Karl Edel's Asyl für Gemüthskranke*(Berlin: Hirschwald, 1895) pp. 75-78. 자료는 1869년-1893년의 것이다.

92 알코올과 중추신경계에 관한 것은 William A. Lishman, *Organic Psychiatry: The Psychological Consequences of Cerebral Disorder*(Oxford: Blackwell, 1978) pp. 699-715.

93 William L. Langer, *The Rise of Modern Europe: Political and Social Upheaval, 1832-1852*(New York: Harper & Row, 1969) p. 14.

94 B. R. Mitchell, *Abstract of British Historical Statistics*(Cambridge: CUP, 1971), pp. 260-261.

95 W. J. Rorabaugh, "Estimated U.S. Alcoholic Beverage Consumption, 1790-1860" *Journal of Studies on Alcohol* 37(1976) pp. 357-364, 표2 p. 361. 18세기 미국의 알코올 소비량은 매우 높았고 19세기 초에 와서 급격하게 감소했다.

96 T. J. Markovitch, *L'industrie française de 1789 à 1964*(Paris: Institut de

science économique appliquée, 1966; cahier no.173) p. 213 ; Michael R. Marrus, "Social Drinking in the Belle Époque" *Journal of Social History* 7(1974) pp. 115-141, 그림1, p. 123.

97 Alexander von Oettingen, *Die Moralstatistik in ihrer Bedeutung für eine Socialethik 3rd ed.*(Erlangen: Deichert, 1882) pp. 688n2, 691.

98 Hermanr Grunau, *Über Frequenz, Heilerfolge und Sterblichkeit in den öffentlichen preussischen Irrenanstalten von 1875 bis 1900*(Halle a.S: Marhold, 1905) p. 45; "Delirium potatorum."

99 Karl Bonhoeffer, *Nervenärztliche Erfahrugen und Eindrücke*(Berlin: Springer, 1941) p. 48. 이 책에서 "오늘날"은 히틀러 시대 독일을 의미한다. 본훼퍼 자신의 아들은 나치 정권에 희생되었다.

100 Grunau, *Über Frequenz*, p. 41, 표 B.

101 Paul Garnier, *La Folie à Paris*(Paris: Baillière, 1890) p. 24.

102 K. Pandy, *Dir Irrenfürsorge in Europa*(Berlin: Reimer, 1908) pp. 305-306.

103 Margaret S. Thompson, "The Wages of Sin: The Problem of Alcoholism and General Paralysis in Nineteenth-Century Edinburgh" in *Bynum, Anatomy of Madness* vol.3 pp. 316-340, 그림12:1은 p. 319.

104 *Medical Directory*, 1908, pp. 1958-66.

105 Grunau, *Über Frequenz*, p. 41 표 B.

106 John Haslam, *Observations on Madness and Melancholy* 2nd ed.(London: Callow, 1809) pp. 49-51, 64-61. 해스럼은 젊은이들의 문제행동이 술 때문이라고 보았으나, 그가 기술한 사례는 정신분열증 초기일 가능성이 높다.

107 Philippe Pinel, *Traité médico-philosophique sur l' aliénation mentale* 2nd ed.(Paris: Brosson, 1809) p. 182.

108 Edward Hare, "Schizophrenia as a Recent Disease" *BJP* 153(1988) pp.521-531; 그가 다른 논문에 논평을 한 것은 *Australian & New Zealand Journal of Psychiatry* 21(1987) pp.315-316에 있다. 헤어는 정신분열증이 바이러스에 의한 것일 가능성이 크며 따라서 이 바이러스가 확산되면서 19세기 정신분열증의 급증에 기여했을 것이라고 가설을 세웠으나 보편적으로 인정되지는 않았다. 자세한 내용을 보려면 다음을 보라. Hare, "Epidemiological Evidence for a Viral Factor in the Aetiology of the Functional Psychoses" in P.V. Morozov(ed.) *Research on the Viral Hypothesis of Mental Disorders*(Basel: Karger, 1983) pp.52-75

109 Hare, "Insanity on Increase" p. 449.

110 예를 들어 Andrew Scull, "Was Insanity Increasing? A Response to Edward Hare" *BJP* 144 (1984) pp.432-436를 보라. 스컬은 헤어의 가설에 답하기를, 정신분열증이 실질적으로 증가했던 것이 아니라, "광기의 수용收用 경계가 19세기 내내 확장되어 왔기 때문"이라고 했다(p.434). 달리 표현하면, 덜 병적인 사람들이 점차

환자로 규정되어 왔다는 뜻이다(사람들이 더 병적으로 되었다는 헤어의 주장과는 대조적이다).

111 Dilip V. Jeste et al., "Did Schizophrenia Exist before the Eighteenth Century?" *Comprehensive Psychiatry* 26(1985) pp. 493-503; Nigel M. Bark, "On the History of Schizophrenia: Evidence of Its Existence before 1800" *New York Stare Journal of Medicine* 88(1988) pp. 374-383.

112 Rajendra Persaud, "The Reporting of Psychiatric Symptoms in History: The Memorandum Book of Samuel Coates, 1785-1825" *History of Psychiatry* 4(1993) pp. 499-510(인용 p. 510).

113 Robert Wilkins, "Hallucinations in Children and Teenagers Admitted to Bethlem Royal Hospital in the Nineteenth Century and Their Possible Relevance to the Incidence of Schizophrenia" *Journal of Child Psychology & Psychiatry* 28(1987) pp. 569-580; Wilkins, "Delusions in Children and Teenagers Admitted to Bethlem Royal Hospital in the 19th Century" *BJP* 1(1993) pp. 487-492.

114 Edward B. Renvoize & Allan W. Beveridge, "Mental illness and the Late Victorians: A Study of Patients Admitted to Three Asylums in York, 1880-1884" *Psychological Medicine* 19(1989) pp. 19-28(인용 pp. 25,27).

115 Hermann Lenz, *Vergleichende Psychiatrie: eine Studie über die Besiehung von Kultur, Soziologie und Psychopathologie*(Vienna: Maudrich, 1964), 오스트리아의 니데른하르트 수용소 기록에 근거한 내용은 특히 표 p. 41을 보라. Turner, Ticehurst Casebooks, p. 19; R.R. Parker 등, "County of Lancaster Asylum, Rainhill: 100 Years Ago and Now" *History of Psychiatry* 4(1993) pp. 95-105.

116 Karl Kahlbaum, "Über jugendliche Nerven- und Gemüthskranke und ihre pädagogische Behandlung in der Heilanstalt" *Allgemeine Zeitschrift für Psychiatrie* 40(1883-84) pp. 863-873(인용 pp. 863) "Hebephrenie" p. 865.

117 Rivet, *Les Aliénés*, pp. 188-190.

118 William A. White, *Forty Years of Psychiatry*(New York: Nervous & Mental Disease Publishing Company, 1933) pp. 12-13.

119 Crammer, *Asylum History: Buckinghamshire*, p. 181.

120 Eliot Slater, "Psychiatry in the Thirties" *Contemporary Review* 226(1975) pp. 70-75(인용 pp. 71-2).

121 Lomax, *Experiences of an Asylum Doctor*, p. 94.

122 Emil Kraepelin, *Lebenserinnerungen*(Berlin: Springer, 1983) pp. 11-12.

123 Werner Heinz(pseudo), *Tagebuch eines alten Irrenarztes*(Lindenthal: Wellersberg, 1928) pp. 1-2.

124 Birgit Schoop-Russbült(ed.), *Psychiatrischer Alltag in der Autobiographie*

von Karl Gebry(1881-1962)(Zurich: Juris, 1989) pp. 50-51.

125 Grob, *Mental Institutions in America*, p. 149.

126 Silas Weir Mitchell, "Address before the Fiftieth Annual Meeting of the American Medico-Psychological Association, Held in Philadelphia, May 16th, 1894" *JNMD* 21(1894) pp. 413-437(인용 pp. 415,422,427).

127 William N. Bullard, "The New Era in Neurology" *JNMD* 39(1912) pp. 433-439(인용 p. 438).

128 White, *Forty Years of Psychiatry*, p. 18.

129 John Romano, "On Becoming a Psychiatrist" *JAMA* 261(Apr.21, 1989) pp. 2240-43(인용 p. 2241).

제3장 생물학적 정신의학의 탄생

1 Ernest Billod, *Les Aliénés en Italie*(Paris: Masson, 1884) 인용 p. 6; "le stygmate" p. 5. 여기에서는 프랑스에 대해 말하는 것이다.

2 Richard Hunter & Ida Macalpine, *Three Hundred Years of Psychiatry 1535-1860*(London: OUP, 1963) p. 404.

3 Richard von Krafft-Ebing, *Der klinische Unterricht in der Psychiatrie*(Sttutgart: Enke, 1890) p. 15.

4 *Dorland's Illustrated Medical Dictionary* 26th ed.(Philadelphia: Saunders, 1981) pp. 1200-1206.

5 샤리테 병원의 발전사에 관한 것은 Paul Sérieux, *L'assistance des aliénés en France, en Allemagne, en Italie et en Suisse*(Paris: Imprimerie municipale, 1903) p. 292.

6 독일 대학에서 이루어졌던 정신의학사 교육에 관한 기초 정보는 다음 문헌에서 단편적으로 모아 볼 수 있다. Hans-Heinz Eulner, *Die Entwircklung der medizinischn Specialfächer an den Universitäten des deutschen Sprachgebietes*(Stuttgart: Enke, 1970) pp. 670-680.

7 Franz Kohl, "Das erste Projekt einer 'akademischen Irrenklinik' in Heidelberg(1826 bis 1842)" *Historia Hospitalium* no.18(1989-1992) pp. 181-184. Ioannis Pilavas, *Psychiatrie im Widerstriet der Konzepte: Zur Entstehungsgeschichte der Tübingen Nervenklinik*(Sigmaringen: Thorbecke, 1994) p. 14.

8 Krafft-Ebing, *Psychiatrischer Unterricht*, pp. 16-17.

9 Alfred E. Hoche, *Jahresringe: Innenansicht eines Menschenlebens*(Munich: Lehmann, 1934) p. 120. "Sonderbare Eigenbrötler."

10 Wilhelm Griesinger, *Die Pathologie und Therapie der psychiatrischen*

Krankheiten für Aerzte und Studirende(Stuttgart: Krabbe, 1845).

11 Griesinger, *Die Pathologies und Therapie der psychiatrischen Krankheiten*
2nd revised ed.(Stuttgart, 1861, reprinted unchanged 1867; 암스테르담 E.J.
Bonset 회사가 1867년판을 1964년에 재발행했다.)

12 베르니케가 이 책에 인용되었다. Karl Bonhoeffer, "Lebenserinnerungen" in J.
Zutt 등(eds.) *Karl Bonhoeffer zum Hundersten Geburstag*(Berlin: Springer,
1969) p. 45.

13 교육학적 측면은 "Nachrichten von der psychiatrischen Clinik zu Berlin"
Archiv für Psychiatrie und Nervenkrankheiten 1(1868) pp. 232-234.

14 Robert Wollenberg, *Erinnerungen eines alten Psychiaters*(Stuttgart: Enke,
1931) pp. 64-65.

15 Wilhelm Griesinger, "Über Irrenanstalten und deren Weiter-Entwickelung in
Deutschland" *Archiv für Psychiatrie und Nervenkrankheiten 1*(1868) pp. 8-
43, 특히 11-12.

16 Griesinger, "Vorwort" *Archiv für Psychiatrie und Nervenkrankeiten 1*(1868)
p. III.

17 그리징거의 삶과 일에 관해서는 Theodor Kirchhof(ed.), *Deutsche Irrenärzte* 2
vols.(Berlin: Soringer, 1921-1924) vol.2, pp. 1-14; Rudolf Thiele, "Wilhelm
Griesinger" in Kurt Kolle(ed.) *Grosse Nervenärzte* 2nd ed. vol. 1(Stuttgart:
Thieme, 1970) pp. 115-127; Werner Zanzarik, "Die klinische
Psychopathologie zwischen Griesinger und Kraepelin in Querschnitt des
Jahres 1878" in Janzarik(ed.), *Psychopathologie als Grundlagenwissenschaft*
(Stuttgart: Enke, 1979) pp. 51-61. "전문가로서 사회화"가 된 파울 바인늘링과 같
은 역사학자의 눈에는 그리징거는 그저 재치 있는 풍자거리일 뿐이었다. 그리징거
가 '노이로제'를 발견했다고 하는데, 이 병은 부르주아 계층, 그리고 특히 젊은 개인
가정교사와 교사에서 많이 발병했다. 정신질환은 유전성향에 의해 발병한다는 주장
은 관습에 얽매이지 않는 지적 계층에 오명을 씌움으로서 부르주아가 이룬 성공에
먹물을 끼얹는 셈이었다." Paul Weindling, *Health, Race, and German Politics
between National Unification and Nazism, 1870-1945*(Cambridge: CUP,
1989) pp. 83-84.

18 Kirchhoff, *Deutsche Irrenärzte* vol.1 pp. 75-82.

19 Gudden에 관한 것은 Franz Kohl, "Bernhard von Gudden(1824-1886):
Anastaltpsychiater, Hirnanatom und einflussreicher Universtätslerhrer"
Psychiatrische Praxis 21(1994) pp. 162-166.

20 마이네르트의 삶과 일에 관해서는 Erna Lesky, *Dir Wiener medizinische Schule
im 19. Jahrhundert*(Graz: Böhlau, 1978) pp. 373-382; Franz Günther von
Stockert, "Theodor Meynert" in Kolle, *Grosse Nervenärzte* vol.2, pp. 98-105.

21 마이네르트가 처음으로 저술한 정신의학 교과서는 신경해부학 요람에 해당했고, 전

두엽이 억제중추라는 것과 피질 하 부분이 자극 중추일 것이라는 정도의 가설이 가끔 삽입되어 있었다. *Psychiatrie: Klinik der Erkrankungen des Vorderhirns* (Vienna: Braumüller, 1884) 예를 들어 p. 268은 피질부분과 피질하 부분의 관계에 대한 가설이다.

22 Theodor Meynert, *Klinische Vorlesungen über Psychiatrie*(Vienna: Braumüller, 1890) p. v.

23 Arthur Schnitzler, *Jugend in Wien: Eine Autobiographie(1918)*(Frankfurt/M: Fischer Taschenbuch, 1981) p. 260.

24 Adolf Strümpell, *Aus dem Leben eines deutschen Klinikers*(Leipzig: Vogel, 1925) p. 108. 정신분석주의자의 입장에서 마이네르트에 대한 부정적 시각의 최근 저작으로는 Albrecht Hirschmüller, *Freuds Begenung mit der Psychiatrie: von der Hirnmythologie zur Neurosenlehre*(Tübingen: Diskord, 1991) pp. 93-104, 109-117.

25 Theodor Meynert, "Über die Nothwendigkeit und Tragweite einer anatomischen Richtung in der Psychiatrie" *Wiener Medizinische Wochenschrift* 18(May3, 1868) pp. 573-576.

26 신경생리학의 개요를 보려면 Mary A. B. Brazier, *A History of Neurophysiology in the 19th Century*(New York: Raven, 1988).

27 Emil Kraepelin, *Lebenserinnerungen*(Berlin: Springer, 1983) pp. 20-21. 플레치흐는 정신과에서 무언가 실용적인 것을 배우려고 뮌헨에 있던 구덴의 클리닉에 왔었으나 회진에는 나타나지 않았다.

28 Daniel Paul Schreber, *Denkwürdigkeiten eines Nervenkranken*(Leipzig: Mutze, 1903) 예를 들어 p. 23, "Flechsig als Urheber des Seelenmords."

29 Sigmund Freud, "Psychoanalytische Bemerkungen über einen autobiographischen beschriebenen Fall von Paranaoia(Dementia Paranoides)"(1911) in Freud, *Gesammelte Werke* vol.8(Frankfurt/M.: Fischer,1943) pp. 2.

30 율리우스 바그너-야우레그는 그의 회고록에서 히치히를 신랄하게 비판했다. MS memoirs(1939), "Nachgelassene Lebenserinnerungen..." p. 58, at Institut für Geschichte der medizin, Vienna, shlef no.HS3290. Alfred W. Grubser & Erwin H. Ackerknecht(eds.), *Constantin von Monakow, Vita Mea. Mein Leben*(c. 1927)(Berne: Hans Huber, 1970) p. 125.

31 Carl Wernicke, *Lehrbuch der Gehirnkrankheiten für Aerzte und Studirende*, 3 vols.(Kassel: Fischer, 1881-1883).

32 Carl Wernicke, *Grundriss der Psychiatrie*(Leipzig: Thieme, 1900).

33 Kart Kleist, "Carl Wernicke," in Kolle, *Grosse Nervenärzte* vol.2 pp. 106-128(인용 p. 114); Mario Lanczik, *Der Breslauer Psychiater Carl Wernicke* (Sigmaringen: Thorbecke, 1988); Lanczik & G. Keil, "Carl Wernicke's

Localization Theory and its Significance for the Development of Scientific psychiatry" *History of Psychiatry* 2(1991) pp. 171-180.

34 Karl Jaspers, *Allgemeine Psychopathologie für Studierende Ärzte und Psychologen*(1913) 3rd ed.(Berlin: Springer, 1923) p. 13. "Solche anatomischen Konstruktionen sind durchaus plastisch ausgefallen(Meynert, Wernicke) und werden mit Recht 'Hirnmythologien' genannt." 그러나 오스발트 붐케는 이 어귀를 처음 말한 사람은 프란츠 니슬이라고 주장했다. Bumke, "Funfzig Jahre Psychiatrie" *Münchener Medizinische Wochenschrift* 72(July 10, 1925) pp. 1141-43 특히 p. 1141.

35 Emil Kraepelin, "Hundert Jahre Psychiatrie" *Zeitschrift für die gesamte Neurologie und Psychiatrie* 38(1917) pp. 161-275 특히 p. 234.

36 Jan Goldstein, *Console and Classify: The French Psychiatric Profession in the Nineteenth Century*(Cambridge: CUP, 1987) pp. 135-136.

37 세리이유Sérieux는 독일의 정신의학과 비교하여 프랑스 정신의학의 부족한 점을 상세하게 분류하였다. *L' Assistance des aliénés*, pp. 397-417.

38 Stefan Müller, *Antoine-Laurent Bayle: Sein grundlegender Beitrag zur Erforschung der progressiven Paralyse*(Zurich: Juris, 1965) 특히 p. 16.

39 René Semelaigne, *Les pionniers de la psychiatrie française* 2 vols.(Paris: Bailliere, 1930-1932) vol.1, pp. 244-249.

40 Vincente J. Iragui, "The Charcot-Bouchard Controversy" *Archives of Neurology* 43(1986) pp. 290-195 특히 pp. 292-293.

41 Bénédict-Auguste Morel, *Traité des dégénérescences physiques, intellectuelles et morales de l' espèce humaine*(Paris: Bailliere, 1857) p. 46.

42 이 설명은 Semelaigne, *Les pionniers de la psychiatrie française* vol.1 pp. 342-351에 근거한 것이다.

43 Semelaigne, *Pionniers psychiatrie française* vol.2, pp. 40-49. 신경성 식욕부진에 관해 라제구가 기술한 것은 "De l' anorexie hystérique" *Archives générales de médecine* 21(1873) pp. 385-403. 1860년대에 라제구를 위해 임상의학 준교장자리를 마련한 것에 관해서는 Goldstein, *Console and Classify*, pp. 347-348.

44 발의 소장직 임명에 관한 이야기는 다음에 자세히 실려 있다. Pierre Pickot, *A Century of Psychiatry*(Paris: Dacosta, 1983) pp.25-21. 발이 환자 침상 몇 개를 관리할 것인지에 관한 모욕적인 협상 내용이 《진보 의학*Progrès Médical*》 1877년 10월과 11월 판에 그리고 1878년 11월과 12월 사이, 1879년 5월 24일부터 11월 22일 사이에 실렸다. 발의 생에 관해서는 다음을 보라. Semelaigne, *Pionniers psychiatrie française* vol.2, pp.201-209.

45 샤르코트의 "히스테리" 얘기의 상세한 내용은 Edward Shorter, *From Paralysis to Fatigue: A history of Psychosomatic Illness in the Modern Era*(New York: Free Press, 1992) pp. 166-200.

46 "Centenaire de Charcot," *Revue Neurologique* 32(1925) pp. 746-1168.

47 마낭의 생애에 관해서는 Paul Sérieux, "V. Magnan: sa vie et son oeuvre" *Annales médico-psychologiques* 10 ser. 8(1917) pp. 273-329, 449-507; 9(1918) pp. 5-59; 전기傳記 기초자료는 pp. 274-300. 재발행된 것은 Paul Sérieux, *V. Magnan: sa vie et son oeuvre(1885-1916)*(Paris: Masson, 1921).

48 Sérieux, *Magnan*, p. 291. 세리이유는 강력한 국가민족주의적 어조로 "정신의학 역사상 이 시기는 아직도 우리가 머물고 있는 시기이다. 뛰어난 스승과 똑똑한 제자가 짝을 이루고 과학의 선구자 엘리트들이 이 시대의 정신의학을 변화시키고 있다"고 기술했다.

49 Sérieux, *Ann. med.-psych* 9(1918) p. 46.

50 Pichot, *Century of Psychiatry*, pp. 75-76; Pichot, "The Diagnosis and Classification of Mental Disorders in French-Speaking Countries: Background, Current Views and Comparison with Other Nomenclatures" *Psychological Medicine* 12(1982) pp. 475-492.

51 Clarence B. Farrar, MS diary of his trip to Europe c. 1902-04, in possession of Queen Street Mental Health Center, Greenland-Griffin Archive, Toronto, Canada. Stoddart에 관해서는 *Munk's Roll*, vol.4 p. 495의 전기를 보라.

52 Walter Rivington, *The Medical Profession*(Dublin: Fannin, 1879), pp. 315-316.

53 John Haslam, *Observations on Madness and Melancholy* 2nd rev.ed.(London: Callow, 1809) p. 238.

54 William Charles Ellis, *A Treatise on the Nature, Symptoms, Causes, and Treatment of Insanity*(London: Holdsworth, 1838) p. 22.

55 David Skae, "A Rational and Practical Classification of Insanity" *Journal of Mental Science* 9(1863) pp. 309-319(인용 p. 318).

56 한 예로, W.H.W. Sankey, "On Melancholia" *Journal of Mental Science* 9(1863-1864) pp. 176-196, 특히 p. 195.

57 샌키의 생애를 보려면 *Munk's Roll* vol.4, pp. 147-148에는 강사를 시작한 때부터 1864년까지 적혀 있다.; 부고訃告 *BMJ* 1(March 23, 1889) pp. 689-690.

58 Michael Collie, *Henry Maudsley: Victorian Psychiatrist*(London: Paul's Bibliographies, 1988) p. 20.

59 John Conolly, *The Treatment of the Insane without Mechanical Restraint*(1850). 나는 1856년 발행된 마지막 판을 보았다. 커널리에 관한 것은 Richard Hunter & Ida Macalpine, *Three Hundred Years of Psychiatry*(London: OUP, 1963) pp. 805-806, 1030-34. 제임스 크라이턴-브라운은 그에 관한 호의적인 모습을 묘사했다. *Victorian Jottings from an Old Commonplace Book*(London: Etchells, 1926) pp. 326-329.

60 Collie, Maudsley p. 23. Lawn House에 관한 상세한 내용은 William Ll. Parry-Jones, *The Trade in Lunacy: A study of Private Madhouses in England in the*

Eighteenth and Nineteenth Centuries(London:Routledge, 1972) pp. 80, 231.

61 Henry Maudsley, *Body and Mind*(London: Macmillan, 1870) p. 41. 모즐리는 그의 동료 존 찰스 버크닐의 도움으로, 철저한 관찰을 하게 되었다고 했다.

62 Aubrey Lewis, "Henry Maudsley" in Kolle, *Grosse Nervenärzte* vol.3, pp. 101-108(인용 p. 106); 모즐리 병원 건립에 관한 것은 Aubrey Lewis, "Henry Maudsley: His Work and Influence"(1950), reprinted in Lewis, *The State of Psychiatry: Essays and Addresses*(London: Routledge, 1967) pp. 29-48, 특히 p. 45.

63 Eunice E. Wintes(ed.), *The Collected Papers of Adolf Meyer* vol.2(Baltimore: Johns Hopkins, 1951) pp. 237-255(인용 p. 250); 그의 에세이 "Medicinische Studien in Paris, Edinburgh and London"(1891).

64 Rosemary Stevens, *American Medicine and the Public Interest*(New Haven: Yale U. p., 1971) p. 60 n.13.

65 Edward R. Hun "Haematoma Auris" *American Journal of Insanity* 27(1870) pp. 13-23. "앞서 기술한 귀에서 하나, 혹은 드물게 양쪽 귀에서 발견한 종양의 모양은 붉게 부풀어 있었고 동시에 얼굴과 눈에는 혈액이 충혈되어 있음을 나타냈다 [!]"(p. 14) Hun에 관한 것은 Henry M. Hurd, *The Institutional Care of the Insane in the United States and Canada* vol. 1(Baltimore: Johns Hopkins, 1916) p. 282.

66 John Charles Bucknill, "Notes on Asylums for the Insane in America" *Lancet* 1(June 3, 1876) pp. 810-812(인용 p. 811); 또한 D. Hack Tuke가 디키에 관해 호의적인 평가를 한 것은 *The insane in the United States and Canada*(London: Lewis, 1885) p. 116. 디키는 베를린에서 공부했다고 알려져 있지만 과연 그런지는 명확하지 않다. 부고訃告 *JAMA* 45(Dec.23, 1905) p. 1973.

67 Hurd, *Institutional Care Insane*, vol.1, pp. 282-283.

68 William A. White, "Presidential Address" *AJP* 5(1925) pp. 1-20, pp. 4-5.

69 Meyer, *Collected Papers*, vol.2, pp. 220-221.

70 Meyer, *Collected Papers*, vol.1, pp. 239-240.

71 Hans H. Walser(ed.), *August Forel: Briefe/Correspondance, 1864-1927*(Berne: Huber, 1968) 예를 들어 1983년 1월 3일 아우구스트 포렐에게 보낸 마이어의 편지는 p. 285.

72 캔커키에 관해서는 Hurd, *Institutional Care Insane* vol.2, pp. 222-259; 마이어의 새 직원 모집에 관한 것은 p. 239.

73 Meyer, *Collected Papers*, vol.2, p. 93.

74 Meyer, *Collected Papers*, vol.2, p. 59.

75 Meyer, *Collected Papers*, vol.2, p. 274.

76 이 사건들에 관한 것은 Gerald N. Grob, *Mental Illness and American Society, 1875-1940*(Princeton: Princeton U. p., 1983) pp. 127-131.

77 마이어의 재임기간 동안 맨해튼 주립병원에 관한 회고에 대한 것은 David Kennedy Henderson, *The Evolution of Psychiatry in Scotland*(Edinburgh: Livingstone, 1964) pp. 156-167.

78 Meyer, *Collected Papers*, vol.2, p. 115.

79 마이어의 여행에 관한 것은, *Collected Papers*, vol.2, p. 70.

80 1906년 앤 아버에 처음으로 설립된 정신병리 병원은 교육과 연구가 결합된 병원인데, 엄밀히 말하자면 마이어가 1913년 존스 홉킨스 병원의 일부로서 헨리 핍스 정신과 클리닉을 개원하기 훨씬 전에 생긴 것이었다. Hurd, *Institutional Care Insane* vol.2, pp. 815-824. 1912년 개원한 보스턴 주립병원의 정신병리 교실은 하버드와 연결되어 있었고, 그곳 과장인 엘머 사우서드Elmer Southard는 신경병리학 교수였다.(ibid., p. 653) 그럼에도 핍스의 영향은 매우 컸다.

81 S. L. Sherman 등, "Further Segregation Analysis of the Fragile X Syndrome wih Special References to Transmitting Males" *Human Genetics* 69(1985) pp. 289-299에서는 fragile X는 세대를 거치면서 질병을 발현하는 유전의 "침투성"이 높아진다는 유전적 예견 현상을 발견했음을 보고하고 있다.; Ying-Hui Fu et al., "Variation of the CGG Repeat at the Fragile X Site Results in Genetic Instability: Resolution of the Sherman Paradox" *Cell* 67(1991) pp. 1047-58은 "fragile X에서 정신장애의 위험도는 가계도의 어느 위치에 있느냐에 따라 좌우된다. 정상적이나 유전자를 전달하는 남자 형제는 9% 정도의 낮은 위험도를 갖지만 손자나 증손자의 경우 그 위험도는 40%~50%까지 올라간다."(p. 1047); Robert I. Richards & Grant R. Sutherland, "Dynamic Mutations: A New Class of Mutations Causing Human Disease" *Cell* 70(1992) pp. 709-712에서는 fragile X와 같은 주요 유전질환의 숨어 있는 과정으로서 역동적 돌연변이에 주의를 환기시켰다.; Fragile X 유전자를 분리해 낸 것에 대하여는 Gregory J. Tsongalis & Lawrence M. Silverman, "Molecular Pathology of the Fragile X Syndrome" *Archives of Pathology and Laboratory Medicine* 117(1993) pp. 1121-25; Stephen T. Warren & David L. Nelson, "Advances in Molecular Analysis of Fragile X Syndrome" *JAMA* 271(Feb. 16, 1994) pp. 536-553에서는 유전자(CGG)가 계속 세대를 통해 전달되면서 반복 횟수가 극적으로 증가하여 증상이 나타나는 환자의 경우 230회에서 1000회까지 증가하고, 증상이 없는 사람들 사이에서도 6회에서 52회까지 증가함을 보고했다. 저자들의 결론은 "처음 돌연변이가 일어난 전前 변이 유전자가 후대에 전달되면서 크기가 커지고 따라서 후대로 갈수록 병으로 발현되는 아이들의 수가 많아지게 된다……."(pp. 538-539) "반면 헌팅턴 병의 경우 후대로 갈수록 크기는 작아지고 범위는 확대된다" Editorial, *Journal of Medical Genetics* 30(1993) pp. 975-977(인용 p. 975).

82 Morel, *Traité dégénérescence*, pp. iii-ix, 5-6, 62, 72, 346.

83 Morel, *Traité dégénérescence*. 모렐의 집착 대상인 알코올 중독에 관해서는 pp. 79-140; 빈민가에 대한 것은 pp. 635-644; 격리에 관해서는 p. 691. 모렐의 이론

을 간략히 개괄하려면 Rafael Huertas, "Madness and Degeneration, I: From 'Fallen Angel' to Mentally Ill" *History of Psychiatry* 3(1992) pp. 391-411; Huertas는 퇴행 개념의 역사에 관해 두 번째 글을 썼다. "Disease and Crime in Spanish Positivist Psychiatry," *ibid.*, 4(1993) pp. 459-481(n2. pp. 459-460).

84 Richard von Krafft-Ebing, "Die Erblichkeit der Seelenstörungen und ihre Bedeutung für die forensische Praxis" *Friedreirh's Blätter für gerichtliche Medicin* 19(1868) pp. 188-211.

85 Richard von Krafft-Ebing, "Über die prognostische Bedeutung der erblichen Anlage im Irresein" *Allgemeine Zeitschrift für Psychiatrie* 26(1869) pp. 438-456(인용 p. 439); 모렐식 퇴행이론을 지지하는 사람에 관한 오명을 언급했다. p. 443.

86 Richard von Krafft-Ebing, *Lehrbuch der Psychiatrie*(1879) 3rd ed.(Stuttgart: Enke, 1888) p. 424.

87 Richard von Krafft-Ebing, *Psychopathia Sexualis: Eine klinisch-forensische Studie*(Stuttgart: Enke, 1886).

88 Moritz Benedikt, *Aus meinem Leben: Erinnerungen und Eröterungen* (Vienna: Konegen, 1906) p. 392.

89 Valentin Magnan & Maurice Paul Legrain, *Les Dégénérés*(État mental et syndromes épisodiques)(Paris: Rueff, 1895) p. 79. 프랑스에서 퇴행 개념이 어떤 과정을 거쳤는지는 Ian R. Dowbiggin, *Inheriting Madness: Professionalization and psychiatric Knowledge in Nineteenth-Century France*(Berkeley: University of California Press, 1991).

90 Magnan, *Les Dégénérés*, p. 235.

91 Anon.[W.H.O. Sankey], "On the Degeneracy of the Human Race" *Journal of Psychological Medicine* 10(1857) pp. 159-208.

92 Maudsley, *Body and Mind*, pp. 61, 63.

93 영국에서의 퇴행이론에 관한 것은 Janet Oppenheim, "Shattered Nerves": *Doctors, Patients, and Depression in Victorian England*(New York: OUP, 1991) pp. 265-292.

94 Samuel Alexander Kenny Strahan, "Propagation of Insanity and Allied Neuroses" *Journal of Mental Science* 36(1890) pp. 325-338(인용 pp. 329-330). 스트래헌은 의업을 떠나 법조인이 되었으나 계속 퇴행에 관한 저술을 했다. *Marriage and Disease: A Study of Heredity and the More Important Family Degenation*(New York: Appleton, 1892).

95 Laurence J. Ray, "Models of Madness in Victorian Asylum Practice" *Archives européenes de sociologie* 22(1981) pp. 229-264(자료 p. 252).

96 프랑수아 리티가 쓴 마냥의 부고에는 "la folio des dégénérés"를 지나가며 언급했고 "le délire chronique"는 논란의 여지가 있는 것으로 적었다. François Ritti, "Morte de M. Magnan" *Annales médico-psychologique* 8(1917) pp. 74-79, 특

히 p. 76.

97 [Wilhelm Stekel] Med, Dr. Serenes(pseud.), *Äskulap als Harlekin: Humor, Satire und Phantasie aus der Praxis*(Wiesbaden: Bergmann, 1911) p. 3.

98 Oswald Bumke, *Landäufige Irrtümer in der Beurteilung von Geisteskranken*(Wiesbaden: Bergmann, 1908) pp. 13-14.

99 Jaspers, *Allgemeine Psychopathologie*, pp. 13-37.

100 Émile Zola, *Germinal*(trans. Stanley & Eleanor Hochman)(New York: NAL, 1970) pp. 38, 106.

101 Alfred Hoche & Karl Binding, *Die Freigube der Vernichtung lebensunwerten Lebens*(Leipzig: Meiner, 1920): 비록 저자들은 죽음을 원하는 질병 말기 환자의 안락사를 주장하고 있지만, 호에는 시설에 수용되어 있는 심한 정신지체자도 안락사의 대상이 될 가능성이 있음을 시사했다. 이 책은 의료계에 서로 상반되는 두 가지 방식으로 받아들여졌다. 이를 부정적으로 리뷰한 곳은 *Berliner Klinische Wochenschrift* 57(July 19, 1920) pp. 695-696이고, 긍정적으로 언급한 짧은 글은 *Münchener Medizinische Wochenschrift* 67(Sept. 3, 1920) p. 1048에 실렸다. 인종주의 잡지 *Archiv für Rassen- und Gesellschaftsbiologie*은 이 책에 "우생학적 관점은 전혀 들어있지 않다"고 적었다. 바이마르 공화국 동안 대체적으로 부정적 반응을 나타낸 것에 관해서는 Hans-Walter Schmuhl, *Rassenhygiene, Nationalsozialismus, Euthanasie: Von der Veruhütung "lebensunwerten Lebens," 1890-1945*(Gottingen: Vandenhoeck, 1987) pp. 115-125을 참조할 것. 파울 바인들링과 같은 역사학자는 퇴행이론, 우생학, 유전학을 마구 뒤섞어서는 정신과 의사들이야말로 우생학적 교리를 전파하여 나치즘에 이르도록 한 최악의 전문가로 기술했으나, 내 견해로는 이는 틀린 얘기이다. Paul Weindling, *Health, Race and German Politics*, pp. 336-338참조. 정신과 의사를 편향적으로 비난하는 학자들은 모든 생물학적 사고가 필연코 히틀러로 이어진다고 본다. Hans-Georg Güse & Norbert Schmacke, *Psychiatrie zwischen bürgerlicher Revolution und Faschismus* 2 vols.(Kronberg: Athenäum, 1976) 특히 vol.2 pp. 387 참조. 구스타프 쉬른멜페니히Gustav W. Schirmmelpennig는 호에가 친유대주의자이며 히틀러의 안락사 행위를 정당화할 이론을 만들지 않았다고 주장하며 호에의 명예회복을 시도하고 있다. Alfred Erich Hoche, *Das wissenschaftliche Werk: "Mittelmässigkeit?"* (Göttingen: Vandenhoeck, 1990) pp. 5-11, 유대인에 관한 것은 p. 9 n. 25.

102 나치 전후의 의료계에 관한 것은 Robert N. Proctor, *Racial Hygiene: Medicine under the Nazis*(Cambridge: Harvard U.p. , 1988); Michael Kator, *Doctors under Hitler*(Chapel Hill: University of North Carolina Press, 1989). 카토어의 지적에 따르면, 인종주의 유전학의 주요 나치 전문가 중 하나는 오트마르 폰 페르슈어Otmar von Verschuer로서 내과 수련을 받았다고 한다.(p. 232)

103 크레펠린의 생애에 관해 표준적으로 기술한 것은 Kolle, *Grosse Nervenärzte* vol.1, pp. 175-186: R. Avenarius, "Emil Kraepelin, seine Persönlichkeit und seine Konzeption" in Janarik, *Psychopathologie als Grundleagenwissenschaft*, pp. 62-73; Hans W. Gruhle, "Emil Kraepelin 100 Geburstag" *Nervenarzte* 27(1956) pp. 241-244; p. Hoff, "Nosologische Grundpostulate bei Kraepelin: Versuch einer kritischen Würdigung des Kraepelinischen Spätwerkes" *Zeifschrift für klinische Psychologie* 36(1988) pp. 328-336; 크레펠린의 성격과 진료태도에 관해서는 Shorter, *From Paralysis to Fatigue*, pp. 241-244.

104 Emil Kraepelin, *Compendium der Psychiatrie*(Leipzig: Abke, 1883). 바인들 링은 모든 것을 흉악한 행위로 해석해서 1904년 크레펠린이 뮌헨으로 옮긴 것도 "뮌헨의 저명한 인종 청소자"가 되게 한 계기라고 기술했다. Weindling, *Health, Race and German Politics*, p.307.

105 Kraepelin의 초기 생애에 관한 것은 Kraepelin, *Lebenserinnerungen*, pp. 1-24; Wilhelm Wirth, "Emil Kraepelin zum Gedächtnis!" *Archiv für die gesamte Psychologie* 58(1927) pp. 1-32.

106 Franz Nissl, *Die Neuronenlehre und ihre Anhänger*(Jena: Fischef, 1903). 니 슬은 신경세포 이론을 반박하기 사작했는데, 불행히도 니슬을 유명하게 한 것은 그의 염색법이었지 신경과학계의 발견이 아니었다.

107 Ugo Cerletti, "Erinnerungen an Franz Nissl" *Münchener Medizinische Wochenschrift* 101(1959) pp. 2368-71.

108 Aloys Alzheimer,, "Über eine eigenartige Erkrankung der Hirnrinde" 1906 년 튀빙겐에서 열린 37차 "Versammlung Südwestdeutscher Irrenärzte" 초청장 *Allgemeine Zeitschrift für Psychiatrie* 64(1907) pp. 146-147.

109 크레펠린과 관련된 헬파흐의 불운에 관해서는 Willy Hellpach, *Wirken in Wirren: Lebenserinnerungen* vol.1:1877-1914(Hamburg: Wegner, 1948) pp. 277-278, 354-355.

110 Anton Delbrück, *Zeitschrift für Hypnotismus* 5(1897) 크레펠린의 다섯 번째 책에 관해 쓴 논평 pp. 362-365, 특히 p. 362.

111 노이만에 관해서는 M. Lanczik, "Heinrich Neumann und seine Lehre von der Einheitspsychose" *Fundamento Psychiatrica* 3(1989) pp. 49-54. 노이만의 생애에 관해서는 Arthur Leppmann, "Heinrich Neumann. Nekrolog" *Allgemeine Zeitschrift für Psychiatrie* 42(1885) pp. 180-186. 당시 독일 정신 의학계에 유일한 유태인이었던 노이만은 1850년대에 브레슬라우에서 내과로부터 정신과로 전환하여 1874년부터 1884년까지 시립병원에 위치한 대학 정신과 클리 닉의 과장을 맡았다. 그의 후임이 베르니케이다.

112 Karl Kahlbaum, *Die Gruppirung der psychischen Krankheiten und die Einteilung der Seelenstörungen*(Danzig: Kafemann, 1863) p. 129.

113 Ewald Hecker, "Die Hebephrenie: ein Beitrag zur klinischen Psychiatrie"

Archiv für pathologische Anatomie und Physiologie und für klinische Medicin 52(1871) pp. 394-429. 헥커에 관해서는 Mark J. Sedler, "The Legacy of Ewald Hecker: A New Translation of 'Die Hebephrenie'" *AJP* 142(1985) pp. 1265-71.

114 Mark J. Sedler, "Falret's Discovery: The Origin of the Concept of Bipolar Affective Illness" *AJP* 140(1983) pp. 1127-33.

115 Kraepelin, *Erinnerungen*, pp. 68-69.

116 Emil Kraepelin, *Psychiatrie. Ein kurzes Lehrbuch für Studirende und Aerzte*, 4th ed.(Leipzig: Abel, 1893); 나는 "die Erreichung möglichster Naturwahrheit"(p. v)를 번역했는데, 정신의학의 본질을 분석하는 출발점이라고 생각한다.

117 Bénédict-Auguste Morel, *Études cliniques, Traité théorique et pratique des maladies mentales* 2 vols.(Paris: Baillière, 1852-1853). 이 자료는 보지 않았다. *Traité des maladies mentales*(Paris: Masson, 1860) p. 566. 1860년대의 모렐에게 이 용어는 핵심적 범주가 아니었다.

118 Thomas S. Clouston, "The Morisonian Lectures on Insanity for 1872" *Journal of Mental Science* 19(1874) pp. 491-507 "사춘기 광기"에 관해서는 pp. 496-498. 이 강좌에서 클라우스턴은 나중에 "사춘기의 유전적 광기"에 관해 강의했다. *ibid* 21(1875) pp. 205-206; 나중에는 "발달 과정의 신경증"이라는 용어를 사용했다.; Clouston, "Some of the Physician's Developmental Problems-Bodily and Mental" [London] *Medical Magazine* 1(1892) pp. 425-440, 특히 431.

119 Thomas S. Clouston, "The Neuroses of Development: Adolescent Insanity and its Secondary Dementia" *Edinburgh Medical Journal* 36(1891) pp. 104-124.

120 샤르팡티에의 논문을 요약한 것은 Revue de l'hypnotisme 5(1891) pp. 90-91. 사춘기 정신병에 관해 다른 사람들이 저술한 것으로는 바덴에 있던 일레나우 수용소의 의사 Heinrich Schüle, *Handbuch der Geisteskrankheiten*(Leipzig: Vogel, 1878), 특히 p. 232.

121 Kraepelin, *Psychiatrie* 4th ed.(1893), pp. 434-442. 크레펠린 논리의 정신의학적 맥락에 관해서는 G. E. Berrios & R. Hauser, "The Early Development of Kraepelin's Ideas on Classification: A Conceptual History" *Psychological Medicine* 18(1988) pp. 813-821.

122 Emil Kraepelin, *Psychiatrie: Ein Lehrbuch für Studirende und Aerzte* 5th ed.(Leipzig: Barth, 1896) p. v. "In fem Entwicklungsgange des vorliegenden Buches bedeutet die jetzige Bearbeitung den letzen, entscheidenden Schritt von der symptomatischen zur klinischen Betrachtungsweise des Irreseines. Diese Wandlung des Standpunktes... zeigt sich vor allem in der

Abgrenzung und Gruppirung der Krankheitsbilder. Ueberall hat hier die Bedeutung der äusseren Krankheitszeichen hinter den Gesichtspunkten zurücktreten müssen, die sich aus den Entstehungsbedingungen, aus Verlauf und Ausgang der einzelnen Störungen ergeben haben. Alle reinen 'Zustandsbilder' sind damit aus der Formenlehre verschwunden."

123 Kraepelin, *Psychiatrie* 5th ed.(1896) pp. I4-15.

124 Emil Kraepelin, *Psychiatrie: ein Lehrbuch für Studirende und Aerzte* 6th ed., vol. 2: *Klinische Psychiatrie*(Leipzig: Barth, 1899) p. 5.

125 Kraepelin, *Psychiatrie* 6th ed. (1899) p.359. 질병 분류표 pp. v-x. 크레펠린은 조울병으로부터 멜랑콜리의 일부를 분리시켜 "갱년기 우울증"에 결합시켰다. 우울증의 일부는 아직도 "psychopathic condition(degenerative psychosis)"에 해당하게 했다. 그러나 1913년 출판된 임상에 관한 8권에서는 이 범주를 폐기했다. Kraepelim, *Psychiatrie*, part 2(Leipzig: Barth, 1913) pp.1353-38. 크레펠린은 자기 제자의 영향을 받았음을 밝혔다. George L. Dreyfus, *Die Melancholie: ein Zustandsbild des manisch-depressiven Irreseins*(Jena: Fischer, 1907). 이 책에 서문을 썼다. 1920년 크레펠린은 정서장애와 비非 정서장애 사이의 구분을 완화시켜 예후가 항상 현 증상에 근거해 나타나는 것은 아님을 인정했다. Kraepelin, "Die Erscheinungsformen des Irreseins" *Zeitschrift für die gesamte Neurologie und Psychiatrie* 62(1920) pp.1-29, 특히 p.271을 보라.

126 블로일러가 쓴 글의 요약은 "Die Prognose der Dementia praecox(Schizophreniegruppe)" *Allgemeine Zeitschrift für Psychiatrie* 65(1908) pp. 436-437("... Erlaube ich mir, hier das Wort Schizophrenie zur Bezeichnung des Kraepelinschen Begriffes zu benützen").

127 Eugen Bleuler, *Dementia Praecox oder Gruppe der Schizophrenien* (1911)(reprint Tübingen: Diskord, 1988). 크레펠린의 진정한 제자답게 오이겐 블로일러의 아들인 만프레트 블로일러가 아버지를 묘사하며 서문을 적었다.

128 Meyer, *Collected Parers* vol.2, p. 393.

129 Oswald Bumke, "Alfred Erich Hoche" *Archiv für Psychiatrie und Nervenkrankheiten* 116(1943) pp. 339-346(인용 p. 342). 호에에 관해서는 Schimmelpennig, Alfred Erich Hoche를 보라.

130 Erwin Stransky, MS "Autobiographie" in *Vienna, Institut für Geschichte der Medizin*, shelf no.HS2065, p. 272. "Ein norddeutscher Dorfschulmeister in Riesenformat."

131 Bonhoeffer의 보고서, "Lebenserinnerungen", p. 46.

132 Clarence B. Farrar, "I Remember Nissl" *AJP* 110(1954) pp. 621-624, 얘기는 pp. 623-624.

133 Franz Nissl, "Über die Entwicklung der Psychiatrie in den letzten 50 Jahren" *Verhandlungen des Naturhistorisch-Medizinischen Vereins*, N.F.,

8(1908) pp. 510-525(인용 p. 520).

134 S. B. Sutton, *Crossroads in Psychiatry: A History of the McLean Hospital*(Washington: American Psychiatric Press, 1986) pp. 149-150.

135 Meyer, *Collected Papers*, vol.3, p. 523.

136 Meyer, *Collected Papers*, vol.2, p. 280.

137 Henderson, *Evolution Psychiatry Scotland*, p. 183.

138 Meyer, *Collected Papers*, vol.2, p. 199. 개략을 보려면 Hurd, *Institutional Care Insane* vol.2, pp. 571-573; A. Mcchee Harvey et al., *A Model of its kind vol.1: A Centennial History of Medicine at Johns Hopkins*(Baltimore: Johns Hopkins, 1989) pp. 62-63, et al.

139 Thodore Lidz의 말에 의하면 "······ 크레펠린의 1896년 질병 분류법은 정신질환이 질병으로서의 특수한 실체를 가지고 있음을 전제로 한 것이었는데, 마이어가 이에 꿋꿋이 반대하는 태도를 보인 것이 미국 정신의학의 방향을 결정하게 되었다." Lidz, "Adolf Meyer and the Development of American Psychiatry" *AJP* 123(1966) pp.320-332(인용 pp.326-327) 마이어의 다면적 관점을 요약한 것은 다음을 보라. U. H. Peters, "Adolf Meyer und die Beziehungen zwischen deutscher und amerikanischer Psychiatric" *Fortschritte der Neurologie und Psychiatrie* 58(1990) pp.332-338

140 Meyer, *Collected papers* vol.2, p. 266. 퇴행이론에 관한 마이어의 주장은 Meyer, "A Review of the Signs of Degeneration and of Methods of Registration" *American Journal of Insanity* 52(1895) pp. 344-363.

141 크레펠린의 5권이 1896년에 나왔을 때 시기적절하게도 마이어가 했던 언급은 Meyer, *Collected Papers* vol.3, p. 523.

142 Meyer, *Collected Papers* vol.3, pp. 536-539. 이제 코튼의 작업은 "신실하고 확신에 찬 지도자가 인도하는 적극적인 정신으로 끌고나가야만 할 것이다."(p. 537). Cotton에 관해서는 Andrew Scull, "Desperate Remedies: a Gothic Tale of Madness and Modern Medicine" in R. M. Murray & T. H. Turner(eds.) *Lectures on the History of Psychiatry*(London: Gaskell, 1990) pp. 144-169.

143 Meyer, *Collected Papers* vol.3, pp. 102, 285-314, 309-310.

144 마이어의 이런 스타일을 기술한 것은 C. Macfie Campbell, "Adolf Meyer" *Archives of Neurology & Psychiatry* 37(1937) pp. 715-724, 특히 p. 723.

145 Lidz, AJP, p. 327.

제4장 신경성 질환의 시대

1 *The Work of Edgar Allan Poe*, vol.2: Tales(London: OUP, 1927) pp. 376-381(인용 pp. 376, 378). 포에게 문제가 있었다면 무엇인지 해석하고 독특한 작품세계를 개괄한 것은 Alexander Hammond, "On Poe Biography: A Review

Essay" *ESQ* 28(1982) pp. 197-208. Robert Patterson, "Once upon a Midnight Dreary: The Life and Addictions of Edgar Allan Poe" *Canadian Medical Association Journal* 147(1992) pp. 1246-48.

2 Richard Hunter & Ida Macalpine, *Three Hundred Years of Psychiatry, 1515-1860*(London: OUP, 1963) 노리스에 관한 것은 p. 695; 1814년부터 1815년 사이에 의회 특별위원회가 조사하여 작성한 보고서의 일부 선택적 발췌문이 이런 공포를 조장했다. pp. 696-703.

3 Bruno Goergen, *Privat-Heilanstalt für Gemüthskranke*(Vienna: Wimmer, 1820) p. 10.

4 Charles Reade, *Hard Cash: A Matter-of-Fact Romance*(c. 1863); 내가 참조한 것은 2nd ed.(London, Sampson Low, 1864) vol.2, p. 290. 첫 번째 판에는 날자가 찍혀 있지 않았다. 이 책은 인기가 높아서 많은 중쇄를 거듭했고, 마지막 판은 1927년에 나왔다.

5 Adolf Grohmann, *Technisches und Psychologisches in der Beschäftigung von Nervenkranken*(Stuttgart: Enke, 1899) pp. 64, 68-69, 70. 이 부모는 사회로 돌아오기 보다는 자발적으로 조용히 수용소에서 생활하기를 원했다.

6 Hugo Gugl & Anton Stichl, *Neuropathologische Studien*(Stuttgart: Enke, 1892) p. 18.

7 David Drummond, "The Mental Origin of Neurasthenia and its Bearing on Treatment" *BMJ*, vol.2(Dec. 28, 1907) pp. 1813-16(인용 p. 1814).

8 Georg Dobrick, "Odium psychiatricum" *PNW* 13(Dlec. 16, 1911) pp. 381-383.

9 Short notice, *PNW* 27(Nov. 28, 1925) p. 496.

10 Georg Lomer, "Ein antipsychiatrisches Zentralorgan" *PNW* 11(Oct.23, 1909) pp. 273-278.

11 Alfred E. Hoche, *Jahresringe: Innebnansicht eines Menschenlebens*(Munich: Lehmann, 1934) p. 121.

12 리포우스키는 환자들이 정신질환의 그 어떤 진단명보다도 "스트레스"라는 용어를 좋아한다는 것을 관찰했다. 그래서 신체화경향이 있는 환자에게 "스트레스 관리"를 하라고 했다. "Somatization and Depression" *Psychosomatics* 31(1990) pp. 13-21, 특히 p. 19.

13 [George] Bernard Shaw, *The Doctors Dilemma: A Tragedy*(Harmondsworth: Penguin, 1946)의 "서문"(1911) pp. 76. 이 연극은 1906년에 처음 공연되었다.

14 Gregory Bateson(ed.), *Percibal's Narrative: A Patinet's Account of His Psychosis, 1830-1832*(Stanford: Stanford U. p. , 1961) p. 178.

15 J. Evans Riadore, *Introductory Lectures to a Course on Nervous Irritation, Spinal Affections...*(London: Churchill, 1835) p. 59.

16 Jean-Amédée Dupau, *De L'éréthisme nerveux ou analyse des affections nerveuses*(Montpellier: Martel, 1819) pp. 6-7.

17 Heinrich Laehr, *Über Iuusein und Irrenanstalten*(Halle: Pfeffer, 1852) p. 244; "Zusammenstellung der Irren-Anstalten Deutschlands" *Allgemeine Zeitschrift für Psychiatrie* 15(1858) "Anhang[부록]" p. 2.

18 "Anhang" Allg. *Z. Psych*, 1858, p. 7; the *Index-Catalogue of the Library of the Surgeon-General's Office, United States Army*, series 1, vol.9, p. 780 에 는 아우구스트 마이어가 출판한 "Heil- und Pflegeanstalt für Nervenkranke zu Eitorf" 내용 견본이 있다.(Eitorf, 1876)

19 Ewald Hecker, *Über das Verhältniss zwischen Nerven- und Geisteskranken-heiten*(Kassel: Fischer, 1881) p. 13; 1881년에 헤커가 설립한 수용소는 "신경성 으로 고통받는 자를 위한 병원"이라고 불렸다.

20 Robert Sommer, "Kliniken für psychische und nervöse Krankheiten, *Medinische Woche* 7(1906) pp.4-6(인용 p.4) Irrenklinik(광인을 위한 클리닉) 에서 Klinik für psychische und nervöse Krankheiten(정신과 신경성 질환을 위 한 클리닉)으로 명칭이 바뀌었다. 그는 신경학과를 통제하고 있는 내과의 비위를 건 드리지 않으려고 이 명칭을 선택했고, 또한 좀머가 그를 "Nervenpathologie"라고 깔보기를 원치 않았기 때문이다.

21 Ferdinand Adalbert Kehrer, "Erinnerungen eines Neuro- und Psychopathologen" *Hippokrates* 35(1964) pp. 22-29(인용 p. 27). 1933년부터 1945년까지 나치즘에 물들었던 세대의 정신과 의사들로 하여금 침묵할 수 있게 해 주었던 기념비적 회고록이다.

22 John R. Lord, "The Evolution of the 'Nerve' Hospital as a Factor in the Progress of Psychiatry" *Journal of Mental Science* 75(1929) pp. 307-315, 특히 p. 313.

23 Johannes Bresler, "Eine Oberschlesische Nervenklinik" PNW 26(Aug.9, 1924) pp. 104-106(인용 p. 105). 문제가 되었던 기관은 Oberschlesien(Upper Silesia)의 Kreuzburg에 있던 주립정신병원이다.

24 Paul Näcke, "Die Trennung der Neurologie von der Psychiatric und die Schaffung eigener neurologischer Kliniken," *Neurologische Zentralblatt* 31(1912) pp. 82-89(인용 p. 88) 나케는 당시 후베르투스부르크 수용소 소장이었다.

25 초기 역사에 관해서는 Richard Metcalfe, *The Rise and Progress of Hydrotherary in England and Scotland*(London: Simpkin, 1906) pp. 58-76; Phyllis Hembry, *The English Spa, 1560-1815: A Social History*(London:Athlone, 1990).

26 Janet Browne, "Spas and Sensibilities: Darwin at Malvern" *Medical History*, Supplement no.10(1990) pp. 102-113, 특히 p. 106.

27 Edward Bulwer Lytton, *Confessions of a Water-Patient*(London: Colburn, 1845) pp. 13-15.

28 에드워드 스파크스는 결핵을 가지고 있었고 프랑스령 리비에라 지역 멘톤에 거주하고 있었는데, 리비에라 지역이 신경성 질환에 중점을 두는 것에 반대하고 서부 리비에라 지역의 기후는 신경성 환자를 낫게 하는 것이 아니라 도리어 해롭다고 주장했다. *The*

Riviera: Sketches of the Health Resorts(London: Churchill, 1879) p. 140.

29 Hermann Weber, "Klimatotherapie" in Hugo von Ziemssen(ed.), *Handbuch der allgemeinen Therapie*(Leipzig: Vogel, 1880) vol.2, pt.1, pp. 1-212. 나는 이 책의 프랑스 번역판을 보았다. *Climatothérapie*(Paris: Alcan, 1886) pp. 276-278; 헤르만 베버에 관해서는 *Munk's Roll*, vol.4, pp. 121-122을 보라.

30 Hermann Weber & Frederick Parkes Weber, *The Mineral Waters and Health Resorts of Europe*(London: Smith, 1898) p. 334.

31 Frederick Parkes Weber, *Casebooks, vol. for 1907-1909, p. 200. Contemporary Medical Archives Centre*, Wellcome Institute for the History of Medicine, London.

32 Notice, *BMJ*, vol.1(Apr. 1, 1922) p. 533.

33 Neville Wood, "British Spas and Their Waters" *The Prescriber* 15(1921) pp. 113-119(인용 p. 119).

34 Paul Geibod, "Les 'fièvres thermales' en France au XIXe siècle" *Revue historique* 277(1987) pp. 309-334, 특히 p. 312.

35 A Bellanger, *Le Magnétisme: verités et chimères de cettre science occulte*(Paris: Guilhermet, 1854) p. 219; "une sorte de république champêtre de buveurs d'eau."

36 Octave Mirbeau, *Les vingt et un jours d'un neurasthénique*(Paris: Charpentier, 1901) p. 337.

37 Fernand Levillain, *Les maladies nerveuses et arthritiques à Royat*(Clermont-Ferrand: Malleval, 1894) p. 60.

38 Edouard Egasse & Joseph-Frédéric Guyenot, *Eaux minérales naturelles autorisés de France*(Paris: Éditions scientifiques,1891) pp. 130-148.

39 푸그레조 온천에 관한 이 주제를 다룬 책은 Jean Certhoux, "De la neurasthénie aux névroses: le traitement des névroses dans le pass?" *Annales médico-psychologiques* 119(1961) pp. 913-932.

40 Dr. Sauvage, "Les maladies nerveuses sur le littoral méditerranéen" *Poitou médical* 22(1907) pp. 206-212; Albert Rosenau, "Monte Carlo als Winterstation" *Zeitschrift für Balneologie, Klimatologie und Kurort-Hygiene* 1(1908-09) pp. 594-596.

41 Dr. Vogelsang, "Montreux" *Zeitschrift für Balneologie... 2(1909-1910)*, pp. 442-446, 통계 p. 445(인용 p. 446).

42 Alfred Béni-Barde, *La Neurasthénie*(Paris: Masson, 1908) pp. 367-369.

43 Alfred Béni-Barde, *La Neurasthénie*(Paris: Masson, 1908) pp. 52.

44 Gerbod, *Revue historique*, pp. 316-317.

45 J. Charvát, "Eine analytische Betrachtung dee Karlsbader Kurfrequenz, 1756-1960" *Balneologia e Balneotherapia* 21(1961) pp. 407-420, 통계 pp.

417-419.

46 Dr. Rompel, "Der Fremdenverkehr der bedeutenderen deutschen Badeorte" *Zeitschrift für Balneologie, Klimatologie und Kurort-Hygiene* 6(1913) pp. 391-399, 통계 p. 399.

47 David Hess, *Die Badenfahrt*(Zurich: Füssli, 1818) p. 85 익명의 의사의 메모.

48 *Jahrbücher für Deutschlands Heilquellen und Seebäder*(1837) pp. 104-105, 141-146, pp. 154 이하, p. 191.

49 Louis Lehmann, *Die chronischen Neurosen als klinische Objekte in Oeynhausen*(Rehmr)(Bonn: Cohen, 1880) 자료 pp. 7-9, "자위manustupration" 에 관한 것은 p. 58, 저자들이 포함시킨 큰 범주는 "연주창과 허혈oligemia"로서 정형외과, 부인과 및 다른 질병들을 모두 혼합한 것이었다.

50 Alfred Martin, "Die Reilsche Badeanstalt in Halle mil ihrem Kur und Badebetrieb" *Zeitschrift für physikalische und diätetische Therapie* 26(1922) pp. 131-138.

51 "Philo von Walde" [pseud. for Johannes Reinelt], *Vincenz Priessnitz: Sein Leben und sein Wirken*(Berlin: Müller, 1898).

52 개요를 보려면 Edward Shorter, "Private Clinics in Central Europe, 1850-1933" *Social History of Medicine* 3(1990) pp. 159-195, 특히 pp. 168-175.

53 자신이 과거에 정신과 의사였다고 광고하지는 않았지만, 빈 대학교 도서관에 있는 신상 파일에서 발견할 수 있었다.

54 Landes-Irren-Anstalt Kierling-Gugging(오늘날에는 Niederosterreichisches Landeskrankenhaus für Psychiatrie und Neurologie Klosterneuburg), house archive, discharge number 1903/171.

55 Dr. Walther, "Die offenen Anstalten für Nervenkranke und Leicht-Verstimmte" *Correspondenz-Blatt der deutschen Gesellschaft für Psychiatrie* 20(1874) pp. 81-91(인용 p. 86, p. 87n).

56 Caspar M. Brosius, *Aus meiner psychiatrichen Wirksamkeit: Eine zweit Adresse*(Wiesbaden: Bergmann, 1881) p. 19.

57 Karl E. Hoestermann, *Zur Erinnerung an die Feier der füfzigjährigen Bestekens der Wasserheilanstalt Marienberg zu Boppard am Rhein* (Boppard: Richter, 1889) pp. 29-30.

58 Paul Wiedeburg, "Über die psychischen Einflüsse auf Patienten in offenen Heilanstalten mit Ausschluss der direkten ärztlichen Behandlung" *Zeitschrift für diätetische und physikalische Therapie* 4(1900-1901), pp. 409-415(인용 p. 412).

59 Salomon Federn(also known as S. Bunzel-Federn), *Blutdruck und Darmatonie*(Leipzig: Deuticke, 1894) p. 25.

60 George Beard, "Neurasthenia, or Nervous Exhaustion" *BMSJ* 80(Apr.29, 1869) pp. 217-221(인용 pp. 217, 218). Beard의 생애에 관해서는 Charles M.

Rosenberg, "The place of George M. Beard in American Psychiatry" *Bulletin of the History of Medicine* 36(1962) pp. 245-259. 비어드와 무관하게, 한 수용소 감독관이었던 에드빈 판 도이센Edwin Van Deusen도 1869년 4월 neurasthenia라는 용어를 사용했다. "Observations on a Form of Nervous Prostration(Neurasthenia) Culminating in Insanity" *American Journal of Insanity* 25(1869) pp. 445-461. 그러나 비어드의 파급력이 더 컸다.

61 George Beard, *A Practical Treatise on Nervous Exhaution(Neurasthenia): Its Symptoms, Nature....*(New York: Wood, 1880), p. vi.

62 Federn, *Blutdruck*, p. 24.

63 William Perfect, *Select Cases in the Different Species of Insanity*(Rochester: Gillman, 1787) pp. 3-7.

64 Caspar M. Brosius, *Aus meiner psychiatrischen Wirksamkeit*(Berlin: Hirschwald, 1878) p. 35.

65 한 예로 Goergen, *Privatheilanstalt*, p. 28.

66 S. Weir Mitchell, "The Evolution of the Rest Treatment" *JNMD* 31(1904) pp. 368-373, 사례 pp. 370-372.

67 S. Weir Mitchell, "Rest in Nervous Disease" in Edouard C. Seguin, *A Series of American Clinical Lectures* vol.1: Jan-Dec. 1875(New York: Putnam, 1816) pp. 83-101(인용 p. 54).

68 Theodore H. Weisenburg, "The Weir Mitchell Rest Cure Forty Years Ago and Today" *Archives of Neurology & Psychiatry* 14(1925) pp. 384-389(인용 p. 385).

69 Weber, *Mineral Waters*, pp. 439-440.

70 William S. Play fair, "Notes on the Systematic Treatment of Nervous Prostration and Hysteria Connected with Uterine Disease" *Lancet* 2(May 2, 1881) pp. 857-859(인용 p. 857).

71 효과를 의심하는 환자에게 휴식치료에 관해 설명해 주는 방법에 대한 것은 Alfred T. Schofield, *The Management of a Nervous Patient*(London: Churchill, 1906) pp. 190-229.

72 [Jean-Martin Charcot], "De l'isolement dans le traitement de l'hystérie" *Progrés médical* 13(Feb 28, 1885) pp. 161-164; 조르주 쥘 드 라 뚜레Georges Gilles de la Tourette는 샤르코의 강의를 녹취해서 출판했는데, 뚜레 자신의 명성에 비하면 너무 하찮은 일이었다.

73 한 예로 Rudolph Burkart, "Zur Behandlung schwere Formen von Hysteric und Neurasthenie" - [Volkmann] *Sammlung klinischer Vorträge* no.245(1884) pp. 1771-1818.

74 *American Medical Directory 1906*, 광고면 1vi, ixv.

75 *Bäder-Almanach 1910*, pp. 484, 661-662.

76 Schofield, *Management Nerve Patient*, p. 225.

77 Elizabeth Robins, *A Dark Lantern: A Story with a Prologue*(New York: Macmillan 1905) 인용 pp. 134-135, 146-149, 153-156, 169, 209, 220. 로빈스의 생애에 관해서는 Joanne E. Gates, *Elizabeth Robins, 1862-1952: Actress, Novelist, Feminist*(Tuscaloosa: University of Alabama Press, 1994) pp. 136-143 그녀가 받은 휴식치료는 게이츠에 말에 따르면 완벽한 실패였다.

78 Fernand Levillain, *La Neurasthénie: Maladie de Beard(Méthodes de weir-Mitchell et Playfair. Traitement de Vigouroux, avec une préface du Professeur Charcot)*(Paris: Maloine, 1891) pp. 238, 243. 샤르팡티에의 전기치료사였던 로망 비고루는 책에 "치료 후기"를 덧붙였다.

79 Edward W. Taylor의 논문에 대한 논평은 "The Attitude of the Medical Profession toward the Psychotherapeutic Movement" *JNMD* 35(1908) pp. 401-403 용약; 더컴의 논평 p. 406.

80 George A. Waterman, "The Treatment of Fatigue States" *Journal of Abnormal Psychology* 4(1909) pp. 128-139 인용 p. 134.

81 Edwin Bramwell, "A Lecture on Psychotherapy in General Practice" *Edinburgh Medical Journal*, NS, 30(1923) pp. 37-59(인용 p. 46).

82 Gabriel Gustav Valentin, *Traité de névrologie*(Paris: Baillière, 1843). 신경해부학 부분 프랑스 어 번역판.

83 "Report of the Council to the American Medico-Psychological Association" *American Journal of Insanity* 67(1910) pp. 400-411, 참석자 명단은 pp. 405-410.

84 Bonnie Ellen Blustein, "'A Hollow Square of Psychological Science': American Neurologists and Psychiatrists in Conflict" in Andrew Scull(ed.), *Madhouses, Mad-Doctors, and Madmen: The Social History of Psychiatry in the Victorian Era*(Philadelphia: University of Pennsylvania Press, 1981) pp. 241-270. J. Pantel, "Streitfall Nervenheilkunde-eine Studie zur disziplinaren Genese der klinischen Neurologie in Deutschland" *Fortschritte der Neurologie und Psychiatrie* 61(1993) pp. 144-156.

85 Bäder Almanach, 1910, p. 655; "Psychische Beeinflussung". 여러 군데 "개방형" 신경 요양원에서 일했던 프라이들란더는 내가 알기로는 어느 한 수용소에도 고용된 적이 없었다..

86 최면술의 흥망성쇠에 관한 상세한 내용은 Edward Shorter, *From Paralysis to Fatigue: A History of Psychosomatic Illness in the Modern Era*(New York: Free Press, 1992) pp. 129-165, 246-247. 최면술에 관한 여러 가지 역사서 중 Adam Crabtree, *From Mesmer to Freud: Magnetic sleep and the Root of Psychological Healing*(New Haven: Yale U.p., 1993).

87 Hippolyte Bernheim, "De la Suggestion dans l'état hypnotique et dans l'état de veille" *Revue médicale de l' Est* 15(1883) pp. 610-619; 이는 여러 부분

중 네 번째 부분이다.; 여덟 번째 부분. 16(1884) pp. 7-20. 베른하임은 이 논문들을 확장시켜 *De la suggestion dans l' état hypnotique et dans l' état de veille*(Paris: Doin, 1884)로 출판했다. 베른하임이 미친 영향에 대해서는 Jean Camus & Philippe Pagniez, *Isolement et psychothérapie*(Paris: Alcan, 1904)를 보라.

88 Frederik van Eeden, *Happy Humanity*(Garden City: Doubleday, 1912) p. 35. 반 에덴에 관해서는 R. Th. R. Wentges, "De psychiater Frederik van Eeden" *Nederland. Tijdschrift voor Geneeskunde* 120(1976) pp. 927-934n.

89 리보가 1887년 5월 18일 아우구스트 포렐에게 보낸 편지를 보려면 Hans H. Walser, (ed.) *August Forel Briefe/Correspondance, 1864-1927*(Berne: Huber, 1968) p. 196.

90 Albert Willem van Renterghem & Frederik Willem van Eeden, *Clinique de psycho-thérapie suggestive*(Brussels: Manceaux, 1889).

91 이 구절의 설명은 van Eeden, *Happy Humanity*, pp.33-40에서 발췌, 편집한 것이다. van Eeden "Les Principes de la psychothérapie" *Revue de l' hypotisme* 7(1893) pp.97-120; p.119의 토론을 보라.; van Renterghem "Liébeault et son École" *Zeitschrift für Hypnotismus* 4(1896) pp.333-375; 연작 vol.5(1897) pp.46-55, 95-127. vol.6(1897) pp.11-44; 반 렌터검의 생애에 관한 상세한 내용은 vol.4, pp.333-334, vol.6, pp.11-15를 보라. 새뮤얼 튜크의 막내아들 대니얼 헤크 튜크가 1872년 "psycho-therapeutics"라는 용어를 처음으로 사용했다고 주장하는데 이는 신빙성이 없다. 왜냐하면 튜크는 치료적 기술을 설명하기 위해 마음이 몸에 영향을 미친다는 모호한 일반적인 진술 이상의 것을 기술하지는 않았기 때문이다. Daniel Hack Tuke, *Illustrations of the Influence of the Mind upon the Body in Health and Disease*(1872) (Philadelpia: Lea, 1873); "의지를 가지고 집중을 하는 것 외에, 의지가 질병에 미치는 영향은 Psycho-therapeutics에서 매우 중요한 인자이다." (p.393)

92 정신치료의 한 형태인 도덕치료가 수용소에서 이루어졌던 전통은 사라지지 않았다. 수용소 이외의 의료 분야에서도 베른하임 식의 암시가 도입되기 훨씬 이전부터 심리적 방식에 주의를 환기하라는 소리가 나오기 시작했기 때문이다. 한 예로 다음을 보라. Paul Julius Möbius, "Über den Begriff der Hysterie" *Zentralblatt für Nervenheilkunde* 11(1888) pp.66-71. "히스테리에는 심리적 치료 이외에 다른 치료법은 없다." (p.69)

93 포렐은 최면술이 뇌의 물리적 변화를 일으킨다고 믿었다. *Der Hypnotismus: seine psycho-physiologische, medicinische, strafrechtliche Bedeutung und seine Handhabung*(1889) 2nd ed. (Stuttgart: Enke, 1891) pp.13-19

94 두맹 베졸라Dumeng Bezzola가 1908년 4월 9일 포렐에게 보낸 편지. Christian Müller, "August Forel und Dumeng Bezzola: ein Briefwechsel" *Gesnerus* 46(1989) pp. 55-79. 편지 p. 68.

95 August Forel, "Bemerkungen zu der Behandlung der Nervenkranken durch Arbeit und zur allgemeinen Psychotherapie" *Zeitschrift für Hypnotismus* 10(1902) pp. 1-5, 특히 p. 3.

96 Heinrich Obersteiner, *Der Hypnotismus mit besonderer Berücksichtigung seiner klinischen und forensischen Bedeutung*(Vienna: Breienstein, 1887) p. 67.

97 Heinrich Obersteiner, *Die Privatheilanstalt zu Ober-Döbling*(Vienna: Deuticke, 1891) pp. 144-147.

98 Hugo Gugl & Anton Stichl, *Neuropathologische Studien*(Stuttgart: Enke, 18920 pp. 20-21, 34-35, 108, 137-138. 특별히 최면술이라고 언급하지는 않았지만, 최면술을 시행하지 않은 것은 아니었다. Richard von Krafft-Ebing, "Zur Verwerthung der Suggestionstherapie(Hypnose) bei Psychosen und Neurosen" *Wiener Klinische Wochenschrift* 4(Oct 22, 1891) pp. 795-799.

99 알베르트 폰 슈렝크-노칭Albert von Schrenck-Notzing의 박사학위 논문에 언급되었다. *Ein Beitrag zur therapeutischen Verwerthung des Hypnotismus* (Leipzig: Vogel, 1888) p. 76. 슈렝크-노칭은 호이슬린이 최면을 걸어 놓은 환자를 면담할 수 있었다.

100 Karl Gerster, "Beiträge zur suggestiven Psychotherapie" *Zeitschrift für Hypnotismus* 1(1892-1893) pp. 319-335. 최면술이 언급되었다. 나중에 요양원을 선전하는 문구에는 "Psychotherapie"가 언급되었다. *Zeitschrift für physikalische Therapie* 3(1899-1900) 광고 p. 5.

101 Caesar Heimann, *Berirht über Sanitätsrah Dr. Karl Edel's Asyl für Gemäthskranke zu Charlottenburg, 1869-1894*(Berlin: Hirschwald, 1895) pp. 103-104.

102 Benedict-Augustin Morel, *Traité des dégénérescences*(Pariss: Baillière, 1857) p. 685.

103 V.A. Amédéé Dumontpallier, "Séance d'ouverture" *Revue de l'hypnotisme* 4(1890) pp. 79-85, 특히 p. 79.

104 Van Renterghem, *Zeitschrift für Hypnotismus* 5(1897) pp. 115-119. 듀몽펠리에 등도 최면술을 사용했다.

105 Pierre Janet, *L'Ésta mental des hystériques: Les Stigmates mentaux...le traitement psychologique de l'hystérie*(1893). 내가 이용한 것은 2nd ed.(Paris:Alcan, 1911)이다.; 최면술에 관해서는 pp. 645-657, "암시"에 관해서는 pp. 657-660. 쟈네의 생애와 그에 관한 긍정적 평가를 보려면 Henri F. Ellenberger, *The Discovery of the Unconscious: The History and Evolution of Dynamic Psychiatry*(New York: Basic, 1970) pp. 331-417.

106 Smith Ely Jelliffe, "Glimpses of a Freudian Odyssey" *Psychoanalytic Quarterly* 2(1933) pp. 318-329(인용 p. 323).

107 Smith Ely Jelliffe, "Deaths of M. Allen Starr and Joseph Francis Babinski"

JAMA 100(Jan 14, 1933) p. 134.

108 Camus & Pagniez, *Isolement et psychothérapie*, pp. 1-3; 부록의 내용은 pp. 99-107; 데제린이 쓴 이 책의 서문을 보라. 데제린은 정신신경증에 관한 두꺼운 책을 에른스트 고클러Ernest Gauckler와 공저로 썼다. *Les manifestations fonctionnelles des psychonévroses*(Paris: Masson, 1911) pp. v-viii. 데제린의 생애에 관한 것은 Gauckler, *Le Professeur J. Dejerine*(Paris: Masson, 1922).

109 Jules-Joseph Dejerine, "Le Traitement des psycho-névroses à l'hôpital par la méthode de l'isolement" *Revue neurologique* 10(1902) pp. 1145-48.

110 Jelliffe, *Psychoanalytic Quarterly*, 1933 p. 324.

111 Jelliffe, *Psychoanalytic Quarterly*, 1933 p. 324. C.B. 패러의 기록에 따르면 사람들은 데제린이 신경쇠약증인지 혹은 진전마비에 걸렸는지 묻곤 했다고 한다. "Diary 1902-04" 날짜 표기 없음.

112 Catherine Ducommun, "Paul Dubois(1848-1918)" *Gesnerus* 41(1984) pp. 61-99 경력의 상세한 내용은 p. 64.

113 Paul Dubois, *Les psychonévroses et leur triatment moral*(1904), 3rd ed.(Paris: Masson, 1909) p. xxiii.

114 *Dejerine Psychonévroses*, p. viii.

115 Jules-Joseph Dejerine, "Clinique des maladies du systéme nerveux: Leçon inaugurale" *Presse médicale* Apr.1, 1911 pp. 253-259.

116 Gilbert Ballet, "Le domaine de la psychiatrie" *Presse médicale*, May 10, 1911 pp. 377-380.

117 Jules-Joseph Dejerine, "Le domaine do la psychiatrie, réponse à M: le Professeur Gilbert Ballet" *Presse médicale*, May 24, 1911, pp. 425-426.

118 Byrom Bramwell, "Functional Paraplegia" *Clinical Studies* NS,1(1903) pp. 332-344, 특히 pp. 340, 343.

119 영국에서 정신의학과 신경학의 관계에 관한 설명은 William F. Bynum, "The Nervous Patient in 18th- and 19th-Century Britain: the Psychiatric Origins of British Neurology", in R. M. Murray & T. H. Turner(eds.), *Lectures on the History of Psychiatry*(London: Gaskel, 1990) pp. 115-127.

120 Ernest Jones, *Free Associations: Memories of a Psyche-analysist*(New York: Basic, 1959) p. 123.

121 Quentin Bell, *Virginia Woolf: A Biography*, 2 vols.(New York: Harvest, 1972) vol.1, pp. 90, 94, 166.

122 William A. Hammond, "The Non-Asylum Treatment of the Insane" *Medical Society of the State of New York, Transactions, 1879*, pp. 280-297. Gerald N. Grob, *Mental Illness and American Society, 1875-1940*(Princeton: Princeton U. p., 1983) pp. 49-55.

123 Lewellys F. Barker, *Time and the Physician*(New York: Putnam, 1942) pp.

168-170. 바커는 존스 홉킨스 병원에 "심리학적" 분과를 만들기를 원했으나 지원금이 없었다.(p. 175)

124 한 예로 Joseph Collins, "The General Practitioner and the Functional Nervous Diseases" *JAMA* 52(Jan.9, 1909) pp. 87-92 특히 p. 91. 그는 신경과 의사들은 정신적 치료에 관하여 항상 알고 있었다고 주장하면서, 이를 "정신치료" 기술이라고 부풀리는 것에 대해 발끈했다.

125 Charles L. Dana, "The Future of Neurology" *JNMD* 40(1913) pp. 753-757(인용 pp. 754, 755, 756).

제5장 정신분석, 그리고 정신의학의 단절

1 Cary B. Cohen, "Die Studenten der Wiener Universität von 1860 bis 1900", in Richard Georg Plaschka & Karlheinz Mack, *Wegenetz europäischen Geistes II: Universitäten und Studenten*(Munich: oldenbourg, 1987) pp. 290-316. 표4 p. 297.

2 Steven Beller, *Vienna auf the Jews, 1867-1938: A Cutural History* (Cambridge: CUP, 1989) p. 36.

3 Beller, *Vienna and the Jews*, p. 37.

4 프로이트의 생애에 관해서는 Peter Gray(ed.), *The Freud Reader*(New York: Norton, 1989) pp. xxxi-x1vii.

5 Robert A. Kann(ed.), *Theodor Gomperz: ein Gelehrtenleben im Bürgertum der Franz-Josefs-Zeit*(Vienna: Akademie der Wissenschaften, 1974) pp. 236-237.

6 Erwin Stransky, MS "Autobiographie" 날짜 불명, Vienna, Institut für Geischichte der Medizin, HS. 2,065, p. 117.

7 Jeffrey M. Masson(ed.), *The Comlete Letters of Sigmund Freud to Wilhelm Fliess, 1887-1904*(Cambridge: Harvard U.p., 1985) p. 378.

8 MS "Nachgelassene Lebenserinnerungen von Julius Wagner-Jauregg", Vienna, Institut für Geschichte der Medizin, HS. 3290, p. 95a.

9 Josef Breuer & Sigmund Freud, *Studies on Hysteria*(1895) Eng. trans. James & Alix Strachey(London: Hogarth Press, 1955); Albrecht Hirschmüller, *Physiologie und Psychoanalyse in Leben und Werk Josef Breuers*(Berne: Huber, 1978) pp. 348-364. 파펜하임 사례에 관한 브로이어의 실제 얘기가 적혀 있어서 *Studies on Hysteria*에 나온 공상적 얘기와 대조된다.; 안나 폰 라이벤과 다른 환자들에 대해서는 Peter J. Swales, "Freud, His Teacher, and the Birth of Psychoanalysis" in Paul E. Stepansky(ed.), *Freud: Appraisals and Reappraisals*(Hillsdale, NJ: Analytic Press, 1986) pp. 3-82.

10 Freud, *Studies on Hysteria*(Harmondsworth: Pelican, 1974) pp. 225-226.

11 한 예로, 프로이트가 친구인 빌헬름 플리스에게 1897년 12월 12일에 보낸 편지에는 "자넨 '정신 내적 신화endopsychic myths'가 어떤 건지 상상이나 하겠나? 내 정신적 노고의 마지막 산물이라네." Masson, *Freud/Fliess*, p. 286.

12 Masson, *Freud/Fliess*, p. 57.

13 Masson, *Freud/Fliess*, pp. 155-158.

14 Eva Brabant 등(eds.), *Sigmund Freud/Sandor Ferenczi: Briefwechsel*, vol.1, pt.1(Vienna: Böhlau, 1993) p. 221.

15 Emil Raimann, *Die hysterischen Geistesstörungen*(Vienna: Deuticke, 1901) p. 217.

16 Emil Raimann, *Zur Psychoanlyse*(Vienna: Urban, 1924) pp. 32-33.

17 Sigmund Freud, 'L'Hérédité et l'étiologie des névroses"(1896), in Freud, *Gesammelte Werke*, vol.1(Frankfurt/M: Fischer, 1952) pp. 407-422, 특히 p. 416.

18 이 세 요소에 관한 이론은 1899년에 확립되었다. 프로이트의 "Über Deckerinnerungen"(1899), *Gesammelte Werke*, vol.1, pp. 531-554.

19 Franz Alexander, "A Review of Two Decades," in Alexander & Helen Ross (eds.), *Twenty Years of Psychoanalysis*(New York: Norton, 1953) pp. 13-27(인용 p. 16).

20 Masson, *Freud/Fliess*, p. 398.

21 Wilhelm Stekel, "Zur Geschichte der analytischen Bewegung" *Fortschritte der Sexual-Wissenschaft*, 2(1926) pp. 539-575, 특히 p. 551.

22 Paul Roazen, *Freud and his Followers*(1971)(reprint ed. New York: New York U.p., 1984) p. 302n.

23 Sigmund Freud, *Das Unbehagen in der Kultur*(1930), in *Gesammelte Werke*, vol.14, pp. 421-506.

24 일화에 관해서는 Hermann Keyserling, *Reise durch die Zeit*, vol.2: *Abenteuer der Seele*(Darmstadt: Holle, 1958) p. 281. 그 동료의 이름은 밝히지 않았다.

25 Gerhard Fichtner(ed.), *Sigmund Freud/Ludwig Binswanger: Briefwechsel, 1908-1958*(Frankfurt/M: Fischer, 1992) p. 81

26 Grete Meisel-Hess, *Die Intellektuellen*(Berlin: Oesterheld, 1911) pp. 341-346.

27 Max Eitingon, *Bericht über die Berliner psychoanalytische Poliklinik*(März 1920 bis Juni 1922)(Vienna: Internationaler Psychoanalytischer Verlag, 1923).

28 Martin Gumpert, *Hölle im Paradies: Selbstdarstellung eines Arztes* (Stockholm: Bermann-Fischer, 1939) p. 185.

29 Elias Canetti, *Das Augenspiel: Lebensgeschichte, 1931-1937* (1985)(Frankfurt /M: Fischer Taschenbuch, 1988) pp. 142-143 카네티는 "die psychoanalytische Verseuchung"이라는 용어를 사용했다.

30 Elias Canetti, *Die Fackel im Ohr, Lebensgeschichte, 1921-1931*(1982) (Frankfurt/M: Fischer Taschenbuch, 1988) pp. 134-135.

31 Andreas Kluge, "Über Psychoanalyse" *PNW* 25(Aug. 25, 1923) pp. 131-134(인용 pp. 132, 133).

32 Abram de Swaan, "On the Sociogenesis of the Psychoanalytic Setting" in *Human Figurations: Essays for Norbert Elias*(Amsterdam: Sociololisch Tijdschrift, 1977) pp. 381-413, 특히 pp. 385-386.

33 Gustav Aschaffenburg, "Die Beziehungen des sexuellen Lebens zur Entstehung von Nerven-und Geisteskrankheiten" *Münchener Medizinische Wochenschrift* 53(Sept 11, 1906) pp. 1793-1798.

34 Adolf Albrecht Friedländer, "Hysterie und moderne Psychoanalyse" *PNW* 11(Jan. 29, 1910) pp. 393-396, 특히 p. 395.

35 Friedländer, "Hysterie und moderne Psychoanalyse"(concl.) *PNW* 11(Mar.5, 1910) pp. 442-445(인용 p. 444).

36 Johannes Heinrich Schultz, *Lebensbilderbuch eines Nervenarztes*(Stuttgart: Thieme, 1964), p. 71. 본회퍼의 정신과 클리닉과 베를린의 정신분석 클리닉의 연관관계는 Uwe Henrik Peter, *Psychiatrie im Exil: Die Emigration der dynamischen Psychiatrie aus Deutschland, 1933-1939*(Düsseldorf: Kupka, 1992) pp. 99-100.

37 Adolf Strümpell, *Aus dem Leben eines deutschen Klinikers: Erinnerungen und Beobachtungen*(Leipzig: Vogel, 1925) pp. 278-279.

38 Christian Müller, "August Forel und Dumeng Bezzola: ein Briefwechsel" *Gesnerus* 46(1989) pp. 55-79(인용 p. 64, 69-70)

39 독일에서 프로이트가 수용된 상황을 달리 분석한 한나 데커도 이 문제를 제기하지는 않았다. *Freud in Germany: Revolution and Reaction in Science, 1893-1907* (New York: International U.p. , 1977) pp. 179-188.

40 Konrad Rieger, "Über die Behandlung 'Nervenkranker'" *Schmidt's Jahrbücher der in- und ausländischen Gesammten Medicin* 251(1896) pp. 193-198(인용 p. 196).

41 Viktor von Weizsäcker, *Natur und Geist: Erinnerungen eines Arztes* (Göttingen: Vandenhoeck, 1955) p. 190.

42 한 예로 Ernst Romberg, "Über Wesen und Behandlung der Hysterie" *Deutsche Medizinische Wochenschrift* 36(Apr. 21, 1910) pp. 737-742. 환자가 의사에게 애기함으로써 정화하는 효과가 치유력을 가진다고 믿었다.

43 개인 클리닉의 역사적 배경에 관한 것은 Edward Shorter, "Private Clinics in Central Europe, 1850-1933" *Social History of Medicine* 3(1990) pp. 159-195.

44 Wolfgang Warda, "Ein Fall von Hysterie, dargestellt nach der kathartischen Methode von Breuer und Freud" *Monatsschrift für Psychiatrie und Neurologie* 7(1900) pp. 471-489.

45 [Ludwig Binswanger], *Zur Geschichte der Heilanstalt Bellevue in*

Kreuzlingen, 1857-1932(N.p. [Zurich], n.d.) p. 29.

46 Fichtner, *Freud/Binswanger*, pp. 53-54.

47 수용소 소장이 기독교인이어야 할지에 관해서 율리우스부르거가 반유태주의자 정신과 의사인 요한네스 브레슬러(Johannes Bresler)와 주고받은 서신은 "Psychiater und Religion" *PNW* 31(June 1, 1929) pp. 270-272.

48 Fritz Eichelberg, *Jahrbuch der ärztlich geleiteten Heilanstalten und Privatklinilen Deutschland*(Berlin: Pulvermacher, 1927) p. 31.

49 Landes-Irren-Anstalt Kierling-Gugging(오늘날에는 Niederösterreichisches Landeskrankenhaus für Psychiatrie und Neurologie Klosterneuburg), house archive, discharge number 1903/73.

50 Heinrich Meng, *Leben als Begegnuug*(Stuttgart: Hippokrates, 1971) p. 65.

51 Alfred Döblin, *Berlin Alexanderplatz*(1929) Eng. trans. (Penguin: Harmondsworth, 1978) pp. 448-450. 되블린은 1906년에 부치 수용소에 갔다. 1920년대 30대였던 그는 하인리히 맹과 함께 실제로 한 환자를 분석하려 시도했다.

52 Menachem Amitai & Johannes Cremerius, "Dr. med. Arthur Muthmann: Ein Beitrag zur Frühgeschichte der Psychoanalyse" *Psyche* 38(1984) pp. 738-753, 이야기 pp. 743-744.

53 Birgit Schoop-Russbült(ed.), *Psychiatrischer Alltag in der Autobiographie von Karl Gehry(1881-1962)*(Zurich: Juris, 1989) pp. 52-53, 63, 135.

54 독일, 오스트리아, 스위스에서 온 496명의 의사가 참석했는데, 이중 70.4%는 거리 주소를, 25.0%는 기관 주소(대개 공립 수용소와 사립 수용소였고 가끔은 종합병원이나 기타 병원기관의 이름)를 적었다. 나머지 4.6%는 확인할 길이 없다. Wladimir Eliasberg(ed.), *Psychotherapie: Bericht über den I. Allgemelnen ärztlichen Kongress für Psychotherapie in Baden-Baden*, 17-19, April 1926 (Halle/S: Marhold, 1927), "Teilnehmerverzeichnis" pp.319-327. 정신의학 및 신경학 질병에 관심을 가진 의사들은 자신의 소속을 그런 식으로 밝히지 않았다. *Ärztliches Handbuch nebst Verlagsbuchhandlung der Ärzte im Deutschen Reich*, 10th ed., 1924-1925(Leipzog: Verlagsbuchhandlung des Verbandes der Ärzte Deutschland, 1925). 따라서 "정신과 의사"들이 참석자들 중 얼마만큼 차지했는지 알 길이 없다. 특히 많은 수용소 의사들이 정신치료 회의에 참석하지 않았다는 점은 유의해야 한다. 그러므로 모든 정신과 의사의 70%가 정신분석에 강한 흥미를 가졌다고 말하는 것은 틀린 말이다.

55 국제적 차원에서의 이런 변화는 의학 논문에 심리학적 내용이 차지한 양상에서 그려볼 수 있다. 19세기 마지막 20년 동안 최면술에 열광하였으나, 최면술에 관한 논문은 1910년과 1919년 사이에 90%가 줄어들었다. 반면 1880년대와 1910-1919년 사이 "정신치료"에 관한 논문은 4개에서 76개로 증가했다. "정신분석"에 관한 논문은 1910~1919년 사이에 148개가 추가되었다. 명백히 정신분석이 치료 분야에 추파를 던지고 있었던 것이다. 1920년대 말이 되자 정신치료에 관한 국제적 문헌은 완전히

정신분석이 독차지하게 되었다. 1920~1929년 사이에 정신분석 논문이 302개, 반면 최면술에 관한 것은 136개, 정신치료 84개, 암시에 관한 것이 31개였다. 이 통계는 1880년과 1929년 사이에 제목으로 "최면-최면술", "정신치료", "암시", "정신분석"를 가진 논문을 분석하여 이루어진 것이다. *Index-Catalogue of the Library of the Surgeon-General's Office, United States Army*(Washington, DC: GPO, 1880-)

56 Stanley Abbot, "Out-Patient or Dispensary Clinics for Mental Cases" *American Journal of Insanity* 77(1920) pp. 218-225, 특히 p. 218.

57 Walter Channing, "Dispensary Treatment of Mental Diseases" *American Journal of Insanity* 58(1901), pp. 109-119(인용 p. 119).

58 Abbot, *American Journal of Insanity*, pp. 220-221.

59 Gerald N. Crob, *Mental Illness and American Society, 1875-1940*(Princeton: Princeton U.p., 1985) pp. 144-166

60 George M. Kline, "Presidential Address" *AJP* 7(1927) pp. 1-22(인용 p. 4).

61 1910년 상황에 관해서는 "Report of the Council to the Medico-Psychological Association" *American Journal of Insanity* 67(1910) pp. 400-411; 참석한 회원 명단 pp. 405-411; "Proceedings of Seventy-Seventh Annual Meeting", *AJP* 1(1921) pp. 216-240; 참석회원 명단 pp. 225-235. 개업 의사를 확인하기 위해 나는 기관주소보다는 거리주소를 사용했다.

62 James Jackson Putnam, "Recent Experiences in the Study and Treatment of Hysteria at the Massachusetts General Hospital; with Remarks on Freud's Method of Treatment by 'Psychoanalysis'", *Journal of Abnormal Psychology* 1(1906) pp. 26-41. 이 일에 관해서는 Isador H. Coriat, "Some personal Reminiscences of Psycholanalysis in Boston" *Psychoanalytic Review* 32(1945) pp. 1-8; Eugene Taylor, "On The First Use of 'Psychoanalysis' at the Massachusetts General Hospital, 1903 to 1905" *Journal of the History of Medicine* 43(1988) pp. 447-471.

63 Brill에 관해서는 May E. Romm, "Abraham Arden Brill", in Franz Alexander 등(eds.), *Psychoanalytic Pioneers*(New York: Basic, 1966) pp. 210-223.

64 Peters, *Psychiatrie im Exil*, p. 123.

65 프로이트를 찬양하는 수많은 논문 중 전형적인 것으로는 루스벨트 병원의 신경학 의사인 조지 파커, "Hysteria under Psychoanalysis", *Medical Record* 78(Aug. 6, 1910) pp. 219-226; "오만한 얼간이"에 관한 자료는 1911년 3월 3일 프로이트가 융에게 보낸 편지에 있다. William McGuire(ed.), *The Freud/Jung Letters*(Princeton: Princeton U.P., 1914) p. 399.

66 오래전부터 몇몇 지방 협회나 기관이 의사를 받아들이는 데 제한을 두었지만, 이것이 전국적 협회의 공식적 정책이 된 것은 1938년이었다. Robert P. Knight, "The Present Status of Organized Psychoanalysis in the United States" *American Psychoanalysis Association Journal* 1(1953) pp.197-221, 특히 p.114를 보라.

상황이 좀 나았던 유럽의 의사들은 일반인이 분석가가 되는 것에 관대했다. 반면 중앙유럽에서 Herr Hofrat, Herr Geheimrat, Herr professor, Herr General 등이 'Herr Doktor' 이전에 만연했다. 미국에서는 서열의 꼭대기가 MD였다.

67 Nathan G. Hale, Jr., *Freud and the Americans: The Beginning of Psychoanalysis in the United States, 1876-1917*(New York: OUP, 1971) p. 317. pp. 527-528 n.12.

68 Henry M. Hurd, *Institutional Care of the Insane in the United States and Canada*(Baltimore: Hopkins, 1916) vol.3, p. 272.

69 David Kennedy Henderson, *The Evolution of Psychiatry in Scotland* (Edinburgh: Livingstone, 1964) p. 165.

70 "Foreword and Corrections" *Amer. Pa. Affn. Bull.* 2(1938) p. 8.

71 Arcangelo R. T D'Amore, "Historical Reflections on the Organizational History of Psychoanalysis in America", in Jacques M, Quen & Eric T. Carlson(eds.), *American Psychoanalysis: Origins ond Development*(New York: Brunner, 1978) pp. 127-140, 특히 p. 131.

72 지방 협회 창립과 관련된 정보는 1938년 미국정신분석협회 회의에서 협의회에 제출한 보고서를 참조했다. *Amer. Pa. Assn. Bull.* 1(1938) pp. 79f.

73 연례총회에 관한 "Proceedings" *AJP* 8(1928) pp. 355-359.

74 Knight, *Amer. Pa. Assn. J.*, 1953 p. 216. 이 '3년' 규정은 1954년 재확인되었다. *Amer. Pa. Assn. Bull.* 10(1954) p. 358.

75 "Proceedings of Societies" *AJP* 90(1933) pp. 381-382; A. A. 브릴이 부서장으로 임명되고 이와 함께 APA 부회장이 되었다. 레오 바트미어Leo Bartemeier가 부서 총무가 되었다.

76 토론에서 커비가 한 말은 "Round Table on Problems of Training" *Amer. Pa. Assn. Bull.* 3(1940) p. 27.

77 *Amer. Pa. Assn. Bull.* 1940, pp. 33-34.

78 Franklin G. Ebaugh & Charles A. Rymer, *Psychiatry in Medical Education*(New York: Commonwealth Fund, 1942) pp. 193-194.

79 Sally Willard & Jefferson Trask Pierce, *The Layman Looks at Doctors*(New York: Harcourt, 1929) 인용 p. 200; 샐리 윌러드가 정신분석과 조우하게 된 경위는 pp. 199-226.

80 "The 'Nervous Breakdown'", *Fortune*, April 1935 pp. 84-88 등, 인용 p. 182.

81 나이트Knight는 1920년대와 1930년대 미국 정신분석가들의 특성을 다음과 같이 말했다. "본질적으로 천성이 학구적이고 사색적인 성향이 있으며 매우 개인주의적인 경향이 있어서 이들의 사회생활은 진료 및 동료와 이론적 토론을 하는 데에 국한되어 있다." *Amer. Pa. Assn. J.* 1953, p.218

82 4000 명의 의사 망명자에 관해서는 Kathleen M. Pearl, *Preventive Medicine: The Refugee Physician and the New York Medical Community, 1933-1945*

(Bremen: University of Bremen, Research Center on Social Conditions, 1981) p. 14. 다른 통계 자료는 Peters, *Psychiatrie im Exil*, p. 16.

83 Otto Fenichel, *Outline of Clinical Psychoanalysis*(New York: Norton, 1934).

84 "해외에서 온 의사 명단" *Amer. Pa. Assn. Bull.* 3(1940) pp. 59-61; 베를린 정신분석협회 회원이었던 8명은 오토 페니셸Otto Fenichel(실제로는 빈 사람이다), 파울 프리드만Paul Friedmann, 요아힘 해넬, 이레네 헤넬Joachim & Irene Haenel, 베른하르트 캄Bernard Kamm, 에른스트 짐멜Ernst Simmel, 에디트 바이게르트-보빙켈Edith Weigert-Vowinckel, 지그프리트 베른펠트Siegfried Bernfeld(베를린에서 온 유일한 비非 의사 분석가)이다.

85 이 일화는 러셀 야코비Russell Jacoby가 말했다. *The Repression of Psychoanalysis: Otto Fenichel and the Political Freudians*(New York: Basic, 1983) p. 119.

86 Heinrich Meng, "Paul Federn: Teacher and Reformer", in Ernst Federn, *Thirty-Five Years with Freud in Honour of the Hundredth Anniversary of Paul Federn, M.D.*(Brandon, VT: Clinical Psychology Pub., 1972; *Journal of Clinical Psychology*, suppl. no.32) pp. 34-40(인용 p. 38).

87 빈에서 망명 온 분석가 명단은 Johannes Reichmayr, *Spurensuche in der Geschichte der Psychoanalyse*(Frankfurt: Nexus, 1990) pp. 154-157.

88 Franz Werfel, "Der Arzt von Wien" (1938), in *Werfel, Erzählungen aus zwei Welten*, vol.3 (Frankfurt/M.: Fischer, 1954) pp.40-45(인용 pp.42-43). 베르펠은 주인공이 자살하는 것으로 끝을 맺는데, 파울 페데른이나 빌헬름 스테켈과 같은 빈 정신분석가에게는 드물지 않은 일이었다.

89 미국에서 지낸 쉴더의 생애에 관해서는 Walter Bromberg, *Psychiatry between the Wars, 1918-1945: A Recollection*(Westport: Greenwood, 1982) pp. 83-90.

90 이 사건의 내막에 대해서는 Dieter Langer, *Paul Ferdinand Schilder: Leben und Werk*(Erlangen: med.diss., 1979) pp. 86-88.

91 Else Pappenheim, "Zeitzeugin," in Friedrich Stadler, *Vertriebene Vernunft, vol.2: Emigration und Exil österreichischer Wissenschaft*(Munich: Jugend und Volk, 1988) pp. 221-229(인용 p. 226).

92 Pappenheim, *Emigration*, p. 225.

93 Roazen, *Freud and His Followers*, p. 520.

94 이 제휴관계에 대해서는 Lewis A. Coser, *Refugee Scholars in America: Their Impact and Their Experiences*(New Haven: Yale U.p. , 1984) pp. 49-50. Nathan G. Hale, Jr., "From Berggasse XIX [sic] to Central Park West: The Americanization of Psychoanalysis, 1919-1940", *Journal of the History of the Behavioral Sciences* 14(1978) pp. 299-315.

95 Arnold A. Rogow, *The Psychiatrists*(New York: Putnam, 1970) p. 109.

96 Lewis A. Coser, *Refugee Scholars*, p. 53. 상위 7명은 하인트 하르트만Heinz Hartmann, 에른스트 크리스Ernst Kris, 에리크 에리크손Erik Erikson, 마르가레트 말러Margaret Mahler, 필리스 그리나크르Phyllis Greenacre, 루트 야콥슨Ruth Jacobson, 루돌프 뢰벤슈타인Rudolph Loewenstein. 8번째와 9번째는 오토 페니셸Otto Fenichel과 헬레네 도이치Helene Deutsch이다.

97 Martin Grotjahn, *My Favorite Patient: The Memoirs of a Psychoanalyst* (Frankfurt/M.; Lang, 1987) pp. 76-77.

98 Seymour B. Sarason, *The Making of an American Psychologist: An Autobiography*(San francisco: Jossey-Bass, 1988) p. 214.

99 Arnold A. Rogow, *Psychiatrists*, p. 37.

100 Coser, *Refugee Scholars*, p. 47.

101 정신분석가 중 일부는 정신분석이 정신의학을 인계받는 것에 반대하였는데, 이들은 실제로 인계될 경우 정신의학을 강요하게 될 것을 우려했다. 이중에는 오토 페니켈이 있는데, 그는 대체로 일반인 분석가의 편을 들어 주었다. Jacoby, *Repression of Psychoanalysis*, p. 130.

102 "Alphabetical List of All Members", *Amer. Pa. Assn. Bull.* 3(1939-1940) pp. 145-152.

103 Report on American Institute for Psychoanalysis, *American Journal of Psychoanalysis* 2(1942) p. 28.

104 뉴욕에서 일어난 이 반목과 분열에 관해 John Frosch, "The New York Psychoanalytic Civil War" *Amer. Pa. Assn. J* 39(1991) pp. 1037-64.

105 예일 대학에 관해서는 Sarason, *Making of a Psyshologist*, pp. 215-216: Eugene B., Brody, "The New Biological Determinism in Socio-Cultural Contex" *Australian & New Zealand Journal of Psychiatry* 24(1990) pp. 464-469, 특히 p. 466.

106 "Bulletin" *Amer. Pa. Assn. J.*, 4(1956), p. .374.

107 Edith Weigert, "Die Entwicklung der psychoanalytischen Ausbildung in USA" *Psyche* 6(1953) pp. 632-640(인용 p. 633).

108 Henri Ellenberger, "The Comparison of European and American Psychiatry" *Bulletin of Meninger Clinic* 19(1955) pp. 43-52(인용 p. 46) Ellenberger, *The Discovery of the Unconscious: The History and Evolution of Dynamic Psychiatry*(New York: Basic, 1970).

109 미국 정신의학협회장 명단은 Walter E. Barton, *The History and Influence of the American Psychiatric Association* (Washington, DC: APA Press, 1987) pp.336-339. 하딘 브랜치 회장(1962~1963년 재임)과 레이먼드 워고너 회장(1969~1970년 재임) 사이에 모든 회장은 분석가이거나 혹은 GAP나 미국 정신분석학회의 회원이었다.

110 Committee on Social Issues of the Group for the Advancement of

Psychiatry, *The Social Responsibility of Psychiatry, A Statement of Orientation*, Report No.13(New York: GAP, July, 1950)(인용 p. 3).

111 Grob, *Asylum to Community*, p. 32.

112 Weigert, *Psyche*, p. 633.

113 *The Psychiatrists, His training and Development. Report of the 1952 Conference on Psychiatric education...Organized and Conducted by the American Psychiatric Association & the Association of American Medical Colleges*(Washington, DC: APA, 1953) p. 99.

114 Karl Menninger, "The Contribution of Psychoanalysis to American Psychiatry"(1953), in Barnnrd H. Hall(ed.), *A Psychiatrist's World: The Selected papers of Karl Menninger*(New York: Viking, 1959)(인용 p. 837).

115 Howard W Potter & Henriette R. Klein, "Toward Unification of Training in Psychiatry and Psychoanalysis" *AJP*, 108(1951) pp. 193-197(인용 p. 193).

116 *New York Times*, Oct. 9, 1994 p. 1.

117 Committee on Medical Education of the Group for the Advancement of Psychiatry, *Trends and Issues in Psychiatric Residency Programs*, report no.31(New York: GAP, March 1955) pp. 13, 15.

118 Potter, *AJP* p. 194.

119 GAP, *Trends and Issues*, 1955, p. 13.

120 Joan B. Woods 등, "Basic Psychiatric Literature as Determined from the Recommended Reading Lists of Residency Training Programs", *AJP* 124(1967) pp. 217-224, 표1 p. 223.

121 Rogow, *Psychiatrists*, pp. 62, 64.

122 *Freud/Ferenzi Briefwechsel*, pp. 52-53.

123 페데른의 초기 논문을 보라. "The Analysis of Psychotics" *International Journal of Psychoanalysis* 15(1934) pp.209-214 ; "Psychoanalysis of Psychosis", *Psychiatric Quarterly* 17(1943) pp.3-19. 멩의 말에 따르면, 페데른은 초기 연구 때에 정신병의 발병 원인을 어머니의 탓으로 돌렸다고 한다. in Federn, *Thirty-Five Years of Freud*, p.38

124 마이어가 에이브러험 미어슨Abraham Myerson에게 1937년 11월 26일에 보낸 편지. Gerald N. Grob, *The Inner World of American Psychiatry, 1890-1940: Selected Correspondence*(New Brunswick: Rutgers U.p. , 1985) p. 132.

125 Donald L. Burnham, "Orthodoxy anld Eclecticism in Psychoanalysis: The Washington-Baltimore Experience", in Quen(ed.), *American Psychoanalysis*, pp. 88-91.

126 Sheppard에서의 Sullivan에 관해서는 Bliss Forbush, *The Sheppard & Enoch Pratt Hospital, 1853-1970: A History*(Philadelphia: Lippincott, 1971) pp. 80-81, 106-109.(pp. 80-81, 106-109, 초기 관점에 대한 언급은 Harry Stack

Sullivan, "The Modified Psychoanalytic Treatment of Schizophrenia", *AJP* 11(1931) pp. 519-540.

127 *Amer. Pa. Soc. Bull.* 1(1938) pp. 122-123.

128 Fromm-Reichmann의 생애에 관해서는 Peters, *Psychiatrie im Exil*, pp. 173-188.

129 Frieda Fromm-Reichmann, "Notes on the Development of Treatment of Schizophrenics by Psychoanalytic Psychotherapy", *Psychiatry* 11(1948) pp. 263-273(인용 p. 265).

130 John Neill, "Whatever Became of the Schizophrenogenic Mother?" *American Journal of Psychotherapy* 44(1990) pp. 499-505(인용 p. 502).

131 Bertram Lewin, *The Psychoanalysis of Elation*(London: Hogarth1951) p. 137.

132 Sandor Rado, "The Problem of Melancholia", *International Journal of Psychoanalysis* 9(1928) pp. 420-438, 특히 p. 423. Rado는 우선 다음 용어를 사용했다. "An Anxious Mother: A Contribution to the Analysis of the Ego" *ibid.*,9(1928) pp. 219-226 특히 p. 225.

133 Melanie Klein, "A Contribution to the Psychogenesis of Manic-Depressive States"(1934), in Klein, *Contributions to Psycho-Analysis, 1921-1945*(London: Hogarth, 1948; reprint New York: McGraw-Hill, 1964) pp. 282-310, 특히 p. 284.

134 "Bulletin", *Amer. Pa. Assn. J.*, 6(1958) p. 692; 600명의 회원이 교육프로그램에 정신분석을 포함하는 것에 관심을 보였다.

135 F. A. Freyhan, "Vier Jahrzehnte klinische Psychiatrie-aus persönlicher Sicht", *Fortschrittre der Neurologie uud Psychiatrie* 47(1979) pp. 436-441(인용 p. 437). 독일로 돌아간 후 "프리츠Fritz" 프라이한Freyhan은 독일 정신약물학의 창립자 중 한사람이 되었다.

136 Karl Menninger, *Selected Papers*, p. 851.

137 Karl Menninger, *The Vital Balance: The Life Process in Mental Health and Illness*(New York: Viking, 1963) p. 33.

138 Lothal B. Kalinowsky, [회고록], in Ludwig J, Pongratz(ed.), *Psychiatrie in Selbstdarstellungen*(Berne: Huber, 1977) pp. 147-164(인용 p. 158).

139 프리다 프롬-라이히만은 한 제자가 말한 "사람들 사이에는 정신병자든 다른 어떤 병이든 질적인 차이는 없고, 단지 양적인 차이가 있을 뿐이다"는 것을 믿었다. Ralph M. Crowley, "Frieda Fromm-Reichmann: Recollections of a Student" *Psychiatry*, 45(1982) pp.105-107(인용 p.106); Mitchell Wilson, "DSM-III and the Transformation of American Psychiatry: A History" *AJP* 150(1993) pp.399-410(인용 p.400)

140 Ellenberger, *Bull. Menninger Clinic* p. 43.

141 Ellenberger, *Bull. Menninger Clinic* p. 49.

142 Kalinowsky, *Selbtsdarstellungen*, p.161. 콜럼비아-그레이스톤 프로젝트

Columbia-Greystone project의 대상이 어떤 환자인지 뚜렷하게 밝혀지지는 않았지만, 정신병원에서 보내진 환자만은 "topectomy"(전두엽의 일부를 절제하는 수술)의 대상이 되었다. 장로교회 병원의 신경학 연구소도 뇌절제술을 시행하고 있었는데, 이들 정신분석가의 환자가 그 대상에 포함되어 있었다. Fred A. Nettler & Columbia-Greystone Associates(eds.), *Selective Partial Ablation of the Frontal Cortex*(New York Hoeber, 1949); 49명의 환자가 숫자로 열거되어 있다. pp.16-17. 로런스 풀과 로버트 G. 허트의 보고서에는 환자 수가 58명라고 적혀 있다. "Topectomy", *Psychosurgery*, 1st International Conference (Aug. 4th-7th, 1948) (Lisbon: no publ., 1949) pp.328-329

143 Israel Zwerling 등, "Personality Disorder and the Relationships of Emotion to Surgical illness in 200 Surgical Patients", *AJP* 112(1955) pp. 270-277(인용 p. 273).

144 Judd Marmor, *Psychiatrists and Their Patients: A National Study of Private office Practice*(Washington: American Psychiatric Association, 1975) pp. 34f.

145 Herman M. van Praag, "Make-Believes" in *Psychiatry or The Perils of Progress*(New York: Brunner/Mazel, 1993) pp. 10-11.

146 APA 조사에 의하면, 1970년에 미국의 모든 정신과 의사의 10%는 정신분석가였다. Franklyn N. Arnhoff & A. H. Kumbar, *The Nation' s Psychiatrists-1970 Survey*(Washington, DC: APA, 1973) 표 7, p. 6.

147 Hale, *Journal of the History of the Behavioral Sciences* 1978, p. 313 n.15.

148 이 통계는 1962년까지 개업을 계속하던 6개주 97명의 정신과 의사를 대상으로 1941년 개업하던 당시를 조사한 것이다. *Biographical Directory of the Fellows and Members of the American Psychiatric Association as of May 8, 1962*(New York: Bowker, 1963). 1941년 당시 젊었던 의사의 비중이 더 컸으므로, 이들 젊은 의사들의 3분의 2가 기관에서 일하고 있었다는 사실은 더욱 놀라울 것이다.

149 Arnhoff & Kumbar, *The Nation' s Psychiatrists*, p. 16.

150 Robert A. Dorwart 등, "A National Study of Psychiatrists' Professional Activities" *AJP* 149(1992) pp. 1499-1505, 특히 p. 1502. 1982년 전체의 3.7%에서부터 증가.

151 Leon Eisenberg, "Mindlessness and Brainlessness in Psychiatry", *BJP* 148 (1986) pp. 497-508(인용 p. 498).

152 Grob, *Asylum to Community*, p. 278. Jeremy Lazarus, "The Goldwater Rule Revisited" *Psychiatric News*, Aug.5, 1994, p. 14.

153 한 예로 Hale, *J. Hist. Behav. Sci.*, p. 300.

154 John Demos, "Oedipus and America: Historical Perspectives on the Reception of Psychoanalysis in the United States", *Annals of Psychoanalysis* 6(1978) pp. 23-39.

155 유태인의 정신신체질환의 원인에 기여하는 "두 가지 충격"에 관해서는 Edward Shorter, *From the Mind into the Body: The Cultural Origins of Psychosomatic Symptoms*(New York: Free Press, 1994) pp. 92-93.

156 John Murray Cuddihy, *The Ordeal of Civility: Freud, Marx, Lévi Strauss, and the Jewish Struggle with Modernity*(New York: Basic, 1974) p. 46.

157 Robert Musil, *Der Mann ohne Eigenschaften*, vol.1(1930)(Reinbek: Rowoholt, 1987) p. 388. "Dieser so durtchseelte Mittelstand". 이 참고문헌은 유태인과 비유태인 등을 모두 포함하나, 유태인이 더 "durchseelt"라는 데에 논쟁의 여지가 있다. .

158 Beller, *Vienna and the Jews*, p. 208.

159 Paul Harmat, "Die zwanziger Jahre-die Blütezeit der Budapester psychoanalytischen Schule", *Medizinhistorisches Journal* 23(1988) pp. 359-366(인용 p. 360). 그는 작가인 이스트판 바스István Vas가 정신분석을 비밀스런 예식으로 여기는 것을 인용했다.

160 Hilda C. Abraham & Ernst L, Freud(eds.), *Sigmund Freud/Karl Abraham: Briefe, 1907-1926*, 2nd ed.(Frankfurt/M: Fischer, 1980) pp. 47,57.

161 Vincent Brome, *Ernest Jones: Freud's Alter Ego*(New York: Norton, 1983) p. 109.

162 살로모 프라이틀란더의 1922년 이야기인 "Der operierte Goj"는 오스카 파니차 Oskar Panizza의 책에 주석으로 삽입되었다. *Der Korsettenfritz: Gesammelte Erzählungen*(Munich: Matthes, 1981) pp. 279-292(인용 p. 287). 프라이틀란더의 배경에 관해서는 Sander L. Gilman, *The Case of Sigmund Freud: Medicine and Identity at the Fin de Siècle*(fBaltimore: Hopkins, 1993) pp. 39-41.

163 Max Müller, *Erinnerungen: Erlebte Psychiatriegeschichte, 1920-1960* (Berlin: Springer, 1982) p. 23.

164 Stransky, "Autobiographie" p. 557. 스트란스키 자신은 반유태주의자로 그런 호칭을 자랑스러워했다. 융의 경우 반유태주의 정도가 얼마만큼 인지에 대해서는 논란이 있다. Andrew Samuels, "Psychologie nationale, national-socialisme et psychologie analytiqueL réflexions sur Jung et l'antisémitisme", *Revue internationale d'histoire de la psychanalyse*, 5(1992) pp. 183-219.

165 Ernest Jones, *Free Associations: Memories of a Psycho-analyst*(New York: Basic, 1959) p. 209.

166 Stransky, "Auto-Biographie", pp. 142-143.

167 Grotjahn, *My favorite Patient*, p. 76.

168 Alexander, *Twenty Years of Psychoanalysis*, p. 16.

169 Sarason, *Making of an American Psychologist*, p. 215.

170 John MacIver & Frederick C. Redlich, "Patterns of Psychiatric Practice", *AJP*

115(1959) pp. 692-697, 특히 pp. 693-694. 40명의 의사를 조사한 결과이다.

171 Rogow, *Psychiatrists*, pp. 58-59.

172 Rogow, *Psychiatrists*, p. 78.

173 Victor D. Sanua, "Mental illness and Other forms of Psychiatric Deviance among Contemporary Jewry", *Transcultural Psychiatric Review* 29(1992) pp. 197-233, 특히 pp. 198-199.; Wallet Weintraub & H. Aronson, "Patients in Psychoanalysis: Some Findings Related to Sex and Religion", *American Journal of Orthopsychiatry*, 44(1974) pp. 102-108; Leo Srole 등, *Mental Health in the Metropolis: The Midtown Manhattan Study*(New York: McGraw-Hill, 1962) pp. 300-324. 저자들의 결론은 "정신과가 받아들여진 이유는 유태인에게 유별히 신경증이 많았기 때문이다." (p. 317)

174 Joseph Veroff, Richard A. Kulka, & Elizabeth Douvan, *Mental Health in America: Patterns of Help-Seeking from 1957 to 1976*(New York: Basic, 1981) 표 5, 30, p. 172. 정신과 의사나 심리학자를 찾을 생각이 있느냐는 질문을 나는 정신치료를 받을 생각이 있느냐로 해석했다. 6개 기독교 종파와 가톨릭 신자 중 비유태인은 평균 정도였다.

175 조앤 그린버그 사례에 관한 사실을 알려면, Laurice L. McAfee, "Interview with Joanne Greenberg", in Ann-Louise S. Silver(ed.), *Psychoanalysis and Psychosis*(Madison: International U.p. , 1989) pp. 519-531.

176 Joanne Greenberg [pseud. "Hannah Green", *I Never Promised You a Rose Garden*(1964)(New York: Signet, 1965) pp. 34, 61, 96, 98, 203. 그녀가 받은 상처의 상세한 내용에 관해서는 "Frieda Fromm-Reichmann Discusses the 'Rose Garden' Case", *Psychiatry*, 45(1982) pp. 128-136, 특히 p. 129.

177 Greenberg, *Rose Garden*, p. 42.

178 *American Jewish Year Book*, 64(1963) pp. 16-17; *American Jewish Year Book*, 92(1992) 유태인의 결혼 형태에 따른 아이 교육에 관해서는 p. 66; 비유태인과의 결혼에서 다양한 위험인자에 관한 것은 pp. 43-46.

179 "A Gift to Help ...", *New York Times*, Oct. 13, 1994, p. Al8.

180 Leslie Y. Rabkin, "Mental Health...", in Jack Fischel & Sanford Pinsker(eds.), *Jewish-American History and Culture: An Encyclopedia*(New York: Garland, 1992) pp. 387-392(인용 p. 387).

제6장 대안을 찾아

1 [American Psychiatric Association], *One Hundred Years of American Psychiatry*(New York: Columbia U.p. , 1944) pp. 150-151.

2 John R. Lord, "The Evolution of the 'Nerve' Hospital as a Factor in the

Progress of Psychiatry", *Journal of Mental Science*, 75(1929) pp. 307-315. 통계와 인용 p. 309. 저자는 런던 주립정신병원 중 하나인 호튼 정신병원 정신과 의 사이다.

3 Lothar B. Kalinowsky, "The Discoveries of Somatic Treatments in Psychiatry:Facts and Myths", *Comprehensive Psychiatry* 21(1980) pp. 428-435(인용 p. 428).

4 Henry Rollin, "The Dark before the Dawn", *Journal of Psychopharmacology*, 4(1990), pp. 109-114(인용 pp. 109, 110).

5 높은 퇴원율에 관해서는 Morton Kramer, et al. *A Historical Study of the Disposition of First Admissions to a State Mental Hospital: Experience of the Warren State Hospital during the Period 1916-1950*(Washington: GPO, 1955, PHS pub. no.445). 1916년과 1935년 사이에 입원했던 65세 이하의 환자 (사망하지 않은 환자만) 중 절반 이상이 2년 내에 퇴원했다. 표8, p. 12. 정신의학이 왜 낮은 지위에 있었는지 보려면 Max Müller, *Erinnerungen: Erlebte Psychiatriegeschichte, 1920-1960*(Berlin: Springer, 1982) p. 5.

6 바그너-야우레크의 반유태주의와 그가 왜 정신과를 택했는지에 관한 것은 자신의 자서전 필사본을 보라. "Medicinische Laufbahn", in the *Vienna Institut für Geschichte der Medizin*, shelf no.HS3290, pp. 27-28a. Erwin Stransky의 자서 전 필사본 "Autobiographie", shelf no.HS2065, pp. 172, 227-230.

7 Julius Wagner-Jauregg, "Über die Einwirkung fieberhafter Erkrankungen auf Psychosen", *Jahrbücher für Psychiatrie und Neurologie* 7(1887) pp. 94-131, 특히 115, 130.

8 이 연구의 상세한 내용은 Magda Whitrow, *Julius Wagner-Jauregg (1857-1940)* (London: Smith-Gordon, 1993) pp. 155-159.

9 이 연구에 관해 여러 부분으로 이루어진 시리즈 마지막 부분은 1919년 1월 첫 주에 발표되었다. 이 부분에 실제 사례가 포함되어 있다. Julius Wagner-Jauregg, "Über die Einwirkung der Malaria auf die progressive Paralyse", *PNW* 20(Jan.4, 1919) pp. 251-255.

10 브레멘의 로크빈켈 요양원에서는 1930년에 신경매독 환자에게 말라리아 요법을 시 행하는 것은 물론 정신분열증 환자에게 "발열요법"을 하게 되었다. "Referate" *PNW* 32(Nov.29, 1930) pp. 583-584.

11 Abram E. Bennett, "Evaluation of Artificial Fever Therapy for Neuropsychiatric Disorders", [American Medical Association] *Archives of Neurology & Psychiatry*, 40(1938) pp. 1141-1158. 말라리아 요법이 신경매독 환자의 수명을 연장하고 질병의 진행을 저지하며, 증상을 완화하는데 효과적이라는 실질적 근거에 비추어 보면, 제럴드 그롭이 언급한 "발열요법이 효과가 있다는 근거 는 극히 희박하다"는 말은 거의 악의적인 것이었다. Grob, *The Mad among Us: A History of Care of America's Mentally Ill*(New York: Free Press, 1994) p.

180. 치료 효과에 관해서는 John H. Stokes 등, *Modern Clinical Syphilology* (Philadelphia: Saunders, 1944) pp. 181, 333. 비非마비성 정신병 환자에게 나타난 치료 효과는 위약 효과라고 주장한 사람도 있다. Otfried K. Linde, *Pharmako-psychiatrie im Wandel der Zeit*(Klingenmünster: Tilia-Verlag, 1988) p. 94.

12 말라리아 요법에 관한 찬반논쟁은 Stokes, *Modern Clinical Syphilology*, pp. 333-341.

13 상세 내용은 Edward Shorter, *The Health Century*(New York: Doubleday, 1987) pp. 40-44.

14 John Mahoney et al., "Penicillin Treatment of Early Syphilis", *American Journal of Public Health* 33(Dec. 1943) pp. 1387-91.

15 Stokes, *Modern Clinical Syphilology*. 이 책은 1944년에 인쇄된 것으로 보인다. *JAMA* 126(Sept.9, 1944) pp. 74-79. Alfred Goodman Gilman(ed.), *Goodmun & Gilman's The Pharmacological Basis of Therapeutics*, 8th ed.(New York: McGraw-Hill, 1990) p. 1070. 신경매독에 페니실린이 효과가 있음을 처음으로 발견했다. 신경매독을 포함하는 매독 말기 환자에 대한 페니실린의 효과는……." 페니실린은 뇌혈관장벽을 통과하지 못하는데, 신경매독으로 뇌막에 염증이 있을 때는 효과를 나타낸다.

16 Stokes, *Modern Clinical Syphilology*, p. 1265.

17 Stokes, *JAMA*, 1944, p. 76.

18 John Haslam, *Observations on Madness and Melancholy*, 2nd ed.(London: Callow, 1809) 인용 pp. 324, 328.

19 Montagu Lomax, *The Experiences of an Asylum Doctor*(London: Allen & Unwin, 1921) 인용 p. 99. 벌을 주기 위해 사용하기도 했다. p. 100.

20 Eugène Asse(ed.), *Lettres de Mlle. de Lespinasse*(Paris: Charpentier, 1876) p. 14. 아편에 관한 개요는 Matthias M. Weber, "Die 'Opiumkur' in der Psychiatrie: Ein Beitrag zur Geschichte der Psychopharmakotherapie" *Sudhoffs Archiv* 71(1987) pp. 31-61. 특히 브레멘 근처에 사립 클리닉 여러 개를 소유했던 엥겔켄 가족에 관한 것은 pp. 44-45.

21 Nancy Tomes, *A Generous Confidence: Thomas Story Kirkbride and the Art of Asylum-Keeping, 1840-1883*(Cambridge: CUP, 1984) pp. 194-195.

22 Alexander Wood, "A New Method of Treating Neuralgia by the Direct Application of Opiates to the Painful Points", *Edinburgh Medical & Surgical Journal* 82(1855) pp. 265-281(인용 p. 267).

23 Hermann Grunau, *Über Frequenz, Heilerfolge und Sterblichkeit in den öffentlichen preussischen Irrenanstalten von 1875 bis 1900*(Halle/S: Marhold, 1905) p. 34. 독일 수용소에 아편 피하주사가 도입된 시기를 1863년으로 보고 있다.

24 Robert Lawson, "On the Physiological Actions of Hyoscyamine", *West*

Riding Pauper Lunatics Asylum Medical Reports 5(1875) pp. 40-84; "A contribution to the Investigation of the Therapeutic Actions of Hyoscyamine", *Practitioner* 17(1876) pp. 7-19.

25 Béla Issekutz, *Die Geschichte der Arzneimittelforschung*(Budapest: Kiadó, 1971) p. 132.

26 Alan Norton, "Depression", *BMJ* 2(Aug. 18, 1979) pp. 429-430(인용 p. 429).

27 chloral hydrate의 역사에 관해서는 Linde, *Pharmakopsychiatrie*, pp. 60-65.

28 *Aerztlicher Bericht der Private-Heilanstalt des Dr. Albin Eder von dem Jahre 1888*(Vienna: Ueberreuter, 1889) 사례11, p. 267.

29 Virginia Woolf to Vita Sackville-West, Mar. 6, 1928, in *A Change of perspective, The Letters of Virginia Woolf*, vol.III: 1923-1928 ed. Nigel Nicolson(London: Chatto-Windus, 1977) p. 469.

30 Heinz E. Lehmann, "Before They Called It Psychopharmacology", *Neuropsychopharmacology* 8(1993) pp. 291-303, 특히 p. 294.

31 Mental Health Institute, Independence, Iowa, MS "Days of Yore", 1993, p. 6.

32 Evelyn Waugh, *The Ordeal of Gilbert Pinfold*(London: Chapman & Hall, 1957). 주인공은 브로민과 클로랄 하이드레이트를 혼합해서 사용한다.

33 Comment, Edward H. Sieveking, "Analysis of Fifty-Two Cases of Epilepsy", *Lancet* 2(1857) pp. 136-138, comment p. 138. 로코크의 연구와 브로마이드의 사용법에 관해서는 Robert J. Joynt, "The Use of Bromides for Epilepsy", *American Journal of Diseases of Children* 128(1974) pp. 362-363; R. H. Balme, "Early Medicinal Use of Bromides", *Journal of the Royal College of Physicians* 10(1976) pp. 205-208.

34 W. Petit, "Du bromure de potassium dans les maladies nerveuses", *Progrès médical* 19 Feb. 28, 1891) pp. 177-178(인용 p. 177).

35 Charles A. Roberts, "Myths and Truths in Psychiatry," 1991년 10월 캐나다 정신의학협회 회의 강연. 복사본이 Toronto, Queen Street Mental Health Centre에 있음.(인용 p. 15).

36 맥리오드의 생애에 관한 유용한 자료를 찾을 수 있게 해준 에든버러 대학 도서관 조 큐리Jo Currie에게 감사드린다. 1847년 우리치에서 태어나 1875년 의학석사가 되었고 1880년에 의사자격을 얻었다. 논문은 간 농양에 관한 것이다. 상하이에서의 여러 직위에 관해서는 *Medical Directory*, 1906, p. 1570. 그는 그 도시에 적어도 1919년까지 머물렀다.

37 Neil Macleod, "Morphine Habit of Long Standing Cured by Bromide Poisoning", *BMJ* 2(July 10, 1897) pp. 76-71.

38 이 부인의 질병에 관한 것은 닐 맥리오드의 책에서 수집한 것이다. "Cure of Morphine, Chloral, and Cocaine Habits by Sodium Bromide," *BMJ* 1(April 15, 1899) pp. 896-898. "48세 기혼부인"에 관한 것은 p. 898; Macleod, "The

Bromide Sleep: A New Departure in the Treatment of Acute Mania," *BMJ* 1(Jan.20, 1900) pp. 134-136, "사례 8" p. 135.

39 Macleod, *BMJ* 1900, pp. 134-136.

40 빌헬름 그라이징거는 클로로픔 중독을 이용해 우울증과 조증 증상을 일시적으로 완화할 수 있었다. *Die Pathologie und Therapie der psychischen Krankheiten* (1861/1867)(reprint AmsterdamL Bonset, 1964) p. 489.

41 Philip M. Ragg, "The Bromide Sleep in a Case of Mania," *BMJ* 2(Nov. 3, 1900) pp. 1309-10. 랙은 자신이 이룬 치료효과가 Thomas Clouston이 bromine은 급성 조증에 효과가 없다고 말했던 것과 대조된다고 지적했다. Wolff, "Trionalcur," *Zentralblatt für Nervenkrankheiten und Psychiatrie* 24(1901) pp. 281-283. 베이루트 근처에 있는 한 수용소에서 브로마이드 대신에 설폰 유도체를 사용했다.

42 Emil Fischer & Joseph von Mering, "Über eine neue Klasse von Schlafmitteln," *Therapie der Gegenwart* 44(1903) pp. 97-101.

43 Linde, *Pharmakopsychiatrie*, pp. 71-72; Kristina Goder, *Zur Einführung synthetischer Schlafmittel in die Medizin im 19. Jahrhundert* (Frankfurt/M: Lang, 1985) pp. 44-53. 미국에서 베로날의 판권을 가진 회사는 윈스롭 화학회사이다.

44 W. Fischer, "Über die Wirkung des Veronal", *Therapeutische Monatshefte* 17(1903) pp. 393-395.

45 Hermann von Husen, "Über Veronal", *PNW* 6(May 7, 1904) pp. 57-61(인용 p. 59).

46 Jane Hillyer, *Reluctantly Told*(New York: Macmillan, 1935) p. 8.

47 Roberts, "Myths & Truths", pp. 15-16.

48 William Sargant & Eliot Slater, *An Introduction to Physical Methods of Treatment in Psychiatry*(Edinburgh: Livingstone, 1944) p. 112.

49 Giseppe Epifanio, "L'ipnosi farmacologica prolungata e sua applicazione per la cura di alcune psicopatie", *Rivista di patologia nervosa e mentale* 20(1915) pp. 273-308, 사례 1, pp. 280-282. 에피파니오는 1913년 3월 25일 19세 여자 조증 환자 "F. L."에게 처음으로 루미날을 투약했다. 4일간 계속 주사한 끝에 그녀는 깊은 혼수상태"에 빠져 들어갔다. 그후 4월 9일까지 10여 일간 자고 일어난 후 서서히 깨어났는데 처음에는 우울 증상으로 조금 보이다가 회복되기 시작하여 6월 말에 안녕한 상태로 퇴원했다. 2년이 지난 후에도 조울증은 재발되지 않았다.

50 클라에시의 성격과 클로에타의 역할에 관해서는 Müllier, *Erinnerungen*, pp. 16, 405-407.

51 "Karotine S's" 사례의 상세한 내용은 Jakob Klaesi, "Über die therapeutische Anwendung der 'Dauernarkose' mittels Somnifens bei Schizophrenen", *Zeitschrift für die gesamte Neurologie und Psychiatrie* 74(1922) pp. 557-

592, 사례3, p. 573. 클라에시의 회고록에 모두 요약되어 있다. "Jakob Klaesi", in Ludwig J. Pongratz(ed.), *Psychiatrie in Selbsedarstellungen*(Berne: Huber, 1977) pp. 165-193, 사례 "Versuchsfall", pp. 183-185.

52 G. de M. 루돌프가 후일에 지적하기를 정신분열증 환자의 20%는 자연적으로 회복되며, 클라에시의 수면요법은 우연이었을 뿐이라고 주장했다. "Experimental Treatments of Schizophrenia", *Journal of Mental Science* 77(1931) pp. 767-791, 특히 p. 769.

53 뮐러의 환자 24명 중 2명이 수면요법으로 사망했다. 다른 종류의 barbiturate(Dial)로 치료한 33명의 환자 중 3명이 사망하지는 않았지만 치명적인 상태로까지 진행되었다. Max Müller, "Die Dauernarkose mit flüssigem Dial bei Psychosen, speziell bei manisch-depressivem Irresein", *Zeitschrift für die gefamte Neurologie und Psychiatrie* 107(1927) pp. 522-543; 유병율과 사망률은 p. 528. 치료 포기 5%에 관해서는 Müller, *Erinnerungen*, p. 17.

54 루돌프가 논의했던 다른 22 종류의 정신분열증 치료법은 독성과 효과 면에서 모두 부적절했다. *Journal of Mental Science*, 1931.

55 한 예로 Harold D. Palmer & Alfred L. Paine, "Prolonged narcosis as Therapy in the Psychosis", *AJP* 12(1932) pp. 143-164; "이런 형식의 치료를 받은 환자들의 기록은 이들이 앓는 정신병의 성질을 이해하는데 귀중한 자료이다."(p. 153)

56 Eliot Slater, "Psychiatry in the Thirties", *Contemporary Review* 226(1975) pp. 70-75(인용 p. 74).

57 "Referate: das Sanatorium Rockwinkel", *PNW* 32(Nov. 29, 1930) pp. 583-584.

58 Harry Stack Sullivan, "The Modified Psychoanalytic Treatment of Schizophrenia", *AJP* 11(1931) pp. 519-540(인용 p. 533).

59 Kalinowsky, *Comprehensive Psychiatry* 1980,(인용 p. 429). 치료결과 평가에 대해서는 G. Windholz & L. H. Witherspoon, "Sleep as a Cure for Schizophrenia: A Historical Episode", *History of Psychiatry* 4(1993) pp. 83-93. 실제로 수면요법은 정신분열증에 거의 효과가 없었지만, 정동장애에는 효과가 있을 가능성을 열어 두었다.

60 제2차 세계대전 이후에도 수면요법은 계속 시도되었다. 1954년 항정신증 약물인 레세르핀이 Nathan Kline에 의해 시도되었는데, 처음에는 취리히에 있는 뷔르그휠즐리에서 치료적 수면을 위해 사용했다. 혈전 발생에 의한 사망률이 꽤 높았다는 증거들이 있다. 데이비드 힐리가 쥘 앙스트Jules Angst를 인터뷰한 기록을 보라. pp.3-4.

61 D. Ewen Cameron, "Psychic Driving", *AJP* 112(1956) pp. 502-509.

62 Anne Collins, *In the Sleep Room: The Story of the CIA Brain-washing Experiments in Canada*(Toronto: Lester & Orpen Dennys, 1988) pp.126-127. 나의 견해로는 CIA에 초점을 맞추는 것은 부적절하다고 본다. 왜냐하면 CIA에서 자금을 대주지 않았더라도 캐머런은 똑같은 실험을 했을 것이기 때문이다.

63 D. Ewen Cameron 등, "The Departterning Treatment of Schizophrenia",

Comprehensive Psychiatry 3(1962) pp. 65-76.

64 Cameron의 부고, *New York Times*, Sept.9,1967, p. 31.

65 막스 뮐러가 쓴 감동적인 서문을 보라. *Die körperlichen Behandlungsverfahren in der Psychiatrie*, vol.1: *Die Insulin Behandlung*(Stuttgart: Thieme, 1952): "고통을 줄이고 치유를 위한 의료 활동을 위해 고안된 [쇼크요법과 혼수요법은], 20세기를 맞이한 지금 정신의학의 총체적 발전 차원에서만 이해될 수 있다. 정신질환은 불치라는 독단론을 받아들이거나, 정신과는 단지 관리 감금하는 분야라고 뒤로 물러서는 대신에, 과거에는 휴한休閑 분야에 불과했던 이 분야에 치료될 수 있다는 믿음을 불러일으키고, 불타는 헌신으로 최신의 의료법을 도입할 것이다." (p. iii)

66 Manfred Sakel, "Neue Behandlung der Morphinsucht", *Deutsche Medizinische Wochenschrift* 56(Oct. 17, 1930) pp. 1777-78.

67 David M. Cowie 등, "Insulin and the Mental State of Depression-A Preliminary Report", *Journal of the Michigan State Medical Society* 22(Sept. 1923) p. 383. 사실 이것은 우연이었다. Ann Arbor Psychopathic 병원에서 연구를 진전시켰지만 우울증 환자에게 인슐린은 효과가 없었다. David M. Cowie 등, "Insulin and Mental Depression" [American Medical Association] *Archives of Neurology & Psychiatry* 12(1924) pp. 522-533.

68 Annibale Puca, "La insulino-terapia nei malati di mente" *Rassegna di studi psichiatrici* 16(1927) pp. 461-468; Paul Schmidt, "Über Organtherapie und Insulinbehandlung bei endogenen Geistesstörungen", *Klinische Wochenschrift* 7(Apr. 29, 1928) pp. 839-842. 쇼크요법이 개발되기 이전에 정신의학계에서 인슐린이 사용되었던 역사에 관해서는 Müller, *Körperliche Behandlungsverfahren*, pp. 1-3; 뮐러는 사켈의 신용을 가능한 많이 떨어뜨리려고 작심하고 기록한듯 하다.

69 Manfred Sakel, "Neue Behandlung der Morphinsucht", *Zeitschrift für die gesamte Neurologie und Psychiatrie* 143(1933) pp. 506-534, 특히 p. 530. "그러나 나는 이 몇 가지 관찰 사실만으로 성급하게 결론내리기를 원치 않는다."

70 Karl Theo Dussik, comment(pp. 1252-53) following D. Ewen Camero & R. G. Hoskins, "Experiences in the Insulin-Hypoglycemia Treatment of Schizophrenia", *JAMA* 109(Oct. 16, 1937) pp. 1246-49.

71 Sakel의 13부분 시리즈는 "Schizophreniebehandlung mittels Insulin-Hypoglykämie sowie hypoglykämischer Schocks", *Wiener Medizinische Wochenschrift*, 시작 vol.84(Nov.3, 1934) pp. 1211-13, 마지막 vol.85(Feb.9, 1935) pp. 179-180. 인슐린으로 정신병을 치료하려 했던 과거의 시도를 사켈이 알고 있었다는 근거는 없다. 인슐린과 관련된 정신과 치료에 관한 것은 F. E. James, "Insulin Treatment in Psychiatry", *History of Psychiatry* 3(1992) pp. 221-235, 특히 p. 221.

72 Manfred Sakel, *Neue Behandlungsmethode der Schizophrenie*(Vienna:

Perles, 1035) pp. 111. 13부분 시리즈를 바탕으로 이 책이 집필되었고 새 통계가 포함되어 있다.

73 임상실험 기록 첫 장은 Linde, *Pharmakopsychiatrie*, p. 99.

74 Müller, *Erinnerungen*, p.136. 이 심술궂은 일화에는 빈의 인종 양상과 관련된 정치성이 작용했다. 빈의 슈타인호프 정신병원의 前원장이었던 요제프 베르츠와 가톨릭 종교계가 反 사켈 일파로 잘 알려져 있다. "Die Insulin-Chok-Behandlung der Schizophrenie", *Wiener medizinische Wochenschrift* 83(Dec.2, 1933) pp. 1365-69. 인슐린 옹호자이자 유태 정신과 의사인 스트란스키는 베르츠를 까다로운 사람이라고 평했다. "Autobiographie", p.292.

75 피터는 사켈이 망명 온 다른 정신과 의사들을 성의없이 대했던 태도가 반감을 산 것이라고 해석했다. "Die Einführung der Schockbehandlungen und die psychiatrische Emigration", *Fortschritte der Neurologie und Psychiatrie* 60(1992) pp. 356-365, 특히 p. 358.

76 Sakel의 생애와 인슐린 쇼크요법의 역사에 관해서는 Walter Freeman, *The Psychiatrist*(New York: Grinde & Stratton, 1968) pp. 31-39; Linde, *Pharmacopsychiatrie*, pp. 96-103.

77 Müller, *Erinnerungen*, p.152. 여러모로 상냥한 사람이었지만 스위스에 머물던 시절 그는 반유태주의자였고, 사켈을 가리켜 "전형적인 동유럽 유태인"이라 했고, 그의 "끝 모를 야망"은 "자신의 종족이 가진 원한" 때문이라고 평했다.(pp.153-154)

78 1937년 뮌징겐에서 열린 정신분열증의 물리적 치료에 관한 국제회의에서 발표한 것은 "Erfahrungen mit der Insulinbehandlung in England", *Schweizer Archiv für Neurologie und Psychiatrie* 39, suppl.(1937) 인용 p. 178-179.

79 Isabel G. H. Wilson, *Study of Hypoglycemic Shock Treatment in Schizophrenia*(London: HMSO; Board of Control;, England and Wales, 1937) 인용 p. 60. 1936년 7월 자.

80 Interview with Eliot Slater(1981), in Greg Wilkinson(ed.), *Talking about Psychiatry*(London: Gaskell, 1993) pp. 1-12(인용 p. 4).

81 패러의 개인보관 사료. J. 앨런 워터스가 1937년 7월 11일 C. B. 패러에게 보낸 편지. 데이비드 닐 파르핏이 바르비투르산 혼수요법에 관해 썼다. "Treatment of psychosis by Prolonged Narcosis", *Lancet* 1(Feb.22, 1936) pp. 424-426. 인슐린 혼수요법의 영국 도입에 관해서는 James, *History of Psychiatry*, 1992, pp. 221-235.

82 Norton, *BMJ* 1979, p. 429.

83 Sargant & Slater, *Physical Methods*, pp.16-38. 카디프의 화이트처치 병원에 있던 Linford Rees는 새로운 물리적 치료를 받은 11명의 정신분열증 환자와 일반 병원치료를 받은 80명의 대조군을 비교한 한 연구에서, 인슐린 혼수요법이 다른 어떤 물리적 치료보다 효과가 뛰어났고, 자연 회복율보다도 치료율이 높음을 발견했다. Rees, "A Comparative Study of the Value of Insulin Coma, Electronarcosis,

Electro-Shock and Leucotomy in the Treatment of Schizophrenia", *Premier Congrès Mondial de Psychiatrie*, Paris, 1950, vol.4: *Thérapeutique Biologique*(Paris: Hermann, 1952) pp. 303-308.

84 Joseph Wortis, *Fragments of an Analysis with Freud*(New York: McGraw-Hill, 1954) p. 110. D. 어윈 캐머런Ewen Cameron은 미국에서 최초로 자신이 인슐린 혼수요법을 위체스터 주립병원에서 시행했다고 주장했다. 그러나 캐머런과 동료들이 인슐린 작업을 시작한 것은 1936년 3월이었다. Cameron & R. G. Hoskins, "Some Observations on Sakel's Insulin Hypoglycemia Treatment of Schizophrenia", *Schweizer Archiv für Neurologie und Psychiatrie* 39, suppl.(1937) pp. 180-182.

85 Joseph Wortis, "On the Response of Schizophrenic Subjects to Hypoglycemic Insulin Shock", New York Society of Clinical Psychiatry 회의 발표, Nov.12, 1936, *JNMD* 85(Apr. 1937) pp. 446-456.

86 Joseph Wortis, "Early Experiences with Sakel's Hypoglycemic Insulin Treatment of the Psychoses in America", *Schweizer Archiv für Neurologie und Psychiatrie* 39, suppl.(1937) p. 208.

87 Manfred Sakel, "The Origin and Nature of the Hypoglycemic Therapy of the Psychoses", *Bulletin of the New Yorl Academy of Medicine*, ser.2, 13(1937) pp. 97-109.

88 마이클 세퍼드에 의해 녹음된 강의는, *Journal of Psychopharmbrology* 199, p. 131. 캐머런은 자신의 인슐린 치료 경험을 1937년 뮌징겐 회의에서 발표했다. Cameron & R. G. Hoskins, "Some Observations...", *Schweiz. Arch. Neurol.*(1937) pp. 180-182.

89 William L. Laurence, "Tribute to Manfred Sakel," in Max Rinkel(ed.), *Biological Treatment of Mental Illness*(New York: Page, 1966) pp. 38. Hendrik Peters의 지적에 의하면, 하이델베르크에서 망명온 젊은 유태인 의사 Ruth Wilmanns(후에 Wilmanns-Lidz)가 핍스 클리닉에 인슐린 혼수요법을 도입했다. Peters, *Foutschritte der Neurologie und Psychiatrie* 1992, p. 359.

90 Walter Freeman, *Psychiatristst*, p. 35.

91 Slater, *Contemporary Review* 1975, p. 74.

92 Roberts, "Myths and Truths", pp. 17-18.

93 바르비투르산 수면요법과 같은 결과가 나온 것에 관해서는 Brian Ackner et al., "Insulin Treatment of Schizophrenia: A Controlled Study", *Lancet* 2(Mar. 23, 1957) pp. 607-611. 인슐린 혼수요법에 대한 비판적 역사서는 W. A. Cramond, "Lessons from the Insulin Story in Psychiatry", *Australian & New Zealand Journal of Psychiatry* 21(1987) pp. 320-326.

94 메두나의 생애와 업적에 관해서는 Max Fink(ed.), "Autrography of L. J. Meduna", *Convulsive Therapy* 1(1985) pp. 43-57, 121-135. Fink, "Meduna

and the Origins of Convulsive Therapy", *AJP* 141(1984) pp. 1034-41, 특히 pp. 1034-36.

95 A. Glaus, "Über Kombinationen von Schizophrenie und Epilepsie," *Zeitſchrift für die gesamte Neurologie und Psychiatrie* 135(1931) pp. 450-96.

96 Meduna autobiography, *Couvulsive Therapy* 1985, p. 54.

97 장녀의 정신병 치료 역사에 관해서는 Linde, *Pharmakopsychiatrie*, pp. 106-107; Walter Sneader, "The Prehistory of Psychotherapeutic Agents", *Journal of Psychopharmacology* 4(1990) pp. 115-119, 특히 pp. 117-118.

98 Laszlo Joseph [sic] Meduna, "The Convulsive Treatment: A Reappraisal", in Arthur M. Sackler et al.(eds.), *The Great Physiodynamic Therapies in Psychiatry: An Historical Reappraisal*(New York: Hoeber, 1956) pp. 76-90; 정확한 날짜를 보려면 p. 79n를 보라.

99 Ladislaus von Meduna, "Versuche über die biologische Beeinflussung des Ablaufes der Schizophrenia", *Zeitſchrift für die gesamte Neurologie und Psychiatrie* 152(1935) pp. 235-262. L.Z. 사례 pp. 237-238. 저자는 입원 날짜를 "1933년"이라고 적었지만, 병원 내부 기록을 보면 아마도 1930년일 가능성이 크다.

100 Meduna autobiography, *Convulsive Therapy* 1985, p. 122.

101 Meduna, *Zeitſchrift für die gesamte Neurologie*, 1935 p. 237, 메두나의 확정적 발표는 *Die Konvulsionstherapie der Schizophrenie*(Halle/S: Marhold, 1937).

102 Linde, *Pharmakopsychiatrie*, p. 107.

103 Müller, *Erinnerungen*, p. 244.

104 Müller, *Erinnerungen*, p. 73-74.

105 Henry R. Rollin, *Festina Lente: A Psychiatric Odyssey*(London: British Medical Journal, 19990) p. 69.

106 Freeman, *Psychiatrist*, pp. 41-42.

107 메두나의 시카고 시절에 관해서는 Herbert L. Jackman, "Epilogue to the Autobiography of L. J. Meduna", *Convulsive Therapy* 1(1985) pp. 136-138.

108 Peter G. Cranford, *But for the Grace of God: The Inside Story of the World's Largest Insane Asylum, Milledgeville!*(Augusta: Great Pyramid Press, 1981) pp. 82-85; Bliss Forhush, *The Sheppard & Enoch Pratt Hospital, 1853-1970: A History*(Philadelphia: Lippincott, 1971) p. 123.

109 정신과의 전기 사용에 관한 역사의 한 예는 A. W. Beveridge & E. B. Renvoize, "Electricity: A History of Its Use in the Treatment of Mental illness in Britain During the Second Half of the 19th Century", *BJP* 153(1988) pp. 157-162; Norman Endler, "The History of ECT", in Endler & Emmanuel Persad(eds.), *Electroconvulsive Therapy: The Myths and Realities*(Toronto: Huber, 1988) pp. 3-30. 특히 p. 6.

110 체를레티의 여러 가지 부고 중 Henri Baruk이 쓴 것이 그의 삶을 가장 잘 조명했다. Baruk, "Nécrologie, Le professeur Ugo Cerletti(1877-1963)", *Bulletin de l'académie nationale de médecine* 150(Nov. 1966) pp. 574-579

111 Ferdinando Accornero, "Testimonianza Oculare sulla Scoperta dell' Elletroshock", *Pagine di Storia della Medicina* 14(1970) pp. 38-52(인용 p. 38). 체를레티의 생애에 관해서는 A. Novelletto, "Cerletti, Ugo", in *Dizionario biografico degli italiani*, vol.23(Rome: Istituto della Enciclopedia Italiana, 1979) pp. 759-763.

112 Ugo Cerletti, "Electroshock Therapy", *Journal of Clinical & Experimental Psychopathology* 15(1954) pp. 191-217(특히 p. 191).

113 이에 관한 정보는 람베르토 롱기Lamberto Longhi 교수와의 개인적 교류에서 얻은 것이다.

114 Accornero, *Pagine di Storia della Medicina* 1970, p. 39ff.

115 Müller, *Erinnerungen*, p. 170. 회의에서 발표한 논문은 "Bericht Über die wissenschaftlichen Verhandlung auf der 89. Versammlung der Schweizerischen Gessellschaft für Psychiatrie in Münsingen b. Bern am 29-31. Mai 1937: Die Therapie der Schizophrenie, Insulinschock, Cardiazol, Dauerschlaf" *Schweizer Archiv für Neurologie und Psychiatrie* 39, suppl.[Ergänzungsheft](1937) pp. 1-238. Bini의 "Ricerche sperimentali sull' acceso epilettico da corrente elettrica"는 pp. 121-122에 있다. 비니는 로마 클리닉의 연구는 인체 실험 단계까지 진전했다고 말했다.

116 Accornero, *Pagine di Storia della Medicina* 1970, p. 43.

117 Accornero, *Pagine di Storia della Medicina* 1970, p. 43.

118 Accornero, *Pagine di Storia della Medicina* 1970, pp. 43-48; Cerletti, *J. Clin. Exper.* 1954, pp. 193-194; Cerletti, "Old and New Information about Electroshock", *AJP* 107(1950) pp. 87-94. 칼리노우스키는 자신이 ECT를 처음으로 시행했음을 발표하는 것으로 믿고 있었으나, 실은 두 번째였다. Kalinowsky, *Comprehensive Psychiatry 1980*, pp. 430-433. 역사에 관해서는 Endler, "The History of ECT."

119 Ugo Cerletti & Lucio Bini, "L' Elettroshock", *Archivio generale di neurologia* 19(1938) pp. 266-268. On May 28, 1938, 1938년 5월 28일 저자들은 로마 의학원Academy of Medicine of Rome과 사전 교류를 했다.

120 Cerletti, *J. Clin. Exper.* 1954, p. 194

121 W. H. Shepley & J. S. McGregor, "The Clinical Application of Electrically Induced Convulsions", *Proceedings of the Royal Society of Medicine* 33(1940) pp. 267-274. 칼리노프스키는 논문을 통해 영국에 ECT를 소개했다. "Electric-Convulsion Therapy in Schizophrenia", *Lancet* 2(Dec.9, 1939) pp. 1232-33. 거의 동시에 브리스톨에 있는 버든 신경학연구소Burden Neurological

Institute에 있던 일군의 연구자들이 근처 그로체스터에 있는 반우드 하우스 Barnwood House 정신병원에서 ECT를 시작했다. 그들은 런던에 있는 회사에 기계를 만들게 했다. G. W. T. H. Fleming, F. L. Golla, & W. Grey Walter, "Electric-Convulsion Therapy of Schizophrenia", *Lancet* 2(Dec.30, 1939) pp. 1353-55. 이 일에 관한 칼리노프스키의 회고는 Richard Abrams, "Interview with Lothal Kalinowsky, M.D.", *Convulsive Therapy* 4(1988) pp. 25-39. 특히 pp. 32-33.

122 E. B. Strauss & Angus Macphail, "Treatment of Out-Patients by Electrical Convulsant Therapy with a Portable Apparatus", *BMJ* 2(Dec.7, 1940) pp. 779-782.

123 Kalinowsky, in Pongratz(ed.), *Psychiatrie in Selbsdarstellungen*, pp. 155-157. Endler, *ECT*, p. 21.

124 Norton, *BMJ* 1979, p. 430.

125 Felix Post, "Then and Now", *BJP* 133(1978) pp. 83-86(인용 p. 83).

126 Sargant & Slater, *Physical Methods*, p. 64.

127 David J. Impastato & Renato Almansi, "The Electrofit in the Treatment of Mental Disease", *JNMD* 96(1942) pp. 395-409: Impasto, "The story of the First Electroshock Treatment", *AJP* 116(1960) pp. 1113-14. 이는 기본적으로 임패스토가 체를레티와 한 인터뷰 내용이다. 롱뷰 병원의 더글러스 골드먼 또한 선취권을 주장했다. "History of Psychopharmacology in North America", *Psychiatry Journal of University of Ottawa* 14(1989) pp. 266-7. 1940년 3월 이후 초기에 ECT를 사용했던 것에 관해서는 Victor E. Gonda, "Treatment of Mental Disorders with Electrically Induced Convulsions", *Diseases of the Nervous System* 2(1941) pp. 84-92.

128 Endler, *ECT*, p. 22.

129 세 가지 쇼크요법을 설명한 미국에서 신망있는 한 교과서에서는 ECT는 하찮게 설명하고 정신분열증에 인슐린 요법이 특효하고 기술했다. Lucy Jessner & V. Gerald Ryan, *Shock Treatment in Psychiatry: A Manual*(New York: Grune & Stratton, 1941) pp. 101, 122.

130 Harry Stack Sullivan, *Conceptions of Modern Psychiatry*(Washington, DC: W. A. White Foundation, 1947) p. 73 n.51. 첫 판은 1940년에 출판되었다.

131 Group for the Advancement of Psychiatry, *Shock Therapy report* no.1. Sept.15, 1947(인용 p. 1).

132 Group for the Advancement of Psychiatry, *Revised Electro-Shock Therapy Report* no.15, Aug. 1950.

133 개요를 보려면 L. Bruce Boyer, "Fantasies Concerning Convulsive Therapy", *Psychoanalytic Review* 39(1952) pp. 252-270.

134 Knight, "The Present Status of Organized Psychoanalysis in the United

States", *American Psychoanalytic Association Journal* 1(1953) pp. 197-221(인용 p. 217). 1952년 12월 미국 정신분석협회 회장 인사말에서 수용소에서 수련을 받는 정신과 수련의가 정신치료를 할 수 없음과, 정신분석 기관이나 정신분석 위주의 대학 교실에서 수련을 받는 정신과 수련의가 ECT를 할 수 없다는 사실이 "한편에서는 소위 생리학적 치료를 하는 개업의와, 다른 한편에서는 심리학적 치료를 하는 개업의 사이에 깊은 간격을" 만들고 있음을 한탄했다.

135 Arnold A. Rogow, *The Psychiatrists*(New York: Putnam, 1970) p. 79.

136 Rollin, *Journal of Psychopharmacology* 1990, pp. 111-112.

137 On this story, see Walter Sneader, *Drug Discovery : The Evolution of Moderm Medcines*(Chichester: Wiley, 1985), p. 128.

138 Abram E. Bennett, "Preventing Traumatic Complications in Convulsive Shock Therapy by Curare", *JAMA* 114(Jan.27, 1940) pp. 332-324.

139 G. Holmberg & S. Thesleff, "Succinyl-Choline-Iodide as a Muscular Relaxant in Electroshock Therapy", *AJP* 108(1952) pp. 842-846. 연구자들은 스톡홀름에 있는 카롤린스카 연구소에 있었다. .

140 Lothal B.. Kalinowsky, "Convulsive Shock Treatment", in Silvano Arieti, *American Handbook of Psychiatry*, vol.2(New York: Basic, 1959) pp. 1499-1520(인용 p. 1510).

141 Louis Casamajor, "Notes for an Intimate History of Neurology and Psychiatry in America" *JNMD* 98(1943) pp. 600-608(인용 p. 607). 캐서메이어는 크레펠린과 함께 수련을 받았고 정신의학을 철저하게 기질성 위주로 해석했다.

142 O. Lindvall, "Transplants in Parkinson's Disease", *European Neurology* 31(suppl.1)(1991) pp. 17-27.

143 Michael A. Jenike et al., "Cingulotomy for Refractory Obsessive Compulsive Disorder", *Archives of General Psychiatry* 48(1991) pp. 548-555; Lee Baer et al., "Cingulotomy in a Case of *Concomitant Obsessive-Compulsivve Disorder and Tourette's Syndrome*, ibid.51(1994) pp. 73-74.

144 부르크하르트의 생애에 관해서는 Marco Mumenthaler, "Medizingeschichtliches zur Entwicklung der Neurologie in der Schweiz", *Schweizer Archiv für Neurologie und Psychiatrie* 138(1987) pp. 15-30, 특히 pp. 15-16; Christian Müller, "Gottlieb Burckhardt, the Father of Topectomy", *AJP* 117(1960) pp. 461-463. 크리스티안 뮐러 자신은 정신과 의사로 막스 뮐러의 아들이다.

145 "Application de l'hypnotisme au traitement des maladies mentales," 부르크하르트의 사례 7명은 Burckhardt의 연례보고에서 따온 것이다. *Revue de l'hypnotisme* 3(1889) pp. 56-59

146 Gottlieb Burckhardt, "Über Rindenexcisionen, als Beitrag zur operativen Therapie der Psychosen", *Allgemeine Zeitschrift für Psychiatrie* 47(1891) pp. 463-548. Burckhardt의 연구와 자료를 꼼꼼히 정리한 것을 보려면 German

E. Berrios, "Psychosurgery in Britain and Elsewhere: A Conceptual History", in Berrios & Hugh Freeman(eds.), *150 Years of British Psychiatry, 1841-1991*(London: Gaskell, 1991) pp. 180-196.

147 Albert Moll이 1890년 8월 11일 아우구스트 포렐에게 보낸 편지 Hans H. Walser(ed.), *August Forel, Briefe/Correspondance, 1864-1927*(Berne: Huber, 1968) pp. 242-243.

148 한 예로 William Ireland, "German Retrospect", in *Journal of Mental Science* 37(1891) pp. 606-618: Burckhardt의 연구를 정리한 부분은 p. 613에서 시작한다.

149 Berrios, "Psychosurgery", pp. 182-185.

150 카를 본회퍼는 1940년경에 쓴 자서전에서 이 수술을 넌지시 암시했다. J. Zutt et al., *Karl Bonhoeffer zum Hundertsten Geburtstag*(Berlin: Springer, 1969) p. 57. 이 기간 동안의 Index-Medicus에는 Mikulicz가 이 주제에 관해 쓴 논문은 올라 있지 않다.

151 Valentin Magnan, *Les Dégénérés*(paris: Rueff, 1895) p. 219.

152 Elliot S. Valenstein, *Great and Desperate Cures: The Rise and Decline of Psychosurgery and Other Radical Treatments for Mental Illness*(New York: Basic, 1986) p. 78에 인용되어 있다. 모니즈에 대한 나의 설명은 발렌슈타인에 관한 베리오의 연구와 스탠리 핑거에 근거한 것이다. *Origins of Neuroscience: A History of Explorations into Brain Function*(New York: OUp. , 1994) pp. 290-296.

153 초기에 영어로 결과를 발표하는 자리에서 모니즈는 두 번째로 시행한 18명의 일련의 환자 중 3명에 관해서만 상세 내용을 밝혔다. "Prefrontal Leucotomy in the Treatment of Mental Disorders", *AJP* 93(1937) pp. 1379-85; 모니즈가 개발했다는 방법에는 데이터도 없었고 가설적 기전에 관한 공허한 추측으로만 가득 차 있었다. "How I came to Perform Prefrontal Leucotomy", in *Psychosurgery, First International Conference*(Aug.4-7, 1948)(Lisbon: no publ. given, 1949) pp. 15-21; Valenstein, *Great and Desperate Cures*, p. 113.

154 정신외과 수술법에 관한 간략하고 자료가 잘 정리된 역사 개요를 보려면 Victor W. Swayze, II. "Frontal Leukotomy and Related *Psychosurgical Procedures in the Era before Antipsychotocs*(1935-1954): A Historical overview", *AJP* 152(1955) pp. 505-515, 특히 표1, p. 509.

155 Valenstein, *Great and Desperate Cures*, p. 229.

156 Sargant & Slater, *Physical Methods*, p. 145.

157 Joseph W. Friedlander & Ralph S. Banay, "Psychosis Following Lobotomy in a Case of Sexual Psychopathy", *Archives of Neurology & Psychiatry* 59(1948) pp. 302-321(인용 p. 319).

158 Cranford, *Milledgeville*, p. 157.

159 Gerald N. Grob, *From Asylum to Community: Mental Health Policy in*

Modern America(Prinston: Prinston U.p. 1991) p. 130.

160 David Crossley, "The Introduction of Leucotomy: A British Case History", *History of Psychiatry* 4(1993) pp. 553-564, 특히 p. 562.

161 1950년대 초부터 뇌절제술 건수는 급격히 감소했지만, 최소한 다음 한 세기 동안은 지속되었다. 1961년 온타리오 정신병원들에서 58건의 뇌절제술이 시행되었고, 1953년에는 157건으로 줄었다. Roger Baskett, "The Life of the Toronto Psychiatric Hospital", in Edward Shorter(ed.), *TPH: History and Memories of the Toronto Psychiatric Hospital*(Toronto: Wall & Emerson, 1996) pp. 96-153, 특히 p. 152, fn.239.

162 Eben Alexander, "A Perspective of the 1940s," *Surgery & Neurology* 28(1987) pp. 319-320(인용 p. 320).

163 Grob, *Asylum to Community*, p. 131.

164 Finger, *Origins of Neuroscience*, p. 294.

165 Edward Shorter, "Private Clinics in Central Europe, 1850-1933", *Social History of Medicine* 3(1990) pp. 159-195, 특히 177, 181.

166 David Kennedy Henderson, *The Evolution of Psychiatry in Scotland*(Edinburgh: Livingstone, 1964) pp. 95-100.

167 Caspar Max Brosius, *Aus meiner psychiatrischen Wirksamkeit*(Berlin: Hirschwald, 1878) pp. 23-27.

168 Theodor Kirchhoff, *Deutsche Irrenärzte*, vol.2(Berlin: Springer, 1924) p. 71.

169 Grob, *Asylum to Community*, pp. 239-240.

170 Johannes Bresler는 독일 병원에서 정신과가 설립된 날짜를 기록했다. "Eine oberschlesische Nervenklinik," *PNW* 26(Aug. 9,1924) pp. 104-106, 특히 p. 104.

171 영국 정신건강 입법에 대한 것은 Kathleen Jones, *Asylums and After: A Revised History of the Mental Health Services: From the Early 18th Century to the 1990s*(London: Athlone, 1993).

172 Jones, *Asylums and After*, pp. 137-138.

173 Thomas Percy Rees의 생애에 관해서는 *Munk's Roll*, vol.5, pp. 344-345; 윌킨슨의 에드워드 헤어와의 인터뷰는, *Talking about Psychiatry*, pp. 62-63.

174 Joshua Bierer, "Psychotherapy in Mental Hospital Practice(Being the Preliminary Report of a Full-Time Psychotherapist in a Public Mental Hospital)", *Journal of Mental Science* 86(1940) pp. 928-952. 비어러의 생애에 관해서는 Raghu Gaind, "Bierer Obituary", *International Journal of Social Psychiatry* 31(1985) pp. 82-83.

175 Joshua Bierer, "From Psychiatry to Social and Community Psychiatry", *International Journal of Social Psychiatry* 26(1980) pp. 77-79.

176 Joshua Bierer, "Group Psychotherapy", *BMJ* 1(Feb.14, 1942) pp. 214-217(인용 p. 216).

177 Bierer, J. Ment. Sci. 1940, pp. 933-934; Bierer, "A Self-Governed Patients' Social Club in a Public Mental Hospital", *Journal of Mental Science* 87(1941) pp. 419-424(인용 p. 419). 사회정신의학과 치료공동체에 관한 역사학자들은 비어러에게 친절하지 않다. N. P. 매닝이 기술한 간략한 역사에서는 비어러에 관해 언급하지도 않았다. "Innovation in Social Policy-the Case of the Therapeutic Community", *Journal of Social Policy* 5(1976) pp.265-279

178 Bierer, J. Ment. Sci. 1940, p. 934. 전쟁으로 인해 비어러는 런웰 실험을 2년 후에 포기했다. Bierer, "Introduction to the second volume", *International Journal of social Psychiatry* 2(1956) pp. 5-11, 특히 p. 5.

179 Maxwell Jones, *Social Psychiatry: A Study of Therapeutic Communities* (London: Tavistock, 1952) pp. 1-15(인용 pp. 2, 13).

180 맥스웰 존스와의 인터뷰, in Wilkinson, *Talking about Psychiatry*, pp. 53-54.

181 Sargant, *The Unquiet Mind*, pp. 77-78.

182 Sargant, *The Unquiet Mind*, p. 29.

183 Sargant, *The Unquiet Mind*, p. 30.

184 노스필드 군병원에서의 신경증 치료에 관해서는 Robert H. Ahrenfeldt, *Psychiatry in the British Army in the Second World War*(London: Routledge, 1958) pp. 149-153; 메인이 쓴 부고, *Times*, June 5, 1990, p. 14.

185 Thomas F. Main, "The Hospital as a Therapeutic Institution", *Menninger Clinic Bulletin* 10(1946) pp. 66-70(인용 p. 67).

186 Thomas F. Main, "The Ailment", *Medical Psychology* 30(1957) pp. 129-145(인용 p. 144).

187 Main, *Medical Psychology*, 1957, p. 139.

188 H. V. Dicks, *Fifty Years of the Tavistock Clinic*(London: Routledgr, 1970) p. 111.

189 비어러 자신은 징성화, 권리부여 등의 용어를 사용하지는 않았지만, 이 용어는 비어러 철학의 핵심이다. "Theory and Practice of Psychiatric Day Hospital", *Lancet* 2(Nov.21, 1959) pp. 901-902: "잘못된 인간관계가 정신병의 결과라고 보는 것은 한쪽 측면만 보는 것이다. 도리어 잘못된 혹은 부적절한 인간관계가 정신병의 원인으로 작용한다는 것을 확신하게 된다."(p. 901)

190 D. Ewen Cameron, "The Day Hospital: An Experimental Form of Hospitalization for Psychiatric Patients", *Modern Hospital* 69(1947) pp. 60-62. Day Center 활동(1950년 이후 이렇게 불렸다)에 관해서는 D. Ewen Cameron, "The Day Hospital", in A. E. Bennett et al.(eds.), *The Practice of Psychiatry in General Hospital*(Berkeley: University of California Press, 1956) pp. 134-150; A. E. Moll, "Psychiatric Service in a General Hospital with Special Reference to a Day Treatment Unit", *AJP* 109(1933) pp. 774-776.

191 Joshua Bierer, *The Day Hospital: An Experiment in Social*

Psychiatry(London: Lewis, 1951) p. 10.

192 James Farndale, *The Day Hospital Movement in Great Britain*(Oxford: Pergamon, 1961) pp. 2, 5.

193 Bierer, *Lancet* 1959, p. 901.

194 Elmer E. Southard, "Alienists and Psychiatrists: Notes on Divisions and Nomenclature of Mental Hygiene", *Mental Hygiene* 1(1917) pp. 567-571(인용 p. 569). 사우서드에 관해서는 David Henderson [letter], in "Introduction to the Second Volume", *International Journal of Social Psychiatry* 2(1956) pp. 8-9.

195 John B. MacDonald, "Social Service and Out-Patient Relations", *AJP* 1(1921) pp. 141-157; Owen Copp, "Some Problems Confronting the Association", *ibid.*, 1(1921) pp. 1-13; Albert M. Barrett, "The Broadened Interests of Psychiatry", *ibid.*, 2(1922) pp. 1-13.

196 한 예로 Arthur J. Viseltear, "Milton C. Winternitz and the Yale Institute of Human Relations: A Brief Chapter in the History of Social Medicine", *Yale Journal of Biology & Medicine* 57(1984) pp. 869-889.

197 Paul Schilder, "Results and Problems of Group Psychotherapy in Severe Neuroses", *Mental Hygiene* 23(1939) pp. 87-98(인용 pp. 87-88, 90).

198 Leo Srole et al., *The Midtown Manhattan Study, vol.1: Mental Health in the Metropolis*(New York: McGraw-Hill, 1962); Thomas S. Langner & Stanley T. Michael, *The Midtown Manhattan Study*, vol.2: *Life Stress and Mental Health*(Glencoe: Free Press, 1963); Grob, *Asylum to Community*, pp. 100-102. 뉴헤이븐 지역사회 연구에 관해서는 August B. Hollingshead & Frederick C. Redlich, *Social Class and Mental Health: A Community Study*(New York: Wiley, 1958).

199 Marvin I. Herz, "The Therapeutic Community: A Critique", *Hospital & Community Psychiatry* 23(1972) pp. 69-72(인용 p. 69).

200 Farndale, Day Hospital Movement, p. 1. 메닝거 클리닉의 낮병원 제도에 관한 Lawrence Friedman의 연구는 환자위원회와 다른 여러 가지 형태의 치료공동체에 관해 기술했다. 외래환자 클럽은 낮병원과 같은 기능을 했을 것이다. Menninger, *The Family and the Clinic*(Lawrence: University of Kansas Press, 1990) p. 275.

201 1963년 정신지체와 지역사회정신건강 센터 설립 법안의 유래에 대한 것은 Grob, *From Asylum to Community* 1991, pp. 216-234.

202 영국 정신건강 운동가들 사이에서 공산사회주의적 사고가 끈질기게 유지되었던 것에 관해서는 Lindsay Prior, *The Social Organization of Mental Illness*(London: Sage, 1993). 이들은 지역사회 중심 정신과 서비스가 20세기 정신의학의 최고점이 될 것이라고 내다보았었다.(p. 1)

제7장 생물정신의학의 부활

1 Richard von Krafft-Ebing, "Untersuchungen über Irresein zur Zeit der Menstruation: ein klinischer Beitrag zur Lehre vom periodischen Irresein", *Archiv für Psychiatrie* 8(1878) pp. 65-107(인용 p. 93); 19명 사례 표, pp. 94-97.

2 Emil Kraepelin, *Psychiatrie*, 8th ed., vol.3, pt.2(Leipzig: Earth, 1913) p. 918.

3 Thomas Clouston, "The Neuroses of Development, Lecture III", *Edinburgh Medical Journal* 37(1891) pp. 104-124, 특히 p. 108.

4 Clouston, "The Neuroses of Development [Lecture I]1", *Edinburgh Medical Journal* 36(1891) pp. 593-602(인용 pp. 600-601).

5 "Preface" by the Medical Research Council, in Eliot Slater, *Psychotic and Neurotic Illness in Twins*(London: HMSO, 1953) p. iii.

6 Peter McGuffin et al., *Seminars in Psychiatric genetics*(London: Gaskell, 1994) pp. 88-89.

7 Francis Gallon, "The History of Twins, as a Criterion of the Relative Powers of Nature and Nurture", *Fraser's Magazine*, NS, 12(Nov. 1875) pp. 556-576(인용 p. 566); C. G. Nicholas Mascie-Taylor, "Galton and the Use of Twin Studies", in Milo Keynes(ed.), *Sir Francis Galton, FRS:The Legacy of His Ideas*(London: Macmillan, 1993) pp. 119-218.

8 Hans Luxenburger, "Vorläufiger Bericht über psychiatrische Serienuntersuchungen an Zwillingen", *Zeitschrift für die gesamte Neurologie und Psychiatrie* 116(1928) pp. 297-.326, 표4, p. 313.

9 Luxenburger의 생애에 관해서는 Thomas Haenel, *Zür Geschichte der Psychiatrie: Gedanken zur allgemeinen und Basler Psychiatriegeschichte*(Basel: Birkhäuser, 1982) pp. 167-168.

10 Kenneth S. Kendler & Scott R. Diehl, "The Genetics of Schizophrenia: A Current Genetic-Epidemiologic Perspective", *Schizophrenia Bulletin* 19(1993) pp. 261-285, 일화 p. 262.

11 로자노프의 생애에 관해서는 부고, AJP 99(1943) pp. 616-617, 773-774.

12 Aaron J. Rosanoff et al., "The Etiology of So-Called Schizophrenic Psychoses", *AJP* 91(1934) pp. 247-286, 특히 p. 252.

13 Rosanoff, "The Etiology of Manic-Depressive Syndromes with Special Reference to Their Occurrence in Twins", *AJP* 91(1935) pp. 725-762, 특히 p. 726(인용 p. 758).

14 Robert Proctor는 골턴의 뒤를 따르는 정신과 유전학자들을 비난하는 글을 썼다. "쌍둥이 연구는 모든 것, 예를 들어 간질, 범죄성향, 기억력, 탈장, 결핵, 암, 정신분열증, 심지어 이혼의 유전성까지도 알려준다고 한다." Racial Hygiene, *Medicine under the Nazis* (Cambridge: Harvard U. P., 1988) p.42. Weidling은 쌍둥이

연구에 관해 이런 식으로 언급하지 않고 연구 전체를 가볍게 처리해 버렸다. "간질, 크레틴병과 히스테리는 물론 일탈행동과 같은 범위의 질병에는 유전의 신비한 힘이 들어 있다." p.82. 그는 쌍둥이 연구를 나치가 인종 위생주의를 강화하기 위해 이용했다는 것과, 물리학으로 미사일을 만들었다는 것은 언급하지 않았다. 그러나 물리학도 유전 정신의학도 악용될 수 있었다는 이유 하나만으로 논의의 대상에서 제외될 수는 없다.

15 수백 개의 참고문헌 중 헨리 A. 번커가 미국의 기여에 대해 쓴 개요는 로자노프가 참조하기에 충분한 것이었다. "American Psychiatric Literature during the Past One Hundred Years", in American Psychiatric Association, *One Hundred Years of American Psychiatry*(New York: Columbia U.p. , 1944) p. 257. 로자노프의 이름은 Walter E. Barton, *The History and Influence of the American Psychiatric Association*(Washington: APA, 1987)의 색인 목록에 올라가 있지도 않다. 자신의 것은 15번, 윌리엄 메닝거William Menninger는 12번을 올렸다.

16 Franz J. Kallmann, *The Genetics of Schizophrenia: A Study of Heredity and Reproduction in the Families of 1,087 Schizophrenics*(New York: Augustin, 1938).

17 Kallmann, "The Genetic Theory of Schizophrenia: An Analysis of 691 Schizophrenic Twin Index Families", *AJP* 103(1946) pp. 309-322, 특히 그림7 p. 31. 칼만의 일생에 대한 연구는 그의 책 *Heredity in Health and Mental Disorder: Principles of Psychiatric Genetics in the Light of Comparative Twin Studies*(New York: Norton, 1953).

18 Franz J. Kallmann, "The Genetics of Psychoses", in *Premier Congrès Mondial de Psychiatrie Paris 1950*(Paris: Hermann, 1952) vol.6, pp. 12-20; 토론은 pp. 57-74를 보라.

19 주목할 만한 예로는 Slater의 Psychotic and Neurotic Illnesses in Twins.

20 McGuffin, *Seminars Psychiatric Genetics*, 그림 5.1, p. 88.

21 Seymour S. Kety et al., "The Types and Prevalence of Mental illness in the Biological and Adoptive Families of Adopted Schizophrenics", *Journal of Psychiatric Research* 6, suppl.1(Nov, 1968) pp. 345-362(인용 p. 361).

22 Seymour S. Kety & Loring J. Ingraham, "Genetic Transmission and Improved Diagnosis of Schizophrenia from Pedigrees of Adoptees", *Journal of Psychiatric Research* 26(1992) pp. 247-255, 특히 p. 250.

23 Kety et al., "Mental illness in the Biological and Adoptive Relative of Schizophrenic Adoptees: Replication of the Copenhagen Study in the Rest of Denmark", *Archives of General Psychiatry* 51(1994) pp. 442-455, 449.

24 A. Bertelsen et al., "A Danish Twin Study of Manic-Depressive Disorders", *BJP* 130(1977) pp. 330-351.

25 Svenn Tergersen, "Genetic factors in Anxiety Disorders", *Archives of*

General Psychiatry 40(1983) pp. 1085-89.

26 Michael Bohman et al., "An Adoption Study of Somatoform Disorder, III. Cross-Fostering Analysis and Genetic Relationship to Alcoholism and Criminality", *Archives of General Psychiatry* 41(1984) pp. 872-878; C. Robert Cloninger et al., "Symptom Patterns and Causes of Somatization in Men: II. Genetic and Environmental Independence from Somatization in Women", *Genetic Epidemiology* 3(1986) pp. 71-185.

27 Oguz Arkonac & Samuel B. Guze, "A family Study of Hysteria", *NEJM* 268(Jan.31, 1963) pp. 239-242; C. Robert Cloninger & Samuel B. Guze, "Hysteria and Parental Psychiatric Illness", *Psychological Medicine* 5(1975) pp. 27-31.

28 종합wjrdls 개요를 보려면 Robert Plomin, "Genetic Risk and Psychosocial Dsorders: Links Between the Normal and Abnormal", in Michael Rutter & Paul Casaer(eds.), *Biological Risk Factors for Psychosocial Disorders*(Cambridge: CUP, 1991) pp. 101-138, 표5.1, p. 107.

29 Robert Plomin & Denise Daniels, "Why Are Children in the Same Family So Different from One Another?", *Behavioral & Brain Sciences* 10(1987) pp. 1-59(인용 p. 1).

30 Shengbiao Wang et al., "Evidence for a Susceptibility Locus for Schizophrenia on Chromosome 6pter-p22", *Nature Genetics* 10(1995) pp. 41-4.

31 Wade H. Berrettini et al., "Chromosome 18 DNA Markers and Manic Depressive Illness: Evidence for a Susceptibility Gcne", *Proceedings of National Academy of Science USA* 91(1994) pp. 5918-21; Richard E. Straub, "Possible Vulnerability Locus for Bipolar Affective Disorder on Chromosome 21q22.3", *Nature Genetics* 8(q994) pp. 291-294.

32 Arturas Petronis & James L. Kennedy, "Unstable Genes-Unstable Mind", *AJP* 152(1995) pp. 164-172.

33 Otto Loewi & E. Navratil, "Über humorale Übertragbarkeit der Herznervenwirkung. X. Mitteilung. über das Schicksal des Vagusstoffs", *Pflügers Archiv für die gesamte Physiologie* 214(1926) pp. 678-688.

34 A. M. Fiamberti, "L'Acétylcholine dans la physio-pathogénèse et dans la thérapie de la schizophrénie", *Premier Congrés Mondial de Pstchiatrie Paris 1950*, vol.4, pp. 16-22; Fiamberti, "Sul meccanismo d'azione terapeutica della 'burrasca vascolare' provocate con derivatri della colina", *Giornale di psichiatria e di neuropatologia* 67(1939) pp. 270-280.

35 Heinz Lehmann, "The Introduction of Chlorpromazine to North America," *Psychiatric Journal of University of Ottawa* 14(1989) pp. 263-265(인용 p. 263).

36 클로르프로마진의 도입에 관해서는 the monograph by Judith p. Swazey, *Chlorpromazine in Psychiatry: A Study of Therapeutic Innovation* (Cambridge: MIT Press, 1974). 이 연구는 앤 E. 콜드웰Anne E. Caldwell의 선구적인 연구에 근거하여 이루어졌다. *Origins of Psychophamacology from CPZ to LSD*(Springfield: Thomas, 1970); Caldwell, "History of Psychopharmacology", in William G. Clark & Joseph del Giudice(eds.), *Principles of Psychopharmacology*, 2nd ed.(New York: Academic, 1978) pp. 9-40, 특히 pp. 23-30.

37 Swazey, *Chlorpromazine*, p. 79(스웨이지가 라보리를 인터뷰한 내용에서 인용).

38 Swazey, *Chlorpromazine*, pp. 100-103.

39 Henri Laborit, *La Vie antèrieure*(Paris: Grasset, 1989) pp. 91-92. 이 실험 당시 독립적으로 일하던 최면술사와 빌쥐이프에서 스태프 정신과 의사로 있던 준 정신분석가 레온 셰르토Léon Chertok가 참석했다. 실험 결과를 보고 셰르토는 빌쥐이프에 있는 환자에게 클로르프로마진을 사용해 보려 하였으나 허가를 받지 못했다. 후에 셰르토는 "그래서 나는 정신약물학의 선구자 중 한사람이 되지 못했다"고 말했다. Léon Chertok, "30 Ans Après: La petite histoire de la découverte des neuroleptiques", *Annales médico-psychologiques* 140(1982) pp. 971-976(인용 p. 974).

40 Swazey, *Chlorpromazine*, p. 117.

41 Henri Laborit et al., "Un nouveau stabilisateur végétatif(le 4560 RP)", *Presse médicale 60*(Feb. 13, 1952) pp. 206-208(인용 p. 208).

42 Joseph Hamon, lean Paraire, & Jean Velluz, "Remarques sur l'action du 4560 R.p. sur l'agitation maniaque", *Annales médico-psychologiques* 110(March 1952) pp. 332-335. 1952년 2월 25일 파리 의학-심리학 학회Parisian Medico-psychological Society 회의가 있음을 알리고 있다.

43 최초로 클로르프로마진만으로 임상시험을 시행한 사람들은 파리의 정신과 의사들이었다. 1952년 2월 18일 J. 지그발트와 D. 보티에르가 48명의 환자에게 투약했다. 그러나 그 결과가 출간된 것은 1953년으로, 의학의 선구자로서의 명예를 확정짓기 위해 출판을 서둘러야 한다는 중요성을 간과했음을 보여 주고 있다. "Le Chlorhydrate de chloro-3", *Annales de médecine* 54(1953) pp.150-182

44 Jean Delay, Pierre Deniker, & J. M. Harl, "Utilisation en thérrapeutique psychiatrique d'une phénothiazine d'action centrale élective(4560RP)", *Annales médico-psychologique* 110(2)(1952) pp. 112-120. Harl은 당시 인턴이었다.

45 Jean Delay, Pierre Deniker, & J. M. Harl, "Traitement des états d'excitation par une méthode médicarnenteuse dérivée de l'hibernothérapie", *Annales médico-psychologique* 110(2) (1952) pp.267-273. 동시에 1952년 6월, 플루리-레-오브라이즈에 있는 수용소의 의사인 앙드레 데샹프Andrée Deschamps는 라보리

에 의해 직접 격려를 받고 4명의 환자에게 RP 4560과 바르비투르산을 사용하여 8일간의 수면에 빠지게 한 후 치료에 성공하였음을 보고하였다. "Hibernation artificielle en psychiatrie", *Presse médicale* 60(June 21, 1952) pp.944-9. 들레이와 데니커가 시험하던 당시 많은 의사들이 동시에 클로르프로마진을 투여하고 있었음이 밝혀졌다.

46 들레이에 관한 과장된 찬사의 글은 다음과 같이 적혀 있다. "1952년 쇼크요법에 관한 조사결과, 들레이 교수와 동료인 피에르 데니커는 단순히 투약만으로 이루어지는 전과 다른 새로운 방법을 설명했는데, 클로르프로마진을 사용한 것이다 …… 첫 항정신병 약물의 발견으로 인하여 과거 정신병자의 수용소에서 오늘날 전 세계적으로 잘 알려진 정신과 진료소로의 혁신적 변화를 이끌게 되었다." "Leading Men of Science: Jean Delay", in *Triangle* 6(1964) pp.306-307. 라보리는 1957년 레스커 상을 들레이, 데니커, 하인츠 레만과 함께 공동 수상함으로서 정당한 명예를 얻게 되었다. 후일에 데니커는 저술에서 라보리에게 거의 최상에 가까운 중요성을 부여했다. "Introduction of Neuroleptic Chemotherapy into Psychiatry", in Frank J. Ayd Jr., & Barry Blackwell(eds.), *Discoveries in Biological Psychiatry*(Baltimore: Ayd Medical Communications, 1984) pp.155-164, 특히 p.157

47 Delay, *Ann. med.-psych.*, June 1952, 사례 1, pp. 268-269 1952년 6월 23일 의학-심리학 학회 회의. 이 발표에서 라보리가 언급되기는 했으나, 정신과약물과는 거의 관계가 없는, 외과환자의 냉각요법에 관한 것이었다.

48 Caldwell, "History of Psychopharmacology", p.30. 나는 항정신병 약물 역사에서 가장 중요한 서사로서 클로르프로마진에 관한 이야기를 꼽았지만, 독자들은 초기에 존재했지만 결국은 소멸되어 간 레세르핀과 같은 이야기 가닥도 있음을 알아야 할 것이다. 레세르핀에 관해서는 Frances R. Frankenburg, "History of the Development of Antipsychotic Medication: Psychiatric" *Clinics of North America* 17(1994) pp.531-540. 정신과 의사 너단 클라인은 레세르핀 이야기의 주요 인물이었고, 우울증 치료제인 단가아민 산화 차단제 개발에도 참여했다. 이 책에서는 MAOI의 중요성은 점차 쇠퇴하였기 때문에 MAOI에 관해서는 기술하지 않았다. 클라인에 관해서는 Heinz Lehmann, "Nathan Kline", in Thomas A. Ban & Hanns Hippius(eds.), *Psychopharmacology in Perspective*(New York: Springer, n.d. ([19921]) pp.26-28. David Healy, *History of Antidepressants* (Cambridge: Harvard U.p., 1996)는 이에 관한 모든 서사를 기록하고 있다.

49 Simone Courvoisier et al., "Propriétés pharmacodynamique du …4.560 R.p.", *Archives internaeionales de pharmadynamie* 92(1953) pp. 305-361.

50 John D, M. Griffin, "An Historic Oversight", *Canadian Psychiatric Association Bulletin* 26(2))April 1994) p. 5. 카얀더는 자기 연구를 출판하지 않았고, 온타리오 선더베이에서 개인 의원을 열었다.

51 David Healy가 하인츠 레만Heinz Lehmann과 한 인터뷰 p. 2. 힐리 박사는 친절하

게도 내게 인터뷰 복사본을 보내 주었다.

52 Heinz E. Lehmann & Gorman E. Hanrahan, "Chlorpromazine: New Inhibiting Agent for Psychomotor Excitement and Manic States", [American Medical Association] *Archives of Neurologiy & Psychiatry* 71(1954) pp. 227-237.

53 Heinz Lehmann, "Introduction of Chlorpromazine to North America", pp. 264.

54 Healy 인터뷰, p. 9.

55 Lehmann, "Introduction of Chlorpromazine to North America", p. 265.

56 Lehmann, *Archives of Neurology*, p. 231.

57 존 R. 영John R. Young과의 개인 교신. 스미스 클라인 앤 프렌치 사의 클로르프로마진 관여에 관한 것은 Swazey, *Chlorpromazine*, pp. 159-190. 몇 개의 상세한 내용을 더 보려면 Shorter, *The Health Century*(New York: Doubleday, 1987) pp. 120-126.

58 Willis H. Bower, "Chlorpromazine in Psychiatric illness", *NEJM* 251(Oct. 21, 1954) pp. 689-692. 스웨이지의 논문은 바우어의 연구결과에 대해서는 언급하지 않았다. N. 윌리엄 빈켈만William Winkelman의 초기 연구는 주로 정신신경증 환자를 대상으로 했다. "Chlorpromazine in the Treatment of Neuropsychiatric Disorders", *JAMA* 155(May 1, 1954) pp. 8-21. 빈켈만은 클로르프로마진이 어느 정도 유효하기는 하나 "정신분석 대상 환자에게 분석치료의 대체물로 주어서는 안 된다고 했다."(p. 21)

59 Swazey, *Chlorpromazine*, pp. 201-207.

60 *Time*, Mar. 7, 1955, p. 56.

61 Bliss Forbush, *The Sheppard & Enoch Prate Hospital, 1853-1910: A History*(Philadelphia: Lippincott, 1971) pp. 124-125.

62 Pierre Deniker, "From Chlorpromazine to Tardive Dyskinesia(Brief History of the Neuroleptics)", *Psychiatry Journal of the University of Ottawa* 14(1989) pp. 253-259. 특히 p. 254.

63 Henry R. Rollin, "The Dark before the Dawn", *Journal of Psychopharmacology* 4(1990) pp. 109-114(인용 p. 113).

64 John F. J. Cade, "Lithium Salts in the Treatment of Psychotic Excitement", *Medical Joornal of Australia* 2(Sept. 3, 1949) pp. 349-352인용 p. 351; 케이드가 자신의 책에서 발견에 대해 설명한 것은 *Biological Psychiatry*, pp. 218-225.

65 Cade in Discoveries, *Biological Psychiatry*, p. 219.

66 Mogens Schou et al., "The Treatment of Manic Psychoses by the Administration of Lithium salts", *Journal of Neurology, Neurosurgery & Psychiatry* 17(1954) pp. 250-260. 아라우 대학의 정신병원은 리스코프에 있다.

67 Mogens Schou, "Lithium: Personal Reminiscences," *Psychiatric Journal of the University of Ottawa* 14(1989) pp. 260-262(인용 p. 261).

68 Eddie Kingstone, "The Lithium Treatment of Hypomanic and Manic States,"

Comprehensive Psychiatry 1(1960) pp. 317-320; 킹스턴은 캐머런의 수석 수련의였다. Samuel Gershon & Arthur Yuwiler, "Lithium ion: A Specific Psychopharmacological Approach to the Treatment of Mania," *Journal of Neuropsychiatry* 1(1960) pp. 229-241. 북아메리카에 리튬이 도입되게 된 복잡한 과정은 F. Neil Johnson, *The History of Lithium Therapy*(London: Macmillan, 1984) pp. 94-104.

69 Frank J. Ayd., Jr., "The Early History of Modern Psychopharmacology", *Neuropsychopharmacology* 5(1991) pp. 71-84, 특히 p. 82.

70 루이스와 셰퍼드에 관해서는 Felix Post와의 인터뷰를 보라. Greg Wilkinson(ed.), *Talking about Psychiatry*(London: Caskell, 1993) p. 167.

71 정신병과 우울증이 독립된 질병이라는 설명은 논리적으로 적합하다. 그러나 정신분열증과 정신병적 우울증이 독립된 질병인지는 아직 명확하지 않다. 예를 들면, 정신분열증에 선택적으로 작용한다는 클로르프로마진에 반응하는 우울증도 있다.(Donald F. Klein & Max Fink, "Behavioral Reaction Patterns with Phenothiazines", *Archives of General Psychiatry* 7[1962] pp. 449-459, 특히 범주 E.) 이 두 질병 사이의 경계가 뚜렷하게 유지된 것은 과학적 연구에 의한 것이라기보다는 제약회사의 마케팅 전략에 의한 것일 수도 있다.

72 쿤이 제시한 여러 가지 "이미프라민 이야기" 중 가장 완벽하게 설명한 것은 Ludwig J. Pongratz(ed.), *Psychiatrie in Selbstdarstellungen*(Borne: Huber, 1977) pp. 219-257, 특히 pp. 235-239. 제약회사 가이기 내부자들의 설명은 쿤의 것과 조금 다르다. 이 자료를 제공해준 데이비드 힐리에게 감사한다.

73 Roland Kuhn, "Über die Behandlung depressiver Zustände mit einem Iminodibenzylderivat(G22355)", *Schweizerische Medizinische Wochenschrift* 87(Aug.31, 1957) pp. 1135-40.

74 Kuhn, Schweiz. Med. *Wochenschrift*, 1957. 쿤의 논문이 처음 국제적으로 알려진 것은 1958년 미국 정신의학 저널이었다. "The Treatment of Depressive States with G22355(Imipramine Hydrochloride)," *AJP* 115(1958) pp. 459-464. 이 논문에는 쿤을 '의무원장'이라고 기명했으나, 실은 병동장이었다. 하인츠 레만이 미국에서 최초로 임상시험을 했다. "Tricyclic Antidepressants: Recollections", M. J. Parnham & J. Bruinvels(eds.), *Psycho- and Neuro-Pharmacology*(Amsterdam: Elsevier, 1983) pp. 211-216.

75 National Center for Health Statistics, H. Koch, "Drug Utilization in Office-Based Practice, A Summary of Findings. National Ambulatory Medical Care Survey, United States, 1980", *Vital and Health Statistics*, ser.13, no.65, TDHHS Pub No.(PHS) 83-1726, Public Health Service, Washington, DC, U.S. Government Printing Office, Mar., 1983, 표1, p. 15; 표2, p. 17.

76 Felix Post, "Then and Now", *BJP* 133(1978) pp. 83-86(인용 pp. 85).

77 Heinrich Laehr, *Über Irrsein und Irrenanstalten*(Halle: Pfeffer, 1852) p. ix, 16.

78 Clouston, *Edinburgh Medical Journal* 1891, p. 595.

79 런던 세인트 토머스 병원의 강사였던 신경생화학자 John William Thudichum의 선구적인 연구는 여태까지 대부분 무시되어 왔음을 언급해야 한다. 그는 정신질환의 생화학적 측면에 관심을 가지고 있었다. David L. Drabkin(ed.), J. L. W. Thudichum, *A Treatise on the Chemical Constitution of the Brain*(1884) (reprint ed. Hamden, CT: Archon, 1962).

80 C. Grabow & Felix Plaut, "Experimentelle Untersuchungen zur Frage der Antikörperbildung im Liquorraum", *Zeitschrift für Immunitätsforschung und experimentelle Therapie* 54(1927) pp. 335-354. 초기에 독일의 고무적인 연구에 관한 것은 Matthias M. Weber, "'Ein Forschungsinstut für Psychiatrie...': Die Entwicklung der Deutschen Forschungsanstalt für Psychiatrie in München zwischen 1917 und 1945", *Sudhoffs Archiv* 75(1991) pp. 74-89, 특히 pp. 82-83.

81 플라우트의 말년에 관해서는 David Krasner, "Smith Ely Jelliffe and the the Immigration of European Physicians to the United States in the 1930s", *Transactions and Studies of the collehe of Physicians of Philadelphia*, ser.5, 12(1990) pp. 49-67, p. 57.

82 Denis Hill, "Electroencephatography as an Instrument of Research in Psychiatry," *Premier Congrés Mondial de Psychiatrie*, vol.3, pp. 163-177, p. 164.

83 W. C. Corning, "Bootstrapping toward a Classification System", in Theodore Milton & Gerald L. Klerman(eds.), *Contemporary Directions in Psychopathology*(New York: Guilford, 1986) pp. 279-306, 특히 pp. 296-299.

84 발표문 요약 R. E. Hemphill & M. Reiss, "The Isotopes in Psychiatry", *Premier Congrés Mondial de Psychiatrie*, vol.3, pp. 290-291.

85 발표문 요약 Richter, "Biochemical Changes in the Brain Functional Activity", *Premier Congrés Mondial de Psychiatrie*, vol.3, p. 296.

86 Wilder Penfield, *The Difficult Art of Giving: The Epic of Alan Gregg*(Boston: Little Brown, 1967) pp. 273, 282-283(인용 p. 282).

87 Tracy J. Putnam, "The Demonstration of the Specific Anticonvulsant Action of Diphenylhydantoin and Related Compounds", in *Discoveries Biological Psychiatry*, pp. 85-90. 이 연구는 이들이 아직 보스턴 시티 병원에 있을 때 이루어진 것이며, 퍼트넘은 그곳의 신경학 과장을 1934년 콥으로 교체했다.

88 Johannes M. Nielsen & George N. Thompson, *The Engrammes of Psychiatry*(Sringfield: Thomas, 1947). 이 책은 "인간행동의 신경학적 바탕에 흥미를 가진 과학자들"에게 헌정되었다.

89 Jules H. Masserman, "Preface and Dedication", *Biological Psychiatry: Proceedings of the Scientific Sessions of the Society of Biological Psychiatry*,

San Francisco, May, 1958(New York: Grune & Stratto, 1959) p. xv.

90 "The Society of Biological Psychiatry", *AJP* 111(1954) pp. 389-39(인용 p. 390).

91 주 제목인 "Psychopharmakon"은 그리스 어에서, 소주제는 라틴 어에서 나왔다. Reinhard Lorich가 편집한 이 책은 본질적으로 신학적인 것으로 의학 서적이 아니다. H. Thorne에 의해 영어로 번역되었다. *Physicke for the Soule*(London: Denham, c.1568). 루터파 목사인 Rhegius는 1541년 사망했다.

92 Jacques-Joseph Moreau de Tours, *Du hachisch et de l' aliénation mentale Études psychopathologiques*(1845)(reprint Paris: Ressources, 1980) pp. 29-30.

93 Claude Bernard, "Des effets physiologiques de la morphine et leur combination avec ceux de chloroform", *Bulletin Thérapeutique* 77(1869) pp. 241-256.

94 Emil Kraepelin, *Über di BeeinflussHng einfacher psychischer Vorgänge durch einige Arzneimittel*(Jena: Fischer, 1892) p. 227.

95 David I. Macht, "Contributions to Psychopharmacology", *Johns Hopkins Hospital Bulletin* 31(1920) pp. 167-173(인용 p. 167). 그러나 정신약물학이라는 용어의 현대적 사용은 마흐트의 논문이 아니라 장 들레이와 장 튈리에르Jean Thuillier의 1956년 논문에서 유래된 것이다.(특히 신조어를 싫어하는 들레이가 반대를 무릅쓰고 사용한 것이다.) Delay & Thuillier, "Psychiatrie expérimentale et psychopharmacologie", *Semaine des hôspitaux de Paris* 32(Oct.22, 1956) pp. 3187-93. 들레이의 조수였던 튈리에르는 생탕에 있던 실험 정신과 연구실의 책임자였다. "psychopharmacology"라는 용어는 이듬해 밀라노에서 열린 회의에서 대중에 공개되었다. Jean Thuillier, note, in Ban & Hippius, *Psychopharmacology in Perspective*, pp. 88-89.

96 LSD에 관해서는 Abraham Wikler, *The Relation of Psychiatry to Psychopharmacology*(Baltimore: Williams & Wilkins, 1957) pp. 20-22 등등. 이 책은 미국 최초의 정신약물학 저서이다.

97 Wolfgang de Boor, *Pharmakopsychologie und Psychopathologie*(Berlin: Springer, 1956).

98 Ban, *Psychopharmacology in Perspective*, pp. xii-xiii.

99 Betty M. Twarog, "Serotonin: History of a Discovery", *Comparative Biochemistry & Physiology*, 91C(1988) pp. 21-24. Betty M. Twarog & Irvine H. Page, "Serotonin Content of Some Mammalian Tissues and Urine and a Method for Its Determination", *Ameyican Journal of Physiology* 175(1953) pp. 157-161. 신경전달물질인 세로토닌에 관한 그녀의 원래 논문은 1952년 제출되었으나 저널의 편집자가 중요하지 않다고 생각하여 알리지도 않고 폐기하는 바람에 1954년에야 출판되었다.

100 Arvid Carlsson et al., "On the Presence of 3-Hydroxytyramine in Brain", *Science*, 127(Feb.28, 1958) p. 471. 이 논문은 1957년 제출되었다. 1950년대 중

반 spectrofluorometry가 도입되면서 칼슨의 연구는 큰 도움을 받게 되었고 모노 아민을 더욱 진전된 기술로 연구할 수 있게 되었다.

101 Arvid Carlsson & Margit Lindqvist, "Effect of Chlorpromazine or Haloperidol on Formation of 3-Methoxytyramine and Normetanephrine in Mouse Brain", *Acta Pharmacol.et Toxicol.* 20(1963) pp. 140-144.

102 Solomon H. Snyder, "The Dopamine Hypothesis of Schizoprenia: Focus on the Dopamine Receptor", *AJP* 133(1976) pp. 197-202, 슈나이더의 1974년 논문이 먼저 인용된 것을 보라.

103 이와 관련된 일련의 논문은 Alfred Pletscher, Parkhurst A. Shore, & Bernard B. Brodie, "Serotonin Release as a Possible Mechanism of Reserpine Action", *Science* 122(Aug.26, 1955) pp. 374-375.

104 이 관점을 데이비드 힐 리가 인터뷰한 아르빗 칼슨으로부터 얻었다. David Healy, pp. 2-3. 원고의 복사본을 만들어 준 것에 감사한다.

105 Elifabeth F. Marshall et al, "The Effect of Iproniazid and Imipramine on the Blood Platelet 5-hydroxytryptamine Level in Man", *British Journal of Pharmacology* 15(1960) pp. 35-41.

106 Arvid Carlsson et al, "The Effect of Imipramino of [sic] Central 5-Hydroxytryptamine Neurons", *Journal of Pharmacy & Pharmacology* 20(1968) pp. 150-151. Carlsson et al., "Effects of Some Antidepressant Drugs on the Depletion of Intraneuronal Brain Catecholamine Stores..", *Eurorean Journal of Pharmacology* 5(1969) pp. 367-.373.

107 Solomon Snyder et al., "Drugs, Neurotransmitters, and Schizophrenia", *Science* 184(1974) pp. 1243-53

108 David Healy, "The Structure of Psychopharmacological Revolution", *Psychiatric Development* 4(1987) pp. 349-376(인용 p. 351). 또한 힐리의 다음 글에서도 큰 도움을 받았다. Healy, "The History of British Psycho-pharmacology", in Hugh Freeman & German E. Berrios(eds.), *150 Years of British Psychiatry*. Vol.II: the Aftermath(London: Athlone, 1996) pp. 61-88.

109 David T. Healy, "The Psychopharmacologic Era: Notes toward a History", *Journal of Psychopharmcology* 4(1990) pp. 152-167, 특히 p. 164. 도파민 가설에 문제를 제기한 클로자핀의 역할에 대해서는 Alfred Goodman Gilman et al.(eds.), *Goodman & Gilman's The Pharmacological Basis of Therapeutics*, 8th ed.(New York: McGraw-Hill, 1990) p. 391.

110 Floyd E, Bloom, "Advancing a Neurodevelopmental Origin for Schizophrenia", *Archives of General Psychiatry* 50(1993) pp. 224-227(인용 p. 224).

111 Joyce A. Kovelman & Arnold B. Scheibel, "A Neurohistological Correlate of Schizophrenia", *Biological Psychiatry* 19(1984) pp. 1601-1621(인용 p.

1616).

112 Francine M. Benes et al., "Increased Vertical Axon Numbers in Cingulate Cortex of Schizophrenics", *Archives of General Psychiatry* 44(1987) pp. 1017-21.

113 Sarnoff A. Mednick et al., "Adult Schizophrenia Following Prenatal Exposure to an Influenza Epidemics", *Archives of General psychiatry* 45(1988) pp. 189-192. Mednick & Tyrone D. Cannon, "Fetal Development, Birth and the Syndromes of Adult Schizophrenia", in Mednick et al.(eds.) *Fetal Neural Development and Adult Schizophrenia*(Cambridge: CUP, 1991) pp. 3-13, pp. 227-237.

114 Christopher E. Barr et al., "Exposure to Influenza Epidemic during Gestation and Adult Schizophrenia: A 40-Year Study", *Archives of General Psychiatry* 47(1990) pp. 869-874.

115 Janice R. Stevens, "Neuropathology of Schizophrenia", *Archives of General Psychiatry* 39(1982) pp. 1131-39.

116 Eve C. Johnstone et al., "Cerebral Ventricular Size and Cognitive Impairment in Chronic Schizophrenia", *Lancet* 2(Oct.30, 1976) pp. 924-926, 개요를 보려면 Herbert Y. Meltzer, "Biological Studies in Schizophrenia", *Schizophrenia Bulletin* 13(1987) pp. 77-111, 특히 p. 78-81.

117 Mary Seeman, "Schizophrenia: D4 Receptor Elevation: What Does It Mean?" *Journal of Psychiatry & Neuroscience* 19(1994) pp. 171-176, 특히 p. 172.

118 Bloom, *Archives of General Psychiatry*, 1993, p. 224.

119 Mednick & Cannon, *Fetal Neural Development*, pp. 6-9. Barbara Fish et al., "Infants at Risk for Schizophrenia: Sequelae of a Genetic Neurointegrative Defect: A Review and Replication Analysis of Pandysmaturation in the Jerusalem Infant Development Study", *Archives of General Psychiatry* 49(1992) pp. 221-235.

120 토머스 클라우스턴이 당시 언어로 설명한 바에 따르면, "모든 종류의 발달과정 지연과 머리와 얼굴의 모든 형태의 비대칭은 신경계통의 유전을 알려주는 위험한 신호이다." Clouston, *Edinburgh Medical Journal* 1891, pp. 119-120.

121 Bloom, *Archives of General Psychiatry* 1993, p. 226.

122 Godfrey D. Pearlson & Amy E. Veroff, "Computerised Tomographic Scan Changes in Manic-Depressive Illness", *Lancet* 2(Aug.29, 1981) p. 470.

123 Otto Fenichel, *Outline of Clinical Psychoanalysis*(New York: Norton, 1934) p. 146.

124 Lewis R. Baxter, Jr. et al., "Local Cerebral Glucose Metabolic Rates in Obsessive-Compulsive Disorder", *Archives of General Psychiatry* 44(1987) pp. 211-218.

125 p. K, McGuire et al., "Functional Anatomy of Obsessive-Compulsive Phenomena", *BJP* 164(1994) pp. 459-468; Scott L. Rauch et al., "Regional Cerebral Blood Flow Measured during Symptom Provocation in Obsessive-Compulsive Disorder using Oxygen 15-Labeled Carbon Dioxide and Positron Emission Tomography", *Archives of General Psychiatry*(1994) pp. 62-70.

126 Rudolf Hoehn-Saric et al., "Effects of Fluoxetine on Regional Cerebral Blood Flow in Obsessive-Compulsive Patients", *AJP* 148(1991) pp. 1243-45.

127 National Advisory Mental Health Council, *Approaching the 21st Century: Opportunities for NIMH Neuroscience Research. Report to Congress on the Decade of the Brain*(Rockville: National Institute of Mental Health, 1998) p. 2.

128 Edward Shorter, *Bedside Manners: The Troubled History of the Doctor-Patient Relationship*(New York: Simon & Schuster, 1985); reprinted with a new preface as *Doctors and Their Patients: A Social History*(New Brunswick: Transaction, 1991).

129 Sherry Hirsch et al.(eds.), *Madness Network Newsletter*(San Francisco: Glide, 1974) pp. 81, 91.

130 반정신의학 운동의 역사에 관해서는 Norman Dane, "Psychiatry and Anti-Psychiatry in the United States", in Mark S. Micale & Roy Porter, *Discovering the History of Psychiatry*(New York: OUP, 1994) pp. 415-444; Gerald N. Grob, *From Asylum to Community: Mental Health Policy in Modern America*(Princeton: Princeton U.p., 1991) pp. 262-268, 279-287; Digby Tantam, "The Anti- Psychiatric Movement", in German E. Berrios & Hugh Freeman, *150 Years of British Psychiatry*, 1841-1991(London: Gaskell, 1991) pp. 333-347.

131 간결한 개요는 Mitchell Wilson, "D5M-III and the Transformation of American Psychiatry: A History", *AJP* 150(1993) pp. 399-410, 특히 p. 402.

132 Thomas S. Szasz, *The Myth of Mental Illness*, rev.ed.(New York: Harper & Row, 1974; first ed. 1960) 인용 p. xiii.

133 Erving Goffman, *Asylums: Essays on the Social Situation of Mental Patients and Other Inmates*(New York: Doubleday, 1961) pp. 14, 67-68, 111. 고프 면에 의하면 "제정신을 잃은 상태를 인식하는 것은 문화적으로 유래되고 사회의 고정관념에 의해 심어지는 것이다." (p. 132)

134 Ken Kesey, *One Flew Over the Cuckoo's Nest*(New York: Viking, 1962) p. 20.

135 Thomas J Scheff, *Being Mentally Ill: A Sociological Theory*(Chicago: Aldine, 1966) pp. 28, 92-93, 96.

136 Samuel B. Guse, *Why Psychiatry is a Branch of Medicine*(New York:

OUP, 1992) p. 14.

137 Ronald D. Laing, *The Divided Self: A Study of Sanity and Madness*(London: Tavistock, 1960) p. 179.

138 Ronald D. Laing, *The Politics of Experience*(New York: Random House, 1967) pp. 127, 129. 이 에세이는 1964년에 출간되었던 것이다.

139 Ronald D. Laing, "The Invention of Madness", *New Statesman* 73(June 16, 1967) p. 843. 미셸 푸코의 연구는 박사학위 논문으로, 처음에는 *Folie et déraison: Histoire de la folie à l' âge classique*(Paris: Plon, 1961).

140 Laurice L. McAfee, "Interview with Joanne Greenberg", in Ann-Louis S. Silver(ed.), *Psychoanalysis & Psychosis*(Madison: International University Press, 1989) pp. 513-531(인용 pp. 527-528).

141 William A. White, "Presidential Address", *AJP* 5(1925) pp. 1-20, 특히 p. 3.

142 Albert Deutsch, *The Shame of the States*(New York: Harcourt, 1948) 인용 pp. 28, 42-43, 49.

143 Time, Dec.20, 1948, 인용 p. 41.

144 Morton Kramer et al., *A Historical Study of the Disposition of First Admissions to a State Hospital: Experience of the Warren State Hospital during the Period 1916-50*(Public Health Service, Public Health Monograph no.32; Washington, DC: Department of Health, Education & Welfare, 1955) 1946년-1950년 집단의 남녀, 65세 이하의 모든 정신질환자 통계는 그림3, p. 13. 퇴원률은 꾸준히 감소했는데, 심지어 1916년~1925년 집단까지도 5년 이내에 55% 이상을 퇴원시켰다.

145 p. John Mathai & P. S. Gopinath, "Deficits of Chronic Schizophrenia in Relation to Long-Term Hospitalization", *BJP* 148(1985) pp. 509-516.

146 다음의 일들은 본래 미국의 일임을 나타낸다. 독일에서 탈기관화가 이루어진 것은 1970년대 학생운동과 반정신의학 운동이 일어난 이후였다. K. Heinrich, "Psychopharmakologie seit 1932", *Fortschritte der Neurologie und Psychiatrie* 62(1994) pp. 31-39, 특히 p. 36.

147 Frank J. Ayd, Jr., "Henry Brill", in Ban, *Psychopharmacology in Perspective*, pp. 2-3.

148 U.S. Bureau of the Census, *Historical Statistics of the United States, Colonial Times to 1970*, Bicentennial Edition, part 2(Washington, DC: GPO, 1975) 표B-436, p. 84; Center for Mental Health Services and National Institute of Mental Health, R. W. Manderscheid and M. A. Sonnenschein(eds.), *Mental Health, United States*, 1992. DHHS Pub.No.(SMA)92-1942(Washington, DC: GPO, 1992), 표1,2, p. 24. 1955년과 1970년의 통계는 그해 7월 1일 정신병원 통계로 귀속시켰다. 1988년의 것은 침상 수로 대체했다. 그럼에도 양상은 충분히 비교된다.

149 DMHS Center for Mental Health Services, Richard W. Redick 등, "The Evolution and Expansion of Mental Health Care in the United States Between 1955 and 1990", *Data Highlights, Mental Health Statistical* Note, no.210, May 1994, p. 1.

150 E. Fuller Torrey, *Nowhere to Go: The Tragic Odyssey of the Homeless Mentally Ill*(New York: Harper & Row, 1988) pp. 25-29, 126-128 등등.

151 Torrey, *Nowhere to Go*, pp. 7-9, 11.

152 H. Richard Lamb & Victor Goertzel, "Discharged Mental Patients: Are They Really in the Community?" *Archives of General Psychiatry* 24(1971) pp. 29-34.

153 이 초기의 prise de conscience에 관한 문제는 George E. Crane, "Clinical Psychopharmacotogy in Its 20th Year: Late, Unanticipated Effects of Neuroleptics May Limit Their Use in Psychiatry", *Science* 181(1973) pp. 124-128.

154 1984년도 신문 기사, Torrey, *Nowhere to go*에서 인용 p. 33.

155 Henry R. Rollin, *Festina Lente: A Psychiatric Odyssey*(London: British Medical Journal Memoir Club, 1990) p. 92.

156 *United States Mental Health* 1992, p. 21.

157 *United States Mental Health* 1994, p. 38.

158 Lucy Freeman, "We're Overdoing Shock Treatment", *Science Digest* 34(Sept. 1953) pp. 26-29. 이 내용은 *Hope for the Troubled*에 요약되어 있다..

159 Peter G. Cranford, *But for the Grace of God: The Inside Story of the World's Largest Insane Asylum, Milledgeville!*(Augusta: Great Pyramid Press, 1981) pp. 86-87, 108, 149.

160 Goffman, *Asylums*, p. 81.

161 Kesey, *One Flew*, pp. 14, 15.

162 L, Ron Hubbard, *Dianetics: The Modern Science of Mental Health*(Los Angeles: American Saint Hill Org., 1950) pp. 97-98, 151, 193-194, 318, 367-369, 383. "Dianetics"는 처음에 논문으로 출현했다. "Dianetics, The Evolution of a Science", *Astounding Science Fiction*, May 1950, pp. 43f.

163 Church of Scientology of California, *What is Scientology?*(Los Angeles: CSC, 1978) p. 98.

164 William J. Winslade et al., "Medical, Judicial, and Statutory Regulation of ECT in the United States", *AJP* 141(1984) pp. 1349-55, 특히 p. 1350.

165 "Attack on Electroshock," *Newsweek*, Mar. 17, 1975, p. 86. "Court Stays Curb on Shock Therapy", *New York Times*, Jan. 3, 1975, p. 20; "Curb on Therapy Stirs a Dispute", *New York Times*, April 6,1975, p. 18.

166 "Berkeley Voters Ban ECT", *Science News* 122(Nov.13, 1982) p. 306; "Electroshock Therapy on Trial", *Science Digest* 92(Oct.1984) p. 14.

167 "Bill would Ban ECT in Texas", *Psychiatric News*, Apr.21, 1995, p. 1, 34.

168 Haroutun M. Babigian & Laurence B. Guttmacher, "Epidemiologic Considerations in Electroconvulsive Therapy", *Archives of General Psychiatry* 41(1984) pp. 246-253, 표 2, p. 247.

169 Max Fink, "Die Geschichte der EKT in den Vereinigten Staaten in den letzten Jahrzehnten", *Nervenarzt* 64(1993) pp. 689-695, 특히 p. 690.

170 Fred H. Frankel, "Electro-Convulsive Therapy in Massachusetts: A Task Force Report", *Massachusetts Journal of Mental Health* 3(1973)pp. 3-29(인 용 pp. 18, 19).

171 American Psychiatric Association, *Report of the Task Force on Electroconvulsive Therapy*(Washington, DC: APA, May 1978) pp. 3, 11, 12, 161-162.

172 Max Fink, "Convulsive and Drug Therapies of Depression", *Annual Review of Medicine* 32(1981) pp. 405-412; 핑크가 내린 모순된 결론은 "ECT는 삼환계 항우울제와 MAOI보다 명백히 더 효과 있지만, ECT 시행 상의 어려움과 ECT 고유의 후유증에 대한 대중의 반감 때문에 시행하기 쉬운 약물치료를 보편적 으로 선호하고 있다."(p. 410)

173 National Institutes of Health, Office of Medical Applications of Research, "Electroconvulsive Therapy", *Consensus Development Conference Statement* 5(11)[1985] 인용 pp. 2, 3. 패널토의 요약문과 이 보고서는 *Psychopharmacology Bulletin*에 재출판되었다. 22(1986) pp. 445-502.; " Electroconvulsive Therapy", *JAMA* 254(Oct.18,1985) pp. 2103-08.

174 John Pippard & Les Fllam, *Electroconvulsive Treatment in Great Britain, 1980*(London: Gaskell, 1981); 저자들은 이 책의 요약을 저널에 발표했다. *Lancet* 2(Nov.21, 1981) pp. 1160-61. 그러나 기술이나 장비는 안타깝게도 구식 의 것이었다. Editorial: "ECT in Britain: a Shameful State of Affairs", *ibid.*, Nov.28, 1981, pp1207-8.

175 American Psychiatric Association, *The Practice of Electroconvulsive Therapy: Recommendations for Treatment, Training, and Privileging: A Task Force Report*(Washington, DC: APA, 1990) pp. 7-8.

176 Laurence B. Guttmacher, *Concise Guide to Psychopharmacology and Electroconvulsive Therapy*(Washington, DC: American Psychiatric Press, 1994) by5-1, p. 122.

177 Robert A. Dorwart et al., "A National Study of Psychiatrists' Professional Activities", *AJP* 149(1992) pp. 1499-1105, 특히 p. 1503.

178 Norman S. Endler, *Holidays of Darkness: A Psychologist' s Personal Journey out of His Depression*(New York: Wiley, 1982) pp. 50-51, 72-73, 81-83.

179 이렇게 나누어서 명칭을 붙인 것에 대해서는 Hagop S. Akiskal & William T.

Mckinney, Jr., "Psychiatry and Pseudopsychiatry", *Archives of General Psychiatry* 28(1973) pp. 367-373, 특히 p. 370.

180 Samuel B. Guze, "Biological Psychiatry: Is There Any Other Kind?", *Psychological Medicine* 19(1989) pp. 315-323(인용 p. 315). 구즈가 "현실파"와 "이상파"로 대비시켰다. "The Need for Toughmindedness in Psychiatric Thinking", *Southern Medical Journal* 63(1970) pp. 662-671, 특히 p. 670.

171 Ross J. Baldessarini, "Drugs and the Treatment of Psychiatric Disorders", in *Goodman & Gilman*, 8th ed., pp. 383-435(인용 p. 385).

제8장 프로이트에서 프로작으로

1 William E. Narrow et al., "Use of Services by Persons with Mental and Addictive Disorders: Findings from the National Institute of Mental Health Epidemiologic Catchment Area Program", *Archives of General Psychiatry* 51(1993) pp. 95-107, 통계 p. 95.

2 Mark Olfson & Marold Alan Pincus, "Outpatient Psychotherapy in the United States, I: Volume, Costs, and User Characteristics", *AJP* 151(1994) pp. 1281-88, 표 2, p. 1281-88.

3 Joseph Veroff et al., *Mental Health in America: Patterns of Help-Seeking from 1957 to 1976*(New York: Basic, 1981) p. 79. "도움을 청한" 인구비율은 1957년 14%에서 1976년 26%로 거의 두 배 증가했다..

4 한 예로 Ronald Mac Keith & Martin Bax(eds.), *Minimal Cerebral Dysfunction*(London: Heinemann Medical, 1963). 오랜 토론 후에 이 진단명은 뇌 손상의 구체적 표시가 없으므로 권할 수 없다고 폐기되었다.

5 American Psychiatric Association, *DSM-II: Diagnostic & Statistical Manual of Mental Disorders*, 2nd ed.(Washington, DC: APA, 1968) p. 50.

6 American Psychiatric Association, *DSM-III: Diagnostic & Statistical Manual of Mental Disorders*, 3rd ed.(Washington, DC: APA, 1980) p. 41. ADHD로 진단된 매우 다양한 남자아이들 집단 중에는 유전적으로 뇌에 기질적인 문제를 가진 핵심군이 있다. Joseph Biederman et al., "Family-Genetic and Psychosocial Risk Factors in DSM-III Attention Deficit Disorder", *Journal of American Academy of Child & Adolescent Psychiatry* 29(1990) pp. 526-533; Hans C. Lou et al., "Focal Cerebral Dysfunction in Developmental Learning Disabilities", *Lancet* 335(Jan.6, 1990) pp. 8-11. ADHD 진단의 역사에 관해서는 Russell J. Schachar, "Hyperkinetic Syndrome: Historical Development of the Concept", in Eric A. Taylor(ed.), *The Overactive Child*(Oxford: Blackwell, 1986) pp. 19-40.

7 *New York Times*, Jan.13, 1996, p. A9. 1955년 합성된 리탈린은 2년 후에 "과잉 행동 증후군"을 가진 어린이에게만 허용되었다. Maurice W. Laufer & Eric Denhoff(RI, Province에 있던 Emma Pendleton Home 근무), "Hyperkinetic Behavior Syndrome in Children," *Journal of Pediatrics* 50(1957) pp. 463-474. 그러나 저자들은 암페타민을 더 선호했다. 문제행동을 가진 아동의 과잉행동에 리탈린을 열렬히 지지하고 나선 첫 번째 사람은 C. Keith Conners와 Leon Eisenberg(둘다 존스 홉킨스 대학의 정신과 의사였다)이다. "The Effects of Methylphenidate on Symptomatology and Learnining in Disturbed Children", *AJP* 120(1963) pp. 458-464.

8 "Media Coverage Can Trigger Stress Disorder in Kids", *Medical Post*, June 13, 1995, p. 34/

9 Cross-National Collaborative Group, "The Changing Rate of Major Depression: Cross-National Comparisons", *JAMA* 268(Dec.2, 1992) pp. 3098-3104. 우울증 증상의 시간에 따른 변화는 Edward Shorter, "The Cultural face of Melancholy", in Shorter, *From Mind to the Body: The Cultural Origins of Psychosomatic Symptoms*(New York: Free Press, 1994) pp. 118-148.

10 "National Depression Screening Day Set Records in 1993", *Psychiatric News*, April 1, 1994, p. 11.

11 S.M. Schappert, "Office Visits to Psychiatrists: United States, 1989-1990", *Advance Data from Vital and Health Statistics*, no.237(Hyattsville, MD: National Center for Health Statistics, 1993) 표6, p. 6.

12 Narrow, *Arch. Gen. Psych.* 1993, p. 101.

13 다중인격장애에 관한 비판은 Harold Merskey, "The Manufacture of Personalities: The Production of Multiple Personality Disorder", *BJP* 160(1992) pp. 327-340; Herman M. van Praag, "Make-Believes" in *Psychiatry, or The Perils of Progress*(New York: Brunner/Mazel, 1993) pp. 203-209.

14 Allen J. Frances et al., "An A to Z Guide to DSM-IV Conundrums", *Journal of Abnormal Psychology* 100(1991) pp. 407-412(인용 p. 410).

15 Robert S. Wallerstein, "The future of Psychotherapy", *Bulletin of the Menninger Clinic* 55(1991) pp. 421-443(인용 pp. 430-431).

16 Edward shorter, *From Paralysis to Fatigue: A History of psychosomatic Illness in the Modern Era*(New York: Free Press, 1992) pp. 51-64.

17 Hagop S. Akiskal & William T. McKinney, Jr,, "Psychiatry and Pseudopsychiatry", *Archives of General Psychiatry* 28(1973) pp. 367-373(인용 p. 372).

18 Adolf Meyer, "Historical Sketch and Outlook of Psychiatric Social Work" (1922), in Eunice E. Winters(ed.), *Collected Papers of Adolf Meyer*, vol.4(Baltimore: Hopkins, 1952) pp. 237-240.

19 National Conference of Social Work, *Proceedings of the National Conference of Social Work*, 47th session, 1920(Chicago: University of Chicago Press[1920]) 인용 pp. 256, 378.

20 E. Fuller Torrey, *Nowhere to go: The Tragic Odyssey of the Homeless Mentally Ill*(New York: Harper & Row, 1989) p. 164.

21 Stuart A. Kirk & Herb Kutchins, *The Selling of DSM: The Rhetoric of Science in Psychiatry*(New York: Aldine, 1992) p. 8.

22 Harry Specht, "Social Work and the Popular Psychotherapies", *Social Service Review* 64(1990) pp. 345-357(인용 p. 345).

23 Specht, Soc. Serv. *Review* 1990, p. 346.

24 Carl R. Rogers, *Client-Centered Therapy: Its Current Practice, Implications, and Theory*(Boston: Houghton Mifflin, 1951) p. 23.

25 Carl R. Rogers, "In Retrospect: Forty-Six Years", *American Psychologist* 29(1974) pp. 115-123(인용 pp. 115, 116)

26 이 말은 스펙트가 로저의 말을 따온 것이다. *Soc. Serv. Review* 1990, p. 351.

27 Rogers, *American Psychologist* 1974, p. 117.

28 APA와의 개인교신에서 1996년 1월 회원 수는 6,574명이라고 했다.

29 Group for the Advancement of Psychiatry, *Psychotherapy in the Future*(Washington, DC: APA, 1992; report no.133) p. 1.

30 Ronald C. Kessler et al., "Lifetime and 12-Month Prevalence of DSM-III-R Psychiatric Disorders in the United States", *Archives of General Psychiatry* 51(1994) pp. 8-19.

31 Kessler, *Arch. Gen. Psych.* 표4, p. 14.

32 Province of Ontario, Premier's Council on Health, *Well-Being and Social Justice, Mental Health in Ontario: Selected Findings from the Mental Health Supplement to the Ontorio Health Survey*(Toronto: Ministry of Health, n.d.[1994]) p. 40.

32 Daniel Freedman, "Foreword", in Lee N. Robins & Darrel A. Rosier(eds.), *Psychiatric Disorders in America*(New York: Free Press, 1991) p. xxiii.

34 한 예로 "의회가 첫 단계로……", *Psychiatric News*, July 7, 1995, p. 1.

35 Henri Ellenberger, "A Comparison of European and American Psychiatry", *Bulletin of the Menninger Clinic* 19(1955) pp. 43-52(인용 p. 48).

36 R. E. Kendell 등, "Diagnostic Criteria of American and British Psychiatrists", *Archives of General Psychiatry* 25(1971) pp. 123-130, 특히 p. 128.

37 Mitchell Wilson, "DSM-III and the Transformation of American Psychiatry: A History", *AJP* 150(1993) pp. 399-410(인용 p. 403) 윌슨은 스피처를 인터뷰하고 그가 한 말에 부연 설명을 달아 놓았다.

38 스텐겔의 생애에 관해서는 F. A. Jennel, "Erwin Stengel: A Personal Memoir", in German E. Berrios & Hugh Freeman(eds.), *150 Years of British Psychiatry, 1841-1991*(London: Caskell, 1991) pp. 436-444. 펠릭스 포트스와의 인터뷰는 Greg Wilkinson(ed.), *Talking about Psychiatry*(London: Caskell, 1993) p. 169.

39 Erwin Stengel, "Classification of Mental Disorders", *Bulletin of the World Health Organization* 21(1959) pp. 601-663(인용 p. 603).

40 Morton Kramer, "Cross-National Study of Diagnosis of the Mental Disorders: Origin of the Problem", *AJP* 125(suppl.10)(1969) pp. 1-11; Heinz Lehmann, "Discussion: A Renaissance of Psychiatric Diagnosis?", *ibid*, pp. 43-46(인용 p. 46).

41 Donald W. Goodwin & Samuel B. Cuze, *Psychiatric Diagnosis*(1974), 4th ed.(New York: OUP, 1989) p. vii.

42 American Medico-Psychological Association and National Committer for Mental Hygiene, *Statistical Manual for the Use of Institutions for the Insane*(New York: no publ. given, 1918). Gerald N. Grob, "Origins of D5M-I: A Study in Appearance and Reality", *AJP* 148(1991) pp. 421-431, 특히 p. 426; Theodore Milton, "On the Past and Future of the DSM-III: Personal Recollections and Projections", in Milton & Gerald L. Klerman(eds.), *Contemporary Directions in Psychopathology: Toward the DSM-IV*(New York: Guilford, 1986) pp. 29-70, 특히 pp.30-34.

43 National Conference on Nomenclature of Disease, H. B. Logie(ed.), *A Standard Classified Nomenclature of Disease*(New York: Commonwealth, 1933); "정신질환"이 기재된 3쪽 중 2쪽은 정신병에 할애되었다. 미국 신경학 협회에서는 "정신신경증, 신경증, 부적응..." 등을 간략하게 기재하는 것을 인정했다.(pp. 88-90) 이 일에 관해서는 Foreword of American Psychiatric Association, *Diagnostic & Statitistical Manual, Mental Disorders*(Washington, DC: APA, 1952) pp. v-vi, "DSM-I."

44 *DSM-I*, p. vii.

45 *DSM-I*, p.xii.

46 *DSM-I*, p. 31.

47 *DSM-II* 초안 작성시 이슈가 되었던 것은 국제분류법인 ICD와 조화를 맞추는 것이었다. 이에 관해서는 Milton, *Contemporary Directions*, pp. 34-36. 그러나 밀턴이 주장했던 "이론에 근거한 분류는 지양할 것"은 가능할 것 같지 않았다.(p. 35)

48 *DSM-II*, p. 39.

49 "Neo-Kraepelinians"에 관해서는 Gerald Klerman, "The Contemporary American Scene: Diagnosis & Classification of Mental Disorders, Alcoholism and Drug Abuse", in Norman Sartorius et al.(eds.), *Sources and Traditions of*

Classification in Psychiatry(Toronto: Hogrefe, 1990) pp. 93-138(인용 p. 109).

50 George Winokur & Paula Clayton, *The Medical Basis of Psychiatry*(Philadelphia: Saunders, 1986).

51 John p. Feighner et al., "Diagnostic Criteria for Use in Psychiatric Research", *Archives of General Psychiatry* 26(1972) pp. 57-63, 우울증의 진단기준은 p. 58.

52 Robert Spitzer et al., "Research Diagnostic Criteria", *Archives of General Psychiatry* 35(1978) pp. 773-782. 스피처와 동료들은 RDC criteria를 정신분열증과 다른 정신병을 어떻게 진단할지에 우선적으로 적용했다. Spitzer et al., "Schizophrenia and Other Psychotic Disorders in DSM-III", *Schizophrenia Bulletin* 4(1978) pp. 489-509, 특히 p. 500f.

53 Ronald Bayer, *Homosexuality and American Psychiatry: The Politics of Diagnosis*(New York: Basic, 1981) pp. 101f.

54 Kirk & Kutchins, *Selling of DSM*, p. 79.

55 Milton, *Contemrorary Directions*, pp. 36-38. 일찍이 1970년에 밀턴은 *DSM-II*가 더욱 혁신적으로 바뀌어야 한다고 섀쉰에게 강변했다.(p. 36)

56 Ronald Bayer & Robert L. Spitzer, "Neurosis, Psychodynamics, and DSM-III", *Archives of Genral Psychiatry* 42(1985) pp. 187-196(인용 p. 188).

57 *DSM-III*, 인용 p. 3, field-testing p. 5.

58 Kenneth S. Kendler et al., "Independent Diagnoses of Adoptees and Relatives as Defined by DSM-III in the Provincial and National Samples of the Danish Adoption Study of Schizophrenia", *Archives of General Psychiatry* 51(1994) pp.456-468, 특히 p. 464.

59 Gerald L. Klerman, "The Advantages of DSM-III", *AJP* 141(1984) pp. 539-542(인용 p. 542. Klerman, "Is the Reliability of DSM-III a Scientific or a Political Question?", *Social Work Research* 23(1987) p. 3.

60 Wilson, *AJP* 1993, p. 399.

61 M. Bourgeois, "Connaissance et usage du DSM-III", in Pierre Pichot(ed.), *DSM-III et psychiatrie française*(Paris: Masson, 1985) pp. 51-59; 프랑스에서 수련의들의 전형적인 태도를 기술한 곳은 pp. 51-52.

62 *Diagnotisches und Statistisches Manual Psychischer Störungen: DSM-III-R*, H.U. Wittchen et al.(eds. & trans.)(Weinheim: Beltz, 1989). 역자의 서언을 보라. p. x.

63 Kirk, *Selling of DSM*, pp. 118, 199. American Psychiatric Association, *Diagnostic & Statistical Manual of Mental Disorders*, 4th ed.: *DSM-IV*(Washington, DC: APA, 1994). *DSM-IV*의 코드의 수는 'V' 코드를 제외하고 실제로 374개이다. Herb Kutchins과 Stuart Kirk는 실제 증가한 코드 수는 5개라고 주장하고 나도 동의한다. "DSM-IV: Does Bigger and Newer Mean Better?", *Harvard Mental Health Letter*, May 25, 1995. pp. 4-6, 특히 p. 5.

64 Herman van Praag, "Make-Believes" in *Psychiatry*, p. 250 등등. 이 "새 질병 만들기 열광"을 비판했다.

65 Philippe Pinel, *Traité médico-philosophique sur l' aliénation mentale*, 2nd ed.(Paris: Brosson, 1809) pp. xx-xxi, 138-139.

66 Milton, *Contemporary Directions*, p. 39.

67 Mitchell Weiss의 의견에 감사드린다.

68 George E. Vaillant, "The Disadvantages of DSM-III Outweigh Its Advantages", *AJP* 141(1984) pp. 542-545(인용 p. 543).

69 *DSM-II*, p. 44.

70 Milton, *Contemporary Directions*, pp. 50-51.

71 Wilson, *AJP*(1993) pp. 406-407; Bayer & Spitzer, *Arch. Gen. Psych.* 1985.

72 *DSM-III*, p. 9; 예를 들어 공포장애는 공포 신경증이 되었다.(p. 225)

73 Wilbur J. Scott, "PTSD in DSM-III: A Case in the Politics of Diagnosis and Disease", *Social Problems* 37(1990) pp. 294-310(인용 p. 308).

74 American Psychiatric Association, *Diagnostic & Statistical Manual of Mental Disorders*, 3rd rev. ed.: *DSM-III-R*(Washington, DC: APA, 1987) pp. 371-374, 367-369.

75 DSM-IV, 1994, pp. 715-718. DSM-IV의 과학적 유용성과 관련된 것은 Kutchins & Kirk, *Harvard Mental Health Letter*, May 1995, pp. 4-6; 이에 대한 대답은 Allen Frances et al., "DSM-IV: Its Value and Limitations", *Harvard Mental Health Letter*, June 1995, pp. 4-6.

76 Wilson, *AJP* 1993, p. 407.

77 Nathan G. Hale, Jr., *The Rise and Crisis of Psychoanalysis in the United States: Freud and the Americans, 1917-1985*(New York: Oxford, 1995) p. 355.

78 정신치료의 치료 효과에 대한 설명은 American Psychiatric Association, *Commission on Psychiatric Therapies, vol.2: The Psychosocial Therapies*(Washington, DC: APA, 1984).

79 Hans J. Eysenck, "The Effects of Psychotherapy: An Evaluation", *Journal of Consulting Psychology* 16(1952) pp. 319-324. 자연치유나 위약 효과와 대조적으로 체제를 갖춘 정신치료의 효과에 대한 의혹에 관한 설명은 Leslie Prioleau et al., "An Analysis of Psychotherapy versus Placebo Studies", *Behavioral aud Brain Sciences* 6(1983) pp. 275-310. 저자들은 한스 아이젱크(1952)가 처음으로 정신치료의 효과에 대해 문제를 제기한 지 30년이 지난 지금 …… 실제 환자에게 정신치료가 위약보다 더 효과가 있다는 단 하나의 근거도 찾지 못했다."(p. 284)

80 Wallerstein, *Bull. Menninger Clin.* 1991, pp. 423, 425, 430, 433.

81 Bertram S. Brown, "The Life of Psychiatry", *AJP* 133(1916) pp. 489-495(인용 p. 492).

82 Kenneth Z. Altshuler, "Whatever Happened to Intensive Psychotherapy?",

AJP 147(1990) pp. 428-430(인용 p. 430).

83 Milton Greenblatt & Myron R. Sharaf, "Poverty and Mental Health: Implications for Training", in Nolan D. C. Lewis & Margaret O. Strahl(eds.), *The Complete Psychiatrist: The Achievements of Paul H. Hock*(Albany: SUNY Press, 1968) pp. 688-697(인용 p. 688).

84 *Complete Psychiatrist*, Hoch, p. 692.

85 1988-1989년의 한 여론조사에서 "2.7%의 정신과 의사만이 외래에서 정신분석"을 한다고 했다. Robert A. Dorwart et al., "A National Study of Psychiatrists' Professional Activities", *AJP* 149(1992) pp. 1499-1505, 통계 p. 1503. 정신분석을 시행하고 있는 분석가들의 비율은 정확하지 않았는데, 그 이유는 많은 정신과 의사들이 분석가로 훈련을 받고서도 나중에 이를 포기했기 때문이다.

86 Fritz Redlich & Stephen R. Kellert, "Trends in American Mental Health", *AJP* 135(1978) pp. 22-28(인용 p. 26).

87 Linda Hilles, "Changing Trends in the Application of Psychoanalytic Principles to a Psychiatric Hospital", *Bulletin of the Menninger Clinic* 32(1968) pp. 203-208, 통계 pp. 210-211. 메닝거 클리닉은 시대정신을 잘못 판단하고 정신분석에서 생물학으로 전환한 것이 아니라 사회정신의학으로 전환했던 것이다. Lawrence J. Friedman, *Menninger: The Family and the Clinic*(Lawrence: University Press of Kansas, 1990) pp. 264-265.

88 Turan Itil, "Fritz Flügel", in T.A. Ban & Hanns Hippius(eds.), *Psychopharmacology in Perspective*(New York: Springer, n.d. [1992]) pp. 17-19(인용 p. 18).

89 Daniel S. Jaffe et al., "Survey of Psychoanalytic Practice 1976", *American Psychoanalytic Association Journal* 26(1978) pp. 615-631(인용 pp. 619, 620).

90 Jaffe, *J. Am. Pa. Assn.*, 1978, p. 618.

91 Bruce Cohen, "Watch the Clock …", *Psychiatric News*, Feb. 4, 1994, p. 14.

92 Paul Gray, "The Assault on Freud", *Time*, Nov.29, 1993, pp. 47-50.

93 체스넛 릿지의 철학에 관해서는 Sandra G. Boodman, "The Mystery of Chestnut Lodge", *Washington Post Magazine*, Oct. 8, 1989, pp. 18, 특히 pp. 23, 41.

94 오쉐로프 사례에 관한 자세한 내용은 Gerald L. Klerman, "The Psychiatric Patient's Right to Effective Treatment: Implications of Osheroff v. Chestnut Lodge", *AJP* 147(1990) pp. 409-418; Klerman, "The Osheroff Debate: Finale", *AJP* 148(1991) pp. 387-388.

95 Robert Pear, "M.D.s Are Making Room for Others among the Ranks of Psychoanalysts", *New York Times*, Aug.19, 1992, p. C12. 1989년에는 17%였다. James Morris, "Psychoanalytic Training Today", *American Psychoanalytic Association Journal* 40(1992) pp. 1185-1210, 특히 pp. 1191-92.

96 Robert Michels, "Psychoanalysis and Psychiatry-The End of the Affair", [New York Academy of Psychoanalysis] *Academy Forum* 25(1981) 인용 p. 9.

97 Adolf Grünbaum, "Does Psychoanalysis Have a Future? Doubtful", *Harvard Mental Health Letter* 11(4)(Oct. 1994) pp. 3-6(인용 p. 4).

98 "Centre Offers Course", Medical Post, Oct.11, 1994, p. 27.

99 Amer. Pa. Assn, meeting of Dec. 1952, "Scientific Committees: Evaluation of Psychoanalytic Therapy", *American Psychoanalytic Assoriation Bulletin* 9(Apr. 1953) p. 331. 위원회 의장인 Jean G. N. Cushing은 위원회의 작업은1953 년 5월 회의에서 "미정 상태"로 놓아둘 것을 공식적으로 권했다. *Ibid.*(Oct. 1953) p. 730.

100 Robert p. Knight, "The Present Status of Organized Psychoanaiysls in the United States", *American Psychoanalytic Association Journal* 1(1953) pp. 197-220(인용 pp. 219-220).

101 Dec. 1954 meeting, "Committee Reports", *Amer. Pa. Assoc. Bull.* 11(1)(Apr., 1955) p. 327.

102 Meeting of Apr. 1916. "Central Fact-Gathering Committee", *Amer. Pa. Assoc. Bull.* 12(2)(Oct. 1956) pp. 712-713.

103 Dec. 1957 meeting, "Central Fact-Gathering Committee", *Amer. Pa. Assoc. Bull.* 14(1)(Apr. 1958) p. 362.

104 David A. Hamburg et al., "Report of Ad Hoc Committee on Central Fact-Gathering Data of the American Psychoanalytic Association", *Amer. Pa. Assoc. Journal* 15(1967) pp. 841-861.

105 Fysenck, *Journal of Consulting Psychology.* 1952. 표 1, p. 321. "…… 신경증 환자의 3분의 2는 발병 이후 2년 이내에 회복되거나 크게 개선되며, 이는 정신치료 를 받았든 안 받았든 상관없이 일어나는 일이다."(p. 322)

106 William Mayer-Gross, Eliot Slater, & Martin Roth, *Clinical Psychiatry* (London: Cassell, 1954) p. 17.

107 Donald F. Klein, "Anxiety Reconceptualized", in Klein & Judith C. Rabkin(eds.), *Anxiety: New Research and Changing Concepts*(New York: Raven, 1981) pp. 235-263(인용 p. 239. 정신분석에 대한 클라인의 회의懷疑는 공황장애 환자가 클로르프로마진에는 반응하지 않고 이미프라민이 치료 효과를 나 타내는 것을 보고 더욱 깊어졌다.

108 Philip R. A. May & A. Hussain Tuma, "The Effect of Psychotherapy and Stelazine on Length of Hospital Stay …", *JNMD* 139(1964) pp. 362-369. 통 계적으로 보아도 재원在院 일수를 뚜렷하게 줄이는 것은 약물치료밖에 없었다. 정 신치료를 한 환자의 재원 일수는 치료하지 않은 환자와 차이가 없었다.

109 Seymour Fisher & Roger p. Greenberg, *The Scientific Credibility of Freud's Theories and Therapy*(1977)(reprint New York: Columbia U.p. , 1985) p.

395. 1977년 이후 정신분석의 효과를 평가한 저자들의 연구결과는 꽤 호의적이었지만, 그럼에도 불구하고 저자들은 통찰 정신치료에 관한 프로이트의 기본 개념에는 결함이 있다고 보았다. "환자가 자신의 심리역동성이나 동기를 자각한다 할지라도 이것이 프로이트가 가설을 세운 것과 같이 환자에게 변화를 가져올 가능성은 제한적이다." Fisher & Greenberg, *Freud Scientifically Reappraised: Testing the Theories and Therapy*(New York: Wiley, 1996) p. 282.

110 Adolf Grünbaum, *The Foundations of Psychoanalysis: A Philosophical Critique*(Berkeley: University of California Press, 1984); Grünbaum, *Validation in the Clinical Theory of Psychoanalysis: A Study in the Philosophy of Psychoanalysis*(Madison, CT: International Universities Press, 1993).

111 Richard Webster, *Why Freud Was Wrong?: Sin, Science and Psychoanalysis*(New York: Basic, 1995).

112 Grünbaum, *Harvard Mental Health Letter* 1994, p. 5.

113 Hans J. Eysenck, *Decline and Fall of the Freudian Empire*(1985)(London: Penguin, 1991) p. 207.

114 Peter D. Kramer, "The New You", *Psychiatric Times*, Mar. 1990, pp. 45-46.

115 Peter D. Kramer, *Listening to Prozac*(New York: Penguin, 1993) pp. xvi 등등.

116 Kessler, *Archives of General Psychiatry* 1994, p. 12.

117 Shorter, *Bedside Manners: The Troubled History of Doctors and Patients*(New York: Simon & Schuster, 1985) chs.3, 8.

118 메프로바메이트에 관한 이야기는 버거의 회고에 의존한 것이다. Frank M. Berger [an interview with], "The 'Social-Chemistry' of Pharmacological Discovery: The Miltown Story", *Social Pharmacology* 2(1988) pp. 189-204(인용 p. 191); Berger, "Anxiety and the Discovery of the Tranquilizers", in Frank J. Ayd, Jr. & Barry Blackwell(eds.), *Discoveries in Biological Psychiatry*(Baltimore: Ayd Medical Communications, 1984) pp. 115-129.

119 Berger, *Social Pharmacology* 1988, pp. 192-193.

120 Ayd, "The Early History of Modern Psychopharmacology", *Neuropsychopharmacology* 5(1991) pp. 71-84, 특히 pp. 73-74.

120 S. J. Perelman, *The Road to Miltown or, Under the Spreading Atrophy*(New York: Simon & Schuster, 1957). 이 유머로 가득 찬 책은 밀타운에 관한 것이 아니다.

121 Mickey C. Smith, *Small Comfort: A History of Minor Tranquilizers*(New York: Praeger Scientific, 1983) 표5.1, p. 67.

122 "'Ideal' in Tranquility", *Newsweek*, Oct.29, 1956, p. 63.

123 Willy Haefely, "Alleviation of Anxiety: The Benzodiazepine Saga", in M. J. Parnham & J Bruinvels(eds.), *Psycho- and Neuropharmacology,*

vol.1(Amsterdam: Elsevier, 1983) pp. 270-306, 특히 pp. 272-277; Leo. H. Sternbach, *The Benzodiazepine Story*(Basel: Eds. Roche, 1980); revised version of Sternbach, "The Benzodiazepine Story", *Progress in Drug Research* 22(1978) pp. 229-266; Sternbach, "The Discovery of Librium", *Agents and Actions* 2(1972) pp. 193-196; 스턴바크와의 개인교신.

124 Irvin M. Cohen, "The Benzodiazepines", in Ayd, *Discoveries in Biological Psychiatry*, pp. 130-141(인용 p. 130).

125 Haefely, *Psycho- and Neuropharmacology*, p. 274.

126 Lowell O. Randall, "Pharmacology of Methaminodiazepoxide", *Diseases of the Nervous System* 21(suppl. no.3)(1960) pp. 7-10(인용 p. 7).

127 Joseph M. Tobin et al., "Preliminary Evaluation of Librium(Ro-5-0690) in the Treatment of Anxiety Reactions", *Diseases of the Nervous System* 21(suppl. no.3)(1960) pp. 11-19. 1959년 11월 텍사스 대학교 갈베스턴 캠퍼스에서 열린 "새로운 항우울제와 다른 정신치료적 약물에 관한 심포지엄Symposium on Newer Antidepressant and Other Psychotherapeutic Drugs"에서 리브리움에 관한 발표 참조; Cohen, in *Discoveries Biological Psychiatry*. 토빈과 코언은 chlordiazepoxide의 임상 도입에 대한 우선권을 공동소유했다.

129 Sternbach, *The Benzodiazepine Story*, p. 43.

130 Librium 중단시의 부작용에 관해서는 Leo H. Hollister et al., "Withdrawal Reactions from Chlordiazepoxide('Librium')", *Psychopharmacology* 2(1961) pp. 63-68.

131 Sternbach, *The Benzodiazepine Story*, p. 7.

132 Hugh J. Parry et al., "National Patterns of Psychotherapeutic Drug", *Archives of General Psychiatry* 28(1973) pp. 769-783, 표6, p. 775.

133 National Center for Health Statistics, "Office Visits to Psychiatrists: National Ambulatory Medical Care Survey, United States, 1975-1976", *Vital and Health Statistics*, Advance Data, no.38(Aug.25, 1978) 표 4, p. 4. Shappert, *Vital and Health Statistics*, Advance Data, 1993, p. 11, 표 10. 1980년에는 36.0%였다. National Center for Health Statistics, H. Koch, "Drug Utilization in Office-Based Practice...1980", *Vital and Health Statistics*, ser.13, no.65, DHHS pub.no.(PHS)83-1726(Public Health Service, Washington, DC: GPO, March 1983) p. 28, 표 10.

134 Smith, *Small Comfort*, p. 217.

135 NCHS, "Drug Utilization" 1980, p. 15.

136 David Healy, "The History of British Psychopharmacology", in Hugh Freeman & German E. Berrios(eds.), *150 Years of British Psychiatry*, Volume II: The Aftermath(London: Athlone, 1996) pp. 61-68(인용 p. 74).

137 *DSM-II*, p. 39.

138 Donald F. Klein, "Delineation of Two Drug-Responsive Anxiety Syndromes", *Psychopharmacology* 5(1964) Pp. 397-408.

139 *DSM-III*, pp. 230-231.

140 Gerald L. Klerman, "Overview of the Cross-National Collaborative Panic Study", *Archives of General Psychiatry* 45(1988) pp. 401-412. 제약회사 업존과 알프라졸람에 관해서는 David Healy, *Images of Trauma: From Hysteria to Post-Traumatic Stress Disorder*(London: Faber, 1993) pp. 230-231; Healy, "The Psychopharmacological Era: Notes toward a History", *Journal of Psychopharmacology* 4(1990) pp. 152-167, 특히 pp. 158-159. 힐리와 몇몇 학자들은 시바-가이기도 자기네 항우울제 clomipramine을 특별히 강박장애에 효과적인 약으로 인정받기 위해 유사한 계략을 썼다고 주장한다.

141 알프라졸람에 의혹을 던지는 사람과 지지자 사이의 의견 교환을 보려면 Isaac M. Marks et al.(의혹을 던지는 사람들), "Alprazolam and Exposure Alone and Combined in Panic Disorder with Agoraphobia", *BJP* 162(1993) pp. 716-187; 지지자들의 답변은 David A. Spiegel et al., "Comment on the London/Toronto Study of Alprazolam and Exposure in Panic Disorder with Agoraphobia", *ibid.* pp. 788-789; 마크스 등은 이에 다시 답변을 보냈다. pp. 790-794; 그전에 있었던 의견 교환은 Marks, letter: "The 'Efficacy' of Alprazolam in Panic Disorder and Agoraphobia: A Critique of Recent Reports", *Archives of General Psychiatry* 46(1989) pp. 668-670; 애초 연구자의 답변은 pp. 670-672.

142 "The Promise of Prozac", *Newsweek*, Mar.26, 1990, p. 39.

143 John H. Gaddum, "Drugs Antagonistic to 5-Hydroxytryptamine", in C. E. W. Wolstenholme & Margaret p. Cameron(eds.), *Ciba Foundation Symposium on Hypertension*(London: Churchill, 1954) pp. 75-77(인용 p. 71).

144 Merton Sandler & David Healy, "The Place of Chemical Pathology in the Development of Psychopharmacology", *Journal of Psychopharmacology* 8(1994) pp. 124-133(인용 p. 124).

145 뉴욕의 록펠러 의학조사 연구소에 있던 연구자들인 D. W. Woolley와 E. Shaw는 다른 답변을 했다. "A Biochemical and Pharmacological Suggestion about Certain Mental Disorders", Proceedings, *National Academy of Science* 40(1954) pp. 228-231. 저자들은 "세로토닌은 정신 작용에서 중요한 역할을 하고 있고 세로토닌이 억제되면 정신질환이 생긴다"고 주장했다(p. 230). 이를 재구성한 것을 보려면 Woolley, *The Biochemical Basis of Psychoses, or the Serotonin Hypothesis about Mental Diseases*(New York: Wiley, 1962) pp. 189-192.

146 Bernard B. Brodie & Parkhurst A. Shore, "A Concept for a Role of Serotonin and Norepinephrine as Chemical Mediators in the Brain",

Annals of the New York Academy of Sciences 66(1917) pp. 631-642; Robert Kanigel, *Apprentice to Genius: The Making of a Scientific Dynasty*(New York: Macmillan, 1986) pp. 97-101(인용 p. 101).

147 Alec Coppen et al., "Potentiation of the Antidepressive Effect of a Monoamine-Oxidase Inhibitor by Tryptophan", *Lancet* 1(Jan.12, 1963) pp. 79-81. 이듬해에 코펜은 West Park 병원으로 가서 계속 그곳에서 지냈다.

148 데이비트 힐 리가 코펜을 인터뷰한 내용으로, 날짜는 적혀 있지 않다. p. 7.

149 Arvid Carlsson et al., "Effects of Some Antidepressant Drugs on the Depletion of Intraneuronal Brain Catecholamine Stores ……", *European Journal of Pharmacology* 5(1969) pp. 367-373.

150 Alec Coppen et al., "Zimelidine: A Therapeutic and Pharmacokinetic Study in Depression", *Psychopharmacology* 63(1979) pp. 199-202; Arvid Carlsson et al.(eds.), *Recent Advances in the Treatment of Depression: Proceedings of an International Symposium, Corfu, Greece, Apr. 16-18, 1980*(Copenhagen: Munksgaard, 1981; Acta Psychiatrica Scandinavica, suppl.290, vol.63[1981]). 칼슨 자신이 최초임을 주장하는 글은 "A Historical Note on the Development of Zimelidine, the First Selective Serotonin Reuptake Inhibitor", *European Psychiatry* 11, suppl.4(1996) pp. 235s-236s.

151 Steven E. Hyman & Eric J. Nestler, *Molecular Foundations of Psychiatry*(Washington, DC: APA, 1993) p. 127.

152 David T. Wong et al., "A Selective Inhibitor of Serotonin Uptake: Lilly 110140...", *Life Sciences* 15(1974) pp. 471-479. 릴리 사의 플루옥세틴 개발과 관련된 얘기는 Pharmaceutical Manufacturers Association, *The Discoverers Awards*, 1993(Washington, DC: PMA, 1993). Bryan B. Molley et al., "The Discovery of Fluoxetine", *Pharmaceutical News* 1(June 1994) pp. 6-10. 더 자세한 정보는 1984년부터 1988년 사이에 릴리 사의 임원이었던 정신과 의사 Joachim F. Wernicke와의 인터뷰로부터 얻었다. 꽤 복잡한 내용을 압축해서 기술했다.

153 Louis Lemberger et al., "The Effect of Nisoxetine(Lilly Compound 94939), a Potential Antidepressant, on Biogenic Uptake in Man", *British Journal of Clinical Pharmacology* 3(1976) pp. 215-220. M. J. Schmidt & J. F. Thornberry, "Norepinephrine-Stimulated Cyclic AMP Accumulation...", *Archives internationales de pharmacodynamie et de thérapie* 229(1977) pp. 42-51.

154 약어인 SSRI가 유행하게 된 계기는 John P. Feighner & William F. Boyer (eds.), *Selective Serotonin Re-uptake Inhibitors*(Chichester: Wiley, 1991).

155 Louis Lemberger et al., "Pharmacologic Effects in Man of a Specific Serotonin-Reuptake Inhibitor", *Science* 199(1978) pp. 436-437. 이 연구로 플

루옥세틴은 인간에서도 세로토닌 재흡수를 차단하며 혈압에도 부작용이 없음을 릴리 사는 입증했다.

156 처음 나온 임상보고서가 무척이나 부정적이었기 때문에 릴리 사가 이 제품을 폐기하지 않은 것은 이상할 정도이다. 환자 3명 모두 반응이 없었고, 한 명은 심한 이상운동증까지 나타냈기 때문이었다. Herbert Y. Meltzer et al., "Extrapyramidal Side Effects and Increased Serum Prolactin following Fluoxetine, a New Antidepressant", *Journal of Neural Transmission* 45(1979) pp. 165-175.

157 John p. Feighner, "The New Generation of Antidepressants", *Journal of Clinical Psychiatry* 44(1983) pp. 49-55. 특히 표 2, p. 51.

158 "Gilding Lilly", Barron's, May 12, 1986, pp. 15, 63. 릴리 사에 있던 과학자 David Wong은 나와의 인터뷰에서 릴리 사는 체중감소 등의 인기에도 불구하고 결코 우울증 치료에 관심을 잃은 것은 아니라고 말했다.

159 William Boyer & John p. Feighnet, "An Overview of fluoxetine, A New Serotonin-Specific Antidepressant", *Mount Sinai Journal of Medicine* 56(1989) pp. 136-140.

160 1986년 프로작은 벨기에에서 허가받았다.

161 James L. Hudson & Harrison G. Pope, Jr., "Affective Spectrum Disorder: Does Antidepressant Response Identify a Family of Disorders with a Common Pathophysiology?", *AJP* 147(1990) pp. 552-564(인용 p. 558).

162 Colette Dowling, *You Mean I Don't Have to Feel This Way? New Help for Depression, Anxiety and Addiction*(1991)(New York: Bantam, 1993) p. 20.

163 Schappert, Advance Data 1993, 표7, p. 7; 정신과를 방문하는 사람의 43.1%는 정서장애였다. 48.8%는 여자이고 34.9%는 남자이다.

164 "The Personality Pill", *Time*, Oct. 1, 1993, p. 53.

165 Schappert, Advance Data 1993, 표14, p. 13.

166 *New York Times*, Dec.13, 1993, p. 1.

167 "The Culture of Prozac", *Newsweek*, Feb.7, 1994, p. 41.

168 "Listening to Eli Lilly", *Wall Street Journal*, Mar.31, 1994, p. B1. 1993년이 되자 프로작은 미국 의사들이 처방하는 상위 20개 약에 올라가게 되었다.(상위 2개 약품은 항생제 Amoxicillin과 진통제 타이레놀이다.) D. A. Woodwell & S. M. Schappert, "National Ambulatory Medical Care Survey: 1993 Summary", Advance Data from Vital and Health Statistics, no.110(Hyattsville, MD: National Center for Health Statistics, 1995) 표21, p. 14.

169 *Newsweek* 1990, p. 41.

170 Healy, *Journal of Psychopharmacology* 1990, p. 159.

171 *Encyclopedia of Associations*, 1996, pp. 1794, 1795.

172 Pierre Deniker, "The Neuroleptics: A Historical Survey", *Acta Psychiatrica Scandinavica* 82(suppl.358)(1990) pp. 83-87(인용 p. 87).

173 Association of American Medical Colleges, *AAMC Data Book*(Washington, DC: AAMC, 1995) 쪽수 표시 없음. 표B13, F1:정신과수련의 1년차에 관한 자료: 나머지 1,327 쪽은 외국 의과대학 졸업생을 위한 것이다.

174 Editorial, "Molecules and Minds", *Lancet* 343(Mar.19, 1994) pp. 681-682.

175 Mark F. Longhurst, "Angry Patient, Angry Doctor", *Canadian Medical Association Journal* 123(1980) pp. 597-598(인용 p. 598).

176 Kelly Kelleher et al., "Major Recent Trends in Mental Health in Primary Care", in *Mental Health*, United States, 1994, pp. 149-164, 특히 그림9.6, "Mean Duration of Physician-Patient Contact, by Specialty, 1989", p. 155.

177 Robert Wood Johnson Foundation, *Special Report: Medical Practice in the United States*(Princeton: Robert Wood Johnson Foundation, 1981) 그림2.4, p. 25.

178 Lester Luborsky et al, "Comparative Studies of Psychotherapies: Is it True That 'Everyone Has Won and All Must Have Prizes'?", *Archives of General Psychiatry* 32(1975) pp. 995-1008(인용 p. 1004).

179 Shorter, *Bedside Manners*.

180 Kenneth S. Bowers, *Hypnosis for the Seriously Curious*(Monterey: Brooks, 1976) p. 152.

647

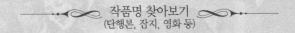

작품명 찾아보기
(단행본, 잡지, 영화 등)

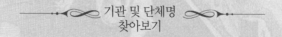

기관 및 단체명
찾아보기

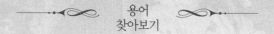

용어
찾아보기

정신의학의 역사

초판 1쇄 발행 · 2009년 12월 21일
개정판 1쇄 발행 · 2020년 12월 12일
개정판 2쇄 발행 · 2022년 1월 10일

지은이 · 에드워드 쇼터
옮긴이 · 최보문

펴낸곳 · (주)바다출판사
주소 · 서울시 마포구 어울마당로 5길 17 5층
전화 · 02-322-3885(편집) 02-322-3575(마케팅)
팩스 · 02-322-3858
이메일 · badabooks@daum.net
홈페이지 · www.badabooks.co.kr

ISBN 979-11-89932-90-9 03900